재난관리론

Introduction to Emergency Mangagement

재난관리총서 1

재난관리론

2016년 4월 25일 초판 인쇄
2016년 4월 30일 초판 발행

지은이 George D. Haddow · Jane A. Bullock · Damon P. Coppola | **옮긴이** 김태웅 · 안재현
펴낸이 이찬규 | **펴낸곳** 북코리아 | **등록번호** 제03-01240호 | **전화** 02-704-7840 | **팩스** 02-704-7848
이메일 sunhaksa@korea.com | **홈페이지** www.북코리아.kr
주소 13209 경기도 성남시 중원구 사기막골로 45번길 14 우림 2차 A동 1007호
ISBN 978-89-6324-492-1(93350)

값 29,000원

본서의 무단복제를 금하며, 잘못된 책은 바꾸어 드립니다.

재난관리총서 1

재난관리론

Introduction to Emergency Mangagement

George D. Haddow
Jane A. Bullock
Damon P. Coppola

김태웅 · 안재현 옮김

북코리아

Dedication

재난 관리 분야에 지대한 영향을 준 바버라 존슨Barbara Johnson에게 이 책을 바칩니다. 그녀의 노력으로 재난 관리에 관한 고등교육이 앞으로 나아가는 힘을 잃지 않고 유지될 수 있었습니다. 실무 종사자이거나 학문을 하는 사람 또는 이 두 분야 모두에 조금씩이라도 관여하는 사람이라면, 바버라의 지칠 줄 모르는 노력에 대해 잘 알고 있을 것입니다.

차례

제1장   재난 관리의 역사적 배경   21

제2장   자연적인 위험 요인과 기술적인 위험 요인 그리고 위험 평가   71

감사의 글

이 책을 위하여 지속적인 도움과 통찰을 제공해 준 여러 분에게 감사를 드립니다: Jack Harrald, Greg Shaw, Joseph Barbera, Irmak Renda-Tanali, Ollie Davidson, Sarp Yeletaysi, Garrett Ingoglia, Ryan Miller, Rene van Dorp, Erin Maloney, Wayne Blanchard, Sanjaya Bhatia, Liz Maly, Gerald Potutan, Gulzar Keyim, Pam Chester, Amber Hodge, Paul Gottehrer, Brad Gair, Ehren Ngo, Fran McCarthy, Pem McNerney, Ines Pearce, Steven Carter, Betsy Millett, David Gilmore, Jack Suwanlert, 그리고 Don Goff.

또한 이 책을 매우 유용하게 만들 수 있도록 다양한 측면에서 고귀한 의견과 제안을 주신 많은 교수님들, 학생들 그리고 실무자들께 감사를 드립니다.

마지막으로 끝까지 쾌활함과 인내심을 보여 준 사랑하는 아내와 남편에게 감사를 드립니다: Dick Bullock, Kim Haddow, 그리고 Mary Gardner Coppola.

추천의 글

제가 연방재난관리청Federal Emergency Management Agency(FEMA) 청장직을 맡던 1993년만 해도 재난 관리는 널리 알려지거나 높이 평가받는 분야는 아니었습니다.

　　이 직종에 있는 많은 분들은 민방위청 시절부터 일해 오던 분들이며, 대부분의 선출직 관료들은 지역 사회에 대규모 재난이 일어나기 전까지 재난 관리의 가치를 제대로 인식하지 못했고, 재난이 일어났을 때조차 일시적으로만 가치를 인정했을 뿐입니다. 1990년대에 미국을 비롯한 전 세계가 돌발적이고 극심한 재난을 수없이 경험하면서, 우리가 사는 지역 사회의 사회적·경제적 안정을 지키는 재난 관리의 중요성이 뚜렷하게 부각되었습니다. 재난 관리는 대응 업무 이상으로 성장하기 시작했으며, 위험 분석, 의사소통, 위험 예방과 완화 그리고 사회·경제적인 복구에 초점을 맞추게 되었습니다. 이에 따라 재난관리자에게 새로운 기량이 필요하게 되었으며, 여러 대학에서 재난 관리 강좌와 학위 과정을 추가로 개설하기에 이르렀습니다. 이에 따라 재난 관리에 대한 보다 양질의 교육, 그리고 종합적이고 능동적인 접근이 가능해졌습니다. 또한 재난관리자는 지역 사회 지도층의 주요 구성원이 되었습니다. 재난 관리가 이제 중요한 직종이 된 것입니다. 그 결과 연방재난관리청장인 저는 전 세계에서 가장 훌륭한 재난 관리 시스템을 만들기 위해 국가와 지역 그리고 민간 분야의 여러 동료들과 함께 일할 수 있었습니다.

　　허리케인 카트리나의 비극적인 결과에서 너무도 생생하게 드러났듯이, 모든 시민의 안전에 필수적인 강력한 재난 관리 시스템은 반드시 필요합니다. 최근의 역사에서 재난 관리 분야에 대한 제대로 된 이해와 필요성이 지금보다 더 절실한 때는 일찍이 없었습니다. 생물학 무기를 이용한 테러리스트의 잠재적인 위협에서부터, 점점 더 심각해지는 허리케인과 홍수 그리고 갈수록 빈번해지는 산불에 이르기까지, 우리가 사는 현재의 환경이 위험하기 때문에 오늘날 효율적인 재난 관리에 필요한 기술과 지식 또한 엄청나게 늘어났습니다.

『재난관리론』은 오늘날 재난 관리 분야의 권위 있는 입문서입니다. 이 책은 재난 관리의 역사적 배경에서부터, 오늘날 전 세계 국토 안보 분야의 발전상에 이르기까지 많은 내용을 담고 있습니다.

이 책은 재난 관리 과정의 기본 원리에 초점을 맞추는 동시에 그러한 과정을 뒷받침하는 정책도 제시합니다. 또한 허리케인 카트리나를 둘러싼 사건과 문제점을 살펴보는 종합적인 사례 연구도 담겨 있습니다. 미국의 재난 관리 시스템에서 현재 일어나고 있는 변화에 중점을 두는 동시에 재난 관리와 국토 안보 분야의 국제적인 관행 및 정책에 대한 충실한 배경지식도 제공합니다. 이 책은 문서로 기록된 사례 연구의 형태로 다른 나라의 현실적이고 실질적인 경험도 담고 있으며, 후속 연구를 위한 방대한 참고 자료와 여러 인터넷 사이트도 알려 드립니다.

저는 상식에 따라 움직여야 하며, 직면한 위험을 줄이고 시민과 지역 사회를 지켜야 한다는 재난 관리 철학을 갖고 있습니다. 우리는 위험을 규명하고, 국민에게 이러한 위험에 대해 알리며, 최선을 다해 그 위험에 대비하고, 그러한 위험을 줄이기 위해 동반자 정신을 갖고 함께 나아가야 합니다. 홍수든 토네이도든, 유해 물질의 유출이든, 산불이든, 자살 폭탄 테러이든, 유행성 독감의 발생이든, 모든 경우에 이 같은 접근을 해야 합니다. 이 책의 공저자는 제가 연방재난관리청장일 때 각각 비서실 차장과 비서실장이었습니다. 우리는 미국 국민과 지역 사회를 재난에 더 잘 견디고 더 안전하게 만들기 위해 전 세계를 무대로 함께 일했습니다. 이 책을 읽는 여러분도 이러한 이상을 가슴에 새기고 이 책으로부터 많은 것을 배우기를 바랍니다.

제임스 리 위트와 동료들

저자 서문

재난의 영향에서 자유로운 국가와 지역 사회 그리고 개인은 이 지구 상에 없다. 하지만 우리는 재난에 대비할 수 있었고, 바람직한 대응을 할 수 있었으며, 회복될 수 있었고, 그에 따라 재난으로 인한 피해를 상당히 완화시키기에 이르렀다. 이렇게 재난의 '관리'를 다루는 직무 분야(그리고 학문 분야)를 재난 관리라고 한다. 재난관리론은 재난 관리와 기타 비상사태를 둘러싼 역사, 체계, 조직, 시스템 그리고 관심 사항에 관한 종합적이고 기초적인 지식을 제공할 목적으로 쓰였다. 이 책에는 현대 재난 관리의 구체적인 실무와 전략뿐 아니라 미국과 전 세계의 재난 관리 분야에서 일하는 주요 인물들에 대한 내용도 상세히 소개되어 있다. 우리는 종합적인 재난 관리의 기능이 어떻게 작용하며, 매일의 일상생활에 어떤 영향을 미치는지에 대한 실질적인 지식을 제공하려 한다.

다섯 번째 개정판인 이 책은 안정권에 진입해 가고 있는 이 분야의 현재 상황에 대한 기록이기도 하다. 2001년 테러리스트의 공격은 (연방 정부, 주 정부, 지역 정부 등) 모든 차원의 정부가 관할권 내에서 테러리즘의 위험 요소를 취급하게 만들었을 뿐 아니라, 수많은 일반 국민, 비정부 조직, 그리고 기업으로 하여금 이러한 정부 기관과 연계하거나 독립적으로 재난에 대비하도록 하는 등의 큰 변화를 몰고 온 일련의 사건들을 일으켰다. 이러한 움직임은 본질적으로 반사적인 것이어서, 이전 시대, 특히 높은 평가를 받는 제임스 리 위트James Lee Witt 시대(1992년에서 2000년)에 얻은 교훈을 살리지 못한다고 생각하는 사람들이 많았다. 2005년 허리케인 카트리나Katrina에 대한 대응 실패는 이러한 두려움을 확인시켜 주었으며, 모든 재난 관리 전문가에게 재난 관리는 일반 국민과 정책, 언론의 현안과 상관없이 과학적이고 통계적인 위험 분석에 의해 이루어져야 한다는 사실을 상기시킴으로써, 모든 재해 위험 평가에 대한 포괄적인 접근법을 다시 검토하게 하는 결과를 낳았다.

이 책의 네 번째 개정판을 펴낸 이후로, 연방재난관리청(FEMA)은 국토안보부

Department of Homeland Security(DHS)의 창설과 처토프Chertoff 장관의 6개 개선 사항 제안을 통해 잃어버린 많은 프로그램과 부서를 되찾았다. FEMA는 국가적인 재난 관리의 정책과 방향 그리고 연방 차원의 실행 부서로서의 위상을 되찾았지만, 국가의 안보를 책임지는 조직의 영향력 아래 놓여 있다. DHS에 소속된 FEMA는 대통령에 대한 직접적인 접근권이 없을 뿐 아니라 의사 결정 권한도 축소되었으며, 근본적인 임무가 현저하게 다른 정부 기관의 전략적인 초점에 맞춰야만 했다.

2005년 우리는 한때 전 세계에서 가장 효율적이고 본받을 만한 시스템으로 칭송받았던 재난 관리 시스템이 오래전부터 예측하고 계획해 왔던 사건을 맞아 무력한 대응을 하는 것을 목격하고 허리케인 카트리나 사태에 대해 연구했다. 그로부터 5년 뒤 FEMA는 본연의 역할을 재발견하기 위해 여전히 분투하고 있으며, 멕시코 만 해안 지역의 복구 또한 꾸준히 진행되고 있다. 이 책에서는 FEMA가 허리케인 카트리나 이후에 제정된 법률로 인해 어떻게 발전했는지와 행정부와 정치 이념의 변화가 이러한 변화를 이끄는 데 어떤 도움을 주었는지를 살펴볼 것이다.

이 책은 미국 내의 재난 관리 시스템에 초점을 맞추고 있지만, 이 책에서 다루는 경험과 교훈, 그리고 최신 동향 등의 많은 부분은 전 세계 재난 관리 시스템에 적용 가능하다. 미국의 재난 관리는 자연 재난, 인적 재난, 고의적인 사고 등 모든 유형의 재난으로부터 경험을 쌓아 왔다. 이러한 경험에서 배운 교훈과 이러한 사건에 대처하는 과정에서 쌓인 변화, 그리고 기후 변화 및 최근의 다른 위협으로 인해 지속적인 발전을 거듭해 온 시스템을 살펴보면, 재난 관리란 무엇이며 어떠해야 하는지에 대한 견고한 성찰을 얻을 수 있을 것이다.

그렇다고 해서 이 책이 FEMA에만 초점을 맞춘 것은 아니다. 사례 연구의 상당 부분을 국가와 지역의 재난 관리 조직에 할애하고 있으며, 이들 조직과 FEMA의 협업에 대해서도 이 책 전편에 걸쳐 장황하게 설명하고 있다. 또한, 한 국가나 지역의 역량이 눈앞에 닥친 재난을 관리하기에 역부족일 때, 국제적인 차원에서 재난을 관리하는 방법에 한 장을 모두 할애하고 있기도 하다. 2004년 아시아의 지진과 쓰나미, 2008년 버마의 사이클론 나르기스Nargis, 그리고 같은 해 중국 쓰촨성 대지진과 같은 사건이 점차 빈번하게 일어나면서 보다 강력한 국제 재난 관리 시스템의 필요성이 대두되고 있으며, 각국 정부도 이 문제에 점점 더 큰 관심을 쏟고 있다. 2001년 인도 구자라트Gujarat 지진 대응 과정에 대한 사례 연구를 자세히 보면, 이러한 시스템에 대해 더 잘 알 수 있을 것이다.

이 책의 내용과 특징을 간단히 요약하면, 다음과 같다.

- 제1장 "재난 관리의 역사적 배경"에서는 국토안보부의 창설을 비롯하여 각종 재난 및 사람과 정치적 사건에 의해 촉발된 큰 변화를 되짚어 봄으로써, 미국 재난 관리의 발전에 대한 개요를 역사적인 측면, 관리 기관적인 측면, 그리고 법률적인 측면에서 간략히 설명한다. 또한 이 장에는 허리케인 카트리나 이전과 이후에 재난 관리 분야에서 이루어진 관리 기관과 법률상의 변화 그리고 정책적인 변화에 대한 분석도 담겨 있다.
- 제2장 "자연적인 위험 요인과 기술적인 위험 요인 그리고 위험 평가"에서는 재난 관리가 직면하고 있는 여러 위험 요인에 대해 알아본다.
- 제3장 "재난 관리: 완화"에서는 완화의 기능이 무엇이며, 재난의 영향을 줄이기 위해 재난 관리와 다른 분야에 적용되는 전략과 프로그램은 무엇인지에 대해 알아본다.
- 제4장 "재난 관리: 대비"에서는 현대 재난 관리의 대비 기능을 구성하는 프로그램과 그 과정의 광범위한 목록을 제시한다.
- 제5장 "재난 관리: 재난 통신"에서는 재난 관리에 대한 전통적인 접근 방식에서 탈피하여, 국민과 언론, 그리고 동료들과의 의사소통이 21세기 재난 관리에 반드시 필요한 이유를 중점적으로 살펴본다.
- 제6장 "재난 관리: 대응"에서는 재난 사건에 대응하는 데 있어 반드시 필요한 기능과 과정을 중점적으로 살펴본다.
- 제7장 "재난 관리: 복구"에서는 재난을 겪은 이후에 재건 작업에 들어간 개인과 지역 사회를 돕는 정부와 자원봉사 프로그램에 대해 광범위하게 살펴본다.

- 제8장 "국제 재난 관리"에서는 선별된 일부 국제기관들을 살펴봄으로써 국제 재난 관리 분야에서 현재 어떤 활동이 이루어지고 있는지 개요를 제공한다.
- 제9장 "재난 관리와 테러 위협"에서는 2001년 9월 11일의 사건이 재난 관리의 전통적인 개념을 어떻게 변화시켰는지 살펴본다.
- 제10장 "재난 관리의 미래"에서는 9/11 사건과 카트리나 발생 이후에 달라진 환경을 점검하고, 재난 관리의 현주소와 미래에 나아갈 방향에 대한 저자들의 통찰과 추론 및 제안 그리고 세 가지 선택 사항에 대해 알아본다.

우리는 재난 관리에 대한 이해와 이 분야를 특징짓는 여러 사건에 대한 통찰, 그리고 재난 관리가 앞으로 나아갈 방향에 대한 고찰을 전달하기 위해 이 책을 썼다. 2001년 9/11 사건과 허리케인 카트리나의 실패는 재난 관리의 절박한 필요와 가치를 잘 보여 준다. 점점 심각해지는 위협과 지구촌 기후 변화의 현실, 그리고 우리의 사회적, 경제적, 정치적 환경의 변화는 새롭고도 획기적인 접근법과 리더십을 요구하고 있다. 이 책을 읽고 여러분 한 명 한 명이 용기를 내어 그러한 도전을 기꺼이 받아들이기를 희망한다.

역자 서문

미국의 재난 관리 제도에 가장 큰 변화를 일으킨 계기로는 2001년 9/11 테러와 2005년 허리케인 카트리나를 들 수 있다. 1990년대 미국 연방재난관리청은 재난 관리에 있어 모범적인 역할을 수행했다고 평가받았다. 하지만 2001년에 발생한 9/11 테러는 재난 관리에 테러를 포함시키면서 재난 관리의 범위를 확대시키는 계기를 만들었다. 이를 통해 연방 정부와 관련 기관, 지방 정부 등이 서로 연계해서 또는 독립적으로 재난에 대비할 수 있는 체계가 구축되었다. 특히 미국의 22개 안보 관련 기존 조직들을 통합한 국토안보부가 2002년 11월에 창설되었으며, 효율적인 재난 관리 체계가 만들어진 것으로 평가되었다. 그러나 이 체계도 2005년 허리케인 카트리나 사태에는 큰 역할을 하지 못했으며, 이에 대한 문제점 검토가 지속적으로 이루어졌다. 이를 계기로 법과 제도에 많은 변화가 생겼으며, 특히 이념적인 차원의 접근 방식이 예전과 크게 달라졌다. 이 책에서는 이러한 변화의 구체적인 내용 및 이로 인한 결과들을 종합적으로 평가하고 있다.

　재난 관리의 선진국은 미국이며, 재난 관리에 대한 연구에서 미국의 사례에 대한 조사는 빠지지 않는 항목이다. 하지만 법과 제도와 역사는 끊임없이 변화하고 있으며, 변화하는 표면적인 현황만 파악한다면 실질적인 도움이 되거나 구체적 진실에 접근하기 어렵다. 따라서 미국의 재난 관리에 대해 종합적으로 분석하고 평가한『재난관리론』은 이러한 부분의 아쉬움을 많은 부분에서 해소할 수 있을 것으로 기대된다. 특히『재난관리론』의 세부 항목인 "재난 관리의 역사적 배경", "자연적인 위험 요인과 기술적인 위험 요인 그리고 위험 평가", "재난 관리: 완화", "재난 관리: 대비", "재난 관리: 재난 통신", "재난 관리: 대응", "재난 관리: 복구", "국제 재난 관리", "재난 관리와 테러 위협", "재난 관리의 미래" 등은 기존의 재난관리론이나 방재관리론 등에서 다룰 수 없었던 재난 관리의 본질을 구체적으로 설명해 주고 있다. 이러한 내용들은 모두 미국의 경우에 해당하지만, 우리나라를 비롯한 어느 나라에도 동일하게 적용 가능한 정보이다.

우리나라에서는 2014년 4월 세월호 사건을 계기로 그해 11월 국민안전처가 출범했다. 이후 국가와 국민의 안전이 가장 중요한 정부 정책 중 하나가 되었으며, 이를 위한 많은 노력이 이루어지고 있다. 하지만 2015년의 메르스 사태와 IS의 테러 위협, 장기간의 가뭄 등 우리나라의 재난 환경도 위기관리가 포함된 재난 관리가 필수적인 상황으로 급변하고 있다. 이러한 시기에 미국의 재난 관리에 대해 체계적으로 분석한 『재난관리론』의 출판은 시의적절한 것으로 판단된다. 이 책이 국가 재난 관리 정책의 수립과 관련 연구에 많은 도움이 되길 기대한다.

앞으로도 추가적인 번역 출판을 통해 재난 관리와 관련된 다양한 선진 정보를 전달할 계획이며, 이 책은 그러한 시도의 시작이다. 이 『재난관리론』이 총 10권으로 계획된 '재난 관리 시리즈'의 첫 번째 출판물로서 그 역할을 다해 주길 바란다. 지속적인 번역 출판을 통해 원래 계획한 목표를 꼭 달성하겠다는 약속을 드리며, 독자 여러분의 따뜻한 격려와 날카로운 지적을 기대한다.

이 책의 번역 출판을 선뜻 허락해 준 저자 하도우, 벌록, 코폴라에게 진심으로 감사드리며, 원저의 출판사인 버터워스 하이네만에도 심심한 사의를 표한다. 또한 최선을 다해 이 책의 번역 및 출판을 지원해 주신 이찬규 사장님을 비롯한 북코리아 직원 여러분께도 감사의 인사를 드린다. 이 책의 번역은 국민안전처의 연구 과제인 '대규모 복합 피해 지역에 대한 효율적인 복구 방안 연구(NEMA-자연-2014-73)'를 수행하면서 이루어진 하나의 성과로서, 이를 지원해 주신 국민안전처 관계자분들께도 감사의 마음을 전한다.

유용한 온라인 정보

버터워스 하이네만의 『재난관리론』(제5판)을 선택해 주신 데 대해 감사의 말씀을 드린다. 이번 제5판에서는 더 많은 것을 배울 수 있도록 온라인 정보도 제공한다. http://booksite.elsevier.com/9780124077843에서 스태포드 법 전문을 포함한 유용한 정보를 더 얻을 수 있을 것이다.

추가 질문이 있으면, 여러분이 사는 지역의 영업 대표에게 연락하기 바란다. 아카데믹 세일즈 팀(textbook@elsevier.com)으로 이메일을 보내도 좋다.

등록된 사용자와 강사들은 http://textbooks.slsevier.com/web/manuals/aspx?isbn=9780124077843에서 유용한 정보를 무료로 얻을 수 있다.

제1장

재난 관리의
역사적 배경

학습
내용

- 재난 관리의 유래
- 미국 재난 관리의 현대사
- 미국 연방재난관리청(FEMA)이 창설된 이유와 발전 과정
- 9/11 테러 공격과 허리케인 카트리나로 인한 현대 재난 관리의 급격한 변화
- 허리케인 카트리나 이후의 법률 제정과 워싱턴 D.C.의 새로운 행정부에 의한 변화
- 오바마 행정부의 재난 관리 접근법
- 허리케인 샌디의 여파로 통과된 FEMA의 프로그램에 대한 법률적 분석

서론

재난 관리는 고대 역사에 그 유래를 두고 있다. 고대 상형 문자에는 동굴 거주자들이 재난에 대처하기 위해 노력한 내용이 묘사되고 있으며, 성경에서는 문명사회에 닥칠 여러 재난에 대해 예언하고 있다. 사실, 모세가 홍해를 가르는 대목은 밀물을 통제하려는 최초의 시도로 해석될 수 있다. 재난이 일어나면 개인과 지역 사회는 재난을 극복하기 위해 노력해 왔지만, 재난 복구를 위한 조직적인 시도는 그 한참 뒤인 현대 사회에 들어와서야 찾아볼 수 있다.

이 장에서는 미국의 현대적인 재난 관리 발달사를 역사적이고 조직적이며 법률적인 관점에서 살펴볼 것이다. 오랜 세월 동안 재난 관리 분야의 틀을 만들어 온 주요 사건과 인물들에 대해서도 알아볼 것이다. 재난 관리의 역사와 발전 과정에 대해 아는 것은 중요하다. 그것은 시대에 따라 재난 관리의 개념이 다르게 적용되어 왔기 때문이다. 재난 관리의 정의는 대단히 넓고 모든 것을 아우를 수 있을 만큼 포괄적이다. 다른 분야보다 더 구조화되어 있는 이 분야는 사건에 대한 대응, 의회의 의지, 지도자의 유형에 따라 확대되거나 축소되어 왔다.

최근 미국에서 재난 관리 분야에 다른 무엇보다 극적인 변화를 가져온 것은 대형 사건과 리더십이다. 2001년 9월 11일 테러리스트의 공격은 재난 관리에 있어 막대한 조직적 변화와 정책 변화를 일으켰다. 많은 사람들은 이러한 변화가 1990년대에 효율적으로 발전된 재난 관리 시스템을 약화시켜, 2005년 허리케인 카트리나에 대응한 모든 차원의 재난 관리를 크게 실패하게 만들었다고 믿는다.

재난 관리를 간단히 정의하자면, '위험과 위험 회피를 다루는 분야'라고 할 수 있다. 위험에는 폭넓은 문제가 포함되며, 따라서 다양한 인물군이 필요하다. 재난 관리나 재난 관리 시스템에 포함될 수 있는 상황은 무척이나 방대하다. 이것은 재난 관리가 우리 모두의 안전한 일상생활에 반드시 필요하며, 재난 시에만 필요한 게 아니라 일상적인 결정으로 통합되어야 한다는 기본 전제에 부합한다.

재난 관리는 정부의 핵심 역할이다. 미국 헌법을 보면, 공공의 건강과 안전에 대한 국가의 책임 — 같은 이유로 공공의 위험에 대한 책임도 — 이 연방 정부의 두 번째 역할로 규정되어 있다. 지방 정부나 개인이 재난으로 어찌할 바를 모를 때 돕는 것이 바로 연방 정부의 역할이다. 재난 관리에 대한 정부의 기능을 이끌어 온 것은 바로 이러한 근본 철학이다.

이러한 확고한 근거에 비추어 볼 때, 재난 관리가 정부의 역할이라는 타당성에는 의문의 여지가 있을 수 없다. 재난 관리의 역할을 수행하는 개인과 조직은 연방 정부가 관여하기 오래 전부터 주州(또는 광역자치단체)와 지역(또는 지방자치단체) 차원에서 존재해 왔다. 하지만 여러 가지 사건이 발생하고, 정치 철학이 변화하고, 국가가 발전하면서, 재난 관리에 있어 연방 정부의 역할은 지속적으로 확대되어 왔다.

허리케인 카트리나에 대한 대응 실패 이후에 재난 관리, 특히 대응과 복구의 기능에 대한 광범위한 논쟁이 이루어졌다. 허리케인 카트리나 이후에 특정한 유권자들을 지지하는 비영리 단체가 전례 없이 증가했고, 재난 대응에 더 큰 책임을 맡으려는 이들 비영리 단체에 대한 관심이 증폭되었다. 지금까지 구체화되지는 않았지만, 연방 정부 차원에서 재난 관리의 기능, 특히 재난에 대비한 계획을 세우는 데 있어 하향식 접근을 하려는 시도가 조금씩 이루어지고 있다. '포스트 카트리나 재난 관리 개혁법Post-Katrina Emergency Management Reform Act'을 보면 연방 정부의 재난 관리 방법에 일어난 변화가 자세히 열거되어 있지만, 연방재난관리청(FEMA)과 국토안보부(DHS)의 최고위층들은 이 법안에 포함된 많은 변화를 채택하지 않고 무시하고 있다. 2008년 버락 오바마Barack Obama가 미국 대통령으로 선출되면서, 의회와 재난 관리 기관들은 긍정적인 변화를 기대하며 지지를 표명해 왔다. 플로리다 출신의 대단히 유능한 재난 관리 행정가인 크레이그 퓨게이트Craig Fugate를 FEMA 청장으로 임명한 것은 긍정적인 변화였으며, 퓨게이트는 FEMA의 재난 대응 능력을 향상시키겠다고 선언했다. 국토안보부 장관인 재닛 나폴리타노Janet Napolitano의 협조를 바탕으로 퓨게이트는 재난 대비와 대응에 초점을 맞추었다. 이러한 조치는 예방 능력을 향상시키고 지역 복구에 대한 주도권을 다른 연방 정부 기관에 넘기려는 FEMA의 노력을 상당히 약화시키는 역효과를 낳기도 했다. 행정가인 퓨게이트는 희생자에서 생존자로 초점을 바꾸는 개인적인 프로그램으로 '총체적 지역 사회Whole Community'라는 개

넘을 새로이 도입했다. 퓨게이트의 재임 기간 동안 FEMA는 대규모 홍수, 토네이도 조플린Joplin, 미주리 주의 토네이도, 허리케인 샌디Sandy와 보스턴 마라톤 폭탄 테러 등 굵직굵직한 사건으로 시험을 치렀다. 이 장에서는 2011년 이후에 FEMA가 어떻게 발전해 왔으며, 국가 재난 관리 시스템의 잠재적인 미래상은 무엇인지 간단히 살펴보도록 하겠다.

초기 역사: 1800-1950년

1803년 화재로 파괴된 뉴햄프셔의 소도시에 경제적인 지원을 하는 법률이 의회를 통과하였다. 이것은 연방 정부가 지역의 재난에 개입한 첫 번째 사례였다. 이때서야 비로소 프랭클린 루스벨트Franklin Roosevelt 행정부는 정부를 경제를 일으키는 도구로 활용했으며, 이에 따라 연방 정부가 재난 관리 역할에 상당한 자금을 대기 시작했다.

1930년대에 부흥금융공사Reconstruction Finance Corporation와 공공도로국Bureau of Public Roads은 재난 피해를 입은 공공시설의 복구와 재건에 필요한 재난 자금을 대출받을 수 있는 권한을 부여받았다. 이 시기에 수력 발전을 위해 테네시 강 유역 개발 공사Tennessee Valley Authority(TVA)가 설립되었다. 이 지역의 홍수를 감소시키는 것은 TVA의 두 번째 목적이기도 했다.

비슷한 시기에 재난 관리에 관한 의미 있는 법안이 통과되었는데, 1936년 홍수통제법Flood Control Act은 미국 육군공병단Army Corps of Engineers의 홍수통제 사업을 확립하고 개발하고 권한을 증대시킨 것이다. 이 법안은 미국의 재난 관리에 막대하고도 장기적인 영향을 미쳤다. 이 법에는 인간은 자연을 통제할 수 있으며, 따라서 홍수의 위험도 줄일 수 있다는 철학이 반영되어 있다. 이 프로그램은 미국 전역의 하천을 따라 경제 성장과 인구 증가를 촉진시켰으나, 재난 관리에 있어서의 이 같은 시도는 근시안적이었으며 큰 대가를 치러야 했음을 역사가 입증해 보이고 있다.

냉전과 민방위의 부상: 1950년대

재난 관리의 발전 단계에 있어 다음으로 주목해야 할 시기는 1950년대이다. 냉전 시대의 주된 재난 위험은 핵전쟁과 핵 낙진의 가능성이었다. 따라서 이 시기에는 민방위 조직이 여러 지역 사회로 확산되었고, 개인과 지역 사회는 소련의 핵 공격으로부터 자신과 가족을 지킬 대피소를 만들었다.

거의 모든 지역 사회에는 민방위 지휘관이 있었으며, 대부분의 주에는 주 정부 조직 내에 민방위를 담당하는 사람이 있었다. 이들은 대개 퇴역 군인이었으며, 이들의 활동에 국가나 지역 정부가 제공하는 정치적·경제적 지원은 거의 없다시피 했다. 또한 이들은 원래 하던 업무를 수행하면서 민방위 지휘관을 겸하는 경우가 많았다.

이러한 활동에 대한 연방 정부의 지원은 연방민방위청Federal Civil Defense Administration(FCDA)에 의해 수행되었는데, 이 조직 또한 직원이나 재원이 거의 없어 기술적인 지원이 주된 역할이었다. 사실, 지역이나 주의 민방위 지휘관들이야말로 미국 재난 관리의 최전선에 있는 인물들이었다.

FCDA와 유사한 조직인 국방동원국Office of Defense Mobilization은 국방부 산하에 설립되었다. 이 조직의 주된 기능은 전쟁이 발발할 경우 물자와 물품을 신속하게 조달하고 주요 물자를 저장하는 것이었으며, 여기에 재난 대비 기능이 포함되었다. 이 두 조직은 1958년에 민방위국방동원국Office of Civil and Defense Mobilization으로 통합되었다.

1950년대는 대규모 자연 재난의 측면에서는 잠잠한 시기였다. 1954년 4등급 허리케인 헤이즐Hazel이 버지니아 주와 노스캐롤라이나 주에 막대한 피해를 입혔으며, 1955년 허리케인 다이앤Diane은 동부 해안과 북동쪽에 위치한 여러 주를 강타했고, 1957년에는 허리케인 오드리Audrey가 루이지애나Louisiana와 노스텍사스North Texas를 강타했다(허리케인 오드리가 세 태풍 중 가장 심한 피해를 주었다). 의회는 피해 지역에 더 많은 지원금을 제공하는 특별법을 제정하는 절차에 따라 익숙하게 이러한 재난에 대응하였다.

1960년대가 시작되면서, 대규모 자연 재난이 세 차례 발생했다. 인구가 거의 없는 몬태나 주의 헵겐Hebgen 호수에 리히터 규모 7.3의 지진이 발생했다. 이는 캘리포니아가 아닌 다른 주에서도 심각한 지진이 발생할 위험이 있음을 입증해 보이는 사건이었다. 1960년대에는 허리케인 도나Donna가 플로리다의 서부 해안을 강타했고, 1961년에는 허리케인 카를라Carla가 텍사스 주를 휩쓸었다. 새로 출범한 케네디Kennedy 행정부는 이러한 재난에 대한 연방 정부 차원의 접근에 변화를 주기로 했다. 1961년에 자연 재난을 다룰 재난대비국Office of Emergency Preparedness이 백악관 내에 설치되었다. 민방위의 책임은 국방부 내의 민방위국Office of Civil Defence에 그대로 남아 있었다.

재난 관리 분야에 일어난 변화: 1960년대

1960년대에 접어들면서, 미국은 연이어 발생한 대규모 자연 재난의 피해를 입었다. 1962년 사순절의 첫째 날인 재의 수요일Ash Wednesday에 몰아친 폭풍우는 620마일이 넘는 대서양 연안의 해안 지역을 휩쓸어 3억 달러가 넘는 피해를 냈다. 1964년에는 알래스카의 프린스 윌리엄 사운드Prince William Sound에서 발생한 리히터 규모 9.2에 이르는 대지진이 미국과 전 세계 신문의 제1면을 장식했다. 이 지진은 멀리 떨어진 캘리포니아의 태평양 해안을 휩쓴 쓰나미를 발생시켰고, 이로 인해 123명이 사망했다. 1965년 허리케인 벳시Betsy와 1969년 허리케인 카미유Camille는 수백 명의 사상자를 내고 멕시코 만Gulf Coast 해안 지역을 따라 수억 달러에 이르는 재산 피해를 냈다.

이전 재난의 경우에서처럼 정부의 대응은 자금을 지원하기 위한 특별법을 통과시키는 것이었다. 하지만 플로리다와 루이지애나를 가로지른 허리케인 벳시의 경로를 따라 경제적인 손실이 발생하면서 앞으로 있을 홍수에 대비한 재해보험 문제가 제기되었는데, 이는 이러한 재난이 일어난 뒤에 지속적으로 이루어지는 정부의 지원을 줄일 수 있는 방법이었다. 의회에서는 주택 보유자를 위한 정책에 홍수 대비 보험이 포함되어 있지 않다는 데 주목했다. 이러한 보험이 효과를 발휘하려면, 그야말로 천문학적인 비용이 들 터였다. 이 논의는 결국 1968년 국가 홍수보험법National Flood Insurance Act을 통과시키기에 이르렀고, 이 법으로 인해 국가 홍수보험 프로그램National Flood Insurance Program(NFIP)이 생겨났다.

루이지애나의 하원의원 헤일 보그스Hale Boggs는 의회에서 이 특이한 법률 제정을 주도해 신임을 얻었다. 이전의 재난 관리나 재난 법률과 달리 이 법안은 재난이 닥치기 전에 위험에 대해 무언가를 한다는 점이 달랐다. 이로 인해 재난 관리의 실무 분야에 지역 사회 기반 완화community-based mitigation라는 개념이 도입되었다. 간단히 말해서 어떤 지역 사회가 NFIP에 가입하면, 연방 정부가 보조금을 주는 대가로 일반 시민은 낮은 비용의 홍수보험에 가입하고, 그 지역 사회는 향후 홍수 범람원에 대한 개발을 제한하는 법령을 통과시켜야 하는 것이다. 또한 연방 정부는 지역 사회 내에 있는 홍수 범람원에 대한 지도 제작을 도와야 했다.

국가홍수보험 프로그램(NFIP)은 보그스가 당시 미주리 주의 상원의원인 톰 이글턴Tom Eagleton과 합의한 정치적 절충안의 일부분인 자발적인 참여 프로그램으로 시작되었다. 하지만 이 자발적인 참여 프로그램에 합류한 지역 사회는 거의 없었다. 1969년 허리케인 카미유가 루이지애나, 앨라배마, 미주리 주의 해안 지역을 강타한 뒤에 정부는 NFIP를 통해 일반 시민의 경제적인 투자를 보호하고 정부의 재난 관련 지출을 감소시켜 보려 했지만, 이러한 목적도 달성되지 못하였다. 허리케인 아그네스Agnes가 플로리다를 강타할 때까지도 변화의 기미는 보이지 않았다.

닉슨Nixon 대통령이 뉴욕에서 내려보낸 조지 번스타인George Bernstein은 주택도시개발부Department of Housing and Urban Development(HUD) 내의 연방보험관리청Federal Insurance Administration(FIA)을 맡아, 홍수보험 의무 가입과 연방 정부가 대출금을 지원하는 모든 주택 보유자에 대한 대출을 연결시킬 것을 제안했다. 이러한 변화는 여러 지역 사회가 NFIP에 가입하게 하는 장려책이 되었는데, 이는 주택 대출금 시장의 상당 부분을 연방 정부가 지원했기 때문이다. 이러한 변화로 1972년 홍수보험법이 제정되었다.

지방 정부와 주 정부가 이러한 홍수 위험 프로그램을 운영하기 위해 어떤 선택을 했는지에 주목할 필요가 있다. 대개의 경우 위험과 재난에 대처할 책임은 민방위 부서에 있었다. NFIP가 위험과 위험 회피 업무를 처리했음에도 불구하고, NFIP에 대한 책임은 지역의 계획 부서와 주 정부의 자연자원부Department of Natural Resources에 있었다. 이러한 반발은 1960년대와 1970년대에 이루어진 재난 관리 분야의 발전이 단편적이고 분열적이었음을 보여주는 실례이다.

비판적으로 사고하기

미국 재난 관리 시스템에서 재난으로 인해 촉발된 점진적인 변화에 긍정적인 측면과 부정적인 측면이 있다고 생각하는가? 재난에 의해 촉발되지 않은 변화에 대해서는 어떻게 생각하는가?

국가가 재난 관리에 총력을 기울여 줄 것에 대한 요구: 1970년대

1970년대 재난 관리의 책임은 5개 이상의 연방 정부 부서와 여러 기관이 맡았는데, 여기에는 상무부Department of Commerce(기후, 경보, 소방), 조달청General Services Administration(정부의 지속성, 물자 비축, 연방 정부 차원의 대비), 재무부Treasury Department(수입품 검사), 원자력규제위원회Nuclear Regulatory Commission(발전소), 주택도시개발부(HUD)(홍수보험과 재난 구호)가 있다.

앞에서 언급한 허리케인과 1971년 샌프란시스코 지진에 의해 촉발된 1974년 재난구호법Disaster Relief Act이 통과함에 따라, 주택도시개발부(HUD)는 연방보험관리청(FIA)의 국가 홍수보험 프로그램(NFIP)과 연방재난지원청Federal Disaster Assistance Administration(FDAA)(재난 대응, 임시 거주지, 원조)을 통해 자연 재난의 대응과 복구에 있어 가장 막강한 권한을 갖게 되었다. 군사적인 측면은 민방위대비청Defense Civil Preparedness Agency(핵 공격)과 육군공병단(홍수 관리)이 맡았다. 그러나 위험과 잠재적 재난의 폭넓은 영역을 모두 감안하면, 100개 이상의 연방 정부 기관이 어떤 형태로든 위험과 재난에 관여하고 있었다.

이러한 양상은 주州 정부와 더 소규모로는 지역 정부 차원으로까지 계속 이어졌다. 유사한 조직과 프로그램이 혼란을 가중시켰고, 특히 재난이 발생한 이후의 대응노력에 있어 영역 다툼이 발생했다. 주 정부와 주지사들은 이러한 분열상에 점차 좌절감을 느꼈다. 재난 관리를 주관하는 연방 정부 차원의 강력한 기관이 없는 상황에서 테네시 주의 레이시 슈터Lacy Suiter와 일리노이 주의 에리 존스Erie Jones가 이끄는 주의 민방위 책임자 모임은 전국 주지사 협의회National Governors Association(NGA)를 통해 재난 관리 활동을 하나의 정부 기관으로 통합하려는 시도를 시작하였다.

그들과 같은 주지사였던 조지아 주의 지미 카터Jimmy Carter가 대통령으로 선출되면서 이러한 노력이 힘을 얻었다. 워싱턴으로 온 지미 카터 대통령은 모든 정부 기관을 간소화하고 주요 행정 절차에 대한 통제력을 장악하는 데 혼신의 힘을 기울였다. 주지사들은 전국 주지사 협의회와 의회를 대상으로 연방 정부의 재난 관리 기능을 하나로 통합하기 위한 로비를 벌였다. 따라서 카터 행정부가 그러한 제안을 내놓았을 때, 상원의 호응을 얻을 수 있었다. 의회는 재난 발생 시 연방 정부 차원의 일관된 정책이 없고 주 정부가 어떤 기관에 의지해야 할지 모르는 무력한 상황에 대해 이미 우려를 표명한 바 있었다.

그러나 재난 관리와 관련된 기존의 연방 정부 기관들은 이러한 판세를 반기지 않았다. 관료주의의 기본적인 속성은 지배권과 권위를 계속 늘리는 데 있지, 지배권을 잃는 데 있지 않기 때문이다. 또한 이러한 유형의 통합에는 승자와 패자가 있기 마련이므로, 통합된 새로운 권력을 어느 연방 정부 부서나 기관이 가질 것인가가 문제였다. 논의가 계속 진행되면서, 새로 조직된 전국 재난 대비 국장 협의회National Association of State Directors of Emergency Preparedness는 독립적인 새로운 조직을 설립할 것을 주장했고, 상원은 이에 신속한 지지를 표명하였다.

이러한 논란의 와중에 펜실베이니아 스리마일 섬Three Mile Island의 원자력 발전소에서 사고가 발생했고, 이는 이러한 통합 노력에 힘을 더해 주었다. 이 사고로 상업적인 원자력 발전소 인근 지역에 대한 적절한 재난 대응 부재와 이러한 사고에 대한 연방 정부의 역할 부재가 전국적인 언론의 주목을 받았다.

1978년 6월 19일 카터 대통령은 '조직 개편 계획안 3호(3 CFR 1978, 5 U.S. Code 903)'를 의회에 제출하였다. 이 계획의 목적은 재난 대비, 예방, 그리고 대응 활동을 하나의 연방 재난 관리 조직으로 통합하는 데 있었다. 카터 대통령은 이 계획안으로 연방재난관리청(FEMA)이 신설될 것이며, FEMA 청장이 대통령에게 직접 보고하게 될 것이라고 선언하였다.

'조직 개편 계획안 3호'에 의해 화재예방관리청National Fire Prevention Control Administration(상무부), 연방보험관리청Federal Insurance Administration(주택도시개발부), 연방방송국Federal Broadcast System(대통령실), 민방위대비청Defense Civil Preparedness Agency (국방부), 연방재해원조청Federal Assistance Administration(주택도시개발부), 그리고 연방대비청Federal Preparedness Agency(조달청)의 업무가 FEMA로 이관되었고, 다음의 재난 대비 및 재난 예방 기능 또한 FEMA로 이관되었다.

- 지진 위험 감소 프로그램의 관리(과학기술정책국Office of Science and Technology Policy)
- 댐 안전과 관련된 협력(과학기술정책국)
- 악기상 관련 재난에 대한 대비 계획 수립과 지역 사회에 대한 원조
- 자연 재난 및 핵 재난 경고 시스템과 관련된 협력
- 대규모 테러 공격으로 인한 피해를 감소시키기 위한 재난 대비 및 계획과 관련

된 협력

'조직 개편 계획안 3호'는 다음과 같은 기본적이며 유기적인 원칙을 표명했다.

1. 중대한 민간 비상사태를 예측하고 대비하여 대응하는 연방 기관의 장은 대통령에 보고할 책무가 있으며 다른 고위 관료의 협조를 받아야 한다.
2. 효율적인 민방위 제도는 모든 가용한 자원을 가장 효율적으로 활용하여야 한다.
3. 비상사태에 대한 책무는 가능한 한 연방 정부 기관으로까지 확대되어야 한다.
4. 연방 정부 차원에서 이루어지는 재해 완화 활동은 재난 대비 및 재난 대응 업무와 밀접하게 연계되어야 한다.

의회의 검토와 동의를 거쳐, 1979년 3월 31일 행정 명령 12127호에 의해 연방재난관리청(FEMA)이 공식 설립되었다(44 FR 19367, 3 CFR, p.376). 두 번째 행정 명령 12148호는 정부 기관과 프로그램 그리고 인력을 새로운 독립 기구인 FEMA로 재배치할 것을 명령했다.

새로운 기관의 설립은 당연한 일이었으나, 다양한 프로그램과 기능, 정책 및 인력을 한 기관으로 통합하는 것은 통합을 시작할 때 예상했던 것보다 훨씬 방대한 일이었다. 그러기 위해서는 탁월한 리더십과 비전의 공유가 필요했다. 이러한 통합 작업은 심각한 정치적인 문제도 야기했다. 이렇게 프로그램을 통합하면서, FEMA는 법에 의해 프로그램을 감독하는 의회 내 23개 위원회와 분과소위원회에 답변을 해야 할 판이었다. 다른 연방 정부 기구와 달리, FEMA의 기능을 지원할 유기적인 법률 제정은 이루어지지 않았으며, 의회의 예산 책정 과정에서도 명백한 승자를 찾아보기 어려웠다.

뿐만 아니라, 카터 대통령은 이 새로운 조직의 책임자를 찾는 데 애를 먹었다. FEMA에 필적할 재난 관리 기능을 지닌 헌법 기관이 없었을 뿐 아니라, 당시 카터 행정부는 이란 인질 사태로 의회와 일반 국민들과 심각한 갈등에 봉착해 있었다. 결국 카터 대통령은 내각으로 눈을 돌렸고, 인사관리국장이었던 존 메이시John Macy를 FEMA 청장으로 임명했다.

존 메이시의 임무는 물리적으로 상당히 떨어져 있을 뿐 아니라 — FEMA는 워싱턴 주변에 서로 다른 5개의 건물로 분리되어 있었다 — 철학적으로도 거리감이 있는 기관을 하나의 조직으로 통합하는 것이었다. 또한 핵 전쟁 준비에 중점을 두었던 프로그램을 환경과 홍수 범람원 관리라는 새로운 과제에 중점을 둔 프로그램과 통합시켜야 했다. 메이시는 통합 재난 관리 시스템Integrated Emergency Management System(IEMS)이라는 새로운 개념을 개발함으로써, 자연적인 위험 요인에 대한 대비와 민방위 활동과의 유사성을 강조하기 위해 노력했다. 이 시스템은 사소하고 산발적인 사건에서부터 핵 공격이라는 궁극적인 비상 상황에 이르기까지, 모든 재난에 공통적인 지휘, 통제, 그리고 경보 과정을 포함한, 모든 위험 요인에 대한 접근을 포함하고 있었다. 메이시의 이런 노력으로 FEMA는 자체 사업을 추구하며 상부 기관인 의회에 답변하는 독특한 독립 기구로서의 기능을 계속해 나갔다. 당시에는 대규모 재난이 거의 발생하지 않았으므로, FEMA가 일관성 없이 흐트러져 있다는 문제점에 실질적으로 주목하는 사람은 아무도 없었다.

핵 공격 계획으로 인한 민방위의 재등장: 1980년대

1980년대 초반과 중반에 연방재난관리청(FEMA)은 여러 문제에 직면해 있는 듯 보였으나, 심각한 자연 재난은 발생하지 않았다. FEMA가 설립될 당시 의회가 요구한 재난에 대한 연방 정부 차원의 일관된 대응을 할 필요가 없었으므로, FEMA는 여러 기구를 아우른 조직으로 계속 존속해 나갔다.

1982년 레이건Reagan 대통령은 FEMA 청장으로 루이스 지우프리다Luis Giuffrida를 임명했다. 레이건 대통령의 최측근 고문 중 한 명인 에드 미즈Ede Meese의 캘리포니아 친구인 지우프리다는 주 정부 차원에서의 테러 대비와 훈련에 관한 경력이 있었다. 그는 FEMA를 행정부의 정책적 요구와 자신의 경력에 부합하는 기구로 재정

비해 나갔다. 최우선순위는 핵 공격에 대한 정부 차원의 대비에 있었다. FEMA 내의 자원을 재배치하고, 추가 예산권을 따내야 했으며, 국가적인 안전에 대한 FEMA의 책임도 증대되었다. 주 정부의 민방위 국장들은 FEMA의 신설을 위한 로비를 벌였음에도 불구하고, 국가 안보를 위한 아무런 실질적 역할도 하지 못하고, 자신들의 권한과 연방 정부의 재정 지원이 감소하는 것을 목격해야 했다.

지우프리다는 FEMA의 유일하고도 실질적인 기관 중 하나인 연방소방청U.S. Fire Administration이 못마땅했고, 그래서 소방청을 FEMA의 교육훈련본부Directorate of Training and Education에 귀속시킴으로써 연방소방청의 권한을 축소시켰다. 그는 메릴랜드 주 에미츠버그Emmitsburg에 새로 확보한 부지에 최상의 국가 재난 훈련 센터National Emergency Training Center(NETC)를 세울 계획이었다.

지우프리다의 재임 기간 동안 FEMA는 미주리 주 러브 운하Love Canal와 타임스 비치Times Beach에서의 오염 사건과 쿠바 난민 사태 등에 대한 연방 정부의 대응을 관리하고, 핵 공격 이후에 민선 정부의 지속성을 지키는 데 있어 FEMA가 중심적인 역할을 해야 한다고 주장하는 등, FEMA의 권한을 키워 나가는 과정에서 여러 가지 이례적인 도전에 직면했다. 지우프리다가 FEMA를 워싱턴 D.C.의 새로운 본부 청사 건물에 물리적으로 통합하는 데는 성공했지만, 심각한 도덕적인 문제는 계속되었다.

당시 하원의 과학기술위원회 소속이었던 테네시 주의 앨 고어Al Gore 하원의원은 지우프리다의 방식을 마음에 들어하지 않았으며, FEMA의 기능에 의문을 품었다. 의회 청문회가 진행되면서 법무부Department of Justice와 대배심에서는 FEMA의 정무직 고위 관리에 대한 조사에 들어갔다. 이러한 청문회는 정부 자금 유용 등 여러 문제에 책임을 지고 지우프리다와 고위 보좌관들이 사임하는 사태로까지 이어졌다. 이러한 인사 개편은 단지 사소한 전환점으로 기록되었고, FEMA와 재난 관리 문제는 〈둔즈베리Doonesbury〉라는 만화로 풍자되기에 이르렀다.

당시 레이건 대통령은 FEMA 청장으로 줄리어스 벡턴Julius Becton을 임명했다. 퇴역한 육군 장성이자 국무부 산하 해외재난지원국Office of Foreign Disaster Assistance의 전직 국장이기도 한 벡턴은 FEMA의 기능과 예산 지출의 투명성을 되살렸다는 평가를 받고 있다. 정책적인 관점에서 벡턴은 전임자의 프로그램을 눈에 덜 뜨이는 방식으로 계속 강조해 나갔다. 벡턴은 국방부의 요청으로 국방부 기지에 비축된 화학 물질을 정화하는 프로그램을 인수하면서 FEMA의 직무를 확대해 나갔다. 이 프로그램은 온갖 문제점투성이였으며, 지역 사회와 국방부 기지는 해당 지역 사회에서 쓸 수 있는 재원을 둘러싸고 이 정화 작업에 대해 감정 싸움까지 벌였다. FEMA는 이 프로그램을 해결할 기술적인 전문 지식이 부족했으므로 국방부에 의존했고, 자금 면에서는 육군에 의존했다. 이러한 상황 때문에 FEMA는 정치적인 문제에 부딪혔고, 국방부가 약속한 대로 지역 재난 관리 기능의 획기적인 진전은 이루어지지 않았다.

벡턴은 재임 기간 동안 FEMA가 운영하는 프로그램을 중요도 순으로 순위를 매겼고, 이에 따라 지진, 허리케인, 홍수 등 20개 이상의 주요 프로그램이 하위권에 자리매김했다. 심각한 자연 재해가 없었던 것에 비추어 보면 이러한 순위가 합당해 보이긴 했지만, 이러한 상황은 대규모 자연 재난의 가능성을 고려하지 않고 국가 안보의 우선순위에 따라 자원을 배분하는 양상이 계속된 맥락에서 보면 주목할 만한 일이었다.

국가 지진 재해 감소 프로그램National Earthquake Hazards Reduction Program(NEHRP)의 주무 기관인 FEMA의 책임에 대한 청문회에서 앨 고어 상원의원이 이 문제를 제기했다. 고어 의원은 뉴마드리드 단층에서 발생한 지진이 20만 명에 가까운 사상자를 낼 가능성이 있다는 과학적인 보고서를 보고 FEMA의 우선순위가 잘못되었다고 생각했다. NEHRP 설립 근거가 된 법률에 의하면, FEMA는 연방 정부가 재앙적인 대지진에 어떻게 대응할지에 대한 계획을 수립해야 했다. 이러한 연방 대응 계획Federal Response Plan(FRP)은 후에 모든 연방 정부 기관이 벌이는 재난 대응 업무의 표준이 되었다. 고어 의원은 FEMA가 연방, 주, 그리고 지역의 기관들과 함께 방재 계획수립에 더 많은 시간을 보내야 한다고 결론지었다.

위기의 연방재난관리청(FEMA): 1989-1992년

의회는 논의를 계속하면서 스튜어트 매키니와 로버트 스태포드 법Stewart McKinney-
Robert Stafford Act의 일부분으로 연방 재난 정책에 대한 대대적인 개혁안을 마침내 통
과시켰고, 이에 따라 국가적인 재난 관리 기관인 FEMA의 잠재력과 능력은 미궁에
빠지고 말았다. 1980년대가 막을 내리면서 FEMA는 위기에 처한 기관이 되었다.
FEMA는 심각한 도덕적 해이와 이질적인 리더십, 지출과 우선권을 놓고 주와 지역
의 협력 기관들과 갈등에 시달렸다.

　　조지 부시George Bush 대통령의 새 행정부가 들어서면서, 부시 대통령은 월리스
스틱니Wallace Stickney를 FEMA 청장에 임명했다. 스틱니는 뉴햄프셔 출신으로 부시의
비서실장인 존 수누누John Sununu의 친구였다. 스틱니는 환경보호청Environmental Protec-
tion Agency의 뉴잉글랜드 지역 사무소에서 근무한 경력과 자원봉사 소방대원 경력으
로 FEMA 청장 자리에 올랐다. 그의 재난 관리 능력은 별다른 신임을 얻지 못했고,
그의 임명은 주 정부 담당국장들의 폭넓은 지지를 얻지 못했다. 뿐만 아니라 FEMA
의 지부장에 임명된 많은 정무직 관료들 — FEMA 대응 시스템의 최전선에 있는 —
도 마찬가지로 재난 관리 경험이 없었다. 이러한 임명은 FEMA와 미국 국민들에게
대단히 심각한 결과를 가져온 것으로 드러났다.

　　1989년 두 차례의 처참한 자연 재난으로 FEMA가 계속 존속해야 하는지에 대
한 의문이 제기되었다. 9월 허리케인 휴고Hugo가 푸에르토리코와 버진 제도를 급습
한 후에 노스캐롤라이나와 사우스캐롤라이나를 강타했다. 허리케인 휴고는 10여 년
만에 발생한 최악의 허리케인으로, 150억 달러 이상의 재산 피해와 85명의 사망자
를 냈다. FEMA는 각 과정이 제대로 작동하기를 기다리고, 주지사들의 결정을 기다
리며 늑장 대응했다. 이로부터 한 달도 안 된 1989년 오클랜드 스타디움에서 월드
시리즈가 진행 중일 때 캘리포니아의 베이 지역을 로마프리타Loma Prieta 지진이 강타
했다. FEMA는 이러한 대참사에 제대로 대응하지 못했다.

　　몇 년이 지난 후에도 FEMA의 운은 좋아지지 않았다. 1992년 8월, 허리케인 앤
드루Andrew가 플로리다와 루이지애나를 강타했고, 그로부터 불과 몇 주 후에 허리케

인 이니키Iniki가 하와이를 휩쓸고 지나갔다. 이번에도 FEMA는 준비되어 있지 않았지만, 허리케인 앤드루가 왔을 때 플로리다 사람들을 실망시킨 것은 FEMA만이 아니라, 그 과정과 시스템이었다. 허리케인 휴고로 인해 자연 재난에 대한 국민적 관심이 높아지기 시작했다. 사람들은 필요할 때 정부가 나서서 자신들을 도와주기를 원하고 기대했다. 하지만 FEMA는 재난 관리라는 정부의 핵심적인 역할을 수행해 낼 능력이 없어 보였다.

허리케인 앤드루와 이니키가 휩쓸고 지나간 후에 FEMA를 해체하자는 움직임이 일었다. 그러나 새로 들어설 클린턴Clinton 행정부는 효율적인 대응과 신속한 복구 작업이 얼마나 중요한지 잘 알고 있었고, 그래서 당시의 재난 관리 시스템을 그대로 유지하기로 결정했다.

위트의 개혁: 1993-2001년

클린턴 대통령이 제임스 리 위트James Lee Witt를 FEMA 청장에 임명했을 때, 위트는 FEMA에 새로운 활력을 불어넣었고, 위기에 처한 FEMA에 새로운 방식의 리더십을 발휘했다. 위트는 재난 관리 분야에 경험이 있는 최초의 FEMA 청장이었다. 그는 FEMA의 신설에 아주 중요한 역할을 했지만 이제는 잊혀진, 주 정부의 관련 부서 국장들의 지지를 받고 있었다. 클린턴 대통령은 위트를 신뢰했고, 그보다 더 중요하게는 동반자 관계를 이루며 국민에게 봉사하는 게 얼마나 중요한지를 잘 아는 노련한 정치인이었다.

위트는 재난이 닥쳤을 때 정부가 그곳에 있어 주기를 바라는 미국 국민의 신뢰를 회복해야 한다는 지상 과제를 안고 부임했다. 그는 FEMA 안팎으로 전면적인 개혁에 착수했다. 내부적으로 위트는 전 직원과 소통하며 대민 봉사 교육을 실시했고, 병폐를 근절하기 위해 조직을 개편했다. 그는 재난 서비스의 이행에 필요한 신기술을 적용하고 예방과 위험 회피에 중점을 두었다. 외부적으로는 주와 지역의 재난 관리 기관과 관계를 강화하고 의회와 행정부 그리고 언론과도 새로운 관계를 맺어 나갔다. 이렇게 내외적으로 열린 의사소통은 위트의 FEMA 재임 기간 동안 두드러진 특징을 이루었다.

미국이 전례 없는 일련의 자연 재난을 겪으며 위트의 리더십과 그가 이룬 변화는 즉시 시험대에 올랐다. 1993년 중서부의 홍수는 9개 주에 이르는 대규모 재난 선포로 이어졌다. FEMA는 이 홍수에 성공적으로 대응했는데, 홍수 범람원으로부터 국민들을 이주시켜 아무런 피해를 입지 않도록 했으며, 이는 지금까지도 최대 규모로 기록된 자발적인 매입과 이주 프로그램의 시작이었다. 이것으로 재난 이후 복구라는 FEMA의 중심 기능에 변화를 줄 계기가 마련되었다.

추가 연구

1993년 미국 대홍수The Great USA Flood

요약문: 1993년 미국 중서부 홍수는 그동안 미국을 강타한 자연 재난 중 가장 강력하고 큰 피해를 입힌 재난 중 하나였다. 150억 달러에 이르는 재산 피해와 50명의 사망자를 냈으며, 수백 개의 제방이 파괴되고, 대피 인원이 수천 명에 이르렀다. 이 홍수는 홍수파의 크기, 기록된 홍수파의 갯수, 피해 지역의 넓이, 그리고 홍수의 지속 시간 면에서 이례적이었다.

이 논문에는 1993년 홍수, 기상국National Weather Service에서 사용한 예측 절차, 그리고 홍수를 일으킨 호우 사상 등에 관한 구체적인 사실이 실려 있다.

http://www.nwrfc.noaa.gov/floods/papaers/oh_2/great.htm

1993년 중서부 홍수에 뒤이어 바로 캘리포니아 노스리지Northridge 지진이 발생했다. 노스리지 지진은 서비스 전달 체계에 대한 최신의 능률적인 접근 방식과 기술적인 발달을 모두 시험해 더 나은 것으로 만드는 계기가 되었다. 이후 몇 년 동안 FEMA와 주 그리고 지역의 협력 기관들은 인명 피해를 동반한 토네이도, 눈보라, 허리케인, 홍수, 산불, 가뭄 등 모든 가능한 자연 재난에 직면해야 했다.

클린턴 대통령이 위트를 내각의 각료로 임명한 것은 재난 관리의 가치와 중요성이 널리 인정받는 계기가 되었다. 위트는 이러한 승진을 기회 삼아 각 주의 주지사들

재난관리론

이 해당 주의 재난 관리 담당국장들을 주의 내각에 포함시키도록 독려했다.

1995년 4월 오클라호마 폭탄 테러 사건은 재난 관리의 발전에 새로운 국면을 열어 주었다. 1993년 뉴욕 세계무역센터가 처음 폭탄 테러를 당한 뒤에 발생한 이 사건으로 인해 테러 공격에 대한 미국의 대비가 커다란 문제로 떠올랐다. 재난 관리의 책임 영역이 위험과 그러한 위험으로 인한 결과로 규정되므로, 테러리스트의 위협에 대한 대응 또한 이에 포함되는 게 당연했다. 오클라호마 폭탄 테러 사건은 이러한 명제에 대한 시험이 되었고, 어떤 정부 기관이 테러 공격을 담당할 것인가에 대한 관계 부처 간의 논쟁이 시작되었다.

이 같은 논쟁이 계속되면서, FEMA는 '프로젝트 임팩트Project Impact: 재난에 강한 지역 사회 만들기Building Disaster-Resistant Communities'라는 지역 사회 기반의 새로운 접근 방법을 활성화시키는 전국적인 계획에 착수함으로써 재난 완화에 대한 책무에서 중요한 진전을 이루었다. 이 프로젝트는 재난 관리와 재해 완화 업무를 미국의 모든 지역 사회에 퍼뜨리는 것이었다. 이는 재난 관리의 근본으로 돌아가는 조치였다. 이 프로젝트로 인해 지역 사회는 있을 수 있는 위험을 파악하고 그러한 위험을 줄이기 위한 계획을 수립해야 했다. 지역 사회는 또한 최초로 기업을 포함하여 지역 사회 내의 모든 이해 당사자를 포함하는 폭넓은 협력 관계를 구축해야 했다.

추가 연구

재난에 강한 지역 사회를 만들기 위한 프로젝트 임팩트 계획이 몇 년 뒤 캔자스에서 가치를 증명하다

이 논문에는 프로젝트 임팩트 프로그램의 일환으로 캔자스의 지역 사회가 취한 예방적인 조치들이 몇 년 뒤 끔찍한 토네이도가 캔자스를 강타했을 때 어떻게 수많은 인명을 살렸는지 자세히 소개되어 있다.

———

http://www.emergencymgmt.com/disaster/ProjectImpact-Initiative-to.html

---

재난에 강한 지역 사회를 건설함으로써, 해당 지역 사회는 지속 가능한 경제 발전을 이루고, 천연자원을 보존하고 축적하며, 주민에게 더 나은 삶을 약속할 수 있게 될 것이다. 그림 1-1은 허리케인 아이크가 강타했을 때 재난 완화의 효과를 보여 준다. 2000년대의 첫 10년이 저물어 갈 무렵 FEMA는 여전히 세계적으로 탁월한 재난 관리 시스템으로 인정받고 있었다. 이 시스템은 다른 여러 나라에 도입되었으며, 위트는 해외 재난 관리의 전도사가 되었다.

그림 1-1   2009년 8월 16일 텍사스의 길크리스트Gilchrist. 허리케인 아이크Ike가 이 지역을 강타한 후에도 건재한 건물은 스틸트 하우스stilt house(땅이나 물 위에 기둥을 세우고 그 위에 집을 지어서 집이 땅이나 물과 분리된 집: 옮긴이)뿐이었다. FEMA는 도시 재건을 위해서 지역, 주 그리고 연방 기관들과 여전히 협력한다. 사진 Patsy Lynch/FEMA.

테러: 2001년

조지 부시 대통령이 당선되면서 조 알바우Joe Allbaugh가 FEMA의 새로운 청장으로 임명되었다. 부시가 텍사스 주의 주지사였을 때 비서실장이자 2000년 대통령 선거 당시 부시의 선거 사무장이었던 알바우는 부시 대통령과 개인적으로 가까운 사이였다. 위트와 클린턴이 보여 주었듯이, 이는 FEMA에 긍정적인 작용을 할 것으로 보였고, 재난 관리 분야에 경력이 없는 그의 단점은 인사 청문회에서 별다른 문제가 되지 않았다.

부시 행정부가 인기 높은 프로젝트 임팩트에 들어가는 예산을 삭감하기로 결정하면서 알바우는 험난한 출발을 했다. 이러한 결정이 알려진 직후에 강도 6.8의 니스퀼리Nisqually 지진이 워싱턴 주의 시애틀을 강타했다. 시애틀은 프로젝트 임팩트를 가장 성공적으로 실천한 지역 사회에 속했다. 시애틀 시장은 전국에 방영되는 텔레비전 프로그램에 출연했고, 프로젝트 임팩트가 지진으로 인한 피해를 최소화해 주었다며 그 공을 인정했다. 딕 체니Dick Cheney 부통령은 이 프로젝트가 폐지된 이유가 무엇이냐는 질문을 받고, 이 프로젝트의 효과에 의문을 가져왔다고 대답했다. 하지만 의회는 FEMA의 예산 심의 과정을 거쳐 프로젝트 임팩트의 예산을 되찾아 주었다.

FEMA의 대대적인 개편의 일환으로 알바우는 국가대비국Office of National Preparedness(ONP)을 다시 설치했다. 이 부서는 1980년대 제3차 세계대전에 대한 대비의 일환으로 지우프리다 재임 시 처음으로 설립되었다가 1992년에 위트에 의해 폐지되었다. 이러한 움직임에 FEMA의 지지자와 직원들은 우려를 나타냈으나, 그 당시 ONP의 임무는 테러에 집중되었다.

2001년 9월 11일 테러 사건이 터지자, FEMA는 연방 대응 계획(FRP)을 작동시켰고 뉴욕과 버지니아에서 계획된 대로 대응 작업에 들어갔다. 수백 명의 대응 인력이 사건 발발 불과 몇 분 만에 작업에 들어가면서 미국 재난 관리 시스템의 강점이 입증되었다.

국토안보부(DHS): 2001-2005년

테러리스트들이 세계무역센터를 공격한 직후에 대통령은 백악관 내에 있는 국토안보국Office of Homeland Security에 행정 명령을 발동했다. 같은 날, 펜실베이니아 주의 주지사인 톰 리지Tom Ridge가 대통령 보좌관의 직위로 국토안보국장에 취임했다는 발표가 이루어졌다.

2002년 3월, 부시 대통령은 국토 안보에 관한 '대통령 훈령-3호'에 서명했고, 그 내용은 다음과 같다.

미국에는 연방 정부와 주 정부 그리고 각 지역의 기관과 미국 국민에게 테러의 위험과 관련 정보를 알리기 위한 종합적이고 효율적인 수단을 제공할 국토 안보 경보 시스템Homeland Security Advisory System이 필요하다. 이 시스템을 통해 위협의 위험이 증가하는 정도에 따라 '위협 상태'의 등급을 올리는 형태로 경보를 제공해야 한다. 각각의 위협 상태에서 연방 정부의 각 부서와 기관은 높아진 경보 상태에 맞게, 그에 상응해 취약점을 줄이고 대응 능력은 더욱 향상시키는 일련의 '보호 조치'를 시행해야 한다.

이 시스템은 본토가 직면한 위협의 본질과 이에 대응해 취해질 적절한 조치에 대해 국가 차원의 논의를 가능하게 하는 공통된 용어와 상황 그리고 조직의 틀을 새로 갖추는 것을 목적으로 한다. 또한 이 시스템은 여러 정부 부처의 적절한 의사 결정을 촉진시키고 그 결정을 알리며, 가정과 직장에 있는 시민을 보호하는 것을 목적으로 한다.

그 결과로 등장한 것이 유명한 다섯 가지 색상의 국토 안보 경보 시스템이었다. 2002년 11월 25일, 부시 대통령은 2002 국토안보법(공법 107-296)에 서명했으며, 이 법안을 통해 새로 설립될 국토안보부 장관으로 톰 리지를 임명할 것이라고 발표했다. 이 법안은 해리 트루먼Harry Truman 대통령이 다양한 군대를 국방부로 통합한 이래 가장 대규모로 연방 정부를 개편할 수 있는 권한을 부여한 법으로, 향후 미국을 테러범의 공격으로부터 보호하고, 테러에 대한 국가적인 취약성을 감소시키며, 잠재적인 테러리스트의 공격과 자연 재난으로 인한 피해를 최소화한다는 세 가지 임무를 부여했다.

2003년 1월 24일 공식적으로 출범하는 새로운 부서를 만들기 위한 전면적인 개편 작업으로 22개 연방 정부 기관에서 179,000명 이상의 연방 정부 직원들이 각료급 단일 조직으로 이동하였다. 국토안보부의 신설은, 연방 정보기관들 사이의 유기적인 협조만 있었어도 9월 11일 테러범의 공격을 예방할 수 있었다는 비판이 점차 거세어지면서, 이에 대한 대응 차원에서 대규모로 시작되어 점진적으로 이루어진 입법 승리의 정점을 이룬 사건이었다. 백악관과 의회는 국토안보부라는 황제 기구가 성공하기 위해서는 직원과 대규모의 예산이 필요하다는 데 인식을 같이했고, 이에 따라 연방 정부에 분산되어 있던 안보 관련 기관을 통합할 새로운 각료급 부서의 신설이 필요하다는 논의가 시작된 것이다.

2002년 하반기 몇 달 동안, 의회는 통과 가능하면서도 효율적인 법률을 제정하려는 노력의 일환으로 국토안보부에 관한 여러 안을 두고 심사숙고했다. 정보 수집과 수사와 관련된 법을 집행하는 여러 기관들 — 국가안전부National Security Agency(NSA), 연방수사국Federal Bureau of Investigation(FBI), 중앙정보부Central Intelligence Agency(CIA) — 을 통합하려는 노력은 실패로 끝났다.

이 같은 지연과 차질에도 불구하고 2002년 중간 선거 이후에 공화당은 상원과 하원에서 모두 충분한 의석을 획득했고, 따라서 더 이상의 논의 과정을 거치지 않고 대통령이 법안을 통과시키는 데 필요한 힘을 얻을 수 있었다. 이 법안의 통과가 의미 깊고 획기적인 이정표를 기록했음에도 불구하고, 실행 단계에서 엄청난 문제가 뒤따랐고, 여러 기관의 수장들이 제기한 우려를 받아들일 수밖에 없었다. 2002년 11월 25일 부시 대통령은 개편안을 제출했고, 이 개편안에는 이 기념비적인 일을 진행할 일정, 방법, 그리고 예산에 대한 계획이 담겨 있었다.

이 같은 합병 작업 이후에도 몇몇 기관은 그대로 남아 있었지만, 대부분은 새로운 4개의 본부 — 국경 및 교통안전Border and Transportation Security(BTS), 정보 분석 및 기반 시설 보호Information Analysis and Infrastructure Protection(IAIP), 재난 대비 및 대응Emergency Preparedness and Response(EP&R), 과학 및 기술Science and Technology(S&T) — 중 하나로 완전히 통합되었다. 다섯 번째 본부인 관리Management 본부는 기존의 행정과 지원 부서를 통합한 것이다. 국토안보부의 포괄적이고 구조적인 틀을 짜는 데 리지 장관에게 정확히 1년이라는 시간이 주어졌으며, 그는 법률에 따라 신설된 총 5개 본부와 기타 기관에서 새로운 리더십을 선보여야 했다.

국토안보부의 신설과 더불어 국토안보법은 다른 연방 정부 기관과 그들의 운영 프로그램에 몇 가지 변화를 가져왔으며, 이에 따라 새로운 프로그램이 신설되었다. 2003년 3월 1일, 조 알바우는 FEMA의 직원에게 보낸 메모에서 자신이 FEMA 청장에서 사임한다고 밝혔다. FEMA의 전직 법률 자문 위원이자 부청장이었던 마이클 브라운Michael Brown이 국토안보부의 재난 대비 및 대응 본부(EP&R) 내에 있는 FEMA 청장 대리로 임명되었다. 마이클 브라운은 알바우와의 개인적이고도 오랜 우정 때문에 FEMA로 왔다. 그는 대학에서 법학을 전공했으며, FEMA로 오기 전에는 콜로라도에 있는 아라비아 종마 협회Arabian Horse Association의 사무총장으로 있었다.

국토안보부의 신설이 진전되던 와중인 2004년 FEMA는 플로리다를 강타한 4개의 대규모 허리케인에 직면했다. 선거가 있는 해의 전반적인 정치적 속성과 플로리다가 대통령 선거 결과를 결정짓는 중요한 역할을 하는 현실 때문에(대통령의 동생인 젭 부시가 플로리다 주의 주지사라는 사실은 물론), 연방 정부가 이들 허리케인에 효율적이고 효과적으로 대응한다는 것을 보여 주기 위한 막대한 노력이 쏟아부어졌다. 하지만 플로리다가 미국 내에서 재난 관리 시스템이 가장 효율적으로 잘 구축되어 있는 주라는 사실과, 실제로 플로리다가 나무랄 데 없이 잘 해냈다는 사실을 모르는 사람은 없었다.

추가 연구

2005년 국토안보부(DHS) 감찰관실Office of Inspector General. 플로리다 주 마이애미-데이드 카운티의 허리케인 프랜시스Frances에 관련된 '연방재난관리청(FEMA)의 개인과 가정 지원 프로그램'에 대한 회계 감사

허리케인 발생 이후에 벌어진 여러 가지 문제 중에는 자신들이 사는 집에 아무런 피해나 손실을 입지 않고도 FEMA로부터 지원을 받은 사람들과 관련한 광범위한 사기 혐의도 있었다. 연방 정부 프로그램과 관련한 정부의 예산 남용, 사기, 횡령에 대해 조사하는 독립적인 감독 기구인 국토안보부 감찰관실은 이러한 혐의에 대해 조사했고, 조사 결과는 다음 보고서에 요약되어 있다.

http://www.oig.dhs.gov/asssets/Mgmt/OIG_05-20_May05.pdf

재난관리론

2004년 11월 30일 리지가 사임을 발표했다. 2005년 2월 16일, 상원은 국토안보부(DHS)를 이끌 수장으로 마이클 처토프Michael Chertoff를 만장일치로 선임했다. 2005년 7월 13일 마이클 처토프는 업무 능률을 높이기 위해 국토안보부를 개편하는 데 지침으로 사용될 '6가지 개선 사항'을 제안했다. 이 '6가지 개선 사항'에 따르면, 다음과 같은 변화가 이루어져야 했다.

- 재난, 특히 대재앙적 재난에 대한 전반적인 대비 능력을 향상시킨다.
- 사람과 화물을 보다 안전하고 효율적으로 이동시킬 보다 안전한 운송 시스템을 만든다.
- 국경의 안전과 국내의 법률 집행을 강화하고, 이민 과정을 개혁한다.
- 협력 기관들과의 정보 교류를 증진시킨다.
- DHS 내의 재정 관리 및 인적 자원의 개발, 물품 조달, 그리고 정보 기술을 향상시킨다.
- 업무 성능을 극대화하기 위해 DHS의 조직을 조정한다.

위에서 말한 개편의 일환으로, 실제로 연방소방청을 비롯해 FEMA에 남은 모든 재난 대비 인력은 새로운 대비국Office of Preparedness으로 옮겨졌다. 그러나 재난관리연구원Emergency Management Institute(EMI)은 예외였다. EMI의 교육 기능은 예전부터 재난 대비의 일환으로 여겨졌지만, FEMA의 고위 관리들은 교육이 재난 대응과 복구 과정에 해당한다고 주장했다. 새로워진 FEMA는 재난의 대응과 복구에 특별히 중점을 두어야 했다.

초기 국토안보부 조직에서(그림 1-2) 재난 대비와 대응 부서는 이전 국토안보부 및 연방재난관리청(FEMA)의 업무와 직원을 대부분 그대로 갖고 있었다. 그러나 처토프의 개편으로 재난 대비 및 대응 본부(EP&R)는 없어지고, 이전 EP&R의 담당 차관이 FEMA 청장이 되었다. 새로 구축된 국가 사건 관리 시스템National Incident Management System(NIMS)에 대한 책임이 실질적으로 운영협력국장에게 귀속되므로, 이러한 개편으로 인해 재난에 대한 책임을 누가 질 것인가가 다소 불분명해졌다.

처토프의 개편으로 연방 재난 관리와 재난 지원 기능은 FEMA 이전 상태로 돌아갔다. 예방, 대비, 대응 그리고 복구에 대한 책임과 역량이 국토안보부(DHS) 내의 여러 기관으로 분산될 터였다. 생물학 무기를 이용한 테러와 테러리즘이라는 대재앙적인 위협에 대부분의 인적, 경제적 자원을 집중하는 방향으로 정책 결정이 내려졌다.

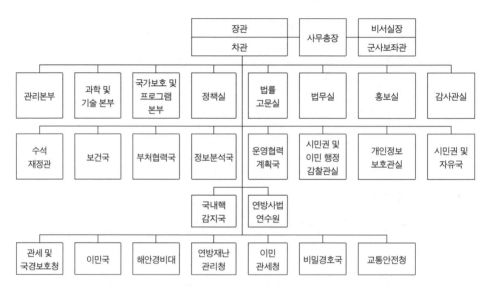

그림 1-2 국토안보부(DHS) 조직도

당시의 상황은 1979년 FEMA 설립 이전과 매우 비슷해서, 연방 정부의 재난 관리 및 재난 지원 역량이 연방 정부와 백악관에 걸쳐 수많은 정부 부서와 기관에 산발적으로 흩어져 있었다. 하지만 이번에는 여러 연방 정부가 아니라 신출내기 기관인 국토안보부 내에서 산발적으로 흩어져 있었다. 이 같은 조직 개편이 있기 전에 FEMA는 국토안보부 내의 주요 프로그램을 지원하느라 경제적, 인적 자원을 끊임없이 부담하고 일을 나눠 맡고 있는 실정이었다. 따라서 FEMA의 핵심 프로그램을 분리해 넘으로써, 국토안보부 내에서 자원을 재배치하고 임무를 줄이기가 한결 더 쉬워졌다.

허리케인 카트리나의 대실패: 2005년

처토프 장관이 조직 개편을 진행해 나갈 때, 맥스 메이필드Max Mayfield(국립허리케인센터 National Hurricane Center의 센터장) 같은 과학자들은 앞으로 허리케인이 심하게 몰려올 시기를 예측했다. 늘 그랬듯이, 가장 큰 두려움은 대규모 허리케인이 멕시코 만 해안 지역, 특히 지대가 낮은 뉴올리언스New Orleans를 강타할 것인가에 있었다.

제임스 리 위트 재임 시 5등급 허리케인이 뉴올리언스 지역을 강타한 것은 재난과 관련해 가능한 세 가지 최악의 시나리오 중 하나로 여겨지고 있다. 사실 1980년대 이후로 FEMA의 예산은 뉴올리언스 지역의 수많은 시민을 대피시키는 것과 관련한 연구 과제를 계약하는 데 사용되었다. 1995년에는 뉴올리언스 지역을 허리케인이 강타한다는 시나리오로 '대응95Response 95'라는 이름의 국가적 차원의 연방 대응 계획(FRP) 훈련이 실시되기도 했다. 이 특별한 훈련은 제대로 이루어지지 못했는데, 훈련 첫날 대규모 홍수가 (뉴올리언스의 훈련 장소를 포함해서) 멕시코 만 해안 지역을 휩쓸어 훈련이 갑자기 중단되었기 때문이다.

'허리케인 팜Hurricane Pam'이라는 또 다른 재난 훈련이 실시되어 2004년 7월에 완료되었는데, 이는 이전 훈련에서 발견된 문제와 결함을 적절히 보완한 훈련이었다. 이러한 바람직한 노력에 드는 재원은 FEMA의 예산에서 적절하게 사용할 수 있었지만, 불행히도 국토안보부의 관리들이 그 재원을 국토안보부의 다른 우선 사업에 사용하는 바람에 FEMA는 일부 예산을 재분배해야 했다.

"카트리나에 관한 상원 보고서Senate Report on Katrina"에는 8월 말 이 운명적인 시간에 어떤 일이 있었는지가 가장 상세하게 묘사되어 있다. 멕시코 만 해안 지역을 강타할 허리케인 카트리나의 구체적인 위험이 명백하게 드러난 것은 8월 26일 금요일 오후였다. 국립허리케인센터와 기상국의 예보관들은 이 허리케인이 서쪽으로 방향을 트는 것을 목격했다. 루이지애나 주 재난 관리 분야의 공무원들에게 즉시 전화 통보가 이루어졌고, 같은 날 오후 5시(동부 서머타임 시간)에 카트리나를 예보하고 브리핑했으며, 기상학자들은 원래 플로리다 주의 팬핸들 지역으로 향할 예정이던 이 허리케인이 서쪽으로 심하게 방향을 틀 것으로 예상된다고 루이지애나 주와 미시시피 주에 경고했다. 국립허리케인센터는 허리케인 카트리나가 육지에 닿을 즈음 4등급이나 심지어는 5등급 허리케인이 될 것이라고 경고했다. 다음 날 아침 기상국 직원들은 허리케인이 뉴올리언스를 정면으로 강타할 것임을 확신했다.

그 주말 동안 연이은 경고가 퍼부어졌다. FEMA는 주말 양일 동안 비디오 화상회의를 하며 카트리나의 잠재적 위험에 대해, 특히 뉴올리언스 지역이 처할 위험에 대해 논의했다. 국립허리케인센터의 맥스 메이필드는 허리케인의 영향권에 포함될 주의 주지사들에게 전화를 했고, 그가 이런 조치를 취한 것은 33년 경력 동안 단 한번 뿐이었다. 부시 대통령은 이번 재난의 예측 영향권 안에 포함된 여러 주에 실제로 비상사태가 발생하기도 전에 재난을 선포하는 이례적인 행보를 보였다.

2005년 8월 25일 월요일 허리케인 카트리나가 루이지애나 버러스Buras를 강타했고, 당시 이 허리케인은 4등급으로 보도되었다. 국립허리케인센터는 나중에 이 허리케인의 등급을 3등급으로 조정하였다. 일기 예보관들과 국립허리케인센터에 의하면, 이번 허리케인은 대단히 위험한 허리케인이 될 터였다. 이 허리케인은 앨라배마에서 미시시피 주의 해안 지역 그리고 루이지애나 주 남동부의 약 9만 평방마일에 이르는 광활한 지역에 영향을 미쳤다. 2006년 5월 집계한 허리케인 카트리나로 인한 사망자 수는 1,856명이었으며, 이와 별도로 실종된 시민은 705명에 달했다 (그림 1-3).

이 허리케인은 150만 명의 사람들에게 영향을 미쳤고, 80만 명의 시민이 대피했다. 미국 해안경비대Coast Guard가 24,273명을 구조했고, FEMA의 수색 및 구조팀에서도 거의 6,600명에 이르는 시민을 구조했다. 연방 정부가 지출한 재난 구호 비용은 1,000억 달러가 넘은 것으로 추정되며, 보험 손실은 350억 달러를 초과한 것으로 추정되었다. 국가 홍수보험 프로그램(NFIP)에서는 카트리나로 인해 피해를 봤다고 주장하는 205,000명 이상의 시민들에게 1,610만 달러 이상을 지불했다. 그리고 44개 주와 컬럼비아 특별구(미국 연방 정부 소재지)는 멕시코 만 해안 지역에서 대피한 수백만 명의 이재민에게 대피소를 제공하느라 쓴 비용 때문에 비상사태를 선언하기에 이르렀다.

그림 1-3 2005년 9월 18일 루이지애나 주 뉴올리언스. 이 사진은 허리케인 카트리나에 의한 주택과 재산의 피해를 보여 준다. 집 앞의 표시는 폭풍이 지나가고 수색 및 구조팀이 표시한 것이다. 수색팀은 집을 수색한 날짜, 시간, 참가한 수색팀은 누구였는지, 생존자가 있었는지, 어떤 동물이 집에 있었는지 등을 기록해 놓았다. 사진 Andrea Booher/FEMA.

어느 모로 보나 허리케인 카트리나가 치명적이고 파괴적인 초대형 허리케인인 것은 사실이다. 하지만 허리케인 카트리나는 미국의 재난 관리 시스템과 재난 대응 능력에 심각한 틈이 있음을 드러내 보여 주었다. 재난이 일어나고 언론 보도가 끝난 후에 발간된 정부의 사후 보고서에 의하면, 정부는 허리케인 카트리나의 대응에 실패했으며, 복구 과정에서도 똑같은 수준의 무능을 드러낸 것으로 평가되었다. 루이지애나 해안 지대의 지형에도 변화가 일어나, 특히 습지가 사라지고 도류화channeliza-tion 현상이 증가했으며, 이로 인해 뉴올리언스와 루이지애나 해안 지역이 허리케인에 더 취약해진 것으로 나타났다. 제방 시스템에 대한 설계와 건설 그리고 건설 이후 제방 시스템에 대한 부적절한 관리가 카트리나의 영향을 심화시킨 것으로 나타났다.

허리케인 카트리나는 국가, 주, 그리고 지역 등 모든 차원의 정부가 재난 관리에 대처하는 능력과 역량의 시험대였다. 뉴올리언스 시민들이 마지막으로 의지했던 지정 대피소인 슈퍼돔Superdome과 관련한 계획 부재와 이 시설에서 이후에 벌어진 여러 가지 문제들은 그야말로 두드러지게 드러난 무능력의 실례였다. 또한 즉각적인 대응이 적절히 이루어지지 못한 것은 이전 몇 년 동안 테러 공격과 국토 안보에 우선권을 두고 중점적으로 관리해 온 문제를 드러낸 것으로, 이러한 성향이 재난 대응 능력과 역량을 감소시킬 수도 있음을 적나라하게 보여 주었다.

정부의 모든 부서에서 요직을 차지한 선출직 관리들은 이 같은 재난을 맞아 리더십을 행사하는 과정에서 심하게 비틀거리는 모습을 보였다. 경제 단체, 자원봉사 단체, 그리고 비정부 조직(NGO 등)이 전면에 나서서 허리케인 피해자에게 커다란 도움을 베풀었고, 일반 시민, 여러 기업, 협회 그리고 재단 등에서도 재난 구호를 위해 수십억 달러를 기부했다.

멕시코 만 해안 지역이 허리케인에 특히 취약하다는 사실을 잘 알고 있었으면서도, 공무원들은 대비 계획에 결정적인 결함이 있고 대응 자원에 커다란 구멍이 뚫려 있는 상태에서 카트리나와 맞닥뜨렸다. 카트리나의 어마어마한 파괴력을 부인할 수는 없지만, 주와 지역 정부의 공무원들은 마음껏 사용할 수 있는 충분한 자원을 모으지 않았다. 이 같은 결함에 더해, 연방 정부와 주, 그리고 지역의 재난 업무에 배정된 불충분한 재원 때문에 이들은 일반 시민을 보호하고 피해자를 보살피는 본연의 임무를 충분히 수행할 수 없는 상태였다.

추가 연구

허리케인 카트리나 이후에 상원과 하원에서는 무엇이 잘못되었는가에 대한 광범위한 청문회가 열렸다. 상원의 보고서인 "국토 안보와 정부 업무에 대한 상원 위원회, 2006년 허리케인 카트리나: 아직도 준비되어 있지 않은 나라The Senate Committee on Homeland Security and Governmental Affairs. 2006. Hurricane Katrina: A Nation Still Unprepared"를 보면, 청문회와 여러 논의의 결과를 볼 수 있다.

http://www.gpo.gov/fdys/pkg/CRPT_109srpt322/pdf/CRPT-109srpt322.pdf

---

허리케인 카트리나로 1,800명 이상이 사망했고, 수만 명이 살던 곳에서 쫓겨나 슈퍼돔과 고속도로의 진입로, 그리고 지붕 위 같은 곳에서 구조를 기다리며 며칠을 보내야 했다. 수천 명이 살던 집을 잃고 사랑하는 사람들과 이별했다. 허리케인에 대

한 계획을 세우고 대비하고 공격적으로 대응해야 하는 정부가 모든 차원에서 실패함으로써, 이러한 뒤엉킴과 대혼란 그리고 절망은 허리케인이 휩쓸고 지나간 후에도 몇 달 동안 계속되었다. 재난 관리의 모든 차원에서 철저히 실패했지만, 부시 대통령이 허리케인이 상륙하기도 전에 연방 정부 차원의 재난 선포에 서명했을 때, 연방 정부는 국토안보부와 FEMA를 통해 허리케인 카트리나의 여파에 대응하는 막중한 책임을 맡게 되었다. 물론 이러한 대응에 대한 객관적인 평가는 참혹한 실패였다.

카트리나 대참사에 이른 과정

카트리나에 대한 FEMA의 실패는 여러 면에서 9/11 사태 이후에 취해진 여러 조치에서 비롯된 결과로, 이는 예측 가능한 것이었다. FEMA는 신설된 국토안보부(DHS)에 합병되면서 독립 기구로서의 위상 — 대통령에 대한 직접 보고권을 포함해서 — 을 잃었다. FEMA 청장은 재난이 벌어지면 업무를 주고받고 지시를 할 장관들과 더 이상 같은 급이 아니었다. 많은 주가 주 차원에서 재난 관리 업무를 관장하는 국토안보 부서를 자체적으로 갖고 있었으며, 이 중에는 경쟁력 있고 복잡한 재난 대응 기구들이 많이 있었다.

　　주와 지역의 여러 기관들로 재분배될 재난 대비와 예방에 필요한 예산을 포함한 FEMA의 인력과 재원은 국토안보부에서 우선순위가 더 높은 업무를 지원하는 데 쓰이고 말았으며, 이러한 일련의 조치로 FEMA는 더욱 힘없는 기관이 되어 버리고 말았다. 연방 정부의 대응 계획은 국토안보부의 새로운 업무를 담당하고 국토안보부 장관의 감독 업무를 지원하기 위한 국가 대응 계획National Response Plan(NRP)으로 개편되었다. 재난 시 새로운 조정자 역할을 할 연방 정부의 고위급 관리가 생기면서 위에 모셔할 할 관료가 하나 더 생긴 셈이었다. 전에는 권위와 책임이 모두 FEMA 청장에게 있었지만, 새로운 고위급 관리의 등장으로 누가 재난에 대한 책임을 질 것인가에 대한 혼란이 벌어졌다. 그 결과 카트리나가 상륙하기 전에 지역 주민의 대피를 돕고 대피소에 생필품을 전달하는 데 필요한 민간과 군 인력이 효율적으로 배치되지 못했다.

　FEMA는 주 방위군National Guard을 어떻게 활용할 것인가 하는 문제를 주지사들과 협의하는 데도 실패했다. 카트리나 대실패의 또 다른 원인은 9/11 사태 이후에 업무의 초점이 '모든 위험 요인' 관리에서 — 이때는 위험의 정확한 속성과 상관없이 적용되는 계획에 따라 재난에 대비해야 하는 상황이었다 — 테러 관리로 완전히 바뀐 것으로, 이는 국가의 역량을 심각하게 약화시켰다. 이로 인해 모든 차원의 정부에서 재난 관리 업무에 동원 가능한 자원의 거의 75%가 테러 관리에 동원되었다. 납득할 수 있는 일이긴 하지만, 테러리즘에 초점이 집중되면서 홍수, 토네이도, 허리케인과 같은 자연 재난에 대비하고 예방하며 이에 대응하려는 노력은 뒤로 밀려나고 말았다. 이 같은 우선순위의 변화는 국가, 주, 그리고 지역 등 모든 차원의 정부에서 재난에 대한 대응 능력을 격감시키는 결과를 낳았다.

카트리나 이후의 변화

미국 상원과 하원은 무엇이 잘못되었는지 검토하고 조사해서 올바른 조치를 취하기 위해 대규모 청문회를 열고 조사를 벌였다. 백악관에서는 무엇이 잘못되었는지를 철저히 규명하고 바람직한 대안을 찾기 위해 대통령의 국토 안보 보좌관인 프랜시스 타운젠드Frances Townsend를 파견했다.

추가 연구

부시 행정부의 보고서 "허리케인 카트리나에 대한 연방 정부의 대응: 배워야 할 교훈The Federal Response to Hurricane Katrina: Lessons Learned"이 2006년 2월에 발간되었다. 이 묵직한 보고서에는 2006년 허리케인의 계절이 시작되기 전인 6월 1일까지 완수해야 할 125가지 개선 사항과 11가지 핵심 조치가 실려 있다. 이러한 개선 사항의 대부분은 아직 실행되지 않았지만, 이 보고서는 부시 행정부가 관여한 재난 구호에 있어 연방 정부의 역할이 무엇이었는지에 대한 귀중한 평가서로 남아 있다.

이 같은 구조적인 문제와 리더십의 문제는 쉽게 감출 수 있는 것이 아니었다. 클린턴 상원의원과 미쿨스키Mikulski 상원의원은 연방재난관리청(FEMA)의 독립적인 위상을 되찾아 주고 FEMA 청장에 장관급 지위를 주는 법률을 제정하려고 했다. 하지만 이 법안은 통과되지 못했다. 이러한 노력은 국토 안보에 관한 상원위원회의 강력한 힘 때문에 허사가 되었는데, 특히 국토안보부(DHS) 설립에 핵심적인 역할을 했던 조 리버먼Joe Lieberman 의원이 강력하게 반대했다. 리버먼 의원은 자신이 설립한 기관에 누가 손대는 것을 원치 않았음이 분명하다. 리버먼 의원은 FEMA의 독립 문제를 고려해 볼 생각조차 없었던 공화당위원회Republican Committee 의장 수전 콜린스Susan Collins의 지지를 받았다.

위와 같은 청문회와 보고서 발간의 결과로, 109번째 의회는 연방 정부의 재난 관리 정책을 변경하는 법안을 통과시켰다. 이 법안에서는 대통령에게 더 많은 권한을 부여하고, FEMA를 개편하며, FEMA와 그 상위 기관인 국토안보부의 임무와 기능, 그리고 권한을 명백히 규정하고 더욱 강화했다.

109번째 의회에서 제정된 6개 법안은 향후 연방 정부의 재난 관리 활동에 적용될 변화가 담겨 있다는 점에서 주목할 만하다. 이 6개 법안에는 다음과 같은 내용이 담겨 있다.

- 2006년 포스트 카트리나 재난 관리 개혁법
- 항만안전법SAFE Port Act으로 알려진 2005년 모든 항만에 대한 보안과 설명 책임에 관한 법
- 2006년 애완동물 대피와 수송 기준법
- 2005년 연방 법무부의 재난 특별 회기법
- 학비 보조금 관련 허리케인과 재난 구호법
- 2007 회계연도의 존 워너 국방 권한 부여법

이러한 법안의 대부분은 비상사태 및 재난과 관련해 연방 정부 당국에 상대적으로 아주 적은 실질적 변화만을 일으켰을 뿐이다. 그러나 2006년 포스트 카트리나 재난 관리 개혁법(통상 PKEMRA로 알려져 있다)에는 FEMA와 다른 연방 기관에 장기적인 영향을 미칠 많은 변화가 담겨 있다. 이 개혁법에는 FEMA를 개편하고, 법에 명시된 FEMA의 권한을 늘리며, FEMA의 업무 여건과 조건을 새롭게 개선한다는 내용이 담겨 있다. 바로 앞에서 설명한 법안들에 더해, 의회는 추가 예산 편성, 의무 조항 1회 면제, 그리고 허리케인 카트리나와 리타Rita 및 월마Wilma에 한정된 임시 혜택 확대 등의 내용이 담긴 법을 제정했다.

추가 연구

의회조사국Congressional Research Service이 펴낸 "허리케인 카트리나 이후의 연방 재난 관리 정책 변화 ─법조문 요약(Federal Emergency Management Policy Changes after Hurricane Katrina─A Summary of Statutory Provisions)"은 '포스트 카트리나 재난 관리 개혁법(PKEMRA)'하에서 FEMA와 국토안보부 그리고 연방 재난 관리 정책과 프로그램에 일어날 변화와 필요 요건을 정리한 훌륭한 보고서이다.

http://www.fas.org/sgp/crs/homesec/RL33729.pdf

요약하자면, 포스트 카트리나 재난 관리 개혁법(PKEMRA)에 따라 국토안보부는 (재난 대비를 포함한) 모든 재난 관리 기능을 FEMA로 재통합하고, 국토안보부 내에서 FEMA의 위상을 높이며, 국토안보부 내에서 재분배되는 일이 없도록 FEMA의 자산을 보호하고, FEMA의 자치권을 강화시켜야 한다. 이에 더해 FEMA는 열 곳의 지역 사무소를 둘 수 있다. 또한 FEMA 내에 국가 자문 위원회, 지역 자문 위원회, 장애인 담당관, 소규모 주와 지역의 대변인, 지역 기동대를 두어야 한다. 또한 의회와 직접 소통할 수 있도록 FEMA 청장에게 자치권을 부여한다.

마이크 브라운이 사임한(또는 해임된) 후에, 데이비드 폴리슨David Paulison이 FEMA의 청장이 되었다. 폴리슨은 미국 소방청장으로 일했으며, 플로리다의 소방대에서 오래고도 탁월한 경력을 쌓았다. 그가 최고의 지위에 오른 것은 소방 관련 유권자들의 도움을 받은 것으로, 이들 유권자들은 오랫동안 자신들이 FEMA와 재난 관리 분야에서 마땅히 받아야 할 보상을 받지 못했다고 느껴 왔다. 해안경비대의 전직 해군 제독인 하브 존슨Harve Johnson은 차장으로 임명되었다.

새로운 지도부가 된 이들에게는 또 다른 카트리나를 막으라는 확실한 임무도 주어졌다. 그러기 위해 FEMA의 지도부는 주와 지역의 협력 기관들과 재난 관리의 협력 관계에 대해 완전히 다른 접근을 해야 했다. FEMA는 '새로운 FEMA'로 거듭났고, 연방 정부의 여러 자원을 제공받는 조건으로 재난 대응 계획 및 운영과 관련해 연방 정부가 요구하는 조건이 주와 지역의 재난 관리 활동으로 연결될 수 있는 하향식 접근을 해야 했다.

통합 계획 수립 시스템Integrated Planning System은 주와 지역의 비상 계획 작성자들이 인증 과정에서 사용하는 것과는 다른 계획 변수를 포함하도록 만들어졌다. 또한 주와 지역의 기관이 국가 정보 관리 시스템National Information Management System(NIMS)의 지시 사항을 준수해야 지속적인 재정 지원을 받을 수 있게 되었다. 연방 정부가 주와 지역의 노력에 힘을 보태며 협력 관계로 함께 일했던 예전 시스템은, 대규모 재난이 닥치면 연방 정부가 주와 지역의 기관을 대신하여 책임을 지는 시스템으로 바뀌었다. 이 같은 변화를 위해 FEMA는 본부와 지역 사무소 모두에서 상당수의 직원을 늘릴 수 있었고, 이때 고용된 새로운 중견급 관리자의 다수가 해안경비대와 군대 같은 조직에서 왔다. 이러한 조직에서는 연방 지상주의와 권위가 정상적인 운영 기준이었다.

연방 정부 차원에서는 FEMA가 국토안보부의 감독 아래 국가 대응 계획(NRP)을 국가 대응 체계National Response Framework(NRF)로 바꾸는 데 혼신의 힘을 기울였는데, 이는 재난에 대응할 때 연방 정부와 함께 일하는 여러 기관 사이의 책임 소재를 뚜렷하게 가르지 않는 것이었다. 새로운 국가 대응 체계(NRF)에서 국토안보부와 FEMA는 전에는 미국 적십자American Red Cross에서 주도했던 대중 보호, 긴급 지원 기능Emergency Support Function(ESF) 등에서 주도적인 역할을 하는 연방 정부 기관으로서 활약하는 등 더 많은 책임을 갖게 될 터였다. 다른 한편, 국토안보부와 FEMA는 재난 이후의 주거 시설과 같은 문제를 해결하기 위해 포스트 카트리나 재난 관리 개혁법(PKEMRA)에 명시된 요건을 활용했다.

PKEMRA에 따르면, 재난 시의 주거 시설과 관련한 새로운 전략을 짜야 했고, 따라서 FEMA는 이러한 전략을 개발하고 재난 이후 주거 시설 제공에서 주된 역할을 하기 위해 다른 연방 정부 기관, 구체적으로는 주택도시개발부(HUD)의 일에 관여했다. 이러한 책임 소재의 변화는 2008년 텍사스 재난에서 시험대에 올랐으며, 성공과 실패가 혼합된 결과를 낳았다. 이 문제에 대한 보다 자세한 논의는 뒤의 장에서 소개하겠다. 새로운 FEMA는 아직 한 번도 진정한 시험대에 오르지 않았지만, 문제는 존속하고 있다. 특히 뉴올리언스에서는 카트리나 복구의 많은 영역에서 어려움이 계속되었으며, FEMA의 사기는 계속해서 낮았고, 재난 관리와 관련된 연방 정부와 주, 그리고 지역 기관들의 협력은 아직도 요원한 상태였다.

비판적으로 사고하기

허리케인 카트리나가 발생하기 이전 몇 년 동안 주 정부가 이러한 종류의 재난에 더 잘 대처하려면 어떻게 했어야 한다고 생각하는가? 이러한 재난은 규모가 너무 커서 연방 정부만이 대응할 수 있다고 생각하는가? 당신의 의견을 설명해 보아라.

재난 관리에 대한 오바마 행정부의 접근

재난 관리 문제는 2008년 대선에서 중요한 역할을 하지 못했다. 그러나 카트리나 대응 실패와 더딘 복구 문제가 선거 운동의 일부를 차지한 것은 명백한 사실이었으며, 두 대통령 후보는 뉴올리언스를 방문해 복구에 속도를 내겠다고 맹세했다. 버락 오바마의 당선은 재난 관리 분야에서의 변화를 포함해, 과거로부터의 변화를 상징했다. 오바마 행정부가 연방재난관리청(FEMA)을 국토안보부(DHS)에서 독립시켜 독립 기관으로서의 이전 지위를 되찾게 해 주는 문제를 논의하긴 했지만, 아직 이루어지지는 않았다. 국토안보부 장관인 재닛 나폴리타노는 FEMA가 국토안보부의 핵심 부분이라고 굳게 믿어 의심치 않았다. 그녀는 심혈을 기울여 FEMA 청장의 적임자를 물색했고, 전직 플로리다 재난관리국장인 크레이그 퓨게이트를 선택했다(그림 1-4).

그림 1-4 2009년 9월 29일 워싱턴 D.C. 미국 적십자사 본부에서 국토안보부 장관 재닛 나폴리타노의 강연에 앞서 연방 재난관리청장 크레이크 퓨게이트가 연설을 하고 있다. 나폴리타노 장관의 강연 주제는 재난 대비와 국민의 회복력을 위한 국가의 역할이었다. 사진 Barry Bahler/DHS.

퓨게이트는 FEMA 청장 자리에 적합한 훌륭한 자격과 광범위한 직무 경험을 가지고 있었다. 플로리다는 미국에서 가장 뛰어난 재난 관리 조직을 보유한 주였다. 비록 퓨게이트는 FEMA를 국토안보부에서 분리시켜야 한다는 강한 신념을 갖고 있었지만, FEMA 청장직을 받아들였고 쉽사리 상원의 인준을 받았다.

퓨게이트는 인준 청문회와 뒤이어 있었던 몇 차례의 연설에서 재난 대비의 문화 — 특히 개인의 재난 대비 — 를 만들고 싶다고 말했고, 이는 퓨게이트의 FEMA 재임 기간 동안 두드러진 특징이 되었다. 결과적으로 그는 재난의 피해를 입은 개인을 '피해자'가 아니라 '생존자'라고 부름으로써 재난 관련 어휘를 바꾸었다.

현재 FEMA의 조직도(그림 1-5)를 보면 알 수 있듯이, 그의 팀에는 1990년대 위트 재임 시절의 고참 전문가들이 여러 명 포함되어 있다. 퓨게이트는 주와 지역의 재난 관리 기관들과 협력 관계를 다시 맺어야 한다고 강력하게 주장하였다. FEMA를 강력하고, 잘 관리되며, 즉각 반응하는 조직으로 재건설하는 그의 역량은 그 즉시 평가를 받지는 못했다. 2009년 허리케인 계절은 몇십 년 동안 가장 조용한 해에 속했으며, H1N1 독감이 발생하긴 했지만, 퓨게이트가 이끄는 조직이 아직 대규모 재난에 대응한 전력은 없었다. FEMA의 개편에는 연방 정부의 전직 조정관으로 상당한 재난 대응 경험을 갖춘 빌 카와일Bill Carwile이 이끄는 단일 부서로 대응과 복구 기능을 통합하는 것이 포함되어 있다.

퓨게이트가 FEMA 청장에 취임하면서, 효율적인 재난 대응 조직을 만들고 개인과 지역 사회의 재난 대비 능력을 향상시키는 데 총력을 기울이려는 그의 의도가 점점 명확히 드러났다. 플로리다에서 재난 완화의 강력한 지지자였던 퓨게이트는 국가 홍수보험 프로그램(NFIP)의 가능성에 관심을 보였는데, 보험에 가입하는 대가로 보조금을 지급하고 대신 홍수 범람원 관리를 요구하는 정책은 지역 사회의 재난 완화를 위한 중요한 실행 프로그램으로 남아 있다. 그는 허리케인 카트리나와 리타 그리고 국가 홍수보험 기금이 필요한 일련의 홍수 사태로 재정 상태가 매우 열악해진 NFIP 프로그램을 물려받았다. NFIP는 채권과 채무의 균형을 맞추기 위해 미국 재무부에서 상당한 규모의 자금을 빌린 상태였다. 의회에서 이 프로그램을 보험 통계적으로 건전하게 만들 수 있는 금리 인상을 제한했기 때문에, NFIP가 빚을 갚고 재정적인 건전성을 다시 회복하는 데는 거의 10년이라는 세월이 필요할 것이다.

퓨게이트와 그의 팀은 FEMA가 활기를 되찾게 하려고 노력했으며, 그러기 위해 다음 영역에 전략적인 초점을 맞추었다.

- 대응 능력 향상시키기
- 재난 전후와 재난 도중에 국민과 소통하기 위하여 페이스북, 트위터, 블로그 등의 소셜 미디어를 적극 활용하기
- 재난 관리에 대한 접근법으로 대표적인 프로그램인 '총체적 지역 사회'의 개념을 권장하기
- 장기간의 복구와 완화 과정에서 FEMA의 주도권 줄이기

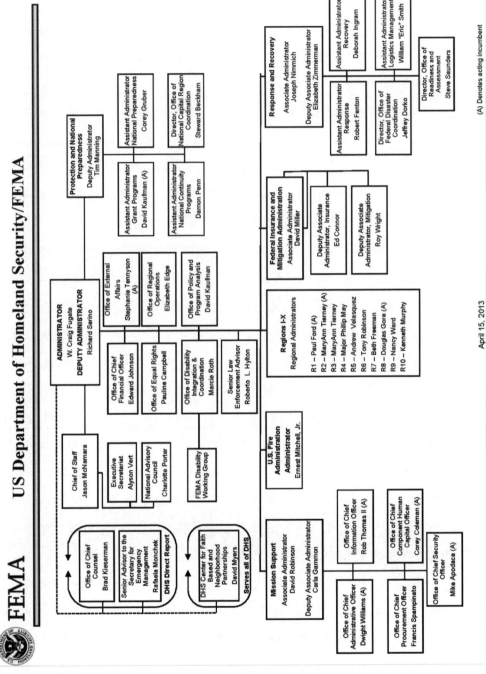

그림 1-5 크레이크 퓨게이트의 재임 기간의 FEMA 조직도

출처: FEMA, 2003. FEMA Organization Chart. http://app.box.com/s/114jlgzr3pxqxecbnfnh.

각각의 사항에 대해서는 이 책 뒷부분에서 자세히 논의할 것이다. 하지만 '총체적 지역 사회' 접근법은 살펴볼 만한 가치가 있다. 이는 지역 사회의 안전에 관한 의사 결정에 상당한 책임을 양도하는 것으로, 재난 관리에 대한 기존 접근법의 근본적인 변화를 의미한다.

"재난 관리에 대한 총체적 지역 사회 접근법: 활동의 원칙과 주제 그리고 경로 Whole Community Approach to Emergency Management: Principles, Themes, and Pathways for Action(FDOC 104-008-1/2011년 12월)"(http://www.fema.gov/library/viewRecord.do?id=4941)라는 보고서에서, FEMA는 재난 관리에 대한 '총체적 지역 사회' 접근법에 부합하는 개념을 공개했다. 이 보고서에서 '총체적 지역 사회' 접근법은 다음과 같이 정의되어 있다.

개념상 '총체적 지역 사회'는 지역 주민, 재난 관리 전문가, 관련 기관과 지역 사회의 대표자, 그리고 정부의 공무원들이 각 지역 사회의 요구를 종합적으로 이해하고 평가하여, 지역 사회의 자산과 역량 및 이해관계를 체계화하고 강화하는 최선의 방법을 결정하는 수단이다. 이렇게 함으로써 사회의 안전과 회복을 위한 가장 효율적인 방법을 찾는 것이다. 어떤 의미로는 '총체적 지역 사회'는 재난 관리의 수행에 대해 어떻게 생각할 것인가에 관한 철학적인 접근이기도 하다.

위치에 따른 지역 사회, 이해관계에 따른 지역 사회, 신념에 따른 지역 사회, 환경에 따른 지역 사회 등 여러 가지 다양한 지역 사회가 존재하며, 이러한 지역 사회는 지리적으로 존재하기도 하고 (온라인 포럼 등과 같이) 가상으로 존재할 수도 있다. '총체적 지역 사회' 접근법은 지역, 부족, 주, 지방, 그리고 연방 정부 기관의 참여와 더불어 기업체, 종교 단체, 장애인 단체 및 일반 시민을 포함하는 민간 및 비영리 부문의 모든 역량을 끌어모으기 위한 시도이다.

이것은 다양한 집단에 대한 다양한 개입을 의미한다. 온갖 위험이 존재하는 환경에서 개인과 단체는 위협과 위험 요인에 어떻게 대비하고 대응할 것인가에 대해 서로 다른 결정을 내리게 된다. 따라서 지역 사회 차원의 대비는 다양하게 나타나게 마련이다. 재난 관리에 대한 이러한 개입이 힘든 것은 어떠한 종류의 위협과 위험 요인에 대해서도 이를 효율적으로 예방하고, 보호하고, 완화하고, 대응하고, 복구하는 지역 주민의 역량을 끌어올리기 위해서는 다양한 집단과 조직 그리고 정책과 현실을 어떻게 조화시켜 일할 것인가를 잘 알아야 하기 때문이다.

── '총체적 지역 사회'는 재난 관리 업무를
어떻게 실행할 것인가에 관한 철학적 접근이다

이로 인한 이점은 다음과 같다.

- 지역 사회의 요구와 역량에 대한 이해를 공유할 수 있다.
- 지역 사회 전반에 걸쳐 자원을 더 많이 분배하거나 통합할 수 있다.
- 사회 기반 시설을 강화할 수 있다.
- 보다 효율적인 예방, 보호, 완화, 대응 및 복구 활동을 가능하게 하는 협력 관계를 구축할 수 있다.
- 개별적이고 집단적인 대비 능력을 향상시킬 수 있다.
- 지역 사회와 국가 차원의 회복력을 극대화할 수 있다.

'총체적 지역 사회'의 또 다른 측면은 인구의 여러 집단별로 서로 다른, 독특하고 기능적인 요구를 이해할 수 있다는 데 있다. 이를 돕기 위해 FEMA는 다양한 조직에 대한 지원 방식이 담긴 비디오를 제작하기도 했다.

대형 재난의 측면에서는 뒤늦은 출발이지만, FEMA는 분명 최근 몇 해 동안 여러 가지 시험을 겪어 왔다. 조플린의 토네이도, 산불, 그리고 마지막으로 허리케인 샌디로 인해 FEMA는 다시 언론의 관심을 끌게 되었다.

세간의 평가를 종합해 보건대, FEMA는 조플린에서 성공을 거두었다. FEMA는 조플린의 토네이도에 앞서 몇 달 동안 미주리에서 재난 대응 및 복구 업무를 펼쳐 왔다. 2011년 1월과 2월에는 심각한 겨울 폭풍이 발생해, 버락 오바마 대통령이 2011년 3월 23일 미주리 주의 59개 카운티를 중대 재난 지역(FEMA-DR-1961)으로 선포하였다. FEMA 청장 크레이그 퓨게이트는 리비 터너Libby Turner를 연방 조정담당관Federal Coordinating Officer(FCO)에 임명했고, 미주리 주 컬럼비아에 합동 현장 사무소Joint Field Office(JFO)를 설립했다. 몇 주 뒤에는 봄 폭풍이 미주리 주, 주로 남쪽 지역에 심각한 토네이도와 홍수를 몰고 왔다. 2011년 5월 9일 오바마 대통령은 5개 카운티를 중대 재난 지역(FEMA-DR-1980)으로 선포하였다. 퓨게이트 청장은 터너를 재난 지역(DR-1980)의 FCO에 임명했고, JFO는 컬럼비아 사무소에서 활동을 계속했다.

2011년 5월 22일 저녁, 토네이도 발생 직후에 FEMA 본부와 제7지부의 지부장 프리먼Freeman 그리고 FCO 터너는 FEMA가 조플린에서의 재난 대응 업무를 어떻게 지원할 것인지를 논의하기 위해 연이어 전화로 협의했다. 미주리 주는 조플린 사건을 DR-1980에 추가해 달라고 요청할 것인지 아니면 대통령에게 새로운 재난 지역으로 선포해 달라고 요청할 것인지 결정해야 했다. 퓨게이트 FEMA 청장은 2011년 5월 23일 DR-1980의 수정을 요청했고, 이에 따라 개별 지원, 잔해 제거, 재스퍼와 뉴턴 카운티 주민들에 대한 재정 지원을 하는 비상 보호 조치를 취하였다. 조플린의 토네이도에 대한 대응은 대재앙적인 사건에 대한 '총체적 지역 사회'의 기여와 적절한 해결 방법을 확인하는 계기가 되어 주었다. 미주리 주는 이처럼 엄청난 규모는 물론, 적어도 지난 10년 동안 이에 근접하는 어떤 재난도 겪은 경험이 없었다. 이와 마찬가지로 조플린 시도 심각한 기후 문제를 겪긴 했지만, 이 정도 규모에 근접하는 재난은 겪은 적이 없었다. 미국에서 지난 반세기를 통틀어 가장 치명적인 토네이도에 속하는 조플린의 토네이도는 조플린 시와 재스퍼 카운티의 역량을 넘어서는 것이었다. 하지만 다음의 사실을 보면 알 수 있듯이, '총체적 지역 사회'는 조플린과 재스퍼 카운티가 도움을 필요로 하는 순간에 적절히 대응했다. 이것은 오직 연방 정부와 주 정부 및 각 지역 정부, 그리고 민간단체와 자원봉사 단체 및 비영리 단체와 맺어 온 협력 관계를 바탕으로 재난에 대비해 온 덕분에 가능한 일이었다.

추가 연구

"조플린: 그로부터 1년 후Joplin: one year later", 백악관.

_____

http://www.whitehouse.gov/joplin

2012년 10월, 대규모 허리케인이 동부 해안 지역을 강타했다. 조플린의 토네이도와 달리 허리케인 샌디는 인구가 밀집해 있고 중서부와는 문화적 성향이 판이하게 다른 캐롤라이나에서 동부 해안 지역 전체에 이르는 광범위한 지역에 피해를 주는, 전혀 다른 상황을 발생시킨 전혀 다른 유형의 폭풍이었다. 전반적으로 FEMA는 이번 대응에 있어서는 대단한 찬사를 받았는데, 이는 FEMA가 2008년 이후로 무엇에 중점을 두었는가를 알면 그다지 놀라운 일도 아니다. 뉴욕의 스태튼 섬과 브루클린의 일부 지역을 제외하면 FEMA는 초기 대응에서 탁월한 능력을 보여 주었는데, 이는 뉴욕과 뉴저지 그리고 코네티컷에서 주와 지역 차원의 매우 강력한 재난 대응 인력의 도움을 받아 가능했다. 심하게 피해를 입은 노스캐롤라이나의 일부 지역과 정치적 움직임이 약한 다른 주들도 같은 수준의 지원을 받은 것은 아니다. 2012년 공화당 대통령 후보였던 미트 롬니Mitt Romney가 샌디에 대한 대응을 놓고 오바마 행정부를 비판하는 실수를 저질렀을 때, 그는 오바마 행정부의 노력에 찬사를 보낸 뉴저지의 공화당 주지사 크리스 크리스티Chris Christie로부터 잘못을 시정받아야 했다. 하지만 이 책을 쓰는 현재 시점에서 볼 때 어려움은 이제 겨우 시작일 뿐이다. 뉴욕과 뉴저지는 이재민이 된 수백만 명에게 임시 주택을 제공하는 심각한 문제로 몸살을 앓고 있다. 게다가 보험금 청구가 늦어지고 있으며, 주요 사회 기반 시설 문제도 해결해야 한다(그림 1-6).

그림 1-6 2012년 11월 1일, 뉴욕의 브리지포인트Breezy Point. 뉴욕 인근 로커웨이의 브리지포인트 지역의 한가운데에서 대형 성조기가 펄럭이고 있다. 이곳은 100가구 이상이 타 버린 곳이다. 허리케인 샌디가 절정일 때 가스누출이 폭발로 이어지면서, 소방관들이 진화에 애를 먹었다. 사진 Walt Jennings/FEMA.

오바마 대통령은 중대 결단을 내려 FEMA 청장 퓨게이트나 국토안보부(DHS) 장관 나폴리타노가 아닌 주택도시개발부(HUD) 장관인 숀 도너번Shaun Donovan을 허리케인 샌디의 복구 책임자로 임명하였다. 이것은 FEMA가 재난 구호 기금 프로그램을 통해 비용을 부담하는 것을 제외하고는 재난 복구 업무에서 손을 떼게 될 것이라는 명백한 암시였다. 사실, 지역 사회 재건에 처음 들어간 돈은 HUD의 지역 개발 구역 보조금 프로그램Community Development Block Grant Program(CDBG)에서 나왔다. CDBG 기금은 연방 정부의 여러 가지 요청 사항을 들어주는 데 사용되는, 몇 안 되는 연방 정부의 재원 중 하나이다. 이와 동시에 허리케인 샌디의 복구에 들어갈 것으로 예상되는 수십억 달러에 달하는 재난 구호 추가 비용에 관한 의회의 논의는 연방 정부의 적자 문제에 대한 논의 과정에서 교착 상태에 빠지고 말았다. 이 추가 비용을 연방 정부의 다른 예산으로 상쇄해야 할 것인지(이런 경우는 이전에 단 한 번도 없었지만) 아니면 정치적 조치로 해결할 것인지도 결정하지 못했다. 뉴욕과 뉴저지 대표단의 끈질긴 세

재난관리론

력 과시와 강한 주장에 힘입어 결국 추가 비용을 다른 예산으로 상쇄하지 않는 것으로 결론이 났다.

샌디는 새로운 국가재난복구체계National Disaster Recovery Framework(NDRF)에 완벽하게 적용되는 최초의 대규모 재난이었으며, 해결해야 할 여러 가지 문제를 낳았다. NDRF는 여러 기관의 협조를 기반으로 만들어진 프로그램이지만, 이들 기관들이 따르거나 심지어는 협조할 게 아무것도 없는 상태이며, 예산 배분도 바로 이루어지지 않고 있다. 이것은 법에 규정된 권한에 따라 의회가 연방 정부의 예산을 전면적으로 5% 삭감하여 각 기관의 경제적 상황이 어려워졌기 때문인지도 모른다. 하지만 자신들의 기관에 할당된 예산을 쓰려면 서명란에 서명만 하면 되는(나중에 FEMA가 DRF에 변상을 하긴 했지만) 이전 계획과는 달리, NDRF에는 그러한 재정적인 투입이 이루어지지 않았다. NDRF의 야심찬 목표는 지역 사회와 주 정부가 복구와 관련한 장기적인 결정을 내려야 할 때, 진정한 시험을 치르는 것이다. 이들 지역 사회를 어떻게 재건할 것인가도 시험대에 오를 또 다른 중대한 문제이다. 재건 과정에 포함되어야 할 장기적인 재난 완화 전략을 세울 기관도 없이 — 한때 FEMA가 했던 역할인 — 미래에는 훨씬 더 빨리 침식되어서 앞으로 몇 년 이내에 지역 사회에 큰 영향을 미칠 해변 지역 재건을 위해, 뉴저지 해안을 따라 구조물을 세우는 등의 해결책을 도출해 내야 한다는 압력이 이미 거세어지고 있다. FEMA가 미래의 충격을 줄일 재난 완화 문제를 포기함으로써 공백이 생겼는데, 이 공백은 육군공병단이 기꺼이 채우게 될 것이다. 이러한 문제 중 많은 부분을 뒤의 장에서 아주 자세하게 다룰 예정이다.

표 1-1 스태포드 법 개정에 관한 의회 조사국의 분석 결과

이 보고서는 2013년 허리케인 샌디 복구개선법의 법조문을 분석한 것이다. 전반적으로 이 법조문들은 FEMA가 제공하는 재난 지원의 효율성과 품질을 향상시키기 위한 목적으로 스태포드 법을 개정한 것이다. 스태포드 법의 개정안을 간략히 요약하면 다음과 같다.

- 공공 지원 프로그램을 관리하기 위한 새로운 대체 절차를 구축한다. 이것은 잔해 제거와 사용할 수 있는 시설의 복구와 재건을 지원하는 것이다(2013년 허리케인 샌디 복구개선법 1102조).

- 재난 이후 주택 자원을 확충하기 위하여 다세대 임대 주택의 민간 소유자와 협의를 할 수 있는 권한을 FEMA에게 부여한다(1103조).
- 재해 완화 보조금 프로그램Hazard Mitigation Grant Program의 행정을 개선하여 보조금의 25% 증액을 포함한다(1104조).
- 현재 FEMA의 항소 절차를 바탕으로 (구속력 있는 중재를 포함하여) 대체적 분쟁 해결 절차를 수립하는 것을 감독한다. 이것은 비용과 관할 문제에 관한 연방과 주 정부의 비용과 규정에 관한 의견 불일치를 해결하기 위한 것이다(1105조).
- 재난 복구 사업에 대한 환경과 역사적 검토를 위한 공동 절차를 수립하는 것을 감독한다. 이것은 처리 속도를 높이려는 것이 목적이다(1106조).
- 간략한 과정에 적합한 '소규모 사업'의 예산을 증가시키는 데 적절한지 FEMA가 연구하는 방향과 의회에 보고하는 내용을 감독한다(1107조).
- 특정 재난에 명시된 '기타 필요 지원'의 적절한 지출로서 어린이 돌보기를 포함한다(1108(a)조).
- 특정 상황에서 긴급 업무를 하는 공무원에게 수당외 급료를 특별히 지급한다(1108(b)조).
- 재난 선포 과정에서 개별적인 지원의 요구를 평가할 때 FEMA가 고려하는 사항들을 감독한다(1109조).
- 부족 정부의 최고 책임자에게 재난 또는 비상사태의 선포를 대통령에게 직접 요구하는 권한을 부여한다. 주지사는 주에 대해서 이렇게 할 수 있다(1110조).
- FEMA는 미래의 재난 비용을 줄이기 위하여 통합 국가 전략을 수립하는 것을 감독한다(1111조).

허리케인 샌디 이후에 방대한 양의 법률이 제정되었다. 표 1-1은 의회 조사국(CRS)이 실시한 분석 결과를 보여 준다. 이것은 역사적인 보존과 환경 검토를 위한 절차를 단순화하는 것은 물론, NDRF를 통해 주와 지역 사회에 온갖 지원을 신속하게 전달하는 것과 관련된 스태포드 법에 의해 생긴 변화를 중점적으로 살펴본 것이다. 이 보고서 전문은 http://www.crs.gov에서 볼 수 있으며, 2013년 샌디 복구개선법 Sandy Recovery Improvement Act에 대한 분석이 담긴 7-5700번 보고서이다.

향후 법안의 수정 조항은 선포된 재난 또는 법률 제정일인 2013년 1월 29일 이후에 적용한다.

역사적인 관점에서 짚고 넘어가야 할 마지막 문제는 FEMA가 2013년 보스턴 마라톤 폭탄 테러 사건 이후에 실질적으로 아무 역할도 하지 않았다는 사실이다. 이것은 1993년 세계무역센터 테러 사건, 오클라호마 폭탄 테러 사건, 그리고 2011년 세계무역센터 사건에서 FEMA가 보인 눈부신 역할과 극명한 대비를 이룬다. 각각의 사건은 말할 필요도 없이 중요한 범죄 사건이었다. FEMA는 정보 전달, 수색과 구조, 개별적 지원 업무를 도왔으며, 가장 중요한 사실은 피해자와 그 가족을 돕기 위해 정부가 함께 있다는 든든한 존재감을 과시했다는 데 있다. 하지만 이러한 역할은 보스턴 사건에서는 눈에 띄지 않았다. 모든 위험에 대비하는 기관으로서 도움을 필요로 하는 사람들을 돕는다는 사명을 가진 재난 관리 개념은 이제 더 이상 존재하지 않는 게 분명하다.

재난으로부터의 복구 및 더 나은 재건과 관련된 어려운 결정을 다른 연방 기관 — 지금 당장은 주택도시개발부(HUD)가 가장 유력해 보인다 — 에 넘기긴 했지만, 표면상으로 FEMA와 국토안보부(DHS)는 재난 대비 및 대응 기구라는 본래의 목적을 서서히 달성해 가고 있는 것으로 보인다. 복구와 재건 사업에 대한 수행 능력 부족과 주 정부 차원의 협력 관계가 전무하다는 이유로 많은 프로그램을 HUD에서 이관받았기 때문에, 이는 흥미로운 반전이 아닐 수 없다. 하지만 FEMA와 그 연방 협력 기관이 국가재난복구체계(NDRF)를 실제로 적용한 것은 허리케인 샌디가 처음이었으며, 오바마 대통령은 허리케인 샌디로 피해를 입은 북동부 해안 지역의 장기 복구를 책임질 인물로 숀 도너번을 HUD의 장관에 임명했다. 이것은 우리가 앞으로도 보게 될 현상일 것이다. 즉, 장기 복구를 책임질 인물로 대통령과 가장 가까운 각료급 장관이나 재난 지역과 각별한 관계가 있는 인물을 임명하는 것 말이다. 이는 당연해 보일 수도 있지만, 주 정부의 재난 관리 국장들에게는 혼란스러운 일일 수도 있다. 왜냐하면 그들이 FEMA 청장과 전통적으로 이어 왔던 협력 관계를 연방 정부의 다른 각료들과는 구축하지 않았기 때문이다.

과거에 이러한 결정을 내린 경험이 있는 우리는 역사가 단순히 반복되지 않기를 강력하게 희망한다. 재난 관리의 미래에 대한 앞으로의 논의는 이 책의 마지막 장에서 다룰 예정이다.

　마지막 장에서는 재난 관리의 역사적 맥락과 최근의 현실 그리고 미래의 바람직한 정책에 대해 알아볼 것이다. 또한 대형 사건이나 재난을 겪어야만 달라지는 반사 작용 같은 조치가 아니라, 보다 성공적이고 능동적인 재난 관리 시스템을 만들 수 있는 여러 가능한 대안에 대해서도 살펴볼 예정이다. 이 책을 함께 쓴 공저자들의 경험을 모두 합치면 재난 관리 분야에서 100년도 넘게 일한 셈이 되므로, 마지막에는 이전 책에서처럼 앞으로 어떤 미래가 펼쳐질 것인지에 대한 예측도 해 볼 예정이다.

자가 점검을 위한 질문

1. 최초의 재난 관리 사례에는 어떤 것들이 있었는가?

2. 헌법에 의하면, 연방 정부는 공공의 위험을 관리하는 데 있어 가장 큰 역할을 하는가, 아니면 보조적인 역할을 하는가?

3. 1936년 홍수통제법의 의의는 무엇인가?

4. 냉전 시대는 현대 재난 관리 분야의 발전에 어떤 기여를 했는가?

5. 어떤 재난으로 인해 국가 홍수보험 프로그램이 만들어지게 되었는가?

6. 연방재난관리청(FEMA)의 설립을 낳은 1970년대의 사건에 대해 기술하라.

7. 1980년대 말에 FEMA가 곤란한 상황에 처하게 된 이유는 무엇인가?

8. 제임스 리 위트는 FEMA를 어떻게 발전시켰는가?

9. 국토안보부(DHS)의 설립이 연방 정부의 재난 관리 능력에 어떤 변화를 가져왔는가?

10. DHS의 설립을 단계별로 서술하라.

11. 허리케인 카트리나에 대한 대응이 그토록 비효율적이었던 이유는 무엇인가?

12. 허리케인 카트리나에 대한 형편없는 대응이 미국의 재난 관리 시스템을 어떻게 변화시켰는가?

13. 2009년에 DHS/FEMA가 재난 관리의 어떤 영역을 부각시키려 했는가?

14. 허리케인 샌디는 FEMA의 책임과 NDRF의 변화에 어떤 영향을 미쳤는가?

재난관리론

제2장

자연적인 위험 요인과
기술적인 위험 요인
그리고 위험 평가

**학습
내용**

- 자연적인 위험 요인의 종류
- 위험 요인과 재난의 규모를 측정하는 척도와 시스템
- 기술적인 위험 요인 그리고 그 원인과 결과
- 대량 살상 무기를 비롯한 테러범의 위협
- 재해 위험을 평가하는 방법
- 사회 · 경제적 위험 인자 그리고 이것이 지역 사회의 재해 이력에 미치는 영향

서론

위험 요인은 '비상사태 또는 재난으로 연결되거나 연결되지 않는 위태로움의 근원'이라고 정의되며(National Governors Association, 1982), 그러한 상태를 촉발시킬 수 있는 비상사태나 재난의 명칭을 따서 이름이 붙여진다. 각 위험 요인에는 연관된 위험이 수반된다. 위험은 실제 재난 사건을 일으킬 위험 요인의 발생 가능성과 그로 인한 결과로 표현된다. 구체적인 위험의 산물은 사건이나 비상사태로, 이는 보통 처리해야 할 하나 또는 그 이상의 긴급 서비스(화재, 치안, 응급 의료, 공중 보건 등)를 요하는 부정적인 결과를 가져오는 상황을 말한다. 사건이나 비상사태에 대응하는 데 필요한 역량이 하나 또는 그 이상의 중대한 분야(즉, 주민 대피, 화재 진압, 대중 보호 등)에서 특정 지역 정부의 기존의 비상 대응 역량을 초과할 때, 그 사건을 재난으로 규정한다. 또한 궁극적으로 도움을 제공해야 할 하나 또는 그 이상의 중대한 분야에서 대응에 필요한 역량이 국가와 주 그리고 지역 등 모든 차원의 정부 대응 능력을 넘어설 때, 그 사건을 재앙으로 정의한다(재앙은 국가나 그 이상의 차원에서만 결정된다)(그림 2-1).

그림 2-1 2012년 11월 8일 뉴욕의 롱비치Long Beach. 허리케인 샌디의 영향으로 뉴욕 롱비치의 주택들이 피해를 입은 항공 사진. 이 허리케인의 뒤를 이어 북동풍이 이 지역을 강타하여 더 많은 정전과 홍수를 일으켰다. FEMA는 허리케인 샌디에 의해 피해를 입은 지역 주민을 돕기 위하여 주와 지역 정부의 공무원과 함께 일했다. 사진 Andrea Booher/FEMA.

위험 요인의 식별은 모든 재난과 위험 관리 활동의 기본이다. 위험 요인이 인간이나 인간이 건설한 환경과 만나 그 결과로 발생하는 것이 위험이다. 각 위험에는 실제 사건으로 이어질 가능성이 존재하며, 그 결과 발생할지도 모르는 예측 결과를 측정하는 수단이 있다. 위험 요인을 식별함으로써 위험에 대해 알게 되면, 그 위험에 대비해 계획을 세우고 이를 완화시키는 과정으로 나아갈 수 있다. 그리고 지진이나 토네이도, 홍수나 다른 위험 요인이 사건으로 이어져 위험이 현실화하면, 재난 대응과 복구 역량 및 자원이 필요해진다. 현대의 재난 관리에서 모든 활동은 위험 요인과 위험에 대한 정확하고 효율적인 식별과 평가에 의해 이루어진다.

이 장에서는 자연적이고 기술적인, 실존하는 위험 요인의 모든 영역을 살펴보고, 이와 관련된 위험의 평가 방법에 대해 알아볼 것이다. 또한 각각의 위험 요인과 그 영향에 대해 간단히 설명하고, 위험 요인을 감지하고 분류하는 법도 알아볼 것이다.

자연적인 위험 요인

자연적인 위험 요인은 수문, 기상, 지진, 지질, 화산 작용, 매스 무브먼트mass movement 또는 기타 자연 작용의 결과로 인해 자연환경에 나타나는 것으로, 인간 집단과 지역 사회에 위협이 되는 것을 말한다. 자연적인 위험 요인과 관련된 위험은 지형과 환경의 개발 및 변형을 포함한 인간 활동에 의해 범위와 규모가 심해지는 경우가 많다. 예를 들어 홍수 범람원이나 보초도barrier island 위에 건설된 지역 사회는 거의 언제나 허리케인급 강풍, 홍수, 폭풍 해일과 관련된 위험이 증가된다. 또한 지진에 취약한 지역이나 그 인근에 건설한 구조물은 향후 지진에 의해 파괴될 가능성이 현저히 커진다. 자연적인 위험 요인과, 이러한 위험 요인이 인간과 인간이 건설한 환경에 영향을 미치는 과정을 더 깊이 이해하면, 보다 적절한 계획을 세워 취약성을 줄일 수 있다(제3장에서는 인간이 위험 요인과 더불어 잘 사는 방법에 대해 알아본다).

재난관리론

─ 홍수

홍수는 보통은 말라 있는 대지 및 건물을 집어삼키는 엄청난 양의 물을 일컫는다. 홍수는 폭우, 융설, (예를 들어 비버, 얼음, 쓰레기, 산사태 등으로 인한) 자연적인 수로에 생긴 가로막힘과 기타 발생 요인 등 수많은 원인에 의해 발생한다. 홍수는 대개 장기간의 강우나 육지로 부는 바람을 발생시키는 대규모 기상 시스템으로 인해 발생하지만, 특정 지역에 집중된 뇌우나 댐 붕괴에 의해 발생하기도 한다. 홍수는 건물과 다리를 쓰러뜨리고, 해안선과 제방을 침식하며, 나무를 뿌리째 뽑아내고, 진입로를 휩쓸어 버리며, 사망과 부상을 야기한다. 돌발 홍수는 대개 아무런 경고 없이 짧은 시간 동안 엄청난 양의 비를 퍼부어 불과 몇 분 만에 최고 수위를 돌파하는 집중 호우의 결과로 발생한다(그림 2-2).

홍수는 미국을 포함한 전 세계 여러 나라에서 가장 흔하고 빈번하게 일어나는 재난인데, 이는 사람들이 홍수 범람원 구역 내의 지역을 개발했기 때문인 경우가 많다. 사회와 물의 밀접한 관계는 주로 상업(물자의 이동은 주로 물을 경유해 이루어진다), 농업, 어업 그리고 식수원 확보 때문이다. 이러한 밀접한 관계의 부정적인 측면이 바로 전 세계적인 홍수의 증가 추세라고 할 수 있다. 연방재난관리청(FEMA)은 미국에서만 홍

그림 2-2 2011년 9월 11일 버몬트의 퀴치Quechee. 퀴치브리지는 없어서는 안 될 마을의 주요 도로이다. 주민들은 자신들이 지켜보는 가운데 애지중지하던 다리가 열대성 폭풍 아이린Irene에 의해 갑자기 늘어난 물로 심하게 파괴된 것을 보고 슬퍼했다. 사진 Wendell A. Davis Jr/FEMA.

수의 위험에 노출된 가구가 대략 800만에서 1,000만에 이르며, 매년 평균 20억에서 30억 달러의 손실이 지속적으로 발생하고 있는 것으로 추산한다. 1990년대에 FEMA의 국가 홍수보험 프로그램이 지불한, 홍수로 인한 손실은 수십억 달러에 달한다(표 2-1).

표 2-1 1900-2013년 기간 동안의 미국 홍수 상위 10위(국가 홍수보험 프로그램에서 지불한 전체 금액 기준)

사상	날짜	지불 건수	손실 총액
허리케인 카트리나	2005년 8월	167,699	$16,266,477,732
허리케인 샌디	2012년 10월	115,000*	$9,700,000,000*
허리케인 아이크	2008년 9월	46,418	$2,663,589,174
허리케인 이반	2004년 9월	27,658	$1,590,436,206
허리케인 아이린	2011년 8월	43,844	$1,301,682,155
열대성 폭풍 알리슨	2001년 6월	30,663	$1,103,877,235
루이지애나 홍수	1995년 5월	31,343	$585,071,593
허리케인 이자벨	2003년 9월	19,869	$493,433,448
허리케인 리타	2005년 9월	9,518	$472,885,523
허리케인 플로이드	1999년 9월	20,437	$462,252,753

출처: FEMA, 2013. 주요 홍수 사상: 1978-2013 1월(Significant Flood Events: 1978-January 2013). 국가 홍수보험 프로그램. http://www.fema.gov/policy-claim-statistics-flood-insurance/policy-claim-statistics-flood-insurance/policy-claim-13-9. * 허리케인 샌디의 통계치는 이 책이 발간될 때까지 집계가 끝난 것이 아니다. 여기에 실린 수치는 허리케인과 관련된 홍수보험금을 지불하기 위해서 2013년 1월 4일 미국 하원을 통과한 법안을 참고한 것이다(Associated Press, 2013). 슈퍼 폭풍 샌디의 피해자를 위해서 하원은 97억 달러의 홍수보험 패키지를 승인했다(야후 뉴스, 1월 4일. http://news.yahoo.com/house-approves-9-7-billion-flood-insurance-package-173011804.html).

홍수는 보통 표준 수위(하천과 해안의 수위) 위로 올라간 높이에 따라 측정하여, 이러한 수위는 그 높이에 도달할 가능성이 1년에 몇 번 정도 되는지로 해석한다. 예를 들어 어떤 수위에 도달할 가능성이 1%라거나, 100년에 한 번 일어날 만한 정도라면, '100년 홍수'라고 표현한다. 보통 100년에 한 번 홍수를 겪을 가능성이 있는 지역 내에 세워진 구조물은 홍수 범람원 안에 있는 것으로 본다. 100년 홍수에 대한 흔한 오해는 그러한 홍수가 한 세기에 오직 한 번 일어난다고 생각하는 것이지만, 같은 지역에서 10년도 안 되는 기간 동안 비슷한 정도의 홍수가 여러 번 발생하는 것은 드물지 않은 일이다. 여러 나라의 정부는 홍수로 인해 불어난 물의 수위를 감시하고 제방 건설에 필요한 수위 상승에 대한 정보를 제공하기 위해, 하천과 지천의 수위를 지속적으로 측정하고 있다. 뿐만 아니라 이러한 정보가 있어야 조기 경보와 대피가 가능하다.

추가 연구

다음 보고서에는 매년 미국에서 발생하는 홍수로 인한 손실에 대한 추가 정보가 실려 있다.

- 기후와 관련된 사망자 집계(기상국): http://www.nws.noaa.gov/os/hazstats.shtml
- "1926년에서 2003년까지 미국에서의 홍수 피해 — 기상국의 재분석(Pielke, Downton, and Miller, 2002)": http://www.flooddamagedata.org/full_report.html
- FloodSmart.gov 홍수 통계(국가 홍수보험 프로그램): http://www.floodsmart.gov/flood smart/pages/flood_facts.jsp

─ 지진

지진이란 지표면 밑의 지질판이 부서지거나 이동함으로써 순식간에 지각이 흔들리는 현상을 일컫는다. 이렇게 땅이 흔들리면 건물과 다리가 붕괴되고, 가스, 전기 및 통신 서비스가 중단되며, 산사태와 눈사태, 돌발 홍수, 화재, 거대하고 파괴적인 파도(쓰나미)가 발생한다. 단단하지 않은 매립지나 오래된 수로 또는 불안정한 토양 위에 세워진 구조물은 지진 완화 조치를 취하지 않는 한 대개 커다란 위험에 처한다. 지진 활동도는 계절이나 기후와 상관없으며, 따라서 1년 중 어느 때에도 일어날 수 있다(그림 2-3).

지진 감지 및 감시 장치가 발전하는 덕분에, 지진대의 위치와 움직임에 대한 지식도 해마다 늘어나고 있다. 전 세계적으로 10억 명 이상의 사람들이 지진대에서 살고 있다. 지진 피해는 막대한데, 내진 재료와 설계를 적용하지 않은 건물일 경우 특히 더 그러하다. 가스관이 손상되고 인화성 물질이 저장되어 있는 창고에 불이 붙으면, 지진은 2차적인 화재의 위험을 일으키기도 한다. 상수도 시설이 파괴되는 데다, 소방관들이 화재에 접근할 수 없거나 다른 비상 대응을 하느라 바쁘기 때문에, 이러한 불은 파괴된 건물을 따라 급속도로 번져 나간다. 일본의 고베가 지진에 강타당한

그림 2-3 2004년 1월 25일 켈리포니아의 아타스카데로Atascadero. 이 집은 6.5 진도의 산 시메온San Simeon 지진에 의해 집의 기초에서부터 2피트가량 밀려났다. 사진 Dane Golden/FEMA News Photo.

1995년 수천 명의 사망자를 낸 원인이 바로 화재였는데, 이는 파괴되고 부서진 건물 잔해 때문에 소방관과 소방 장비가 화재에 접근할 수 없었기 때문이다.

과학자와 예언가들이 지진이 일어날 시기를 예측하기 위해 각고의 노력을 기울이고 있음에도, 지진은 아무런 예고도 없이 갑작스럽게 일어난다. 지진 감지 기술은 지진의 활동을 측정하고 뒤쫓는 데는 효율적이지만, 불과 1-2분 전에 대규모 지진을 어느 정도 정확하게 예측하는 것은 아직 요원하기만 하다. 조기 감지 장치는 교통 시설이나 원자로 같은 것을 자동적으로 차단함으로써 사회 기반 시설에 미치는 피해를 줄이는 데 유용하게 사용되어 왔다.

미국에서는 매해 수백 건의 지진이 발생하지만, 대부분은 거의 인지하지 못하고 지나간다. 지진의 강도가 커지면, 지진 발생 가능성도 그만큼 줄어들기 때문이다. 리히터Richter 규모 6.5에서 7 사이의 심각한 지진은 미국에서 10년 만에 한 번 정도로 발생하지만, 이러한 일이 벌어지면 여러 가지 재난 중에 가장 파괴력이 큰 결과를 낳는다. 예를 들어, 1994년 캘리포니아를 강타한 노스리지 지진은 FEMA의 구호 비용 순위 기준으로, 미국에서 지금까지 발생한 자연 재난 중 비용 손실이 두 번째로 커서, 거의 70억 달러에 달하는 연방 기금이 사용되었다(이는 허리케인 카트리나 다음으로 큰 손실이다).

지진의 강도와 영향은 대개 리히터 척도와 수정 메르칼리 진도Modified Mercalli Intensity(MMI) 등급으로 표시한다. 1935년 찰스 리히터가 개발한 리히터 척도는 진앙지에서 발생한 (지진계로 측정된) 지상파의 강도에 따라, 지진의 영향권에 든 전 지역에서의 강도와 영향을 한 자리 수로 수량화한 것이다. 리히터 척도는 대수이며 상한선이 없다. MMI도 지진의 영향을 측정하지만, 단일 값을 적용하기보다는 각 지점에서 관찰된 지진의 영향에 따라 특정 지점마다 다른 평가가 가능하다. MMI(표 2-2) 등급은 로마 숫자 1에서 12까지로 표시된다. 이 수치의 결정은 대개 해당 지진을 겪은 사람들의 보고와 구조물이 입은 피해에 대한 관찰을 통해 이루어진다.

표 2-2 수정 메르칼리 진도의 척도

MMI 진도	피해와 느낌	리히터 규모
I-IV(기계만 감지 -중간 정도)	어떤 피해도 발생하지 않는다. 감지할 수 없는 것에서부터 큰 트럭이 건물에 부딪치는 정도의 느낌이다. 정지해 있는 자동차가 흔들릴 수 있다.	≤4.3
V(약간 강함)	거의 모든 사람이 느낄 수 있다. 그릇과 창문이 부서진다. 불안정한 물건은 넘어진다. 진자시계는 멈춘다.	4.4-4.8
VI(강함)	모든 사람이 느낄 수 있다. 많은 사람이 놀란다. 무거운 가구가 움직인다. 벽토가 떨어진다. 약간의 피해를 입는다.	4.9-5.4
VII(매우 강함)	잘 설계된 건물과 구조물은 무시할 정도의 피해. 잘 지어진 보통의 건물들은 약간의 피해. 부실한 건물 또는 설계가 나쁜 건물은 상당한 피해. 굴뚝이 무너질 수 있다.	5.5-6.1
VIII(파괴적임)	특수 설계된 건물에 약간의 피해. 일반 건물은 무시할 수 없는 피해를 입을 수 있고 일부가 무너진다. 부실한 건물은 큰 피해를 입는다. 공장의 굴뚝, 기둥, 기념비, 벽이 무너진다. 큰 가구가 넘어진다.	6.2-6.5
IX(매우 파괴적임)	특수 설계된 건물도 무시할 수 없는 피해. 잘 설계된 구조물들의 골조가 구부러진다. 일반 건물들은 큰 피해를 입어 부분적으로 무너진다. 건물의 기초가 흔들린다.	6.6-6.9
X(재난적임)	대부분의 석조 건물과 구조물/기초가 파괴된다. 잘 만든 목조 건물과 교량이 파괴된다. 댐, 제방들이 심각한 피해를 입는다. 모래와 진흙이 해변과 평지로 이동한다.	7.0-7.3
XI(상당히 재난적임)	석조 건물은 대부분 무너진다. 교량이 파괴된다. 땅에 넓은 균열이 발생한다. 지하의 가스관은 완전히 기능을 잃는다. 광범위한 지표면 붕괴와 산사태가 발생한다. 철도는 크게 구부러진다.	7.4-8.1
XII(재앙적임)	거의 모든 곳이 피해를 입는다. 아주 큰 돌덩이가 움직인다. 시선이 일그러진다. 물체들은 공중에 흩뿌려진다.	8.1 또는 그 이상

출처: USGS, 2009. Magnitude/Intensity Comparison. Earthquake Hazards Program. http://earthquake.usgs.gov/learn/topics/mag_vs_int.php

이미 겪은 역사적인 지진들을 수정 메르칼리 진도 등급으로 매기는 것은 가능하지만, 리히터 척도를 소급해서 등급을 매기는 것은 불가능하다. 그 이유는 무엇인가? 재난 계획의 측면에서는 어떤 방법이 더 유용하겠는가? 그 이유는 무엇인가?

— 허리케인

허리케인은 열대 기압골에서 시작해 강도와 크기가 점점 커지는 저기압 폭풍이다. 열대 기압골은 열대 저기압과 열대 폭풍에 이를 때까지 그 크기와 강도가 계속 커지며, 최대 풍속으로 결정된다. 온난성 열대 저기압은 최대 표면 풍속이 시간당 39마일에서 시간당 73마일에 이를 때 열대 폭풍이 된다. 열대 저기압 폭풍은 낮은 기압계의 압력, 열대 지방의 바다 위에서 발생하는 폐쇄 순환풍 그리고 윈드 시어(* 바람 진행 방향에 대해 수직 또는 수평 방향의 풍속 변화: 옮긴이)의 부재 등으로 정의된다. 저기압 폭풍은 북반구에서는 반시계 방향으로 그리고 남반구에서는 시계 방향으로 회전한다.

허리케인은 평균 풍속 74mph나 그 이상으로 측정되는 저기압성 열대 폭풍이다. 허리케인 바람은 '폭풍의 눈'으로 알려진, 지름 30마일에 이르는 상대적으로 조용한 중간 지점 주위로 400마일까지 나선형 패턴을 그리며 바깥쪽으로 확대되어 나간다. 허리케인은 따뜻한 바닷물을 먹이 삼아 커 나간다. 이러한 폭풍이 육지에 상륙하면, 해안 지역에 폭풍 해일로 알려진 바닷물 벽을 만들어 밀어내는 현상이 자주 벌어진다. 일단 육지에 상륙하면 허리케인은 폭우와 강풍으로 더 심각한 피해를 일으킨다. 하나의 허리케인이 탁 트인 대양 위에 서너 주 동안 머물 수도 있으며, 미국 동해안 전역을 휩쓸고 지나갈 수도 있다.

허리케인 계절은 매년 6월 1일에서 11월 30일까지이며, 8월과 9월에 정점을 이룬다. 허리케인은 보통 사피어-심프슨 등급Saffir-Simpson scale(표 2-3)으로 표현한다.

표 2-3 사피어-심프슨 등급

등급	상태	영향
1	풍속: 74-95mph 폭풍 해일: 평상시보다 4-5ft 이상	고정되지 않은 이동 주택, 관목, 그리고 나무에 주로 피해. 해안 홍수와 작은 교각에 피해. 건축 구조물에 작은 피해
2	풍속: 96-110mph 폭풍 해일: 평상시보다 6-8ft 이상	이동 주택, 교각 그리고 식물에 상당한 피해. 해안 지역이나 저지대 대피로는 허리케인의 중심이 도착하기 2-3시간 전에 침수. 건물 지붕, 문과 창문에 피해. 보호되지 않은 계류장의 작은 선박에 피해
3	풍속: 111-130mph 폭풍 해일: 평상시보다 9-12ft 이상	이동 주택 파괴. 작은 주택과 시설 건물에 구조적인 손상. 해안 주변의 홍수는 작은 구조물을 파괴한다. 부유하는 잔해가 더 큰 구조물에 피해를 준다. 해수면보다 5피트 낮은 지형은 내륙으로 6마일까지 침수된다.
4	풍속: 131-155mph 폭풍 해일: 평상시보다 13-18ft 이상	작은 주택의 지붕이 완전히 파괴되고 넓은 외벽이 파괴, 해안에 큰 침식 발생. 해안 주택의 1층에 큰 피해. 해수면보다 10피트 낮은 지형은 내륙으로 6마일까지 침수(집단 대피 필요)
5	풍속: 155mph 이상 폭풍 해일: 평상시보다 18ft 이상	많은 주택과 산업 건물의 지붕이 완전히 파괴. 여러 건물이 완전히 파괴. 해수면보다 15피트 낮은 지역과 해안선에서 500야드 내에 위치한 모든 구조물의 낮은 층에 큰 피해. 저지대와 주거 지역의 집단 대피가 필요

출처: NOAA, 2013. Saffir-Simpson Hurricane Wind Scale. National Hurricane Center. http://www.nhc.noaa.gov/aboutsshws.php.

허리케인은 광범위한 지역에 심각한 손상과 파괴를 일으킨다. 1999년 허리케인 플로이드Floyd는 먼저 플로리다와 조지아 주를 위협한 후에, 노스캐롤라이나 주에 상륙해서 사우스캐롤라이나, 노스캐롤라이나, 버지니아, 메릴랜드, 델라웨어, 뉴저지, 뉴욕, 코네티컷, 메사추세츠, 그리고 메인 주의 일부를 파괴했다. 이들 주에서 입은 피해가 너무 커서 모두 연방 재난 지원을 받았을 정도였다. 허리케인 미치Mitch의 경우에서처럼, 하나의 허리케인이 여러 나라에 영향을 미치기도 하는데, 허리케인 미치는 니카라과, 과테말라, 엘살바도르 그리고 온두라스를 파괴하고 사망자를 냈다.

미국 역사상 순수한 달러 수치로 가장 비용이 많이 들고(거의 800억 달러에 육박함. Reuters, 2009), 사상자 측면에서 가장 치명적인(1,836명이 사망함) 허리케인은 허리케인 카트리나이다(표 2-4). 카트리나는 멕시코 만 해안 지역을 따라 3등급 허리케인으로 육지에 상륙했는데, 평균 풍속은 175mph 이상으로 5등급에 달했다 — 당시에 네 번째로 강력한 허리케인으로 기록되었다. 28피트에 이르는 폭풍 해일과 강한 바람으로 카트리나는 앨라배마, 플로리다, 미시시피, 루이지애나의 해안 지역 마을을 파괴했다. 뉴올리언스의 거의 80%에 이르는 지역과 빌럭시Biloxi/걸프포트Gulfport의 대부분 지역이 침수되었고 거의 완전히 파괴되었다. 허리케인 카트리나는 캐나다를 향해 북쪽으로 올라가면서 다른 여러 주에도 피해를 입혔다.

표 2-4 미국에서 가장 심각한 허리케인 상위 10위(국가 홍수보험 프로그램 미가입 보험금 순위)

허리케인	연도	등급	피해액(백만 달러)
허리케인 카트리나: FL, AL, GA, LA, MS, TN	2005	3	$46,591
허리케인 앤드루: FL, LA	1992	5	$22,939
허리케인 샌디: NC, VA, DC, MD, PA, OH, CT, NY, MA	2012	1	$20,000*
허리케인 아이크: AR, IL, IN, KY, LA, MO, OH, PA, TX	2008	4	$13,050
허리케인 윌마: FL	2005	5	$11,676
허리케인 찰리: FL, NC, SC	2004	4	$8,755
허리케인 이반: AL, DE, FL, GA, LA, MD, MS, NJ, NC, NY, NC, OH, PA, TN, VA, WV	2004	3	$8,328
허리케인 휴고: GA, NC, PR, SC, VA, USVI	1989	4	$6,835
허리케인 리타: AR, AL, FL, LA, MS, TN, TX	2005	5	$6,379
허리케인 플랜시스: FL, GA, NC, NY, SC	2004	4	$5,382

출처: CNBC, 2012. 미국 역사상 가장 피해액이 큰 10개 허리케인(http://www.cnbc.com/id/26426796/page/1. Insurance Information Institute, 2013). 허리케인. III 웹사이트. http://www.iii.org/facts_statistics/hurricanes.html).
* 허리케인 샌디와 관련된 국가 홍수보험 프로그램 미가입 보험금의 출판 당시 추정액은 대략 200억 달러이다. 그러나 이 수치는 올라갈 수 있으며, 그러면 샌디가 가장 피해액이 큰 두 번째 허리케인이 될 수 있다.

2011년 허리케인 아이린과 2012년 샌디를 포함한 최근의 허리케인은 강도가 약한 폭풍우도 폭풍 해일과 홍수 효과로 상당한 피해를 입히며, 도시와 농촌 지역을 똑같이 파괴할 수 있다는 사실을 상기시켜 주었다. 180만 평방마일을 휩쓸어, 가장 광범위한 지역에 영향을 미친 것으로 기록된 허리케인 샌디는 육지에 상륙했을 때 겨우 1등급이었으며, 상륙 직후 열대성 폭풍으로 약화되었다. 강도는 약했어도 허리케인 샌디는 미국 역사상 가장 피해액이 큰 세 번째, 아니 어쩌면 두 번째 허리케인이다.

허리케인 카트리나는 다양한 지역에 다양한 방식으로 영향을 미쳤다. 허리케인 카트리나는 미시시피 주의 멕시코 만 해안 지역을 따라, 25에서 30피트의 해일을 발생시켜 진행 경로에 있던 구조물과 차량을 휩쓸어 버렸다. 멕시코 만 해안 지역에 위치한 여러 호텔과 카지노가 심각한 손상을 입었으며, 마을 전체가 사라져 버린 경우도 있다. 뉴올리언스에서 가장 심각한 타격은 제방을 붕괴시킨 홍수에서 비롯되었는데, 6주에 달하는 기간 동안 이 도시의 거의 80%가 물에 잠기고 말았다.

그러나 뉴올리언스의 일부 지역 — 특히, 프렌치 쿼터French Quarter(* 뉴올리언스의 구 시가지: 옮긴이)처럼 강에서 가장 가까운 일부 지역 — 은 아주 적은 홍수 피해만을 입었다. 폭풍으로 인해 조수가 밀려드는 현상은 이 도시의 로워나인스워드Lower Ninth Ward의 유일한 피해 원인이었는데, 이곳에는 세인트 버나드 패리시St. Bernard Parish와 함께 미시시피 강의 멕시코 만 출구로 향하는 조수가 밀려들었다. 바람과 비도 이 지역 전체의 가옥과 사업체에 상당한 피해를 입혔다.

폭풍의 영향권에 든 지역에서는 수도, 전기, 통신, 학교, 병원, 그리고 어린이 보육 시설과 같은 핵심적인 사회 기반 시설이 모두 심각한 피해를 입었다. 정부 시설과 개인적인 사업체도 막대한 손실을 입었다. 카트리나에 대한 백악관의 보고서 "허리케인 카트리나에 대한 연방 정부의 대응: 배워야 할 교훈"을 보면, 주택이 입은 피해가 670억 달러, 사업체가 입은 피해가 200억 달러, 그리고 정부 시설이 입은 피해가 약 30억 달러에 이르는 것으로 추산된다(Townsend, 2006). 카트리나로 인한 보험상의 손실은 미국 역사상 최대 규모에 이를 것으로 추정된다.

허리케인 카트리나가 육지에 상륙하기도 전에 130만 명 이상의 주민이 대피했으며, 80만 명의 주민이 거주지가 아닌 곳에서 장기간 지내야 했다. 허리케인 카트리나 이후 1년이 지난 뒤에도 이 도시의 경계 내에 머문 452,170명의 시민 중 절반 이상이 대피 상태에 있으며, 도시 인구는 223,388명으로 줄어들었다. 2010년 인구 조사에서 343,829명만이 이 도시에서 산다고 주장한 것으로 보면, 카트리나가 끝나고 5년이 지난 뒤에도 인구의 25%가 돌아오지 못한 것으로 보인다. 이제 복구에 필요한 돈이 유입되고 일자리 전망이 대단히 밝아지고 각종 서비스가 가능해지면서, 뉴올리언스는 미국에서 가장 성장이 빠른 도시 중 하나가 되었으며, 이 도시로 돌아오는 거주민도 매년 5% 정도씩 증가하고 있다(Bass, 2012).

허리케인 카트리나의 진행 과정

다음은 열대성 저기압 12호였던 허리케인 카트리나에 대한 초기 정보에서 시작해 2005년 8월 29일 카트리나가 육지에 상륙한 이후 일정 기간 동안 벌어진 사건을 정리한 것이다. 이것은 FEMA, 브루킹스협회(The Brookings Institution), 그리고 CNN을 포함한 여러 기관이 함께 작성한 것이다. 미국 상원도 "허리케인 카트리나: 아직 준비되지 않은 나라(Hurricane Katrina: A Nation Still Unprepared)"라는 제목의 조사 보고서를 발간했다.

8월 23일 화요일	바하마 남동부 약 200마일 지점에서 열대성 저기압 12호가 형성되다. 허리케인 카트리나가 될 이 열대성 저기압이 처음 잠재적인 위험으로 인식되다.
8월 25일 목요일	열대성 폭풍 카트리나가 허리케인 카트리나가 되다. 평균 풍속 74mph를 넘는 1등급 허리케인이 플로리다 남부를 가로질러 멕시코 만 쪽으로 이동하다. 카트리나가 멕시코 만의 난류 위에 머물며 세력을 강화하기 시작했으며, 국립허리케인센터에서 파악한 초기 경로에 의하면, 카트리나가 '모바일, 앨라배마, 그랜드아일, 플로리다 사이'의 어느 지점에서 육지에 상륙할 것으로 예측되다.
8월 26일 금요일	허리케인 카트리나가 이날 하루 동안 진로를 두 번 바꾸다. 처음에는 미시시피와 앨라배마 주의 경계에 상륙할 것으로 보이다가, 나중에는 루이지애나, 미시시피 주의 경계에 상륙하는 것으로 방향을 바꾸다. 루이지애나와 미시시피 주의 주지사는 비상사태를 선포하고 주 방위군을 비상근무에 돌입시키다.
8월 27일 토요일	이제 4등급에서 5등급이 된 카트리나가 뉴올리언스를 강타할 것으로 예측하다. 블랑코Blanco 주지사는 루이지애나 주에 연방 정부의 비상사태 선포를 요청하고, 부시 대통령이 같은 날 이를 승인하다. 뉴올리언스의 내긴Nagin 시장은 비상사태를 선포하고, 루이지애나와 미시시피 주에서 대피가 시작되다.
8월 28일 일요일	내긴 시장이 강제 대피 명령을 내리다. 슈퍼돔이 최후의 대피 수단으로 문을 열고, 같은 날 1만 명의 시민과 150명의 주 방위군이 이 슈퍼돔으로 들어가다. 멕시코 만 해안 지역을 따라 대피 행렬이 이어지다.
8월 29일 월요일	이제 145mph의 풍속에 4등급 허리케인이 된 카트리나가 정부 표준시로 6시에서 7시 사이에 루이지애나 주의 플라커민즈 패리시Plaquemines Parish 남쪽에 상륙하다. 부시 대통령이 중대 재난 선포안에 서명하다. 뉴올리언스의 제방이 무너지고, 홍수로 인한 물이 이 도시의 여러 지역을 휩쓸기 시작하다. 해안경비대가 뉴올리언스에서 구조 작업을 시작하다.

재난관리론

8월 30일 화요일	홍수로 인한 물이 뉴올리언스의 80%를 뒤덮다. 슈퍼돔과 컨벤션센터를 포함, 대략 5만에서 10만 명의 시민이 이 도시에 갇히다. 블랑코 주지사가 슈퍼돔에 있는 시민에게도 대피 명령을 내리다. 해안경비대의 구조가 계속되고, 약탈이 보고되다.
8월 31일 수요일	블랑코 주지사와 부시 대통령이 군 인력의 도움이 필요할지에 대해 의논하고 주 방위군을 누가 지휘할 것인지를 결정한다. 휴스턴 아스트로돔Astrodome이 카트리나 피난민을 받을 준비를 하다.
9월 1일 목요일	이제 45,000명의 시민이 슈퍼돔과 컨벤션센터에 머물다. 뉴올리언스 시민의 버스 대피가 시작된다. 국토안보부의 처토프 장관과 FEMA의 브라운 청장이 컨벤션센터에서 발생하는 문제를 모르고 있었다고 암시하는 발언을 하다.
9월 2일 금요일	부시 대통령이 재난 지역을 처음으로 방문해, 양쪽 주지사와 내긴 시장을 만나다. 배치된 주 방위군의 수가 계속 증가하며, 의회는 즉각적인 구호에 필요한 105억 달러를 승인하다.
9월 3일 토요일	4만 명의 주 방위군 인력이 멕시코 만 해안 지역에 배치되고, 부시 대통령은 7,200명의 현역 군인에게 멕시코 만으로 파견 명령을 내리다. 슈퍼돔과 컨벤션센터의 대피가 완료되다.
9월 5일 월요일	제방의 균열은 막았지만, 제방 복구가 더 이루어져야 하는 상황이 되다. 부시-클린턴 기금이 설립되고, 부시 대통령이 4,700명의 현역 군대를 추가로 파견하다.
9월 6일 화요일	육군공병단이 뉴올리언스에서 물을 퍼내기 시작하고, 내긴 시장은 군과 경찰이 이 도시에 남아 있는 시민을 내보내는 것을 승인하다.
9월 8일 목요일	부시 대통령이 제출한 520억 달러의 추가 지원 요청을 의회에서 승인하다.

최근 몇 년 동안 허리케인의 경로를 추적하는 기술과 컴퓨터 프로그램이 상당히 발전하였다. 플로리다의 마이애미에 있는 국립허리케인센터는 이제 서아프리카 해안 지역에서 허리케인이 만들어지는 순간부터 열대 기압골의 경로를 추적해 열대 저기압으로 발전해 나가는 전 과정을 감시한다. 일단 열대 저기압이 열대 폭풍으로 세력을 확장하면, 국립허리케인센터에서 폭풍의 이름을 짓는다. 평균 풍속 74mph를 넘으면, 이 폭풍은 공식적인 허리케인이 된다. 국립허리케인센터는 항공기를 이용

해 허리케인을 관찰하고 기상 자료를 모으며, 대서양을 가로지르는 이동 경로를 추적한다. 또한 여러 대의 정교한 컴퓨터를 사용해 폭풍의 경로를 예측하기도 한다. 이러한 예측에 따라 주와 지역의 재난 관련 공무원들은 대피 결정을 내리고, 대응과 복구에 필요한 자원을 미리 배치하기도 한다.

역사적으로 볼 때, 폭풍 해일이 일으킨 강풍과 홍수는 인명 피해의 주요한 원인이었으며, 건물과 사회 기반 시설 파괴는 허리케인이 일으킨 경우가 많았다. 2012년 허리케인 샌디가 일으킨 14피트 높이의 폭풍 해일은 맨해튼 시내와 인구가 밀집해 있는 뉴저지 해안에 심각한 홍수를 일으켰으며, 일대의 교통을 마비시키고 이 지역 전체를 휩쓸었다. 허리케인으로 인한 폭우로 제내지 침수가 발생하여 막대한 인명 손실과 많은 재산 피해를 낳았으며, 허리케인 아이린 당시 버몬트 주에서처럼 언덕과 산 지형에서 그 피해가 더욱 컸다. 환경이 입는 피해가 크다는 것도 허리케인으로 인한 강풍과 홍수와 관련해 알아 두어야 할 중요한 측면이다. 예를 들면, 폭풍 해일은 심각한 해안 침식을 야기하며, 부서지기 쉬운 보초도에 가장 많은 피해를 입힌다. 허리케인 플로이드로 인한 제내지 침수는 노스캐롤라이나 주 돼지 사육 농가의 오물 웅덩이를 침수시켜, 돼지 오물이 케이프피어 강Cape Fear River을 거쳐 결국 바다로 흘러들고 말았다. 허리케인 카트리나가 일으킨 폭풍 해일은 환경에 심각한 영향을 미쳤다 — 해안 지역의 지형이 바뀌거나 완전히 사라져 버린 경우도 있다. 도핀 섬Dauphin Island은 폭풍 해일의 힘으로 말 그대로 육지 쪽으로 떠밀려 왔으며, 샹들리에 제도Chandeleur Islands는 완전히 파괴됐다. 폭풍으로 파괴된 16개 야생동물 보호지역 중의 한 곳인 브레튼 국립 야생동물 보호지역Breton National Wildlife Refuge의 절반 이상이 유실되었다. 이렇게 유실된 많은 지역은 해양 포유동물, 파충류, 새 및 물고기의 번식지가 되었다.

── 폭풍 해일

폭풍 해일은 기상학적 힘에 의해 해변 쪽으로 밀려들어 온 다량의 물로 정의되며, 허리케인, 사이클론, 강한 북동풍 그리고 다른 해안 폭풍과 합류해 인명 피해와 구조물

재난관리론

파괴를 일으키는 주요 원인이다. 해일로 인해 밀려드는 물이 만조와 만나면, 그 결과로 바닷물의 수위가 상승해 사태를 더욱 악화시킨다. 폭풍 해일은 여건이 맞으면 수십 피트의 높이에 이르며, 만조와 동시에 발생하거나 강의 흐름을 방해할 경우 특히 사태가 심각해진다. 해일이 일어날 때 바람이 일으킨 난기류가 해일과 겹쳐지면, 파도의 작용으로 침수가 발생해 구조물에 더 큰 피해를 입힌다(1야드의 정육면체로 이루어진 물은 이 물의 영향을 받는 구조물에 1,700파운드의 압력을 행사한다). 육지에 상륙한 해일의 높이는 결국 해당 해일의 너비와 강도, 육지에 상륙할 당시 해일의 높이, 그리고 육지와 가까운 해저의 경사면에 따라 결정된다. 해저면이 길고 얕을수록 폭풍 해일의 규모는 더 커진다.

　　미국의 인구 밀집 지역인 대서양과 멕시코 만 해안 지역에서 대부분의 해안선은 평균 해수면보다 10피트 정도밖에 높지 않기 때문에, 폭풍 해일의 위험이 대단히 높다. 허리케인 카트리나는 해안 지역 개발이 증가하면서 더욱 광범위한 지역에 출몰하는 폭풍 해일의 위협적인 속도와 강도를 상기시키는 역할을 했다. 카트리나는 플로리다 남부를 가로지른 뒤에 멕시코 만을 가로질러 계속 서쪽으로 나아가다, 멕시코 만 해안 지역을 향해 북서쪽으로 방향을 틀었다. 그러다가 2005년 8월 29일 루이지애나 주 플라커먼즈 패리시에 강력한 4등급 허리케인으로 두 번째 상륙을 했다. 허리케인 카트리나가 미시시피와 루이지애나 주의 경계를 따라 세 번째이자 마지막으로 상륙했을 때, 허리케인급 바람은 이 허리케인의 중심에서 190마일까지 팽창했고, 열대성 폭풍급 바람은 거의 440마일까지 팽창한 상태였다. 이 폭풍의 영향권에 포함된 광범위한 지리적인 영역과 강력한 힘으로 인해, 멕시코 만 해안 지역을 따라 이전에 기록된 그 어떤 해일보다 더 큰 해일이 발생했다. 매우 강한 파도 그리고 계속되는 강풍과 결합된 30피트 높이의 폭풍 해일은 미국에서 이전에 한 번도 경험한 적 없는 엄청난 파괴력을 가져왔다. 뉴올리언스를 보호하던 제방으로 밀려든 폭풍 해일의 엄청난 압력으로 제방 여러 곳이 파괴되어 이 도시의 일부 지역이 20피트 높이의 물에 잠겼다. USA 투데이는 허리케인이 폭풍 해일을 발생시키는 과정을 담은 동영상을 제작하기도 했다(http://usatoday30.usatoday.com/graphics/weather/gra/gsurge/flash.htm).

국립허리케인센터는 이미 겪었거나, 가상의 또는 예측된 허리케인으로 인한 폭풍 해일의 높이 및 풍속을 측정하기 위해 슬로시SLOSH라는 컴퓨터 프로그램을 운영한다. 슬로시는 압력, 크기, 전진 속도, 진로, 그리고 바람을 고려해 결과를 계산해 낸다. 이 컴퓨터 프로그램이 만들어 낸 결과물은 여러 가지 색의 지도로, 폭풍 해일의 높이가 해당 지역에서 기준 수위 위로 몇 피트에 이를 것인지 알려 준다. 이러한 계산 결과는 독특한 만과 강의 배열, 수심, 교량, 도로 그리고 그 밖의 여러 물리적 특징을 감안해 특정 지역의 해안선에 적용된다. 슬로시는 예측된 허리케인의 폭풍 해일을 측정하는 데 사용되며, 72시간에 걸쳐 매 6시간마다 기상 자료를 새로 입력해 새로운 예보가 가능하도록 한다. 슬로시는 실제 현상과 비교해 플러스와 마이너스 20% 한도 내의 정확성을 보인다. 이 프로그램은 천문 조석은 고려하지만, 강우, 강물의 흐름, 또는 바람으로 인해 발생하는 파도는 고려하지 않는다. 하지만 이러한 정보를 슬로시의 산출 결과와 함께 활용하면, 위험 지역에 대한 보다 정확한 분석이 가능해진다.

미국 국립기상국은 엣−서지(ET-SURGE, ETSS로도 알려진)라는 온대 폭풍용 폭풍 해일 프로그램도 운영하고 있다. 이 프로그램은 비허리케인 시스템으로 작동하는 슬로시의 변형이다.

── 토네이도

토네이도는 적란운에서 지상을 향해 퍼져 나가는, 빠르게 도는 소용돌이나 깔때기 모양의 공기로 최대 풍속 300mph에 이르는 위력을 과시한다. 미국에서는 매년 뇌우로 약 1,200개의 토네이도가 생겨난다. 대부분의 토네이도는 하늘 높은 곳에 남아 있지만, 그 중 몇 개는 지상으로 내려와 이동 경로에 있는 모든 것을 파괴한다. 토네이도 바람의 위력은 거대한 것을 들어 올려 옮길 만큼 대단하며, 건물 전체를 파괴하거나 이동시키고, 거대한 분량의 물을 사이펀siphon처럼 옮겨 다른 곳에 쏟아 버린다. 보통 토네이도는 저항이 가장 적은 경로를 따라 이동하므로, 계곡에 사는 사람들이 가장 큰 위험에 노출된다.

토네이도는 1971년 처음 개발된 후지타-피어슨 토네이도 등급Fujita-Pearson Tor-
nado Scale으로 측정되어 왔다(표 2-5). 2006년 연구 보고서에 의하면, 토네이도로 인한
피해는 이전에 생각했던 것보다 훨씬 약한 강도의 바람에서도 발생한다는 사실이 밝
혀졌으며, 따라서 미국 기상국은 바람의 강도를 측정하는 한층 진일보한 등급을 만
들었다(표 2-6). 2007년 1월에 처음 사용된 이 등급은 가옥에 대한 피해를 측정하는
기존 측정법에 18가지 새로운 피해 지표를 추가했는데, 추가된 지표에는 나무와 이
동 주택, 그리고 다른 서너 가지 구조물에 대한 영향도 포함되어 있다(따라서 토네이도 분
류에 영향을 미치는 지표는 총 28개이다). 이렇게 개선된 후지타-피어슨 등급을 사용하면 주
택에 영향을 미치지 않는 토네이도의 분류도 가능하다.

표 2-5 후지타-피어슨 등급

등급	상태	영향
F-0	40-72mph	굴뚝의 손상, 나뭇가지가 부러진다.
F-1	73-112mph	이동 주택의 기초가 흔들리거나 전복된다.
F-2	113-157mph	상당한 피해, 이동 주택이 파괴되고 나무가 뿌리째 뽑힌다.
F-3	158-205mph	지붕과 벽이 허물어지고, 기차가 전복되고, 자동차가 날아간다.
F-4	207-260mph	잘 지어진 벽이 무너진다.
F-5	261-318mph	주택이 기초까지 뽑히고 상당한 거리까지 옮겨지며, 자동차가 100미터까지 날아간다.

표 2-6 개선된 후지타-피어슨 등급

등급	상태	영향
F-0	65-85mph	구조물과 식물에 약한 피해
F-1	85-110mph	구조물과 식물에 보통의 피해
F-2	111-135mph	구조물과 식물에 중한 피해
F-3	136-165mph	구조물과 식물에 심각한 피해
F-4	166-200mph	구조물과 식물에 극심한 피해
F-5	200mph 이상	구조물과 식물의 완전한 파괴

토네이도로 인한 피해는 깔때기 모양의 구름이 지표면에 닿아야만 발생한다. 미국에서 토네이도로 인한 위험이 가장 큰 주는 텍사스, 오클라호마, 미주리, 그리고 캔자스이다. 이들 주는 '토네이도 골목tornado alley'으로 널리 알려져 있다. 하지만 최근에는 토네이도가 마이애미, 내슈빌, 그리고 워싱턴 D.C. 등 그동안 잘 발생하지 않던 도시를 강타하기도 한다. 또한 2001년 워싱턴 D.C.에서처럼, 토네이도가 여러 지역을 연이어 강타하기도 한다. 2001년 당시, 한 토네이도가 먼저 워싱턴 D.C. 바로 남쪽인 버지니아 주의 알렉산드리아Alexandria를 휩쓸고, 그다음에는 워싱턴 D.C. 바로 북쪽인 메릴랜드 주의 칼리지파크College Park를 휩쓸었다. 2011년 5월 22일, 너비가 대략 1마일에 이르는 토네이도 E-5가 미주리 주의 조플린을 강타해, 조플린 시내의 제법 넓은 지역을 휩쓸었다. 순식간에 벌어진 이 사건으로 158명이 죽고 1,100명 이상이 부상을 입어, 반세기 넘는 기간 동안 가장 치명적인 토네이도로 기록되었다.

토네이도는 연중 어느 때나 발생할 수 있지만, 일반적으로 3월에서 8월 사이에 자주 발생한다. 또한 오후와 저녁 시간에 많이 발생해서, 모든 토네이도의 80% 이상이 정오와 자정 사이에 일어난다. 토네이도가 일으키는 인명 피해의 주요 원인은 건물 붕괴와 날아다니는 파편이다. 토네이도에서 살아남는 데 가장 중요한 것은 조기 경보로, 경보를 접한 시민들은 토네이도급 바람을 견디도록 설계된 구조물로 피신해야 한다. 도플러 레이더와 다른 기상학적인 도구로 인해 토네이도 감지 능력이 대단히 향상되었으며, 따라서 토네이도가 강타하기 전에 경고할 시간을 충분히 확보하게 되었다. 사전 경고를 효과적으로 전달할 통신 수단과 신기술의 발전도 무척 중요하다.

토네이도가 지나는 길에 바로 위치한 건물은 바람의 괴력뿐만 아니라 사방으로 흩뿌려지는 파편 '미사일'(그림 2-4)을 견딜 수 있도록 특수 설계된 경우가 아니고는 살아남을 가능성이 거의 없다. FEMA와 텍사스 A&M 대학교가 공동 개발한 '안전실 safe room'은 특수한 완충재를 사용하고 공학적 내풍 설계를 통해서 강풍에 견딜 수 있게 구조물을 보강한 것으로, 토네이도가 지나는 길목에 있어도 생존 가능성을 크게 높여 준다(그림 2-5). 안전실은 고도로 개발된 지역 사회에서 토네이도의 위험을 완화할 수 있는 비용 대비 효율이 가장 높은 방법인 경우가 많다. (3,000달러에서 5,000달러 정도의) 적은 비용으로 기존의(또는 새로운) 구조물을 개축할 수 있기 때문이다.

그림 2-4 2013년 6월 7일 오클라호마의 무어Moore. 자동차가 토네이도에 의해 집 쪽으로 날아가 박혔다. 이곳 무어 지역은 2013년 5월 20일 토네이도 EF5에 의해 피해를 입었다. 사진 Andrea Booher/FEMA.

그림 2-5 2001년 11월 23일 오클라호마의 털사Tulsa. 이스터랜드 몰Eastland Mall에 있는 디재스터 앨리Disaster Alley. 안전실은 여러 가지 물질을 구비하도록 설계된다. 사진에서 콘크리트 벽돌, 콘크리트 벽면, 그리고 특수 천장 구조 등을 볼 수 있다. 사진 Kent Baxter/FEMA News Photo.

안전실의 재난 완화 기능을 크게 확대해 지역 사회의 대중 보호 시설에서 활용할 수 있도록 하는 기술이 개발 중이다. 또한 토네이도의 길목에 바로 위치하지 않은 건물과 구조물이 입을 피해를 줄이기 위해, FEMA와 다른 기관들이 건물의 설계와 시공에 활용할 다른 기술도 개발하고 있다. 허리케인의 피해를 입을 위험이 높은 지역에서 효과적으로 사용되는 내풍 시공 기술의 많은 부분이 토네이도에 취약한 지역에 있는 구조물에 새로 적용되거나 기존 구조물을 보강하는 형식으로 효율적으로 활용되고 있다.

— 산불

산불은 세 가지로 분류된다. 첫째, 지표화地表火, surface fires는 가장 흔한 형태로, 숲의 지표면을 따라 불이 붙어 서서히 이동하며 나무를 태우거나 피해를 입히는 것이다. 둘째, 지중화地中火, ground fires는 대개 번갯불로 시작되어 숲의 바닥 위쪽이나 낮은 부분에서 불이 타오르는 것이다. 셋째, 수관화樹冠火, crown fires는 지상 위 높은 곳인 숲의 덮개 부분이 불에 타는 것으로, 옆에 있는 나무와 직접 붙어 있는 데다 바람이 많아 훨씬 더 빨리 번진다. 산불은 공기 오염(주로 연기와 재가 수 마일을 이동하며 건강을 위협하고 기계 또는 전자 장비에 피해를 일으킨다), 소방관들에게 가해지는 위험, 환경적인 영향 그리고 재산 손실 등의 피해를 입히며, 매년 발생하고 점점 증가하는 위험 요인이다.

('황무지와 도시의 중간 지대'라고 불리는) 사람의 손길이 상대적으로 미치지 않는 황무지까지 주거지가 확대되면서, 사람이 겪는 위협도 상당히 커지고 있다. 황무지나 그 주변에 위치한 건물을 보호하는 것은 특히 문제가 되는데, 종종 소방 능력을 넘어서 소방 자원에 대한 부담이 늘어나게 된다. 특히 산불은 심각한 2차적인 위험을 일으키기도 한다. 예를 들어, 대규모 산불이 발생한 후에 폭우가 내리면 산사태, 이류泥流, mudslides가 발생하고, 홍수가 약해진 토양을 강타하거나 토양을 언덕 아래로 휩쓸어 내리기도 한다. 이러한 산불은 토지를 심각하게 태워서 동물의 서식지를 파괴하고 불모지로 만들기도 하는데, 이런 현상은 장기간에 걸쳐 침식 가능성을 높이며 수십 년 동안 지속되기도 한다.

다음은 산불의 원인과 양상을 분류하는 데 사용되는 용어이다.

- 황무지 화재wildland fires: 거의 자연 상태의 초목에 의해서만 야기되는 이러한 산 불은 보통 국립 공원이나 국유림에서 일어나며, 화재 관리와 진압의 책임은 연 방 정부 소속 기관에 있다.
- 접경지 화재interface or intermix fires: 이러한 산불은 황무지와 도시의 중간 지대나 그 인근에서 일어나, 자연과 인공 환경 모두에 영향을 미치며, 소방관의 안전과 사유 재산의 보호라는 상반되는 목표를 추구해야 하는 소방관들에게 전략적으 로 어려운 과제이다.
- 화염 폭풍firestorms: 효율적인 진압이 사실상 불가능한 극단적인 사건에 해당하는 화염 폭풍은 극단적인 날씨 조건에서 발생한 후 상황이 변하거나 탈 만한 재료 가 모두 소진된 후에야 멈춘다.
- 기획 화재prescribed (natural) fires: 이것은 의도적으로 골라서 불을 놓거나, 가용한 자 연 연료를 없앨 목적으로 선택된 지역을 태우는 것을 일컫는다.

극심한 가뭄이나 다량의 '연료'(죽은 나무와 가연성 초목)가 숲 바닥에 쌓이는 현상으 로 인해 미국에서 산불은 점점 증가하는 추세에 있다. 국립소방센터National Interagency Fire Center가 1960년대 발생한 화재의 수와 면적을 조사하기 시작한 이래, 평균 화재 발생 건수는 줄고 있지만(화재 예방 프로그램 때문인 것 같다), 화재로 인해 불에 탄 면적은 매년 늘고 있다. 2004년 이전에는 700만 에이커 이상이 불에 탄 해는 단 한 번도 없 었으며, 400만에서 500만 에이커 이상이 불탄 경우도 거의 없었다. 하지만 2004년 에서 2007년 사이에는 불에 탄 면적이 매년 800만 에이커를 초과했으며, 2006년 과 2007년에는 900만 에이커를 넘었다. 2008년에는 500만 에이커가 약간 넘는 정 도로 줄었다가, 2009년에는 대략 600만 에이커가 불탔다. 2010년에는 불탄 면적 이 겨우 340만 에이커에 지나지 않았지만, 2011년에는 870만 에이커로 증가했다 (NIFC, 2013).

━ 매스 무브먼트

일반적인 범주의 매스 무브먼트에는 대량의 물질이 수평 또는 측면으로 이동함에 따라 발생하는, 서로 다른 형태의 여러 가지 위험 요인이 포함된다. 매스 무브먼트는 밀어내기, 으스러뜨리기, 또는 지나는 경로에 있는 물체 파묻기, 강과 수로 막기, 이동된 물줄기의(보통은 쓰나미의 형태로) 후속 움직임, 주요 교통로 파괴나 막기, 그리고 인간에게 부정적인 영향을 주는 방식으로 자연환경 변화시키기 등 여러 가지 다양한 과정을 통해 피해를 입히거나 인명의 손실을 야기한다. 매스 무브먼트는 울퉁불퉁하거나 복잡한 지형에서 가장 빈번하게 일어나지만, 침강이라는 형태로 평지에서 일어나기도 한다. 매스 무브먼트가 야기하는 위험의 범주에 드는 현상은 다음과 같다.

- 산사태landslide: 산사태는 상대적으로 건조한 다량의 바위, 흙, 또는 석편이 제어되지 않는 형태로 경사면을 따라 아래로 쏟아져 내리면서 발생한다. 산사태는 매우 제한적인 장소에 국한되어 일어나기도 하지만, 거대한 지역에 걸쳐 발생하기도 하는데, 천천히 발생하거나 매우 빠른 속도로 일어난다. 선사 시대 이래로 산사태를 반복적으로 겪는 지역이 많으며, 산사태는 (예를 들어, 초목이 없거나 지진 활동 등으로) 바위나 흙 또는 석편 같은 물질을 단단히 붙잡는 메커니즘이 제대로 작동하지 않을 경우 발생한다.

- 이류mudflows: 이류는 물에 젖은 바위나 흙 그리고 기타 다른 석편들로 이루어진 강물이 중력의 힘에 의해 밑으로 쏟아져 내리는 것을 말한다. 이러한 현상은 폭우나 급격한 해빙 등으로 이동하고 있는 물질에 순식간에 물이 모여들면서 발생한다. 이런 상황에서는, 단단하거나 부드러운 지면이 순식간에 진흙 강물이나 '슬러리slurry'로 변한다. 이러한 흐름은 저항이 적은 경로를 따라 경사면이나 수로로 순식간에 흘러내리며, 사전 경고없이 닥쳐온다. 이류는 많은 경우 수 마일을 이동하며, 도중에 나무와 차량, 기타 다른 물질을 휩쓸며 크기를 키워 나간다.

- 편각 분산偏角 分散, lateral spreads: 편각 분산은 점진적인 물의 힘이나 중력의 힘으로 축적된 다량의 흙이나 기타 물질이 아래쪽이나 바깥쪽으로 퍼져 나가면서 발생

한다. 이러한 분산 작용은 바위에 영향을 주기도 하지만, 진흙처럼 입자가 작고 부드러운 흙에서 일어나기도 한다.

- 액화liquefaction: 물에 젖은 단단한 물질이 지진이나 물의 활동으로 액체와 같은 상태로 될 때, 편각 분산을 심화시키기도 한다.

- 낙석rockfalls: 낙석은 수많은 바위나 기타 물질이 비탈진 경사면이나 절벽에서 분리되어, 자유 낙하하거나 구르거나 튀어 오르며 내려올 때 발생한다. 전복은 경사진 언덕의 중심점 위로 바위나 다른 물질이 앞쪽으로 구르는 것을 말한다. 낙석은 바위나 기타 물질에 생긴 균열이 구조물을 파괴하거나, 지진이나 (폭발이나 무거운 기계의 움직임을 포함해서) 다른 역학적인 활동으로 인해 반사적으로 발생하기도 한다.

- 눈사태avalanches: 눈사태는 얼음이나 눈 덩어리가 엄청나게 빠른 속도로 언덕 아래쪽으로 떨어지는 것을 말한다. 눈사태는 나무를 부러뜨리고, 마을 전체를 뒤덮어 버리며, 고속도로를 막고, 건물을 무너뜨리기도 한다. 눈사태는 가파른 경사면에 지나치게 많은 얼음이나 눈 덩어리가 쌓이거나, 지진이나 인간의 활동으로 방해받는 경우 등, 여러 가지 원인으로 인해 발생한다. 기온이 올라가 눈 더미의 상태가 불안정해지면, 눈사태의 위험도 따라서 증가한다. 눈사태와 관련한 가장 부정적인 결과는 인명 손실(대부분 산간 오지에서 스키 타는 사람, 등산객, 그리고 설상차 운전자 등)과 주요 교통로의 차단이다. 미국에서는 매년 약 1만 건의 눈사태가 보고되고 있다. 1790년 눈사태에 대한 추적 조사를 시작한 이래 매년 평균 144명이 눈사태에 갇혔으며, 이 중 평균 14명이 부상을 입고 14명이 사망했다. 매년 구조물이 입은 피해액은 평균 50만 달러에 이르며, 파괴된 상업 시설로 인한 2차적인 비용을 감안하면 피해액은 훨씬 더 커질 것이다.

- 지반 침하land subsidence: 지반 침하는 지표면 밑의 지지 기반이 없어지면서 지표면이 붕괴하는 것을 말한다. 지반 침하는 드넓고 광활한 지역이 낮아지는 것에서부터 아주 좁은 지역의 붕괴에 이르기까지 다양하게 나타날 수 있다. 이러한 위험의 주된 요인은 지하 광산, 지하수나 석유 추출, 그리고 유기질 토양에 만든

배수 시설 등 인간의 활동이다. 미국에서 지반 침하와 관련된 연평균 피해액은 최소 1억 2,500만 달러로 추정된다.

- 팽창성 토양expansive soils: 수분 함유량이 달라지면 팽창하거나 수축하는 흙 또는 부드러운 암반을 팽창성 토양이라고 한다. 이러한 변화는 (고속도로, 일반 도로, 철로 등을 포함하는) 교통로와 이 같은 토양 위에 세워진 구조물에 특히 커다란 피해를 입힌다. 가장 큰 피해를 입는 것은 고속도로와 일반 도로이다. 미국에(특히 서부에) 널리 퍼져 있고 팽창하는 경향이 두드러지는 두 가지 암반은 (화산 발생지의 화산재, 유리, 바위 등과 같은) 규산알루미늄과 (진흙과 셰일 등과 같은) 퇴적암이다.

─ 쓰나미

쓰나미란 바닷물이나 호수물이 대량으로 이동하면서 발생하는 파도(또는 일련의 파도)를 말한다. 쓰나미의 가장 흔한 발생 원인은 대양의 바닥면이 뒤틀리는 해저 지진이지만, 대규모 쓰나미는 화산 폭발과 산사태로 인해 발생하기도 한다. 연못에 돌을 던지면 파문이 이는 것처럼, (물이 이동하는 것이라기보다는) 쓰나미는 운동 에너지의 움직임에 따라 발생 지점으로부터 사방으로 엄청나게 빠른 속도로 바깥쪽을 향해 퍼져 나간다. 수심이 얕은 해안에 가까워지면서, 쓰나미의 속도는 급속도로 감소하고 물은 위쪽으로 치솟듯이 올라 육지로 밀려온다. 쓰나미는 100피트 이상의 높이에 이르기도 하며, (지형에 따라) 육지로 수 마일까지 퍼져 나간다. 쓰나미의 위력은 도중에 있는 모든 것을 거의 완전히 파괴할 정도로 크다.

쓰나미로 인한 위험이 가장 큰 지역은 해수면 위 50피트 이내, 그리고 해안선에서 1마일 이내에 위치한 지역이다. 연속적으로 이어지는 물마루(물의 고점)와 골(물의 저점)의 간격은 5분에서 90분까지 벌어지기도 한다. 쓰나미는 대략 450mph의 속도로 깊은 물을 지나며 이동하므로 발생지에서 가까울수록 큰 피해를 입게 되며, 사전 경고를 할 시간도 거의 없는 경우가 많다. 쓰나미와 관련된 사망은 대부분 익사지만, (병원과 진료소의 부재, 식수 오염, 식품과 식수 저장소의 오염, 파괴된 송전선 등의) 사회 기반 시설이 거의 완전히 파괴되기 때문에 서비스의 중단과 건강상의 문제로 인해 사망자 수가 늘어나기도 한다.

우즈홀 해양연구소Woods Hole Oceanographic Institute는 쓰나미의 원인과 역학에 대해 상세한 설명을 제공하는 웹사이트를 열었다. 이 웹사이트에서는 쓰나미 예방 기술, 역사적인 쓰나미 사건, 경보 시스템, 모델링 등에 대한 상당한 분량의 정보를 제공한다. 이 사이트의 주소는 다음과 같다. http://www.whoi.edu/home/interactive/tsunami/.

뉴욕타임스는 2011년 동일본 대지진 쓰나미의 영향을 인터넷 사용자들에게 보여 주기 위해 가장 큰 피해를 입은 마을의 쓰나미 전후의 위성 사진을 번갈아 보여 주는 '슬라이더' 그래픽 방법을 고안했다. 이 사이트의 주소는 다음과 같다. http://www.nytimes.com/interactive/2011/03/13/world/asia/satellite-photos-japan-before-and-after-tsunami.html?_r=0.

사례 연구: 최근의 대규모 쓰나미

2004년 12월 26일, 인도네시아 반다아체Banda Aceh 지역의 해안에 리히터 규모 8.9에 이르는 지진이 발생했고, 그 뒤를 이어 일련의 쓰나미가 저 멀리 동아프리카를 포함한 11개국의 광대한 해안 지역을 휩쓸었다. 이 지진은 지난 40년 동안 발생한 지진 중 가장 강력한 것으로, 해안선으로부터 60피트 높이에 이를 만큼 높은 파도를 발생시켰다. 지형학적인 범위로 보나 짧은 시간에 사망한 사람들의 수로 보나, 이 사건으로 인한 참혹한 피해는 현대 역사에서 거의 전례가 없을 지경이다.

이 지역의 쓰나미 경보 시스템은 거의 전무한 상태여서, 수많은 외국인 관광객을 포함해서 쓰나미의 영향권에 들 가능성이 있는 사람들 중에 곧 들이닥칠 쓰나미의 존재나 심각성에 대한 경고를 미리 접한 사람은 거의 없었다. 그 결과 대부분의 사람들이 더 높은 곳으로 피할 기회조차 갖지 못했다. 이 방법은 많은 수의 사망자와 부상자를 막을 수 있을 게 분명한 조치였다. 정확한 사망자 수는 결코 알 수 없겠지만, 15만 명이 넘는 것으로 추정되며, 20만 명 이상일 수도 있다. 부상자 수는 50만 명이 넘는 것으로 보고되었으며, 이보다 10배의 사람들이 집을 잃었다.

이처럼 참혹한 사건이 있은 지 거의 5년 뒤에, 또 다른 지진이 남태평양 인근 지역을 강타해, 사모아 제도, 미국령 사모아와 통가에 대규모 쓰나미를 일으켰다. 이 사건은 9월 29일 사모아 제도 인근을 강타한 진도 8.0의 지진으로 인해 발생했다. 쓰나미를 감지해 위험에 처한 사람들에게 경고하는 상당한 사회 기반 시설이 마련되어 있었지만, 심각한 통신 장애로 많은 사람들이 정보를 전달받지 못했다. 지진 자체는 물론 조수의 수위 변화 등 쓰나미의 전조에 익숙해진 많은 사람들이 개인적인 관찰을 토대로 높은 지역으로 몸을 피했다. 하지만 189명이 목숨을 잃었고, 이들 대부분은 가장 심한 쓰나미가 몰려온 사모아의 거주민들이었다.

2011년 3월 11일, 진도 9.0의 엄청난 지진이 일본 도호쿠 인근의 해안 지역을 강타했다. 지금까지 알려진 것 중 가장 강력한 5대 지진에 속하는 이 지진은, 일본 도처에 최대 133피트의 높이에 이르는 쓰나미를 발생시켰다. 쓰나미는 태평양 이곳저곳으로 퍼져 나가 저 멀리 칠레에까지 이르렀으며, 이곳에서 6피트 높이의 파도가 관찰되었다. 이 사건 이전에도 일본은 역사상 수십 차례의 대규모 쓰나미를 겪은 기록이 있으며, 쓰나미의 위협에 가장 준비가 잘되어 있는 나라임에 틀림이 없었다. 하지만 쓰나미의 잠재적 높이와 심각성을 과소평가해 계획을 세운 탓에 쓰나미 방어 시설들은 순식간에 무효가 되고 말았다. 일부 지역에서 쓰나미는 내륙으로 6마일 거리까지 밀려들었다. 대규모 핵 사고가 발생한 데 더해, 15,800명이 사망했으며 6,100명이 부상했고 수천 명이 실종됐다. 부분 또는 전체가 붕괴한 백만 채 이상의 건물에서 나온 엄청난 양의 잔해를 고려해 볼 때, 아직도 진행 중인 복구 노력은 가히 기념비적이라고 하지 않을 수 없다. 세계은행World Bank은 이 사건으로 인한 경제적 손실이 2,350억 달러에 이르는 것으로 추정하였으며, 이 사건은 역사상 경제적 피해가 가장 큰 자연 재난으로 기록되었다.

─ 화산 폭발

화산은 지각이 갈라져서 지표면 밑에 있던 녹은 암석(마그마)이 분출하는 현상이다. 시간이 흐르면서 화산은 위쪽으로 그리고 바깥쪽으로 커지며, 산과 섬 또는 '실드shields'라고 불리는 넓고 평평한 고원을 만든다. 화산 작용에 의해 만들어진 산은 (지구 지각판의 운동인) 판 구조론을 통해 형성된 산맥과는 다르다. 왜냐하면 화산 작용에 의해 만들어진 산은 아래쪽에서 밀려 올라가서 생기기보다는 여러 가지 물질(용암, 화산재, 그리고 대기 중의 재와 먼지)의 축적을 통해 만들어지기 때문이다. 지표면으로 분출되어 나오는 화산성 물질을 용암이라고 하는데, 분출되어 나오는 용암의 성질에 따라 지형이 결정된다. 묽은 용암은 대개 화산 폭발의 진원지로부터 빨리 이동해 (하와이 섬의 경우처럼) 거대한 실드를 형성하는 반면, 걸쭉한 용암은 가파른 화산 지형을 형성한다.

녹은 암석과 가스로 인한 압력이 폭발을 일으킬 만큼 강력해지면, 화산 폭발이 일어날 수도 있는데, 이때 가스와 암석이 구멍으로 뿜어져 나와 흘러내리거나 용암

파편이 대기를 가득 채운다. 화산은 직접적인 화상, 재와 기타 물질에 의한 질식, 뿜어져 나온 암석으로 인한 외상, 순식간에 녹은 눈과 얼음으로 인한 홍수와 이류, 불타는 뜨거운 '화쇄류pyroclastic ash flow'에 의한 매몰 등 여러 가지 과정을 통해 부상과 사망, 그리고 피해를 일으킨다. 대기 중의 화산재는 화산 폭발로부터 수백 마일 떨어진 사람들에게까지 영향을 미치며, 이후 여러 해 동안 지구의 기후에도 영향을 준다.

화산재는 식수원을 오염시키며, 심한 뇌우를 일으키고, 화산재가 쌓여 주택의 지붕을 붕괴시키기도 한다. 화산 폭발은 쓰나미, 돌발 홍수, 지진, 그리고 낙석을 일으킨다. '측면 폭발lateral blasts'로 알려진, 옆으로 이동하는 화산 폭발은 거대한 암석 조각을 아주 빠른 속도로 수 마일의 거리까지 뿜어내기도 한다. 이러한 폭발로 외상을 입거나 파문히거나 불타서 사망에 이르기도 하며, 숲 전체가 초토화되기도 하는 것으로 알려져 있다. 세인트헬렌스St. Helens 화산의 폭발로 사망한 사람들 대부분이 측면 폭발과 쓰러진 나무에 깔려 사망했다. 반면 화산재에는 긍정적인 측면도 있어서, 연마재와 청정제 그리고 화학 약품과 산업적인 용도의 여러 원자재로 건축이나 도로를 건설하는 데 사용되기도 한다. 지면을 덮은 화산재는 무기물 영양이 풍부해서 농업 생산력을 높이는 데 안성맞춤이다.

— 겨울 폭풍

겨울 폭풍은 몹시 추운 날씨와 수분 함유량이 높은 대기 조건이 동시에 일어났을 때 발생하며, 그 결과 눈과 얼음이 빠른 속도로 엄청난 양으로 쏟아져 내리는 것을 말한다. 거센 바람과 합쳐진 겨울 폭풍을 눈보라라고 한다. 미국에서는 다음 네 가지 원인으로 인해 눈보라가 발생한다.

- 북서부 지역에서는 북태평양이나 알류샨 열도 지역에서 사이클론에 맞는 기상 조건이 만들어진다.
- 중서부와 북부 평원 지대에서는, 캐나다와 북극의 한랭 전선이 눈과 얼음을 미국 중심부 깊숙이 밀어낸다. 어떤 경우에는 남쪽 멀리 플로리다까지 밀어내기

도 한다.

- 북동쪽에서는, 한랭 전선이 상대적으로 따스한 오대호의 수면을 지날 때 호수 효과로 인해 만들어진 눈보라가 발생한다.
- 동부와 북동부에 있는 주들은 대서양과 멕시코 만 해안 지역의 온대성 사이클론 기상 시스템의 영향을 받아, 눈과 얼음 폭풍 그리고 간헐적인 눈보라를 일으킨다.

2006년 1월 1일, 연방 정부는 겨울 폭풍의 정도를 측정하기 위해 허리케인과 토네이도의 규모와 강도를 측정하는 측정 단위와 유사한 새로운 측정 단위를 사용하기 시작했다. '북동부 강설 피해 등급Northeast Snowfall Impact Scale(NESIS)'은 영향권 내에 든 지리적인 영역, 적설량, 그리고 사람들의 수를 기반으로 폭풍의 강도를 숫자로 표시한다. 이 등급에 포함되려면 광대한 지역에 걸친 적설량이 적어도 10인치는 되어야 한다.

NESIS의 값은 1에서 5까지로 나뉘며, (가장 심한 상태에서 경미한 상태까지) 극심한, 심각한, 중대한, 상당한, 그리고 주목할 만한 정도를 나타내는 간단한 설명을 제공한다. NESIS 등급은 인구 자료도 감안하는 다른 기상학적인 지표와는 다르며, 다음 공식을 사용한다.

$$\text{NESIS} = \sum_{n=4}^{n=30} \left[\frac{n}{10} \left(\frac{A_n}{A_{mean}} + \frac{P_n}{P_{mean}} \right) \right]$$

여기서 A는 영향권 안에 드는 지역의 면적을, P는 영향권 내에 드는 인구를 나타낸다. 표 2-7은 이 공식을 사용하여 만든 겨울 폭풍의 등급을 보여 준다.

재난관리론

표 2-7 NESIS 등급

구분	NESIS 값	설명
1	1 – 2.499	주목할 만함(notable)
2	2.5 – 3.99	상당함(significant)
3	4 – 5.99	중대함(major)
4	6 – 9.99	심각함(crippling)
5	10.01	극심함(extreme)

출처: NOAA, 2006. http://www.ncdc.noaa.gov/snow-and-ice/rsi/nesis.

― 가뭄

가뭄은 사용 가능한 물의 장기간에 걸친 부족으로 정의되는데, 주로 비나 다른 강수의 부족, 또는 이상 고온과 낮은 습도로 인해 농지가 마르고 저장된 물이 고갈됨으로써 발생한다. 가뭄은 다른 자연적인 위험 요인과 세 가지 측면에서 다르다. 첫째, 가뭄은 시작과 종료를 규정하기 어려운데, 이는 가뭄의 영향이 서서히 축적되고, 가뭄이 명백히 끝난 후에도 그 피해가 지속될 수 있기 때문이다. 둘째, 공식적인 가뭄의 조건이 무엇인지, 또는 심각성의 정도를 어떻게 분류할지에 대한 정확하고 보편적인 측정 기준이 존재하지 않는다. 셋째, 가뭄의 영향은 명백하지 않으며 광범위한 지리적인 영역에 걸쳐서 나타난다.

아주 가난한 나라에서는 가뭄이 기근으로 연결되는데, 이는 제한된 사람만이 식량 자원에 접근함으로써 심각한 굶주림이 초래되는 현상을 말한다. 하지만 식량 자원을 이 지역에서 저 지역으로 신속하게 옮기는 체계가 정비된 미국에서는 기근의 위협은 더 이상 존재하지 않는다. 그러나 가뭄은 식량과 기타 작물에 영향을 주며, 대하천 주변에서 이루어지는 상업 활동을 심각하게 제한한다. 2012년에서 2013년까지, 반세기 만의 가장 심한 가뭄이 미시시피 강에서 바지선과 다른 상업적인 배의 운항을 거의 완전히 중단시켰고, 수십억 달러에 달하는 화물과 수천 개의 일자리에 영향을 미쳤다(Fears, 2013).

미국 기상국의 기후예측센터에서는 미국 전역의 가뭄 상태를 관찰하여 매주 시각적인 보고서, 매달 계절 보고서를 발간한다. 미국의 현재 가뭄 상태에 대한 보고서는 미국 가뭄감시센터United States Drought Monitor에서 찾아볼 수 있다(http://www.cpc.ncep. noaa.gov/products/Drought/).

━ 극한 기온

평균적인 계절 온도에 큰 변화가 일어나고, 게다가 이러한 변화가 장기간 지속되거나 다른 자연 또는 기술적인 사건과 겹치면, 인명 피해와 중대한 경제적 손실이 발생한다. 폭염이라고 하는 극한의 더위는 평균적인 고온보다 10도나 그 이상으로 높은 기온이 특정 지리적인 영역에 걸쳐 며칠 또는 몇 주간 지속되는 현상을 말한다. 높은 온도의 고통을 더욱 가중시키는 습하거나 후덥지근한 날씨는 높은 기압의 '반구형 지붕'이 흐릿하고 축축한 대기를 지상 가까이 가두면서 발생한다. 지나치게 건조하고 더운 날씨는 바람과 먼지 폭풍을 일으키기도 한다.

비가 거의 오지 않는 날씨가 폭염과 만나면 가뭄이 발생하기도 한다. 폭염이 장기간 지속되면, 수백 명이나 수천 명이 사망하기도 하는데, 1995년 시카고에서 600명이 사망하고 2003년 유럽에서 거의 37,500명이 사망했다. 최근 몇 해 동안 미국에서 1,500명 이상이 폭염으로 사망했으며, 이로 인해 폭염이 날씨와 관련한 1등 살인자가 되었다.

극한의 추위에 관해 널리 인정받는 기준은 존재하지 않지만, 정상적인 상태보다 더 추운 기간이 지속되면, 그러한 추위가 어디서 발생했으며 정확히 몇 도가 떨어졌는지에 따라 다양한 피해가 발생한다. 언제든 기온이 0도 이하로 떨어지면 사람이나 가축이 저체온증으로 사망할 위험이 생기는데, 사람들이 이러한 기온에 적응되어 있는 정도가 회복력의 가장 중요한 요소이다. 극한의 추위로 수도 파이프가 얼고, 배가 다니는 강이 얼어 상업 활동이 중단되거나, 댐이 얼거나, 작물이 파괴되는 등 심각한 경제적 손실을 일으키기도 한다.

━ 해안 침식

육지와 바다의 경계 부분이 손실되는 해안 침식은, 오랜 기간에 걸쳐 해안선의 위치가 달라지거나 해안선이 수평 이동하는 정도로 측정한다. 해안 침식은 대개 폭풍 해일, 허리케인, 폭풍 그리고 홍수와 함께 나타나며, 배의 후류, (시멘트 등으로) 해안선 경화 또는 준설 같은 인간 활동으로 심해지기도 한다. 엘니뇨, 해수면 상승, 그리고 다른 기후 변화 요인도 해안 침식을 심화시킨다. 해안 침식과 관련된 가장 큰 우려는 침식하는 해안과 아주 근거리에 건설된 건물이 입는 경제적 손실로, 해안이 침식되면 물과 파도로부터의 자연적인 보호막도 사라지는 셈이다.

해안 침식의 환경적인 영향은 동물의 서식지가 사라지고, 아름다운 경치를 잃는 것이다. 해안 서식지에 의존하는 어업은 해안 침식으로 인해 발생하는 변화로 심각한 손실을 입으며, 관광업도 이와 비슷한 경제적인 피해를 입는다. 해안의 모래 언덕과 맹그로브(* 강가나 늪지에서 뿌리가 지면 밖으로 나오게 자라는 열대 나무: 옮긴이) 등은 쓰나미 파도와 폭풍 해일과 같은 심각한 위험 요인으로부터 자연적인 방어막이 되어 준다. 따라서 모래 언덕과 맹그로브 등이 사라지면 이러한 위험 요인에 대한 취약성도 커진다. 심각한 재난이 발생하면 이 같은 자연적인 완충제가 파괴되거나 손상되고, 단한 번의 사건으로 오랜 세월에 걸쳐 자연 침식이 이루어진 것과 같은 정도의 침식을 일으키는 직접적인 원인이 되기도 한다.

캘리포니아 전체 해안선의 86%에서 매년 불과 2, 3인치부터 최대 10피트에 이르는 침식이 이루어지고 있다. 일부 주택 소유자는 자신들의 부동산을 침식으로부터 지키기 위해 수백에서 수천 달러를 쏟아붓기도 하지만 영구적인 해결책은 거의 없으며, 위험에 처한 대부분의 주택이나 건물은 결국 이동하거나 허물어야 한다. 이는 해안선의 아름다움을 해치거나 자연환경에 과도한 스트레스를 주지 않고 미래의 위험을 줄이기 위해 최선의 방법을 찾아야 하는, 해안 마을의 개발 업무를 담당하는 공무원들을 당혹스럽게 하는 문제로, 앞으로도 계속될 골칫거리이다(Olney, 2010).

─ 뇌우

뇌우는 폭우와 강한 바람, 해일, 번개와 토네이도를 몰고 오는 기상학적인 사건이다. 뇌우는 불안정하고 따뜻한 공기가 빠른 속도로 위쪽으로 올라가거나, 구름과 비를 만들 만한 충분한 수분이 있으며, (한랭과 온난) 전선이 충돌하거나 또는 해풍이나 산맥에 의해 기단이 위쪽으로 올라가는 등 여러 조건이 결합해 발생하는 대기 불안정과 난기류가 원인이다.

뇌우는 풍속 58mph 이상일 때 심각한 것으로 분류되며, 심각한 뇌우는 토네이도를 발생시키거나, 최소 지름 1인치에 달하는 우박을 떨어뜨리기도 한다. 뇌우는 한 개만 발생하거나, 여러 개가 무리 지어 발생하거나, 연이어 발생하기도 한다. 따라서 두세 시간에 걸쳐 한 지역에 서너 개의 뇌우가 피해를 주는 것도 가능하다. 하나의 뇌우가 오랜 시간에 걸쳐 한 지역에 영향을 미칠 때 특히 대단히 파괴적인 결과가 생긴다. 이러한 상황은 지표면의 과포화를 일으켜, 뒤이어 돌발 홍수와 경사지 침식이 일어나기도 한다.

번개는 뇌우와 관련한, 주요한 2차적인 위협이다. 미국에서는 매년 75명에서 100명이 번개에 맞아 사망한다. 뇌우로 인해 예측할 수 없는 난기류가 생성되고, 번개에 맞아 전자 장치나 기계에 결함이 생기는 등 많은 항공 참사가 뇌우 때문에 일어난다. 또한 사람이나 구조물이 번개에 맞아도 대단히 파괴적인 결과를 낳는다.

─ 우박

우박은 얼어붙은 대기 중의 수분이 지상으로 떨어지는 것이다. 구름 속의 수분은 높은 온도에서 결정체로 응고되어 제 무게로 인해 아래로 떨어지기 시작한다. 보통 이러한 결정체는 낮은 온도에서 녹지만, 적합한 조건이 갖추어지면 떨어지면서 더 많은 수분을 끌어모으고, 그다음 차가운 고도로 올라가면서 다시 응고한다. 적합한 조건이 갖추어지면 하나하나의 우박 덩어리가 지름 3-4인치에 이를 때까지 이러한 순환 작용이 반복되기도 한다. 강력한 뇌우와 토네이도 때문에 이러한 순환 작용이 일어날 수도 있으며, 따라서 뇌우와 토네이도에 종종 우박이 동반된다. 우박을 동반한 폭풍은 늦봄과, 제트 기류가 대평원 지대(* 로키 산맥 동부의 미국, 캐나다에 걸친 초원 지대: 옮긴이)를 가로질러 북서쪽으로 이동하는 초여름에 자주 발생한다. 우박이 떨어지면 농작물이 피해를 입으며, 창문이 깨지고, 자동차 및 노출되어 있는 다른 자산이 파괴되며, 지붕이 붕괴하는 등 미국에서만 매년 거의 10억 달러에 이르는 재산 피해가 발생한다.

비판적으로 사고하기

- 몇십 년 만에 한 번 일어날까 말까 한(따라서 평생 한 번도 일어나지 않을 수 있는) 위험 요인을 포함해서, 당신이 사는 지역 사회가 어떤 위험 요인에 직면해 있는지 아는가?
- 당신이 사는 지역 사회에서 발생하는 자연적인 위험 요인 중 주나 연방 정부의 도움이 필요한 심각한 재난이 발생한 적이 있는가?
- 당신이 사는 지역 사회에 정기적으로 영향을 주는 자연적인 위험 요인이 있는가? 있다면, 빈번하게 재발하는 그러한 위험 요인을 완화하기 위해 지역 사회에서 어떤 조치를 취해 왔는가? 그러한 조치가 위험 요인의 가능성과 피해의 심각성을 줄이는 데 성공적이었나?
- 지형적인 위치 때문에 당신이나 당신이 사는 지역 사회가 위험 요인으로부터 안전하다는 이유로, 당신이나 지역 사회가 외면하는 자연적인 위험 요인이 있는가? 있다면 어떤 위험 요인이며, 그러한 위험 요인을 외면하는 이유는 무엇인가?
- 기후 변화가 당신이 사는 지역 사회의 재해 이력에 변화를 일으키는가? 어떤 변화를 일으키며, 어느 정도로 영향을 미치는가?

기술적인 위험 요인

기술적인(또는 '인간이 만든') 위험 요인은 기술 혁신과 인간 사회의 발전에 따른 필연적인 산물이다. 기존 기술의 실패로도 발생할 수 있는 이러한 위험 요인은 자연적인 위험 요인보다 이해하기 어려운 측면이 있으며, 기술의 영역이 늘어나고 기술 의존도가 높아지면서 사건 발생 빈도도 증가하고 있다. 가장 흔한 기술적인 위험 요인은 교통, 사회 기반 시설, 산업 그리고 건축물/구조물의 다양한 구성 요소에서 발생한다.

― 건물 화재

연구 결과에 따르면, 문명사회는 기원 후 첫 세기부터 정부의 조직적인 자원을 활용해 건물 화재와 싸워 왔다(Coppola, 2006). 건물 화재는 번개, 강풍, 지진, 화산 그리고 홍수 등 자연적인 작용과, 사고와 방화 등 인위적인 원인에 의해 발생하거나 심화될 수 있다. 예를 들어, 번개는 인공 환경에 영향을 미치는 화재의 가장 주요한 자연적인 원인이다. 지붕 꼭대기에 발화성 액체가 저장된 탱크가 있는 건물은 특히 위험하다. 소방 당국은 2011년 미국에서 거의 139만건에 이르는 화재에 대응했다. 이러한 화재로 3,005명의 사망자, 17,500명의 부상자, 그리고 117억 달러에 달하는 재산 피해가 났다. 이 중 49.3%는 외부에서 발생했거나 '기타' 화재이고, 34.9%는 건물에서 발생한 화재이며, 15.8%는 차량 화재이다.

주택 화재는 모든 화재의 26.6%와 건물 화재의 76%를 차지한다. 화재로 인한 사망 중 84%가 가정에서 발생하며, 여기서 가정이란 한두 가족이 거주하는 곳이나 아파트를 말한다. 건물에 의도적으로 저지른 방화는 26,500건이었으며, 이는 건물 화재의 5.5%에 해당하고, 이로 인한 재산 피해는 6억 100만 달러에 달한다. 14,000건 이상의 차량 화재가 의도적인 방화에 의한 것이었으며, 이로 인해 8,800만 달러의 재산 피해가 났다(Karter, 2012).

미국에서의 화재에 관한 더 자세한 통계와 정보를 원한다면, "2011년 미국의 화재로 인한 손실(Fire Loss in the United States During 2011)"이라는 보고서를 참고하기 바란다(http://www.nfpa.org/-/media/Files/Research/NFPA%20reports/Overall%20Fire%20Statistics/osfireloss.ashx).

― 댐 붕괴

댐은 여러 가지 목적으로 건설되지만, 이 중 가장 일반적인 것은 홍수 조절과 관개이다. 엄청난 양의 물을 보유하고 있는 댐이 붕괴되면, 저장되어 있던 대규모의 물이 통제 불가능하게 흘러내릴 가능성이 있다. 댐 붕괴는 갑작스럽고도 심각한 영향을 미치기 때문에 가장 심각한 홍수를 일으킬 위험을 내포하고 있다. 댐 붕괴의 가장 흔한 원인으로는 유지 관리 소홀, (홍수의 경우) 월류, 잘못된 설계, 지진이나 충돌 또는 폭파 등의 대형 사건으로 인한 구조적 손상 등이 있다. 댐은 공적 또는 사적으로 소유되고 관리되므로, 댐으로 인한 위험을 평가해야 하는 재난 관리 담당 공무원에게 있어 댐 감독 업무는 대단히 어려운 일이다. 미국은 전국에 보유한 댐 수가 중국 다음으로, 즉 세계 두 번째로 많다. 2009년 미국 토목 학회American Society of Civil Engineers(ASCE)에서 미국의 사회 기반 시설을 평가했는데, 미국의 댐은 D등급을 받았다. (전국에 있는 85,000 개 이상의 댐 중에) 결함이 있는 댐이 4,000개가 넘었으며, 이 중 거의 2,000개에 이르는 댐이 '고위험 댐'으로 분류되었다. ASCE는 보수가 필요하거나 회복력을 높일 필요가 있는 댐 중 절반 이상이 결함을 지니고 있다고 평가했다.

미국의 댐에 관한 보다 자세한 정보는 ASCE의 보고서에서 얻을 수 있다(http:// www.infrastructurereportcard.org/a/#p/dams/overview).

—— 유해 물질 사고

유해 물질이란 유출되거나 잘못 사용되었을 때 환경과 사람의 건강에 위협이 될 수 있는 화학 물질을 말한다. 이러한 화학 물질은 농업, 의료, 연구 그리고 소비재 개발을 포함해, 수많은 산업과 제품 생산에 널리 쓰인다. 유해 물질은 폭발성, 발화성, 부식성, 독성, 방사성, 또는 기타 유독성이나 위험성을 지니는 경우가 많다. 유해 물질의 유출은 대개 교통사고나 제품 생산 또는 저장 시설에서의 사고로 인해 발생한다. 이러한 유출이나 방출의 결과는 화학 물질의 특성에 따라 사망, 중상, 장기간 지속되는 건강상의 영향, 그리고 건물이나 주택 또는 기타 재산에 피해를 일으킨다.

유해 물질의 유출은 가정에서 일어나는 경우가 가장 많지만, 심각한 위험을 일으키기에는 유출량이 너무 적은 경우가 대부분이다. 따라서 중대한 재난 사건으로 연결되는 유출은 유해 물질의 운반 과정이나 산업체에서 사용 중에 일어난다. 현재 미국 내 대략 450만 개의 시설에서 유해 물질이 제조되고, 사용되며, 저장되고 있는데, 이러한 시설은 대규모 산업 시설에서부터 마을의 드라이클리닝 업체나 원예용 품점에 이르기까지 다양하다.

미국 내 유해 물질과 이와 관련된 사고에 대한 더 자세한 정보는 미국 교통부의 파이프라인과 유해물질안전국Pipeline and Hazardous Materials Safety Administration(PHMSA)에서 볼 수 있으며, 웹사이트 주소는 다음과 같다. http://phmsa.dot.gov/hazmat.

― 핵 발전소 사고

방사성 물질은 발견된 이래 전기 생산, 과학적인 처리와 실험, 새로운 검출 기술, 영상 기술 등 중요하고도 많은 이점을 제공해 왔다. 하지만 방사성 물질에서 방출되는 방사선이 이에 노출된 인간과 동물의 조직에 즉각적이고도 영구한 조직 손상을 일으킬 가능성이 있기 때문에, 이러한 물질을 다루고 보관하려면 특별한 기술, 재료 그리고 시설을 갖추어야 한다. 미국 국내법과 국제법에는 누가 이러한 물질을 소유할 수 있으며, 어떻게 다루어야 하고, 어디에서 그리고 어떻게 폐기해야 하는지에 대한 내용이 엄격하게 규정되어 있다.

방사선 노출은 사고나 의도적인 유출, 격납 용기의 파손, 가스 누출, 또는 폭발로 인해 일어날 수 있다. 핵 물질은 방사성 핵종radio nuclides이라고 하는 이온화 입자가 모두 사라질 때까지 방사선을 함유하고 있다. 방사성 붕괴라고 하는 이 과정은 지구 상 모든 생명의 건강에 해를 입히는 주요한 원인이다. 순식간에 방출될 경우, 먼지나 가스가 특이한 '기둥' 형태로 대기 속으로 올라가며, 이러한 현상으로 사고 발생 지점으로부터 대기의 흐름을 따라 먼 곳까지 오염 물질이 이동하고, 그 과정을 따라 방사성 낙진이 떨어진다.

미국에서 방사성 물질의 노출에 따른 가장 큰 위협은 미국 내 수많은 원자력 발전소에서 사고나 고의적인 파괴가 일어나는 경우에 발생한다. 원자력 발전소까지의 거리가 줄어들면서 노출 위험은 커지고 있으며, 위험 물질의 대규모 유출 시 생존 가능성도 줄어들고 있다. 1980년 이후로 미국에서 상업적인 원자력 발전소를 가동시키는 시설은 운영 면허를 유지하는 조건으로 현장 안팎의 비상 대응 계획을 마련해야 한다. 현장의 비상 대응 계획은 원자력규제위원회(NRC)의 승인을 받아야 한다. (시설의 현장 비상 대응 계획과 밀접한 조화를 이뤄야 하는) 현장 밖의 계획은 FEMA의 평가를 받으며, NRC는 면허를 발급하거나 유지할 때 FEMA의 평가 결과를 반영해야 한다.

원자로 노심 용융meltdown이라고 불리는 원자로의 재앙적인 사고는 급진적인 핵 반응에 의해서 믿을 수 없을 만큼 높아진 온도로 인해 원자로 격납 용기가 고장을 일으키는 것을 말한다. 지금까지 최악의 핵 사고는 1986년 4월 26일 우크라이나 체르노빌 원자력 발전소에서 발생한 원자로 노심 용융이었다. 방사성 기둥과 그로 인한 낙진의 규모가 너무 큰 데다 멀리까지 퍼져 나가, 이웃 국가인 벨로루시로 대부분 낙하했으며, 336,000명 이상의 사람들이 대피하고 영구히 다른 곳에 정착해야 했다. 20년 넘는 세월이 흘렀어도 이 지역은 아직 불모지이다. 2011년 3월 동일본 대지진으로 인해 서너 개의 원자로에서 고장이 나 용융이 발생했으며, 이로 인해 국제 원자력 사고 등급International Nuclear Event Scale에 따른 '중대 사고Major Accident'인 7등급을 기록한 역사상 두 번째로 큰 핵 발전소 재난이 벌어졌다(http://www-ns.iaea.org/tech-areas/ emergency/ines.asp).

결국 막을 수 있긴 했지만(따라서 인간의 생명에 대한 실질적인 위협은 방지할 수 있었지만), 미국에서 일어난 가장 위험한 방사성 사고는 1979년 3월 28일 펜실베이니아 주, 스리마일 섬 원자력 발전소에서 일어난 원자로 노심의 부분적인 용융이었다. 이 사고는 핵반응을 차갑게 식혀 노심의 온도를 조절하는 장치가 제대로 작동하지 않아서 일어났다. 약간의 핵 물질이 유출되었지만, 이에 노출된 사람에게 미친 영향은 엑스레이를 한두 번 찍은 것과 유사한 정도였다. 그러나 이 사건에 대한 일반 국민의 반응은 미국에서의 원자력 산업의 진로를 상당히 바꿔 놓아서, 원자력 발전소의 증가 추세가 갑자기 중단되기에 이르렀다.

—— 테러

테러는 정치적, 종교적, 이념적 목적 달성을 위해 위협, 강압 또는 두려움을 확산시키기 위해 사람(민간인)이나 부동산에 대해 무력이나 폭력을 사용하는 것을 말한다. 알카에다Al Qaeda(* 이슬람교 급진파 국제 무장 세력 조직: 옮긴이), 크메르 루주Khmer Rouge(* 1975년에서 79년까지 캄보디아를 통치하고 대량 학살한 급진 공산주의 혁명 단체: 옮긴이), 콜롬비아 무장 혁명군 Revolutionary Armed Forces of Colombia, 센데로 루미노소Sendero Luminoso(* 페루의 좌익 게릴라 조직: 옮긴이)와 같은 급진적이고 군사적인 정치 · 종교 단체는 보통 자신들의 신념에 따라 사회를 변화시키는 데 필요한 폭넓은 지지나 군사적인 수단을 갖지 못했다. 이들 단체는 자신들의 메시지에 사람들이 주목하도록 하고, 이후의 공격으로 위험에 처할 이들의 태도와 행동에 영향을 주기 위해 낮은 비용으로 가능한 테러로 눈을 돌린다. 전쟁처럼 테러도 역사가 기록되기 시작한 시점부터 문명사회에 존재해 온 영향력 있는 수단이며, 또한 앞으로도 완화되고 관리해야 할 위협으로 늘 존재할 것이다.

　　2001년 9월 11일 뉴욕과 펜타곤에 대한 공격이 있기 오래전부터 미국에서는 테러 사건이 이미 흔히 벌어지고 있었지만, 이러한 사건들 대부분은 개인이나 국내 조직이 단순한 폭발물을 사용해 규모와 효과가 작은 것들이었다. '테러 조직'이라는 이름이 붙은 가장 악명 높은 테러범과 테러 집단으로는 맥나마라 형제McNamara

Brothers(1910년 LA 타임스 건물 폭파범), 소위 '유나바머Unabomber'(테오도어 카진스키Theodore Kac-zynski), 에릭 루돌프Eric Rudolph(센테니얼 올림픽 공원 폭파범), 티모시 맥베이Timothy McVeigh(오클라호마 폭탄 테러 사건을 배후에서 지휘), 동물해방전선Animal Liberation Front, 큐 클럭스 클랜Ku Klux Klan(KKK), 신의 군대Army of God 등이 있다.

버지니아 주의 알링턴Arlington, 뉴욕, 펜실베이니아 주의 섕크스빌Shanksville을 동시에 공격한 테러범인 알카에다는 위험 요인으로서의 테러에 대한 인식을 제고시켰으며, 놀랍도록 생생하고 폭력적이며 끔찍한 결과(거의 3,000명에 달하는 사람이 목숨을 잃었고, 수십억 달러의 재산 피해를 냈으며, 미국과 세계 경제에 엄청난 영향을 끼쳤다)를 통해 테러리즘을 공공 분야와 정책 및 언론의 의제 중 제일 앞자리에 올려놓았다. 하지만 각 지역 사회와 정부 기관은 국내 테러 조직 또한 변치 않는 위협으로 남아 있음을 잊지 말아야 한다. 이들은 2001년 탄저병 공격, 2002년 워싱턴 D.C.의 저격 사건, 그리고 법원, 낙태 병원, 연구소, 모병소 등에서의 수많은 폭파와 총격 등 9/11 이후에도 여러 건의 도발에 성공했다.

정부가 테러의 위협을 관리하는 가장 주된 방법은 은밀하거나 공공연한 정보 수집을 통해서이다. 감시 기술의 발달로 감시 방법이 획기적으로 좋아졌으며, 법으로 허가받은 기관들이 전화 통화, 은행 거래, 그리고 기타 활동(이러한 통제에 반대해 온 시민 단체에게 실망스러운 일이겠으나)에 대한 감시를 계속 확대해 왔다. 테러의 위험에 대한 정부의 감시 능력이 시민들의 일거수일투족을 아는 것과 사생활의 자유를 허용하는 것 사이에서 섬세한 균형을 이뤄야 함은 물론이다.

테러의 위협을 억제하는 조치는 또 다른 규제를 낳아서, (전 세계의 상업적인 공항 시설에서와 마찬가지로) 검문소 설치, 공공건물이나 비밀 장소에 대한 장벽 높이기, 전략적인 주요 지점에 감시 카메라 설치 및 인력 배치와 같은 형태로 이루어진다. 미국 정부는 항구의 안전 주도권 확보, 여행자 추적, 미국에 대해 테러 의도를 가진 것으로 알려진 집단에 대한 감시 등을 통해, 국경을 넘나드는 테러에 대한 공조를 위해 많은 다른 나라의 정부와 협정을 맺어 왔다.

미국 내에서 테러 활동을 추적하고 예방하는 업무를 맡은 정부 기관은 연방수사국(FBI)이다. FBI는 테러리즘을 다음 두 가지로 분류하고 있다. (1) 국내 테러는 외국의 지시 없이 미국 내의 정부와 국민을 대상으로 테러 활동을 하는 집단과 개인이 벌이는 테러를 말한다. (2) 국제 테러는 테러 활동의 기반이 외국에 있거나, 미국 밖에 있는 국가나 집단의 지시에 따르며, 국경을 넘나들며 활동하는 집단이나 개인이 벌이는 테러를 말한다.

━ CBRN 사건

가공할 만한 인명 피해와 재산 피해를 초래할 잠재력을 지닌 무기가 있다. 이러한 부류의 무기에는 대량 파괴 무기Weapons of Mass Destruction(WMD), NBC(핵nuclear, 생물학 biological, 화학chemical) 무기, ABC(원자력atomic, 생물학biological, 화학chemical) 무기 등이 있지만, 단어의 머리글자를 따는 전통적인 방법을 쓰면 CBRN('시번'이라 읽는다)이 된다. 이는 화학chemical, 생물학biological, 방사성radiological무기, 그리고 핵nuclear무기의 첫 글자를 따서 만든 단어이다. 이러한 무기는 광범위한 파괴를 초래할 가능성 때문에 대량 살상 무기로 간주되지만, 단 한 사람이나 아주 소수의 사람들에게 해를 입히거나 죽일 목적으로 사용될 수도 있다는 점을 명심해야 한다.

　　CBRN 무기는 테러범과 외국 정부가 소유하거나 사용할 수 있지만, 이들 물질에 대한 통제와 억제가 이루어지는 과정은 다르다. 공식적인 정부의 경우에는 외교, 국제 협약, 승인 등을 통해 일반적인 위험 완화 조치를 취한다. 하지만 테러 집단의 경우 이러한 조치는 거의 이루어지지 않으며, 따라서 원자재 사용에 관한 규정과 감시, 그리고 기타 감시 활동과 정보 수집을 통해 통제할 수밖에 없으며, (다른 모든 선택 사항이 불가능할 때까지는 대개 이루어지지 않지만) 경우에 따라 군사 행동을 취하기도 한다.

• 화학 무기

화학 무기는 자연적으로 생성되거나 인간이 만든 액체, 가스, 또는 (보통 가루 형태인) 고체로, 사람과 동식물 또는 노출되어 있는 재산에 치명적인 피해를 입힌다. 화학 작용제는 대부분 사람을 죽이거나 부상을 입히거나 무력화시킬 목적으로 만들어진다.

테러 목표 대상에게 피해를 입히려면 화학 작용제를 전달해야 하는데, 그렇게 하기 위한 방법에는 여러 가지가 있다. 예를 들어, 화학 작용제를 분무하거나, 떨어뜨리거나, 튀기거나, 음료나 음식에 붓기도 하며, 폭탄으로 폭파시키거나, 컨테이너나 (비행기, 배, 또는 여러 가지 탈것도 포함해서) 차량에서 분사시키는 방법도 가능하다.

재난 관리와 대응을 담당하는 공무원들이 직면한 가장 힘겨운 과제 중 하나는 은밀한 방법을 통해 전달되는 화학 작용제를 감지하는 일이다. 화학 무기는 눈에 보이지 않고, 냄새도 맛도 없지만, (몇 초나 몇 분 이내로) 즉각적이고도 인식 가능한 효과나 다소 지연된 효과를 낸다. 화학 작용제는 쉽게 감지되는 경우도 많아서, 갑작스러운 호흡 곤란, 현기증, 피부나 눈 또는 폐가 타는 듯한 느낌, 방향 감각이나 의식의 상실, 또는 발작과 같은 몇 가지 명백한 징후들이 나타난다.

염소 가스와 같은 흔한 화학 물질의 경우, 화학 작용제의 특성에 익숙한 사람은 냄새나 모양 그리고 방금 전에 말한 것과 같은 징후 등에 의해 어떤 화학 물질인지 알아챌 수 있는 경우가 많다(특정한 용기나 배달 방법 등을 통해서도 가능하다). 그러나 대부분의 화학 작용제의 경우, 일단 감지가 되고 난 후에 어떤 물질인지 정체를 알기 위해서는 첨단 기술을 활용해야 한다. 화학 물질은 중화시키거나 증상을 치료하는 방법이 제각각이기 때문에, 어떤 물질인지 식별하는 것이 모든 대응과 치료의 가장 중요한 열쇠이다.

인간에 미치는 영향에 따라, 화학 작용제에는 크게 다음의 여섯 가지 종류가 있다.

- 폐에 영향을 미치거나 '숨 막히게 하는' 작용제
- 혈액에 영향을 미치는 작용제
- 발포제 또는 수포제
- 신경에 영향을 미치는 작용제
- 사람을 무력화시키는 작용제
- (피부를 따갑게 하는) 자극제(보통 폭동 진압에 사용되나, 테러범들이 사용할 경우 공포를 확산시킬

수 있다)

• 생물학 무기

생물학 작용제는 살아 있는 유기체나 살아 있는 유기체가 만들어 내는 독소 또는 자연적으로 발생하거나 유전적으로 조작한 물질로, 사람과 가축 그리고 작물을 죽이거나 무력화할 수 있다. 생물학 물질은 박테리아, 바이러스, 그리고 독소, 이렇게 크게 세 가지 범주로 나눌 수 있다

화학 작용제와 마찬가지로, 생물학 작용제도 공개적으로 또는 은밀하게 운반된다. 하지만 생물학 작용제는 대부분 즉각적인 효과를 나타내지 않으며, 생물학 작용제를 이용한 공격이 이루어졌음을 알려면 며칠이나 몇 주가 지나야 한다. 박테리아와 바이러스의 경우 특히 그러한데, 이는 감염 이후에 희생자에게 아무 증상도 나타나지 않는 초기 잠복기 때문이다. 이와 반대로, 독소는 대개 화학 작용제와 똑같은 속도로 증상이 드러난다.

생물학 무기에 의한 공격을 인식하는 것은 대개 공공 보건 기관으로, 이러한 기관은 전국의 질병과 사망을 감시하므로, 낯설거나 원인을 알 수 없는 비슷한 유형의 질병이나 사망이 순식간에 급증하는 현상을 감지할 가능성이 높다. 생물학 공격을 알아낼 수 있는 다른 방법으로는 협박을 확인하거나, 생물학 작용제의 운반 또는 생산을 적발하는 경우, 그리고 정보 수집 등이 있다.

생물학 작용제는 배양과 유지 과정이 까다롭다. 이러한 작용제 중 많은 부류가 햇볕과 기타 환경적인 요인에 노출되었을 때 급속도로 부패하지만, (탄저병 포자 같은) 일부는 회복력이 좋아 열악한 조건에서도 몇십 년이나 또는 이보다 더 오랫동안 살아남기도 한다. 생물학 작용제는 천연두 같은 질병을 전염시킬 때 특히 위험한데, 그 이유는 초기에 전염병에 노출된 사람들을 넘어 감염자와 비감염자 사이에서 급속도로 확산되기 때문이다.

사람에서 사람으로 전염되는 것이 과거 전염병의 주된 감염 경로였으며, 여기에는 천연두, 페스트 그리고 라싸 바이러스Lassa virus(* 1969년 나이지리아의 라싸 지방에서 최초로

발병했던 급성 바이러스성 전염병이다: 옮긴이) 등 생물학 무기로 사용될 수 있는 병원균이 해당된다. 동식물을 대상으로 한 생물학 작용제는 (농업과 축산을 포함해서) 경제 분야에 큰 피해를 입히며 사람을 공격한 것과 똑같은 정도의 두려움을 일으킨다. 따라서 교차 효과에 의해 사람에게 악영향을 미칠 수 있다. 예를 들어, 1918년 독일군은 감염된 가축과 동물 사료를 퍼뜨림으로써 탄저병과 또 다른 질병을 전파시켰다.

화학 무기에서와 마찬가지로, 가장 중요한 방어는 어떤 생물학 작용제인지를 신속하고도 정확하게 인식하고 판별해 내는 것이다. 생물학 작용제는 치료법과 오염 제거 방식이 각기 다르기 때문이다. 생물학 작용제는 세 부류로 나뉜다. 카테고리 A 의 생물학 작용제는 공중 보건에 대재앙을 일으킬 정도로 어마어마한 잠재력을 지니며, 광대한 지리적 영역에 퍼뜨릴 수 있다. 카테고리 A에는 탄저병, 천연두, 페스트, 보툴리눔 식중독botulism(* 세균에서 생산된 신경 독소에 의해 증상을 일으키는 신경 마비성 질환으로 치사율이 높은 식중독: 옮긴이), 야토병tularemia(* 산에서 서식하는 토끼나 그 밖에 설치류 등의 동물이 갖고 있는 균이 피부나 입으로 침투해 감염을 일으키는 전염병: 옮긴이) 그리고 바이러스성 출혈열 등이 있다. 카테고리 B의 생물학 작용제는 치사율은 낮지만, 상대적으로 손쉽게 광대한 지리적인 영역에 퍼뜨릴 수 있다. 카테고리 B에는 리신, 큐 열병(* 인간에게 독감과 같은 증상과 폐렴을 야기할 수 있는 소, 양, 염소의 전염병: 옮긴이), 발진 티푸스, 그리고 마비저馬鼻疽, glanders(* 가축 전염병의 일종: 옮긴이)가 있다. 카테고리 C는 테러나 무기로 사용할 목적으로 가공될 가능성이 있는 흔한 병원균을 말하며, 한타 바이러스와 결핵 등이 있다.

• 방사성 무기

방사능 작용제란 불안정한 방사능 물질에서 방출되는 해로운 에너지를 희생자에게 노출시켜 해를 입히는 물질을 말한다. 방사능 물질은 분산되기만 해도 해롭기 때문에, 방사능 작용제에 대한 기술은 거의 필요치 않다. 하지만 방사능 물질은 자연에는 거의 없고 엄격하게 통제되므로 손에 넣기 어렵다. 방사능 물질을 쉽게 얻을 수 있는 곳은 실험실, 의료 기관, 그리고 유해 폐기물 격납 시설 등이다.

만일 테러 집단이 폭발물(흔히 '더티밤dirty bomb'(* 방사성 물질이 들어 있는 폭탄: 옮긴이)) 또는 소위 '방사능 확산기Radiological Dispersion Device'나 RDD라 불리는 분사나 분무 주입법 같은 비폭발성 방법으로 방사성 물질을 퍼뜨린다면, 이는 방사성 물질로 인한 가장 두려운 위협이 될 것이다. 더티밤으로 인한 가장 큰 물리적인 위험은 방사능 물질 그 자체보다 폭발로부터 비롯된다는 건 잘 알려진 사실이다. 하지만, 피해자와 폭발물의 파편에서 방사능 물질이 검출된다면, 극심한 공포와 공황 상태로 방사능 공격을 받은 지역은 물론 그 나라 전체와 심지어는 전 세계로까지 광범위한 경제적인 피해를 미칠 수 있다.

더티밤과 RDD 외에 미국 정부가 크게 우려하는 또 다른 방법은 테러범들이 방사능 물질을 퍼뜨리고 집단 히스테리를 일으킬 목적으로 핵 시설을 공격할 가능성이다. 대부분의 핵 시설은 커다란 충격과 대규모 폭발(몇 개의 핵 시설은 민간 여객기가 직접 부딪쳐도 견딜 수 있게 설계되어 있다)에도 견딜 수 있도록 설계되어 있지만, 안전시설과 냉각 시설 또는 격납 시설을 파괴할 만큼 강력한 폭발물을 사용할 가능성은 늘 존재한다. 뿐만 아니라, 이러한 시설에서 나오는 방사능 폐기물은 늘 현장에 저장된다. 방사능 폐기물은 전력 생산에 사용되지는 않지만, 피해를 입히고자 하는 테러범들에게는 아주 유용한 무기가 될 것이다.

• 핵무기

핵 작용제는 핵분열의 활성화나 핵융합 연쇄 반응을 통해 엄청난 피해를 가하는 것으로, 이는 가장 선진화된 무기 기술과 가장 정제된 핵 물질 사용(폭발 효과를 내는 데 필요한 양으로)을 통해서만 가능하다. 핵폭발은 엄청난 빛과 열, 무시무시한 압력 그리고 드넓은 지역에 방사능 파편을 분산시켜, 인근 수 마일에 걸쳐 공기와 물과 토양을 오염시킨다. 테러 조직이 핵무기를 개발하고 조작할 가능성은 거의 '0'에 가깝지만, 테러 집단을 지지하는 것으로 알려진 불량 국가나 자국 내의 핵무기 은닉처를 감시하고 지킬 능력이 부족한 일부 국가는 막대한 경제적 수단을 지닌 테러 집단에 핵무기 공급원이 될 수 있다.

테러범들이 핵무기 사용에 성공했을 때, 특히 대도시의 도심에서 핵무기를 폭파시키면 수없이 많은 사망자와 수십억 달러의 재산 피해를 낼 것이 분명하다. 히로시마와 나가사키의 핵폭발을 보면 핵무기의 위력에 대해 알 수 있다. 상대적으로 작은 핵폭탄 2개가 22만 명의 사망자를 내고 이들 두 도시의 도심을 거의 완전히 파괴한 사실을 보면 특히 그러하다.

CBRN에 대한 추가 정보

대량 파괴 무기에 대해 더 자세한 정보를 원한다면, 다음 웹사이트를 참고하라.

- 미국 연방수사국(FBI): http://www.fbi.gov/about-us/investigate/terrorism/wmd
- 미국 중앙정보부(CIA): http://www.cia.gov/library/reports/general-reports-1/terrorist_cbrn/terrorist_CBRN.htm
- Ready.Gov: http://www.ready.gov/terrorism

비판적으로 사고하기

- 당신이 사는 지역 사회에 영향을 미치는 기술적인 위험 요인에는 어떤 것이 있는가? 그러한 위험 요인의 원인은 무엇인가?
- 위험을 발생시키는 행위 및 과정과 관련된 혜택을 누리기 때문에 사회는 특정한 기술적인 위험 요인을 받아들인다. 예를 들어 원자력 발전소는 아주 적은 배기가스로 값싼 전기를 생산한다. 하지만 사고가 일어나면, 대규모 재난이 발생한다. 당신이 사는 지역 사회가 이러한 기술적인 위험 요인에 노출되어 있음에도 불구하고 누리는 혜택은 무엇이며, 그것은 구체적으로 어떤 위험 요인인가?

재해 위험 관리

개인과 지역 사회 그리고 국가가 직면한 재해 위험을 다루는 과정을 재해 위험 관리라고 한다. 위험 관리는 정부의 가장 중요한 기능이며, 미국과 전 세계에서 재해 위험을 관리하기 위한 매우 다양한 방법이 개발되어 왔다. 미국에서만도 여러 정부 기관이, 예를 들면 연방재난관리청(FEMA)과 국방부가 서로 다른 방법을 사용해 재해 위험을 관리한다. 하지만 거의 모든 재해 위험 관리는 다음 네 단계를 거친다.

1. 위험 요인 확인하기
2. 확인된 각각의 위험 요인 평가하기
3. 재해 위험을 다른 위험 요인과 비교 분석하기
4. 우선순위에 따라 재해 위험 처리하기

이 같은 다양한 방법을 구분 짓는 것은 사용하는 용어, 기술, 이해 당사자, 그리고 기타 사안에서의 차이점이다.

위험 요인의 확인은 용어가 가진 뜻 그대로 일정 영역에 영향을 미치거나 미칠 가능성이 있는 모든 위험 요인을 확인하고 설명하는 과정이다. 이 단계는 과거 사례 연구, 브레인스토밍, 과학적인 분석, 그리고 전문 지식 획득을 포함한 여러 가지 방법을 통해 이루어진다. 눈보라와 토네이도 같은 보다 흔히 발생하는 위험 요인의 경우, 위험 요인의 존재를 명백히 알 수 있다. 하지만 (테러를 포함한) 여러 가지 기술적인 위험 요인이나 의도적인 위험 요인처럼 새롭고도 변화하는 위험 요인의 경우에는 전문가의 지식이나 의견을 통해서만 위험 요인의 존재와 드물지만 실재하는 위험 요인의 범위를 알 수 있다. 위험 요인의 확인에는 기존에 알려진 발생 가능성이나 심각성에 개의치 않고 완전한 위험 요인의 목록을 만드는 일이 수반된다. 종합적으로 말해, 재해 위험 관리는 각각의 위험 요인을 개별적으로 검토하거나 다른 위험 요인과 아무 상관 없는 것으로 다루는 것이 아니라, 상호 연결된 위험 요인의 전체 목록을 검토하고 각각의 위험 요인이 서로 영향을 주고받는 것으로 다루는 노력을 하는 것이다.

위험 요인을 설명하거나, 소위 말하는 재해 이력을 작성하는 것은 위험 요인 확인에 필요한 과정이며, 그러한 과정에서 대상 지역 내에 각각의 위험 요인이 존재하는 특정한 방식을 밝혀내야 한다. 위험 요인을 설명하려면, 다음과 같은 특성도 조사해야 한다.

- 위험 요인 전반에 대한 광범위한 사전 검토
- 대상 지역과 주변에서 위험 요인이 존재하는 위치와 그로 인한 영향이 미치는 공간적 범위
- 위험 요인이 일으키는 사건의 지속 시간
- 위험 요인에 뒤이은 계절이나 기타 시간적인 양상
- 현실에서 위험 사건이 발생하는 속도
- 위험 요인 경보의 유효성

재해 위험 평가는 확인된 각각의 위험 요인이 지니는 위협을 조사하는 과정을 말한다. 위험은 발생 가능성과 사건으로 인한 결과라는 똑같은 비중을 지닌 두 요소에 의해 계산된다. 이 두 요소는 어떤 위험 요인의 존재에 대해 얼마나 걱정해야 하는지 그리고 그러한 위험 요인을 예방하거나 대처하려면 무엇을 해야 하는지 알려 준다. 일반적으로 가능성이 높고 결과도 끔찍한 위험 요인에 대해서는 걱정을 많이 하는 반면, 가능성이 낮고 결과도 미미한 위험 요인에 대해서는 걱정을 덜 하는 경향이 있다. 모든 위험 요인은 이 둘 사이에 놓인다. 위험 요인과 그것과 관련된 위험의 관계는 위험 평가와 분석 과정에 포함되며, 이로 인해 지역 사회와 국가는 인명 손실과 재산 피해를 크게 줄이기 위한 종합적인 위험 관리 프로그램을 채택할 수 있게 된다.

위험 평가 방법을 개발하는 데는 여러 가지 접근 방법이 있으며, 여기에는 정성적인 방법과 정량적인 방법 그리고 지진, 홍수, 허리케인, 산사태와 같이 자연적인 위험 요인을 개별적으로 평가하기 위한 몇 가지 컴퓨터 프로그램도 있다. 위험 평가 결과의 타당성과 유용성은 자료의 품질과 확보 가능성에 의해 결정된다. 끊임없이 개발이 이루어지고, 새로운 정보를 얻을 수 있고, 기후와 지역 사회의 특성이 변화하는 등, 방정식을 복잡하게 만드는 다른 많은 요인들 때문에 위험 요인의 가능성과 결과

는 계속해서 달라지지만, 재난관리자들은 가능성과 결과에 대한 정확한 평가를 향상시키는 다양한 정보에 의존해야 한다. 하지만 확인된 위험 요인들의 가능성과 결과를 나타내는 정확한 수치를 추정하는 것은 불가능에 가깝다.

앞에서 언급했듯이, 재해 위험 평가의 어려움을 극복하기 위해 매우 다양한 방법이 개발되어 왔다. 예를 들어 미국과 호주 그리고 뉴질랜드에서는 가능성과 결과를 수치로 측정하기 위한 다양한 정성적 평가 방법이 개발되었다. 이러한 정성적인 평가 방법은 정확한 수치를 결정하기 위해 특정한 수학적인 계산법에 의존하지 않고 각 위험 요인을 보다 쉽게 구분할 수 있는 (보통 5개에서 7개 수치로 된) 좁은 범위의 숫자로 표시한다. 예를 들어, 얼음 폭풍이 특정 연도에 재발할 확률을 계산하기는 어렵지만(예를 들어 35년마다 한 번씩 하는 식으로), 얼음 폭풍이 매년 한 번 이상 또는 2년에서 10년마다 한 번씩 일어난다는 식으로 판단하기는 훨씬 쉽다. 정성적인 방법은 정확하지는 않지만, 이 방법을 사용하지 않으면 너무 난해하거나 시간이 많이 걸려 진행할 수 없는 과정을 쉽게 넘어갈 수 있다.

또 다른 위험 평가 방법은 복합 노출 지표Composite Exposure Indicator(CEI) 접근법인데, 이 방법은 도로, 파이프라인, 병원, 공공 상수도 등과 같은 사회 기반 시설에 중점을 둔 일련의 지표 변수에 하나 또는 여러 개의 위험 요인이 미치는 영향을 측정하는 것이다. FEMA와 다른 기관이 작성한 데이터베이스에 의존하는 이 방법은 14개 변수의 노출 정도를 측정하여 피해 인구의 수를 산출한다.

재해 위험 분석은 확인되고 평가된 재해 위험의 상대적인 심각성을 결정하기 위해 실시된다. 지역 사회나 국가를 위협하는 위험 요인을 확인하고, 그러한 위험 요인의 특징을 설명하며, 가능성과 결과를 결정하기 위해 방금 열거한 과정을 밟는 재난관리자는 위험을 상호 비교하는 데 필요한 모든 정보를 수집해야 한다. 이러한 이유때문에 위험 평가 과정을 시작할 때는 재난의 발생 가능성과 그 피해 결과에 따라 각각의 위험 요인을 확인하고, 설명하며, 지도를 만들고, 분석해야 한다.

모든 지역 사회는 자연적이고 기술적이며 의도적인 다양한 위험 요인에 직면해있고, — 각 위험 요인은 서로 다른 정도의 위험 완화와 저감 과정을 필요로 한다 —

대부분의 지역 사회가 상충되는 예산 문제 때문에 모든 위험 요인을 완전히 완화시킬 수는 없기 때문에, 재해 위험 분석이 매우 중요하다. 결과적으로는 위험 요인으로 인한 인명 피해와 재산 및 환경 피해를 납득할 만한 수준으로 낮추는 것이 목표이며, 그러기 위해서는 시간 및 자원을 최선의 결과를 가져오는 조치와 활동에 사용해야 한다.

위험 분석에는 보통 위험도 행렬이 사용된다. 위험도 행렬을 만들려면, 위험 가능성과 결과를 x축과 y축에 놓고, 두 변수의 가능성이 모두 높은 것은 1사분면에, 그리고 두 변수의 가능성이 모두 낮은 것은 3사분면에 오는 그래프를 만들어야 한다. 정량적인 방법을 사용하면, 이 두 위험 인자에 대한 수치를 행렬로 표시할 수 있다. 다시 말해서, 가능성과 결과를 정량적으로 표현하면, 분석된 모든 위험 요인의 최소치와 최대치가 두 그래프 축의 상한과 하한으로 표현된다. 따라서 모든 위험 요인을 이 행렬 위에 표시하면, 지역 사회나 국가가 직면한 재해 위험의 정도를 시각적으로 표현하여 서로 비교할 수 있게 된다. 이러한 위험도 행렬의 결과를 활용하면, 위험의 우선순위를 매길 수 있다. 이 위험 순위는 확인된 재해 위험을 다루는 최종 단계의 기초 자료가 된다.

위험의 우선순위를 매기는 위험 분석 과정에서 보완적인 방법을 병행하면, 분석 과정의 가치를 더욱 높일 수 있다. 예를 들어, 취약성 분석을 하면 무엇이 위험을 일으키며, 어떤 위험이 다른 위험보다 우선순위가 높은 이유가 무엇이고, 네 번째나 마지막 단계에 확인된 다양한 위험 처리 방법을 통해 회복 탄력성을 높이고 취약성을 줄이려면 어떻게 해야 하는지를 결정하는 데 도움이 된다.

위험에 대한 취약성은 사회적 취약성, 환경적 취약성, 물리적 취약성, 그리고 경제적 취약성 등 네 가지 측면을 검토해야 한다. 위험에 노출되는 사람들의 수용 가능성에 따라 위험의 우선순위가 매겨지기도 한다. 예를 들어 어떤 특정한 위험에 더 많은 사람들이 노출되거나 매년 더 많은 사망과 피해가 발생함에도 불구하고, 그러한 위험을 부분적으로 또는 완전히 완화시켰을 경우 잃어버리게 될 혜택 때문에, 사람들은 훨씬 덜 위험하거나 피해가 덜한 다른 위험보다 그 위험을 더 선호하는 경우가 있다. 예를 들어, 교통사고는 미국을 비롯한 전 세계에서 원자력 발전소보다 더 많은 사망률을 기록한다. 하지만 자동차를 없애 버릴 경우 개인적으로 훨씬 더 심한 불편을 겪게 되므로, 사람들은 핵 발전소 사고보다 교통사고의 위험을 훨씬 더 기꺼이 받아들인다.

SMAUG 방법론은 사회·경제적인 요인들을 고려함으로써 이러한 문제를 계량하고, 이전에 평가된 위험도를 더 심도 있게 분석할 수 있도록 위험 관리자들을 돕기 위해 개발된 유일한 방법이다. SMAUG는 위험 관리자가 분석한 재해 위험과 관련된 다섯 가지 측면을 나타내는 머리글자이다.

- 심각성Seriousness: 사망과 부상 그리고 피해의 측면에서 지역 사회에 미치는 상대적인 영향 정도
- 관리의 용이성Manageability: 어떤 지역 사회가 위험을 관리하는 능력이나 선택 사항의 이용 가능성
- 수용 가능성Acceptability: 위험의 영향권에 드는 사람들이 어떤 재해 위험을 기꺼이 인내하는 정도
- 시급성Urgency: 어떤 위험을 즉각적으로 다루는 것이 안전이나 안보에 결정적인 영향을 미치는 정도
- 증가율Growth: 어떤 재해 위험이 시간이 경과하면서 증가하는 정도

최근 이 SMAUG에 새로운 두 가지 측면이 추가되었다.

- 빈도Frequency: 일반적으로 위험 평가 과정을 통해 밝혀짐
- 자각성Awareness: 지역 사회의 다양한 이해 당사자가 위험 요인에 대해 어느 정도 알고 있는지와 위험 요인에 대한 그들의 지식이 실제 위험도를 얼마나 반영하는지와 관련된 수준

SMAUG 중 수용 가능성의 머리글자는 원래 분노outrage였지만, 아직은 재해 위

험의 정치적, 사회적 수용 정도를 뜻한다. 이러한 방법을 가리키는 새로운 머리글자는 FSMAUGO이다.

재해 위험의 처리는 재난 위험의 발생 가능성을 줄이거나 제거하고, 실제로 발생한 위험 사건의 피해를 줄이기 위해 조치를 취하는 과정을 말한다. 재해 위험은 (제3장과 제4장의 주제인) 위험 요인 완화와 재난 대비를 통해 다루어진다. 위험 처리 방법의 선택은 의사 결정과 실행의 과정뿐만 아니라 위험 평가 방법까지 선택하는 것을 말한다. 이 과정에서 위험 저감을 위한 선택은 비용의 효용성뿐만 아니라 사회의 수용 가능성 그리고 오랜 기간에 걸친 긍정적이고 부정적인 영향도 감안해서 결정해야 한다. 위험 처리 과정은 결국 어떤 재원을 사용할 것인지, 법을 바꾸거나 제정하거나 강화할 것인지, 해결책을 현실적으로 실행할 수 있는지 등 기술적이고 정치적인 문제가 된다.

향후 연구

미국 연방재난관리청(FEMA)은 지역 사회의 지도자들에게 재해 위험 관리 과정을 시작부터 실행까지 설명하고 안내하는 '완화 지침서Mitigation How-To Guides' 시리즈를 2002년에서 2008년까지 발간하였다. FEMA의 웹사이트에서 볼 수 있는 9개 부분으로 구성된 이 시리즈는 '재해 완화 계획'을 활용해 계획 수립을 지원하는 것에서부터 위험 감소 프로젝트를 계획하고 실행하는 것에 이르기까지, 지방자치단체에서 할 수 있는 재해 위험 관리 방법을 설명하고 있다. 이 지침서는 http://www.fema.gov/hazard-mitigation-planning-resources#1에서 볼 수 있다. 2011년에는 국토안보부에서 "위험 관리의 기본 원칙Risk Management Fundamentals"이라는 제목의 국토 안보 위험 관리 기본 원리를 발표하였다. 이 보고서는 국토안보부 전체의 위험 관리를 표준화하고, 위험 관리가 결정과 실행 측면에서 적절한지 고찰하기 위해 발간되었다. 이 보고서는 http://www.dhs.gov/xlibrary/assets/rma-risk-management-fundamentals.pdf에서 볼 수 있다.

위험 관리 기술

재해 위험을 추적하고 관리하는 미국의 역량은 지난 15년 동안 크게 향상되었다. 재난관리자들은 폭넓은 기술 발전을 통해 위험 요인을 공간적으로 표현하고, 위험이 가장 큰 지역을 목표 지역으로 정해, 적절한 위험 감소 방법을 찾아내고 실행하는 능력을 키울 수 있었다.

위성 영상과 (레이더, LIDAR, FLIR과 같은) 항공기 기반 시스템 등의 영상 기술과 원격 탐사 기술을 통해, 위험 관리자들은 위험을 훨씬 더 효과적으로 시각화할 수 있게 되었다. 이러한 방법과 이와 연관된 정보 관리 및 시각화 기술은 지역 사회 전역에 걸쳐 위험을 공간적·시간적으로(시간을 기준으로) 표현할 수 있게 해 주었을 뿐 아니라, 개별 재산과 구조물에 미칠 가능성이 있는 위험을 아주 작은 단위까지 파악할 수 있게 해 주었다. 그렇게 함으로써 위험을 확인하고 재해 위험을 위험 지역 전체에 걸쳐 공간적으로 분포시키는 방법이 훨씬 더 확실해지고 정확해졌다.

FEMA가 개발한 HAZUS-MH(Hazards United States-MultiHazard) 프로그램과, 국가 사회 기반 시설 시뮬레이션 및 분석 센터National Infrastructure Simulation and Analysis Center(NISAC) (http://www.sandia.gov/nisac)와 미국 육군공병단(http://eportal.usace.army.mil/sites/ENGLink/DisasterImpactModels/default.aspx)이 공동 개발한 전문가 시스템 같은 소프트웨어를 포함하는 위험 모의 시스템은, 재난이 발생하기 전에 재난으로 인한 영향과 재난 대응에 필요한 조치를 판단할 수 있게 해 줄 뿐 아니라, 발생 가능한 피해와 그로 인해 필요한 것을 (실제 평가 자료가 수집되기 이전인) 재난 초기에 추정할 수 있게 해 준다. 인터넷의 연결로 유사한 문제를 겪고 있거나 비슷한 완화 조치를 취해야 하는 여러 지역이 정보와 아이디어를 폭넓게 공유할 수 있게 되었으며, 이러한 과정을 거쳐 여러 위험 추정 모형이 만들어졌다.

지리 정보 시스템General Information System(GIS)을 이용하여 지도를 그리는 소프트웨어의 폭넓은 활용으로 인해, 불과 수십 년 전만 해도 접하기 어려웠던 소중한 정보를 자유자재로 활용해 위험과 자원을 지도에 표시하는 일이 가능해졌다. 구글 어스Google Earth와 같이 웹에 기반한 프로그램을 일상적으로 사용하게 되면서, 위험 관리자들은 홍수 범람원의 위치와 위험에 노출된 여러 구조물의 거리를 더욱 정확히 파악하는 것 등을 포함해서 적은 자원으로 자신들의 지역 사회가 직면한 위험의 특성을 더 잘 파악하게 되었다. 연방 정부와 대학교의 과학 연구 기관들은 자연적인 위험 요인들을 측정하고, 지도로 그리며, 예측하는 새로운 방법을 계속해서 개발하고 있다. 2001년 9월 11일의 테러 공격 이후로 재난 관리 기술의 선진화에 투입된 연방 정부와 대학교의 각종 기금은 수십억 달러에 이르며, 이러한 기금은 자연적인 위험 요인과 기술적인 위험 요인 그리고 가장 중요한 테러의 위험 요인을 감지하고 이해하고 대처하는 더 나은 방법을 개발하는 데 유용하게 사용되고 있다.

사회 · 경제적인 위험 인자

재난과 빈곤 사이에 긴밀한 상관관계가 있다는 사실은 오래전부터 인식되어 왔다. 빈곤층은 재난에 대비하고 완화 조치를 취할 만한 여유가 없으며, 위험도가 높은 지역을 싼값에 빌리거나 살 수 있고, 위험이나 그 원인에 관한 지식이 전반적으로 부족하다. 이러한 여러 가지 이유로 빈곤층은 재난에 더 취약하며 따라서 이러한 재난에 반복적으로 노출된다. 이러한 현상은 매년 재난으로 많은 사람이 죽는 후진국에서 훨씬 더 뚜렷하게 나타나지만, 빈곤과 사회적인 조건으로 인한 위험 인자들은 어느 나라에나 존재한다.

　미국에서 어느 한 집단을 다른 집단보다 더 취약하게 만드는 사회 · 경제적인 위험 인자에 대해 언급하는 일은 많지 않다. 위험 평가는 일반적으로 위험에 대한 계획을 세울 목적으로 해당 인구를 균질적인 집단으로 가정하며, 따라서 수립된 계획과 역량으로부터 많은 이익을 얻지 못하거나 또는 전혀 얻지 못하는 특정 사회 · 경제적인 집단의 문제는 거론하지 않고 넘어가는 경향이 있다. 여러 시민 단체가 (여러 집단 중에서도 장애인, 노인, 빈곤층, 어린이 그리고 이민자 등을 포함하는) '특정 인구 집단'의 재난 취약성이 커지는 데 대한 인식을 높이기 위해 여러 해 동안 노력해 왔지만, 절반의 성공에 그치고 있다. 하지만 허리케인 카트리나는 사회 · 경제적 취약성의 차이를 언론을 통해 미국 내 모든 가정의 거실 깊숙이까지 전달하고 말았다. 수많은 사회 · 정치적인 집단이 허리케인 카트리나의 희생자 수가 늘어난 것은 빈곤 때문이며, 가난한 사람들은 자신들이 사는 지역이 직면한 위험을 과도하게 짊어지지만, 부유한 사람들은 상대적으로 피해를 입지 않고 빠져나온다고 주장한다(이러한 주장에 대한 반박도 나중에 등장한다). 피해자의 대부분이 아프리카계 미국인이기 때문에 정부가 보다 중요한 대응에 즉각적으로 나서지 않았다고 주장하며, 이 사건을 인종적 재난이라고 주장하는 사람들도 있다. 이러한 주장의 타당성은 제쳐 두더라도, 뉴올리언스를 떠나지 못한 사람들은 대부분 가난하고 교통수단을 갖지 못했으며, 보잘것없는 소유물을 두고 차마 떠나지 못했고, 위험 지역에서 대피소로 피난 갈 때 갖고 갈 만한 재산이 거의 없는 사람들이었다는 건 명백한 사실이다. 뿐만 아니라 재난이 발생한 후에도 이 같은 사회 · 경제적인 위험 인자들이 가난한 피해자들의 회복을 어렵게 한다는 사실도 고통스럽지만 마찬가지로 명백하게 밝혀지고 있다.

추가 연구

허리케인 카트리나가 발생한 지 1년이 지난 후에 컬럼비아 대학교에서 실시한 연구에 의하면, 가난한 피해자들은 상당한 수입 감소와 정상적인 경우보다 더 높은 만성 질환의 발병률을 보였다. 그리고 어린이에게서 상대적으로 더 높은 정신 건강 문제가 나타난 것으로 밝혀졌다. "회복의 차이: 허리케인 카트리나의 영향을 받은 미시시피 어린이와 가정에 나타난 빈곤과 소득 격차 심화The Recovery Divide: Poverty and the Widening Income Gap Among Mississippi Children and Families Affected by Hurricane Katrina"라는 보고서는 http://www.ncdp.mailman.columbia.edu/files/recovery_divide.pdf에서 얻을 수 있다.

인구 집단의 사회적인 구성은 교육, 문화, 지방 정부, 사회적 상호 작용, 도덕적 가치, 법, 신앙 그리고 기타 사회적 측면 등 다양한 여러 가지 요인을 기반으로 한다. 대부분의 지역 사회에서 서로 다른 집단의 위험 요인에 대한 취약성은 사회 · 문화적인 요인에 따라 다르며, 이는 이러한 집단 내의 개인이 자신들을 보호하기 위해 위험 완화나 대비 조치를 취하는 것에 도움이 되거나 방해가 되곤 한다. 서로 다른 집

단이나 서로 다른 나라의 국민들 사이에 만연하는 행동 양식은 각 집단이나 국가 특유의 사회적 요인에 큰 영향을 받는다. 이러한 사회적 요인은 더 밀접한 상호 작용이나 더 큰 '사회적 거리'를 만든다. 특정한 종교, 문화, 또는 전통적인 관례 및 신앙도 재난 관리 실무에 도움을 주거나 이를 방해하기도 한다.

재난을 '신의 뜻'으로 치부하는 종교는 환경에 존재하는 위험으로부터 삶을 보호해야 한다며 개인과 정부의 책임을 촉구하는 사람들보다 재난의 완화와 대비 행동에 덜 적극적인 경향이 있다. 또한 실제로 본인들은 잘 모를지라도, 이들의 재난 완화나 대비 행동은 위험 요인에 대한 사회적 적응의 산물인 경우가 많다. 재난관리자들은 사회적 상호 작용이 위험 요인에 대한 취약성을 감소시키기도, 증가시키기도 한다는 사실을 알아야 하며, 사회적 상호 작용의 어떤 측면이 변화를 야기하는지도 알아야 한다.

경제적 상황은 재난의 결과로부터 스스로를 지키는 집단이나 개인의 능력에 커다란 영향을 미친다. 하지만 경제적 안정이 어떤 개인이나 사회가 자신들을 더 잘 지킬 수 있다는 것을 의미하는 것은 아니다. 그보다는 그렇게 할 수 있는 역량의 한 가지 척도일 뿐이다. 하지만 이러한 경제 상황으로부터 다른 요인을 추정할 수는 있으며, 부유함 또는 빈곤과 관련된 추세나 경향도 추론할 수 있다. 예를 들어, 빈곤층은 자신을 하찮은 존재로 여겨 보다 위험한 지역에 살기도 하며, 이들의 주택은 환경적인 압력을 지탱할 수 없는 소재로 지어지는 경우가 많다. 또한 이들은 재난이 발생한 이후에 종종 벌어지는 생필품 공급의 지연을 조금도 참지 못하는 경향을 보이기도 한다.

재난의 정의와 취약성의 개념을 고려해 볼 때, 빈곤층이 더 취약한 이유를 쉽게 이해할 수 있을 것이다. 어떤 사건이 재난이 되는 것은 그러한 사건에 대응할 역량이 부족해 재난의 결과를 감당하려면 외부의 도움이 필요한 경우이다. 따라서 예기치 않은 사건이 벌어질 때 자신들의 자원을 훨씬 더 빨리 소진하게 되는 빈곤층 — 하루하루를 재난 직전의 상황에서 사는 — 이 불리할 수밖에 없다.

- 당신과 당신이 사는 지역 사회에 영향을 미치는 위험 요인을 선택하라. (강풍, 지진 등의 위험 요인이 당신과 지역 사회에 어떤 영향을 미치는지) 그 위험 요인의 특성을 설명하라. 그러한 위험 요인이 얼마나 자주 당신에게 영향을 미치는지 그리고 재난이 일어날 경우 어떤 피해가 생기는지 등을 포함하여 이러한 위험 요인과 관련된 위험에 대해 평가하라.

- (예를 들어, 해변까지의 근접성, 지형의 경사도 등) 지역 사회의 지형 형상 중 어떤 측면이 사람들이 직면한 위험 요인에 영향을 미치는가? (예를 들어, 강에 댐을 만들거나 습지를 메우는 등) 인간의 어떤 활동이 이러한 위험 요인에 영향을 미치는가? (예를 들어, 연 강수량, 기온 등) 자연의 어떤 작용이 이러한 위험 요인에 영향을 미치는가?

결론

재해 위험을 관리하는 과정에서 위험 요인을 확인하는 것은 지역 사회가 취할 대비 및 예방 조치를 결정하는 데 있어 기본이 되는 요소이다. 다시 말해, 지역 사회는 이러한 위험을 효율적으로 관리하기 위해 지역 사회의 위험에 대해 잘 알고 이해해야 한다.

전 세계의 위험 요인과 비상사태 그리고 재난을 감시하고, 자연적인 위험 요인과 기술적인 위험 요인 그리고 의도적인 위험 요인이 작동하는 메커니즘을 연구하면서, 위험에 대한 이해의 폭이 점점 넓어지고 있다. 쓰나미나 대량 살상 무기처럼 사람들이 겪은 적이 거의 없거나 전혀 없는, 발생률은 낮고 참사의 정도는 높은 사건의 결과를 관리하는 사회의 역량도 점점 커지고 있다. 또한 보다 흔한 위험 요인에 대한 관리도 재난 관리의 측면에서뿐만 아니라 전반적인 사회 발전 차원에서 다뤄지고 있으며, 많은 정부 기관에서 모든 프로그램과 프로젝트의 지속 가능성 및 효율성 확보에 반드시 필요한 것으로 인식하고 있다. 정보는 힘이며, 위험 요인과 그와 관련된 위험에 대한 더 나은 정보로 무장한 사회는 사회 구성원의 삶을 위태롭게 하는 다양한 위협을 줄이고 심지어는 제거하기 위해 효율적으로 행동할 수 있는 힘을 갖게 될 것이다.

물론, 위험을 관리하고 회복성이 높은 사회를 이끌어 나가는 사람들이 책임을 받아들이지 않는다면, 이러한 모든 도구는 아무런 쓸모도 없을 것이다. 위험 요인에 관한 정보와 관리 도구를 정부와 지역 사회에 제공하는 것은 위험 감소 과정의 첫 단계일 뿐이다. 위험 관리의 성공은 정치적인 동의와 그 뒤를 이은 정책 결정자들의 일관된 지지에 달려 있는데, 이들은 위험 관리 노력 자체뿐만 아니라 그로 인한 결과에서 비롯된 개선 사항까지도 지원해야 한다. 반드시 필요한 조치가 어떤 집단에서 인기를 얻지 못하거나, 저항과 갈등에 직면하는 경우도 많다. 재난 관리는 인기가 있든 없든 이러한 고려 사항을 안전하고 지속 가능한 삶을 추구하는 우리의 지역 사회를 계획하고 관리하는 데 포함시키기 위한 추진력을 얻기에 가장 적합한 수단이다.

위험 요인은 지속된다는 점을 강조해야겠다. 일부 위험 요인, 특히 기술적인 위험 요인은 우리의 노력에 의해 줄어들 수도 있지만, 자연적인 위험 요인을 통제하고 제거하는 능력에는 의문의 여지가 많다. 한때 홍수의 위험을 줄이는 데 효과적인 조치로 여겨져 미국 육군공병단이 실행했던 과거의 하천 정비와 홍수통제 사업 중 일부를 원상태로 되돌리려는 최근의 노력은, 자연을 통제하는 데 있어 인간의 무력함을 잘 보여 준 사례이다. 위험 요인을 확인하는 과학이 발전하고 재해 지도 제작에 대한 재정 지원의 비중이 점점 더 커지면서 강한 찬반 주장이 있긴 하지만, 이 둘은 지역 사회의 재해 위험 관리를 위한 효과적인 방법이다.

위험 요인에 대한 지식이 계속 쌓여 나가면서, 이러한 위험 요인에 의한 위험을 줄이기 위해 위험 완화와 대비 조치를 통한 장기적인 해결 방법을 적용하자는 사회·경제적인 논리가 추진력을 얻게 될 것이다. 위험 완화와 대비를 위한 노력을 하다 보면, 지역의 정치 단체는 비용 대비 편익이 훨씬 더 크다는 사실을 알게 될 것이며, 그러면 결국 재난으로 인한 손실도 현저히 줄어들기 시작할 것이다. 하지만 이같은 지역의 성공 사례 하나하나는 재난 관리 종사자의 잠재적 지도력과 동기 부여 능력에 전적으로 의존하게 될 것이며, 이들은 긍정적인 추진력 뒤에서 힘찬 동력 역할을 할 것이다.

주요 용어

눈사태 Avalanche

눈보라 Blizzard

CBRN 무기 CBRN Weapons

해안 침식 Coastal Erosion

댐 붕괴 Dam Failure

재난 Disaster

지진 Earthquake

팽창성 토양 Expansive Soil

혹한 Extreme Cold

폭염 Extreme Heat

홍수 Flood

FSMAUGO

우박 Hail

위험 요인 Hazard

유해 물질 Hazardous Materials

재해 위험 관리 Hazards Risk
     Management

허리케인 Hurricane

산사태 Landslide

편각 분산 Lateral Spread

매스 무브먼트 Mass Movement

이류(또는 석편류) Mudflow
     (debris flow)

자연적인 위험 요인 Natural Hazard

위험 Risk

낙석 Rockfall

안전실 Safe Room

극심한 겨울 폭풍 Severe Winter Storm

폭풍 해일 Storm Surge

기술적인 위험 요인 Technological
     Hazard

테러리즘 Terrorism

뇌우 Thunderstorm

토네이도 Tornado

열대 저기압 Tropical Cyclone

열대 폭풍 Tropical Storm

쓰나미 Tsunami

화산 Volcano

산불 Wildland Fire or Wildfire

1. 위험 요인과 재난은 어떻게 다른가?

2. 재난을 유발하는 가장 빈번하고 널리 발생하는 위험 요인은 무엇인가?

3. 지진의 영향을 설명하는 데 가장 널리 사용되는 척도는 무엇인가?

4. 지진은 어떻게 측정하는가?

5. 허리케인이 형성되는 과정을 설명해 보아라.

6. 허리케인의 강도를 표시하는 데 어떤 척도가 사용되는가?

7. 허리케인이 지역 사회에 피해를 입히는 다양한 방법에는 어떤 것이 있나?

8. 슬로시SLOSH 모형은 무엇을 측정하는 데 사용되는가?

9. 2006년 후지타 피어슨 토네이도 등급이 개선된 이유는 무엇이며, 어떤 점이 달라졌나?

10. 산불의 세 가지 범주는 무엇인가?

11. 심각한 계절성 폭풍은 어떻게 측정하는가?

12. FEMA의 구호 비용 순위에서 상위 10개를 차지하는 자연 재난 중 9개를 일으키는 유형의 재난은 무엇인가?

13. 가장 유해한 물질들의 사고 원인은 무엇인가?

14. 대량 파괴 무기의 네 가지 유형을 밝히고 그에 대해 기술하라.

15. 대부분의 위험 평가 방법에 공통적으로 적용되는 6단계는 무엇인가?

16. 어느 지역 사회의 위험을 평가할 때, 재난관리자들이 고려해야 할 사회적 요인을 몇 가지 나열하라.

17. 지역 사회의 경제적 형상을 구성하는 요소에는 어떤 것이 있나? 이러한 요소는 그 지역 사회의 재난 위험에 어떤 영향을 미치는가?

18. FSMAUGO 방법론의 목적은 무엇인가?

제3장

재난 관리 – 완화

학습
내용

- 계획을 수립하는 사람들에게 유용한 다양한 재난 완화 수단
- 완화와 이와 관련된 다른 문제를 가로막는 장애물
- 연방 정부와 비연방 정부의 완화 프로그램
- 구체적인 사례 연구를 통한 실질적인 완화법
- 새로운 국가 재난 완화 체계에 대한 소개
- 허리케인 샌디 이후의 완화에 관한 혁신적인 접근

서론

자연 세계에서 재난은 삶의 현실이다. 자연을 통제하려는 초기 이집트 인의 시도가 대규모 홍수를 통제하려는 오늘날의 노력으로 이어지고 있음에도 불구하고, 우리는 끊임없이 자연적인 위험 요인에 직면해 왔다. 지난 10년 동안 미국과 전 세계에서 재난의 사회·경제적 비용은 크게 증가해 왔다.

이러한 비용의 증가 원인은 무수히 많다. 엘니뇨, 지구 온난화, 해수면 상승 같은 기후학적 변화도 그러한 원인에 속한다. 우리가 개발을 확대하고, 삼림 벌채와 개벌clear-cutting(* 삼림의 전체 또는 일부분을 일시에 또는 단기간에 모두 베어 내는 것: 옮긴이)을 늘리고, 해안 지역으로 이주하고, 홍수 범람원을 개발하는 등 사회적 활동이 늘어날수록 더 심한 재난을 겪게 된다. 2012년 자료만 보더라도 다음과 같은 놀라운 숫자를 접하게 된다.

- 2012년 봄에 시작된 미국 전역의 가뭄으로 123명이 사망하고 400억 달러 이상의 피해 발생
- 미국 남동부, 오하이오밸리, 텍사스, 중서부의 토네이도로 48명이 사망하고 60억 달러의 피해 발생
- 미국 남부 평원 지역, 중서부와 북동부 지역 그리고 로키 산맥과 남서부 지역의 이상 기상으로 50억 달러의 피해 발생
- 미국 동부, 북동부, 대평원 지역의 드레초derecho(* 먼 거리를 이동하는 폭풍의 한 형태: 옮긴이)로 28명이 사망하고 40억 달러의 피해 발생
- 멕시코 만 해안 지역을 따라 발생한 허리케인 아이작Isaac으로 42명이 사망하고 23억 달러의 피해 발생
- 미국 서부의 산불로 910만 에이커를 태우고 10억에서 20억 달러의 피해 발생
- 허리케인 샌디로 현재 132명이 사망하고 820억 달러의 피해가 발생한 것으로 추정

(출처: 국립기후자료센터)

2012년은 자연 재난으로 인해 역사상 두 번째로 큰 경제적 피해를 본 해이지만, 열두 차례에 걸쳐 대규모 재난이 발생한 2011년도 이에 못지않아서, 역사상 1년 동안 발생한 가장 큰 피해 금액인 520억 달러 상당의 피해가 발생했다. 비용과 인명 손실이 믿을 수 없을 만큼 증가하고 있는데도, 연방 정부와 주 정부 그리고 지방 정부 차원에서 완화를 위한 기금을 크게 줄이고 있는 게 현실이다.

이러한 재난의 피해를 줄이는 방법인 완화는 위험 요인과 그 영향으로부터 인명과 재산에 미치는 위험을 줄이거나 없애는 지속적인 행위라고 정의할 수 있다. 우리는 완화에 대해 논의하면서 미국에서 자연적인 위험 요인을 완화하려는 노력과 이를 위한 프로그램을 중점적으로 살펴보려 한다. 기술적인 위험 요인을 완화하기 위한 방법에 대해서도 살펴볼 예정이지만, 이 분야에서의 지식 체계와 활용 범위는 아직 발전 단계에 있다. 하지만 건축 규정처럼 자연적인 위험 요인을 완화하기 위한 많은 성공적인 기법들은 기술적인 위험 요인에도 적용 가능하다.

완화의 기능은 재난 관리의 여타 분야와는 다른데, 그것은 위험 요인에 대한 대비와 즉각적인 대응 또는 단기적인 복구와는 반대로, 완화는 위험을 줄이기 위한 장기적인 해결 방법을 찾는 것이기 때문이다. 일반적으로 완화는 대응의 경우와 같이 재난의 비상 상황의 일부로, 또는 대비의 경우와 같이 비상 계획의 일부분으로 고려되지는 않는다. 완화의 정의는 복구와 조금 겹쳐지기도 한다. 완화 전략의 적용은 (제7장에서 보듯이) 재난으로부터의 복구에 속하는 면도 있지만, 이러한 맥락에서조차 완화는 시간이 흐르면서 재난의 영향이나 위험을 줄이는 조치를 말한다.

재난 관리의 복구 기능은 여전히 완화를 위한 최선의 기회가 되어 주지만, 최근까지도 재난 계획의 복구 단계가 완화 활동을 위한 가장 풍부한 자금을 제공해 주었다. 사전 재난 완화에 연방 자금의 대부분을 지출하는 경향이 잠시 존재했으나, 경제적 여건과 연방 정부의 예산 문제 그리고 정치적 압력 때문에 완화는 다시 뒤로 밀려났다. 이러한 경향에 대해서는 이 장의 뒷부분에서 논의하려 한다.

완화를 재난 관리의 다른 분야와 구분하는 또 다른 이유는, 완화에는 전통적인 재난 관리 영역 밖에 있는 폭넓은 전문가의 참여와 지지가 필요하기 때문이다. 완화

재난관리론

에는 토지 이용 계획가, 공공 부문과 민간 부문의 건설 및 건축 담당자, 사업가, 보험 회사, 지역 사회의 지도자, 정치인 등이 필요하다. (계획 수립, 정치적 수완, 마케팅과 홍보, 합의 형성 등) 완화를 성취하기 위한 기술과 도구는 재난 관리 전문 직원들에게 종종 요구되는 운영 기술이나 긴급구조대원으로서의 능력과는 다른 경우가 많다. 사실, 역사적으로 재난 관리 전문 직원들은 마지못해 완화를 장려하는 역할을 맡아 왔다. 주 정부의 재난 관리 담당 국장이라면 이런 말을 할 것이다. "재난 완화 업무를 못해서 일자리를 잃을 일은 결코 없지만, 재난 대응을 엉망으로 했다가는 일자리를 잃을 수도 있다."

건축 규정 도입과 강화 그리고 대중 교육의 장려를 통해 화재의 위험을 완화하려고 노력해 온 소방 당국의 초기 지도부를 제외하면, 재난 관리 당국은 늘 대비 계획과 대응 의무에 초점을 맞춰 왔다. 2000년대의 첫 10년 동안 연방 정부의 지도층은 예산 지원을 통해서 이러한 우선순위를 지원해 왔고, 특히 9/11 테러 이후에는 테러에 대한 계획과 대비에 최우선순위를 부여하였다. 심지어 허리케인 카트리나 이후에도 완화는 미리 계획해야 하는 필수적인 일로 여겨지지 않았다. 따라서 국가 홍수

그림 3-1   2012년 12월 6일 코네티컷 주의 스태포드. 사진의 여름 별장들은 말뚝 위에 지은 집으로 허리케인 샌디의 피해를 거의 입지 않은 주택들 중 하나이다. FEMA는 해안 지역의 주택을 지탱하는 말뚝의 가치를 아는 재난 완화 전문가가 활동하는 기관이다. 사진 Marilee Caliendo/FEMA.

보험 프로그램(NFIP)의 일환으로 연방 정부가 새롭게 실시한 완화 대책이나, 재난이 발생한 이후 완화 대책을 적용하려는 지방 정부 차원의 관심이 늘어난 것과 같은 일부 예외가 더욱 두드러져 보였다. 지방 정부가 주도권을 갖고 추진하는 사례가 늘어나는 것은 고무적인 일인데, 각 지역이야말로 미래의 손실을 줄이는 가장 효율적인 완화 대책을 실천할 수 있는 곳이기 때문이다(그림 3-1). 하지만 주와 지역의 재난 관리 담당자들은 전통적으로 연방 정부의 우선순위를 따르기 때문에 연방 정부의 지도력 부족은 언제나 문제가 된다.

이 장에서는 완화의 수단, 완화의 장애물, 완화를 지원하는 연방 정부의 프로그램, 그리고 다양한 위험을 성공적으로 줄이기 위해서 이러한 수단들이 어떻게 활용되었는지 몇 가지 사례 연구를 살펴보려 한다.

완화 수단

여러 해 동안 미국은 자연 재난으로 인한 사망자 수를 줄이는 데 큰 진전을 이뤄 왔다. 건축 규정, 경보 시스템, 대중 교육 덕분에 지난 세기에 자연 재난으로 인한 인명 피해는 확연히 감소했다. 하지만 경제적 피해와 재산 손실은 증가 추세이다. 그러나 많은 사람들이 이러한 비용 손실은 예방 가능하며, 이러한 비용을 극적으로 줄이기 위한 수단 또한 존재한다고 믿는다(그림 3-2).

오클라호마 시의 폭탄 테러 사건이나 2001년 9/11 테러 공격 등과 같은 기술적인 재난은 분석하기 쉽지 않으며, 정보와 보안 수준을 높여 피해를 줄일 방법에 대해 수많은 추측이 난무하고 있다. 재산 피해의 측면에서는, 폭파에 대비해 건축 시공을 강화하는 것과 같은 전통적인 완화 기술을 적용함으로써 피해를 줄일 수 있다고 믿는 사람들이 많다. 발데스 호 기름 유출 사건, 스리마일 섬의 비상사태 등 다른 기술적인 재난은 보다 철저한 점검과 훈련, 교육과 연습을 통해 예방이 가능했다. 이러한 방법은 완화 활동보다는 훌륭한 대비 활동에 가깝다고도 볼 수 있다. 어떤 경우든, 테러 사건이나 이와 유사한 기술적 위험 요인에 관한 의문에 답하기 위해서는 앞

그림 3-2   2005년 10월 4일 미시시피 주 패스크리스천Pass Christian. 허리케인 카트리나에 의해 완전히 파괴된 지역에서 유일하게 멀쩡한 주택의 항공 사진. 이웃집들은 기초만 남고 집의 모든 것이 사라졌다. 살아남은 주택은 FEMA의 기준에 맞게 건축되었다. 사진 John Fleck/FEMA.

그림 3-3   2007년 11월 16일 캘리포니아 말리부Malibu. 페퍼다인 대학교Pepperdine University의 관개용 스프링클러 시스템은 어떻게 화재 예방과 완화가 주택과 식물을 보호하는지 보여 주는 사례이다. 사진 Susie Shapira/FEMA.

으로도 많은 연구와 분석이 필요할 것이다.

대부분의 전문가들은 재난 완화의 제일 중요한 목적이 개인과 사회가 가급적 재난의 피해자가 되지 않도록 하는 것이라는 데 의견을 같이한다. 완화의 목적은 경제적으로 안정되고, 사회적으로 안전하며, 보다 잘 건설되고, 환경적으로 보다 건전해서, 쉽게 피해를 입지 않는 지역 사회를 만드는 것이다(그림 3-3). 오늘날의 표현을 빌리자면, 보다 지속 가능한 사회의 창출이라고 할 수 있을 것이다.

위험을 감소시키는 것으로 알려진 완화 수단에는 다음과 같은 것들이 있다.

- 위험 요인 확인과 지도 작성
- 토지 이용 계획
- 보험
- 설계와 시공
- 경제적인 장려 정책
- 구조물에 의한 통제

위험 요인 확인과 지도 작성

위험 요인 확인이라는 완화 수단은 너무나도 당연하다. 위험 요인이 무엇이고 누구에게 영향을 미치는지 모른다면, 재해를 완화할 수 없다. 완화 전략이나 계획을 짜는 데 꼭 필요한 부분은 어떤 지역에 어떤 위험 요인이 존재하는가에 대한 분석이다. 위험 요인을 확인하는 데 유용한 자료는 많다. 연방 정부는 거의 모든 위험 요인을 지도로 작성하는 대규모 프로그램을 보유하고 있으며, 이 프로그램은 모든 지역 사회에서 활용 가능하다. FEMA의 국가 홍수보험 프로그램(NFIP)은 홍수에 대한 자세한 지도와 연구 사례를 제공하며, 미국 지질조사국U.S Geological Service(USGS)은 지진과 산사태에 대한 광범위한 연구 사례와 지도를 제공하고 있다. 또한 주 정부 산하의 많은 기관들이 위험 요인 확인을 위해서 이러한 성과물을 개선해 왔다. 예를 들어, 캘리포니아 주의 일부 지역에 필요한 특별한 토양 안정성 연구와 지질 조사를 통하여 관련 성과물이 개선되고 있다.

지리 정보 시스템(GIS)은 어디서나 접근 가능하며, 계획을 수립하는 모든 기관에 반드시 필요한 수단이다. 이러한 유용한 수단에서 자주 빠지는 부분이 인간과 인공환경을 위험 요인과 겹쳐 보는 능력으로, 이를 통해서 위험의 정량화된 지표를 제공할 수 있다. 1990년대에 개발된 FEMA의 HAZUS(* 자연 재난으로 인한 재산 손실을 평가하고 인명 피해를 예측하는 프로그램: 옮긴이)는 홍수, 허리케인 및 지진으로 인한 잠재적인 손실을 평가하는 주와 지역의 재난 관리 담당자들에게 유용한 사용자 중심 도구로 자리매김했다. HAZUS로 추정하는 잠재적 손실에는 물리적 피해, 경제적 손실, 그리고 사회적 영향이 포함되며, 이는 민간 영역에서도 활용 가능하다.

지도 작성 도구 세트에 새로 추가된 것은 '리스크맵Risk MAP'이라는 프로그램으로, 이것은 양질의 홍수 재해 자료, 위험 평가, 그리고 완화 계획 등에 의한 효율적인 지역 완화 활동을 통해 생명과 재산 피해를 줄이는 것을 목적으로 한다. 2009년 3월 16일 미국 의회는 2011에서 2014 회계연도에 FEMA의 위험 지도 작성, 평가, 리스크맵 계획을 위한 다년도 계획을 승인했다.

추가 연구

FEMA의 다년도 계획에는 리스크맵의 목표와 목적 및 전략 등이 설명되어 있고, 이해 당사자들의 역할과 책임이 규명되어 있다. 이 자료는 http://www.fema.gov/risk-mapping-assessment-planning에서 볼 수 있다.

── 설계와 시공

설계와 시공 과정은 위험을 다루는 수단 중 비용 대비 효율이 가장 높은 수단이다. 이 과정은 건축 규정, 건물 양식과 설계 기준, 토지와 조경에 관한 사항 등을 정함으로써 관리 가능하다. 위험 감소를 위한 규정은 대개 신축 건물, 대대적인 수리, 또는 건물의 유형이나 용도를 변경하는 개조의 경우에만 해당된다. 건축 규정을 만드는 것은 주 정부의 책임이며, 대부분의 주 정부 규정은 미국 전역의 지리적인 차이점이 반영된 세 가지 유형의 규정 중 하나에서 파생된 것이다. 규정 채택의 책임을 지방 정부 기관에 위임하는 주도 있다. 비용 문제 때문에, 잠재적인 위험 요인이 있는 기존 건물을 재건축하도록 하는 규정은 매우 드물게 시행되어 왔다. 로스앤젤레스의 내진 보강 조례는 매우 드문 예이다. 점차 위협이 증가하고 있는 캘리포니아 산불의 피해를 줄이기 위해 새로 제정된 규정에 대한 사례 연구는 재난 완화를 위한 건축 규정의 중요성을 잘 보여 주고 있다.

사례 연구: 산불 완화에 필요한 새로운 개발지의 건축 기준

캘리포니아의 랜초샌타페이Rancho Santa Fe. 주택 주변과 안팎의 값비싼 방어 공간을 포함해서 가능한 한 가장 엄격한 건축 기준으로 지어진, 2,460채 이상의 수백만 달러짜리 주택이 2007년 10월 이 지역을 휩쓴 '위치 파이어Witch Fire'를 거뜬하게 이기고 살아남았다.

이 대형 화재는 방어 공간에 있던 나무들을 다 태우고 나서야 멈췄다. 거주 지역으로 날아온 불씨들은 처마로 둘러싸인 타일 지붕, 치장 벽토, 파티오와 테라스 그리고 다른 부분에 맞닿아 튀어 나갔고, 대부분의 식물에 불에 그슬리는 정도의 부수적인 피해 이상을 주지 않고 꺼졌다. 이 지역의 부동산 중개업자 켄 크로스비Ken Crosby에 의하면, 이 시에로Cielo 주택단지에서 축구공만 한 크기의 새까맣게 탄 불씨가 많이 발견되긴 했지만, "아무것도 타지 않았다."고 한다.

랜초샌타페이의 5개 개발 지역은 위치 파이어 산불이 나기 약 3년 전에 호주에서 개발된 '상시 대피소shelter-in-place' 개념의 건축 기준을 마련하였다. 내부 스프링클러, 대규모 방어 공간, 그리고 내화성 식물의 사용 등을 의무적으로 규정한, 위험 완화를 위한 이 건축 기준은, 랜초샌타페이 지구의 소방서장인 클리프 헌터Cliff Hunter에 의하면, '미국에서 가장 까다로운' 법규이며, 이 다섯 곳의 개발지를 화재로부터 보호하는 역할을 한다.

이렇게 엄격한 개발 기준으로 인해 이 상시 대피소 공동체 안의 주택들은 주민들이 대피하지 못할 경우에도 안전하게 집 안에 머무를 수 있게 한다. 하지만 소방공무원들은 사람들에게 집에 남아 화재와 싸우려 하기보다는 대피할 것을 권한다. 또한 자신들의 집을 안전한 피난처로 여기는 안전에 대한 잘못된 인식을 가져서는 안 된다고 충고한다.

이 지역의 주택은 산불의 피해를 가능한 한 덜 받는 건물로 만들기 위해 이에 적합한 재료와 기술을 사용해 지어졌다. 집 주변에도 불이 잘 붙지 않는 식물을 심는다. 랜초샌타페이 지구의 소방서장에 의하면, 이러한 기준은 또한 엄격하게 지켜진다고 한다.

크로스비 씨네 집 동쪽에 위치한 사겐티Sargenti 가족의 집에는 뒷마당과 인접해 넓게 베어 낸 방어 공간이 있다. 불이 나면, 연기와 재는 환풍구를 통해 집 안으로 들어오고, 차고는 연기로 가득 찬다. 사겐티 가족은 상시 대피소 프로그램이 어떻게 운영되는지 알려 주는 교육을 받았다고 했다. 이들 가족은 이러한 개념이 미국에서는 처음 실시되는 것이며, 대피해야 하는 경우라면 가급적 '일찍 집을 나가야' 한다는 것과 집에 머물 경우의 행동 지침에 대해서도 배웠다.

이들 가족은 불이 자신들의 집 쪽으로 오고 있다는 사실을 알자마자 바로, 그것도 월요일 아침 9시에 집으로 자동 경보가 전달되기 훨씬 전에 집을 떠났다. 스티브 사겐티Steve Sargenti는 '우리 집이 해를 입지 않을 것임을 알고 있었다'고 말했다. 이들 가족이 돌아왔을 때 집 안에 연기가 들어찬 것 말고는 아무런 피해도 없었다. 콘크리트 타일 지붕 위에 있는 불씨는

재난관리론

완전히 타 버렸으며, 집 앞마당도 타 버린 불씨의 '저장고'였다고 스티브는 말했다.

출처: FEMA. http://www.fema.gov/mitigationbp/.

성능에 기반한 설계와 시공은 특히 지진 취약 지역에서 보다 중요해지고 있다. 이러한 개념에는 생명의 안전뿐만 아니라, 재난 이후에도 건물을 계속 사용할 수 있게 하는 부분도 포함되어 있다. 최신 건축 규정 대신 성능에 기반한 설계는 재난 이후에 건축 환경의 생존 능력을 보장하는 데 있어 중요한 역할을 할 수 있다.

연방 정부는 특히 지진, 바람, 홍수의 위험이 있는 위험 취약 지역에서 더 바람직한 건물을 짓도록 하는 기술 지침을 개발하는 데 상당한 투자를 해 왔다. 지역과 주 정부의 사법 기구에서 채택할 만한 단일 건축 규정을 만들기 위한 국제규정위원회International Code Council(ICC)의 시도도 성과가 있었으며, 어느 정도 성공을 거두었다. ICC는 국가 규정을 만들겠다고 홍보하지는 않았지만, 위험 완화 노력을 지원하는 국가 규정을 만들자는 논의는 있어 왔다. 미국 헌법에 의하면 공공의 건강과 안전에 대한 책임이 주 정부에 있기 때문에, 연방 정부가 주관하는 국가 규정 개발은 정치적으로 실현 가능하거나 현실적이지 않은 상황이다.

── 토지 이용 계획

완화 프로그램은 지역 차원에서 수행되었을 때 가장 성공적이다. 그것은 개발에 대한 대부분의 결정이 지역에서 이루어지기 때문이다. 토지 이용 계획 전략은 토지 구입, 지역권(* 남의 토지를 특정 목적으로 이용할 수 있는 권리: 옮긴이), 우수 관리, 토지 합병, 환경성 검토, 홍수 범람원 관리 계획 등 완화를 위한 수많은 선택 사항을 제공한다. 토지 이용 계획에는 또한 인구 관리, 특별 이용 허가, 역사적인 건물 보존, 해안 지역 관리, 소구역 통제 등 수많은 구역 설정권도 포함된다.

토지 이용 계획은 완화 활동을 장려하기 위해 활용되는 가장 초기 단계의 수단

중 하나이다. 1968년 의회는 국가 홍수보험 프로그램(NFIP)을 낳은 국가 홍수보험법을 통과시켰다. 이 법에 의해, 연방 정부가 후원하는 대가로 각 지방 정부는 홍수 범람원 관리 조례를 통과시켜야 했고, 그 결과 지역 사회는 낮은 비용의 홍수보험에 가입할 수 있었다. 이 법으로 인해 연방 정부는 최대 규모의 지도 작성에 착수해야 했다. 이는 지역 사회에 홍수터가 어디에 있는지 결정하는 기술적 수단을 연방 정부가 지방 정부에 제공하기로 약속했기 때문이다. 이를 바탕으로 지방 정부는 홍수터에서 멀리 떨어진 곳을 개발하도록 유도할 수 있었다. NFIP에 대한 보다 세부적인 논의는 이 장의 뒷부분에서 다룰 예정이다.

토지 구입을 통해 건물을 안전한 곳으로 이동시키는 것은 분명 가장 효과적인 토지 이용 계획 수단이지만, 또한 비용이 가장 많이 드는 방법이기도 하다. 1993년 중서부 홍수에 뒤이어 FEMA는 재난 후 토지 구입에 드는 자금을 상당 부분 제공함으로써 토지 구입을 보다 쉽게 하기 위한 방법을 의회와 논의했다. 이것은 대성공을 거둔 완화 프로그램 중 하나로, 수많은 지역 사회에서 시민들이 심각하거나 반복적인 홍수가 발생하는 위험 지역에서 안전한 곳으로 자발적으로 이주하는 결과를 낳았다.

토지 이용 계획과 관련 조례는 여러 가지 다른 방식으로 위험을 감소시키는 결과를 낳는다. 해안과 일정한 거리를 두도록 하는 노스캐롤라이나 주의 조례는 침식에 취약한 보초도의 해안선을 보존하기 위해 제정되었다. 캘리포니아의 앨퀴스트-프라이올라 법Alquist-Priola Act은 지진 단층 주변의 개발을 제한한다.

홍수 범람원의 토지 이용 영향에 관한 최고의 논의와 지침은 홍수 범람원 관리자 협의회Association of State Flood Plain Managers(ASFPM)가 작성한 문서에서 찾아볼 수 있다. 이 문서의 제목은 "역효과 없는 홍수 범람원 관리를 위한 지침No-Adverse Impact Guidance for Flood Plain Management"이며, 다음 사이트에서 볼 수 있다. http://www.floods.org/index.asp.

2009년 멕시코 만 연합Gulf of Mexico Alliance은 미시시피 주 해양자원부Department of Marine Resources의 보조금과 연방 해양대기청National Oceanographic and Atmospheric Administration(NOAA)의 기금으로, "계획적인 토지 사용을 통한 탄력 있는 해안 개발: 멕시코 만에서의 관리 기법과 수단Resilient Coastal Development through Land Use Planning: Tools and Management Techniques in the Gulf of Mexico"을 펴냈다. 주지사의 제2차 사업 계획을 수립하는 과정에서 멕시코 만 지역의 지도층은 지속 가능한 해안 개발의 중요성과, 이러한 개발이 해안 지역 사회의 장기적 건강성과 회복 탄력성에 미치는 영향을 인식하게 되었다. 구체적으로 이 보고서(멕시코 만 연합의 보고서)에는 여러 가지 문제에 두루 적용할 수 있는 한 가지 일률적인 해결책은 없다는 인식 아래, 토지 이용 계획을 통해 지역 사회의 회복 탄력성을 높이고 강화하는 방법이 실려 있다. 이 보고서는 토지 이용 계획의 개요와 주요 요소를 밝히는 것으로 시작하는데, 주요 요소에는 포괄적인 계획 세우기, 토지 구획하기, 건축 규정 만들기 등이 포함된다. 또한 이와 관련된 재원과 함께 회복 탄력성을 높이기 위한 토지 이용 관리 선택 사항을 강조하고 있다. 그다음에는 각 지역의 토지 이용 계획의 회복 탄력성을 높이기 위한 장려 정책에 관한 논의도 실려 있다. 이 보고서는 다음 단계의 착수를 위한 회계 감사에 대한 지침으로 마무리된다.

출처: http://www.gulfofmexicoalliance.org/projects/files/79ResilientLandUse.pdf.

사례 연구: 큰 관심을 끄는 작은 마을

일리노이 주 리버턴Liverton. 상가몬 강Sangamon River이 그 서쪽 경계를 이루며, 2,997명의 주민에게 고향인 운치 있는 마을이다. 하지만 리버턴은 오랜 홍수의 역사를 지니고 있다. 이 마을은 주민의 홍수 피해를 줄이기 위해 상가몬 카운티 내의 다른 마을과 힘을 모아 계획을 마련했다. 선택에 의한 명확한 완화 방법으로 토지 구입이 이루어졌고, 이 지역의 지방 의회 의원들은 홍수 범람원 내에 녹지 공간을 만들 것을 장려했다. 리버턴의 마을 사무장이자 보조금 관리자인 린다 비올라Linda Viola는 "이곳의 주택들이 홍수에 강타당한 것은 이번이 두 번째이다. 첫 번째는 1994년이었고, 우리는 무언가 해야 한다는 사실을 알고 있었다."라고 말했다.

리버턴은 해수면에서 550피트 높이에 있는 지역이다. 이 마을의 전체 면적은 2.1평방마일인데, 이 중 토지는 2평방마일이고 (1.93%에 해당하는) 0.04평방마일이 물이다. 폭우로 개울이 생겨 이 개울이 리버턴 한복판을 흐르는데, 자주 제방을 넘어 범람한다.

2002년 7월에 시작된 토지 구입 프로젝트는 2006년 8월에 완료되었다. 리버턴은 재해 완화 보조금 프로그램(HMGP)을 통해 FEMA로부터 총 272,867.66달러의 보조금을 받았다. HMGP는 폭풍과 다른 자연적인 위험 요인으로 인한 피해를 예방하거나 줄이기 위해 승인받은 프로젝트 비용의 75%를 지불했고, 공공 부문과 민간 부문의 프로젝트 모두 이 보조금을 받을 수 있었다.

"우리는 보조금에 대한 정보를 모두 정리해서 주택 소유자들에게 알렸습니다. 그분들은 선택권이 자신들에게 있다는 사실도 알고 있었습니다. 그분들은 참여할지 하지 않을지를 선택할 수 있었습니다. 자발적인 참여였죠. 우리는 별다른 어려움 없이 이 프로젝트를 완료했습니다. 누군가의 집을 살 때, 집주인은 늘 자신들의 집이 더 가치가 나간다고 생각하기 마련입니다. 그래서 당연히 이러한 평가에 동의하지 않는 분들도 계셨죠. 그런 부동산은 두 번째 감정을 받았습니다. 주택 소유자에게는 이차 평가를 요구할 권리가 있거든요." 비올라가 말했다.

상가몬 강 인근의 홍수 취약 주택에 대한 매입은 2004년 7월에 시작되었다. 이 주택들의 평균 가격은 75,000달러였고, 이 프로젝트에 들어간 총비용은 376,048.66달러였다. 이 마을은 당시 철거된 주택 6채를 구입했고, 그 결과 홍수 범람원 안이 텅 비었다.

2008년 6월 홍수로 이 주택 구입 프로젝트의 성공 여부가 시험에 들어갔고, 상가몬 강 물이 140,506에이커의 토지 위로 범람했다. 만일 주택 6채가 그대로 있었으면, 2에서 3피트 높이의 물에 잠기고 말았을 터였다.

이 지역의 시의원이 일리노이 주의 재해 완화 담당자 론 데이비스Ron Davis와 만났을 때, 담당자는 다음과 같이 시인했다. "물이 넘쳐도, 홍수와 싸우느라 힘을 쓰지 않고 뒤로 물러 앉아 쉴 수 있었고, 그래서 올해는 정말 멋졌습니다." 비올라는 이렇게 말했다. "우리가 구입한 주택들은 홍수 범람원 안에 있었습니다. 홍수는 앞으로도 계속 일어나겠죠. 사람들이 어떻게 홍수가 다시 발생할 것을 알면서도 홍수와 더불어 살며 같은 지역에 계속해서 다시 집을 지을 수 있었는지 정말 이해가 안 갑니다. 하지만 우리는 이런 사람들을 도울 방법을 찾았습니다."

출처: FEMA. http://www.fema.gov/mitigationbp/.

경제적인 장려 정책

경제적인 장려 정책이라는 수단은 완화를 장려하기 위해 새롭게 부상하는 분야이다. 여러 지역에서 위험을 줄이기 위해 사용해 온 접근법 중에는 특별세를 만들고, 세금을 늘리거나, 완화 비용을 지불하기 위한 채권을 발행하고, 이주를 지원하고, 완화를 위해서 연방 정부가 지역 사회를 개발하거나 재개발 보조금을 지급하는 것 등이 있다.

재난관리론

반복적인 홍수로 인한 경제적 피해 때문에, 캘리포니아 주 나파Napa와 오클라호마 주 털사의 시민들은 홍수 완화 활동을 위한 재원을 확보하기 위해 세금을 약간 증액하는 법을 통과시켰다. 이 두 지역의 경우 세금은 이 지역 시민들에게 아주 작은 영향을 미쳤을 뿐이지만, 향후 홍수로 인한 잠재적 경제 손실을 줄이는 데는 커다란 영향을 발휘했다. 캘리포니아 주 버클리Berkeley는 공공건물, 학교, 그리고 개인 주택의 내진 보강 수리를 지원하기 위해 열 가지 이상의 서로 다른 채권 발행을 통과시켰다.

지역 개발 구역 보조금(CDBG)의 기금 지원을 받는 주택도시개발부(HUD) 프로그램은 부동산 구입과 이주를 위한 지역의 노력을 후원하기 위해 많은 돈을 써왔다. 이러한 기금은 연방 정부의 다른 기금 부족분을 메우는 데 사용되기도 했으며, 이는 종종 지역의 재난 완화 활동에 장애물이 되어 왔다. 중소기업청Small Business Administration(SBA)과 경제개발청Economic Development Administration(EDA)과 같은 다른 연방 프로그램에서도 완화를 위한 경제적인 장려 정책을 실시하고 있다.

경제적인 수단으로 떠오르는 또 다른 분야는 특별 과세 구역, 부담금, 개발권 이양 등이 있다. 이러한 모든 수단은 위험을 줄이는 개발로 유도하기 위한 것으로, 개발업자들에게 장려 정책을 실시하거나 벌금을 부과한다.

오늘날 실시되는 새로운 접근법에는 근린 개발 유동 지역Neighborhood Development Floating Zones이 있다. 이것은 '에너지와 환경 설계의 리더십Leadership in Energy and Environment Design(LEED)' 등급제를 적용함으로써 지방 정부의 녹색 공동체 개발 촉진을 위해 만들어진 모범 조례이다. 이 조례는 유동 지역을 만듦으로써 보다 광범위하고 다루기 어려운 구역 설정 과정이 필요할 때, 완화 선택권과 녹색 개발 과정을 따르기 위해 지방 정부와 민간 부문이 합의를 이뤄 비용 효율적인 선택을 할 수 있도록 민간 부문에 보다 많은 융통성을 주는 제도이다.

비용이 증가하거나 연방 정부나 주 정부에서 주는 기금이 줄어드는 것 같은 문제에 직면할 때, 지방자치 당국이 그 공백을 줄이기 위해 사용해 온 방법 중 하나가 부담금을 부과하는 것이다. 부담금은 새로운 개발의 결과로 발생하는 지역의 사회 기반 시설과 공공시설의 수요를 충족시키는 데 필요한 수익을 창출하기 위해 부과하는 세금이다. 지방자치 당국은 새로운 개발에 부담금을 부과하는데, 여기에는 아파트, 단독 주택, 상업 시설 등이 포함된다. 부담금은 건물 허가나 사용 허가를 내줄 때 지불하는 게 일반적이며, 대개 토지 구획의 구체적인 특성(면적, 침실의 수, 거실의 수, 해당 사업의 공정한 시장 가치 비율 등)을 기본으로 한다. 구획의 특성에 따라 부담금을 부과하면, 영향과 평가 사이의 보다 긴밀한 상관관계가 가능해진다. 부담금은 개발 구역 내의 사회 기반 시설에 제한되지 않고 다양한 서비스와 시설에 필요한 기금으로 활용될 수 있다.

FEMA는 부담금 적용에 대한 지침을 다음과 같이 제시해 왔다. 절반 이상의 주州에서 부담금 과세를 허용하고 있지만, 이러한 부담금은 다양한 규제의 적용을 받는다. 법으로 정한 구체적인 주관 기관이 없을 경우에는, 해당 지방 정부의 토지 사용 당국이 부담금을 받도록 규정되어 있으며, 토지 사용을 규제하기 위한 것인지 또는 비인가 세금으로 여겨 일반적인 세입으로 사용할 것인지를 구체적으로 정해야 한다. 앨라배마, 플로리다, 루이지애나 그리고 텍사스 주는 부담금 사용에 일정한 규제를 적용하고 있다. 하지만 미시시피 주는 현재 부담금 사용을 허가하지 않고 있다. 지역의 회복 탄력성을 높이기 위해 부담금을 사용하는 예는 텍사스에서 찾아볼 수 있으며, 이곳에서는 부담금을 새로운 개발과 관련된 홍수 관리 개선 및 우수 관리를 위한 기금으로 사용하고 있다.

사례 연구: 나파 강 홍수 보호 프로젝트

캘리포니아 주 나파. 나파 강에서 홍수에 취약한 계곡은 나파의 세계적인 관광지이기도 하다. 이 지역은 36년이 넘는 기간 동안(1961년에서 1997년까지) 총 19회의 홍수가 발생했으며, 주민들의 재산 피해만 5억 4,200만 달러 이상에 달한다. 이 피해액에는 관광 산업이 입은 경제적 피해, 환경적 피해, 그리고 인명 손실은 포함되지 않았다.

1986년 홍수 때는 48시간 동안 20인치에 달하는 비가 쏟아졌고, 이로 인해 세 명이 사망했으며, 250채의 주택이 파괴되고, 2,500채의 주택이 피해를 입었으며, 5,000명의 주민이 대피했다. 1995년 3월과 1997년 1월의 홍수도 이와 비슷한 정도로 파괴적이었다. 이후로 나파 시는 홍수 피해를 완화하기 위한 야심찬 노력에 착수했다.

나파 강 - 나파 천 홍수 보호 프로젝트Napa River - Napa Creek Flood Protection Project는 나파 카운티의 정책 수단 A로 1998년 3월에 주민 투표로 통과되었다. 나파카운티의 시민들이 통과시킨 이 0.5센트 지역 판매세 추가 부담금은 이 지역의 프로젝트 비용을 대고, 나파 카운티 홍수통제 및 수질보호국Napa County Flood Control and Water Conservation District(NCFCWCD)과 미국육군공병단의 협력 관계를 확고히 하는 데 도움을 주었다.

정책 수단 A는 나파 카운티와 나파 카운티에 편입되지 않은 지역의 각 공동체를 위해 홍수 보호, 배수 시설 개선, 댐 안전, 유역 관리 사업에 필요한 자금을 댄다. 이 프로젝트는 2006년에도 여전히 진행 중이며 구체적으로 다음과 같은 조치가 행해지고 있다. 홍수 취약 지역에 있는 50채 이상의 이동 주택과 주택 16채 그리고 상업 건물 28개 동을 구입하여 철거하기, 400에이커 이상의 신생 늪과 150에이커의 계절 습지 만들기, 여러 개의 다리를 철거하거나 보강 및 높이기, 철로 높이기, 주택과 각종 시설 높이기, 강바닥 확장, 홍수 방어벽, 제방, 지하 배수로와 같은 구조물인 홍수통제 수단 만들기, 그리고 펌프실을 갖춘 유수지 세 곳 건설하기 등이다. NCFCWCD에 의하면, '이 프로젝트의 모든 사항이 제대로 실행되면, 나파 시는 향후 주택과 사업장이 물에 젖지 않는 시스템을 갖추게 될 것이다'.

2005년 12월, 24시간 동안 10인치에 가까운 비가 쏟아지면서 나파 카운티의 새로운 홍수 완화 노력이 첫 시험대에 올랐다. 이 지역의 공무원들은 홍수에 대한 준비가 되어 있었고, 이에 따라 모래주머니를 쌓고 주민에게 경고도 했다. 홍수가 난 지 4일 만에 시 당국은 여러 대의 쓰레기 컨테이너를 시내 곳곳에 배치했고, 그러자 청소와 수리 업무가 한결 쉬워졌다. 2005년 12월의 홍수 때 공무원들은 이 프로젝트가 40%만 실행된 것으로 추산했다. 그럼에도 불구하고 경제적 손실은 상당히 줄었다. 거주 지역과 상업 지구에서 건설 활동이 쉴 새 없이 활발하게 이루어지고, 시내에서 식당 네 곳이 문을 열었으며, 새로운 호텔 세 곳이 들어설 예정이고, 중심지의 상업 과세액이 늘어난 것으로, 나파 시에 경제 활력이 생겼음이 분명해졌다. 홍수로 인한 손실이 감소했을 뿐 아니라, 이 지역은 나파의 핵심으로 활력 넘치고 건강한 강을 갖게 되었다. 많은 사람들이 이제 낚시, 배 타기, 강변 산책하기, 새 관찰하기, 아름다운 경치를 보며 저녁 식사하기 등 이 강이 제공하는 혜택을 누리고 있다. 나파 카운티의 홍수 완화 활동에 대한 최신 정보는 NCFCWCD의 웹사이트를 방문하면 된다.

출처: FEMA. http://www.fema.gov/mitigationbp/.

개발 압력이 거세지면서 도시이면서도 산불이 발생할 위험을 지닌 지리적인 영역이 증가했고, 따라서 산불의 위험이 증가하여 수십 년 전보다 훨씬 더 많은 지역 사회가 위협받고 있다. 미국 화재예방협회National Fire Protection Association(NFPA)는 자체 연구 자금으로 이 문제에 대해 연구해 왔다. 이 협회에서 펴낸 "산불 위험을 지역 사회에 알리기: 규제와 계획 수단에 관한 재검토와 평가Addressing Community Wildfire Risk: A Review and Assessment of Regulatory and Planning Tools"라는 보고서는 증가하고 있는 산불 문제를 지역 사회에 알리기 위해 어떤 선택 사항들이 있는지에 대한 훌륭한 참고 자료를 제공한다. 이 보고서는 다음 웹사이트에서 찾아볼 수 있다. http://www.nfpa.org/assets/files/research%20foundation/rfwuiregulatoryassessment.pdf.

── 보험

어떤 사람들은 보험이 완화 도구에 포함되는 것에 반대할지도 모른다. 그들은 보험이 사실은 위험을 개인이나 지역 사회에서 보험 회사로 단순히 이전한다고 주장한다. 이러한 주장이 사실이긴 해도, 국가 홍수보험 프로그램(NFIP)은 잘 설계하기만 하면 보험이 어떻게 완화의 수단이 될 수 있는지를 보여 주는 좋은 예이다. NFIP는 이제까지 있었던 완화 프로그램 중 가장 성공적인 방법 중 하나로 평가받고 있다.

NFIP는 여러 차례의 심각한 허리케인과 내수 침수로 인한 피해와, 홍수 이후에 재난 보조금이 상승하는 것에 대응하기 위해 의회에서 만든 프로그램이다. 당시 홍수보험은 민간 보험 시장에서 쉽게 가입할 수도 없고, 감당할 만한 수준도 아니었다. 홍수 피해를 입는 사람들의 다수가 저소득 주민이었으므로, 의회는 이들이 보험료를 감당할 수 있도록 보험에 보조금을 지급해 주기로 했다. 즉, 보험을 통해 정부의 재난 지원 비용을 줄여 보려는 의도였다. 이 프로그램을 설계한 사람들은 현명하게도 보험의 보조금을 대는 정부도 얻을 게 있어야 한다고 생각했다. 따라서 정부는 저비용 보험에 대한 대가로 홍수 범람원에서의 향후 개발을 제한하는 조례를 통과시킬 것을 지역 사회에 요구했다.

NFIP는 자발적인 참여 프로그램으로 설계되었고, 그 때문에 초기에는 홍수로 인한 재난이 계속됨에도 별다른 호응이 없었다. 그러던 중 1973년 허리케인 아그네스가 휩쓸고 지나간 후에 이 법률이 대대적으로 수정되었다. 연방 정부가 보증하는 대출을 받으려면 연방 정부의 홍수보험에 가입하는 것이 법적인 의무가 된 것이다. 다시 말해, 보훈청Veterans Administration(VA)이나 연방주택관리청Federal Housing Administration(FHA)의 대출을 받아 부동산을 구입하려면 반드시 이 보험에 가입해야 했다. 주민들의 보험 가입이 의무화되면서 지역 사회는 해당 조례를 통과시켰고, NFIP

에 참여했다. NFIP는 홍수의 경계를 확정하고 보험료율을 정하기 위해 지역 사회에 다양한 홍수 재해 지도를 제공해 가며 지역 사회를 도왔다.

1993년 미국 중서부에 발생한 홍수는 NFIP에 또 다른 중대한 개혁을 촉발시켰고, 이때 만들어진 법안으로 법의 이행 절차가 강화되었다. 즉, 이 프로그램에 참여하지 않으면 재난에 대한 지원을 단 한 번만 받게 될 뿐 더 이상의 지원 요청은 불가능하다고 지역 사회에 경고한 것이다. 이 법에 의해 긍정적인 장려 정책으로, 홍수 계획과 홍수 완화 보조금 그리고 건물을 높이는 것과 같은 힘겨운 법률 준수 요건을 충족시키는 데 필요한 추가적인 정책 지원 등을 위한 홍수 완화 지원Flood Mitigation Assistance(FMA) 기금이 설립되었다.

이후로도 여러 해 동안 NFIP는 지역 사회 등급 시스템Community Rating System과 같은 다른 장려 정책도 만들었다. 이 프로그램은 홍수 범람원과 관련된 조례의 최소 비용을 초과하는 할인 보험료를 지역 사회에 제공한다. NFIP는 공공 부문과 민간 부문 사이의 최선의 동반자 관계를 상징한다. 민간 보험 회사는 '스스로 설계하기Write Your Own' 프로그램을 통해 장려금을 받고 홍수보험을 판매한다.

오늘날 2만 개 이상의 지역 사회가 NFIP에 가입해 완화 프로그램에 참여하고 있다. 강풍과 지진으로 인한 재해에 이 프로그램을 그대로 적용하려는 시도도 있었다. 하지만 이러한 시도들은 의회에서 법안을 통과시키는 데 필요한 지원을 받지 못했다. 하지만 대규모 지진이 다시 발생하면, 지진이나 다른 모든 위험 요인에 적용되는 연방 정부 지원 보험을 만들자는 논의가 수면 위로 떠오를 것이다.

보험 회사는 새롭게 습득한 재해 정보에 따라 지속적인 이익을 얻기 위해 영업 방침을 바꾸기 때문에, 대규모 재난은 흔히 국내 및 국제적인 민간 보험 회사의 변화를 부추긴다. 보험 산업은 9/11 테러 사건으로 달라졌는데, 가능성은 있지만 거의 발생하지 않는 후속 테러 사건에 의해 야기될 피해와 (주로 기업 고객에 영향을 주는) 전문화된 테러보험의 유용성에 초점을 맞췄다. 거의 400억에서 550억 달러에 이르는 보험 손실로 미국에서 가장 값비싼 재난에 오른 허리케인 카트리나 또한 새로운 변화를 일으킨 바 있다. 허리케인 카트리나의 영향은 이제 막 이해되기 시작하고 있지만,

점점 증가하는 해안 주민들은 경제적 안정을 위해 보험에 의존하게 되었으며, 이들에게 많은 영향이 있을 것으로 예상된다.

허리케인 카트리나의 피해자들이 보험금 지급을 오랫동안 연기당한 경우가 많고, 심지어 특정 유형의 피해에는 보험금이 지급되지 않은 경우도 많아(많은 피해자들은 자신들의 피해가 보험 정책상 보험금 지급이 가능한 강풍에 의한 것이 아니라 예외적인 폭풍 해일로 인한 것이라고 결정된 후에야 보험금을 받지 못한다는 사실을 알았다), 허리케인 이후의 복구 과정에서 보험회사가 호된 비난을 당했다. 멕시코 만 해안의 많은 피해자들이 집단 소송으로 금전적 보상을 받은 반면, 보험업계에서는 이 일로 인해 처음에는 고려 대상이 아니었던 사건에 의무적으로 피해 보상금을 줘야 한다면 해안 지역에 대한 기존의 위험 평가가 타당한 것인지 재검토하게 되었다. 그 결과, 보험업계는 멕시코 만 해안의 많은 지역에서 보험금 지급 범위를 꾸준히 줄이고, 집단 소송에 의해 상황이 달라진 코네티컷, 로드아일랜드, 메사추세츠 같은, 멕시코 만에서 멀리 떨어진 해안 지역에서는 감당하기 힘든 수준으로 보험료를 끌어올렸다. 미국에서 가장 큰 주택 보험 회사이며 멕시코 만 해안 지역에서 가장 규모가 큰 회사를 운영했던(허리케인 카트리나 이후에 미시시피 주에서만 10억 달러를 지불한) 스테이트팜 보험사State Farm Insurance는 해안에서 1,000피트 이내에 있는 주택을 보험금 지급 범위에 포함시키는 보험의 갱신을 거부했다. 올스테이트 보험사Allstate Insurance Company도 해안이 있는 10여 개 주에서 보험의 보장 범위에 대한 갱신을 거부하거나 취소했다.

허리케인 카트리나와 리타 그리고 일련의 대규모 홍수는 NFIP에 좋지 않은 영향을 미쳤다. 해안 지역에 위치한 수백 개 지역 사회의 노후화와 여러 해에 걸친 대규모 폭풍을 감안하여 보험 통계적으로 건전한 보험료율을 설정하지 못한 NFIP의 무능력 덕분에 이 프로그램은 심각한 적자 상태가 되었으며, 소송으로 인한 비용 지급을 위해 재무부에서 많은 돈을 빌려야 했다. 카트리나 이후에 FEMA는 계속해서 늘어나는 재무부의 대출금 이자밖에 지불하지 못하는 상태에 이르렀다. 연이은 허리케인과 대규모 홍수(아이크, 아이린, 캔자스, 시더 래피즈(* 아이오와 주에서 두 번째로 큰 대도시, 2008년에 대규모 홍수가 발생하였음: 옮긴이)) 등의 결과, 의회는 NFIP에 대한 광범위한 재검토를 시작했다. 이것은 NFIP의 미래에 큰 변화를 가져왔다.

2012년 미국 의회는 FEMA와 다른 국가 기관에 NFIP 운영 방식에 대한 큰 변화를 촉구하는 홍수보험개혁법Flood Insurance Reform Act을 통과시켰다. 이 법안이 시행되면서 여러 변화 중 일부는 이미 일어나고 있으며, 다른 변화도 다가올 몇 달 동안 이루어질 것이다(의회는 일부 규정의 시행을 2014년까지 연기했다). 이 법안의 주요 조항은 NFIP로 하여금 진정한 홍수 위험을 반영하여 보험료율을 높이고, 재정적으로 좀 더 안정된 프로그램을 개발하고, 보험 계약자에게 영향을 미치는 홍수보험료율 지도 Flood Insurance Rate Map(FIRM)를 갱신하는 방법을 바꿀 것을 요구하는 것이다. 이러한 변화는 시간이 흐르면서 전부는 아니라도 일부 보험 계약자들의 보험료율이 오르는 결과를 낳을 것이다.

2012년 비거트-워터스 홍수보험 개혁법

국가 홍수보험 프로그램(NFIP) 변화에 미친 영향

(주의: 이 자료는 해당 법안 중 20장과 207장을 구체적으로 다루고 있다)

2012년 미국 의회는 '2012년 비거트-워터스 홍수보험개혁법Biggert-Waters Flood Insurance Reform Act of 2012'을 통과시켰고, 이는 연방재난관리청(FEMA)과 그 밖의 기관들의 NFIP 운영 방식에 많은 변화를 일으켰다. 이러한 변화 중 일부는 이미 시행 중이며, 나머지는 앞으로 몇 달 내에 시행될 예정이다(의회는 이 법안 중 일부 조항의 시행을 2014년까지 연기했다). 이 법안의 주요 조항은 실제 홍수 위험을 반영하기 위하여 NFIP로 하여금 보험료율을 높이고, 프로그램을 재정적으로 좀 더 안정시키며, 보험 가입자에게 영향을 미치는 홍수보험료율 지도(FIRM)를 갱신하는 방법을 변경하도록 하는 내용이 될 것이다. 이러한 변화는 시간이 흐르면서 전부는 아니라도 일부 보험 가입자들의 보험료율이 오르는 결과를 낳을 것이다.

이것은 무엇을 의미하는가?

새로운 법은 부자연스러울 만큼 낮은 일부 보험료율을 끌어올리고 할인을 없애 이 프로그램의 재정적인 안정을 확보할 것을 촉구한다. 홍수보험료율은 위험을 온전히 반영하게 될 것이며, 몇몇 보험에서는 홍수보험료가 오를 것이다.

부동산을 사거나, 보험을 해약하거나, 새로운 보험을 사는 것과 같은 행위는 보험료율의 변화를 촉발할 수 있다. 이러한 변화가 여러분의 부동산과 홍수보험 상품에 어떤 영향을 미치는지 보험 대리인에게 문의해야 한다. 보험료 변화가 여러분과 여러분이 속한 지역 사회에 미치는 영향을 줄일 수 있게 해 주는 투자 상품도 있다. 게다가 FEMA는 홍수 위험과 홍수보험료율을 낮출 수 있도록 각 지역 사회를 도울 것이다.

이제 무엇이 달라지는가?

대부분의 부동산에 대한 보험료율에는 위험이 보다 정확하게 반영될 것이다. 주 거주용이 아닌 주택이나 별장에 대한 보조금 지급은 이제 단계적으로 사라지고 있다. 다른 부동산에 대한 보조금 지급도 2013년 말부터 점차적으로 사라질 것이다. 지급률의 변화를 촉발할 수 있는 조치들이 있지만 모두가 그 영향을 받지는 않을 것이다. 그러한 차이를 알고 그로 인한 영향을 피하거나, 취하거나, 완화할 행동을 취하는 게 중요하다.

　모두가 즉시 새로운 법의 영향을 받게 되는 것은 아니어서, NFIP 보험 중 20%만 보조금을 지급받는다. 지급률의 변화가 여러분의 보험 상품에 어떤 영향을 미칠지는 보험 대리인에게 문의해야 한다. 여러분의 보험이 이러한 변화에 영향을 받는지 대리인이 알려 줄 것이다.

- 특별 홍수 재해 지역Special Flood Hazard Area(SFHA) 내에 있는, 주 거주용이 아닌 주택이나 별장에 대해 보조금을 지급하는 보험 상품에 가입한 사람은 보험료율에 진정한 위험이 반영될 때까지 매년 25%씩 보험료율이 오르게 될 것이다(2013년 1월 1일부터 시작됨).
- 심각하거나 반복적인 홍수를 겪는 부동산에 대해 보조금을 지급받는 보험 상품 가입자는 보험료율에 진정한 위험이 반영될 때까지 매년 25%씩 보험료율이 오르게 될 것이다 (2013년 10월 1일부터 시작됨).
- 특별 홍수 재해 지역에 있는 사업용 또는 비거주용 부동산에 대해 보조금을 지급받는 보험 상품 가입자는 진정한 위험이 반영될 때까지 매년 25%씩 보험료율이 오르게 될 것이다(2013년 10월 1일부터 시작됨).

  (부동산마다 위험은 다르다. 일부 보험 계약자는 약 2년간 보험료율이 증가한 뒤에야 진정한 위험 비율에 이를 것이며, 반면 새로운 법이 요구하는 온전한 위험이 반영될 때까지 5년 이상 걸리는 보험 계약자도 있을 것이다. 실제 위험에 대한 보험료율은 2013년 6월까지는 제공되지 않는다.)

　특별 홍수 재해 지역의 주 거주용 주택은 다음에 해당하지 않거나 다음 변화가 있을 때까지 보조금을 지급받는 비율이 그대로 유지될 것이다.

- 해당 부동산이 팔리는 경우
- 해당 보험 상품이 소멸하는 경우
- 심각하고 반복적인 홍수 손실을 입는 경우
- 새로운 보험에 가입하는 경우

출처: April 2013, FEMA. http://fema.gov/library/viewRecord.do?id=7187.

구조물에 의한 홍수통제

구조물에 의한 홍수통제는 완화 도구로서 논란이 많다. 구조물에 의한 홍수통제는 대개 기존의 개발을 보호하기 위해 활용되어 왔다. 그러한 과정에서, 홍수통제용 구조물로 보호할 수 없는 지역에 긍정적인 영향과 부정적인 영향을 동시에 미치기도 한다. 게다가 이름이 암시하는 바와 같이, 위험을 완화하는 것이 아니라 위험 요인을 통제하는 데 사용된다. 미국 중서부 홍수에서 너무도 명백히 보았듯이, 구조물은 예외 없이 통제 능력을 잃고 언제나 자연이 이기는 법이다. 하지만 구조물에 의한 통제가 유일한 대안인 경우도 있다.

구조물에 의한 홍수통제의 가장 흔한 형태는 제방이다(그림 3-4). 미국 육군공병단은 미국 전역의 홍수통제용 구조물로 제방을 설계하고 건설해 왔다. 제방은 미국의 오래된 사회 기반 시설에 속한다. 완화 수단으로서 제방은 분명 한계를 지닌다. 제방은 1993년 중서부 홍수에서처럼 범람하거나 붕괴될 수 있다. 제방은 해당 지역 주민들에게 안전하다는 잘못된 인식을 심어 줄 수 있으며, 이는 종종 개발을 촉진시킨다. 또한 제방은 다른 지역의 재해를 악화시키기도 한다. 1993년의 홍수 이후에 제방에 대한 의존을 다시 고려하자는 움직임이 생겨났다. 이에 따라 제방 뒤에 세워진 건축물을 국가에서 사들이려는 노력이 이루어졌으며, 새로운 설계 기준이 마련되고, 보다 습지 친화적인 정책이 채택되고 있다. 하지만 해수면보다 낮은 지역에 세워진 뉴올리언스 같은 도시에서는 건축물을 옮기는 것이 비현실적이며, 홍수 취약 지역을 보호하는 데 제방이 효율적으로 활용될 수 있다.

구조물에 의한 홍수통제의 다른 용도는 해안 지역을 보호하기 위한 것이다. 방조제seawalls, 격벽bulkheads, 방파제breakwaters, 낮은 제방groins, 둑jetties 등은 해변의 상태를 안정시키고 파도의 영향을 줄여 준다. 이러한 구조물은 한 곳은 보호하되, 다른 곳의 피해를 증가시키므로 똑같이 논란의 여지가 있다. 뉴저지의 해안선은 해안 침식이라는 문제에 대한 해결책으로 방조제를 선택한 데 따른 실패를 보여 주는 아주 좋은 예이다. 차들이 해안가를 따라 달렸던 뉴저지 주의 케이프메이Cape May는 해변을 모두 잃었다. 현재 진행 중인 해변 보충 사업이 해안의 일부라도 되돌릴 수 있는 유

그림 3-4　2009년 4월 13일. 노스다코타 주의 밸리시티Valley City. 육군공병단의 대원들이 밸리시티 중심부에서 제방을 위협하는 심각한 누수가 일어나는 지점을 조사하고 있다. 공병단은 도시의 공무원들과 주 방위군과 함께 제방의 안전성을 확보하기 위하여 일하고 있다. 사진 Patsy Lynch/FEMA.

일한 방법이다.

뉴저지 주의 해안을 따라 심한 피해를 입힌 허리케인 샌디는 효율적인 완화 수단으로 해안 안정과 해변 보충, 방조제, 그리고 구조물에 의한 홍수통제를 위해 연방 정부의 재원 사용 문제를 둘러싼 논란을 재점화시켰다. 해변이 그 지역 사회의 경제적 활력에 매우 중요한 요소이고 일반 시민이 접근 가능한 경우 등, 일부 특정한 상황에 해당되면 FEMA는 공공 지원 프로그램에 따라 해변 보충을 지원하는 등의 활동을 펼칠 것이다.

하원의원인 프랭크 펄론Frank Pallone은 2013년 5월, 미국 육군공병단이 '미국 역사상 가장 큰 규모의 해변 보충 사업'을 수행하기로 했다고 발표했다. 뉴저지 주의 시브라이트Sea Bright에서 매너스콴Manasquan까지 이어지는 이 사업에는 총 1억 200만 달러의 비용이 들 것으로 추산된다. 이 사업은 전액 연방 정부의 허리케인 샌디 구호 비용으로 치러질 것이다. 뉴욕 주는 FEMA의 자금이 뉴욕의 스태튼 섬Staten Island, 브루클린Brooklyn, 퀸스Queens 지역을 따라 이어지는 모래 언덕 복원에 사용될 것이라고 발표했다.

- 당신이 개인적으로 직면한 위험 요인을 해결하는 데 가장 좋은 완화 수단은 무엇인 가?
- 당신이 속한 지역 사회가 직면한 위험 요인을 해결하는 데 가장 좋은 완화 수단은 무엇인가?
- 연방 정부가 해변 보충 비용을 내야 한다고 생각하는가?

완화의 장애물

그토록 많은 도구를 활용할 수 있다면, 위험 감소 및 위험 완화 프로그램을 더 폭넓게 적용하지 않는 이유가 무엇인가? 그것은 위험의 부정, 정치적 의지, 비용과 재원 부족, 그리고 책임 소재 등의 문제 때문이다. 기술과 관련한 최고의 지식과 역사적인 선례, 대중 교육 그리고 언론의 조명에도 불구하고, 많은 사람들은 자신과 자신이 속한 지역 사회가 취약하다는 사실을 인정하고 싶어 하지 않는다. 그러한 사실을 인정하면 조치를 취해야 하고, 자신들이 속한 지역 사회가 위험하다면 사업체를 다른 곳으로 옮겨야 하는 등 경제적인 비용이 들기도 한다. 기꺼이 그와 같은 불리함을 극복하려고 노력하는 사람들도 있지만, 재난이 벌어지면 정부가 나서서 도와줄 것이라는 사실 또한 잘 알고 있다. 하지만 이러한 태도는 점차 바뀌어 가고 있다. 잠재적인 법적 책임 문제로 여러 지역 사회가 좀 더 주의하게 되었으며, 재난에 대한 언론의 조명 또한 공공의 압력으로 작용하는 데다, 조치를 취할 경우 정부가 장려금을 주고, 아무런 조치도 취하지 않고 방임하는 경우 벌금을 부과하고 있기 때문이다.

앞에서 말했듯이 완화는 장기적인 이익을 제공하지만, 미국의 정치 제도는 단기적인 보상에 집중하는 경향이 있다. 개발업자들은 정치적으로 영향력이 큰 집단이며, 완화는 추가적인 비용을 의미한다는 우려가 종종 있어 왔다. 완화 전략과 이에 따른 조치에는 정치적 비전과 의지가 필요하다. 미국 하원의 대변인인 팁 오닐Tip O'Neill은 이렇게 말했다. "모든 정치는 지역적이다." 완화도 그렇다. 지역에서 선출된 관리들은 위험 감소를 목표 삼아 이를 촉진하고 홍보하고 지지하고 채택해야 하는 사람들이다. 많은 선출직 관리에게 개발 압력은 너무 크고, 재원은 부족하며, 우선권 있는 다른 정책들이 의제를 지배하고 있다. 하지만 위험을 다루지 않는 데 따른 경제적·사회적·정치적 비용이 증가하면서, 더 많은 선출직 관리들이 어떠한 조치라도 취하지 않을 수 없는 상황이다.

완화에는 비용이 든다. 새로운 건물이나 개발과 관련한 대부분의 완화 조치는 부지불식간에 건설업자나 구매자에게 넘겨질 수 있다. 기존 건물이나 새로 구입한 건물을 개·보수하거나 위치를 옮기는 일에는 많은 비용이 들고, 이는 지역 정부의 역량을 넘어서는 경우가 많다. 완화를 위한 자금은 주로 연방 정부의 프로그램에서 오며, 이는 주나 지역의 자금과 합쳐진다. 하지만 주와 지역의 예산이 축소되면서, 이러한 역량도 줄어들고 있다. 완화에 대한 지원이 연방 정부의 재정적인 이익에 최선이라는 주장이 제기되고 있다. 이러한 주장과 연이은 대규모 재난으로 인해, 재난 이전에 완화에 쓴 돈을 포함해서 연방 정부의 기금이 상당히 늘어나는 결과를 낳긴 했지만, 완화에 훨씬 더 많은 자금이 필요하다는 사실을 부인할 수는 없다.

많은 완화 조치가 개인 소유의 부동산과 관련되어 있다. 이러한 문제를 둘러싼 주요한 법적 문제는 '수용'이다. 미국의 수정 헌법 제5조에서는 적당한 보상을 하지 않고 부동산을 수용하는 것을 금하고 있다. 어떤 상황에서 어떤 수용 조치가 이루어져야 하는지, 적당한 보상이 무엇인지에 대해서는 수많은 법률 사건을 참조해야 한다. 몇몇 사건은 홍수 범람원에서의 부동산 사용에 대해, 몇몇 사건은 보초도 위의 임해지 부동산의 활용에 대해 다루고 있다. 엇갈린 판결이 내려졌으며, 부동산 수용은 완화 프로그램과 정책의 시행에 있어 계속 문제가 될 것이다. 2009년 미국 대법원은 공공 자금으로 해변 보충이 이루어지고 있는 곳의 부동산 소유권과 대지 경계선 문제를 다루는, 플로리다 주의 주택 소유자들이 제기한 사건의 심리를 열기로 했다. 이 책을 쓰고 있는 지금도 이 사건에 대한 대법원의 판결은 아직 내려지지 않은 상태이다.

연방 정부의 완화 프로그램

FEMA는 완화를 지원하는 대부분의 연방 정부 프로그램에 책임이 있으며, 여기서는 이러한 프로그램 중 일부에 대해 살펴보려 한다. 앞에서 언급했듯이, 중소기업청(SBA), 경제개발청(EDA), 주택도시개발부(HUD)는 완화를 지원하는 정책을 시행한다. HUD의 주택 선진화 기술 협력Partnership for Advancing Technology in Housing(PATH) 프로그램은 공공 주택 사업에 완화 정책을 통합시킬 것을 권장한다. 환경보호청(EPA)은 홍수 범람원 관리 프로그램을 여러 개 운영하고 있으며, 2002년에는 국가 하천 유역을 위한 새로운 시범 사업에 착수했다. 국가 지진재해감소 프로그램(NEHRP)에는 여러 연방 정부 기관이 관여하고 있지만, 이 중에서도 재난 완화와 관련해 두드러진 역할을 하는 연방 기관은 FEMA이다. FEMA의 프로그램에는 NFIP, 재해 완화 보조금 프로그램(HMGP)(그림 3-5), 사전 재난 완화 프로그램Pre-Disaster Mitigation Program(PDM), 홍수 완화 지원 프로그램Flood Mitigation Assistance Program(FMA), 반복적인 홍수에 대한 보상 청구 프로그램Repetitive Flood Claims Program(RFC), 심각한 반복적 손실Severe Repetitive Loss(SRL), 국가 지진재해감소 프로그램(NEHRP), 국가 허리케인 프로그램National Hurricane Program, 화재 예방 및 지원 보조금 프로그램Fire Prevention and Assistance Grant Program 등이 있다.

그림 3-5   뉴욕 주 알바니Albany. 이 교회는 뉴욕 주 쇼하리 카운티의 스트라이커 도로 이전 사업의 일부로서 0.5 마일 높은 지대로 이동되고 있다. 재해 완화 보조금 프로그램과 공공 지원 프로그램이 이 사업의 자금을 지원하였다. 사진 Schoharie County Planning and Development Agency.

2000년 미국 의회에서는 주와 지역 차원의 완화 계획을 장려하기 위해 로버트 스태포드의 재난구호 및 긴급지원법Disaster Relief and Emergency Assistance Act을 개정한 2000년 재난완화법Disaster Mitigation Act of 2000(DMA 2000)을 통과시켰다. 이것은 주 정부가 연방 정부의 완화 기금을 받고 재난 지원 프로그램을 이수하기 위한 전제 조건으로 완화 계획을 지속적으로 추진해 나가도록 하는 것이다. 이 프로그램은 표준과 강화라는 서로 다른 두 가지 차원의 주 정부 계획을 인증하는 과정을 수립해, 완화 활동의 조정과 통합을 강화하는 주에 장려금을 지급한다. '강화된 주 정부 계획Enhanced State Plan'의 개발을 통해 '포괄적인 완화 계획에 더욱 헌신'하는 것으로 인정받은 주는 HMGP를 통해 받는 자금을 증액할 수 있다. 2000년 재난완화법에 따라 지역의 완화 계획을 위한 새로운 필요 요건을 만들고, 주와 부족, 그리고 지역의 완화 계획 개발에 쓸 수 있도록 HMGP 기금의 7%까지 허가했다.

재난관리론

── 재해 완화 보조금 프로그램

재해 완화 보조금 프로그램(HMGP)은 주와 지역의 완화 활동을 위한 자금의 최대 공급원이다. 이 프로그램에서는 대통령이 선언한 재난 지역에 대해 주와 지역 정부가 재난 이후에 장기간의 재해 완화 프로그램을 수행할 수 있도록 보조금을 제공한다. HMGP 사업은 반드시 위험을 줄여야 하고, 사업으로 인한 이득이 반드시 비용을 초과해야 한다. HMGP가 지원하는 활동은 다음과 같다.

- 자발적인 부동산 구입과 부동산 사용 개방 협조
- 구조물과 생명선에 대한 보강 작업
- 구조물의 위치 높이기
- 식물 관리 프로그램
- 건축 규정 강화하기
- 지역 맞춤형 홍수통제 프로젝트
- 공공 교육과 인식 제고

이 프로그램은 로버트 스태포드 법의 일환으로 1988년 의회에서 제정되었으며, 이는 연방 정부의 재난 정책에 대한 대규모 구조 조정을 의미했다. 의회는 HMGP를 신설한 것 외에 재난에 대한 지원금을 주 정부에서 공동 부담하도록 했다. 당시 HMGP 기금으로부터 주 정부가 받은 몫은 공공 지원 비용의 15%였으며, 연방 정부와 주 정부가 비용을 50대 50으로 분담했다.

1988년부터 1993년까지 많은 주에서는 HMGP 기금의 혜택을 받지 못했는데, 이는 15% 한도가 별로 많지 않음에도 필요 요건을 충족시키기 어려웠기 때문이다. 1993년 중서부 홍수로 인한 대대적인 파괴 이후에 미주리 주의 하원의원 해럴드 보크머Harold Volkmer는 주의 완화 역량을 획기적으로 끌어올리기 위한 법안 수정을 주창했다. 의회는 연방 정부와 주 정부가 75대 25로 비용을 분담하도록 법안을 수정했고, 기금으로부터 받는 총액을 총 재난 비용의 15%까지 극적으로 증가시켰다. 이러한 법안 수정의 근거는 사람들과 구조물이 홍수 범람원에서 나오도록 공격적으로 공략하기 위함에 있었다. HMGP는 주 정부가 완화 분야에서 일할 직원을 고용하도록 허용했고, 기금 제공 조건으로 재해 완화 계획State Hazard Mitigation Plan을 수립하도록 했다. 이 프로그램은 주와 지역 차원의 재난 관리 분야에 변화를 몰고 왔다. 주와 지역 정부에서는 적절한 자금을 받아 완화 분야에서 일할 직원을 채용하기 시작했다.

HMGP를 비난하는 사람들이 있었고, 그래서 2002년 행정관리예산국Office of Management and Budget(OMB)에서는 새로운 사전 경쟁 보조금 프로그램을 위해 이 프로그램을 없앨 것을 제안했다. 하지만 의회는 이에 동의하지 않았고, HMGP 프로그램은 계속 남아 연방 정부 차원의 완화를 위한 최대 규모의 자금을 제공하고 있다.

── 사전 재난 완화 프로그램

2000년 재난완화법에 의해, 의회는 재난 선포에 의존하지 않고 완화 기금을 제공하기 위해 국가 사전 재난 완화 프로그램(PDM)을 승인하였다. PDM의 기원은 '프로젝트 임팩트: 재난에 강한 지역 사회 만들기'라는 클린턴 행정부의 계획에 있다. 하지만 프로젝트 임팩트는 1990년대의 처참한 재난에는 걸맞지 않았다. 극심한 재난에 강타당한 많은 지역 사회가 정서적으로 그리고 경제적으로 회복하는 데 몇 달이나 심지어 몇 년이 걸렸다. 당시 FEMA 청장이었던 제임스 리 위트는 매년 재난 구호에 25억 달러 이상을 쏟아부으면서, 그러한 사건이 벌어지기 전에 재난을 줄이는 데는 한 푼도 쓰지 않는 게 과연 지혜로운 일인지 회의적이라고 생각했다. 완화의 수단과 기술을 활용할 수 있는데, 개인과 지역 사회를 재난의 피해자가 되지 않도록 막기 위한 노력을 기울이지 않는 이유가 대체 무엇이란 말인가? FEMA는 작은 규모의 착수금으로 1997년 7개의 시범 지역에서 프로젝트 임팩트에 착수했다.

이러한 계획의 이면에 있는 의도는 단순했다. 완화 활동은 각 지역 사회의 위험 요인에 맞게 이루어지고 계획되어야 하며, 효과적이고 지속 가능하려면 지역 사회의 모든 부문이 참여해야 한다는 것이었다. 프로젝트 임팩트는 기업 공동체를 재난 관리의 우산 아래로 모여들게 했다. 이에 따라 지역 사회는 다음 네 가지 목표를 달

　　　　　　　　　　　　　재난관리론

성해야 했다.

- 지역 사회 전체를 동반자 관계로 만들기
- 위험 평가하기
- 위험 감소 조치의 우선순위 매기기
- 자신의 행위를 알리며 서로 돕는 관계 만들기

2001년 200개 이상의 지역 사회가 프로젝트 임팩트에 참여했으며, 의회는 이 사업에 착수하는 데 2,500만 달러를 지원했다. 워싱턴 주의 시애틀은 초기 시범 지역 중 한 곳이었다. 2002년 진도 6.8의 지진이 시애틀을 강타했고, 시애틀 시장은 최소한의 피해와 즉각적인 복구를 목표로 했던 프로젝트 임팩트의 성공에 큰 기여를 했다.

사례 연구: 니스퀄리 지진과 프로젝트 임팩트

2001년 2월 28일, 워싱턴 주의 주도인 올림피아Olympia 북쪽의 니스퀄리 습지 아래 32마일 지점에서 진도 6.8의 지진이 발생했다. 역설적이게도 이 지진은 시애틀 프로젝트 임팩트 조정 위원회Seattle Project Impact Steering Committee가 수백 명의 파트너들과 함께 사업 착수의 세 번째 기념일을 축하하기 위한 준비를 하고 있을 때 발생했다. 지진 발생 1시간 뒤에, 모든 지역의 재난관리자들이 시애틀의 피니 리지 지역 센터Phinney Ridge Neighborhood Center에 모일 예정이었다. 오히려 이 위원회 위원들과 일찍 온 일부 사람들이 이 센터의 보육 프로그램에 참여 중이던 어린이들을 안전한 곳으로 대피시켰다.

재난 대응과 복구 분야에서 일하는 직원들은 이번 지진에 충분히 준비되어 있지 못했는데, 그것은 지진이 심했고, 퓨젯 사운드Puget Sound 지역의 가뭄이 그만한 강도의 지진에 의해 정상적으로 발생하는 산사태의 횟수와 액화의 양을 감소시켰기 때문이다. 강력한 여진은 한 차례뿐이었고, 2차적인 영향은 별로 없었다(한 건의 화재와 서너 차례의 대규모 산사태). 하지만 지진으로 사업체 운영이 중단되고, 굴뚝, 건물 외관, 수도관, 건물 시설 같은 수많은 건물의 구성 요소가 피해를 입었다.

주의 의사당과 지역의 공항 관제탑 같은 주요한 정부 시설을 포함해, 많은 역사적인 건물과 상업 및 제조 시설이 피해를 입었다. 비록 구조적 손실(건물의 구조적 온전함에 필수적인 요소에 입은 피해 등)이 비구조적인 손실(건물의 외관, 난방 및 전기 시설, 생산성 감소로 인한 손실 등과 같이 구조물

의 필수적인 요소가 아닌 부분에 입은 피해)에 비해 확실히 적었지만, 기술팀이 조사를 하는 동안 추가적인 피해도 드러났다.

이 같은 지진 피해를 줄이는 데 있어, FEMA의 프로젝트 임팩트가 어떤 영향을 미쳤을까? 간단히 말해 이 프로그램은 지역 주민들이 재난에 대처하는 방식을 바꿨으며, 이러한 변화로부터 이익을 얻을 수 있는 유기적인 구조를 구축했다.

프로젝트 임팩트는 지역 사회가 재난에 대해 생각하고 재난에 대처하는 방식을 바꿔 위험을 줄이려는 광범위한 목표를 갖고 있다. 이보다 중요한 것은, 프로젝트 임팩트는 지역 사회가 선견지명을 가지고, 단순한 대응보다는 위험 요인을 평가하고, 그래서 재난에 강한 사회가 되도록 한다. 이 프로그램은 다음과 같은 간단한 세 가지 원칙을 기본으로 한다.

- 예방 활동은 지역 차원에서 결정되어야 하며, 지역의 위험 요인에 대응해야 한다.
- 민간 부문의 참여가 필수적이다.
- 재난을 예방하려는 장기적인 노력과 투자가 필수적이다.

킹King, 피어스Pierce, 키트삽Kitsap 카운티가 포함된 시애틀/타코마Tacoma 대도시 권역은 프로젝트 임팩트에 열심히 참여해 왔으며, 특히 시애틀은 이 프로그램의 시범 도시였다. 프로젝트 임팩트의 효과는 니스퀄리 지진이라는 상황에서 목표를 얼마나 잘 달성했는지를 평가해 보면 쉽게 알 수 있을 것이다.

재난에 대해 생각하는 방식과 재난에 대처하는 방식을 바꿔라.

아마도 이 프로젝트의 가장 중요한(그러면서도 가장 측정하기 어려운) 효과는 수천 명의 개인과 소규모 사업자 그리고 협력 기업체들을 위해 지진 위험 저감 대책을 이해하기 쉽고 각각의 필요에 맞게 전달한 것일 것이다.

예방 활동은 지역 차원에서 결정되어야 한다.

시애틀과 킹, 피어스, 키트삽 카운티의 프로젝트 임팩트 프로그램은 본질적으로 수없이 많은 파트너를 필요로 하는 집단적인 행위였다. 7개의 프로그램이 프로젝트 임팩트와 직접적인 관련이 있었으며, 여기에는 주택과 학교의 보강, 재해 지도 작성, 교통로의 취약성 완화, 사무실과 주택의 비구조적 보강, 소규모 사업 재개 계획 등의 노력이 포함되었다. 이 프로그램의 영향을 완벽히 평가하기는 아직 이르지만, 다음과 같은 몇 가지 때 이른 결론을 내릴 수는 있다.

- 프로젝트 임팩트의 가장 중요한 이점은 건물 보강으로 구조적인 피해를 줄이거나 최소화하는 것이다.
- 프로젝트 임팩트에 의해 시애틀의 7개 학교 옥상에 있는 매우 무겁고 위험한 물탱크가 해체되었다. 이들 학교 중 한 곳은 지진으로 심각한 피해를 입었지만, 물탱크를 사용 중이

던 건물은 훨씬 더 큰 피해를 입었으며, 여러 곳의 교실 지붕이 무너져 내리다시피 했다. 이러한 학교 프로그램에는 비구조적이며 광범위한 개ㆍ보수도 포함되어 있었다. 이 프로그램에 참여한 학교에서는 피해 사례가 보고된 바 없으며, 보다 중요한 것은 대피도 아무런 문제 없이 잘 이루어졌다는 점이다. 다른 학교들은 그렇게 운이 좋지 못했다.

- 1,000명 이상의 주택 소유자가 주택 보강 강좌에 참석했으며, 이 중 300명 이상이 지진 발생 전에 자신들의 집을 보강했다. 이들 보강 주택 중에 피해를 입은 가구는 단 한 가구도 없었다.
- 프로젝트 임팩트의 4개 관할 구역은 각각 장거리 교통로 및 재해 지도 작성 프로그램을 실시했다. 이 프로그램을 통해 얻은 정보는 조사 과정과 완화 대안에 관한 논의를 촉발하는 데 큰 도움이 되었다. 뿐만 아니라, 이 프로젝트에 의해 다른 종류의 재난에도 유용할 비상 도로를 만드는 공공 도로 관리자들이 한곳에 모였다. 지진으로 이러한 계획의 우선순위가 높아졌으며, 필요한 자금이 모이고 있다.

민간 부문의 참여가 필수적이다.

- 프로젝트 임팩트의 4개 관할 구역과 이들의 민간 부문 파트너들은 공격적인 사업 재개 프로그램을 개발해 왔다. 100개 이상의 대기업과 500개 이상의 중소기업이 프로젝트 임팩트에 참여해, 수만 개의 지진 안전 제품을 취급했다. 워싱턴 뮤추얼, 뱅크 오브 아메리카, 펨코, 세이프코, 보잉, 바텔, 러셀, 킹 카운티 노동협의회, 홈데포와 같은 참여 기업에 의해 기업 위험 요인 감소 프로그램이 개발되었으며, 이들 참여 기업의 많은 직원이 자신들의 가정에도 지진 안전 조치를 시행했다.
- 프로젝트 임팩트에 참여한 지역 사회와 참여 기업들은 지진 발생 전에 위험 감소 지원 활동을 야심차게 추진했다. 홈데포는 주택 보강 기술을 선보였다. 식료품점과 약국에서는 지진 안전 용품을 판매했다. 전단지에는 공과금, 급료 지급 수표, 그리고 보험 갱신 신청서가 실렸다. 컴퓨터 고정하기 운동은 자금을 댈 참여 기업들의 관심을 끌었고, 이들을 통해 해당 지역 학교를 위한 컴퓨터 고정하기 기부금이 모아졌다. 프로젝트 임팩트의 로고는 수많은 뉴스 프로그램을 통해 '재난에 강한 지역 사회 만들기'라는 메시지와 함께 눈에 잘 띄게 강조되었다.

효과는 특정한 프로그램과 직접적인 연관이 없다.

- 지진이 발생한 동안과 그 직후에 이 프로그램에 참가한 방송사는 지진의 위험 요인에 대한 내용을 끊임없이 방송하고, 피해 예방법을 설명했다. 프로젝트 임팩트는 처음부터 언론사와 함께 정기적으로 일해 왔으며, ABC와 CBS의 지역 계열 방송사는 프로젝트 임팩트의 정식 참여 기관이다.
- 지진 발생 직후에 주택 소유자들은 지진 보강 작업에 능숙한 그 지역의 도급 업체 명단을 입수할 수 있었다. 이러한 정보는 부도덕한 도급 업체들이 재난 희생자들을 먹이로 삼는 재난 직후에 특히 유용하다.

재난을 예방하려는 장기적인 노력과 투자가 필수적이다.

니스퀄리 지진의 보다 간접적이고 장기적인 영향을 평가하는 조사가 현재 진행 중이다. FEMA와 워싱턴 대학교는 이러한 조사를 돕기 위한 정보 센터를 설립했지만, 프로젝트 임 팩트에 직접적으로 기여한 노력에 대해 조사한 결과, 퓨젯 사운드의 주민들이 위험 요인의 취약성에 대한 책임을 스스로 받아들이고, 자신들을 지키기 위해 총력을 기울였다는 사실 이 밝혀졌다. 다음은 그 세 가지 사례이다.

- '안전을 지켜라'는 피어스 카운티와 킹 카운티의 프로젝트 임팩트 프로그램이지만, 이 프 로젝트에 참여했던 4개 지역은 이 프로그램이 처음 시작됐을 때 얻기 힘들었던 컴퓨터 고 정하기와 기타 사무 관련 용품을 점점 쉽게 얻을 수 있음에 주목했다. 지진 발생 이후에 많 은 판매 회사들이 이러한 제품에 대한 주문이 가파르게 증가한 것을 목격했다.
- 주택 보강 공사가 획기적으로 증가했다. 피니 리지 지역 센터의 주택 개선 프로그램을 담 당한 로저 패리스Roger Faris는 당시 이 프로그램이 프로젝트 임팩트의 주택 보강 강좌에 대 한 수요를 따라가지 못했다고 말했다. 지진 이전에는 매달 20에서 30명이 참여하는 강 좌 1개를 운영했다. 그러나 지진 이후에는 매달 4개의 강좌를 열고 강좌마다 60명이 참 석했다. 민간 도급 업체들이 가파르게 증가하는 보강 서비스의 수요를 따라가기 힘들 정 도였다. 주택 소유자들은 (프로젝트 임팩트의 참여 기관인) 워싱턴 대학교의 지진 보강 강좌를 이수한 60개의 도급 업체들과 계약을 하는 데 어려움을 겪었다. 도급 업체들의 관심이 커지면서 추가 강좌가 개설되었다.
- 시애틀 교육구의 프로젝트 임팩트 관리자는 한 학교의 교장 선생님으로부터 다음과 같 은 편지를 받았다.

"지진이 발생한 동안 학교 건물이 잘 버텼다는 좋은 소식을 알려 드리고, 보강 공사에 정 말 감사한다는 말을 전하고 싶었습니다. 우리 학교에서는 전등 덮개 하나 떨어지지 않았고, 넘어진 컴퓨터 하나 없었으며, 책장에서 책 한 권 떨어지지 않았답니다. 이곳에서 보강 공사 가 이루어진 후에 새로 구입한 물건을 고정할 끈이 더 필요한데, 어떻게 하면 얻을 수 있을 까요? 감사합니다. 당신들 덕분에 우리는 할 수 있다는 신념을 갖게 되었습니다!"

출처: http://www.colorado.edu/hazards/o/archives/2001/may01/may01a.html#nis qually.

이와 동시에 FEMA는 국가 홍수보험 프로그램의 보험료를 통해 자금을 지원하 는 두 가지 선별된 사전 재난 홍수 범람원 관리 프로그램에 착수했다. 프로젝트 임팩 트는 부시 행정부에 의해 중단되었지만, 2001년 의회는 아래 서술한 소규모의 사전 재난 완화 프로그램을 시작했다.

• 홍수 지도 작성 지원 프로그램

국가 홍수보험 프로그램(NFIP)은 지역 사회가 홍수 범람원의 개발을 제한하고 홍수가 지나가는 경로의 개발을 금지하는 조치를 취하고 관련 조례를 통과시키면, 연방정부가 저렴한 홍수보험을 제공하는 프로그램이다. NFIP는 의회의 예산 지출을 통해서가 아니라, 보험료를 모아서 기금을 마련한다. NFIP는 건물과 조립식 주택, 그리고 NFIP가 운영하는 보험에 가입한 기타 구조물에 대한 중장기 홍수 위험을 줄이거나 없애기 위한 조치를 취하는 주와 지역 사회에 자금을 제공하기 위해, 국가 홍수보험 기금National Flood Insurance Fund을 관리하고 홍수 지도 작성 지원 프로그램Flood Map Assistance Program(FMAP)에 자금을 제공한다.

FMAP는 홍수 완화 계획Flood Mitigation Plans을 준비하는 주와 지역 사회에 계획 수립에 대한 보조금을 지급한다. 홍수 완화 계획에 동의하고 NFIP에 참여하는 지역 사회는 사업 보조금을 신청할 수 있으며, 이 보조금은 홍수로 인한 손실을 줄이기 위한 조치를 시행하는 주와 NFIP에 참여하는 지역 사회가 받을 수 있다.

사업 보조금의 10%는 기술 지원을 위해 주 정부에서 사용할 수 있는데, 주 정부는 이 기금을 프로그램 운영에 사용할 수 있다. FMAP 계획을 세워 사업 보조금을 받으려는 지역 사회는 NFIP에 참여해야 한다. 이 프로그램으로 가능한 사업으로는 NFIP 보험에 가입한 건물 높이 올리기, 구입, 그리고 위치 이동 등이 있다.

• 심각한 반복적 손실 프로그램

심각한 반복적 손실(SRL) 프로그램은 NFIP를 통해 보험에 가입한 주민의 부동산 피해를 완화하는 사업에 자금을 제공하기 위해 만들어졌다. 이 프로그램은 가장 큰 예산 절감을 하는 사업을 통해 NFIP에 대한 반복적인 보험금 청구를 없애거나 줄일 목적으로 만들어졌다.

• 지역 사회 지원 프로그램

지역 사회 지원 프로그램Community Assistance Program(CAP)은 NFIP에 가입한 지역 사회의 홍수 재해를 줄이기 위해 협상된 목적에 부응할 경우 자금을 제공한다. 이 프로그램은 FEMA가 규정 준수를 요구하기 전에 참여한 지역 사회가 홍수 범람원 관리 문제를 인식하고 예방하고 해결하도록 한다. 매년 체결되는 FEMA와 주 정부의 성과 제휴 협약에 의해 CAP 기금은 연방 정부에서 최대 75% 그리고 주 정부에서 최소 25%의 비용을 공동 부담한다.

• 기타 재난 완화 프로그램: 현재와 미래의 자금 전망

이들 프로그램의 현재와 미래의 자금 전망은 밝지 않다.

사전 재난 완화(PDM) 프로그램의 기금은 2004년 5,000만 달러에서 2009년 500만 달러로 줄었다. FEMA의 예산을 줄이라는 압력으로 국토안보부(DHS)는 2012년 이 프로그램의 예산을 포함하지 않은 예산 신청서를 의회에 제출했다. 대신 이들은 NFIP 보험 기금의 지원을 받기 위해 PDM 활동을 홍수 완화 지원 프로그램(FMAP)으로 옮길 의도였다고 설명했다. FMAP와 NFIP를 통해 자금을 지원받는 기타 모든 프로그램이 최근 몇 년간 과감하게 예산이 삭감되거나 지불 중단될 수밖에 없었는데, 그 이유는 홍수보험금 청구 금액이 그동안 모아 놓은 보험료를 초과했기 때문이다. 이러한 사태는 허리케인 카트리나로 인한 보험금 청구로 시작해서, 그 후 몇 년간 발생한 일련의 대규모 홍수 때문이다. 그 결과 (보험금 지급을 위해 연방 정부의 금고에서 돈을 빌려야 하는) 이 프로그램은 사실상 파산되었다. 게다가 허리케인 샌디로 인한 보험금 청구도 재정적인 부담을 더욱 크게 했다. FEMA에 보험 계리 비율 조정을 허용하는 법률 개정으로 어느 정도 부담을 덜 수도 있으나, 보험 회사들과 비율 변경을 위한 협상을 벌이는 데 상당한 시간과 정치 자금이 소모될 것이다.

• 국가 지진 재해 감소 프로그램

국가 지진 재해 감소 프로그램(NEHRP)은 1977년 의회에 의해 설립된 것으로(공법

95-124), 미국에서 지진이 생명과 재산에 미치는 위험을 줄이기 위해 장기간에 걸쳐 실행되는 전국적인 연방 프로그램이다. 이 프로그램은 효과적인 지진 재해 감소 프로그램의 설립과 유지 관리를 통해 목표를 달성한다.

NEHRP는 위험 요인과 취약성을 이해하고 특징을 파악하여 예측하는 기능을 향상시키고, 건축 규정과 토지 이용 방법을 개발하며, 지진 이후의 조사와 교육을 통해 위험을 감소시키고, 설계와 시공 기술을 개발하고 향상시키며, 완화 역량을 키우고, 조사 결과의 활용을 촉진하기 위해 여러 기관이 힘을 합쳐 일하는 프로그램이다. NEHRP는 공공 교육과 인식 제고, 계획 수립, 손실의 추정 연구, 최소한의 완화 활동을 촉진하기 위한 프로그램을 실시하는 주 정부에 자금을 제공한다.

NEHRP를 함께 실시하는 각 기관의 구체적인 역할은 다음과 같다.

- FEMA는 재난 대응과 관리, 잠재적인 손실 추정, 완화 활동 실행을 책임진다.
- 국가과학기술연구원National Institutes of Science and Technology(NIST)은 건축 규정과 기준 및 실무에 대한 기술 기반을 제공하고 NEHRP를 주도하는 역할을 수행한다.
- 국립과학재단National Science Foundation(NSF)은 지진학, 지진공학, 사회학, 행동과학, 경제학에 대한 기본 연구를 수행하며, 지진공학 시뮬레이션 네트워크Network for Earthquake Engineering Simulation를 운영한다(여기에는 쓰나미 파도 연구 시설과 쓰나미 연구 지원도 포함된다).
- 지질조사국(USGS)은 지진 네트워크를 운영하고, 지진 재해 지도를 개발하며, 지진 사후 조사를 감독하고, 지구과학 응용 연구를 수행한다(여기에는 쓰나미 연구와 위험 평가도 포함된다).
- NSF와 USGS는 세계 지진계 네트워크Global Seismographic Network(GSN)와 실시간으로 지진을 정확히 감지하는 주요 시설을 공동 지원한다.

NEHRP는 출범 이후부터 매 2년에서 3년마다 의회의 감사와 재인가를 받아

왔다. 의회는 최근 NEHRP에 대한 2년간의 철저한 감사를 완료했고, 그 결과 '2004 NEHRP 재인가법(공법 108-360)'을 제정했으며, 부시 대통령이 2004년 10월 25일 이에 서명했다. 공법 108-360조는 NEHRP의 책임 기관으로 NIST를 지정하고 FEMA로부터 책임을 이전받았는데, FEMA는 NEHRP가 설립된 이후로 이 프로그램을 책임져 왔다.

'2004 NEHRP 재인가법'은 2004년에서 2009년까지 9억 달러를 사용하도록 허가했다. NEHRP는 이 법에 의해 국가 폭풍 피해 감소 프로그램National Windstorm Impact Reduction Program을 만드는 데 3년 동안 7,250만 달러를 썼다. 이 새로운 프로그램을 위한 기금은 책정된 바 없지만, 후원자들은 NEHRP 재인가의 일환으로 2009년 다시 이 개념을 도입했다.

• 국가 허리케인 프로그램

FEMA의 국가 허리케인 프로그램은 허리케인의 물리적 영향에 집중적으로 대처하는 연방 정부와 주 정부 그리고 지역 정부 차원의 활동을 지원해, 허리케인에 대한 대응 역량을 향상시키고, 인공 환경에 새로운 완화 기술을 적용한다. 이 프로그램은 폭풍 해일의 모형을 만들고, 대피 계획을 세우며, 허리케인 취약 지역에 있는 건물의 설계와 시공 그리고 학교와 지역 사회에 대한 공공 교육과 인식 제고 프로그램 등의 영역에서 상당한 성과를 거두었다. FEMA가 이 프로그램을 위해 받은 예산은 연간 300만 달러지만, 이는 위험에 비해 적은 양임이 분명하다.

• 화재 예방 및 지원법

이 프로그램은 미국 내 정규 소방대 및 의용 소방대가 필요하다는 사실을 알리고 예방 활동을 지원하기 위해 2001년 만들어졌다. 의회는 이 같은 긴급 구조 단체의 위상에 대해 오랫동안 관심을 가져 왔다. 잠재적인 생화학 테러의 위협, 증가하는 산불 발생, 정체된 탐색과 구조 역량 등이 이러한 프로그램에 예산을 지원해야 하는 이유이다. 수백만 달러의 비용이 드는 이 보조금 프로그램은 경쟁을 통해 미국 전역의 화재보험 회사에 보조금을 지급한다. 9/11 사건이 발생한 후에, 이 프로그램에 대한 예산 책정은 2002년에 3배가 되었고, 이후로 6억 달러 안팎의 수준을 유지하고 있다.

앞서 언급한 미국 주택도시개발부(HUD), 육군공병단(ACE), 중소기업청(SBA), 농무부(DOA), 경제개발청(EDA)은 재난이 발생한 이후에 지역의 완화 프로젝트에 다양한 수준의 지원을 제공할 것이다.

완화에 관한 FEMA의 새로운 계획

국가 완화 체계

2013년 3월, FEMA는 국가 완화 체계National Mitigation Framework와 국가 예방 체계National Prevention Framework를 발표했다. 국가 완화 체계는 국가가 위험을 알리고 완화 역량을 관리하는 방법을 수립하기 위해 만들어졌다. 요약 보고서에는 "국가가 재난의 영향을 줄임으로써 국민의 생명과 재산의 손실을 줄이기 위해 핵심 완화 역량을 개발하고 활용하며 조정하는 방법"이라고 국가 완화 체계에 대해 설명하고 있다.

국가 완화 체계에 의하면 "힘을 모아 모두 함께 일함으로써 오랜 시간에 걸쳐 수립되고 지속되는 대비와 완화의 문화를 통해 위험을 확인하고 설명해야 한다. 이것은 위험에 대한 통합적인 이해에서부터 시작해, 협력 관계를 통해 계획과 행동으로 옮겨져야 한다. 지속 가능성과 회복 탄력성을 궁극적인 목표로 삼는 완화는 지속적인 학습, 변화에의 적응, 위험의 관리, 성공 여부의 측정, 그리고 절차에 대한 평가를 필요로 한다."라고 한다.

국가 완화 체계에는 회복 탄력성과 지속 가능성, 리더십과 지역 중심의 실행, 적극적으로 참여하는 협력 관계와 포괄성, 그리고 위험을 의식하는 문화라는 완화를 위한 네 가지 원칙이 있다. 이러한 원칙은 완화라는 임무와 핵심 역량 실행의 토대를 이룬다.

"효과적인 완화는 지역 사회가 직면한 위협과 위험 요인을 확인하고, 이와 관련된 취약성과 피해를 규명하는 것에서부터 시작된다. 건전한 평가를 하려면 경험에 의해 입증된 — 신뢰할 만한 과학, 기술 그리고 정보에 근거를 둔 — 위험에 관한 정보가 필요하다. 위험에 대해 잘 알면, 그러한 위험을 관리할 전략과 계획을 세우는 것이 가능해진다. 위협과 위험 요인으로부터 위험을 관리하려면, 이러한 위험을 받아들이고, 회피하며, 줄이고, 이전시키기 위한 의사 결정이 이루어져야 한다. 위험을 피하고 줄이는 것은 지역 사회의 장기적인 취약성을 줄이고 개인과 지역 사회의 회복 탄력성을 만들어 나가기 위한 방법이다."

국가 완화 체계에 대해 FEMA는 사건의 발생 때문이 아니라 위험에 대처하기 위해 만들어졌다고 설명한다. 위험에 대한 포괄적인 고려를 통해, 이 체계는 지역 사회의 위험에의 노출과 취약성을 줄일 행동과 활동을 장려한다.

국가는 좁은 범위의 사고에서부터 폭넓고 심각하며 끔찍한 재난까지 전 영역에 걸쳐 위험을 관리할 때 회복 탄력성을 끌어올릴 수 있다. 완화를 늘 염두에 두는 문화를 만들고 유지해 나가면, 사고 발생 이전과 이후에 국가가 사회적으로, 생태학적으로 그리고 경제적으로 보다 탄력적이게 될 것이다. 지역 사회와 국가의 회복 탄력성은 전체 사회가 힘을 모아 함께 일하는 데 달려 있다.

국가 완화 체계에 대한 자료는 http://www.fema.gov/national-mitigation-framework에서 볼 수 있다.

• 건축과학부의 완화 평가팀

허리케인 샌디가 발생한 후에 FEMA는 기관 내의 완화 평가팀Mitigation Assessment Teams (MATS)을 활성화하였다. 이 팀은 허리케인 피해 지역을 방문해 폭풍우에 강타당한 건물들이 어떻게 되었는지 평가하고 미래의 재난으로 인한 영향을 최소화하기 위해 재건축을 할 때 어떤 완화 조치를 취해야 하는지를 담당한다. 건축과학부는 일련의 허리케인 샌디 복구 자문 보고서를 펴냈는데, 이 자문 보고서에는 허리케인 샌디 이후의 재건축과 관련한 문제를 해결하고 알리기 위한 다양한 조언이 실려 있다.

허리케인 샌디 복구에 관한 조언

- 해안 주거용 고상식 건물들의 연결부 개선하기
- 주요 시설에 대한 홍수의 영향 줄이기
- 큰 피해를 입지 않은 주거용 건물의 기계, 전기, 배관 시설 수리하기
- 중층 건물과 고층 건물에 대한 홍수 피해 줄이기
- 홍수의 피해로부터 건물의 연료 장치 보호하기

자문 보고서는 http://www.fema.gov/library/viewRecord.do?id=6994에서 볼 수 있다.

- 연방 정부의 완화 기금이 재해 완화 보조금 프로그램(HMGP)처럼 개별적인 재난에 한정되어야 하는가? 아니면 재난 사전 완화 프로그램처럼 재난으로부터 독립적이어야 하는가?
- 국가 지진 재해 감소 프로그램(NEHRP)처럼 특정 재해에 대해 보조금을 지급하는 프로그램의 장점은 무엇인가? 단점은 무엇인가?

• 연방 정부 아닌 곳의 완화 보조금 프로그램

미국에서 가장 규모가 큰 완화 기금은 연방 정부에서 자금을 지원하는 보조금 프로그램이다. 하지만 모든 주 정부에는 연방 정부가 요구하는 프로그램상의 조건과 재정적인 조건을 관할하는 '재해 완화 담당 공무원State Hazard Mitigation Officers(SHMOs)'이 있다. SHMOs는 주 정부 차원의 재해 완화 계획을 수립할 책임이 있는데, 그래야 재해 완화 보조금 프로그램(HMGP)의 재난 사후 기금을 받을 수 있다. 이 계획의 질에 따라 재난이 벌어진 후의 비용 분담 비율이 바뀌기도 한다. 이들은 많은 주에서 역사적이고 문화적이며 환경적으로 민감한 지역의 보존과 완화 분야에서 점차 더 적극적인 역할을 해 나가고 있다.

플로리다 주의 공공 부문과 민간 부문이 동반자 관계를 이루어 주도해 나가는 '북서 플로리다 재건Rebuild Northwest Florida'과 같은 지역 프로그램은 폭풍의 피해를 막기 위해 자신들의 집에 구조적인 완화 조치를 취하고 싶어 하는 주택 소유자들에게 보조금을 지급한다. 이 프로그램에서는 이중 수방 벽을 설치하고, 지붕과 루프덱roof deck(* 평지붕의 일부를 원예, 일광욕 등에 사용하도록 만든 것: 옮긴이)을 개선하며, 박공벽을 수리하고, (허리케인에 대비해) 고정 끈을 매고, 벽과 벽의 연결을 강화하는 등의 완화 조치를 통해 자신의 집을 보강한 주택 소유자들에게 보조금을 제공했다. 민간 기관이나 비영리 기관 또는 공공 기관이 실시하는 일부 비정부 프로그램에서 개인과 사업체 그리고 지역 사회가 위험 요인을 완화하는 데 필요한 기금과 재료, 그리고 기술적인 지원을 제공하기도 한다. 예를 들어, 기업과 가정의 안전을 위한 협회Institute for Business and Home Safety(IBHS)에서는 구조적이고 비구조적인 다양한 완화 기술을 설명한 지침서를 발간한다. 또한 IBHS 직원은 어린이집과 같은 다양한 기관과 함께 일하며, 이들이 위험 요인과 관련된 취약성을 줄이도록 도움을 제공한다.

완화 및 이와 관련된 문제를 중점적으로 다루는 다른 기관도 있다. 홍수범람원관리자협의회(ASFPM)는 모든 차원의 완화 조치에 강한 지지자 역할을 하며, 의회를 대상으로 로비를 벌여 연방 정부의 완화 기금을 늘리는 데 성공했다. 국립재해완화협회National Hazard Mitigation Association(NHMA)의 목표는 미국 전역과 국제 사회를 대상으로 완화를 촉진시키는 것이다. 전 세계의 지역 재난관리자를 대표하는 국제재난관리자협회International Association of Emergency Managers(IAEM)에서는 최근 회원들 사이에 완화를 촉진하는 일에 더욱 적극적으로 개입하고 있다.

결론

재난은 모든 주州에서 일어난다. 이러한 사건으로 인한 직접적인 비용은 믿기 어려울 만큼 크지만, 지역 사회의 경제와 사회 구조에 미치는 간접적인 영향은 더욱 부정적이다. 허리케인 샌디는 허리케인 카트리나 이후에 두 번째로 큰 경제적인 손실을 낸 재난이지만, 완화를 지원하고 촉진하는 뚜렷한 리더십이 없어 완화 조치가 포함된 재건은 요원하기만 하다. 국립건설과학연구원National Institute for Building Sciences(NIBS)의 다중재해완화위원회Multi-Hazard Mitigation Council(MMC)가 FEMA의 의뢰로 수행한 연구에서 완화에 투자하는 1달러는 미래의 4달러를 절약하는 셈이라는 사실이 밝혀졌다. 재난과 현장의 종류에 따라 이러한 숫자는 8달러까지 올라가기도 한다. 완화는 분명 효과가 있다. 이 장에 실린 사례 연구는 위험을 줄이고 지역 사회를 더 안전한 곳으로 만든, 성공적이고 지속적인 많은 프로그램의 몇 가지 예에 불과하다. 완화 프로그램은 국가, 주, 그리고 지역 등 모든 차원의 정부에서 실시되고 있지만, 재건을 위한 많은 기금이 모이는 연방 정부 차원에서의 리더십 결핍은 실망스러우며 앞으로 발생할 폭풍에 값비싼 비용을 치르게 될 것이다. 민간 영역에서 자신들이 처한 위험을 줄이기 위해 완화 조치를 취하려는 사람들의 관심 또한 늘어나고 있다. 하지만 연방 정부 차원의 보상과 장려 정책이 있어야 하며, 모든 지역 사회에 미칠 영향을 고려하지 않고 획일적인 정책을 적용해서도 안 될 것이다. 특히, 해안 지역의 적절한 완화법을 찾고 있으며, 구조물에 의한 홍수통제가 해당 구조물의 하류 쪽 지역에 부정적인 영향을 미칠 가능성을 안고 있는 지금 시점에는 더욱 그러하다.

주요 용어

건축 규정 Building Codes

위험 요인 확인 Hazard Identification

토지 이용 계획 Land-use Planning

완화 Mitigation

국가 완화 체계 National Mitigation Framework

구조물에 의한 통제 Structural Controls

자가 점검을 위한 질문

1. 완화의 기능은 다른 재난 관리 분야와 어떻게 다른가?

2. 다른 재난 관리 기능 중 어떤 것이 완화를 위한 최선의 기회를 제공하는가?

3. 지리정보시스템(GIS)이 어떻게 완화의 실행에 도움이 되는가?

4. 잠재적 위험 요인을 안고 있는 기존 구조물의 복구에 요구되는 건축 법규가 거의 실행되지 않는 이유는 무엇인가?

5. 어떤 차원의 정부에서 완화 프로그램이 가장 효율적인가? 그리고 그 이유는 무엇인가?

6. 가장 효율적이고 가장 비용이 많이 드는 토지 이용 계획 수단은 무엇인가? 그것이 그토록 효율적인 이유는 무엇인가?

7. 완화 조치를 취하는 것을 지지하는 데 활용되는 정치적인 주장에는 어떤 것이 있는가?

8. 지역 개발 구역 보조금은 각 지역 사회가 완화 조치를 실행하는 것을 어떻게 도와 왔는가?

9. 일부 사람들이 보험을 적절한 완화 수단으로 여기지 않는 이유가 무엇인가?

10. 구조물에 의한 통제는 왜 논란의 여지가 있는 완화 수단인가? 구조물에 의한 완화는 보호해야 하는 지역에 어떤 부정적인 영향을 미치는가?

11. 위험 요인에 대해 완화 조치를 취하고 싶어 하는 지역 사회가 직면하는 장애물에는 어떤 것이 있는가?

12. 연방 정부의 주요 완화 프로그램의 이름을 열거하고, 이 프로그램들이 재해를 줄이는 데 어떻게 기여하는지 설명하라.

13. 연방 정부가 아닌 곳의 완화 프로그램이 존재하는가?

실전 연습 문제

당신이 사는 지역의 재난 관리 당국에서 재해 완화 계획을 한 부 복사하라. 그 지역에서 밝혀 진 위험 요인 중 당신에게 개인적인 차원에서 영향을 미치는 문제를 해결할 완화 계획을 혼자서 세워 보아라. 당신이 개인적으로 직면한 위험 요인 중 그 계획으로 해결되지 않는 부분 이 있는지 검토해 보고, 그러한 위험 요인을 다루기 위해 취할 수 있는, 또는 취해 왔던 완화 조치가 무엇인지 기술하라.

- 당신이 사는 지역의 재난 관리 담당자에게 연락해, 현재 어떤 완화 프로그램을 실시하고 있는지 알아보아라. 모두 연방 정부에서 기금을 제공하는가, 아니면 주 정부나 다른 기관 에서 기금을 제공하는 프로그램도 있는가? 이러한 프로그램 중 당신이 사는 지역의 정부 가 참여하는 프로그램이 있는지 알아보고, 다른 곳에서 기금을 대는 추가 프로그램도 제 공하는지 알아보아라. 당신이 사는 지역 사회가 이러한 모든 완화 프로그램으로 혜택을 얻고 있다고 생각하는가? 아니면 현재 제공되고 있는 것보다 더 많은 것이 행해져야 한다 고 생각하는가?
- 기업과 가정의 안전을 위한 협회(IBHS)는 어린이집을 위한 완화 지침을 개발해 왔다(http:// www.disastersafety.org/news/ibhs-helping-to-protect-kids-from-natural-disasters-3/). 이 지침을 활용해 당신이 사는 지역에 있는 어린이집이 지침서에 나와 있는 완화 방법을 실천하도록 도와 주어라.

제4장

재난 관리 – 대비

학습
내용

- 대비가 재난 관리의 기본 토대인 이유
- 완화와 대비의 차이점
- FEMA의 협력 기관과 가족 대비 프로그램이 재난에 대비해 시민들을 교육하는 방법
- FEMA의 '총체적 지역 사회' 개념과 국가 재난 예방 체계
- 대피 계획 수립의 중요성
- 재난과 재난에 대비한 계획 수립 시, 일부 사회 계층에 특별한 배려를 해야 하는 이유
- 재난 관리 연구원이 지역 사회 차원의 재난 대비를 장려하는 방법
- 훈련의 종류와 내용
- 교육과 장비가 긴급구조대원의 대비에 도움을 주는 방법
- 기업과 비정부 기구가 재난에 대비하는 방법

서론

재난 관리 분야에서의 대비는 재난이나 위험 또는 다른 비상 상황에 대응하기 위한 준비 상태라고 정의하는 게 최선일 듯하다. 하지만 대비는 단순한 준비 상태가 아니라, 재난 관리의 거의 모든 영역을 관통하는 문제이기도 하다. 미국 역사를 돌이켜 보면, 우리의 선조들이 오늘날 재난 관리에서 활용되는 대비를 실천했음을 알게 될 것이다. 방사능 낙진을 피하기 위한 1950년대의 대피소와 공습 감시원들은 소련의 핵 공격 가능성에 대한 대비 조치였다. 1970년대 초 전국 주지사 협의회에서 작성한 연구 보고서는 재난 관리의 첫 단계인 대비의 중요성에 대해 역설하고 있다. 그 이후로 대비 분야는 상당히 발전했고, 오늘날에도 계속해서 발전하고 있다. 연방 정부는 매해 재난 대비에 수십억 달러를 쏟아붓고 있으며, 강력한 대비 역량을 갖지 않은 재난 관리 기관은 제대로 기능할 수 없다. 비상사태와 재난에 대한 대응과 복구 역량은 대비의 핵심인 계획 수립과 교육, 그리고 훈련을 통해서만 향상시킬 수 있다. 또한 이 분야에서 전문성을 증진시키는 훌륭한 교육 영역으로의 이동 또한 대비 활동의 연장에 속한다. 비상사태와 재난 관리에 있어 사회의 모든 영역이 제 역할을 해야 한다는 사실이 점차 조명을 받으면서, 대비 활동은 민간 부문, 비정부 기구 그리고 개인 및 기타 영역을 포괄하며 점차 확대되어 가고 있다.

오늘날 우리가 알다시피, 민간 기구나 비정부 기구 또는 정부 기관을 망라한 모든 기관이 재난의 결과에 민감하며, 따라서 반드시 대비를 해야 한다. 또한 대비가 재난이 벌어진 이후에 시민과 재산 그리고 정부의 필수적인 기능을 보호하는 것뿐 아니라, 위험 요인이 실존함에도 불구하고 기업과 시장, 사회적 기능과 특성을 포함한 지역 사회의 생존 능력이 잘 유지될 수 있어야 한다는 점도 소홀히 할 수 없다. 재난 관리 기관들이 홀로 이러한 과업을 수행할 수는 없으므로, 업무의 영역은 계속 확대되고 있다.

이 장에서는 시스템적 접근 방법으로 구성된 대비의 순환 체계, 대비 프로그램, 위험 요인에 대한 대비, 교육 프로그램, 훈련 프로그램에 대해 알아볼 것이다. 그중에서도 연방 정부의 노력 — 특히 FEMA — 에 중점을 둘 것이며, 몇 가지 사례 연구를 통해 최선의 방법을 모색하려 한다.

시스템적 접근 방법: 대비의 순환 체계

공공 부문과 민간 부문에서와 마찬가지로, 학문적인 분야에서도 재난 관리는 아직 초기 단계에 해당한다. 따라서 이 분야는 기본 요소와 핵심 역량을 응급의학, 화재 진압, 공중 보건, 기업 위험 관리, 그리고 법률 집행을 포함한 기존의 여러 분야에 크게 의존하고 있다. 하지만 이러한 분야에는 고유의 전통과 방법 및 문화가 있으며, 재난 관리 분야와 같은 목적에 의해 개발되어 오지 않았다. 모든 영역의 재난 관리 전문가들에게 요구되는 실무 역량에 대한 체계화된 분석적 방법론을 학문 분야와 연결시키는 자체 기반이 없다면, 정부 영역 밖에서의 발전은 뒤떨어지게 마련이다. 심각한 비상사태와 재난의 관리에는 극도의 복잡함을 뚫고 나갈 항해술이 필요하며, 이는 종종 수백, 수천 명의 개인과 수십 개의 조직 및 기관 사이의 조정을 필요로 한다. 재난 관리의 대비 기능을 위한 시스템적 접근 방법이 재난관리자와 전통적인 재난 관리 기능뿐 아니라, (한 사람 한 사람의 시민을 포함한) 재난 관리의 모든 이해 당사자에게 있어 그토록 중요한 이유는 바로 이런 필요성 때문이다.

　　FEMA의 국가대비본부National Preparedness Directorate(NPD)가 개발한 그림 4-1은 현존하는 다양한 위험 요인에 대한 계획 수립으로 시작해서, 대비를 확립하고 증진시키기 위한 순환 과정에 대한 시스템적 접근 방법으로 작동하는 계획 수립 과정을 보여 주고 있다. 이 순환 과정은 계획 수립, 장비, 교육과 훈련이라는 대비의 네 가지 주요 요소의 중요성을 잘 보여 준다. 또한 이 원은 모든 차원의 정부 관할 업무뿐 아니라, 개인과 기업 및 비정부 기구와 기타 기관이 취할 대비 조치에 대해서도 잘 보여주고 있다.

—— 1단계: 계획 수립

그림 4-1에서 보듯, 대비의 순환 체계는 재난 대응과 복구를 가능하게 하는 다양한

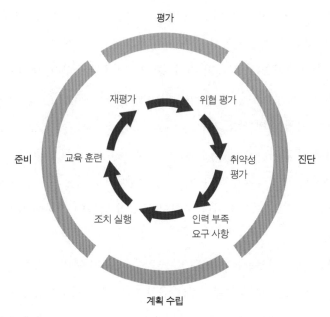

평가

재평가　　　　위협 평가

준비　　교육 훈련　　　　　진단

취약성
평가

조치 실행　　인력 부족
요구 사항

계획 수립

그림 4-1　　대비 순환 체계

계획을 수립하는 것으로 시작한다. 계획 수립은 그 자체가 힘겨운 시도로, 관련된 모든 업무가 제대로 돌아가려면 상당한 노력이 필요하다. 계획 수립은 제2장에서 밝힌 위험 요인 평가 과정과 함께 시작되는 경우가 많으며, 그 과정에서 발생 가능한 모든 위험 요인을 밝혀내고 평가해 우선순위를 매긴다. 현대 재난관리학에서는 계획 수립이 모든 위험 요인을 다룰 때 가장 효율적이라고 주장하지만, 현실적으로 일어날 가능성이 있는 위험 요인에 중점을 두는 것이 가장 효율적임을 명심해야 한다. 각 지역 사회는 한정된 자금을 최대한으로 활용해야 하므로, 모든 영역의 장비, 자원, 그리고 숙련된 인력을 실제로 일어날 가능성이 있는 일에 집중해야 한다. 예를 들어 '모든 위험 요인'을 염두에 둬야 하지만, 노스다코타 주의 지역 사회는 제설 장비를 운영하기 위한 역량과 자원에 상당한 자금을 투입해야 하며, 플로리다 주의 지역 사회는 똑같은 노력과 자금을 대피 계획의 실행에 써야 한다.

　　계획 수립은 지역 사회 취약성의 범위 안에서 이루어진다. 계획 수립 단계에서 취약성은 계획을 수립하는 사람들로 하여금 재난이 왜 일어나며, 그러한 재난에 가장 큰 피해를 입는 지역이 어디이고, 무엇이 적절한 대응인지를 잘 이해하도록 돕는다. 관할 지역 내의 취약성 평가를 위해 기업과 기관 또는 개인은, 역량과 자원을 고려한 계획을 수립하기 위한 현재의 대비 수준도 평가해야 한다. 여기에는 상호 간에 도움을 주고받는 파트너(마을 대 마을, 기업 대 기업 등), 재난 관리 지원 협약(주州 대 주州의 지원 협약 등), 관할 지역 내의 상호 지원(연방 정부의 지원, 주와 지역의 지원 등), 민간 기업과 자원 공급 업체와의 계약(잔해 제거 회사, 위험 물질 정화 회사 등) 등 필요할 경우 도움을 요청할 외부의 자원도 포함되어야 한다. 비상 상황일지라도 정부의 권한과 업무는 늘 법률에 명시되어 있으므로 재난 관리 조치의 근거인 법적인 권한에 대해서도 반드시 알아야 한다.

재난 관리 담당 공무원들과 기업 및 조직에서 재난 관리 업무를 담당하는 직원들은 비상 계획 수립으로 대부분의 시간을 보내는 경우가 많다. 다행히 제2장에서 언급한 것처럼 매일 일어나는 대부분의 사건은 '정상적인' 범주에 속하며, 따라서 거의 또는 아무런 문제 없이 관리 가능하다. 물론, 계획 수립의 산물인 계획은 비상 운영 계획 또는 비상 계획으로 불리는 경우가 많다.

━ 2단계: 조직과 장비

대비는 여러 요인에 의해 제약을 받는데, 이들 중 두 가지는 대응에 필요한 장비를 실제로 보유하거나 접근할 수 있는 능력과, 대응과 복구 업무를 실행하는 데 필요한 인력과 조직을 구성하는 것이 포함된다. 재난 관리는 현실적인 기술이므로, 재난 관리의 다양한 기능이 점점 더 장비의 사용에 의존하고 있다. 재난 관리 업무에 필요한 장비에는 서너 가지 범주가 있는데, 여기에는 위험 요인의 영향으로부터 대응 업무를 실행하는 사람을 보호하는 개인 보호 장비Personal Protective Equipment(PPE), 같은 조직 내에서나 서로 다른 조직의 대응 담당자 간의 의사소통을 가능하게 하는 통신 장비, 대응 담당자로 하여금 위험에 처한 건물이나 위험한 침수 지역에 들어가거나 생명의 징후를 찾을 수 있도록 하는 특별 수색 및 구조 장비 등이 포함된다.

장비는 실존하는 위험 요인과 비상 운영 계획에 따른 기능에 의해 주로 결정된다. 재난 관리 장비의 구입과 유지 관리는 쓸 수 있는 자금이 한정되어 있기 때문에, 어느 지역 사회에서나 늘 어려운 문제이다. 물론 제한적인 수준이긴 하나, 관할 구역 안에서 벌어질 가능성이 있는 결과에 대처하기 위한 장비를 더 많이 구입할수록, 재난이 벌어졌을 때 사람과 재산을 보호하는 데 필요한 준비를 더 잘 할 수 있게 마련이다. 그러나 이상적인 상황에는 결코 도달할 수 없고 제한된 자금을 두고 지역 사회 내에서 치열한 경쟁이 벌어지는 상황이므로, 어려운 결정을 내려야 한다. 하지만 최근에는 지역 사회에서 필요한 장비를 더 잘 구비할 수 있게 해 주는 몇 가지 해결책이 나와 있다. 여기에는 필요 장비를 위한 연방 정부의 자금이 크게 늘어난 것과, 아주 드물게 사용되는 장비를 여러 지역 사회가 공동으로 사용하는 상호 지원 체제의 확대, 그리고 더 싸고 효율적인 기술의 개발 등이 있다. 따라서 한때 '사용 불가능한 것'이었던 장비가 이제 현실적으로 이용 가능해졌다.

── 3단계: 교육

재난 대응 담당자에 대한 교육은 이들에게 요구되는 업무 수행 능력을 기르는 데 있어 무엇보다 중요하다. 현재는 전통적인 재난 관련 업무 담당자뿐 아니라, 재난과 관련해 중요하고도 구체적인 결정을 내려야 하는 선출직 관리, 재난 발생 시 제품과 서비스를 제공하는 지역 사회 내의 기업과 비정부 기구, 그리고 자신의 취약성을 줄이고 지역 사회의 전반적인 대응을 도와야 하는 개인들까지 교육 대상으로 인식되고 있다. 이것은 달성하기 어려운 목표지만, 다른 대부분의 분야에 필적할 만한 속도로 이 같은 인식이 확산되고 있다. 교육은 국가와 주 그리고 지역 차원의 소방 학교·경찰 학교와 같은 기술 학교와 국내 및 전 세계의 다양한 대학과 전문대학에서 이루어지고 있다. 또한 미국 적십자와 같은 비정부 기구와 이익을 얻기 위해 교육을 특화한 민간 기업에 의해서 교육이 실시될 뿐 아니라, 미국의 모든 주州와 준주準州에서 제공되며 높은 인기를 누리는 지역 사회 재난 대응팀Community Emergency Response Team(CERT)처럼 지역 사회 내에서도 교육이 이루어지고 있다. 그리고 마지막으로 교육받은 시민들이 글을 쓰고 단어를 사용할 때 전문가 및 학자들과 같은 용어를 써야 할 중요성도 점차 커지고 있다.

── 4단계: 훈련

'연습이 완벽을 만든다'는 속담은 재난 관리 분야에서도 명백한 사실이다. 아주 드물게 발생하는 재난 사건의 특성으로 인해 담당자들 중에 그러한 재난을 직접 경험한 사람이 매우 적으며, 따라서 실제로 사건이 벌어졌을 때 의지할 만한 경험을 쌓은 경우가 매우 적으므로, 대비 활동의 가장 중요한 요소는 훈련이다. 집중 훈련 · 도상 훈련 · 기능 훈련 · 종합 훈련을 포함한 최적화된 훈련을 통해 계획 수립과 교육, 조직 또는 장비의 부족이나 실패에 대한 인식뿐 아니라, 대응 현실에 대한 보다 깊은 이해가 이루어져야 한다.

── 5단계: 평가와 개선

대비 순환 체계의 마지막 단계는 교훈을 배우고 미래에 발생하는 사건에 반영하는 것이다. 평가와 개선은 보통 두 과정의 산물인데, 그 첫 번째 과정은 훈련이다. 계획 수립과 장비 및 교육받은 인력이 가상 시나리오에 어떻게 대응하는지 점검해 보면, 어느 지점에서 계획 수립에 변화를 주고, 더 많거나 좋은 장비를 구입하며, 보다 포괄적인 교육이 필요한지를 알아낼 수 있다. 평가와 개선은 실질적인 재난 경험의 산물이기도 하다. 재난은 재난 관리 기관이 지닌 역량의 한계를 뚜렷하게 보여 주고, 미래의 비용과 시간 및 인력 사용을 위한 최고의 이익 대비 비용 효율을 알려 준다. 사후 평가 보고서After Action Reporting(AAR)를 통해, 재난 경험은 교훈이 되고 미래의 계획을 세우는 순환 체계의 기반이 된다.

여기 언급한 많은 문제에 대해서는 이 장의 뒷부분에서 보다 자세히 설명하겠다. 대비의 순환 체계는 순환의 속성이 암시하듯 계속 진행 중이다. 게다가 정보, 예산, 인력, 정치적 의지 그리고 인식의 변화에 따라, 모든 단계가 항상 끊임없는 발전과 향상을 이루고 있다.

완화와 대비

완화와 대비의 정의가 서로 다르고 재난 관리에서의 역할이 뚜렷하게 다름에도 불구하고, 완화와 대비가 무엇인가(그리고 이 둘의 기능이 어느 정도까지 겹치는가)에 대해서는 상당한 혼란이 존재한다. 연방 정부 차원에서는 완화와 대비가 아주 잘 정의되어 있으며, FEMA에는 이 두 기능을 관리하는 완전히 다른 두 부서(완화본부와 국가대비본부)가 존재한다. 하지만 주와 지역, 각종 기관 및 민간 부문에서는 이 둘 사이에 명확한 경계가 존재하지 않는 경우가 많다. 이 둘의 기능은 모든 차원에서 명확히 구분되지만 자체의 실행 임무에 의해 가장 잘 구분되며, 이것은 완화와 대비에 대한 정의를 필요로 한다. 간단히 말해서, 완화는 특정 위험 요인과 관련된 위험의 발생 가능성이나 피해를 줄임으로써 위험 요인을 제거하려는 시도이다. 완화와 관련된 조치, 도구 또는 활동은 일단 위험 요인이 재난으로 연결되는 것을 막기 위해 노력하거나, 비상 상황이나 재난 상황이 이미 발생했다면 그것이 인간과 재산, 또는 환경에 미치는 영향을 줄이기 위해 노력한다. 또한 이러한 조치는 보통 재난이 벌어지기 전에 이루어진다. 하지만 대비는 일단 재난이 벌어진 후에 그러한 재난의 결과에 대응하는 기관과 개인의 능력을 끌어올리기 위해 노력한다. 대비는 사건의 발생을 전제로 하는 반면, 완화는 사건을 예방하기 위한 시도이다.

대비: 비상 운영 계획

비상 운영 계획Emergency Operations Plan(EOP)은 그것을 기반으로 재난 관리의 대응 조치가 이루어지는 각본이다. 하지만 EOP의 개발에는 단순히 누가 무엇을 하는가에 대한 문서 작성뿐 아니라, 이러한 요인들이 결정되는 과정도 포함된다. 대비 과정처럼, 계획 수립 과정은 대비의 순환 체계에서 각 후속 단계에 의해 결정되는 순환 과정으로, 하나하나가 다른 것이 주기적으로 어떻게 변화할지를 결정한다. 계획 수립은 변화하는 특성을 반영하고, 계획이 수행되는 관할 구역이나 조직의 필요에 부응하기 위해 효율적이고도 역동적으로 이루어져야 한다.

비상 계획은 말 그대로 모든 형태와 규모 그리고 다양한 품질에 관여한다. 하지만 이러한 계획은 표준 방법론에 의해 만들어진다. 교훈을 공유하고 정책을 결정하며 지침에 따르는 점진적 절차를 통해 선택된 구성 요소가 거의 모든 비상 계획에 등장하는 것이다. 이러한 구성 요소는 가장 논리적인 과정을 거쳐 선별되었고, 이것을 통해 관할 당국과 기관의 대응 및 복구에 필요한 것들이 반영되고, 따라서 필요시에 의지할 수 있다. 비상 운영 계획의 구성 요소에는 다음과 같은 것들이 있다.

- 기본 계획: 기본 계획에는 지역 사회 현황, 위험, 법에 명시된 권한, 그리고 비상 조치가 실행되는 (책임 부서와 담당 업무를 포함하는) 보편적 개념에 관한 가장 포괄적인 정보가 담겨 있다. 여기에는 계획 수립에 따른 가정들과 계획이 개정되고 배포되는 과정도 포함된다.

• 기능적인 부속 문서: 여기에는 책임 기관과 담당자들이 제공할 여러 가지 형태의 지원에 대한 자세한 설명이 담겨 있으며, 보다 업무 지향적인 정보를 제공한다. 기능적인 부속 문서는 기본 계획에서 제시한 것보다 더 운영에 중점을 두는 경향이 있다.

• 위험 요인이나 상황에 따른 부속 문서: 기본 계획에서 모든 위험 요인에 대해 다루지만, 일부 요소들은 특정 위험 요인에만 해당하므로 위험 요인 부속 문서에서 자세히 설명해야 하며, 필요한 경우 재난 관리나 관련 담당자들에게 알려야 한다. 위험 요인 부속 문서는 기본 계획으로부터 나온 상황별 정보가 담겨 있기 때문에 재난에 대응하는 급박한 상황에서 기본 계획을 보다 간결하고 효율적으로 활용할 수 있다.

계획 수립 과정과 비상 운영 계획은 대비 순환 체계의 모든 단계에 크게 의존한다. 계획 수립 과정에서는 재난의 결과를 처리하고 부과된 임무를 수행하기 위해 구입해야 하는 장비에 대해서도 짚고 넘어가야 한다. 또한 계획 수립은 교육과 훈련의 기본이 되며, 대응 담당자들은 계획에 명시된 역량을 키우기 위해 교육받고, 필요한 핵심 역량을 결정하기 위하여 계획에 담긴 가정에 의존하게 된다. 훈련은 계획에 명시된 바를 수행하는 관할 행정 역량이나 조직의 역량을 점검하기 위해 실시된다.

전국적인 계획 수립 작업은 현재 FEMA가 제작한 "포괄적인 계획 수립 지침서 101Comprehensive Planning Guide-101(CPG-101)"을 따르고 있다. 연방 정부가 작성한 이 문서는 EOP의 개발과 계획 수립 및 재난 관리 분야에서 일반적으로 사용되는 용어에 관한 포괄적이고 표준화된 지침을 제공하기 위해 만들어졌다. 이 지침서의 목적은 계획 수립과 의사 결정의 기본 사항을 더 잘 이해시키는 것이었다. 결국 여러 기관이 여러 관할 구역이 얽힌 대규모 사건에 일제히 대응해야 할 때 보다 조직적인 대응을 촉진하는 것이다. 국가 사고 관리 시스템National Incident Management System(NIMS)과 연방 정부의 보조금 프로그램에 적시된 비상사태에 대응하는 지역 사회의 압력을 고려해 볼 때, 지역 사회가 그와 같은 지침을 필요로 하는 것은 납득할 만한 일이다.

CPG-101이 연방 정부가 제공한 최초의 지침서는 아니다. 사실, 아주 오래전인 50년 전 "연방 민방위 지침서Federal Civil Defense Guide"가 같은 목적으로 배부된 일이 있다. "국민 대비 지침서 1-8Civil Preparedness Guide 1-8", "주와 지역의 비상 운영 계획 개발을 위한 지침서Guide for the Development of State and Local Emergency Operations Plans", 그리고 "주와 지역 지침서 101State and Local Guide 101(SLG 101)", "모든 위험 요인에 대한 비상 운영 계획 수립을 위한 지침서Guide for All-Hazards Emergency Operations Planning"가 그 뒤를 이어 발간되었고, 이것들은 모두 CPG-101에 영향을 미쳤다. CPG-101은 http://www.fema.gov/library/viewRecord.do?=&id=5697에서 볼 수 있다.

많은 주에서 기준이 될 만한 계획 수립 지침서를 배부함으로써 EOP 계획 수립 노력을 돕고 있다. 일부 주에서는 EOP 개발을 위한 표준 견본을 제공하기도 하며, 이를 통해 내용뿐 아니라 구조까지 통일시킬 수 있다. 통일된 지시로 재난에 대응하면, 다양한 관련 기관의 형식을 일치시킬 수 있으므로, 주 정부 차원의 협조라는 관점에서 이것은 당연한 일이다. 이와 같은 표준 견본은 다양한 요구 사이에서 대응 담당자들이 같은 용어로 같은 기능을 언급할 수 있게 해 준다. 버지니아 주도 이와 같은 지침서를 보유하고 있으며, 이 지침서는 http://www.vaemergency.gov/em-community/plans/local-templates에서 볼 수 있다.

FEMA의 '총체적 지역 사회' 개념

2011년 12월 FEMA는 지역 사회에 기반한 접근 방식을 새롭게 도입한 '총체적 지역 사회'라는 개념을 재난 대비에 도입했다. 이 개념의 목적은 개인, 모든 차원의 정부, 조직, 기업, 지역 단체 등을 포함한 지역 사회의 모든 구성원이 하나로 뭉쳐 다음 재난에 대비하도록 하는 것이다. FEMA는 "재난 관리에 대한 총체적 지역 사회 접근: 행동을 위한 원칙, 주제 그리고 경로A Whole Community Approach to Emergency Management: Principles, Themes, and Pathways for Action"라는 보고서를 펴냈으며, 이 문서에 '총체적 지역 사회'의 개념과 잠재적인 이익을 명시하고, 실행을 강조하는 내용을 담았다.

FEMA의 웹사이트에는 다음과 같이 나와 있다.

"우리는 재난 관리에 대한 정부 중심의 접근이 재난 발생으로 생긴 어려운 문제를
해결하는 데 부족함이 많음을 통감한다. '총체적 지역 사회'는 FEMA가 국가의 유
일한 재난 관리팀이 아니라는 사실을 강조하는 것이고, 모든 위험 요인에 대비하
고 보호하며 대응하고 복구하고 완화하는 데 있어 우리의 모든 자원을 지렛대로
삼아야 하며, 각각의 분야에서 지역 사회 전체의 요구를 전체적으로 만족시켜야
하는 재난 관리에 대한 접근 방법이다. 이처럼 보다 포괄적이고 전체적인 재난 관
리팀에는 FEMA와 연방 정부 차원의 참여 기관뿐 아니라 지역과 부족, 주의 참여
기관들, 종교에 기반한 비정부 기구, 비영리 단체, 민간 부문의 산업체에서부터 재
난의 최초 대응자로서 국가의 가장 중요한 자산인 개인, 가족 그리고 지역 사회까
지 포함된다. 지역 사회의 구성 요소와 그러한 지역 사회의 구성원인 개개인의 요
구는 나이와 경제력 또는 자격 요건과 관계없이, 재난에 대한 전략적인 계획을 수
립하고 실행하는 데 있어 반드시 고려되어야 한다."

"지역 사회가 진실한 대화에 참여할 때, 사회의 요구 사항과 그러한 요구 사항
을 해결하는 데 필요한 현존하는 자원을 확인할 권한을 부여받게 되는 것이다. 우
리는 지역 사회의 자산과 역량 그리고 관심을 조직하고 강화할 최선의 방법을 공
동으로 결정해야 한다. 이것은 한 국가를 이루는 우리 한 명 한 명이 보다 효과적
이고 비용 효율적으로 모든 위험 요인에 대비하고 보호하며 대응하고 복구하고 완
화하는 우리의 역량을 강화하고 유지하고 향상시킬 수 있게 해 준다."(FEMA, 2013)

FEMA의 '총체적 지역 사회' 개념

서론

이 보고서는 '총체적 지역 사회' 접근 방법을 통해 우리가 사는 국가의 회복력과 안전을 증진
시키는 데 있어 반드시 필요한 동반자인 지역 사회의 구성원들과 관계를 맺고 개개인의 대

비를 강화하기 위한 기본 토대를 제시한다. 이 보고서는 '총체적 지역 사회'의 개념을 매일 매일의 현실에 통합시킬 방법을 결정할 때, 이러한 접근법에 대한 더 나은 이해를 돕고, 재난 관리 분야의 모든 구성원을 이끌 전략적인 체계를 제공하기 위해 작성되었다. 그렇다고 해서 모든 문제를 다 다룬다거나, 재난 관리의 어떤 특정한 단계나 특정한 차원의 정부에 중점을 둔다거나, 또는 지역 사회나 재난관리자들이 특정한 행동 규칙을 채택하는 데 필요한 구체적이고 규범적인 행동을 제시하기 위해 작성된 것은 아니다. 오히려, 이 보고서는 현장에서 이미 활용되고 있는 지침을 중심으로 1년 내내 전국에서 나눈 대화를 통해 만들어진 핵심 원칙, 주요 주제, 그리고 조치를 위한 경로에 대한 개요를 제공한다. 이 보고서는 지침서나 방법론은 아니지만, 기존 현실을 확충하고 '총체적 지역 사회'의 원칙을 더 잘 실행하기 위해 보다 운영에 집중된 논의를 시작하기 위한 방법을 찾거나 그러한 접근법에 대해 알고 싶어 하는 사람들에게는 좋은 출발점이 될 것이다.

'총체적 지역 사회'의 정의

'총체적 지역 사회'의 정의는 주민, 재난 관리 실무자, 조직과 지역 사회 지도층, 그리고 정부 관리들이 각 지역 사회의 요구 사항을 모두 함께 이해하고 평가해서, 자신들이 가진 자산과 역량 및 이해관계를 조직하고 강화할 최선의 방법을 결정하기 위한 방법이다. 그렇게 함으로써 사회의 안전과 회복력을 강화시킬 보다 효율적인 방법을 찾을 수 있다. 어떤 의미에서 '총체적 지역 사회'는 재난 관리의 실행에 대해 어떻게 생각할 것인지에 대한 철학적인 접근이기도 하다.

지역 사회의 위치, 관심사, 신앙, 그리고 환경 등을 포함한 여러 가지 다양한 유형의 지역 사회가 있으며, 이러한 지역 사회는 지리적으로도 가상으로도(온라인 포럼 등) 존재할 수 있다. '총체적 지역 사회' 접근법은 지역, 부족, 주, 준주, 그리고 연방 정부의 협력 기관의 참여와 더불어 기업, 종교 단체와 장애인 단체, 일반 시민을 포함하는 민간 부문과 비영리 부문의 모든 역량을 끌어들이려는 시도이다. 이러한 참여는 다양한 단체를 대상으로 한 다양한 방법을 의미한다. 온갖 위험 요인에 노출되어 있는 환경에서 개인과 단체는 위협과 위험 요인에 어떻게 대비하고 대응할 것인지에 대해 서로 다른 결정을 내릴 것이며, 따라서 지역 사회에 따라 대비는 달라지게 마련이다. 재난 관리 분야에서 일하는 사람들이 직면한 도전은 이렇게 다양한 단체 및 조직과 더불어 일할 방법을 찾고, 지역 주민들이 위협이나 위험 요인을 효과적으로 예방하고, 보호하고, 완화하고, 대응하고, 복구하는 능력을 향상시키기 위해 이들의 현실과 정책을 조화시킬 방법을 찾는 것이다.

'총체적 지역 사회'는 재난 관리라는 직무를 어떻게 수행할 것인지에 대한 철학적인 접근이다.

이로 인한 장점에는 다음과 같은 것들이 있다.

• 지역 사회의 요구와 역량에 대한 이해 공유하기

- 지역 사회 전반에 보다 큰 권한을 부여하고 자원을 통합하기
- 사회 기반 시설 강화하기
- 보다 효율적인 예방, 보호, 완화, 대응, 그리고 복구 활동을 촉진시키는 관계 구축하기
- 개인적이고 집단적인 대비 강화하기
- 지역 사회와 국가 차원에서 회복력 키우기

재난 관리에 대한 '총체적 지역 사회' 접근법: 행동을 위한 원칙과 주제 및 경로

'총체적 지역 사회'에는 지역 사회의 위험, 요구 사항 그리고 역량에 대해 더 잘 알고 이해를 공유하게 되는 장점이 있다. 또한 지역 사회 구성원의 권한 분산을 통해 가용 자원이 늘어나고, 결국 회복 탄력성이 보다 높은 사회가 된다. 또한 지역 사회의 요구와 역량을 더 세심하게 이해하게 되면, 재난 사고의 규모나 지역 사회의 제약과 관계없이 기존의 자원을 더 효율적으로 활용할 수 있게 된다. 자원과 경제적 제약에 있어, '총체적 지역 사회' 전체에 걸쳐 노력과 자원을 통합하면, 정부 기관을 위해서뿐 아니라 민간 부문과 많은 비영리 단체를 위해서도 예산상의 압박을 완화할 수 있다. '총체적 지역 사회'를 만들기 위해 관계를 맺고 유지하는 일은 힘겨운 도전이 될 수 있으나, 그러한 투자는 많은 이익을 낳게 마련이며, 그러한 과정은 결과만큼이나 유용하다. 그러한 관계를 맺어 나가고 지역 사회의 복잡성에 대해 더 많이 알게 되면, 감춰진 취약성의 원천인 상호 의존성이 드러나게 된다. 사고가 발생하기 전에 '총체적 지역 사회'의 개념을 도입하는 단계를 취하면, 기존 절차와 자원을 가지고 있는 협력 기관이 재난 관리 팀의 일부가 되기 때문에 대응과 복구를 위한 노력의 부담이 가벼워질 것이다. '총체적 지역 사회' 접근법은 위협과 위험 요인의 종류나 규모와 상관없이 보다 효율적인 성과를 냄으로써 국가의 안전과 회복 탄력성을 증진시킬 것이다.

'총체적 지역 사회'의 원칙과 전략적인 문제

지역 사회의 회복 탄력성과 효율적인 재난 관리에는 많은 요인이 영향을 미친다. 그러나 전국적인 대화를 통해 재난 관리에 대한 '총체적 지역 사회' 접근법을 위한 세 가지 기본 원칙이 도출되었다.

'총체적 지역 사회'의 원칙

- '총체적 지역 사회'의 실질적인 요구 사항을 이해하고 이에 부응하기. 지역 사회의 참여는 인구 통계, 가치, 규범, 지역 사회의 구조, 네트워크, 그리고 관계를 포함한 주민의 독특하고 다양한 요구 사항을 더 깊이 이해할 수 있게 해 준다. 우리가 속한 지역 사회에 대해 더 많이 알수록, 지역 사회의 실질적인 안전과 지속적인 필요 사항에 대해 잘 이해할 수 있으며, 따라서 사건 발생 전에 재난 관리와 관련된 활동에 참여하려는 동기를 북돋울 수 있다.
- 지역 사회의 모든 부분에 참여하고 권한 분배하기. '총체적 지역 사회'에 참여하고 지역 활동에 권한을 부여하면, 모든 위협과 위험 요인의 결과를 해결하기 위해서 이해 당사자들이 지역 사회의 실질적인 요구 사항에 부합하기 위한 계획을 수립하고 실행하며 역량

을 강화하는 데 더욱 유리할 것이다. 그러기 위해서는 모든 지역 사회 구성원이 재난 관리 팀의 일원이 되어야 하며, 여기에는 다양한 지역 사회 구성원들, 즉, 사회봉사 단체와 협회, 종교 단체 및 장애인 단체, 학술 단체, 전문가 단체, 그리고 민간 부문과 비영리 부문이 모두 포함되어야 한다. 또한 전통적으로 재난 관리에 직접적으로 관여하지 않았던 정부 기관도 포함되어야 할 것이다. 지역 사회가 진정한 대화를 나눌 수 있게 되면, 지역 사회의 요구 사항과 그것을 해결하는 데 사용할 현재의 자원이 무엇인지도 밝혀질 것이다.

• 지역 사회의 일상생활에서 원활하게 돌아가는 부분 강화하기. 회복 탄력성 높은 지역 사회를 만들기 위한 '총체적 지역 사회' 접근법을 실행하려면, 이미 지역 사회에서 원활하게 돌아가고 있으며, 매일의 일상생활에서 지역 사회 구성원들에게 중요한 문제를 해결하기 위해 일하는 단체, 자산, 그리고 네트워크를 지원하고 강화할 방법을 찾아야 한다. 사건이 발생하기 전에 개인과 가정, 기업 그리고 조직의 일상생활에서 나타나는 기존 구조와 관계는 재난이 발생하는 동안과 그 이후에 효율적으로 행동하기 위한 영향력을 행사하고 권한을 부여한다.

'총체적 지역 사회'의 세 가지 원칙에 더해, 조사와 토론 그리고 재난 관리 담당자들이 제시한 사례를 통해 여섯 가지 전략적인 주제가 밝혀졌다. '총체적 지역 사회' 접근 방식을 알려 주는 이러한 주제는 재난 관리에 효율적으로 활용될 수 있고, 원칙을 실행하기 위한 행동 경로를 제시한다.

'총체적 지역 사회'의 전략적인 주제

• 지역 사회의 복잡성 이해하기
• 지역 사회의 역량과 요구 사항 확인하기
• 지역 사회 지도자들과의 관계 발전시키기
• 협력 관계 만들고 유지하기
• 지역 활동에 권한 부여하기
• 사회 기반 시설, 네트워크 및 자산에 영향력 행사하고 이를 강화하기

출처: FEMA, 2011. "A Whole Community Approach to Emergency Management: Principles, Themes and Pathways for Action." December, 2011. http://www.fema.gov/whole-community.

국가 예방 체계

FEMA에 의하면 "국가 예방 체계National Prevention Framework(NPF)는 '총체적 지역 사회' — 지역 사회 구성원들부터 정부의 고위 지도층에 이르기까지 — 가 최초의 또는 뒤이은 테러 공격을 좌절시키기 위해 조국에 임박한 위협과 관련된 기밀이나 정보를 발견한 즉시 무엇을 해야 하는지에 대해 서술하고 있다. 이 체계는 미국 내에 임박한 테러의 위협을 예방하기 위해 최선을 다해 대비하는, 안전하고 회복 탄력성 높은 국가라는 국가 예방 체계의 목적을 달성하는 데 도움이 된다. 이 문서에 묘사된 과정과 정책은 기존의 법 및 규범과 조화를 이루어 시행될 것이다."(FEMA, 2013)라고 한다.

국토안보부는 2013년 5월 "국가 예방 체계"라는 지침서를 발간했다. 여기에는 이 체제의 범위, 역할과 책임, 핵심 역량, 협력적인 구조 및 통합, 다른 분야와의 관계, 그리고 운영 계획 수립에 대한 자세한 설명이 실려 있다(FEMA, 2013).

—— 대피 계획 수립

많은 지역 사회에서 계획 수립의 가장 중요한 고려 사항 중 하나는 대규모 재난 발생 시에 시민들을 어떻게 대피시킬 것인가이다. 재해 사건의 발생을 미리 통지하는 것이 가능한 경우(허리케인이나 쓰나미 등)나 사건 발생 후에 가능한 한 빨리 피해 지역으로부터 모든 시민들을 이동시켜야 하는 상황(대량 파괴 무기와 관련된 테러 공격 등)인 경우, 무엇보다도 앞서 대응 절차를 결정하고, 적절하고도 효율적인 경로를 결정하며, 교통수단을 정하고, 대피한 시민들이 갈 곳을 정하고, 가정과 재산의 안전에 대한 예방 조치를 취하고, 시민들로 하여금 대피 지시에 따르도록 하고, 대피 자체를 원활하게 하기 위한 사전 계획 수립이 필요하다.

많은 지역 사회가 기본적인 비상 운영 계획의 일환으로 어떤 형태로든 대피 계획을 세워 놓고 있지만, 그러한 계획이 현실의 상황에서 어떻게 작동할지에 대한 정확한 판단을 가능하게 하는 종합 훈련을 실시해 볼 수 있는 경우는 거의 없다. 2005년 허리케인 카트리나와 리타로부터 시민들을 대피시킬 때 지역의 재난 관리 담당자들이 겪은 어려움은 대피 계획의 수립과 기존 계획의 결함을 잘 보여 주고 있다.

카트리나 대피 시 — 미국 역사상 최대 규모인 130만 명 이상의 시민이 대피하였다 — 저소득층 시민들에게 대피가 어떤 영향을 주는지에 대한 고려를 하지 못한 결과, 수천 명이 대피를 거부하거나 대피하지 못한 결과를 낳았다. 텍사스 대학교의 연구 결과, 허리케인 리타와 관련된 다수의 사망자(113명 중 90명)가 미흡한 대피 계획 그 자체로 인한 결과였다.

뉴올리언스 시는 허리케인 카트리나 이후에 '시가 지원하는 대피 계획City-Assisted Evacuation Plan(CAEP)'을 세웠는데, 이는 대규모 대피 명령에도 혼자 대피할 수 없는 올리언스패리시Orleans Parish 지역의 주민과 관광객들에게 시에서 지정한 대피 승차 지점부터 주요 교통수단이 있는 곳까지 교통수단을 제공하고, 주 정부나 연방 정부의 대피소로 이송되는 피난민들을 위해 의학적인 부상자 분류 시설을 제공하는 것이다. 다음 범주 중 하나 이상에 해당하는 시민은 시의 지원을 받을 자격이 있다. 즉, 혼자 힘으로 대피할 수 없는 의학적 문제를 가진 사람들, 교통수단이 없거나 연료가 없는 사람들, 교통수단이 너무 작아 가족이나 함께 사는 사람 및 애완동물을 태울 수 없는 사람들이다. CAEP에 등록하려면 뉴올리언스 시의 웹사이트를 이용해야 한다(CAEP, 2013. http://new.nola.gov/ready/evacuspots/).

미국 교통부는 허리케인이 빈번히 발생하는 멕시코 만 해안 지역에서 대피 계획에 대한 연구를 수행했다. 이 연구에서는 대피 계획 중 약점을 찾아내고 기존의 여러 방법 중 최선의 것이 무엇인지 알기 위해, 멕시코 만 해안 지역의 5개 주(앨라배마, 플로리다, 미시시피, 루이지애나, 텍사스)와 58개 카운티, 그리고 그 안의 행정 지구에 대해 조사했다. 이 연구에 의하면, 계획의 종합적인 속성을 측정하는 데 다음의 일곱 가지 주요 요소가 사용될 수 있다.

- 의사 결정과 관리
- 시민과의 의사소통과 대비
- 운영
- 대규모 대피 교육과 훈련
- 계획 수립
- 특별한 결함이 있는 사람들의 대피
- 대피소와 관련한 고려 사항

재난관리론

이 연구 결과 대부분의 계획이 표준 운영 절차를 만들고, 훈련을 시행하고, 사후 보고서를 작성하고, 계획을 수정하고, 대피의 방향과 통제를 결정하는 데는 효율적인 반면 다음 영역에서는 종종 취약하다는 사실이 밝혀졌다.

- 대피가 이루어지는 동안 대피 중인 시민들에게 전달 사항을 지속적으로 알리기
- 다양하고도 특별한 결함을 지닌 개개인 대피시키기
- 대피한 시민들을 각자의 집으로 되돌려 보내기
- 역방향(반대편 차선)을 활용하여 운영하기
- 동물들에 대한 보살핌과 보호 제공하기

추가 연구

텍사스와 루이지애나 주에서의 경험이 대피 노력에서 제기된 문제를 드러냈기 때문에 대피 계획 수립에 대한 연구는 가장 중요한 문제가 되었다. 허리케인 카트리나 이후 형편없는 대피로부터 많은 교훈을 얻었음에도 불구하고, 허리케인 리타가 발생하기 바로 직전의 대피에서도 개선이 거의 없었음이 명백하였다. 다음 보고서는 대피 계획 수립과 관련된 문제와 개선이 이루어지기 어려운 이유에 대한 통찰을 제공한다.

텍사스 주택연구소. "텍사스에서의 대피 계획 수립: 허리케인 리타 이전과 이후Evacuation Planning in Texas: Before and After Hurricane Rita." http://www.hro.house.state.tx.us/interim/int79-2/pdf.

미국 교통부. "대규모 허리케인 대피 계획에 관한 의회 보고서Report to Congress on Catastrophic Hurricane Plan Evaluation." http://www.fhwa.dot.gov/reports/hurricanevacuation/.

비판적으로 생각하기

대피 계획 수립이 그토록 어려운 이유는 무엇인가? 실제 대피가 이루어지는 동안 어떤 일들이 잘못될 가능성이 있는가? 이 같은 잠재적인 방해 요인을 최소화하려면 어떤 조치가 취해져야 한다고 생각하는가?

── 접근하기 어렵거나 기능적인 도움이 필요한 주민을 위한 비상 계획 수립

전통적으로, 비상 계획 수립은 전체적으로 동질적이라고 생각되는 주민들을 '지역 사회'로 간주해 왔다. 그러나 지역 사회는 서로 다른 개인과 집단으로 이루어져 있으며, 이들 한 명 한 명이 각자의 생활과 상호 작용 그리고 능력을 결정하는 독특한 조건을 지니고 있다. 이들 개인 중 일부는 비상 계획을 수립하는 사람들이 지역 사회의 비상 운영 계획을 세우거나 또 다른 비상 절차를 수립할 때, 고려해야 하는 접근 수단과 기능적인 도움이 필요하다. 이러한 고려가 이루어지지 않으면, 이들에 대한 대비가 부적절하거나 맞지 않아 어떤 계획도 실패할 가능성이 있다. 지역 사회의 모든 시민을 똑같이 적절히 보호해야 한다면, 지역 사회는 어떤 접근 수단과 기능적인 도움이 필요한지, 이러한 도움을 비상 계획에서 어떻게 다룰지를 결정하기 위해 주민들을 판단해야 한다.

　　접근하기 어렵거나 기능적인 도움이 필요한 주민을 고려하여 계획을 수립하는 사람들은 인지 장애나 신체적 장애, 시각과 청각에 장애가 있는 사람들 또는 영어를 못하는 사람들처럼, 접근하기 어렵거나 기능적인 도움이 필요한 사람들과 노인과 어린이를 보호하는 단체를 대표하는 사람들과 함께 일해야 한다. 이렇게 주요 이해 당사자들을 포함시킴으로써 계획을 수립하는 사람들은 재난 발생 전후와 재난이 발생하는 동안에 이러한 특수 집단의 안전을 가능하게 하는 기존 정책을 더 잘 적용하거나 새로운 정책을 만들 수 있을 것이다. 접근하기 어렵거나 기능적인 도움이 필요한 시민에 대한 고려는 재난 관리의 4단계 모두에서 이루어져야 한다. 고려해야 하는 사항을 예로 들면 다음과 같다.

- 외국어 교육과 자료
- 기능적인 도움이 필요한 시민의 위치와 비상 상황에 필요한 사항 그리고 이들에게 접근하는 방법 등록하기
- 비상 장비와 교통수단의 형태
- 의사소통 장비와 방법

- 대안적인(비전통적인) 경보 매체와 절차
- 대피 기간과 대피소에서의 보호와 서비스 방법
- 대피소를 비롯한 다른 비상 시설에 처방약과 신체 보조 기구 구비하기
- 새로운 주민과 단기 체류 주민에 대한 교육 방법
- 대피 주민과 피해자들을 위한 교통수단과 수용 시설
- 접근하기 어렵거나 기능적인 도움이 필요한 시민들과 함께 일하거나 이들을 보살필 재난 대응 담당자들에 대한 교육

전부는 아니지만, 최근 미국에서 벌어진 많은 재난을 보면, 접근이 어렵거나 기능적인 도움이 필요한 주민들이 더 큰 취약성을 드러냈으며, 그 결과 동일한 사건을 겪은 다른 집단보다 더 큰 피해를 입었다. 두 가지 구체적인 예를 보면, 1995년 시카고를 강타한 폭염 때 거의 600명에 이르는 피해자들이 저소득층 노인이었으며, 허리케인 카트리나 때도 대피하지 못한(그 결과 사망한) 대부분의 주민이 도시 빈민이었다. 카트리나의 복구 단계에서도(최근 발생한 다른 대규모 재난과 마찬가지로) 해외 추방이 두려워 혜택을 받겠다고 등록하지 못한 불법 이민자들이 더 큰 피해를 입었다. 하지만 비상 계획 수립에 있어 특별한 도움이 필요한 주민을 더 고려해야 한다는 운동이 개별 단체를 대표하는 활동가 집단에서 주로 시작되어 점점 확대되어 가면서, 비상 계획을 수립하는 사람들이 미국 국민 전체의 요구 사항을 고려해야 한다는 주장이 점점 설득력을 얻어 가고 있다.

Ready.gov

장애를 지녔거나, 접근하기 어렵거나, 기능적인 도움이 필요한 사람을 위한 합리적 대비

사람들이 필요로 하는 것과 능력이 저마다 다르지만, 모든 사람에게 모든 종류의 재난에 대비하고 적절한 계획을 세우는 것은 중요한 일이다. 당신 자신에게 필요한 것들을 평가하고 비상 계획을 세우면, 어떤 상황에도 더 효과적으로 대비할 수 있을 것이다.

'오늘 계획 수립하기'는 어떤 비상 상황에 대한 대비에도 유용할 것이다

- 재난이 발생하면 당신이 필요한 것들에 어떤 영향이 미칠 것인지 생각해 보라.
- 일정 기간 동안만이라도 혼자 해 나갈 계획을 세워라. 의료 시설이나 심지어는 약국을 이용할 수 없을 수도 있다.
- 일상생활에서 어떤 자원을 사용하는지 알아보고, 그런 자원이 제한되거나 사용할 수 없을 경우 어떻게 할 것인지 생각해 보라.
- 자신에게 필요한 것들을 모은 상자를 만들어라. 자신의 건강, 안전 그리고 자립을 유지하는 데 무엇이 필요한가?

당신이나 가까운 주변 사람이 장애를 갖고 있거나, 다른 문제로 접근이 어렵거나, 기능적인 도움이 필요하다면, 당신 자신과 가족을 보호할 추가 조치를 취해야 한다.

당신이 사는 지역에서 이용 가능한 개별적인 지원에는 어떤 것이 있는지 알아보아라. 비상 서비스 기관, 지역 소방서, 기타 정부 기관이나 비영리 단체 사무실에 미리 등록해 놓아라. 그곳에서 일하는 담당자에게 당신이나 가족이 개별적으로 필요한 도움이 무엇인지 알리고, 어떤 지원이나 도움, 서비스가 제공되는지 알아보아라.

접근이 어렵거나 기능적인 도움이 필요한 사람들은 누구를 말하는가?

- 청각 장애가 있거나 귀가 잘 들리지 않는 사람들은 재난 경보를 전달받을 특별한 장치가 있어야 한다.
- 일하는 한 부모 가정이나 영어를 유창하게 구사하지 못하는 사람들은 재난과 비상 계획 수립 시 고려되어야 한다. 지역 사회나 종교 및 문화 단체가 이들에게 정보를 제공하는 데 도움을 줄 수 있을 것이다.
- 자동차를 소유하지 못한 사람들에게는 교통수단을 마련해 주어야 한다.
- 특별한 식이 요법을 하는 사람들은 재난 시에 적절한 음식 공급을 위한 사전 조치가 필요하다.

출처: Ready.gov, 2013. http://www.ready.gov/individuals-access-functional-needs.

비판적으로 생각하기

다음번 재난이 닥치기 전에 접근이 어렵거나 기능적인 도움이 필요한 장애인, 어린이, 노인들을 더 효과적으로 도우려면 비상 계획을 수립하는 사람들은 어떤 조치를 취해야 할까?

── 대비 장비

재난 관리 기관은 부여받은 대응 임무를 하는 과정에서 믿을 수 없을 만큼 다양한 범주의 장비에 의존한다. 이러한 장비의 범주에는 (다른 많은 것들은 물론) 개인 보호 장비 (PPE), 소방 장비, 통신 장비 등이 포함되며, 이 책의 전반에 걸쳐 자세한 내용이 실려 있다. 장비는 대비 단계에서 매우 중요하다. 왜냐하면, 필요한 장비를 확인하고, 구입하며, 장비 사용법을 직원들에게 교육하는 것이 이 단계이기 때문이다.

연방 정부는 FEMA를 통해 주와 지역 차원에서 상당한 분량의 재난 관리 장비 구입을 돕고 있는데, 여기에는 수많은 재난 관리 보조금이 사용되고 있다. 이러한 보조금으로 구입 가능한 구체적인 장비의 범주와 대상을 지역 사회에 알리기 위해 FEMA는 허가받은 장비 목록Authorized Equipment List(AEL)을 만들었다. AEL은 대응 담당자들이 대응과 복구 과정에서 필요로 하는 다양하고 수많은 유형의 장비에 대한 실질적인 목록이다. 대부분의 보조금 프로그램은 모든 위험 요인에 해당되지만, 이 목록을 보면 연방 정부가 테러의 위험에 지속적으로 중점을 두고 있음을 알 수 있다.

교육과 훈련 프로그램

교육과 훈련은 언제나 비상 서비스의 필수적인 부분이었다. 소방관들은 소방 학교에서 교육받고, 경찰은 경찰 학교에서 교육받으며, 재난 관리 시스템(EMS) 담당자들은 공공 기관과 민간 기관에서 비상 응급조치 교육을 받는다. 그러나 재난 관리 직종의 교육과 훈련 분야에서 일종의 대변혁이 일어났다. 불과 몇십 년 전만 해도 재난 관리는 비상 서비스의 결과물이었고, 교육이 거의 또는 전혀 이루어지지 않던 분야였다(또는 추가적인 교육이 필요하다는 인식도 없었다).

재난 관리 분야에서의 교육과 훈련은 1979년 FEMA의 창설과 동시에 시작되었으며, 이로 인해 하나의 전문 직종으로서 능력 개발이 시작되었다. 당시에는 (전통적인 비상 서비스 분야 안팎으로) 재난 관리 분야에서 경력을 쌓은 전문가가 거의 없었고, 대도시의 시청에조차 이러한 직능에 종사하는 사람이 거의 없었다. 국립대학교에서 부전공 학위를 제공하거나 현장에서 자격증을 주는 극소수의 프로그램이 운영되었으며, 단 몇 개의 전문대학교에서 관련 교육 과정을 제공했을 뿐이다.

FEMA는 처음부터 이 직종을 특별한 교육과 훈련이 필요한 직업으로 규정했다. FEMA의 재난관리연구원(EMI)은 이러한 노력의 핵심 기관이 되었다. 이와 유사한 프로그램을 제공하는 몇몇 전문대학과 종합대학의 전문가들과 함께 일하며, FEMA는 재난 관리 전문가의 핵심 역량을 정의하고 '재난 관리 교육 과정'을 개발했다.

하지만 진정한 재난 관리 교육과 훈련이 시작된 것은 2001년 9월 11일의 사건 때문이었다. 이때부터 쓸 수 있는 예산이 늘어나고 재난 관리 시장이 커져 (공공 부문과 민간 부문 모두에서) 일자리가 폭발적으로 증가하면서, 많은 대학에서 전통적인 재난 관리 학위를 수여하기 시작했고, 수많은 학교에서 재난 관리 수업을 운영하기에 이르렀다. 이 직종의 종사자들을 교육시킬 필요가 증가하면서 이에 부응하기 위해 많은 사설 교육 기관이 문을 열었고, 전통적인 비상 서비스 교육 기관은 재난 관리 전임 전문가의 요청에 의해 점점 늘어나는 교과목을 수용하기 위해 교육 과정을 늘려야 했다.

── FEMA의 재난관리연구원과 국립소방학교

FEMA는 1979년 설립 이후로 실질적인 교육 과정을 개발하고 제공하며 고등 교육 과정과 교재를 개발하는 과정을 통해 재난 관리 전문가를 교육하고 훈련시키는 방향을 제시하는 선도자 역할을 해 왔다. 메릴랜드 주 에미츠버그에 있는 재난관리연구원(EMI)과 국립소방학교National Fire Academy(NFA)는 수많은 소방관, 소방공무원, 재난관리자 등을 교육시키고 이들의 교육적인 요구에 부응하고 있다. 이들 교육 기관은 미국의 재난 관리 수준을 끌어올린다는 중대한 목표 아래 교육 과정을 제공하고 있다. 현재 EMI의 주민 강좌에는 약 1만 명의 학생들이 등록되어 있다. (FEMA와 협약을 맺은) 재난 관리 기관을 통해 주 정부에서 운영하는 비거주민 과정에서는 매년 10만 명 이상의 학생이 공부하고 있다. EMI가 지원하는 재난 관리 교육에는 매년 15만 명 이상이 참여하며, 이 연구원의 웹사이트를 통해 운영되는 자율 학습 프로그램 수업을 통해 별도로 몇십만 명이 교육을 받고 있다.

EMI 프로그램에는 주목할 만한 세 과정이 있는데, 그것은 통합 재난 관리 과정Integrated Emergency Management Course(IEMC), 방재 직무 과정Disaster-Resistant Jobs Courses, 그리고 다양하고 많은 전문 분야에 유용한 강사 양성 과정Train-the Trainer Courses이다. IEMC는 지역 사회 재난 관리 기능의 모든 측면을 포괄하는 일련의 공무원 과정도 운영하고 있다. 오클라호마 시의 지역 경찰은 1995년 알프레드 뮤러Alfred Murrah 연방정부청사에 테러범이 폭탄 테러를 가하기 불과 몇 달 전에 IEMC 프로그램에 참여했고, 그래서 이 과정에서 배운 내용 덕분에 이 사건에 신속하고도 효율적인 대응이 가능했다고 한다. 방재 직무 과정은 미국 상무부 경제개발청(EDA)과 공동으로 개발되었으며, 이는 '중소 규모의 지역 사회가 재난의 여파로부터 경제를 보호하는 데 도움을 주고자' 설립되었다. 이 과정은 1997년 노스다코타 주, 그랜드포크스Grand Forks 시에서 발생한 홍수의 참담한 영향 때문에 개발되었다. EDA와 FEMA는 향후 지역 경제에 미치는 재난의 영향을 줄이기 위해 경제에 보다 중점을 둔 개발 계획이 수립되어야 한다는 것을 깨달았다.

FEMA의 EMI 고등 교육 사업은 전문대학교와 종합대학교에서 재난 관리 교육 과정을 개발하고 지원하는 일을 한다. 이 사업을 통해 재난 관리 분야의 준학사(*2년제 대학 졸업생에게 수여하는 학위: 옮긴이)를 위한 기본 교육 과정이 개발되었다. 현재 재난 관리 분야에서 FEMA는 10개의 박사 학위 과정을 운영하고 있으며, 84개 학교에서 석사 수준의 집중/전문/중점 분야/학위 과정을, 그리고 48개 학교에서 준학사 과정을, 41개 학교에서 학사 학위 과정을 운영한다. EMI는 국토 안보 분야에서 5개의 박사 학위 과정, 25개의 석사 학위 과정, 39개의 자격증 또는 전문 과정, 21개의 학사 학위 과정, 33개의 학사 수준 국토 안보 집중 과정과 부전공 과정, 20개의 준학사 과정, 그리고 52개의 자격증 과정을 운영하고 있다(FEMA, 2013. http://www.training.fema.gov/emiweb/edu/collegelist/).

국립소방학교(NFA)는 "자체 과정과 프로그램을 통해, 국립소방학교는 화재 및 관련 재난에 보다 효율적으로 대처하기 위해 화재 및 비상 서비스와 동종 전문직의 역량을 강화하기 위해 일한다"라고 선포하고 있다. NFA는 의회에서 법으로 규정한 연방소방청의 화재 관련 교육을 위한 주요 기관으로서의 역할을 수행하기 위해 1975년에 처음 설립되었다. 그때 이후로 140만 명 이상의 학생이 교육을 받은 것으로 NFA는 추정하고 있다. EMI처럼, NFA도 주와 지역의 화재 관련 교육 기관 및 지역의 전문대학교 및 종합대학교와 협조하여 메릴랜드 주 에미츠버그와 미국 전역에서 다양한 교육 과정을 운영하고 있다.

　　NFA의 교내 프로그램은 중간급과 고위급 소방공무원, 소방 서비스 교관, 기술직종, 그리고 동종 직업의 대표자를 대상으로 한다. 화재 예방과 통제, 응급 의료 서비스, 또는 소방과 관련한 재난 관리 활동과 깊은 관련이 있는 사람은 NFA 과정에 지원할 수 있다. NFA는 또한 CD-ROM, 시뮬레이션 실험실, 그리고 인터넷을 활용한 교육 과정도 운영하고 있다.

—— 시민 대상의 대비 교육

재난 관리를 위한 대비 교육의 가장 어려운 부분은 아마도 일반 시민을 대상으로 하는 교육일 것이다. 위험에 관한 의사소통이라고도 부르는 시민 대비 교육은 엄청난 성공과 실패를 거듭한 분야이다. 재난 관리를 위한 대중 교육에 가장 큰 노력을 기울인 것은, 적대국 정부가 가하는 공중 폭격의 위험에서 정부가 시민들을 보호하려 했던 시민 보호 시대에서 비롯됐다. 이때의 캠페인은 아이들에게 책상 밑에 웅크리고 들어가 자신의 몸을 보호하는 법을 가르쳤던 그 악명 높은 '공습 훈련'에 초점이 맞추어졌다. 이때부터 재난 관리와 대비 분야에 매스컴mass communication의 광풍이 몰아쳤지만, 그에 비견하는 폭넓은 행동상의 변화를 달성한 경우는 극히 드물다. 시민을 교육하기 위한 시도는 두 가지 이유에서 그다지 큰 성공을 거두지 못했다. 첫째, 대중 교육 분야와 고도로 복잡한 사회 마케팅 분야에 대한 교육을 거의 받지 못한 재난 관리 담당자들이 대부분의 캠페인을 실시했다. 이 분야에서는 현재 업무에 대한 체계적이고 학문적인 접근의 필요성을 이제 막 깨달은 단계여서, 결과적으로 효능 면에서의 개선을 기대할 수 있는 것은 지금부터이다. 둘째, 시민들은 어떤 교육을 받든 매일의 일상생활에서 무수히 많은 위험에 직면하므로, (폭넓은 성공을 막는 다른 많은 위험 인식 요인들과 마찬가지로) 개인에게 벌어질 가능성이 거의 없는 대규모 재난보다 이러한 일상의 위험 요인이 훨씬 더 중요하기 때문이다. 물론, '멈춰서, 덮고, 구른다(stop, cover and roll)'는 소방 안전 훈련과, '멈춰서, 내려놓고, 덮는다(stop, drop and cover)'는 지진 훈련을 포함한 개별적인 성공담은 있지만, 조사에 의하면 대부분의 가정은 강력한 일련의 재난이 미국을 덮친다 할지라도 대규모 재난으로부터 자신들을 보호할 가장 기본적인 대비조차 하지 않는 것으로 나타났다.

추가 연구

비정부 기구인 '정부의 우수성을 위한 위원회Council for Excellence in Government'는 미국 내에서 시민의 재난 대비에 관한 보고서를 펴내면서 시민 준비 지수Public Readiness Index를 개발했다. 이 지수에서는 열 가지 질문에 대한 대답을 1에서 10까지의 정도로 나눠 시민들의 대비 정도에 점수를 매겼다. 질문은 자신이 사는 지역 사회의 재난 계획에 대해 알고 있는가에서부터, 라디오에서 긴급 방송 채널을 찾는 법을 아는가, 그리고 가정 재난 도구를 준비해 두고 가족들과 만날 장소를 정해 두었는가에 이르기까지 다양하다. 이 지수의 평균 점수는 3.31이었다. 이 보고서는 http://ready.gov/research/citizen-preparedness-reaserch에서 볼 수 있다.

FEMA는 대중 교육의 개혁에 여러 해 동안 많은 노력을 쏟아부었다. 9/11 사건 이전에는 주로 교사나 지역 센터, 그리고 기타 다른 조직을 위한 교재 발간에 머물렀다. 하지만 테러 공격 이후에는 FEMA가 개발한 Ready.gov라는, 널리 알려진 대비 웹사이트를 만듦으로써 이러한 노력의 범위가 크게 넓어졌다. FEMA는 이 웹사이트에서 모든 시민과 기업이 가지는 중요한 세 가지 대비 책임에 대한 정보를 제공하고 있는데, 이 세 가지란 도구 세트를 마련하라, 계획을 세워라, 그리고 정보에 대한 접근을 유지하라 등이다. 불행히도 이 사이트는 한 번도 보지 못한 사람도 꽤 있을 정도로 인기를 얻지 못했다.

FEMA는 또한 "준비되었나요?Are You Ready?"라는 대비 지침서도 펴냈다. 이것은 컴퓨터에서 다운 받아 인쇄할 수 있는 단계별 지침으로, 사람들이 오늘 직면하고 있는 위험과 그러한 위험을 완화하는 방법에 대해 알려 준다. FEMA는 또한 강사용 지침서도 발간해서 (훨씬 덜 효율적일 수 있는) 단순히 읽기만 하는 것이 아니라 강의실에서도 이 책을 활용할 수 있게 했다. 〈재난에 대비하기Getting Ready for Disaster〉라는 비디오도 이 지침서와 같이 제작해서, 대비에 대해 배울 수 있는 또 다른 통로를 제공해 주고 있다. 이 같은 자료는 FEMA의 '준비되었나요?' 웹사이트에서 볼 수 있다(http://www.ready.gov/are-you-ready-guide).

오늘날, 대중 교육 영역에서 가장 획기적인 성공담은 미국 전역에서 운영되는 지역 사회 재난 대응팀(CERT) 프로그램인데, 이는 점점 확대되어 가는 네트워크로 발전하고 있다. CERT는 대규모 재난이 발생할 경우 초기 대응자가 순간적으로 압도되어 특정 서비스에 대한 요구에 부응하지 못할 수도 있다는 생각에서 비롯되었다. 엄청나게 많은 수의 부상자 발생, (통신 장비와 같은) 사회 기반 시설의 파괴 그리고 도로가 막히는 것처럼, 혼란을 일으키는 여러 가지 변수가 비상 지원을 위한 공정한 접근에 방해가 될 것이다. 이러한 상황에서 사람들은 즉각적으로 인명을 구조하고 생명을 지속시켜야 하는 필요에 부응하기 위해 서로서로에게 의지하게 된다. 보통 비상 서비스라 칭하는 이러한 기능 중 많은 부분을 실행할 수 있도록 일반 시민을 교육시키면, 지역 사회의 대비 범위가 크게 확대되어 위험 요인에 대한 취약성이 그만큼 줄어든다. 이런 관점에서 CERT의 목표는 다음과 같다.

1. 즉각적인 서비스라는 관점에서 대규모 재난이 발생할 경우 예상되는 정확한 현실을 시민들에게 알린다.
2. 완화와 대비에 대한 시민들의 책임을 알린다.
3. 의사 결정 방법, 구조자의 안전 그리고 최대 다수에게 최선의 것을 행한다는 원칙을 강조하여 시민들에게 인명 구조 기술을 가르친다.
4. 팀을 조직해 초기 대응 서비스를 확대하고 전문적인 서비스를 받게 될 때까지 즉각적으로 희생자를 돕도록 한다.

지역 사회 재난 대응팀(CERT)의 개념은 1985년 로스앤젤레스 소방국Los Angeles City Fire Department(LAFD)에서 수립되어 시행되었다. 1987년 휘티어 내로우즈Whittier Narrows에서의 지진은 넓은 지역의 대규모 재난에 대한 위협을 캘리포니아 주에 분명히 보여 주었다. 더 나아가 이 사건은 즉각적인 필요에 대응하기 위해 시민을 훈련시킬 필요를 확인시켜 주었다. 그 결과 LAFD는 시민과 민간 기구 및 공무원을 교육시키기 위한 재난대비과Disaster Preparedness Division를 설립했다.

LAFD가 시작한 이 교육 프로그램은 시민들이 재난에 대비하는 자신들의 책임을 이해하게 함으로써 재난 대비 역량을 향상시켜 주었다. 게다가 본인과 가족 그리고 이웃을 안전하게 돕기 위한 능력 또한 향상시켜 주었다. FEMA는 이 프로그램의 가치를 잘 알고 있었으며 따라서 이를 전국적으로 확대했다. 재난관리연구원과 국립소방학교는 CERT의 교재가 모든 위험 요인에 적용 가능하다고 판단해, 이를 채택하고 널리 확산시켰다. 오늘날, CERT 교육은 미국 내 거의 모든 지역에서 쉽게 접할 수 있다.

CERT는 어느 기관에도 소속되지 않은 시민들이 재난에 대응하고 대처할 수 있도록 준비시키는 일을 한다. CERT 소속 단체는 자신들이 사는 지역의 피해자들에게 즉각적인 지원을 제공하기 위한 기술과 지식을 제공받으며, 아무 교육도 받지 못한 자원봉사자들을 모아 재난 발생 시 할당된 자원으로 우선순위에 따라 전문 대응 담당자들을 돕는 재난 관련 정보를 가르친다. FEMA가 이러한 교육을 전국적으로 확대시킨 1993년부터 거의 모든 주와 지역 사회에서 CERT 교육을 실시하고 있다. CERT 과정은 이 과정을 가르치는 데 필수적인 지식과 기술을 보유한 긴급 구조팀에 의해 지역 사회로 전달되고 있다. 지역 사회의 각 단체를 위한 CERT 교육은 보통 7주 이상의 기간 동안 매주 하루, 2시간 반의 강의로 운영된다. CERT는 FEMA의 지역 사회 대비과Community Preparedness Division에서 운영하며, 이곳에서는 CERT를 감독하는 시민 단체 프로그램도 운영하고 있다(그림 4-2).

그림 4-2　2012년 8월 13일 캘리포니아 오클랜드Oakland. 지진 훈련 당시 FEMA의 제9지부 대응조정센터의 모습. 번개 훈련Thunderbolt exercise은 제9지부 사무소의 직원을 대상으로 하는 '사전 공지 없는' 훈련이다. 번개 훈련과 같은 훈련은 FEMA가 대응 능력을 평가하는 데 도움을 준다. 사진 Mary Simms.

그림 4-3　2006년 5월 17일 루이지애나 바톤루지Baton Rouge. 모든 차원의 정부의 협력 기관들뿐만 아니라 부족의 기관, 비정부 기구, 민간 업체들이 루이지애나에 모여서 국토안보부(DHS)가 주관하는 허리케인 대비 훈련을 하고 있다. FEMA에 의해 개발된 이러한 훈련들은 재난 대응 기능, 대피, 대피소와 국가 대응 계획 실행에 중점을 둔다. 사진 Robert Kaufmann/FEMA.

재난관리론

재난 관리 훈련

훈련은 계획과 계획을 구성하는 요소의 효과와 효율을 평가하고, 계획의 실행과 관련된 시스템, 시설 그리고 인력을 시험할 기회를 제공한다. 훈련은 모든 차원의 정부, 민간 부문 그리고 교육 시설 등에서 실시된다. FEMA는 훈련을 '비상 계획에서 서술한 것처럼, 할당되거나 내포된 하나나 그 이상의 운영 업무나 절차를 실행하는 어떤 기관의 역량을 제시하고 평가하기 위해 통제된 상황에서 시나리오에 따라 치르는 모의 경험'이라고 정의하고 있다. 다음은 재난 관리 훈련의 공통적인 유형이다 (Coppola, 2006).

- 집중 훈련: 통제와 감독하에 한 가지 재난 관리 활동이나 기능을 연습하거나 시험하는 방법
- 탁상 훈련: 통제되고 스트레스가 적은 토론 시나리오 범위 안에서 담당자들이 재난 대응 계획을 완전히 작동시키거나 구성 요소를 점검해 보기 위한 훈련
- 기능 훈련: 담당자들이 대응해야 하는 사건을 모의 시험해 봄으로써 대응 역량을 검토하고 연습해 보는 훈련. 한 가지 기능이나 활동을 시험하는 집중 훈련과 달리, 기능 훈련은 더 큰 규모의 포괄적인 대응 목적을 충족시키기 위해 모든 영역의 관련 활동을 시험함
- 종합 훈련: 실제 재난과 가까운 상황을 재현하기 위해 시나리오에 기반한 사건을 만들어 훈련함. 비상 운영 계획(EOP)에서 강조한 것처럼 실제 사건이 벌어지는 동안 활약할 모든 관련자가 종합 훈련에 참여해, 필요한 모든 장비를 사용하고 절차를 그대로 밟으며 실시간으로 훈련함(그림 4-3)

FEMA는 국토 안보 훈련 및 평가 프로그램Homeland Security Exercise and Evaluation Program(HSEEP)을 통해 모든 관할 구역에서 실시되는 훈련을 지원한다. HSEEP는 재난 관리 기관의 훈련 지침과 기준을 제시하고 평가의 틀을 개발하기 위해 만들어졌다. HSEEP는 같은 종류의 프로그램 중 가장 포괄적인 도구이기 때문에 찬사와 비

난을 함께 받지만, 연방 정부가 지역 차원의 활동을 지시하기 위해 시도하는 또 다른 방법일 뿐이라고 생각하는 행정 기관이 많다. 부분적으로 이것은 재난 관리 보조금 프로그램의 지원을 받기 위해서는 연방 정부가 자금을 대는 훈련이 HSEEP의 규정과 기준에 부합해야 한다는 사실 때문이다. HSEEP는 또한 국가 사고 관리 시스템(NIMS)과 국가 대응 체계(NRF)의 정책을 포함, 전 관할 구역에서 똑같이 시행되지 못하는 다른 재난 관리 정책을 하나로 묶는 역할을 하며, 훈련 시행 과정에서 시험을 거친다.

FEMA는 보조금을 받으려면 HSEEP를 준수할 것을 요구한다. 여기서 준수란 훈련 프로그램의 관리와 훈련 계획, 개발, 실행, 평가 그리고 개선안 수립을 위해 구체적인 과정과 절차를 그대로 따르는 것을 말한다. HSEEP의 정책과 지침 문서에는 네 가지 구체적인 실행 요건이 적시되어 있다.

1. 연간 교육과 훈련 계획을 수립하기 위한 워크숍을 개최하고, 다년간의 교육과 훈련 계획을 수립하라.
2. HSEEP의 정책이 제시하는 지침에 맞춰 훈련을 계획하고 실행하라.
3. 적절한 형식에 맞는 사후 평가 보고서(AAR)와 개선 계획Improvement Plan(IP)을 수립하여 제출하라.
4. AAR/IP에 명시된 수정 조치에 따라 시행하라.

마지막에서 두 번째 재난 관리 훈련은 국토안보부(DHS)가 후원하는 국가 차원의 훈련National Level Exercise(NLE) 프로그램이다. 이전에 탑오프TOPOFF(고위 관리를 뜻하는)라고 불렸던 이 NLE 프로그램은 주와 지역 그리고 다른 나라와의 국경 지역에서 대규모 재난에 대한 대응 능력을 시험하는, 1년에 한 번 실시되는 종합 훈련이다. 전통적으로 NLE 훈련은 테러의 위험에 초점이 맞춰져 왔다. 하지만 2011년에는 처음으로 자연 재난에 초점을 맞춰 미국 중부의 뉴마드리드New Madrid 단층대에서 대규모 지진 대비 훈련을 했다. NLE는 국토안보부 국가 훈련 프로그램National Exercise

Program(NEP)이 주관하며, 주 정부에서 자체적으로 실시하는 훈련이 아니라, 연방 정부와 지역 그리고 주의 훈련 활동을 기획하고 계획을 수립한다. NLE는 DHS보다 먼저 있었는데, 그것은 최초의 탑오프 훈련이 콜로라도에서의 생물학 공격과 뉴햄프셔에서 화학 공격이 동시에 벌어졌을 경우에 대비해 2000년 5월에 시행되었기 때문이다.

- 탑오프 2: 워싱턴에서 방사능 공격, 일리노이에서 생물학 공격이 동시에 벌어졌을 경우에 대비해 2003년 5월 실시됨
- 탑오프 3: 코네티컷에서 화학 공격, 뉴저지에서 생물학 공격이 동시에 벌어졌을 경우에 대비해 2005년 4월 실시됨
- 탑오프 4: 오리건, 애리조나, 괌, 그리고 워싱턴 D.C.에서 동시에 방사능 공격이 이루어졌을 경우에 대비해 2007년 10월 실시됨
- 2009년 NLE: 미국 전역(그러나 워싱턴 D.C., 아칸소, 루이지애나, 뉴멕시코, 오클라호마, 그리고 캔자스 주에 중점을 둠)에서의 테러 공격을 예방하기 위한 훈련으로 2009년 7월, 8월 실시됨
- 2010년 NLE: 핵무기 폭발에 중점을 둔 훈련으로 2010년 3월 실시됨
- 2014년 NLE: 정보 교환, 사이버 사건 관리/가상 효과, NLE 캡스톤/사이버 물리적 영향 그리고 훈련의 지속성/이글 호라이즌Eagle Horizon(* 미국 정부가 매년 시행하는 훈련으로 재난 상황 시 공공 기관의 업무 연속성 대응 활동을 중점적으로 훈련함: 옮긴이)에 중점을 둔 네 가지 훈련이 2012년 3월과 6월 사이에 실시됨

국가 훈련 프로그램

국가 훈련 프로그램(NEP)은 국가적인 훈련 프로그램이다. 이 국가 계획은 국가 차원의 대비와 회복 탄력성을 검토하고 평가하고 향상시키기 위해 만들어졌다. NEP는 국가적인 대비를 위한 우선 사항과 주요 목적에 대한 대비 상황을 평가함으로써 대비와 회복 탄력성을 증진시키고 정책, 우선순위 설정, 그리고 예산 결정에 영향을 미친다.

NEP는 사건 발생 전에 국가 전역에 걸쳐 협력 관계를 증진하고 관계를 구축한다는 목표

를 지니는 진정으로 국가적인 차원의 프로그램이다.

각각의 NEP 순환 체계에는 집중 훈련부터 기능 훈련에 이르는 여러 가지 유형의 훈련이 포함되며, 모든 차원의 정부, 비정부 기구와 민간 기관, 그리고 '총체적 지역 사회'에서 참가한 사람들과 이들이 벌이는 훈련이 포함된다.

주요 목적이란 국토 안보 전반에 걸쳐 국가적인 대비의 우선 사항을 바탕으로 하는 고차원적인 목적이다. NEP 훈련은 다음 주요 목적 중 적어도 하나에 맞춰 실시되어야 한다.

- 국가 안보를 위협하는 사건 발생 전후 그리고 사건이 발생하는 동안 시의적절하고 풍부한 정보를 바탕으로 결정을 내리기 위해 기밀 사항, 정보, 자료 또는 지식을 교환한다.
- 국가 안보를 위협하는 위험 요인이 발발하는 동안 가능한 지원을 제공하고 적절한 조치를 취하는 것을 포함, 위협과 위험 요인을 밝히고, 즉각적이고 신뢰할 만하며, 조치 가능한 위험 관련 정보를 일반 시민과 공유한다.
- 스태포드 법에 해당되지 않거나, 재난에 휩싸인 외국을 미국이 돕는 경우를 포함, 모든 위험 요인에 대해 연방 정부가 주도하는 기관의 권한에 따라 자원을 규명하고, 우선순위를 매기며, 전달할 수 있는, 통일되고 잘 조직된 운영상의 구조와 절차를 만들고 유지한다.
- 재앙적인 재난을 당한 지역 사회의 복구를 지원하는 계획, 권한, 책임 그리고 조직화 역량을 기르고 유지한다.

출처: FEMA, 2013. http://www.fema.gov/national-exercise-program#Principals Objectives.

평가와 개선

대응과 복구를 담당하는 사람들의 대비 역량을 개선할 수 있는 최선의 방법은 평가와 심사이다. 역량을 계속해서 유지하고 시간이 지나면서 향상시키려면 평가 과정을 통해야 한다. 재난 관리 평가를 실행할 수 있는 프로그램에는 여러 가지가 있으며, 좀 더 보편적인 프로그램에는 다음과 같은 것들이 있다.

- EMAP: 재난 관리 인증 프로그램Emergency Management Accreditation Program(EMAP)은 아마도 가장 널리 알려진 조직적인 대비 평가 방법일 것이다. 이것은 상호 심사하는 재난 관리 기준에 따라 주와 지역의 재난 관리 기관을 평가한다. EMAP의

자금은 FEMA에서 지원하지만, 이 프로그램을 실시하는 것은 독립적인 비영리 기관이다. 따라서 인증을 받고자 하는 기관은 비용을 지불하고 독립적인 평가자들이 실시하는 평가를 받아야 한다.

- SPR: 주 정부의 대비 보고서State Preparedness Report(SPR)는 2006년 포스트 카트리나 재난 관리 개혁법(PKEMRA)이 규정한 주 정부 차원의 재난 관리와 재난 대비에 필요한 요건을 만족시키기 위해 만들어졌다. 이러한 목적하에 주 정부는 모든 재난 대비 프로그램의 발전과 역량 그리고 성취에 대해 보고하기 위해 매년 SPR을 제출한다. 이 보고서는 국토안보부(DHS)가 규정한 대비 우선 사항과 역량에 부응하기 위해, 현재의 성취 수준과 주州 전체의 대비 수준을 어떻게 향상시켜 나갈 것인지를 의회에 제출하기 위해 작성된다. 주 정부는 표준 양식을 활용해 개별적으로 SPR을 작성하고, (국가 대비 지침National Preparedness Guidelines(NPG)에 명시된 바와 같이) 그 안에 여덟 가지 국가적 우선 사항을 실천하기 위한 조치를 담는다.

a. NIMS와 NRF 실행하기

b. 지역 협력 확대하기

c. 국가 사회 기반 시설 보호 계획National Infrastructure Protection Plan(NIPP) 실행하기

d. 정보 공유와 협력 역량 강화하기

e. 상호 정보 교환이 가능하고 작동 가능한 의사소통 역량 강화하기

f. 화학적, 생물학적, 방사능, 핵, 폭발물 감지, 대응, 그리고 오염 제거 역량 강화하기

g. 의학적인 요구 급증과 대량 질병에 대한 예방 역량 강화하기

h. 계획 수립과 시민 역량 강화하기

- TCL: 목표 역량 목록Target Capabilities List(TCL)은 FEMA가 운영하는 프로그램으로, 국가가 직면한 다양한 위험 요인에 대응하기 위해 필요한 역량을 밝혀내고 정의한다. TCL에서 역량은 개별적인 각 기관에 의해 유지된다기보다는, 해당 기관이 소속 직원들이나 재난관리지원협약Emergency Management Assistance

Compact(EMAC) 또는 다른 참여 기관과의 상호 협력으로부터 끌어낼 수 있는 어떤 것이 되어야 한다. TCL에서 행정 기관은 국가 전역의 필요 사항과 서로 다른 위험이 반영된 역량을 유지하고 개발해야 한다. TCL은 모든 차원의 정부, 민간 부문, 비정부 기구의 대표자들과 협의하여 개발한 37개의 서로 다른 역량을 규정하고 있다. TCL 사용자들은 대규모 재난을 맞아 맡은 임무와 과업을 수행하기 위한 능력과 역량을 개발하고 평가하기 위해 TCL과 협의하에 계획, 절차, 교육, 훈련, 평가 과정을 수립한다. TCL은 국가적 대비를 완수하기 위해 기본적인 참고 문서와 계획 수립의 지침 역할을 한다.

• NIMSCAST: FEMA의 국가대비본부가 운영하는, 국가 사고 관리 시스템 준수 지원 도구NIMS Compliance Assistance Support Tool(NIMSCAST)는 재난 관리 관련 기관이 국가 사고 관리 시스템에 자체적으로 진행 보고서를 제출할 수 있는 시스템이다.

• DEC 의사소통 프로젝트: 재난 비상 통신Disaster Emergency Communications(DEC) 프로젝트는 28개 주를 대상으로 재난 시의 통신을 분석하며, FEMA가 관리한다. DEC의 임무는 일반 전화와 휴대 전화 네트워크가 손상되거나 정체되었을 때, 특히 재난 발생 후 첫 96시간 동안, 상황 파악과 명령 및 통제, 주와 지역의 긴급 구조대원 및 재난 대응 담당자가 재난 임무를 수행할 수 있도록 의사소통 능력을 제공하는 데 중점을 둔다. 주州에 대한 예정된 평가가 끝나면, 평가팀은 재난 통신에 필요한 요건, 제안된 완화 전략, 합의된 과업 그리고 획득한 전략을 모두 포괄하는 상세한 보고서를 작성한다. 평가팀은 또한 지역의 재난과 관련된 통신 계획과 장비 설명서도 작성해야 한다.

• CAS: 종합 평가 시스템Comprehensive Assessment System(CAS)은 FEMA가 운영하는 재난 관리 평가 시스템으로, 연방 정부, 주, 부족, 그리고 지역의 행정 기관 차원에서 자원 할당과 구체적인 모든 방재 역량의 성취와 관련된 국토 안보 운영 전반에 걸친 문제와 결함을 밝혀낸다. 포스트 카트리나 재난 관리 개혁법(PKEMRA)에 의해 탄생한 CAS는 국가 대비 시스템National Preparedness System, 국가 사고 관리

시스템(NIMS), 그리고 관련된 다른 계획의 준수 여부도 평가하는데, 여기에는 필요한 자원에 대한 평가, 교육, 훈련, 그리고 운영 성취도 평가가 포함된다. FEMA는 CAS가 언젠가 전국 대비 자료의 중앙 보관소 역할을 하기를 희망하고 있다.

• CEM: 개인의 재난 관리 대비 역량은 국제 재난관리자 협회(IAEM)가 운영하는 공인 재난관리자Certified Emergency Manager(CEM) 프로그램을 통해 평가할 수 있다. 이 프로그램은 유료이며, 개인이 실제 재난 대응을 준비하는 데 필요한 강좌를 듣고 경험할 수 있게 해 준다. 이 과정을 마치고 증명서를 받으면, 명함에 CEM이라는 머리글자를 사용할 수 있다.

대비: 국가적인 노력

재난에 대한 대비는 모든 차원의 정부에서 이루어지지만, 국가 차원의 대비 전략을 개발하고 알리고 후원하는 것은 FEMA의 국가대비본부(NPD)이다. 허리케인 카트리나에 대한 대응에 실패한 뒤에, 의회는 2006년 포스트 카트리나 재난 관리 개혁법(PKEMRA)에 의해, 모든 정부와 조직 차원에서 대규모 재난에 적절하게 대응하고 복구할 수 있도록 연방 정부와 주, 카운티, 지구, 도시, 그리고 지역 사회가 필요한 지식과 자금 그리고 지침을 갖출 수 있도록 하는 국가 재난 대비 목표가 필요하다고 보았다. 그 결과, 이러한 목적 달성에 필요한 전략의 조정과 개발을 감독하기 위해 2007년 4월 1일 NPD가 설립되었다. NPD는 대비 정책을 세우고, 계획 수립에 필요한 지침을 제공하며, 재난 대응 역량을 키우기 위해 설립되었다. FEMA에 속한 NPD는 교육 과정, 국가 정책 개발과 주와 지역의 정책 지침 및 계획 수립, 앞에서 언급한 국가 차원의 훈련(NLEs) 등 훈련의 실시를 포함해, 대비 프로그램을 개발하고 도입하는 등 폭넓은 영향력을 갖고 있다.

국가적인 차원에서의 대비 노력에 필요한 요건은 국가 대응 체계(NRF)에서 지침을 제공하는데, NRF는 2008년 1월 국가 대응 계획(NRP)이 바뀐 것이다. NRF는 지역 사회, 주, 부족, 그리고 연방 정부의 대응 노력을 통합하는 데 필요한 명확한 지침을 제공하고, 국내의 사건 대응과 모든 위험 요인에 대한 포괄적이고 국가적인 접근을 위해 설립되었다. 이러한 체계에서 필요한 조치를 취하기 위한 역량을 기르기 위해, FEMA는 전략적인 차원에서 일련의 대비 정책을 발표했다. 국토 안보에 관한 대통령 훈련 8호(HSPD-8)에 의해 전국적으로 국내의 모든 위험 요인에 대비한다는 목적을 세울 것을 국토안보부(DHS) 장관에게 지시했다. 이러한 노력의 일환으로 2005년 3월, 국토안보부는 잠정적인 국가 대비 목표Interim National Preparedness Goal를 설정했다. 이 목표는 나중에 국가 대비 지침(NPG)으로 채택되었으며, 이 지침에는 다음 네 요소가 포함된다.

1. 국가 대비 비전National Preparedness Vision은 국가 차원의 핵심적인 대비 목적에 대한 간단한 강령을 제시한다.
2. 국가 계획 수립 시나리오National Planning Scenarios는 어떤 대비가 기본이 되는지에 따라 자연적인 위험 요인과 (아직은 주로) 테러의 위험 요인을 포함해 중요도가 높은 15가지 위협 시나리오를 적시하고 있다.
3. 일반 업무 목록Universal Task List(UTL)에는 국가 계획 수립 시나리오에 제시된 주요 사건을 예방하고, 이러한 사건에 맞서 보호하고 대응하며 복구하는 데 필요한 주요 사항으로 대략 1,600가지의 고유한 업무가 적시되어 있다.
4. 목표 역량 목록(TCL)에는 FEMA가 재난에 효율적으로 대응하기 위해 모든 차원의 정부와 지역 사회 그리고 민간 부문에서 반드시 필요하다고 결정한 37가지의 구체적인 역량이 묘사되어 있다.

대비 보조금 프로그램

FEMA의 국가대비본부는 주로 주와 지역의 행정 기관을 우선시하긴 하지만, 모든 정부 차원에서 대비 노력을 목적으로 하는 폭넓은 보조금 프로그램을 운영하고 있다. 이들 프로그램은 목적에 따라 다르며, 각 기관은 이들 프로그램에 지원해, 활동과 장비에 대한 자금을 지원받을 수 있다. 2012년에 자금을 지원받은 보조금 프로그램은 다음과 같다.

▬ 재난 관리 성과 보조금 프로그램: 2012년 예산 3억 3,950만 달러

재난 관리 성과 보조금 프로그램Emergency Management Performance Grant Program(EMPG)은 모든 위험 요인에 대비한 재난 관리 역량을 키우고 유지하는 데 있어 주 정부와 지역 정부를 돕기 위해 만들어졌다. 주와 준주의 정부는 이 프로그램에 지원할 수 있다. 주의 행정 기관 또는 주의 재난 관리 기관Emergency Management Agency(EMA)은 주와 지역의 재난 관리 기관을 대표해 FEMA에 직접 EMPG 자금을 신청할 수 있다. 이 보조금은 연방 정부와 주 정부에서 50%씩 비용을 부담하며, 현금이나 현물로 필요한 것을 제공한다. 보조금에 관한 정보는 http://www.fema.gov/fy-2012-emergency-management-performance-grants-program에서 볼 수 있다.

▬ 국토 안보 보조금 프로그램

국토 안보 보조금 프로그램Homeland Security Grant Program(HSGP)은 4개의 서로 다른 보조금 프로그램으로 구성되어 있으며, 각각은 다음과 같다.

• 주 정부의 국토 안보 프로그램: 2012년 예산 2억 9,400만 달러

HSGP는 주와 지역 차원의 대응 역량을 키우고, 주 정부의 대비 보고서(이 장 앞부분의 SPR을 보라)에 있는 주의 국토 안보 전략과 계획이 포함된 목표와 목적을 실행하기 위해 주 정부의 국토 안보 프로그램State Homeland Security Program(SHSP)에 자금을 제공한다. 주 정부에서는 SHSP 기금의 적어도 25%를 법에 명시된 테러 예방을 위한 계획 수립, 조직, 교육, 훈련 그리고 장비와 관련된 활동에 써야 하며, 여기에는 융합 센터의 발전과 운영을 지원하는 활동도 포함된다. 주 정부만 FEMA의 SHSP 기금을 신청할 수 있는데, 각 주는 전체 기금의 최소 0.36%를 받으며, 나머지는 여러 가지 위험 요소에 쓰인다(4개의 준주는 미국령 사모아, 괌, 북 마리아나 제도, 그리고 버진 제도를 말하며, 이들 준주는 전체 기금의 최소 0.08%에 해당하는 할당량을 받는다)(http://www.fema.gov/fy-2012-homeland-security-grant-program#1).

• 도시 지역 안전 계획: 2012년 예산 4억 9,037만 6,000달러

도시 지역 안전 계획Urban Area Security Initiative(UASI) 프로그램은 국가 대비 지침(NPG)에 따르는 주요 대도시 지역에서 대비를 증진시키는 데 역점을 둔다. 이 프로그램은 재난 완화, 대비, 대응, 그리고 복구를 위한 통합 지역 시스템을 개발하며 선별된 관할 구역을 돕는다. 주 정부는 UASI 기금의 최소 25%를 법에 명시된 테러 예방을 위한 계획 수립, 조직, 교육, 훈련, 그리고 장비와 관련된 활동에 써야 하며, 여기에는 융합 센터의 발전과 운영을 지원하는 활동도 포함된다. 기금의 대부분이 도시 지역으로 직접 전달되긴 하지만, 주 정부만 UASI 보조금 프로그램에 지원할 수 있다(http://www.fema.gov/fy-2012-homeland-security-grant-program#1).

• 스톤가든 작전: 2012년 예산 4,660만 달러

스톤가든 작전Operation Stonegarden(OPSG)은 다른 나라와 물로 나뉜 국경을 가진 주와 준주뿐 아니라, 멕시코 및 캐나다와의 국경 안전을 위하여, 지역, 주, 연방 정부의 사법 기관들의 협력과 조정을 증진하기 위해 만들어졌다. OPSG의 수령 기관에는 카운티 차원의 지역 단위 정부와 연방 정부가 인정한, 캐나다와 국경을 마주하고 있는 주의 부족 정부(알래스카 등), 멕시코와 국경을 대고 있는 남부의 주, 그리고 다른 나라와 물로 나뉜 국경을 가진 주와 준주가 포함된다. 보조금에 관한 정보는 다음 사이트에서 찾을 수 있다. http://www.fema.gov/fy-2012-homeland-security-grant-program#1.

• 2012 회계연도 항구 안전 보조금 프로그램: 2012년 예산 9,700만 달러

2012 회계연도 항구 안전 보조금 프로그램FY 2012 Port Security Grant Program(PSGP)은 테러, 특히 교역에 심각한 혼란을 일으킬 수 있는 비재래식 위협과 특히 폭탄을 사

용한 공격으로부터 주요 항구의 사회 기반 시설을 보호하기 위해 만들어졌다. PSGP 기금은 즉석 폭탄(IEDs), 화학, 생물학, 방사능, 핵 폭발물(CBRNE)과 기타 비재래식 무기와 관련된 공격으로부터 예방하고, 감지하며, 대응하고, 복구하는 위험 관리 역량을 강화하고, 항구의 바다에 대한 감시 기능 강화를 지원하며, 항구의 대비 역량을 증진시키기 위해 사용되는데, 여기에는 교육과 훈련 그리고 운송 노동자 신원 증명서Transportation Worker Identification Credential(TWIC)도 포함된다. 7개 항구가 (위험이 가장 높은) 제1그룹에 들어가며, 48개 항구는 제2그룹에 포함된다. 제1그룹과 제2그룹에 포함되지 않는 항구는 제3그룹이나 '다른 모든 항구 지역'에 해당된다. 보조금에 관한 정보는 다음 사이트에서 볼 수 있다. http://www.fema.gov/fy-2012-homeland-security-grant-program#1.

비판적으로 생각하기

국내재난대비국Office for Domestic Preparedness(ODP)이 테러에 대한 대비 노력에 중점을 두는 이유가 무엇이라고 생각하는가? ODP가 기금을 대는 대비 활동이 모든 위험 요인에 해당되어야 하지 않겠는가? 그렇다고 생각하는 이유는 무엇이며, 아니라고 생각하는 이유는 무엇인가?

사업 연속성을 위한 계획 수립과 재난 관리

사업 연속성 계획 수립Business Continuity Planning(BCP)은 기업이 사업 절차, 설비, 고용인, 그리고 정보와 관련된 위험을 밝혀내어 재난에 대한 준비를 하고, 그러한 위험을 줄이기 위한 조치를 취하는 과정을 말한다. BCP에는 재난이 일어난 동안에도 기업이 (더 작은 규모로 기능하더라도) 계속 기능할 수 있는 가능성을 찾아내 이를 법률로 제정하는 일도 포함되며, 이에 따라 지역 사회와 국가에 대한 기업의 제품과 서비스 제공이 계속 이루어져야 한다. BCP는 기업이 재난에 대비하는 가장 효율적인 방법인데, 왜냐하면 지역 사회의 위험이 기업에 어떤 영향을 미치며, 그에 따라 기업에서 필요로 하는 것이 무엇인지를 더 잘 알아야 (예전처럼 재난 대응 담당자나 다른 기관으로부터 제공받기보다는) 그러한 과정을 시작할 수 있기 때문이다. 다른 모든 대비 노력처럼 BCP도 지역사회 전체의 회복 탄력성을 증진시키며, 이는 사업 부문이 빨리 정상적인 운영에 들어가면 들어갈수록, 지역 사회가 더 빨리 회복할 수 있기 때문이다.

기업에 대한 재난 계획 수립은 정보 시대에 처음 시작되었으며, 대비는 주로 정보의 저장과 검색에 중점을 두었다. 이때부터 연속성의 개념은 변화하는 환경에 맞춰 발전해 왔다. 대규모 사건의 발생으로 BCP는 점점 커지는 우려를 포함할 것을 요구받아 왔다. 9/11 테러 공격은 재난이 경제적이고 심리적인 파장을 통해 국가적인 차원에서 한 국가에 어떤 영향을 줄 수 있는지를 거의 모든 기업에 여실히 보여 주었다. 9/11 공격 이후에 BCP 부문에 일어난 변화는 다음과 같다.

1. 테러는 기업의 주력 종목이나 위치에 관계없이 많은 기업에 커다란 위협으로 받아들여지고 있다.
2. BCP에 고용인의 물리적 안전에 대한 관심도 포함하도록 확대되어 왔다.
3. BCP는 기업 활동의 분산화를 포함할 수 있다.
4. BCP는 기업이 위치한 지역에 대한 (경제적인 영향도 포함해서) 재난의 영향도 포함해 관심 영역을 확대해야 한다.
5. 기업의 생존이 달린 인간관계가 좀 더 중요한 관심사가 되었다.
6. 기업은 현장의 운영 역량에 총력을 기울여 재난 발생 동안에도 컴퓨터 사이트가 정지되지 않도록 노력해야 한다.
7. 아주 중요한 자료의 백업 및 검색과 관련해 새로운 접근이 이루어지고 있다.
8. 물리적인 보안이 BCP의 관심사가 되었다.
9. BCP 산업이 점점 전문화하고 있으며, 점점 더 많은 기업이 재난 관리 전담 직원과 BCP 담당 직원을 고용하고 있다.

9/11 사건은 기업의 생존이 필수적인 사회 기반 시설과 교통 시스템 같은 많은

외부 요인에 의해 좌우된다는 사실을 일깨워 주었다. 또한 미국의 사회 기반 시설 중 너무도 많은 부분을 민간 부문에서 소유하고 있으며, 따라서 정부의 대비 노력은 대부분 이에 별다른 영향을 미치지 못하기 때문에, 연방 정부는 BCP의 중요성을 잘 알고 있다. FEMA는 대비를 잘하기 위해 기업들과 보다 긴밀히 협조하기 시작했는데, 이는 기업이 재난 지원의 수혜자일 뿐 아니라 재난 이전과 이후에 필요한 제품과 서비스 중 많은 부분을 제공하기 때문이다. 따라서 대비와 계획 수립 과정에 이들이 반드시 포함되어야 한다.

FEMA 대외협력국Office of External Affairs의 민간협력과Private Sector Division는 이러한 협력 관계의 개발을 주관하고, 기업 부문의 대비와 복구에 관한 계획 수립 활동을 할 목적으로 다양한 실무단을 발족시켰다. 예를 들어, 2009년 신종 인플루엔자-A 가 유행했을 때, 민간협력과는 소기업을 위한 신종 인플루엔자-A 대비 지침을 개발했는데, 이는 소기업이 한정된 노동력에 의존하므로 독감 유행으로 문을 닫을 위험이 특히 컸기 때문이다.

2009년 11월, FEMA는 민간 부문의 자발적 대비에 대한 승인과 인증 프로그램 Voluntary Private Preparedness Accreditation and Certification Program(PS-Prep)을 발표했다. 이 프로그램은 9/11 사건 이후에 법적인 권한을 부여받았다. 이 PS-Prep 프로그램은 민간 기관이 재난에 적절히 대비했는지 인증할 수 있는 메커니즘을 제공함으로써 민간 부문의 대비를 강화하기 위해 만들어졌다. 이 과정에서 대비 기준이 개발되었는데, 물론, 이러한 기준은 전에는 존재하지 않았다. 이 프로그램에 참여하는 것은 완전히 자발적이며, 정부는 기업으로 하여금 이 프로그램이 채택한 기준에 따르도록 요구할 어떤 권한도 없다. FEMA가 개발하고 채택한 기준은 다음과 같다.

- 미국 산업보안협회American Society for Industrial Security International(ASIS)의 SPC.1-2009. 조직의 회복 탄력성: 안보 대비와 관리 시스템의 연속성
- 영국 표준연구원(British Standards Institution) 25999. 사업 연속성 관리: 제1부(2006) 와 제2부(2007)

• 미국 화재예방협회National Fire Protection Association 1600:2007. 재난에 관한 기준/ 재난 관리와 사업 연속성 프로그램

미국 국가규격인증위원회ANSI-ASQ National Accreditation Board(ANAB)는 인증 과정을 개발하고 감독하며, 인증을 관리하고, 프로그램의 승인된 절차에 맞춰 인증 업무를 수행할 제3자를 인증 기관으로 지정하기 위해서 선정되었다. 기업과 필수적인 사회 기반 시설 그리고 주요 자원 관리 기관을 포함한 민간 부문의 기관은 개발되고 채택된 대비 기준이 적절한 필요 요건을 갖췄는지를 인증받기 위해 지원할 수 있다. 민간 부문의 기관은 이 프로그램을 이수한 후에 승인받은 제3의 인증 기관에 의해 기준에 맞는 대비를 했는지 확인받는 인증 과정을 거친다. 국토안보부(DHS)는 PS-Prep을 준수한 것으로 인증받은 민간 기관 목록을 보관하고 공표한다. 만일 민간 기관이 그러한 목록에 포함되면, 시민들은 그 회사를 더 신뢰할 수 있을 것이다.

하지만 사업 연속성을 위한 계획 수립은 주로 민간 부문에서 주도한다. 예를 들어 국제재난복구연구원Disaster Recovery Institute(DRI) International(DRII)의 사업 지속성을 위한 계획 수립 위원회는 BCP 고등 교육 프로그램에 대한 중요한 지침을 제공하고, BCP 조사를 후원하며, 기업으로 하여금 자신들의 대비 역량을 스스로 평가할 수 있도록 하고 있다. FEMA처럼, DRII도 기업이 다양한 위험 요인에 대해 최소한의 대비가 되어 있음을 증명하는 인증 과정을 운영하고 있으며, 이를 통해 기업은 투자자와 주주들에게 신뢰를 줄 수 있다. 유사한 서비스를 제공하는 다른 기관에는 '재난으로부터 회복하는 세상Disaster Recovery World', '비영리적 위험Nonprofit Risk', '기업이 지속하는 세상Business Continuity World', '공공 기관 위험 연구원Public Entity Risk Institute' 등이 있다.

결론

대비는 네 가지 기본 요소로 이루어져 있는데, 이는 계획 수립, 장비 구입, 계획에 필

요한 교육 그리고 계획에 필요한 훈련이다. 재난의 영향을 줄이려면 지역 사회 차원에서의 대비 계획 수립이 반드시 필요하다. FEMA는 효율적인 대비 계획을 수립하고 이러한 계획을 실행할 사람들을 교육시키며, 지역 사회와 주 정부를 돕기 위해 수많은 계획, 교육, 훈련 활동을 후원하고 있다. FEMA는 국가대비본부를 통해 대비 노력을 돕기 위한 국가 차원의 대비 지침과 상당한 자금을 제공한다.

기업의 연속성을 위한 계획 수립은 재난 관리 분야에서도 많이 성장한 분야에 속한다. 9/11 사건의 끔찍한 영향으로 기업과 재난관리자들 사이의 조정과 협조가 증가하고 있다. 재난 관리 분야는 이러한 기회를 활용하기 시작했고, 그 어느 때보다 기업이 재난 관리의 모든 단계에 보다 적극적으로 대비하도록 격려하고 있다.

사례 연구: '쓰나미 준비' 프로그램

'쓰나미 준비TsunamiReady'는 연방 정부와 주 및 지역의 재난 관리 기관, 시민 그리고 국립기상국(NWS) 쓰나미 경보 시스템의 적극적인 협업으로, 쓰나미에 대한 대비를 강화하기 위해 수립된 계획이다. 즉, 위험에 처한 지역 사회가 보다 지속적으로 쓰나미에 대한 인식을 제고하고 완화 노력을 촉진하기 위해 협업에 나선 것이다. 해양대기청(NOAA) 산하의 기상국(NWS)은 '쓰나미 준비' 프로그램을 통해 지역 사회에 쓰나미 발생 전후 그리고 발생 동안에 쓰나미를 극복하고 살아남는 데 필요한 방법과 정보를 제공한다. '쓰나미 준비'는 지역 사회의 지도층과 재난관리자들이 자신들이 담당한 지역에서 쓰나미에 대비한 조치를 강화시키려는 목적으로 만들어졌다.

'쓰나미 준비' 프로그램은 NWS의 '폭풍 준비StormReady' 프로그램(이 프로그램은 http://www. stormready.noaa.gov/에서 볼 수 있다)을 모델 삼아 만들어졌다. 쓰나미 준비 프로그램의 가장 중요한 목적은 쓰나미라는 비상 상황이 발생한 동안 시민의 안전을 향상시키는 것이다. 방금 언급했듯이, '쓰나미 준비'는 쓰나미 위험 요인이 있는 것으로 알려진 해안 지역 사회를 위해 만들어졌다(쓰나미 재해 위험 지도는 http://www.pmel.noaa.gov/tsunami/time/에서 볼 수 있다).

예로부터 쓰나미는 통계적으로 드물게 발생하기 때문에, 미국 서부 해안 지역과 알래스카 지역에서 쓰나미 재해 예방 계획이 대체로 무시되어 왔다. 그 결과 많은 사람들과 지역 사회가 할 수 있고 해야 하는 '쓰나미에 대한 경계'를 하지 않고 지내 왔다. 이들 지역 중 쓰나미에 대한 대비가 된 것으로 알려져 있는 지역 간에도 대비의 정도는 상당히 다르다.

하지만, 쓰나미를 발생시키는 지진과 또 다른 희귀 사건들이 그러하듯, 위험 가능성이 있는 지역 사회가 쓰나미에 더 잘 대비하지 않으면, 피할 수 있는 사상자와 재산 피해는 커지기만 할 뿐이다. 앞에서 언급했듯이, 대비에서 중요한 두 가지 요소는 인식과 완화이다. 인식은 쓰나미라는 위험 요인의 속성(물리적 과정)과 위협(발생 빈도와 영향)에 대해 주요 의사 결정자, 재난관리자, 그리고 시민을 교육시키는 것을 말한다. 완화는 쓰나미의 영향(인명과 재산 손실)을 줄이기 위해 쓰나미 발생 전에 조치를 취하는 것을 말한다. 지진의 경우가 그러하듯, 쓰나미가 다시 발생하지 말라는 보장은 어디에도 없다.

기상국(NWS)의 쓰나미 준비 프로그램은 유용한 준비 노력의 두 요소에 부응하기 위해 만들어졌다. 이 프로그램은 지역의 재난 관리 담당자와 시민을 교육하기 위해, 그리고 각 지역 사회에 잘 만들어진 쓰나미 재난 대응 계획을 장려하기 위해 만들어졌다.

프로그램의 목적

'쓰나미 준비'는 연방 정부와 주 그리고 지역의 재난 관리 기관, 시민 그리고 NWS 쓰나미 경보 시스템 사이의 적극적인 협업으로 쓰나미에 대한 대비를 촉진하기 위해 계획되었다. 이러한 협업은 위험에 처한 지역 사회들 사이에 보다 지속적인 쓰나미 인식과 완화를 위한 노력을 촉진하기 위한 것이다. 이 프로그램의 가장 중요한 목표는 쓰나미가 발생했을 때 시민의 안전을 향상시키는 것이다. 이러한 목표를 이루기 위해, 지역 사회는 다음 목적을 달성해야 한다.

• 지역 사회가 적절한 쓰나미 준비를 위한 최소한의 기준과 지침을 만든다.
• 지역 사회와 주 정부의 교육 활동과 대응이 일관성을 갖도록 장려한다.
• '쓰나미 준비' 지침을 채택한 지역 사회를 널리 알린다.
• 쓰나미라는 위험 요인에 대한 시민의 인식과 이해를 증진시킨다.
• 쓰나미라는 재난에 대한 지역 사회의 사전 계획을 향상시킨다.

프로그램 방법론

'쓰나미 준비' 프로그램에 활용된 과정과 지침은 기상국의 '폭풍 준비' 프로그램을 본떠 만들어졌다. '쓰나미 준비'는 주관적인 의견보다는 전문 지식에 근거한 최소한의 지침을 제공하기 위해 지역 사회가 '쓰나미 준비'로 인정받기 위한 최소한의 지침을 만들었다. '쓰나미 준비'에 참여하기로 한 지역 사회는 기상국(NWS)이 쓰나미 준비 프로그램에 따라 '쓰나미 준비' 지역 사회로 지정한 필요 요건을 충족시켜야 한다. '쓰나미 준비'를 완료한 것으로 인정받기 위한 기준은 표 4-1에 제시되어 있으며, 이는 다음 절에서 자세히 다룰 것이다. '쓰나미 준비' 정도를 측정하는 것은 지역 사회를 나눈 네 가지 범주(표 4-1에서 제시하는 바와 같이 지역 사회의 인구를 바탕으로 한다)에 따라 다르다.

지침 1: 의사소통과 협력 센터

효율적인 재해 관리 프로그램에 있어 가장 중요한 것이 효율적인 의사소통임은 잘 알려진 사실이다. 첫 사건이 촉발된 지 몇 분 이내에 거대한 파도가 몰려오는 쓰나미의 속성을 고려해 볼 때, 이것은 너무도 타당한 사실이 아닐 수 없다. 이것은 소위 '시간에 쫓기는' 사건이므로, 즉각적이면서도 주의 깊고, 체계적이며, 적절한 대응이 필요하다. '쓰나미 준비'를 위해 적절한 대응을 하려면, 지역 사회는 다음 사항에 유의해야 한다.

→ 24시간 경보 초소: 쓰나미 위협의 존재 여부를 결정하는 것은 지역 사회가 아니라 연방 기상국(NWS)이다. 따라서 '쓰나미 준비' 프로그램을 승인받기 위해 지원하는 기관은 연방기 상국의 쓰나미 정보를 받아 지역 주민에게 전달하고 보고할 수 있는 24시간 경보 초소를 설 치해야 한다. 이러한 시설은 법률 보완으로 이미 일상적으로 운영되고 있는 기존 시설이나 소방서의 지부를 이용할 수도 있다.

지역 파견 초소가 없는 도시나 마을을 위해, 카운티의 기관이 이러한 기능을 할 수도 있 다. 2,500명 이하의 주민이 사는 지역 사회이거나, 24시간 경보 초소의 역할을 할 카운티 소속 기관이 없는 알래스카에서, 지역 사회는 그 사회의 책임 있는 구성원을 지정해, 그 사 람에게 매일 24시간 경보를 받고 경보 시스템을 작동시킬 권한을 줄 수도 있다. 구체적으 로 경보 초소는 다음 요건을 충족해야 한다.

• 24시간 운영
• 경보 전파 능력
• 경보 수신 능력
• 지역 경보 시스템을 작동시킬 능력과 권한

→ 비상 운영 센터: 주민 2,500명 이상의 행정 구역을 담당하는 기관은 비상 운영 센터 Emergency Operations Center(EOC)를 운영할 역량을 지녀야 한다. 그러려면 경보 초소의 쓰나미 경보 기능을 실행하기 위해 쓰나미 발생 시점에 반드시 직원이 근무하고 있어야 한다. 다음 목록은 EOC가 쓰나미와 관련해 해야 할 역할을 요약한 것이다.

• NWS 쓰나미 정보 및 쓰나미 사건과 관련하여 미리 결정된 지침에 따라 작동시킨다.
• 재난 관리 책임자나 지명된 사람이 직원으로 근무한다.

표 4-1 '쓰나미 준비' 지역 사회가 되기 위한 지침

지침	인구			
	〈 2,500	2,500 – 14,999	15,000 – 40,000	〈 40,000
1: 의사소통과 협력				
24시간 경보 초소(WP)	X	X	X	X
비상 운영 센터		X	X	X
2: 쓰나미 경보 수령				
EOC/WP가 NWS 쓰나미 메시지를 수신하는 수단의 개수(만약 범위 안이면, 하나는 반드시 NWR 알람 경보여야 하고, NWR-SAME이 우선한다)	3	4	4	4
3: 경보 전파				
많은 방법의 EOC/WP가 경보를 일반 시민에게 전파하는 수단의 개수	1	2	3	4
민간 시설에서 NWR 알람 경보 수신기(가능한 경우)	X	X	X	X
지역 사회 사이에서 정보 흐름을 보장하는 카운티/자치구의 경보 초소, 카운티/자치구의 의사소통 네트워크	X	X	X	X
4: 지역 사회 대비				
연간 쓰나미 인지 프로그램	1	2	3	4
쓰나미 대피소/ 지역의 안전 지역을 지정/설치	X	X	X	X
쓰나미 대피 지역과 대피 경로 지정, 그리고 피난 경로 표지판 설치	X	X	X	X
문서로 작성된 지역 맞춤형 쓰나미 재해 대응 자료를 일반 시민에서 제공하기	X	X	X	X
학교에서는 쓰나미 재해에 관한 교육 과정을 장려하고, 대피를 연습하고, 직원과 학생들에게 안전 자료 제공하기	X	X	X	X
5: 관리				
공식적인 쓰나미 재해 운영 계획 작성	X	X	X	X
NWS의 재난관리자와의 연례 회의 및 토론	X	X	X	X
1년에 최소 한 번은 NWS 직원이 지역 사회 방문하기	X	X	X	X

- 경보 초소와 동등하거나 그보다 나은 경보 수신 및 전파 역량을 갖춘다.
- 인접한 EOC 또는 경보 초소와의 통신 능력을 유지한다.
- 지역의 NWS 사무실이나 쓰나미 경보 센터와의 통신 능력을 유지한다.

지침 2: 쓰나미 경보 수신

경보 초소와 비상 운영 센터(EOC)는 NWS의 쓰나미 경보를 수신하기 위해 다양한 방법을 동원해야 한다. '쓰나미 준비' 지침에 의하면, EOC나 경보 초소에서 NWS의 경보를 받기 위해서는 주민 수에 따라 다음 조치가 필요하다.

- 해양대기청(NOAA)의 기상 라디오(NWR) 수신기를 켜 놓는다. 특수 지역 메시지 인코딩 Specific Area Message Encoding(SAME)이 더 낫다. 송신기 범위 내에서만 인식할 수 있게 한다.
- NOAA 기상 전선이 끊어지는 경우: NWS에서 보내오는 자료를 위성 다운링크(* 우주나 항공기에서 보내오는 정보를 받기 위한 통신 링크: 옮긴이)로 받는다.
- 재난관리자 기상 정보 네트워크Emergency Managers Weather Information Network(EMWIN)의 수신기: NWS 정보를 위성이나 VHS 라디오 송신으로 받는다.
- 주州 전역의 텔레커뮤니케이션 시스템: 주 전역의 재난 관리나 사법 시스템에 대한 NWS 정보를 자동 중계한다.
- 주 전역에 대한 경보 확산 시스템: 경보 지역 전체에 메시지를 전달하는 시스템
- 인터넷 NOAAport Lite를 통한 NOAA 기상 전선: 인터넷 전용선을 통해 경보 메시지를 제공한다.
- 아마추어 라디오나 VHS 라디오와 같이, NWS 사무실과의 직접적인 연결
- 쓰나미 경보 센터로부터의 이메일: 쓰나미 경보 센터에서 재난관리자에게 직접 이메일을 전송한다.
- 쓰나미 경보 센터로부터의 무선 호출 메시지: 경보 센터에서 직접 EOC 및 경보 초소로의 무선 호출을 전송한다.
- 라디오 및 TV를 통한 재난 경보 시스템: 지역 라디오 및 TV 또는 유선 TV
- 미국 해안경비대 방송: 경보 초소 및 EOC가 USCG 해양 채널을 모니터한다.
- 국가 경보 시스템National Warning System(NAWAS)이 끊어질 경우: FEMA가 관리하는 민방위 핫라인

지침 3: 경보 전파

쓰나미가 임박했음을 알리는 기상국(NWS)의 경보나 다른 신뢰할 만한 정보를 접하면, 지역 재난 관리 담당자는 가능한 한 많은 주민들에게 이러한 위협에 대해 알려야 한다. 이것은 대비 프로그램을 효율적으로 만들기 위해 반드시 필요하다. 예를 들어, '쓰나미 준비' 메시지를 받으면, (표 4-1에서처럼 인구수에 따라) 주민들에게 반드시 시의적절하게 경보를 전파해야 하며, 그러려면 지역 사회에는 다음 한두 가지 이상의 수단이 필요하다.

- NWR의 구입에 보조금을 주는 지역 사회 프로그램(NWR 수신기는 켜 놓아야 하며, SAME이 더 낫다. 송신기의 범위 내에서만 인식할 수 있게 한다)
- 야외 경보 사이렌
- 텔레비전 오디오/비디오 무효화 기능

- 예를 들어 지역 방송국이나 비상 교통수단 같은, 지역적으로 관리되는 기타 방법
- 전화 메시지(전화 발신음) 시스템

주민에게 접근 가능한 장소와 정부 소유 건물에 각각 전원을 켜 놓은 알람 수신기를 갖춘 NWR이 적어도 하나씩 있어야 하며, 24시간 경보 초소, EOC, 교육감실, 또는 이와 유사한 장소도 여기 포함되어야 한다. 주민이 접근 가능한 건물은 각 지역 사회의 쓰나미 경보 계획에 의해 결정된다. NWS가 추천하는 장소에는 학교, 공공 도서관, 병원, 놀이동산, 공원, 오락 시설, 공공 편의 시설, 체육 시설, 교통 시설, 지정된 대피소 등이 포함된다(SAME이 더 낫다. 이는 송신기의 효력이 미치는 범위 안에 있는 지역 사회에서만 알 수 있도록 하기 위함이다). 카운티와 자치구들은 이러한 행정 경계 내에 있는 모든 도시와 마을에 정보를 전달할 통신 네트워크를 반드시 갖춰야 한다. 주 정부의 정책이 요구하는 메시지를 방출할, 더 작은 마을을 위한 경보 초소도 마련되어야 한다.

지침 4: 지역 사회의 대비
주민들이 쓰나미의 위협에 적절하게 대응하기 위해서는 대중 교육이 필수적이다. 교육받은 주민은 쓰나미 경보를 받아들이고, 쓰나미의 잠재적인 위협에 대해 더 잘 이해하며, 이러한 사건에 적절히 대응하는 데 필요한 단계를 더 잘 밟아 나가는 경향이 있다. 따라서 '쓰나미 준비' 프로그램에서 인정받고자 하는 지역 사회는 다음에 유의해야 한다.

- 학교, 병원, 놀이동산, 워크숍, 그리고 지역 사회 회의에서 쓰나미 인식 프로그램을 실행하거나 후원한다(매년 이 프로그램을 이수해야 하는 사람의 실제 수는 해당 지역 사회의 인구에 따라 결정한다).
- 쓰나미 대피 지역과 대피 경로를 정하고, 대피로를 표시하는 표지판을 설치한다.
- 위험 지역 밖에 쓰나미 대피소 또는 대피 지역을 지정한다.
- 지역 주민에게 다음을 포함한, 그리고 다음 사항을 문서로 적시한 쓰나미 재해 정보(위험 지역 지도, 대피로, 쓰나미에 관한 기본적인 정보)를 제공한다.
- 이러한 지침은 우편(예를 들면 청구서), 전화, 책, 그리고 도서관이나 슈퍼마켓 및 공공건물 같은 지역 사회 전역의 만남의 장소에 포스터를 붙이는 방법 등으로 알릴 수 있다.
- 지역 학교는 다음 지침에 따라야 한다.
  - 초등학교와 중학교 교육 과정에 쓰나미 관련 정보를 포함시키도록 장려해야 한다. NWS가 교육 과정 부교재를 정하는 걸 도와줄 것이다.
  - 2년에 한 번씩 쓰나미 인식 제고를 위한 기회를 제공해야 한다.
  - 위험 지역으로 분류된 곳에 있는 학교는 적어도 반년에 한 번씩 쓰나미 대피 집중 훈련을 해야 한다.
  - 모든 직원과 학생들에게 문서로 된 안전 교재를 제공해야 한다.
  - 지진 대비 계획을 세워야 한다.

지침 5: 관리

사전 계획 수립과 적극적인 관리 없이 성공할 수 있는 프로그램은 없다. 다음 필요 요건은 지역 사회에 '쓰나미 준비' 프로그램을 알리는 데 반드시 필요하다.

- 쓰나미 경보 계획은 제대로 수립되어 지역 정부의 승인을 받아야 하며, 이 계획에는 다음 사항이 포함되어야 한다.
  - 경보 초소 절차
  - EOC 작동 지침과 절차
  - 경보 초소와 EOC에 인력 배치
  - 대피로가 담긴 위험 지역 지도
  - 파괴적이지 않은 쓰나미인 경우, 비상 상황 취소 절차
  - 필요한 경우, 주(州)의 재난 경보 시스템Emergency Alert System(EAS) 계획, 그리고 경보 확산 절차에 따른 사이렌 작동, 유선 TV 무효화와 지역 시스템 작동을 위한 지침과 절차
  - 연례 훈련
- 매년 해당 지역 NWS 예보실의 경보 조정 기상학자나 쓰나미 경보 센터의 직원을 방문하거나 의논하는 일이 반드시 실행되어야 한다. 여기에는 NWS 사무실 방문, 전화 의논 또는 이메일 연락도 포함될 수 있다.
- NWS 담당자들은 적어도 2년에 한 번 인증받은 지역 사회를 방문해 EOC나 경보 초소를 돌아보고 책임자들과 만나야 한다.

'쓰나미 준비' 프로그램의 장점

'쓰나미 준비' 지역 사회 프로그램에 참여하는 것의 장점은 다음과 같다.

- 지역 사회는 쓰나미 위험에 더 잘 대비할 수 있다.
- 정기적인 공개 교육으로 실존하는 위험에 대한 시민의 인식을 제고한다.
- 전문가(재난관리자, 연구원, NWS 직원)와의 접촉이 늘어나고 개선된다.
- 지역 사회 준비에 필요한 자원을 알 수 있다.
- 주 정부와 연방 정부의 자금을 받을 자격을 갖출 수 있다.
- 지역 사회의 다른 관심 사항에 도움이 될 핵심 사회 기반 시설이 개선된다.
- 주민은 자신들이 낸 세금이 위험 요인 프로그램에 어떻게 쓰이는지 직접 볼 기회를 얻을 수 있다.

결론

해양대기청(NOAA)의 기상국(NWS)은 '쓰나미 준비' 프로그램을 통해 쓰나미 발생 전후 그리고 발생 동안에 쓰나미에서 살아남는 데 필요한 방법과 교육을 지역 사회에 제공하고 있다. '쓰나미 준비' 프로그램은 지역 사회의 지도층과 재난관리자들이 자신들이 사는 지역의 쓰

나미에 대한 작전 기능을 강화하도록 돕는다. '쓰나미 준비'에 참여하는 지역 사회는 더 나은 계획 수립과 교육 그리고 인식 제고를 통해 쓰나미가 닥쳐도 생명을 구하기 위한 더 철저한 준비를 할 수 있다. 쓰나미가 닥치기 전에 계획을 세우는 지역 사회는 사망자와 재산 피해를 줄일 수 있다. 쓰나미에 안전한 사회는 없지만, '쓰나미 준비' 프로그램은 지역 사회의 인명 손실을 줄이도록 도움을 줄 수 있다.

출처:

FEMA, 2004. "Fact Sheet: Tsunamis." http://www.ready.gov/tsunamis.

Foler, Tim, 1994. "Waves of Destruction." *Discover Magazine,* May, 69–70.

NOAA(National Oceanic & Atmospheric Administration). N/D. "The National Tsunami Hazard Mitigation Program Brochure." http://www.nws.noaa.gov/om/brochures/itic_brochure_oct041.pdf.

NTHMP(National Tsunami Hazard Mitigation Program), 2003. Frequently Asked Questions. http://nctr.pmel.noaa.gov/faq.php.

NWS. N/D. "TsunamiReady: The Readiness Challenge." http://cmsdata.iucn.org/downloads/tsunami_ready_full_document.pdf.

자가 점검을 위한 질문

1. 어떤 기관이 재난 대비를 고려해야 하는가?

2. 완화와 대비의 차이는 무엇인가?

3. 대비 순환 체계에는 어떤 단계가 포함되는가?

4. Ready.gov에 의하면, 어떠한 형태의 재난이든 대비하기 위해 취할 수 있는 세 가지 기본 단계는 무엇인가?

5. 대피 계획의 종합적인 속성을 측정하기 위해 사용되는 일곱 가지 주요 요소는 무엇인가?

6. 특별한 도움이 필요한 다섯 가지 부류의 주민을 열거하고, 이들의 재난 계획 수립이 평범하지 않은 이유를 열거하라.

7. 재난 계획 수립 과정에 모든 이해 당사자의 대표를 포함시키는 게 중요한 이유는 무엇인가?

8. 연방 정부가 제공하는 교육 기회에는 어떤 종류가 있는가? 어떤 기관이 이러한 과정, 워크숍, 그리고 기타 프로그램을 제공하는가?

9. 재난 훈련의 네 가지 유형은 무엇인가? 각각에는 무엇이 포함되는가?

10. 국가대비본부가 국가적인 대비 노력을 이끄는 방법을 열거하라.

실전 연습 문제

1. FEMA의 "준비되었나요?Are You Ready?"라는 간행물을 이용해 개인과 가족의 계획을 세워 보아라(http://www.fema.gov/areyouready/). 이 프로그램에서 어떤 결함을 발견했는가? 이 간행물에서 무엇을 배웠는가?

2. 당신이 사는 지역의 재난 관리 부서에 연락해 당신이 사는 지역 사회를 위한 대피 계획이 세워져 있는지 알아보아라. 어떤 일이 일어나야 대피 지시가 내려지는가? 그러한 지시를 내리는 권한은 누구에게 있는가?

3. 당신이 사는 지역 사회에 특별한 도움이 필요한 주민이 있는지 알아보아라. 한 부류를 선택해 이들의 독특한 필요를 충족시키려면, 어떤 특별한 대비와 비상 계획 수립이 필요한지 알아보아라.

4. 지역의 작은 기업체나 비영리 단체가 자신들이 처할 수도 있는 위험 요인을 밝혀내고 그러한 위험을 완화하도록 도와주어라(이것을 기업의 지속성을 위한 계획 수립이나 운영 계획의 연속성이라고 부른다). 다음 사이트를 포함해, 이러한 과제를 수행하는 데 도움이 될 여러 정보를 활용하라.

Ready.Gov Business: http://www.ready.gov/business/

Institute for Business and Home Safety "Open for Business" guide: http://www.disastersafety.org/open-for-business/

Volunteer Florida Continuity of Operations Planning Guide: http://www.floridadisaster.org/documents/COOP/COOP%20Implementation%20Guidance.pdf

재난관리론

제 5 장

재난 관리 - 재난 통신

학습
내용

- 효과적인 재난 통신 전략의 임무와 다섯 가지 가정
- 재난 방송을 시청하는 사람들
- 변화하는 미디어 환경에서의 재난 통신

서론

> "주민과의 의사소통은 재난 발생 후 선출직 관리들이 수행해야 하는 가장 중요한 업무 중 하나이다. 시민들은 어떻게 해야 하는지를 알기 위해 그리고 지역 정부가 적절하게 대응하고 있다는 믿음을 갖기 위해, 간단하고 정확하며 시의적절한 정보를 필요로 한다."

2007년 8월 6일, 산호세 시의 공문

재난 통신의 환경은 최근 5년 동안 완전히 달라졌다. 인터넷의 폭발적 증가와 스마트폰과 태블릿을 통한 소셜 미디어 도구와 기술 그리고 대중 접근성은 뉴스를 수집하고 나누며 활용하는 방식을 변화시켰을 뿐 아니라, 보도하는 사람과 시청자, 그리고 재난 관련 기관과 시민 사이의 경계도 흐릿하게 만들었다.

5년 전만 해도 재난관리자와 정보 전달자들이 재난 계획 수립과 대응 그리고 복구에 소셜 미디어를 사용할 것인지 말 것인지가 문제였다. 그 이후로 신문과 주간지의 독자가 빠르게 줄고 있을 뿐 아니라, 지상파 텔레비전, 유선 방송 그리고 라디오 뉴스의 시청자도 감소하고 있다.

대중 매체는 ─ 그리고 일반 시민은 ─ 낡은 하향식 정보 전달을 거부하고 있다. 이제 뉴스는 사람에서 사람으로 전달되며, 우리는 모두 뉴스의 생산자이자 소비자이다.

따라서 이제 문제는 트위터, 페이스북, 유튜브, 텀블러를 이용할 것인가 말 것인가가 아니라 어떻게 잘 활용할 것인가이며, 이것들뿐 아니라 다른 소셜 미디어도 상황 인식을 돕고, 구조대원에게 정보를 제공하며, 피해자에게 음식과 물, 연료와 피난처를 안내하는 역할을 할 뿐 아니라, 공중 보건과 안전에 관한 정보를 제공하는 뉴스 서비스의 주체이자 전파자로서 그 가치를 입증해 보이고 있다.

연방재난관리청(FEMA) 및 FEMA와 함께 일하는 주와 지역의 재난 관리 기관들은 페이스북, 트위터 그리고 기타 매체를 통해 시민들에게 시의적절하고도 정확한 정보를 제공하는 효과적인 수단인 소셜 미디어를 적극 수용해 왔다. 자원봉사 기관,

비정부 기구 그리고 민간 영역에서도 소셜 미디어를 적극적으로 받아들이고 있다. 현재 이들 모든 기관과 조직에서 자원 분배에 관련된 요구 사항을 평가하고 결정을 알리기 위해 재난 전후 그리고 재난 동안에 소셜 미디어에 유통되는 정보를 모니터하고 검토하며 공유하기 위한 노력이 이루어지고 있다.

최근에는 많은 분야에서 의사소통 전문가들이 전통적인 매체와 소셜 미디어의 공생이 이루어지는 곳에서 의사소통 노력이 최대의 효과를 낸다는 사실을 배우고 있다. 현재는 재난 전문가들이 대응과 복구 과정에서 정보를 전파하고, 재난 대비와 재해 완화 프로그램 및 활동을 촉진시키기 위해 대중에게 정보를 전달하는 데 있어, 전통적인 매체와 소셜 미디어를 모두 이용하는 것으로 표준적인 운영 과정이 변화하고 있다.

최근 몇 년 동안 변하지 않은 것은, 재난 통신 계획과 운영의 개발 및 실행을 이끄는 효과적인 재난 통신 전략과 원칙의 근간을 이루는 기본 가정이 아니라, 일반 시민에게 시의적절하고 정확한 정보를 제공하는 재난 통신의 임무이다.

이 장에서는 다음의 내용도 다루게 된다.

- 효과적인 재난 통신 전략의 임무 규정하기
- 재난 통신의 이용자와 시청자 규정하기
- 재난관리자들이 역사적으로 의존해 온 다양한 유형의 매체와, 재난 뉴스 및 정보를 일반 시민과 공유하는 방식으로 바꾸고 있는 새로운 매체에 대해 알아보기
- 미래에 효과적인 재난 통신 역량을 구성하는 일곱 가지 요소에 대해 자세히 알아보기

임무

효과적인 재난 통신 전략의 임무는 재난 관리의 4단계 모두에서 시민들에게 시의적절하고 정확한 정보를 제공하는 것이다.

- 완화: 향후 재난 발생 시 인명과 재산 피해를 줄일 전략, 기술 그리고 활동의 실행을 촉진하기 위한 것
- 대비: 재난을 앞두고 시민들을 교육시키고 용기를 줄 대비 메시지를 전달하기 위한 것
- 대응: 진행 중인 재난에 대해 시민들에게 통보, 경고, 대피 그리고 상황에 따른 보고를 하기 위한 것
- 복구: 재난의 피해를 입은 개인과 지역 사회에 재난 구호를 위해 등록하고 혜택을 받는 방법에 관한 정보를 제공하기 위한 것

효과적인 재난 통신 전략은 다음의 다섯 가지 필수적인 가정을 바탕으로 수립된다.

- 수요자 중심
- 헌신적인 리더십
- 비상 계획 수립과 운영 과정에 재난 통신을 포함시키기
- 양질의 정보
- 미디어와의 협력 관계

성공적인 재난 통신 전략을 위한 다섯 가지 필수적인 가정

1. 수요자 중심: 당신의 고객과 동반자들이 어떤 정보를 필요로 하는지 그리고 시의적절하고 정확한 정보를 전달하기 위해 어떤 통신 체계를 구축하고 있는지를 알아야 한다.
2. 헌신적인 리더십: 비상 운영을 책임지는 사람은 효율적인 의사소통을 위해 헌신해야 하며, 의사소통 과정에 전적으로 참여해야 한다.
3. 비상 계획 수립과 운영 과정에 재난 통신 포함시키기: 시의적절하고 정확한 정보를 전달하기 위해 행동 결정이 필요한 모든 시점을 포함, 재난 통신 전문가가 모든 비상 계획 수립과 운영 과정에 참여해야 한다.

---

4. 상황 인식: 효과적인 재난 통신은 투명성과 정확성 같은 효율적인 의사소통의 기본 원칙에 맞춰 재난 지역으로부터 시의적절하게 정보를 수집하고 분석하며 전파하는 것을 기본으로 한다.
5. 미디어와의 동반자 관계: 미디어(텔레비전, 라디오, 인터넷, 신문 등)는 대중에게 시의 적절하고 정확한 정보를 전달하기 위한 가장 효율적인 수단이다. 미디어와 동반자 관계를 맺으려면 미디어의 필요를 이해하고, 대중에게 정보를 전달하기 위해 직접 미디어와 함께 일하는 숙련된 직원이 필요하다. 또한 시민 기자와 휴대폰, 노트북 컴퓨터, 디지털 카메라와 같은 기술, 그리고 유튜브, 트위터, 페이스북 같은 소셜 미디어 매체가 점점 더 중요해지고 이러한 것들이 재난의 최전선에서 정보와 이미지의 원천으로 받아들여지고 있으므로 이러한 자료와 정보를 결합시키는 방법 또한 실행되어야 한다.

— 수요자 중심

효과적인 재난 관리 시스템의 가장 중요한 요소는 수요자와 수요자에 대한 서비스에 중점을 두는 것이다. 이러한 철학으로 대중 및 재난 관리 분야에서 함께 일하는 모든 동반자들과 의사소통을 해 나가야 한다. 수요자에 대한 서비스에 중점을 둔 접근은 개인과 지역 사회의 요구 사항과 관심을 최우선순위에 두고, 이들의 기대에 즉각 반응하며 유용한 정보를 제공하고 관리하는 것이다.

재난 관리의 수요자는 다양하다. 내부 수요자에는 직원, 다른 연방 기관과 주 정부 기관 그리고 재난시 함께 일하는 기타 협력 기관 등이 있다. 외부 수요자에는 일반 대중, 모든 차원의 정부에서 선출된 관리, 지역 사회 대표자와 기업의 경영자, 그리고 미디어가 있다. 이들 수요자 각각은 저마다 필요로 하는 정보가 다르므로, 훌륭한 재난 통신 전략을 세워 이들의 요구에 부응해야 한다.

— 헌신적인 리더십

바람직한 의사소통은 내부적으로 그리고 외부적으로 정보를 공유하고 유포하는 재난 관리 조직의 헌신적인 리더십과 함께 시작된다. 허리케인 카트리나로부터 배운 교훈 중 하나는 '우리에게는 이끌고 나가는 공무원이 필요하다. 시민에게 신뢰감을 주는 의사소통과 약속을 반드시 지키는 정신이 비상 상황에서 매우 중요한 두 가지 요소이다'(Kettle, 2005).

재난에 대한 대응과 복구 노력에 있어 지도자는 효과적인 의사소통을 위해 소속 기관의 직원, 함께 일하는 협력 기관, 대중과의 의사소통을 공개적으로 약속하고 이를 촉진해야 한다. 지도자는 의사소통이 조직의 주요 기능임을 분명히 하기 위해 이러한 행동에서 모범을 보여야 한다.

훌륭한 의사소통에 모범을 보인 리더십

1990년대에 연방재난관리청(FEMA) 청장이었던 제임스 리 위트는 FEMA의 직원에게 기관의 계획, 우선순위 그리고 운영에 대해 지속적으로 알려야 한다고 강력하게 주장한 열린 의사소통의 옹호자였다. 위트는 FEMA의 구성원들과 적극적인 의사소통을 한 것으로도 유명했다. 미디어에 대한 그의 접근은 이전의 FEMA 리더십과 상당히 달랐다. 위트가 효과적인 의사소통을 위해 헌신한 방법은 다음과 같다.

1. 위트는 FEMA의 고위 관리자들과 매주 회의를 갖고, 이들에게도 직원들과 정기적인 회의를 가질 것을 요구했다.
2. 그는 직원들에게 FEMA의 활동에 대한 최신 정보를 알리기 위해 '청장의 주간 동향'이라는 내부 소식지를 발간해, FEMA의 모든 직원들에게 나눠 주고 전자 게시판에도 올렸다.
3. 그는 자신은 물론 고위 관리자들에게도, 특히 재난에 대응하는 기간에는 질문에 답하기 위해 그리고 정보를 제공하기 위해 정기적으로 미디어와 접촉하도록 했다.
4. 재난에 대응하는 기간에 그는 매일 또는 하루 두세 번 미디어를 대상으로 브리핑을 했다.
5. 그는 피해자 및 그 가족과 특별한 만남을 가졌다.
6. 그는 재난에 대응하는 동안 함께 일하는 FEMA의 협력 기관들에게 매일 브리핑을 했다.
7. 그는 재난 발생 시와 재난이 발생하지 않은 모든 시기에 의회, 주지사, 시장, 그리고 기타 선출직 관리들과 의사소통을 하는 데 상당한 시간을 할애했으며, 가끔은 이러한 관리들과 합동으로 대언론 브리핑을 하기도 했다.
8. 그는 주 정부의 재난 관리 책임자, FEMA의 주요 재난 관리 협력 기관들과 1년에 4, 5차례씩 만남을 가졌다.
9. 그는 재난 관리와 재난 완화에 대한 이해를 증진시키기 위해 미국 전역과 전 세계를 돌며 강연을 했다.

━━ 비상 계획 수립과 운영 과정에 재난 통신 포함시키기

의사소통에 헌신하는 리더십의 가장 중요한 요건은 모든 계획 수립과 운영 과정에 의사소통을 포함시키는 것이다. 이것은 재난 관리 조직과 운영의 고위 관리팀에 의사소통 전문가가 포함되어야 함을 의미한다. 또한 이것은 의사 결정 과정에 의사소통 문제가 고려되어야 하며, 의사소통의 요소가 조직의 모든 활동, 계획 그리고 운영 과정에 포함되어야 함을 의미한다.

과거에는 외부 수요자 및 많은 경우 내부 수요자와의 의사소통이 성공적인 재난 관리 업무에 반드시 필요하거나 가치 있는 것으로 여겨지지 않았다. 하지만 기술 발달이 이러한 방정식을 바꿔 놓았다. 텔레비전과 라디오 뉴스 그리고 소셜 미디어와 인터넷이 24시간 돌아가는 오늘날의 세상에서 정보에 대한 요구에는 끝이 없으며, 재난 대응 상황에서는 더더욱 그러하다. 재난관리자는 직원 및 협력 기관, 그리고 대중 및 미디어와 시의적절하게 중요한 정보를 주고받을 수 있어야 한다.

그러한 정보는 다양한 수요자를 필요로 하며, 계획 수립과 운영상의 결정 과정에 이러한 수요자들과 가장 잘 의사소통하기 위한 방법이 동시에 고려되어야 한다. 예를 들어, 재난 지역에서 잔해를 제거할 방법을 결정하는 과정에는 지역 사회의 공무원, 시민 그리고 전통적인 미디어와 소셜 미디어에 잔해 제거 과정에 대한 정보를 어떻게 전달할 것인지에 대한 토론도 포함되어야 한다.

허리케인 카트리나에 대한 대응은 재난 대응 업무를 수행하는 데 있어 의사소통 문제를 고려하지 않음으로써 발생한 부정적인 면을 또 한 번 명백하게 보여 주고 있다. 백악관 국토 안보 고문인 프랜시스 타운젠드가 작성한 "우리가 얻은 교훈 Lessons Learned"이라는 보고서를 보면, "의사소통과 상황 인식의 결핍은 연방 정부의 대응에 좋지 않은 영향을 주었다. 국토안보부(DHS)는 재난이 발생한 전후 그리고 재난이 발생한 동안에 미국 국민에게 더 잘 알리고, 이들을 이끌며, 안심시키기 위한 통합된 재난 통신 계획을 세워야 한다. 국토안보부는 재난이 발생한 동안 잘 조직된 공무팀을 배치하는 운영 능력을 발휘해 이러한 계획을 수립해야 한다."(Townsend, 2006)라고 한다.

—— 상황 인식

상황 인식은 효율적인 재난 대응의 가장 중요한 부분이다. 사망자와 부상자의 수, 재난 현장의 피해 정도, 일반 주택과 사회 기반 시설의 현황, 그리고 현재의 대응 노력에 대해 알아야 의사 결정자들이 상황 인식을 올바르게 해서 필요한 것을 파악하고 자원을 적절하게 분배할 수 있다. 재난 현장으로부터의 정보 수집과 분석 그리고 전달은 재난 대응에 있어 효과적인 재난 통신의 기본이다.

이것은 또한 재난 복구 단계에서도 마찬가지인데, 정보에 대한 시민과 미디어의 요구가 최고조에 달하는 복구 초기 단계에서 특히 그러하다. 지역 사회의 대비와 완화를 촉진시키기 위한 효과적인 재난 통신 전략을 개발하려면 재난이 지역 사회에 미친 영향, 계획된 대비 프로그램이 다음 재난에 대비하는 개인과 지역 사회를 어떻게 도울 수 있을지, 완화 프로그램이 향후 발생할 재난의 영향을 줄일 것인지 등에 대한 자세한 정보가 필요하다. 상황 인식의 확연한 결핍은 허리케인 카트리나에 대한 정부의 대응에 심각한 장애물이었다.

상황 인식과 언론

"보다 정확한 상황 인식을 하는 데 필요한 충분한 의사소통 능력이 없어서, 뉴올리언스에서 재난 대응을 감독한 지역과 주 그리고 연방 정부의 공무원들은 언론의 보도 내용을 다룰 — 필요하다면 반박할 — 사실에 근거한 정보가 너무 적었다. 이것은 끔찍한 상황 — 슈퍼돔과 컨벤션센터에 대피한 시민들의 분노와 두려움 — 을 낳아서, 예를 들어 주 방위군이 컨벤션 센터에서 벌어지는 안전 문제 — 이것도 나중에 과장된 것으로 판명되었지만 — 를 다룰 충분한 인력을 갖고도 기다리기만 하는 결과를 낳는 등 대응 노력을 지체시키고 필요 이상으로 오래 기다리게 했다."

출처: Select Bipartisan Committee to Investigate the Preparation for and Response to Hurricane Katrina, 2006. "A Failure of Initiative: Final Report of the Special Bipartisan Committee to Investigate the Preparation for and Response to Hurricane Katrina." Government Printing Office, February 15, 2006. http://katrina.house.gov/full_katrina_report.htm.

효과적인 의사소통 역량을 가지는 데 임원이나 고위 관리자들의 노력이 그토록 중요
한 이유가 무엇인가? 재난 시 의사소통의 우선순위를 정하는 데 있어, 결정권자들이 시
의적절하고 정확한 정보를 제공하려면 어떤 부분을 고려해야 하는가?

FEMA의 국가 사고 관리 시스템(NIMS)은 기관 내 사고 지휘 시스템Incident Com-
mand System(ICS)의 구성 요소에 대중 정보에 관한 분야를 포함하고 있다. ICS 내의 사
고현장지휘관Incident Command에게 보고하는 최고위 참모 세 명 중 한 명은 공적정보
담당관Public Information Officer이다(그림 5-1). FEMA가 발간한 NIMS 보고서(2008년)에
서는 다음과 같이 말한다. "공적 정보는 시민과 재난 대응 담당자 및 (직간접적인 영향을
받은) 추가적인 이해 당사자들에게 재난의 원인과 규모, 그리고 현재 상황에 대해 정
확하고 이해하기 쉬운 정보를 시의적절하게 알리기 위한 과정, 절차, 시스템으로 이
루어진다. 공적 정보는 관할 구역 전체에 걸쳐, 그리고 기관과 조직, 연방 정부와 주,
부족과 지역 정부, 또한 민간 기관 및 비정부 기구 전체에 잘 조직되고 통합되어야
한다. 잘 작성된 공적 정보, 교육 전략, 그리고 재난 통신 계획은 인명 구조의 수단,
대피로, 위협과 경보 시스템 및 기타 공공 안전에 대한 정보가 잘 조직되어 시의적절
하고 지속적으로 수많은 시청자에게 전달되는 데 도움을 준다. 공적 정보에는 정보
를 수집하고 확인하고 조절하며 유포하는 데 필요한 과정과 절차 그리고 조직적인
구조가 포함된다."(FEMA, 2008)

― 미디어와의 동반자 관계

미디어는 대중과 의사소통하는 데 있어 가장 중요한 역할을 한다. 전국적으로 분포
하고 있는 텔레비전, 라디오, 신문, 온라인 뉴스, 그리고 소셜 미디어에 의해 이미 구
축되고 유지되고 있는 기존의 네트워크에 필적할 만한 의사소통 네트워크를 정부의
재난 관리 기관이 개발하는 것은 꿈조차 꿀 수 없는 일이다. 시민들에게 효과적으로,
그리고 시의적절하게 재난 관련 정보를 전달하기 위해, 재난관리자들은 해당 지역의

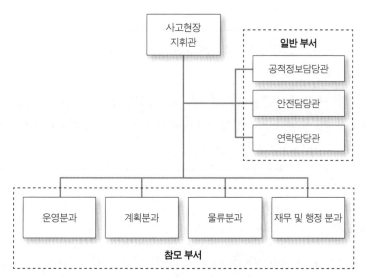

```
                    ┌─────────────┐
                    │  사고현장    │           ┌─────────────────────────┐
                    │  지휘관      │           │        일반 부서          │
                    └──────┬──────┘           │  ┌───────────────────┐  │
                           │                  │  │  공적정보담당관    │  │
                           │                  │  └───────────────────┘  │
                           ├──────────────────│  ┌───────────────────┐  │
                           │                  │  │  안전담당관        │  │
                           │                  │  └───────────────────┘  │
                           │                  │  ┌───────────────────┐  │
                           │                  │  │  연락담당관        │  │
                           │                  │  └───────────────────┘  │
                           │                  └─────────────────────────┘
      ┌────────────────────┼────────────┬──────────────┐
 ┌─────────┐        ┌─────────┐    ┌─────────┐    ┌──────────────┐
 │ 운영분과 │        │ 계획분과 │    │ 물류분과 │    │재무 및 행정 분과│
 └─────────┘        └─────────┘    └─────────┘    └──────────────┘
                              참모 부서
```

그림 5-1   FEMA. 사고 지휘 시스템: 참모부서와 일반부서. National Incident Management System, December 2008.

전통적인 언론 매체 및 소셜 미디어와 동반자 관계를 맺어야 한다.

언론과 동반자 관계를 맺는 목적은 재난 상황과 비재난 상황에 시민에게 정확하고 시의적절한 정보를 제공하는 데 있다. 이러한 동반자 관계는 함께 일하는 재난관리자와 언론의 노력과 상당한 수준의 상호 신뢰를 필요로 한다. 예로부터 재난관리자와 언론의 관계는 껄끄러웠다. 또한 재난관리자들이 신속하게 대응해야 할 필요와 언론 종사자들이 대응에 관한 정보를 얻어 가급적 빨리 보도해야 하는 필요 사이에 갈등이 생기는 경우도 많다. 이러한 갈등으로 인해 재난관리자와 언론 사이에 긴장이 생기고 부정확한 보도를 하는 결과를 낳기도 하며 그 피해자는 늘 언론에 정보를 의존하는 국민일 수밖에 없다.

재난관리자들이 언론의 필요를 이해하고 재난 대응 업무를 쉽게 해 주는 이들의 가치를 제대로 아는 것이 중요하다. 언론과 효율적인 동반자 관계를 맺으면, 재난관리자는 시민에게 꼭 필요한 정보를 전달하는 데 필요한 통신 네트워크를 제공받고, 언론은 재난 현장과 재난관리자 및 직원, 그리고 보도의 정확성을 믿고 의지하는 시민에게 꼭 필요한 정보에 접근할 수 있다.

- 민간 조직이며 비정부 기관인 언론의 최대 관심사는 시청률인가? 아니면 재난을 당한 시민을 돕는 것인가?
- 언론이 시민들에게 재난에 대해 경고할 책임이 있는가?
- 언론 종사자들이 재난 관리에 대한 교육을 받을 필요가 있는가? 있다면 왜 받아야 하는가? 또는 없다면 왜 받을 필요가 없는가?

시청자/수요자

재난관리자들은 재난 관련 정보를 효과적으로 전달하기 위해 다양한 시청자와 수요자에 대해 명확히 알고 있어야 한다. 이러한 시청자에는 함께 일하는 협력 기관과 이해 당사자들이 포함된다. 기본적인 재난 관리의 시청자는 다음과 같다.

- 일반 시민: 가장 큰 규모의 시청자로, 노인, 장애인, 소수 계층, 저소득 계층, 어린이 등과 같은 하위 집단으로 이루어져 있으며, 이들은 모두 잠재적인 수요자이다.
- 재난 피해자: 구체적인 재난 사건의 피해를 입은 사람들
- 기업: 재난관리자들이 간과하는 경우가 많지만, 재난의 복구, 대비 및 완화 활동에 반드시 필요하다.
- 언론: 전통적인 언론과 소셜 미디어는 시민과의 효율적인 의사소통에 반드시 필요한 시청자이자 동반자이다.
- 선출직 공무원: 주지사, 시장, 카운티의 고위 공무원, 주州 의회 의원, 그리고 연방 의회 의원
- 지역 사회 공무원: 시와 카운티의 관리자, 부서장
- 긴급구조대원: 경찰, 소방관 그리고 응급 의료 종사자
- 자원봉사 단체: 적십자, 구세군, 전국자원봉사단체협의회National Voluntary Organiza-

tions Active Disasters(NVOADs) 등 사건의 초기 대응에 필수적인 봉사 단체

긴급구조대원과 같은 여러 종류의 수요자와의 의사소통은 주로 라디오와 전화를 통해 이루어진다(제6장 참고). 다른 대부분의 시청자와의 의사소통은 브리핑, 회의, 배경지식 제공, 그리고 때로는 일대일 인터뷰를 통해 이루어진다. 전략과 계획 그리고 운영에 관한 의사소통은 각각의 수요자들이 필요로 하는 정보를 제공하기 위해 개발되어야 하며, 이에 따라 직원을 배치하고 자금을 제공해야 한다.

변화하는 미디어 환경에서의 재난 통신

인터넷과 소셜 미디어는 방송통신의 풍경을 급격히 그리고 돌이킬 수 없이 바꿔 놓고 있다. 인터넷은 '새로운' 뉴스 환경을 만들고 있으며, 뉴스가 생산되고 소비되는 방식과 속도를 영원히 바꿔 놓았다. 예전 방송통신의 인식 체계 — 방송 전문가들이 하나의 메시지를 수많은 사람들에게 방송했던 — 는 사라졌다. 이제 방송통신은 많은 사람들 사이를 오가는 대화가 되었으며, 우리는 모두 뉴스 생산자이자 소비자이며, 콘텐츠 창출자이자 큐레이터이다.

뉴스 제공자로서 트위터와 페이스북 같은 인터넷 기반 소셜 미디어의 출현과, 미국 성인의 절반 이상이 스마트폰과 태블릿을 통해 그러한 웹에 접속할 수 있다는 사실은, 사람들이 언제 어디서나 뉴스에 접근하고 뉴스를 만들어 내며 뉴스에 영향을 미치고 뉴스를 공유함을 의미한다(PEW Research Center's Internet & American Life Project, 2013).

이러한 방송통신의 지각 변동은 아직도 변화의 파장을 창출하고 있으며, 그 결과 또한 아직 완결된 게 아니다. 하지만 변화는 이미 일어나고 있으며, 이러한 변화는 재난 통신 그리고 이들과 대중의 접촉에 크나큰 영향을 미치고 있다. 뿐만 아니라 변화하는 미디어 환경에서 재난 통신에 대해 미처 이해할 수 있게 되기도 전에, 변화하는 미디어 환경에 대해 알아야 하는 상황이 된 것이다.

전통적인 언론 매체 — 신문, 라디오, 그리고 텔레비전 — 는 하락세에 접어들었고, 반면 온라인과 디지털 뉴스 소비는 계속 증가하고 있다. 인쇄 매체에 어떤 일이 벌어지고 있는지 잠깐 살펴보면 다음과 같다.

- 신문 산업은 2000년 최고 정점을 찍은 이후 2012년 신문사의 보도국 감축으로 30% 감소되었으며, 1978년 이래 처음으로 전문직 직원이 4만 명 이하로 줄었다. 이 숫자는 3만 명 이하로 줄어들 것으로 추정된다.
- 미시간, 루이지애나, 워싱턴, 앨라배마 주에는 더 이상 일간 신문을 발간하지 않는 도시들이 있다.
- 남아 있는 유력 주간지인 『타임Time』지는 전체적인 감원의 일환으로 2013년 초에 직원의 5%를 감원했다.
- 아프리카 계 미국인의 뉴스 매체인 『시카고 디펜더Chicago Defender』는 편집부 직원을 네 명까지 줄였으며, 『아프로Afro』지는 신문의 지면을 2008년 최대 32면에서 2012년 20면으로 줄였다.
- 『포브스Forbes』와 같이 점점 더 많은 매체가 알고리즘이라는 방법으로 콘텐츠를 생산하기 위해 '내러티브 사이언스Narrative Science'라는 회사의 기술을 사용하는데, 이 기술은 기사를 작성하는 데 사람이 필요 없다(PEW Research Center's Internet & American Life Project, 2013).

텔레비전 쪽에서는 다음과 같다.

- 그날 일어난 일을 생방송으로 진행하는 직원과 통신원이 필요한 프로그램이 3개의 유선 방송 채널에서 2007년에서 2012년까지 30% 감소했다. 반면, 자원이 훨씬 덜 필요하고 미리 제작할 수 있는 인터뷰 프로그램은 1/3 가까이 증가했다.
- 심층 보도로 널리 알려진 유선 방송인 CNN이 제작하는 종합 보도 프로그램의

길이는 2007년에서 2012년까지 거의 반으로 감소했다.

- 지역 텔레비전에서 스포츠, 날씨, 그리고 교통 프로그램은 뉴스 방송 콘텐츠의 평균 40%에 달하는 반면, 뉴스 보도 프로그램의 길이는 짧아졌다(PEW Research Center's Internet & American Life Project, 2013).

이로 인해 뉴스 산업은 시청자에게 주어지는 정보를 확인하거나, 사건을 제대로 다루고 밝혀내기에 준비가 미흡하고 일손이 부족한 상황이 되었다.

━ 우리의 시청 습관 ━ 뉴스를 소비하는 방식 ━ 도 달라지고 있다

퓨 리서치 센터PEW Research Center는 미국에서의 뉴스 소비에 대해 2년에 한 번씩 조사를 실시하는데, 2012년의 연구를 보면 무엇이 달라졌으며 무엇이 달라지고 있는지에 대한 단면을 알 수 있다.

- 어제 종이 신문을 읽었다고 답한 사람은 미국 국민의 겨우 23%에 불과했으며, 이는 2000년(47%) 이후로 약 절반 정도로 줄어든 수치이다.
- 정기적으로 지역 텔레비전 방송의 뉴스를 본다고 답한 사람이 처음으로 50% 이하(48%)로 떨어졌으며, 유선 뉴스 채널을 보는 사람은 2010년 이후로 5% 감소해 기존의 39%에서 현재는 34%가 되었다.
  - 30세 이하의 미국인 가운데 지역 텔레비전을 정기적으로 보는 사람의 비율은 더 극적으로 감소해, 퓨 리서치 센터의 자료에 의하면 2006년 42%에서 2012년 28%로 14% 감소했다.
- 2012년에는 12세 이상 미국인의 92%가 적어도 1주일에 한 번은 라디오를 들었으며, 이는 기본적으로 10년 전(94%)과 거의 똑같은 수치이다.
- 어떤 형태든 청각에 기반한 뉴스 ━ 단순히 라디오를 듣는 것만이 아니라 ━ 를 듣는 미국인의 비율을 계산하기는 쉬운 일이 아니다. 왜냐하면 위성 라디오와 온라인으로 다운 받아서 듣는 새로운 형태의 청각 뉴스가 등장했기 때문이다.

그러나 퓨 리서치 센터에 따르면, 성인의 1/3은 어제 '라디오 뉴스'를 들은 것으로 나타났다. 이는 2000년의 43% 그리고 1990년의 52%에서 상당히 감소한 것이다(PEW Research Center's Internet & American Life Project, 2012).

디지털 기기의 빠른 보급에 따라 온라인 뉴스의 소비는 최근 2년 동안 가파르게 증가했다. 사실, 온라인은 퓨 리서치 센터의 조사에서 증가를 보이는 유일한 범주의 뉴스이다.

- 2012년 응답자의 약 39%는 어제(조사에 참여한 전날) 온라인이나 모바일 기기로 뉴스를 접했으며, 이는 2010년의 34%에서 증가한 수치이다.
- 다른 온라인과 디지털 뉴스도 포함하면, 매일 하나나 그 이상의 디지털 기기를 통해 뉴스를 접하는 사람의 비율은 50%로 올라가며, 이는 (유선 방송, 지역 방송 그리고 지상파를 모두 합한) 텔레비전 뉴스 시청자의 비율보다는 약간 떨어지지만, 신문과 라디오를 합한 비율(각각 29%와 33%)보다는 높다.
- 온라인 뉴스 소비의 두 번째로 두드러진 경향은 소셜 네트워크 — 페이스북, 구글 플러스, 그리고 다른 많은 것들 — 를 통한 뉴스 소비의 상승이다. 오늘 19%의 시민이 어제 소셜 네트워크 사이트에서 뉴스나 뉴스의 헤드라인을 봤다고 응답했으며, 이는 2년 전에 비해 9% 오른 수치이다.
- 이러한 사이트에서 뉴스나 뉴스의 헤드라인을 정기적으로 접하는 비율은 7%에서 20%로 거의 3배 가까이 증가했다.
- 2012년 사람들이 뉴스와 정보를 얻기 위해 가장 많이 방문한 인기 있는 웹사이트는 야후Yahoo로, 온라인 뉴스 소비자의 26%가 야후라고 응답했으며, 그다음은 구글이나 구글 뉴스가 19%, CNN이 14%, 그리고 지역 뉴스 방송이 13%, 그리고 MSN이 11%였다(PEW Research Center's Internet & American Life Project, 2012).
- 온라인 풍경의 변화에도 유행이 존재한다.
- 온라인 뉴스를 찾는 주요 동인이었던 검색 엔진이 모바일 기기와 소셜 네트워

크 사이트로 대체되었다. 구글, 빙Bing 또는 야후 같은 검색 엔진은 온라인 뉴스를 찾는 가장 큰 단일 도구로 계속 남아 있지만, 2008년에서 2010년 사이에 이들을 사용하는 큰 폭의 성장세는 둔화되었다.

- 휴대폰과 다른 모바일 기기로 뉴스를 소비하는 사람들이 늘어나면서, 뉴스 앱의 사용도 증가하고 있다. 현재 진행 중인 조사에서 모바일 인터넷 사용자 45%를 포함한 모든 미국인의 1/4이 휴대폰, 태블릿, 또는 기타 모바일 기기에 뉴스 앱을 설치했다고 응답하고 있다. 이는 2010년 16%에서 증가한 수치이다(PEW Research Center's Internet & American Life Project, 2013).

—— 소셜 미디어

소셜 미디어는 이제 재난과 재난 통신에 매우 중요하며 필수 불가결한 요소가 되었다.

오늘날 모든 소셜 미디어 도구 — 트위터, 페이스북, 유튜브, 구글 맵 등 — 는 이미 위기 상황에서 의사소통하는 방법과, 대응 및 구호 노력을 조정하는 방법(그림 5-2)을 만들어 가고 있다. 퀸즐랜드 기술대학교Queensland University of Technology의 악셀 브룬즈Axel Bruns 교수는 소셜 미디어는 '소방차나 헬리콥터 같은 장비만큼이나 모든 재난 대응 노력의 필수적인 요소'라고 말한다(Bruns, 2013).

정부 기관은 소셜 미디어의 도구와 문화를 포용하는 데 느리지만, 이제 FEMA의 질병관리센터Center for Disease Control(CDC)는 여러 개의 페이스북과 트위터 계정을 지닌 수백 개 미국 정부 기관 중 하나가 되었다. 또한 FEMA, 국토안보부, 그리고 연방통신위원회Federal Communications Commission(FCC)는 모두 소셜 미디어 전략을 재난 관리 계획에 포함시키고 있다(www.fema.gov, www.cdc.gov, www.dhs.gov, www.fcc.gov, 2013).

정부 기관들이 시민이 만든 콘텐츠의 정확성에 대한 우려를 극복하고, 목격자, 도움이 필요한 피해자, 블로거, 텔레비전과 라디오 방송, 긴급구조대원, 전기·가스·상하수도 공급 회사, 비정부 기구 그리고 구조 자원봉사자들이 뒤엉켜 빚어내는 현장의 불협화음을 견디는 능력을 키워, 정보 유포를 통제하는 능숙한 정보 관리

그림 5-2　2012년 9월 7일 루이지애나 라플레이스LaPlace. 적십자 자원봉사자인 마 토비아슨Mar Tobiason이 임시 대피소에서 사는 어린이들에게 유튜브 동영상을 보여 주고 있다. 미국 적십자와 FEMA는 지역, 주, 그리고 다른 연방 기관과 함께 허리케인 아이작의 피해를 입은 주민들을 돕고 있다. 사진 Patsy Lynch/FEMA.

자가 되는 데에는 시간이 걸리게 마련이다.

　　일반 시민은 소셜 미디어를 자신들의 삶에 통합시켰다. 그리고 이러한 통합의 열매는 재난이 발생할 때마다 매번 환한 빛을 발했다. 필라델피아 보건국의 재난 계획 수립자인 제프 개로우Jeff Garrow에 의하면, "재난관리자에게 있어, 사회의 현실을 무시하는 것은 부정행위나 마찬가지이다. 우리가 올해 배운 가장 큰 교훈은 더 이상 소셜 미디어를 무시하거나 계획 수립에서 제외시킬 수 없다는 사실이다"라고 한다 (Stephens, 2012).

　　다행스러운 일은 실제로 통합이 일어나고 있다는 사실이다. 2012년 10월 미국 북동부를 초토화시킨 허리케인 샌디는 정부 기관의 소셜 미디어 사용에 큰 변화를 보여 주었다. 즉, 정보를 유포하고 사람들을 이어 주며 루머를 통제하는, 재난에서 아주 중요한 소셜 미디어의 역할을 인식하고 받아들인 것이다.

허리케인 샌디와 관련한 소셜 미디어 활용

허리케인 샌디가 발생했을 때, 정부 기관은 이전의 그 어느 때보다 시민 및 재난 대응 협력 기관들과의 의사소통을 위해 모바일과 온라인 기술 쪽으로 관심을 기울였다.

- 뉴욕의 재난관리국Office of Emergency Management과 뉴저지 주의 주지사 크리스 크리스티는 대피 지시를 전달하고, 자원을 필요한 곳에 배분하며, 피해자들에게 지원과 대피소 그리고 폭풍의 현 상황을 시시각각으로 알리는 데 트위터와 페이스북을 활용했다.
- 2012년 10월 29일, 허리케인 샌디가 상륙한 날, FEMA는 페이스북으로(매일 평균 12,000명에서 급증한) 30만 명 이상에게 정보를 전달했으며, 1개의 메시지로 트위터 사용자 600만 명에게 정보를 전달했다.
- 미국 적십자는 아이폰과 안드로이드폰 사용자들이 주변 지역과 허리케인 경로 전반에 걸친 상황을 볼 수 있고, 가족과 가정에서 올바른 대비를 하며, '전기가 나간 상황에서도' 자신들이 안전하다는 것을 다른 사람들에게 알릴 수 있게 하는 허리케인 앱을 제공했다.
- 허리케인 샌디 이전에도 뉴욕 시는(영어 및 스페인 어로 된) 페이스북과 트위터, 구글 플러스, 텀블러, 유튜브 등에 300개 이상의 시 계정과 300만 명의 팔로어를 보유하고 있었다. 이러한 소통 통로는 재난 대응과 복구 과정 전체에 걸쳐 뉴욕 시가 다양한 형식으로 정보를 공유하고, 시민들이 좋아하고 익숙한 방법으로 정보를 찾고 소비할 수 있게 해 주었다(www.redcross.org).
- 시민들은 뉴욕 시장의 트위터 계정인 @nycmayorsoffice에서 문자 경보를 받겠다고 신청할 수 있었으며, 이는 전기가 나가거나 인터넷 접근이 어려울 때 뉴욕 시의 웹사이트에 대한 훌륭한 디지털 대안이 되어 주었다.

또한 시민들은 소셜 미디어를 통해 도움을 요청하고 자원 배치 결정을 알리는 등 현장의 상황을 정부 기관에 시시각각으로 알렸다.

- 허리케인이 발생한 동안 블룸버그Bloomberg 시장실에서는 소셜 미디어를 활용해 폭풍에 대한 시민의 반응을 파악했으며, 이를 매일 시청으로 보고했다. 또한 트위터에 올라온 질문에 직접적으로 답변했다.
- FEMA는 현장 상황을 더 잘 파악하기 위해 그리고 안전 관련 정보를 시의적절하게 내보내기 위해, 허리케인 샌디에 관해 트위터에 올라온 거의 2,000만 개에 가까운 메시지를 모니터링하는 팀을 운영했다.
- 허리케인이 발생해서 끝날 때까지, 적십자는 '대피소'라는 단어와 적십자의 봉사와 관련된 다른 구체적인 키워드 검색으로, 게시된 200만 개 이상의 메시지를 점검했으며, 31명의 디지털 자원봉사자가 2,386개의 게시물에 응답했다. 약 229개의 게시물은 시민 돌봄팀으로 보내졌고, 88개는 현장 운영에 적용되어 운영 방식을 변화시켰다.

마지막으로 트위터, 페이스북 그리고 사진 공유 플랫폼을 포함한 소셜 미디어는 정보를 확인하고 루머를 없애는 데 사용되었다. 예를 들어, 뉴욕 증권거래소가 3피트 깊이의 물에 잠긴 사진과 같은 거짓 보도와 사진이 돌기 시작하면, 뉴욕 시의 소방서 같은 긴급 대응 기관이 트위터와 다른 소셜 미디어 사이트에 잘못된 정보를 바로 잡는 메시지를 올렸다. FEMA는 '허리케인 샌디: 루머를 바로잡는 페이지Hurricane Sandy: Rumor Control page'를 만들어, 도급 업체, 현금 카드, 식량 배급표, 그리고 대피소 등과 관련된 거짓 정보를 사실과 구분하는 데 도움을 주었다.

소셜 미디어는 무엇을 할 수 있는가?

소셜 미디어는 쌍방향 의사소통이 가능하고, 사용자들이 콘텐츠 창출자와 소비자의 역할 사이를 쉽게 오가며 콘텐츠를 교환할 수 있게 해 주는 인터넷 도구이자 기술이며 응용 프로그램이다.

(신문, 라디오, 텔레비전과 같은) 많은 전통적인 매체가 재난 시의 중요한 의사소통 통로로 남아 있지만, 전통적인 매체는 주로 일방적으로 정보를 유포할 뿐이다. 소셜 미디어는 조직과 대중 그리고 개인들 사이의 실시간 쌍방향 대화와 상호 작용을 위한 기반을 제공한다.

새로운 소비자들이 재난 발생 중에 소셜 미디어로 쏠리는 것은 소셜 미디어가 다음과 같은 것을 제공하기 때문이다.

• 즉각적인 접근: 미국인의 거의 절반 정도가 현재 스마트폰을 갖고 있으며, 이는 이들이 손가락 끝으로 소셜 미디어에 접속할 수 있음을 뜻한다. 개인용 컴퓨터, 노트북 컴퓨터, 태블릿, 그리고 모바일 폰의 확산으로 소셜 미디어를 통한 정보에의 접근이 전례 없이 활발해졌다.
• 친근함: 사람들은 친구나 가족이 자주 사용하거나 신뢰하는 소셜 미디어를 더 잘 사용하는 경향이 있으며, 친구와 가족이 사용하는 소셜 미디어를 더 많이 사용한다. 사람들은 재난 이전에 만들어진 소셜 미디어 네트워크를 포함해, 재난 중에는 기존의 소셜 미디어 네트워크로 쏠린다.
• 실시간 정보와 상황 인식: 사람들이 즉각적이고도 상세한 정보를 찾으면서, 소셜 미디어 사용은 재난 중에 더 증가한다. 정보 탐색은 평상시 소셜 미디어 사용의 주요한 이유이며, 이는 재난 중에 거의 즉각적으로 급등한다. 2011년 일본의 쓰나미 발생 이후에는 쓰나미에 관한 트위터 메시지가 1초당 5,500개 이상 올라왔다. 게다가 소셜 미디어는 유일하게 실시간으로 재난 관련 정보를 제공하는 매체이다. 예를 들어, 2007년 캘리포니아에 산불이 발생했을 때, 시민들은 기자와 공무원이 자신들이 사는 동네의 산불 관련 정보를 제공하는 게 너무 느리다고 생각해 소셜 미디어로 쏠렸다. 재난 중에 소셜 미디

어가 제공하는 시간에 민감한 정보는 공무원들에게도 유용하다. 예를 들어, 5억 개 이상의 트위터 메시지를 분석한 결과, 트위터 자료는 2009년 유행성 전염병의 발병 시기에 국가의 건강 관련 통계와 95%의 연관성을 보이며 향후 독감의 발병률을 아주 정확하게 예측했다. 특히, 전국적인 통계는 병원의 조사 보고서에서 나오는데, 보통 독감 보고까지는 1-2주일 정도 시간이 걸린다.

• 구조대원이 구조 현장에 가고 피해자가 도움을 요청하는 수단: 더 많은 재난 피해자들이 도움과 구조를 요청하기 위해 소셜 미디어로 쏠린다. 재난으로 전화선이나 기지국이 손상되어 911에 전화할 수 없는 상황에서는 특히 그러하다. 적십자가 실시한 2건의 조사를 보면, 재난 피해를 입은 시민들이 소셜 미디어에 구조를 요청하면 정부 기관이 이를 모니터해서 즉각적으로 대응해야 한다고 생각한다는 사실을 알 수 있다.

• 가족과 친구를 만나는 곳: 미국 적십자는 1,058명의 미국인을 대상으로 한 조사에서, 응답자의 거의 절반 정도가 재난이 발생했을 때 자신들이 안전하다는 것을 사랑하는 사람들에게 알리기 위해 소셜 미디어를 사용했다는 사실을 알아냈다(Red Cross, 2010). 2011년 일본에 지진과 쓰나미가 발생한 직후에 시민들은 모바일 네트워크가 작동하지 않는 동안 사랑하는 사람들과 연락을 취하기 위해 트위터, 페이스북, 스카이프, 그리고 일본의 지역 소셜 네트워크에 접속했다.

• 여과되지 않은 정보: 소셜 미디어는 전통적인 언론, 기관, 또는 정치인들에 의해 여과되지 않은 '날것'의 정보를 제공한다(그림 5-3).

• 공무원들에게 책임을 지우는 힘: 일본 정부가 2011년 지진 이후에 후쿠시마 원자력 발전소의 방사능 누출 위험 범위를 인정하지 않으려 할 때, 소셜 미디어와 크라우드소싱으로 얻은 정보에 의해 위협에 대한 정확한 그림을 그릴 수 있었다.

그림 5-3   2010년 5월 5일 테네시 주 내슈빌Nashville. 내슈빌 주민이자 재난 생존자인 에이미 프로제Amy Frogge가 소셜 미디어를 통해서 데이비슨 카운티Davidson County의 홍수와 자신의 집이 입은 피해를 기록한 사진을 보여 주고 있다. FEMA는 테네시 주 전역에서 수천 채의 주택을 손상시키거나 파괴한, 2010년 5월에 발생한 심각한 폭풍과 홍수에 대응하였다. 사진 David Fine/FEMA.

- 자원봉사와 기부를 위한 플랫폼: 재난 발생 시 사람들은 구호 활동과 진행 중인 지원 작업을 조정하기 위해 소셜 미디어를 활용했다. 아이티Haiti에서 재난 구호 기금을 모으는 데 페이스북과 트위터가 활용되었다. 소셜 미디어는 또한 재난 이후에 긴급한 필요를 식별하고 이에 대응하는 데도 활용되었다. 예를 들어 2010년 아이티 지진이 발생한 후 겨우 2시간 만에, 터프츠 대학교Tufts University의 자원봉사자들은 문자 메시지와 트위터를 통해 재난의 생존자들과 자원봉사자들이 사건에 대해 보고할 수 있도록 한 재난 지도인 우샤히디-아이티Ushahidi-Haiti를 만들었다. 2주일도 안 돼, 2,500건의 사건 보고가 이 지도로 전달되었다(Ushahidi, 2012).
- 공동체를 만들고 회복력을 높이기 위한 도구: 시민들이 인터넷에 접속해 감정과 생각을 공유하면서, 사람들은 지리적으로 광대한 지역에 흩어져 있을지라도 공동체라는 느낌을 갖고 관계를 형성하게 된다. 이러한 실질적인 공동체는 한시적으로 지속될 수도 있고, 복구 과정과 그 이후까지 지속될 수도 있다.
- 감정적인 지원과 치유: 재난은 비극이며, 소셜 미디어는 사람들로 하여금 정보만 찾는 게 아니라, 인간과의 접촉, 대화 그리고 감정적인 지원을 제공해 준다.

소셜 미디어에는 어떤 것이 있나

- 블로그: 개인과 조직이 콘텐츠를 작성하고 공유하는 플랫폼을 제공하는 온라인 저널로, 다른 사람들과 정보를 공유할 수 있을 뿐 아니라, 게시된 콘텐츠에 대해 의견을 밝힐 수도 있다.
- 마이크로블로그: 게시물을 통해 제한된 양의 정보를 공유하는 사이트로, 이러한 게시물은 종종 추가 정보로 연결되는 경우가 많다. 마이크로블로그의 가장 좋은 예는 트위터로, 트위터는 아주 적은 양(140자)의 정보를 공유할 수 있다. 마이크로블로그는 공중 보건에 재난이 발생했을 때 점점 중요한 역할을 하고 있다.
- 크라우드소싱: 크라우드소싱은 문제에 대한 해결 방법을 찾기 위해 대중에게 공개 요청을 하는 것이다. 크라우드소싱 이용자는 음식이나 옷을 기부하기 위해 공개 요청을 하지는 않는다. 이들은 자료를 수집하고 유포하기 위해, 그리고 재난 시에 필요한 서비스가 공급되지 않거나 공급될 수 없는 상황에 파괴된 사회 기반 시설을 보완하기 위해 인터넷을 사용하거나 방대한 자체 검색과 연결 역량을 활용한다. 크라우드소싱 소셜 미디어 사이트는 재난 대응에 성공적으로 활용되어 왔다.
  1. 자연 재난 이후의 교통정리
  2. 2011년 일본의 지진과 쓰나미 이후에 식품의 방사능 오염 추적
- 디지털 매핑: 화재, 홍수 그리고 심지어는 전염병 발생 같은 수많은 재난 관련 자료가 편집되어 쌍방향 시각 이미지나 디지털 지도의 형태로 실시간으로 전달된다. 구글 맵과 우

재난관리론

샤히디8 등은 일반인이 사용하는 매핑 프로그램이다.
- 포럼: 온라인 토론 집단은 특정한 관심사와 주제에 집중한다. 이들은 다양한 관심사에 대해 토론한다. 이들은 공중 보건에 비상 상황이 발생했을 때 강력하고 인기 있는 온라인 공동체로 부상하기도 한다. 라이브저널LiveJournal과 프로보즈ProBoards가 좋은 예이다.
- 사진과 비디오 공유 및 팟 캐스트: 사진과 비디오 그리고 다른 멀티미디어 콘텐츠를 공유하는 온라인 사이트로, 유튜브YouTube, 플리커Flickr, 아이튠즈iTunes, 그리고 핀터레스트Pinterest가 좋은 예이다.
- 위키: 사람들이 콘텐츠를 창출하고 편집하는 공동체의 일원으로 함께 일하는 웹 페이지. 위키피디아Wikipedia는 참여자들이 웹 페이지에 수록한 정보를 편집하고 내용을 추가할 수 있는 온라인 백과사전이다.

소셜 미디어의 사용은 기하급수적으로 증가하고 있으며, 현재 미국의 성인 다섯 명 중 네 명이 인터넷에 접속하고 있다. 소비자들은 컴퓨터나 모바일 폰을 통해 인터넷에 점점 더 많은 시간을 쏟고 있다. 2011년 7월에서 2012년 7월 사이에 PC와 스마트폰에 쏟는 시간은 21%나 증가했다. 사람들은 다른 어떤 범주의 사이트보다 소셜 미디어 네트워크에 점점 더 많은 시간을 쏟고 있으며, 이는 PC를 통해 온라인에 접속하는 전체 시간의 약 20%, 그리고 모바일을 통해 온라인에 접속하는 전체 시간의 30%에 달한다. 미국 전역에서 PC와 모바일 기기를 통해 소셜 미디어에 쏟은 총 시간은 2012년 7월 1,210억 분으로, 2011년 7월의 880억 분에 비해 37% 증가했다. 퓨 리서치 센터의 '인터넷과 미국인의 생활 방식' 프로젝트에 의하면, 2012년 12월 온라인에 접속하는 성인의 67%가 소셜 미디어 사이트를 이용했다(PEW Research Center's Internet & American Life Project, 2013).

- 페이스북은 여전히 최고의 소셜 네트워크지만, 새로운 소셜 네트워크 사이트가 계속 등장해 인기를 얻고 있다.
- 페이스북은 PC(방문자 1억 5,220만 명), 모바일 앱(방문자 7,840만 명), 그리고 모바일 웹(방문자 7,430만 명)을 통해 미국에서 가장 방문자가 많은 소셜 네트워크로 남아

있으며, 각 플랫폼에서 두 번째로 규모가 큰 소셜 사이트의 몇 배에 달할 만큼 규모가 크다.

- 페이스북은 63.46%라는 믿기 어려울 만큼 높은 가입률을 자랑한다. 만일 페이스북이 국가라면, 중국과 인도에 이어 세계에서 세 번째로 큰 나라가 될 것이며, 이는 미국의 2배 규모에 달한다.

- 트위터는 2012년 2분기에서 4분기에 계정 보유자가 3,380만 명에서 5,900만 명으로, 94%라는 믿기 힘들 만큼 놀라운 성장률을 보이며 가장 빨리 성장하는 사이트이다. 이러한 현상의 한 가지 이유는 나이 든 미국인들에게서 찾을 수 있다. 55세 이상의 미국인이 트위터 인구층에서 가장 빠른 증가세를 보이고 있다. 트위터의 활발한 사용은 2012년 2분기에서 4분기 사이에 116% 증가했지만, 45세에서 54세 사이의 활발한 사용자는 같은 기간에 81% 증가했다(PEW Research Center's Internet & American Life Project, 2013).

- 네 명 중 한 명의 미국인이 매일 유튜브의 비디오를 본다.

- 소셜 미디어라는 도구는 얼마나 중요한가? 재난 대비와 대응이라는 측면에서 소셜 미디어 사용 인구와 어디서나 접할 수 있는 편리성을 고려해 볼 때 매우 중요하다.

소셜 미디어 사용에 관한 미국 적십자의 조사

2011년 8월, 미국 적십자는 재난 시 소셜 미디어 사용에 대한 조사를 실시했고, 이들은 소셜 미디어가 의사소통과 정보 관리에 이미 밀접하게 연관되어 있으며, 재난 대비와 대응과 관련된 의사소통에서 아주 중요한 요인이 되었다는 사실을 ── 놀랍지 않게도 ── 확인했다. 조사 결과에 의하면,

- 온라인 뉴스는 재난 정보를 얻을 수 있는 세 번째로 인기 있는 매체이다.
- 18%는 재난에 관한 정보를 얻기 위해 페이스북을 사용할 것이다.
- 24%는 자신들이 안전하다는 사실을 다른 사람들에게 알리기 위해 소셜 미디어 도구를 사용할 것이다.

재난관리론

- 대도시 지역 인구의 30%와 비도시권 인구의 20%는 재난 경보를 신청할 것이다.
- 80%는 재난 대응 담당자들이 소셜 미디어 사이트를 모니터해서 시민들의 구조 요청에 즉각적으로 응할 것을 기대한다.
- 20%는 재난 관리 시스템(EMS)에 연결할 수 없을 경우 도움을 요청하기 위해 온라인 접속을 시도할 것이다.

　적십자는 2012년에도 비슷한 조사를 실시했고, 미국인들이 재난 시에 모바일 기기에 점점 더 많이 의존하고 있다는 사실을 발견했다. 이들의 조사에서 소셜 미디어에 연결되는 모바일 앱은 재난 시 정보를 얻는 네 번째로 인기 있는 방법으로 밝혀졌으며, 텔레비전, 라디오, 그리고 온라인 뉴스의 뒤를 이었다. 또한 이 조사에서 20%의 미국인들은 뉴스 매체가 지원하거나 개인적으로 개발한 앱에 의해 지원되는 재난 앱을 포함해, 재난 정보를 앱에서 얻고 있다고 응답했다. 가장 두드러진 사실은 적어도 시민의 1/3은 소셜 미디어 웹사이트에 구조 요청을 올렸을 경우 1시간 이내에 도움의 손길이 도착할 것을 기대했으며, 3시간 이내에 도움의 손길이 도착할 것을 기대한 사람은 3/4 이상(76%)으로, 이는 2011년에 비해 68% 증가한 수치이다.

출처: American Red Cross, 2011; American Red Cross, 2012.

　소셜 미디어는 이제 재난이나 비상 상황 발생 시 정보와 도움을 찾고 제공하기 위해 이미 접속되어 있거나 온라인에 접속하게 만드는 거대하고도 준비된 네트워크로, 없어서는 안 될, 그리고 견고한 의사소통 도구이다. 따라서 재난관리자들의 문제는 이제 더 이상 소셜 미디어를 사용할 것인가가 아니라, 어떻게 사용할 것인가가 되었다.

　그렇다면 소셜 미디어의 사용은 지금까지 어떻게 발전되어 왔으며, 재난 시 소셜 미디어의 사용에 대해 우리는 어떤 교훈을 얻었는가?

　소셜 미디어는 최근의 다양한 비상 상황과 재난 상황에서 탁월하고도 다양한 역할을 해 왔다. 여러 가지 사건을 분석해 보면, 소셜 미디어에의 의존도가 어떻게 증가해 왔으며, 어떻게 발전해 왔는지를 잘 알 수 있을 것이다.

- 2004년 동남아시아의 쓰나미: 한 피해자의 버려진 카메라에서 나온, 몰려드는 파도에 대한 가슴 아프고 공포스러운 영상을 포함해, 극적이며 시각적인 목격담을 제공하고 사건을 보도하는 데 소셜 미디어의 사진 공유 능력과 특성이 사용되었다. 이때의 재난은 또한 구호 노력을 위해 기부를 요청하고 기부를 받기 위한 모바일 기술 활용의 시작이었다.

- 2005년 런던 지하철 테러 공격: 런던 지하철에서 테러 공격이 발생했을 때, 주로 문자로 정보를 유포하는 모바일 기기가 중요한 의사소통 역할을 수행했다. 모바일 기기는 폭탄에 파괴된 지하철역의 모습이 담긴 사진을 런던 사회, 언론, 그리고 전 세계로 전송하는 데도 활용되었다.

- 2007년 버지니아 공대 총격 사건과 2008년 노던 일리노이 대학(NIU) 총격 사건: 이들 비극적인 사건들이 발생하는 동안 무슨 일이 벌어지고 있는지 실시간으로 설명하고 다른 사람들과 연락을 주고받기 위해 사람들은 모바일 매체를 보다 광범위하게 사용했다. 사람들은 다른 사람들과 연락하고, 사건에 관한 정보를 검색하고, 정보를 공유하며, 다른 사람들과 온라인 관계를 맺고, 공동체를 형성하고, 비극적인 사건에 대한 인식을 나누기 위해, (소셜 네트워킹 사이트 등의) 가상의 커뮤니티를 활용했다. 전통적인 언론 매체에서 버지니아 공대 총격 사건의 희생자 32명의 명단을 공개하기 하루 전에 학생들이 페이스북에 올린 메시지로 모든 희생자의 신원을 확인할 수 있었다.

- 2007년 캘리포니아 산불: 카메라와 비디오카메라가 달린 휴대폰을 소유한 주민들이 긴급구조대원들이 재난 현장에 도착하기 전에 산불의 경로에 대해 알려 줄 수 있었다.

- 2008년 뭄바이 테러 공격: 2008년 11월 27일, 뭄바이 도시 전역에 걸쳐 사전 공모된 일련의 테러 공격이 호텔, 카페, 기차역, 그리고 유대인 회관을 파괴했다. 전통적인 뉴스 매체가 주도권을 잡고 현장의 취재원들로부터 대부분의 정보를 얻었다. 한편 목격자들은 모바일 기기를 이용해, 트위터, 플리커의 사진 그리고 유튜브에 올린 영상을 통해 60시간 동안의 테러 공격 사건을 전하였다.

- 2010년 아이티 지진: 아이티 지진 발생 시에 응급 의료 조치를 필요로 하는 사람들과, 건물이나 기타 무너진 구조물 밑에 깔린 사람들 그리고 최초로 현장에 도착한 사람들이 SMS 문자 메시지를 통해 연락을 주고받은 것은 인상적이었다. 응급 처치 정보를 전달하고, 대피소, 음식, 물, 그리고 기타 건강에 관한 정보를 제공하는 데 모바일 전화기가 사용되었다. 지진 후에도 전 세계 사람들은 모바일 기기의 문자 메시지를 통해 구호 노력에 기부할 수 있었다. 2004년 동남아시아의 쓰나미 이후 처음 등장한 이런 방식의 기금 모금은 재난 상황의 의사소통 통로로서 비영리 기구의 힘에 대한 인식을 증가시켜 주었다. 아이티 같은 가난한 나라에서도 모바일 전화기를 보유하고 사용하는 인구가 증가하면서, 2000년에는 생각도 할 수 없던 구호 노력이 가능해진 것이다.

- 2011년 일본의 지진과 쓰나미: 앞의 재난 사건에서 언급한 사실에 더해, 재난의 피해를 입은 지역의 교통 상황을 점검하고 피해 지역과 그 주변 지역에서 음식물의 방사능 오염을 추적하는 데 크라우드소싱 웹사이트가 사용되었다. 구글의 위기 대응 사이트는 위기 상황에 관한 정보를 공유하기 위해 사용되는, 방문자가 가장 많은 소셜 미디어 사이트 중 한 곳이다. 이 사이트를 통하면 구글의 사람 찾기 검색 프로그램에 접근할 수 있는데, 이 검색 프로그램은 재난 이후에 사진을 이용해 개개인의 신상 정보를 다시 찾을 수 있도록 돕는다. 또한 실종자들의 전화선과 비상 음성 사서함 메시지에 접속할 수도 있다. 이들은 세계 보건 기구들, 일본의 전기 · 가스 · 상하수도 공급 회사, 정부 기관, 그리고 RSS 피드 (* RSS는 Really Simple Syndication의 머리글자이며, 콘텐츠 배급과 수집에 관한 표준 규칙이다. 웹사이트에서 새로운 글을 RSS라는 규칙에 따라 제공하면 이용자는 그 내용을 받아 올 수 있다 – 옮긴이)의 실시간 업데이트를 통해 경보와 여러 가지 정보 제공을 받을 수도 있다.

출처: University of Maryland, 2012. "Social Media Use during Disasters: A Review of the Knowledge Base and Gaps. National Consortium for the Study of Terrorism and Responses to Terrorism." Department of Homeland Security Science and Technology Center of Excellence Based at the University of Maryland. December 12, 2012.

소셜 미디어는 포괄적인 재난 방송통신 프로그램의 일부

예전의 미디어와 새로운 미디어는 공생하며 함께 일한다. 인간의 생명이 위험에 처하고 정보와 인터넷 연결에 대한 필요가 급등하는 재난 상황보다 이들의 협업이 더 잘 이루어지는 때는 없다. 전통적인 미디어와 새로운 미디어는 서로에게 콘텐츠를 공급한다. 연구에 의하면, 재난 발생 시 트위터 콘텐츠의 많은 부분이 예전의 언론 매체에서 왔다고 한다. 이러한 실상은 '정보 방송과 중개'라는 용어로 표현된다. 뿐만 아니라, 전통적인 언론 매체는 영향력 있는 소셜 미디어의 창출자일 수도 있다. 예를 들어, 연구자들은 2011년 이집트 혁명 발생 시 전 세계적으로 가장 영향력 있는 상위 3개의 트위터 사용자가 뉴스 기관이었다는 사실을 밝혀냈다(Beaumont, 2011).

2011년 퀸즐랜드 홍수 발생 시, 재난 당국의 브리핑을 들은 기자들의 트위터 메시지가 지역 텔레비전 방송국의 실시간 화면 하단의 자막으로 사용되기도 했다. 홍수 발생 시 소셜 미디어 사용의 선두에 섰던 퀸즐랜드 경찰국(@QPSMedia)에 의하면, 예전의 미디어와 새로운 미디어의 이러한 혼합은 거의 즉각적으로 발생했다고 한다. 경찰은 주요 언론 매체의 생방송에서 트위터에서 오가는 내용을 다루는 것(언론의 생방송 뉴스의 일부분으로 '#퀸즐랜드홍수'로 태그된 내용을 방영하는 것)이 크라우드의 정보를 널리 퍼뜨리고 소셜 미디어에 덜 익숙한 주민들도 똑같이 즉각적인 정보에 접근할 수 있게 도왔다고 평가하고 있다(Burns, 2013).

일본은 세계에서 가장 앞선 미디어와 원거리 통신망 기반 시설을 갖춘 나라임에도 불구하고, 일본인 중에는 인터넷과 소셜 미디어 사용자들이 많으며, 나라 전체에 재난 경보 시스템이 빈틈없이 짜여 있다. 동일본 대지진에서 방송통신의 역할을 심층 취재한 보고서인, "최후의 거리를 연결하며Connecting the Last Mile"에 의하면, 2011년 지진과 쓰나미에서 얻은 분명한 교훈은 "재난이 닥쳤을 때 가장 취약한 상태에 있는 국민들에게 중요한 정보를 제공하기 위해서는 첨단 기술에서부터 가장 초보적인 기술에 이르기까지, 가능한 모든 주파수와 기술을 활용하는 것이 중요하다"라는 사실이었다고 한다(Appleby, 2012).

이 보고서에는 재난을 당한 지역에 음식, 물, 가스, 전기의 공급에 대한 충분한 정보를 제공하는 데 전국적인 텔레비전 네트워크가 무능했다는 내용이 기록되어 있다. 지역 정보에 대한 이러한 공백은 라디오와 인쇄 매체가 격자 기반 전력 공급에 덜 의존적이라는 사실을 활용한 시민들이 주도한 수많은 시도에 의해 채워졌다. 이 보고서에 의하면, 지역 방송의 라디오, 지역 신문사, 그리고 시민들의 입에서 입으로 옮겨지는 소식이 해당 지역 사회에 생명과 직결된 정보를 제공하는 데 있어 중요한 역할을 했다고 한다. "라디오는 재난을 당한 지역 사회의 가장 유용한 정보원 자리를 계속해서 지키고 있다."(Appleby, 2012)

중요한 사실은 소셜 미디어는 재난 발생 시 아주 중요하지만, 그 힘과 이점은 예전의 미디어와 새로운 미디어가 어우러진 의사소통 무기의 일부가 될 때 크게 증대된다는 점에 있다.

재난 보도

재난은 미디어의 사건이다. 예전에는 신문과 텔레비전 및 라디오 매체가 정부의 발표나 자사 기자가 취재해 온 내용만을 보도했다. 게다가 예전에는 전기와 전화선이 불통된 재난 피해 지역에서 재난 피해자들이 정보를 생산해 낼 수는 없다는 전제가 있었다.

인터넷, 소셜 미디어 그리고 빠르고도 극적인 기술 발전으로 이제 상황이 완전히 달라졌다. 과거에 정부 기관이 대민 정보 담당관을 통해 여과되고 종종 시간에 뒤진 정보를 대중에게 제공하곤 했던, 예전의 일방적인 하향식 의사소통 모델은 이제 영원히 사라졌다.

이제 일반 시민이 재난과 그로 인해 지역 사회에 미친 영향을 대중에게 알리는 시대가 되었다. 사용자 간 직접 접속으로 인한 의사소통 능력은 재난 도중에 뉴스가 생산되고 소비되는 방식에 근본적인 영향을 미쳤다. 페이스북의 구조 요청에서부터 피해자에게 대피소를 안내하는 적십자의 모바일 앱에 이르기까지, 소셜 미디어는 이제 재난 통신 계획의 일부가 되었으며, 재난 대응과 복구 계획에도 점차 반영되고 있다. 그러나 최근의 재난으로 인해 소셜 미디어 혼자 무거운 짐을 다 질 수는 없다는 사실을 깨달아 가고 있다. 예전 미디어의 강력하고 보완적이며 지속적인 역할이 계속 필요하다. 재난을 겪을 때마다, 우리는 생명과 재산을 구하고, 빠른 대응과 복구를 하며, 지역 사회의 회복 탄력성을 높이기 위해서는 예전의 미디어와 새로운 미디어가 함께 일해 나가야 한다는 사실을 배우고 있다.

소셜 미디어가 재난 통신으로 통합되는 것은 시간이 지나면서 일반적인 일이 되었으며, 소셜 미디어는 특히 다음 기능을 하는 데 적합하다.

상황 인식 제공 – 현장 상황에 대한 즉각적인 평가

호텔 직원인 리차드 모르스Richard Morse의 트위터 메시지는 2010년 아이티에서 지진이 발생한 이후에 포르토프랭스Port au Prince의 실시간 상황에 대한 목격과 설명을 제공했다(Morse, 2010).

> 포르토프랭스에서 모든 불이 나갔다. … 사람들은 여전히 비명을 지르고 있지만, 어둠이 덮이면서 소음도 사그라들고 있다.
> 카스텔 아이티는 자갈 더미다. … 8층 높이의 자갈 더미.
> 우리 호텔의 손님들은 진입로에 나가 앉아 있다. … 올롭슨에 있는 이곳에는 심각한 피해는 없지만, 주변의 큰 건물들이 많이 무너져 내렸다.
> 카포이 로에 있는 이곳 유니 은행도 붕괴되었다.

개인의 상태에 관한 정보 제시

허리케인 샌디가 상륙한 다음 날 미국에서 페이스북 사용자들이 가장 많이 사용한 말은 '우린 무사해'였다. 이는 동부 해안을 강타한 끔찍한 허리케인 이후에 자신들이 안전하다는 것을 사랑하는 사람들에게 알리기 위해 많은 사람들이 소셜 미디어에 접속했음을 보여 준다.

실시간 요구에 부응

2012년 10월 허리케인 샌디가 미국 동북부를 강타한 후에 음식 및 대피소에 대한 정보를 제공했을 뿐 아니라, 미국 적십자, FEMA, 그리고 Ready.gov 같은 사이트들이 '#휘발유 필요', '#충전할 수 있는 역', '#따뜻한 대피소'와 같은 해시태그를 만들어 일반 시민들이 다른 사람들에게 직접 도움을 줄 수 있게 했다.

가족 및 친구와의 재회

미주리 주의 조플린을 끔찍한 토네이도가 강타한 후에, '조플린 토네이도 시민 점검 사항'을 포함한 수십 개의 페이스북 페이지가 친구 및 가족과 재회하고 실종자를 찾는 데 도움을 주었다. 『타임』지에 의하면, 이 페이지는 "생존자와 친지들이 예전에 적십자나 지역 구호 기관에 의지했듯이 소셜 미디어에 의지하면서, 소셜 미디어는 순식간에 정보를 얻기 위한 가장 빠른 방법이 되었다."라고 한다.

자원봉사자와 기부금 모집

페이스북의 재난 구호 사이트에는 허리케인 샌디 이후에 자원봉사와 기부를 요청하는 글이 올랐다.

> "이제 달라집시다. 샌디 생존자를 도웁시다. 오바마 대통령도 재난 이후에 동료 미국인을 도우면서 달라질 수 있다고 모두에게 상기시키고 있습니다. http://www.fema.gov/volunteer-donate-responsibility."
>
> "뉴저지에서 허리케인 샌디의 피해를 입은 사람들을 도웁시다. 기부하려면 여기를 클릭하세요. http://sandynrelieffund.org/(http://www.facebook.com/DisasterRelief)."

구조 요청에 대한 대응 증가

2011년 3월 일본에서 쓰나미가 발생한 이후에 59세의 나오코 우차미Naoko Utsami는 단 하나의 통신수단 ─ 자신의 모바일 전화로 보내는 이메일 ─ 만을 가진 채 마을회관의 지붕 위에 있는 자신을 발견했다. 그녀는 남편에게 이메일을 보냈고, 남편은 런던에 있는 아들에게, 그리고 아들은 도쿄의 사무관에게 트위터를 보냈다. 이 사무관은 쓰나미의 공중 구조에 착수했고, 지붕에 고립되어 있던 다른 400명의 생존자를 구했다.

> "몽졸리─터고 지역에 있는 누군가에게 … 장─올리비에 넵튠이 무너진 자기 집의 자갈 더미 밑에 깔려 있습니다. … 이분은 지금 살아 있지만, 상태가 아주 안 좋습니다. 제발, 제발 서둘러 주세요. 몽졸리 터고 8가입니다. 다급합니다." ─ 아이티 지진 발생 시, 우시디디 Ushididi가 받은 문자(Appleby, Lois, 2012, University of Maryland, 2012)

사례 연구: 소셜 미디어의 재난 지도가 아이티의 생명을 살리다

2010년 1월 12일, 진도 7.0의 지진이 아이티의 포르토프랭스를 강타했다. 이 지진으로 22만 명 이상이 목숨을 잃었으며, 170만 명의 이재민이 발생했다. 이로부터 몇 분 뒤에 보스턴 터프츠 대학교의 박사 과정 학생이던 패트릭 메이어Patrick Meier는 사람들의 생명을 구하기 위해 소셜 미디어에 접속했다. 메이어는 자원봉사자들의 도움을 받아 문자 메시지, 이메일, 그리고 소셜 미디어에서 자료 ─ 주로 목격자들이 트위터와 페이스북에 올린 글 ─ 를 수집하고 웹 기반의 쌍방향 지도에 이러한 자료를 정확한 위치에 표시하여 제공하는 단체인 우샤히디의 회장이었다.

케냐에서 처음 개발되고 사용된 재난 지도 소프트웨어의 이름이기도 한 우샤히디가 재난 대응의 초기 단계에 아이티인들이 직접 보낸 재난 관련 정보를 잡아내고 조직화하고 공유하기 위해 사용된 것이다. 예를 들면, 포르토프랭스에서 한 약국이 지진 이후에 다시 문을 열었다고 알려 주는 트위터의 글 같은 정보 말이다.

메이어는 터프츠 대학교 내 플레처 법·외교 학부의 지하 작업실 밖에서 작업을 할 학생들과 세계 전역에 사는 아이티 공동체의 구성원들을 자원봉사자로 모집했다. 학부 학생과 대학원생 100명 이상이 소셜 미디어와 주류 언론 매체에서 관련 콘텐츠와 지도로 표시할 수 있는 콘텐츠를 모니터하는 방법을 며칠 동안 훈련받았다.

위험에 빠진 사람들, 응급 의료, 붕괴된 건물, 화재, 그리고 음식과 물 및 대피소와 같은 특정 요청에 대한 보고가 들어오면, 전 세계 자원봉사자들이 이러한 정보를 실시간으로 지도에 표시해 나갔다. 이 '디지털 인도주의'는 아이티에 관한 정보를 찾기 위해 온라인 매체의 수없이 많은 자료를 모니터하는 자원봉사자의 손끝에서부터 시작되었다. 우샤히디 아이티 재난 지도는 이 프로젝트가 행해진 전체 기간 동안 접수된 2,000개의 개별적인 보고로 살아 있는 지도가 되었다.

이러한 자료와 관련된 지리적인 정보는 인터넷에 접속하는 사람에게 유용했다. 지진 발생 4일 만에 긴급 구조팀 중 일부가 자원을 언제 어떻게 어디로 분배할 것인지를 결정하기 위해 우샤히디 지도와 정보를 활용하기 시작했다.

1월 19일, 지진 발생 정확히 1주일 뒤에 미국 해안경비대는 이곳으로 다음과 같은 이메일을 보내왔다. "저는 미국 해안경비대와 합동 특수부대 지휘본부Joint Task Force Command Center를 위해 아이티에서 자료를 모으고 있습니다. 우샤히디의 정보를 더 잘 활용할 방법에 대해 이야기를 나눌 만한 사람이 있습니까?" 메이어는 이렇게 설명했다. "우리는 아이티 실시간 재난 지도에 추가될 가장 긴급한(그리고 조치 가능한) 자료를 빠르게 올리기 위해 해안경비대와 스카이프 전용선을 설치했습니다. 또한 갇힌 사람들의 위치 파악을 위해 GPS 정보가 시급히 필요한 포르토프랭스의 미국 수색구조팀과도 연결되어 있습니다."

힐러리 클린턴Hillary Clinton 국무장관은 2010년 1월 21일 '인터넷의 자유'라는 연설에서 이 재난 지도의 영향에 대해 간단히 언급하며 이렇게 말했다. "기술 사회 덕분에 수요가 있는 곳에 자원을 정확히 배치할 수 있도록 돕는 쌍방향 지도가 만들어졌습니다. … 미국 수색구조팀이 월요일에 구조 요청 문자를 보낸 7살 여자아이와 두 여성을 붕괴된 슈퍼마켓의 자갈 더미에서 구해 냈습니다."

재난 대응 단체도 신기술의 힘을 칭찬한 클린턴의 언급을 되풀이했다. 미국 해병대는 이렇게 말했다. "아이티의 우샤히디가 어떤 일을 해냈는지 더 이상 강조하기도 힘들 지경입니다. 그것은 매일 사람들의 생명을 구하고 있습니다. 이 모든 예를 입증해 보일 시간이 있었으면 좋겠지만, 그러한 사례가 너무 많고 우리의 구조 활동도 너무 신속하게 진행되고 있습니다."

결국 FEMA와 미국 해안경비대는 우샤히디 재난 지도가 포르토프랭스에서의 재난에 가장 정확한 그래픽 도구였다고 단정지었다. 우샤히디 아이티 프로젝트는 목표한 재난 대응을 위한 크라우드소싱 지도의 잠재력을 보여 주었으며, 국제 사회가 이를 만들고 개선하는 유용하고도 근본적인 모델을 제시했다. 패트릭 메이어는 이렇게 말했다. "아이티의 지진에 뒤이은 이 놀라운 시도는 인도주의 대응의 미래에 대한 엄청난 잠재력을 보여 주었습니다. 아프리카의 디아스포라를 이용한 무료 지도 작성 기술로 온라인에서 일한 보스턴의 자원봉사 학생들은 수천 마일 떨어진 다른 나라에 한 발짝도 들이지 않고 그 나라의 생명을 구하는 데 도움을 주었습니다."

출처: Ushahidi, 2012. "Haiti and the Power of Crowdsourcing." http://blog.ushahidi.com/2012/01/12/haiti-and-the-power-of-crowdsourcing/.

사례 연구: 일본에서의 방사능 위협을 크라우드소싱하다

2011년 3월 토호쿠 지진과 쓰나미로 16,000명 이상이 목숨을 잃고, 6,000명 이상이 부상을 입었으며, 2,713명이 실종되고, 거의 100만 채에 이르는 건물이 완전히 또는 부분적으로 파괴되고 145억 원 이상의 재산 피해를 냈다. 또한 이 지진으로 일본 동부 해안 지역의 후쿠시마 다이치Fukushima Daiichi 원자력 발전소에 3중 원자로 노심 용융이 발생했다. 그러나 이 원자력 발전소의 용융에 관한 보도가 이루어지면서, 정부와 관련 산업의 비협조, 잘못된 정보, 그리고 완전한 거짓말에 대한 불안한 음모가 모습을 드러냈다.

후쿠시마 발전소를 운영하는 텝코(TEPCO, 도쿄 전력 회사)는 평상시보다 거의 100배 높은 방사선 수치를 '평상시보다 조금 높은 정도'라고 표현했으며, 전문가에 의하면 실제로는 '즉각 대피가 필요한 재난적인 용융'이라고 표현해야 할, 두 건의 폭발과 세 곳의 원자로 노심 용융을 '심한 위험'이라고만 표현했다. 일본 정부와 언론이 세계 최악의 원자력 재난 중 하나를 축소하는 데 공모한 것이다.

재난이 진행되면서, 사람들은 방사선 보호와 용융에 대한 정확하고 여과되지 않은 정보를 원했다. 방사선에 대해 점점 커지는 우려와 정보 부족에 대응하여, 어느 자원봉사자의 노력이 일본인들이 3/11이라고 부르는 재난이 발생한 지 1주일 만에 방사능 수치에 대한 정보를 수집하고 공유하는 세이프캐스트Safecast라는 프로그램으로 탄생했다. 세이프캐스트는 값싼 방사능 측정기를 지닌 숙련된 자원봉사자들이 모은 자료에 의존하는 세계적인 프로젝트이다. 크라우드소싱으로 수집한 이 가이거 측정 수치는 인터넷으로 전송되어 구글 지도에 알갱이 모양의 자료로 찍혔다.

소셜 미디어는 공동의 목적과 공동의 관심사를 지닌 사람들이 만나서 함께 일할 수 있게 도와준다. 세이프캐스트는 일본인들이 안전한 결정을 내리는 데 필요한 정보를 제공하는 데 있어 상당한 진전을 이루었다. 세이프캐스트의 창립자 중 한 명인 MIT의 조이 이토Joi Ito는 이렇게 말했다. "우리 사이트가 정부로 하여금 자료를 강제로 공개하게 만든 증거가 있다. 이들은 자신들이 자료를 숨겨 왔음을 인정했다. 그러한 증거를 받아들이도록 강요한 거대한 동력은 소셜 미디어와 외국의 전문가들이었다." 소셜 미디어와 크라우드는 다른 사람들이 온라인에 올린 내용의 사실 여부를 확인하는 방법을 제공할 뿐 아니라, 기관의 정보에 대한 사실 확인과 정부의 투명성 확보에 매우 강력한 동인으로 작용할 수 있다.

출처: Appleby, Lois, 2012. "Connecting the Last Mile: The Role of Communications in the Great East Japan Earthquake." Inter News. November, 2012. http://www.internews. org/research-publications/connecting-last-mile-role-communications-great-east-japan-earthquake.

사례 연구: 퀸즐랜드에서 경찰이 앞서가다

재난이 발생했을 때 모든 정부가 소셜 미디어의 속도, 인기, 그리고 힘을 인식하고 이용하는 데 있어 느리거나 머뭇거리기만 하는 것은 아니다. 사실, FEMA를 비롯한 더 많은 정부 기관이 소셜 미디어를 재난 통신 계획과 운영 과정에 포함시키기 시작하고 있다. 2011년 초 호주에서 놀라운 선례가 된 사건이 발생했다.

2010년 12월과 2011년 1월 사이에, 예상치 못한 비가 내려 일련의 홍수를 일으키면서 브리즈번Brisbane을 포함한 퀸즐랜드의 적어도 70개 마을이 피해를 입었다. 대피했던 많은 사람들을 포함해 20만 명 이상이 피해를 입었으며, 위벤호Wivenhoe 댐에는 용량의 180%에 달하는 물이 들어차다. 퀸즐랜드 주의 3/4 정도가 재난 지역으로 선포되었다.

홍수가 발생한 동안, 소셜 미디어는 소중한 재난 정보를 시의적절하게 공개함으로써 많은 사람들이 찾는 매체가 되었다. '트위터 이용이 정점'을 찍은 시간과 '홍수가 정점을 이룬' 순간이 일치하는 경우가 많았다. 퀸즐랜드 기술대학교와 창의적인 산업과 혁신의 우수성을 위한 ARC 센터ARC Centre for Excellence for Creative Industries and Innovation의 악셀 브런즈 부교수에 의하면, 퀸즐랜드 재난 관리 당국과 주민들은 재난에 대비하고 이를 극복하는 데 소셜 미디어의 융통성과 견고함을 최대한으로 활용했다고 한다.

홍수 발생 시 소셜 미디어의 사용을 늘리기 위해 퀸즐랜드 경찰 당국이 어떤 지시나 정책 결정도 내린 적이 없었음에도 불구하고, 퀸즐랜드 경찰 당국의 미디어 부서(@QPSMedia)는 트위터에 '#퀸즐랜드홍수'라는 해시태그를 이용해 갖은 소문에 반박하는 중요한 '호기심 해결사mythbusting'(* 디스커버리 채널에서 2003년부터 방영된 TV 프로그램으로 구전으로 내려오는 신화들이 정말 일어났을지 과학적으로 실험해 보는 프로그램이다: 옮긴이) 정보를 비롯해, 믿을 만한 실시간 정보를 지속적으로 제공함으로써 지역 사회의 선도자로 스스로 자리매김했다. 페이스북의 역할은 상당해서, 퀸즐랜드 경찰 당국의 페이스북 페이지는 좋아요 16,000개에서 재난의 정점에 165,000개로 믿기 어려울 만큼의 폭발적인 증가세를 보였다.

"그들은 중단시키거나 대응을 조절해야 하는 지역 사회의 요구와, 도로 봉쇄 등 다른 방법으로는 얻을 수 없는 홍수의 심각한 사태에 관한 시의적절한 조언을 사람들에게 제공했습니다. 관계 당국은 처음부터 잘못된 소문을 바로잡기 위해 트위터와 페이스북을 활용했습니다." 브런즈 교수의 설명이다.

이들은 또한 시민들이 쉽게 볼 수 있도록 자신들의 웹사이트와 페이스북에 모든 재난 대응 파트너의 소셜 스트림도 포함시켰다. 이들은 부문별로 — 교통, 전력, 식수 등 — 조직된 대응 협력 기관의 트위터 사이트도 포함시켰다. 이것은 현재 소셜 미디어 공동체에서 가장 모범적인 선례를 제시해 보이고 있다.

브리즈번 홍수 사태가 정점을 찍었을 때, 트위터 수는 시간당 1,200회로 증가했다.

트위터에 사용된 '#퀸즐랜드홍수'라는 해시태그는 즉각적으로 시민, 언론, 경찰 그리고 재난 관리 당국에 의해 가장 중요하고도 믿을 만한 정보원으로 받아들여졌다. "경찰 당국은 시민들이 이것을 이용하는 것을 보자마자, 조언을 보다 폭넓고도 효율적으로 유포할 수단으로 이를 신속하게 받아들였다." 이렇게 지역 사회는 경찰로부터 얻은 정보를 나머지 지역 사회로 전달하는 데 소셜 미디어를 활용했다. 퀸즐랜드 경찰이 올린 모든 트위터 메시지는 평균 25차례 리트윗되었다.

퀸즐랜드 경찰 당국의 소셜 미디어 사용 증가는 조직적으로 발생했으며, 이는 정보를 지역 사회로 전달하는 가장 쉽고도 빠른 방법으로 인식되었다. 정보를 공개하는 데 공식적인 승인 절차는 없었다. 대신 퀸즐랜드 경찰 당국의 미디어 부서는 정보를 지체 없이 전달하기 위해 자신들의 판단력을 믿었다. 브런즈 교수에 의하면, 소셜 미디어의 사용은 이제 경찰과 다른 재난관리자들에게 있어 표준적인 운영 절차가 될 것이다. "이제부터는 소셜 미디어가 소방차나 헬리콥터 같은 장비만큼이나 모든 재난 대응 작업의 필수적인 요소가 될 것이라는 데 의심의 여지가 없습니다."

출처: Professor Axel Bruns of the ARC Centre for Excellence for Creative Industries and Innovation (CCI) and Queensland University of Technology

마지막으로, 우리가 배운 중요한 교훈 중 하나는 어떤 한 가지 방송통신 매체도 재난 시의 모든 요구에 부응할 수는 없다는 것이다. 우리는 재난을 잇달아 겪으면서 예전의 미디어와 새로운 미디어의 혼합이 인명과 재산을 지키고, 빠른 대응과 복구를 하며, 회복 탄력성이 높은 지역 사회를 건설하는 데 가장 효과적이라는 사실을 알게 되었다. 또한 솔직하게, 그것이 바로 새로운 소비자들이 자신들의 요구에 부응하는 모든 플랫폼이나 매체로부터 정보를 취득하는 방법이기도 하다.

2011년 3월 일본에서 지진과 쓰나미가 발생한 이후에 사람들은 정보를 얻기 위해 예전의 미디어와 새로운 미디어를 혼합해서 이용했다. 홍보 회사인 힐&노울튼Hill & Knowlton 도쿄 지사의 상임이사인 제스 그린Jesse Green은 일본에 지진이 일어났을 때 베이징에 있었다. "방송 매체가 전 세계의 시청자에게 어떤 일이 발생했는지에 대한 이해를 제공하는 반면, 소셜 미디어는 바탕에 깔려 있는 그림을 제공합니다. 특히 언론에 게재되는 기사로는 충분하지 않은 일본에 사는 사람들에게 유용한 내용을요."(Skarda, 2011)『인터뷰』지에 실린, "최후의 거리를 연결하며: 동일본 대지진에서 의사소통의 역할(Connecting the Last Mile: The Role of Communications in the Great East Japan Earthquake)"이라는 보고서에서는 다음과 같은 결론을 내리고 있다. "(라디오, 신문, 소식지 등) 기술 수준은 낮지만 지역 사회 주도의 언론 매체는 대피소, 음식, 식수, 연료 및 사망자와 실종자에 대한 정보를 찾는 재난 피해 지역의 급박한 필요에 부응했다. 이것은 특히 텔레비전 같은 전국적인 언론이 할 수 없는 방식이다."(Appleby, 2012)

퀸즐랜드 경찰 당국은 "'새로운 미디어'와 '예전 미디어' 사이에 거의 즉각적인 교차 혼합(crossover)이 일어났다"라고 논평했다. 퀸즐랜드 경찰 당국에 의하면, 주요 언론 매체가 실시하는 생방송에서 (생방송 뉴스의 일부로 트위터에 '#퀸즐랜드홍수'라는 해시태그를 올림으로써) 트위터 사이트를 활용하는 것이 크라우드소싱으로 얻은 정보의 확산을 증가시켰고, 소셜 미디어에 익숙하지 않은 주민들도 똑같이 즉각적인 정보에 접근하도록 도왔다고 한다(Burns, 2013).

조플린의 전통적인 언론 매체도 토네이도 발생 중에 소셜 미디어 플랫폼과 긴밀히 협력하여 혜택을 받았다. 이 지역의 텔레비전 방송국은 여러 가지 방법으로 페이스북을 활용했으며, 방송 중에 그러한 사실을 언급하자, 해당 방송국의 페이스북 페이지 이용이 급증했다고 한다. 이러한 댓글을 모니터해서 방송에서 쓸 자료를 모은 뉴스 방송국도 있었다. 한 예로, 센트렐리아Centrailia에서 어떤 사용자가 토네이도의 피해를 입은 사진을 소셜 미디어에 올렸는데, 이 사진이 텔레비전 생방송 뉴스에서 중점 보도되기도 했다.

허리케인 샌디가 발생했을 때, 지역 텔레비전 방송국들은 자신들의 웹사이트 접속량이 급등하는 현상을 목격했다. 허리케인 샌디의 영향을 받는 지역에 위치한 방송국의 웹사이트들은 허리케인의 활동이 최고조에 달했을 때 평균적인 평일 보다 웹사이트 접속량이 3배나 증가한 현상을 경험했다. AOL의 아주 좁은 범위의 지역

재난관리론

에 맞춤 뉴스를 제공하는 뉴스 사이트인 '패치Patch' 또한 허리케인이 발생한 동안 방문객이 큰 폭으로 증가했다. 이 '패치'는 미국 전역에 거의 860개에 달하는 사이트를 운영하고 있지만, 뉴저지, 뉴욕, 그리고 코네티컷에서 특히 접속량이 높았다(Patch, 2013). 피해 지역에서의 이 사이트 방문 건수는 이전에 가장 높았던 때보다 88%나 증가했다. 브루클린의 '쉽셰드 바이츠Sheepshead Bites' 같은 독립적인 지역 사이트들도 해당 지역에 전기 공급이 끊긴 상황에서도 웹사이트 접속량이 높았다고 보도했다. 이 사이트들은 허리케인 발생 이후에 지역 주민들의 신문과 게시판 역할을 했다(Delo, 2012).

비판적으로 생각하기

소셜 미디어가 언론의 재난 관련 보도를 어떻게 변화시키고 있는가? 정부, 민간 기관, 자원봉사 기관의 재난 대응 담당자들에 의해 정보가 수집되고 분석되던 방식을 소셜 미디어가 어떻게 바꾸고 있는가? 사람들이 재난에 대한 정보를 얻는 방식과 향후 재난에 대한 지원 방식을 소셜 미디어가 지속적으로 바꿔 나갈 것이라고 생각하는가?

변화하는 미디어 환경에서 효율적인 재난 통신 역량 키우기

미디어 세계가 큰 폭으로 변화하고 있는 것처럼, 재난 관리 환경도 빠르게 변화하고 있다. 전 세계에서 대규모 재앙적 재난이 빈발하고, 기후 변화의 영향으로 재난 관리 분야도 의사소통을 포함한 자체 과정을 재점검하도록 강요받고 있다.

재난 전후의 정보 관리는 최근 몇 년 동안 상당히 달라지고 있으며, 모든 차원에서의 — 지역, 주 그리고 국가 — 재난 관련 활동도 이러한 변화를 인식하고 받아들이며 이에 적응해 나가야 한다.

우리가 이 장 전체에 걸쳐 강조했듯이, 재난 통신에 있어 가장 큰 변화는 '최초의 정보 제공자' — 시민 기자 — 의 출현, 그리고 이들이 온라인과 디지털 기술 그리고 소셜 미디어 매체를 폭넓게 활용해 정보와 이미지를 수집하고 공유한다는 사실에서 비롯되었다.

재난 관리 분야에서 일하는 어떤 조직도 — 정부, 비정부 조직, 자원봉사 기구 또는 민간 기관 — 이들 '최초 정보 제공자'의 역할과 이들의 정보 연결망이 미래의 재난에서 해낼 역할을 무시할 수 없다. 사실, 최근에 재난 관리 기관은 전통적인 언론 매체(텔레비전, 라디오, 신문 등) 만큼이나 소셜 미디어를 전적으로 수용하기 시작했다. FEMA와 같은 재난 관리 기관은 재난 전후에 대중에게 시의적절하고 정확한 정보를 제공한다는 가장 중요한 본연의 의사소통 임무를 다하기 위해, 전통적인 언론 매체 및 소셜 미디어와 동반자 관계를 만들어 나가고 있다.

FEMA 청장 크레이그 퓨게이트의 소셜 미디어 활용에 대한 발언

웨더 채널The Weather Channel과의 인터뷰에서 현재 FEMA 청장인 크레이그 퓨게이트는 소셜 미디어와 함께 일하는 것에 대해 이렇게 말했다. "소셜 미디어에 대해 언급하셨는데요, 그 때는 허리케인 카트리나가 발생했을 때였습니다. 그러한 현상이 FEMA가 하는 일을 어떻게 변화시킬 것인가? 정부에게는 이것이 정말로 심각한 문제가 되고 있습니다."

"우리는 방송될 정보를 내보내는 데는 정말로 능숙합니다. 하지만 일반 시민이 그러한 정보를 어떻게 받아들이는지, 그러한 정보를 활용하는지 아닌지, 우리가 사람들의 말을 잘 듣고 있는지에는 정말이지 서툴렀습니다."

"우리가 하는 일을 더 잘 하기 위해 배워야 하는 것에서 소셜 미디어가 큰 부분을 차지하고 있습니다. 예를 들어, 우리가 사람들에게 이렇게 하는 게 좋겠다고 말해도, 사람들이 그 말을 듣고 그냥 가는 경우가 있습니다. 그러면 우리가 여기서 뭔가를 잘 하지 못했거나, 사람들이 이해하지 못한 것이죠. 그러면 우리는 그 문제를 다시 들여다봐야 합니다."

"또 다른 일은 사람들이 하는 말을 듣는 것입니다. 공식 보도가 이루어지기 한참 전에 재난 지역에 있는 사람들에게서 최고의 정보가 나온 경우가 많으니까요. 누군가 나쁜 사람이 있어 잘못된 정보를 유포한다고 해도, 정보를 크라우드소싱하면 진실이 밝혀지고, 시민들이 공식 통로를 통한 것보다 사건 초기에 벌어지는 사건에 대해 더 잘 아는 경우가 많습니다."

FEMA가 소셜 미디어의 도움을 받은 예를 하나 들어달라고 하자, 퓨게이트는 이렇게 말했다. "정말 좋은 연구 사례를 하나 들자면, 조플린(미주리 주)입니다. 우리도 그날 추적 중이었습니다. 심각한 날씨 문제가 발생할 가능성이 있다는 사실을 알고 있었죠. 하지만 조플린에 사건이 터졌다는 첫 보도가 시작되었을 때, 소셜 미디어 쪽이 훨씬 더 활발했습니다. 왜냐하면 자연 발생적인 반응이었으니까요."

"그 지역의 대응 담당자들은 초기 충격에 그대로 대응했습니다. 이 사람들은 '얼마나 심각한지'를 말하고 수량화하는 데 시간을 끌 이유가 없으니까요."

"또한 토네이도에 대한 공식 보도에 견주어 볼 때, 이러한 초기 보고는 생각보다 이번 재난이 훨씬 심각하다는 인상을 갖게 합니다. 주 정부는 아직 지원도 요청하지 않은 상태인데, 이들은 그대로 대응하고 있으니까요. 따라서 주지사가 정식 요청을 하기 한참 전에, 우리는 이미 그쪽으로 지원을 시작합니다. 그래봤자 겨우 몇 시간 차이라고 말할지도 모르지만, 이러한 재난에서 가능한 한 빨리 지원이 도달하는 것은 매우 중요한 문제입니다."

출처: The Weather Channel, 2012. FEMA Chief: Be Prepared. May 7, 2012. http://www.weather.com/news/femafugate-interview-20120507

효과적인 재난 방송통신 만들기

효과적인 재난 방송통신 역량을 갖추기 위해서는 향후 다음 일곱 가지 요소가 필요하다.

- 방송통신 계획
- 정보의 유입
- 정보의 유출
- 정보 전달자
- 직원 채용
- 교육과 훈련
- 모니터링, 갱신, 조정

— 방송통신 계획

재난 방송통신 계획은 여러 가지 형태로 이루어진다. 재난 대응에 있어서 방송통신 계획의 수립은 정보를 수집하고 분석하며 시의적절하고 정확한 정보를 대중에게 전달하는 데 중점을 둔다. 재난 대응 방송통신 계획에는 시민 기자를 포함한 다양한 정보원으로부터 정보를 수집하고, 필요한 자원을 알아내며, 가용한 자원을 필요한 곳에 공급하기 위해 자료를 분석하고, 전통적인 언론이나 새로운 언론을 통해 현재의 상황 및 조치와 관련된 정보를 대중에게 전달하는 데 기준이 되는 규약이 포함되어야 한다. 계획에는 또한 재난 대응에 관한 정보를 대중에게 전달할, 신뢰할 만한 정보 전달자가 명시되어야 한다. 또한 재난 시의 방송통신 계획에는 특별한 도움이 필요한 사람들과 영어를 사용하지 않는 사람들에게 정보를 전달할 방법도 명시되어야 한다.

재난 대응 방송통신 계획에는 지역, 주 그리고 국가 차원의 언론 매체, 기자, 정보 제공자의 명단이 포함되어야 한다. 정보를 얻고 이를 다시 대중에게 전달하기 위해 이러한 명단이 필요할 것이다. 끝으로, 계획에는 언론을 모니터하고, 정보를 수집하고 전달할 새로운 정보원을 밝혀야 하며, 재난 방송통신의 효율성을 평가하기 위한 규약도 포함되어야 한다. 이러한 정보는 계획을 갱신하는 데 활용될 것이다.

복구 단계에서의 방송통신 계획도 이와 매우 유사하다. 복구 단계의 계획에도 정보를 수집하고 분석하며 시의적절하고 정확한 정보를 전달하기 위한 규약이 포함되어야 한다. 복구 단계에서 대중에게 전달되는 많은 정보는 정부와 다른 구호 기관으로부터 나오며, 개인과 지역 사회의 재건을 돕기 위한 가용한 자원을 분배하고 알리는 데 중점을 둬야 한다.

방송통신 계획에서는 이러한 정보를 선별된 시청자에게 전달하는 데 우선순위를 두어야 하며, 메시지를 전달하기 위한 적절한 방송통신 메커니즘을 명시해야 한다. 복구 단계의 방송통신 계획에서 우선시되어야 할 부분은 폭넓고 다양한 정보원과 현장으로부터 정보를 수집하는 일이다. 지역 사회에서 일하는 직원, 지역 사회의 지도층, 그리고 최초의 정보 제공자는 복구 활동의 진전에 관한 훌륭한 정보원이며, 재난의 피해를 입은 개인과 지역 사회의 분위기에 대한 소중한 관점을 제공해 줄 수 있다. 이러한 정보원은 복구 프로그램에서 제외된 사람들이나 마을과 단체를 알아내는 데도 유용하다. 복구 단계에서는 주와 지역 사회 차원에서 중대하고도 장기적인 결정이 내려져야 하므로, 모두의 합의가 도출되어야 한다.

── 정보의 유입

정보는 효과적인 재난 방송통신의 기본이다. 재난 대응에 있어, 재난 현장의 상황과 관련 기관들이 어떻게 재난에 대응하고 있는지에 대한 정보를 주기적으로 받고 처리하는 것은 재난 정보의 전달자들이 시의적절하고 정확한 정보를 대중에게 전달할 수 있도록 도와준다. 이러한 정보를 수집하는 데 있어, 잠재적인 정보원들을 간과해서는 안 되며, 관련된 정보를 전달하는 모든 가능한 정보원을 격려해야 한다. 이러한 업무를 성공적으로 해내기 위해서는 잠재적인 모든 정보원을 알아내고, 다음 재난이 벌어지기 전에 다양한 정보원과 협업하는 관계를 맺어야 한다. 또한 재난 이후에 현장에 등장하는 새로운 정보원도 알아내고 이들과도 협력 관계를 맺을 준비를 하고 있어야 한다.

잠재적인 재난 정보원은 다음과 같다.

- 정부의 피해 평가팀: 모든 차원의 정부에 소속된 재난 관련 기관에는 재난 발생 이후에 피해를 평가하는 부서가 있다. 대규모 재난의 경우, 피해 평가팀에 지역과 주 그리고 연방 대응 기관의 대표자가 포함되기도 한다. 수집된 정보에는 사망자와 부상자의 수, 주택과 사회 기반 시설 및 환경이 입은 피해가 포함된다.
- 긴급구조대원: 재난 현장에 도착한 긴급구조대원 중에는 필요한 방송통신 장비를 지니고 현장을 관찰하도록 훈련받은 이들이 있다.
- 자원봉사 기관: 이들 기관 중에는 피해를 평가하는 교육을 받았으며, 최초의 그리고 지속적인 평가를 할 수 있는 자원봉사자가 포함되어 있는 경우가 많다. 예를 들어 적십자는 주택 피해를 보고하고, 대피했거나 대피소에 있는 사람들의 수를 보고하는 데 폭넓은 경험을 갖고 있다.
- 지역 사회의 지도층: 자신이 사는 주변 지역의 네트워크를 갖고 있거나, 지역 사회에 기반을 두고 있으며, 네트워크를 가진 조직과 함께 일하는 신뢰할 만한 지도자는 현장 정보에 대한 가치있는 정보원이 될 수 있다.
- 최초 제보자: 정보와 사진을 수집하고, 수집한 정보와 사진을 휴대폰, 소형 기기 그리고 노트북 컴퓨터를 통해 전달할 수단을 지닌 재난 현장의 개개인을 말한다.
- 소셜 미디어: 블로그(웹로그), 구글 어스, 구글 맵, 위키(위키피디아), SMS(트위터 같은

문자 메시지를 올리는 것), 플리커, 피카사Picasa(사진 조사 사이트), 그리고 유튜브(비디오 공유 사이트) 등이 있다.

- 온라인 뉴스 사이트: 지역 사회의 소식, 정보, 그리고 의견이 종합되어 있다.
- 전통적인 언론 매체: 텔레비전과 라디오 및 신문의 기자, 편집자, 그리고 뉴스 제작자는 훌륭한 정보원이 될 수 있으며, 특히 재난 발생 전후 재난 지역으로 뉴스 팀을 배치했을 경우에 특히 그러하다.

당신이 사는 지역에서 잠재적인 정보원을 찾아내고, 이들과 연락해 함께 일하는 관계를 맺으며, 이들 정보원들로부터 정보를 받아들이는 데 필요한 규약과 기술을 정비해야 한다. 가능한 모든 정보원에게 어떤 상황에 어떤 유형의 정보가 필요한지를 이해시키고, 그럼으로써 그들이 당신이 결정을 내리는 데 필요한 구체적인 정보를 찾을 수 있게 해야 한다. 국가 사고 관리 시스템(NIMS)과 사고 지휘 시스템(ICS)을 실행하는 정부의 재난 대응 기관과 자원봉사 기관은 어떤 정보를 수집해야 하는지 알 것이다. 어떤 정보가 필요하며 그러한 정보를 어떻게 전달받아야 하는지를 다음 재난이 벌어지기 전에 파악하려면, 비정부 조직과 비전통적인 조직의 정보원에게도 연락해야 한다.

다음은 비정부 조직 및 비전통적인 정보원과 공조 관계를 맺기 위한 몇 가지 방법이다.

- 주변 지역에 의사소통 네트워크를 만들어라. 지역 사회에 기반을 둔 조직, 교회, 주변 지역의 여러 협회와 협력 관계를 맺고 의사소통 네트워크를 만들어라. 지역 주민들에게 정보 수집에 필요한 교육을 시켜 지역 사회 재난 대응팀(CERT)의 일부로 만들 수도 있고, 이러한 정보를 수집해서 재난 담당자들에게 보내는 일을 지역 사회의 지도자들에게 위임할 수도 있다. 이러한 네트워크는 재난 담당자들로부터 신뢰할 만한 지역 사회의 지도자를 거쳐 주변 지역 주민에게 메시지를 보내는 통로로도 활용될 수 있다.

- 최초 제보자를 위해 재난 정보 관련 규약을 만들어 배포하라. 재난 대응 과정에서 필요한 정보의 목록을 만들어 이 목록을 시민들에게 공개하라. 수집한 정보와 사진을 이메일로 보내거나 게재할 곳을 시민들에게 알려 주어라.
- 조직 내에 정보원을 위한 만남의 장소를 만들어라. 재난 중에 정보원과 함께 일할 직원을 지정하라.
- 현장에서 정보를 보낼 수 있는 전자 포털 사이트를 만들어라. 위키와 웹로그(블로그)는 사용자들이 의견을 받아들이고 종합할 수 있다. 문자 메시지로 정보를 갱신할 수 있는 트위터 웹사이트를 만들어라. 또한 유튜브와 플리커에 홈페이지를 만들어라.
- 재난 대응을 위한 교육과 훈련에 최초 제보자와 전통적인 언론 및 새로운 언론 매체를 포함시켜라. 문제를 파악하고 격차를 줄이기 위해 그리고 그에 맞게 계획을 수정하기 위해, 재난 훈련에 이들 정보원들을 포함시켜야 한다. 언론 매체와 최초 제보자를 언제나 훈련에 포함시켜야 하는 것은 아니지만, 이러한 집단을 훈련시키면 좀 더 현실감 넘치는 훈련을 할 수 있으며, 다음 재난이 닥치기 전에 어려운 문제를 파악해 적절한 수정을 할 수 있다. 또한 서로를 알 수 있는 기회가 되기도 한다.
- 전통적인 언론 매체 및 새로운 언론 매체와 정기적으로 만나라. 이는 재난 대응에 있어 가장 중요한 역할을 하는 이들 협력 기관들과 인간적인 관계를 맺을 수 있는 또 다른 방법이다.
- 사후 보고에 정보원들도 포함시켜라. 이들의 의견과 경험을 계획과 절차를 수정하는 데 활용하라.

이들 많은 정보원들을 재해 완화와 재난 대비 활동의 일부로 보아야 한다. 재난이 발생하지 않은 평시에 이들과 함께 일하는 관계를 맺어 놓으면, 재난 대응 시 정보 수집과 흐름을 원활히 할 수 있을 것이다.

── 정보의 유출

정보의 유입이 재난 방송통신의 기본이라면, 정보의 유출은 목표이다. 시의적절하고 정확한 정보 전달을 통해, 재난 대응 과정 및 재해 완화 그리고 대비 과정에서 인명을 구할 수 있다. 대중에게 정보를 전달하려면, 다음과 같은 유용한 방송통신 메커니즘을 모두 활용해야 한다.

- 전통적인 언론 매체: 텔레비전, 라디오, 신문 그리고 인터넷
- 소셜 미디어: 지역 사회의 웹사이트, 블로그, 위키, 게시판, 그리고 페이스북, 유튜브, 트위터 등의 소셜 미디어에 새로운 정보를 올려라. 온라인을 통해 시의적절한 사진과 동영상을 공유하고, 전통적인 언론 매체에 온라인 사이트를 정기적으로 갱신하라고 말하라.
- 주변 지역과 의사소통 네트워크: 가가호호 방문할 수 있는 지역 사회의 신뢰할만한 지도자

예로부터 재난 담당자들은 기자 회견, 브리핑, 재난 현장 방문, 재난 담당자와의 일대일 인터뷰, 대언론 공식 발표, 상황 보고, 그리고 인터넷에 정보를 올리는 방식으로 전통적인 언론 매체에 재난 관련 정보를 제공해 왔다. 또한 라디오 현장 녹음, 사진, 그리고 비디오 테이프를 전통적인 언론 매체에 제공하기도 했다. 대규모 재난 발생 시 재난 관리 기관들은 미국 전역의 거대한 지역이 전통적인 언론 매체에 연결되도록 위성에 업링크하거나 시청각 기자 회견을 열기도 했다.

새로운 언론 매체를 통한 정보의 유포는 재난 담당자들에게 새로운 과제이며, 이들 새로운 언론이 시청자에게 어떤 작용을 하는지 이해하기 위해서는 인내심이 필요하다. 따라서 이러한 대부분의 과제가 재난이 벌어지지 않은 시기에 이루어져야 한다. 이때가 바로 위키피디아, 트위터, 블로그, 플리커, 페이스북, 유튜브, 그리고 기타 소셜 네트워크 사이트에 대해 더 배우고, 재난관리자가 이러한 새로운 미디어를 통해 재난 대비와 재해 완화에 관한 메시지를 전달하며, 재난의 대응과 복구 단계에

서 선별된 시청자와 의사소통할 방법을 모색할 수 있는 시기이다.

다음 재난이 발생하기 전에 고려할 사항은 다음과 같다.

- 블로그를 시작하라: 당신이 담당한 지역 사회가 직면한 위험에 대한 다음과 같은 내용을 블로그에 올려라. 지역 사회 구성원들이 이러한 위험을 줄이고 자신들의 가족과 집, 그리고 기업을 보호하려면 어떤 조치를 취해야 할지, 다음 재난에 어떻게 대비할 것인지, 언제 그리고 어떻게 대피해야 하는지, 당신이 속한 조직이 어떻게 대응할 것인지, 지역 사회의 구성원들이 어떻게 최초 제보자가 될 수 있는지 등.
- 게시판을 만들어라: 게시판은 주변 지역의 재해 완화와 재난 대비 프로그램에 관련되어 있는 지역 사회 지도자들과의 연결점으로 작용할 수 있으며, 재난 발생 전후에 모든 지역 사회 구성원들이 접근할 수 있어야 한다.
- 위키피디아에 올려라: 재난 대비와 재해 완화에 관한 정보를 위키피디아에 올리고, 더 많은 정보를 얻을 수 있는 사이트와 연결해 놓아라. 이 사이트가 독자들이 추가한 정보와 함께 커 나가는 과정을 이해해야 한다.
- 유튜브에 올려라: 가정과 사무실 그리고 기업에서 재난을 어떻게 방지할 것인지에 대한 동영상도 포함시켜라. 다음 재난 시 살아남을 수 있는 방법을 설명하는 동영상을 올려라(물과 음식을 어느 정도 지녀야 하는지, 정보를 얻으려면 어디로 가야 하는지 등).
- 페이스북 계정을 만들어라: 대비(계획을 세우고, 정보로 무장하고, 도구 상자를 만들라 등)와 대피 계획 및 경보에 관한 정보를 올려라.
- 구글맵을 만들어라: 지정 대피소와 대피로의 위치도 포함시켜라.

다음 재난이 발생했을 때 고려해야 할 사항은 다음과 같다.

- 블로그를 정기적으로 갱신하면, 지역 사회 주민들과 직접적인 연결점을 만들 기회를 얻을 수 있다. 일정표에 시간을 배정해 사람들의 질문과 조사에 응답하고

상호 작용을 이어 나가라.

- 게시판의 자료를 정기적으로 갱신하면, 지역 사회 주민들과 직접 대화를 나눌 기회를 얻을 수 있으며, 이는 상호 작용을 이어 나갈 또 다른 기회가 되어 줄 것이다.
- 위키피디아를 점검하고 갱신하라. 위키피디아에 재난에 관한 정보를 올리고 정기적으로 자료를 갱신하라. 재난 시의 구조와 대피소에 관한 정보를 갱신하고, 실종자를 찾는 사이트와 연결시키며, 부정확한 정보를 바로잡고, 소문에 맞서라.
- 피해 지역으로부터 얻은 간략한 정보와 도움을 요청하는 동영상을 유튜브에 올려라.
- 페이스북에 지속적인 정보를 올려라. 전통적인 언론 매체(텔레비전, 라디오, 신문 등)에 제공한 재난 대응과 복구 활동 및 조치에 관한 정보와 똑같은 내용을 올려라.
- 구글 맵의 정보를 갱신해 운영 중인 대피소와 병원의 위치를 보여 주어라.
- 구글 어스에 피해 지역의 위치를 표시하라.

복구 단계에서 이러한 모든 사이트를 유지하고 정기적으로 정보를 갱신하라.

─ 정보 전달자

정보를 전달하는 사람은 재난 방송통신에 있어 중요한 역할을 담당한다. 정보 전달자는 재난 대응에 사람의 얼굴을 보여야 하며, 자신들이 사는 지역 사회를 재건해야 하고 여러 가지 도움이 필요한 시민들과 신뢰 관계를 형성해야 한다. 공보관은 언론과 시민들에게 정보와 메시지를 주기적으로 전달해야 한다. 하지만 재난 대응의 주된 인물은 선출되거나 임명된 관리(시장, 주지사, 카운티의 행정가, 시행정 담당관 등)나 재난 관리 기관의 대표, 또는 이 둘 다여야 한다. 이러한 사람들은 정보 전달자의 역할에 권위를 부여하며, 재난 관리 기관의 대표는 재난 대응과 복구 작업의 책임자이다.

시민들은 권위를 지닌 인물로부터 정보를 듣고 싶어 하며, 언론은 자신들과 대화하는 사람이 결정권자인지를 알고 싶어 한다. 최근의 재난에서 성공적인 정보 전달자의 역할을 한 선출직 관리는 2007년 캘리포니아 남부에 산불이 발생했을 때 캘리포니아의 주지사였던 아널드 슈워제네거Arnold Schwarzenegger와 9/11 사건 때 뉴욕 시장이었던 루디 줄리아니Rudy Giuliani, 그리고 2004년 플로리다를 강타한 네 차례의 허리케인이 발생한 시기에 플로리다의 주지사였던 젭 부시, 그리고 1995년 오클라호마 폭탄 테러 사건 때 오클라호마 주지사였던 프랭크 키팅Frank Keating을 들 수 있다.

정보 전달자 역할을 잘 한 성공적인 재난관리자에는 FEMA 청장이었던 제임스 리 위트와 1994년 노스리지 지진 시 캘리포니아의 긴급구조대장이었던 딕 앤드루 Dick Andrews, 그리고 플로리다에서 최근에 발생했던 허리케인, 토네이도, 그리고 산불에 대응했던 플로리다 재난 관리부를 맡았던 크레이그 퓨게이트를 들 수 있다. 위트와 클린턴 전 대통령은 함께 협조하여 1990년대에 수많은 재난이 발생했을 때 연방 정부의 구호 프로그램에 대한 메시지 전달을 잘 해냈다.

다음 재난이 발생하기 전에 재난 관리 기관은 선출되거나 임명된 관리가 혼자서 주요 정보 전달자 역할을 할 것인지, 아니면 재난 관리 기관의 책임자와 함께 협력할 것인지를 결정해야 한다. 어떤 유형의 정보를 어떤 정보 전달자가 전달할 것인지를 미리 정해 두는 것이 가장 좋다. 간추린 문서나 상황별 정보 갱신 방법에 대한 규약도 정해 두어야 한다. 누가 언론 브리핑과 기자 회견을 할 것이며, 누가 언론과의 일대일 인터뷰에 적합한지, 누가 뉴스 언론 매체와의 의사소통에 관여할 것인지에 관한 결정을 내려야 한다. 또한 이러한 모든 조치는 선출되거나 임명된 관리 및 재난 관리 기관의 책임자와 함께 해야 한다.

재난 관리 기관에서는 해당 기관의 활동과 의견에 대한 구체적인 정보를 전통적인 언론과 새로운 언론에 제공하는 데 적합한 고위급 관리자도 정해 두어야 한다. 아주 사소한 재난일지라도 재난 대응의 특정한 분야에 전문 지식을 가진 사람이 재난 대응과 관련된 정보와 메시지를 전달하면 매우 유용하다.

- 거짓말을 하지 마라: 이것은 아주 쉬운 일이지만 대단히 중요하다. 이보다 더 빨리 당신과 당신이 속한 조직의 신뢰를 허무는 일은 없을 것이다. 거짓말을 할 필요는 정말로 없으며, 만일 거짓말을 한다 해도 탄로 나고 만다. 똑같이 중요한 주의 사항은 이것이다. 확실하지 않은 정보를 말하는, 의도적이지 않은 거짓말도 해서는 안 된다.

- 잘 모르는 일에 대해서는 말하지 마라: 이것은 거짓말 다음으로 신뢰를 허무는 가장 빠르고도 확실한 방법이다. 어떤 질문에 대한 답을 모르면 대답을 지어내지 말아라. 대신 모른다고 말하고, 직원을 시켜 조사하게 한 다음, 가능한 한 빨리 언론에 답변하라.

- 다른 조직의 활동에 대해 말하지 마라: 조직의 대표자가 자신들의 조직에서 무엇을 하고 있는지 말하는 것이 언제나 최선이다. 다른 조직에 대해 말하는 것은 오해를 불러일으킬 가능성이 아주 높다. 다른 조직에 관한 잘못된 정보를 당신이 바로잡는 것보다 그 조직의 대표가 자신들의 조직에 대해 말하는 편이 훨씬 간단하다. 예를 들어, 재난관리자는 적십자가 재난 대응으로 어떤 활동을 하는지 보고하지 말고, 적십자의 대표로 하여금 보고하게 해야 한다.

- 지키지 못할 약속은 하지 마라: 당신과 당신의 조직이 약속을 지킬 것을 100% 확신하지 못한다면, 어떤 약속도 해서는 안 된다. 어떤 약속에도 책임을 져야 하며, 약속을 비슷하게 지키는 것만으로는 충분치 않다. 이틀 이내에 지원을 약속했다면, 지원은 이틀 이내에 반드시 이루어져야 한다. 사흘이 걸리면 시민과 언론에게 곤욕을 치를 것이다.

  예를 들어, 약속한 그날 실행하지 못할 것이라면, 사흘 안에 구호 비용을 적은 수표를 우편으로 보내겠다거나, 사흘 이내에 당신 집으로 조사관이 찾아갈 것이라거나, 비상 대피소가 오늘 문을 열 것이라거나, 물과 음식이 5일 이내로 준비될 것이라고 말해서는 안 된다.

- 정보로 무장하라: 언론과 대중에게 실수를 하거나 잘못된 발언을 피하는 최선의 방법은 정보로 무장하고 있는 것이다. 이것은 지도자들이 정보를 수집하고 분석하며 전달하는 효율적인 과정에 주의를 기울여 임하는 헌신적인 자세를 필요로 한다. 재난관리자들이 알아야 하는 정보 유형의 예에는 피해 정도, 사망자와 부상자의 수, 대응과 복구 단계에서의 정부의 조치, 자원봉사 기관의 역할, 지원을 받기 위해 등록하는 방법, 즉각적인 도움을 구할 수 있는 곳, 오늘 그리고 앞으로 어떤 조치들이 계획되어 있는지 등이다.

- 대화를 받아들여라: 전통적인 언론(텔레비전, 라디오, 신문)과 새로운 언론(인터넷, 소셜 미디어, 블로그)은 정보와 이미지의 종합이다. 여러 가지 형태의 언론이 생산해 낸 정보에 관심을 갖고 이를 받아들여라 — 확인하고 논박하라. 시민들이 주고받는 이러한 정보의 교류에 참여하고 배우라.

- 성취에 집중하라: 언론 및 대중을 상대로 이야기할 때는 당신의 조직이 한 일에 초점을 맞춰라. 어떤 일을 했으며 하고 있는지에 대해, 향후 수요자의 필요에 부응하기 위해 할 예정인 일들에 대해. 이처럼 성취에 기반을 둔 발언의 예는 다음과 같다. 잔해 제거를 시작했는지와 어느 정도 진전이 되었는지, 상세한 정보를 전달할 계획을 세우고 지원을 받기

위한 등록을 했는지, 대피소를 세우고 즉각적인 지원을 제공하기 위해 자원봉사 단체와 협조하고 있는지, 피해 평가를 갱신하고 있는지 등.

━ 전담 직원

의사소통 전담 직원은 고사하고 의사소통 전문가가 한 명도 없는 재난 관리 기관이 많다. 연방재난관리청(FEMA), 국토안보부(DHS), 보건후생부Department of Health and Human Service(DHHS) 같은 연방 기관과 기타 재난 관련 기관들은 많은 의사소통 전담 직원을 두고 있다. 주州의 재난 관리 기관 대부분은 적어도 한 명의 의사소통 책임자를 두고 있다. 의사소통을 위한 직원을 후원하는 정도는 아주 다양하다. 미국 주요 도시에 있는 재난 관리 기관은 공보 담당 국장을 두고 있는 경우가 많으며, 많은 공보 담당 직원을 두고 있는 경우도 있다. 하지만 중소 도시와 작은 지역 사회에는 공보 담당 국장이나 직원이 없는 경우가 많다.

재난 관리와 관련된 모든 조직에서 공보 담당 직원이 필요한 시기가 왔다. 중소 도시에 있는 기관은 지역 정부에 소속된 공보 담당 직원의 힘을 빌릴 수도 있으며, 그렇게 하려면 매달 그 담당 직원이 할애한 시간만큼 수당을 제공하면 된다. 이렇게 하면 재난 상황이 아닌 경우 필요한 의사소통 활동을 지속적으로 지원받을 수 있다. 또한 이렇게 하면 지역 정부의 공보 담당 직원과 책임자가 해당 재난 관리 기관의 활동에 대해 더 잘 알게 되고, 따라서 재난의 대응과 복구 과정에서 이 기관의 책임자와 더 잘 일할 수 있는 토대를 갖출 수 있다.

이미 공보 담당 전담 직원을 두고 있는 대도시와 연방 정부 및 자원봉사 기관은 이제 소셜 미디어와 함께 일해야 하는 상황을 맞아 우선순위를 재정비해야 하는 문제를 안고 있다. 전담 직원은 소셜 미디어와 함께 일하는 관계를 맺고 유지하며, 다양한 블로그, 게시판, 소셜 네트워크 사이트 그리고 지역 사회를 위해 일하는 새로운 기타 미디어와 상호 작용을 해야 한다. 따라서 새로운 미디어와 매일매일의 상호 작용을 전담할 직원이 적어도 한 명은 배정되어야 하며, 대규모 재난이 발생할 경우에는 이러한 집단과 함께 일할 직원이 추가로 배정되어야 한다.

소셜 미디어 전담 직원은 지역 사회의 재해 완화 및 재난 대비 캠페인을 촉진하기 위해 새로운 미디어와 함께 일해야 하며, 또한 지역 사회의 신뢰할 만한 지도자들과 함께 일하며 주변 지역의 의사소통 네트워크를 만들고 유지하는 역할도 해야 한다.

━ 교육과 훈련

효과적인 재난 방송통신을 운영하려면, 잘 교육받은 정보 전달자와 직원이 필요하며, 이는 모든 재난 훈련에 반드시 포함되어야 한다. 선출되거나 임명된 관리, 기관장, 그리고 공보관들은 모두 재난 시 대중과 의사소통을 할 때 미디어와 편안한 관계를 맺기 위해 정식 미디어 교육을 받아야 한다. 미디어 교육은 전달하고자 하는 메시지를 효율적으로 전달하는 방법, 어려운 질문에 대처하는 기술 그리고 재난의 도가니 밖으로 빠져나올 수 있는 기회를 제공한다. 가능하다면, 언론에 모습을 드러내는 고위급 직원도 미디어 교육을 받아야 한다.

직원 교육과 훈련은 다음과 같은 몇 가지 형태로 이루어진다.

- 언론과의 관계: 전통적인 미디어 및 새로운 미디어와 함께 일하는 법, 마감 시한을 맞추는 법, 질문에 대응하는 법, 인터뷰 일정 잡기, 각각의 언론 매체가 요구하는 정보의 유형 이해하기, 그리고 뉴스가 생산되는 과정 등에 대해 배운다.
- 소셜 미디어: 블로그가 무엇인지, 소셜 네크워트가 어떻게 돌아가는지, 주변 지역과 의사소통 네트워크를 만들고 유지하는 방법 등을 배운다.
- 마케팅: 모든 형태의 미디어에 재난 대비 프로그램이나 재해 완화 프로젝트를 효과적으로 알리는 법, 재난 대비와 재해 완화 캠페인을 위한 교재를 개발하는 법, 그리고 그와 같은 노력의 효율성을 평가하는 법 등을 배운다.

의사소통 업무는 향후 재난 훈련에 반드시 포함되어야 한다. 이러한 훈련에 전통적인 언론 매체의 기자, 블로거와 온라인 뉴스 사이트를 포함한 새로운 미디어를 대표하는 사람들을 포함시킬 것을 강력하게 추천한다. 새로운 미디어 및 온라인 뉴스 사이트와 함께 일하는 훈련에는, 위키피디아 사이트의 정보를 갱신하고 수정하며, 지역 사회 게시판에 정보를 올리는 것과 같은 일도 포함되어야 한다. 주변 지역의 의사소통 네트워크를 관장하는 지역 사회의 지도자들 또한 이러한 훈련에 참여해야 한다.

—— 모니터링/갱신/조정

전담 직원은 모든 언론 매체를 주기적으로 모니터링해야 하며, 전통적인 미디어와 소셜 미디어에 실리는 뉴스의 요약 내용도 주기적으로 편집해야 한다. 전담 직원은 새로운 미디어를 주기적으로 모니터링하고, 이들 사이트에 올라 온 뉴스를 주기적으로 요약해 보고해야 한다. 이러한 활동은 재난 대응에 있어 특히 중요하다. 이러한 모니터 활동을 통해 미디어 전담 직원은 초기에 문제를 파악하고 제기할 수 있으며, 문제가 커지기 전에 이를 해결할 방송통신 전략을 세울 수 있다. 이것은 또한 정보가 언론을 통해 대중에게 흘러가는 과정을 파악하고, 메시지 개발과 전달 과정의 개선점을 모색하기 위한 방법이기도 하다. 주기적인 모니터링은 루머와 잘못된 정보를 파악하고 이를 신속히 수정할 수 있게 해 준다.

모니터링 활동을 통해 수집된 정보는 방송통신 계획, 전략, 그리고 전술을 세우는 데 사용되어야 한다. 이러한 자료를 바탕으로 직원을 어떻게 배치하며, 교육과 훈련 프로그램을 어떻게 개선할지를 결정할 수 있다. 재난 관리 기관은 의사소통 기술과 기회를 놓치지 않기 위해 끊임없이 주의를 기울여야 한다.

결론

향후 재난 관리 분야에서는 의사소통이 모든 재난 관련 조치와 프로그램 운영에서 더 큰 비중을 차지하게 될 것이다.

새로운 미디어의 형태와 기능을 의사소통 계획과 전략에 포함시키고, 새로운 기술을 적용하는 것이 모든 재난 관리 기관이 명심해야 할 시대의 소명이 될 것이다.

　　재난 담당 관리들은 더 이상 언론 및 대중과의 의사소통을 피할 수 없다.

　　재난 관리 기관은 재난 관리의 네 단계 모두에서 의사소통의 커진 역할을 지속적으로 받아들이고, 이를 대중의 요구에 부응하기 위한 가치 있는 도구로 수용해야 할 것이다.

재난 방송통신 전략 Disaster Communications Strategy

합동 정보 센터 Joint Information Center

상황 보고 Situation Report

소셜 미디어 Social Media

자가 점검을 위한 질문

1. 효과적인 재난 방송통신 전략의 임무는 무엇인가?

2. 효율적인 재난 방송통신 전략의 다섯 가지 중요한 가정은 무엇인가?

3. FEMA 청장이었던 제임스 리 위트는 효율적인 의사소통을 위해 어떤 방식으로 헌신했나?

4. 미디어와 동반자 관계를 맺는 목표는 무엇인가?

5. 기본적인 재난 관리의 시청자 6개 집단의 명칭과 특징을 서술하라.

6. 2004년 이후로 언론의 재난 보도에서 소셜 미디어의 역할은 어떻게 확대되고 있는가?

7. 언론 보도의 양상이 달라지면서, 재난관리자들이 시의적절하고 정확한 정보를 대중에게 전달하는 방식이 어떻게 바뀌었나?

8. 재난 관련 정보를 보도하는 데 전통적으로 어떤 방송통신 매체가 사용되어 왔나?

9. 소셜 미디어의 유형을 열거하고, 이들이 최근 몇 년간 재난 정보를 전달하는 데 어떻게 사용되어 왔는지 서술하라.

10. '최초 제보자'는 재난 방송통신에서 어떤 역할을 하는가?

11. 효과적인 재난 방송통신 역량의 일곱 가지 요소를 열거하고 내용을 간략하게 설명하라.

실전 연습 문제

1. 인터넷에 접속하거나, 도서관 또는 다른 정보원을 이용해, 같은 재난 사건에 대해 보도한 세 가지 다른 기사를 인쇄하라. 이 세 기사를 비교해서, 즉각적인 대응과 복구를 도와야 한다는 관점에서 어떤 기사가 독자에게 가장 유용한 정보를 제공했는지를 판단하라.

2. 당신이 사는 지역의 재난 관리 웹사이트에 들어가라. 이 사이트에서 제공하고 있는 재난 대비와 완화 안내 지침을 인쇄하라. 이러한 자료가 당신 개인에게 그리고 당신이 사는 지역 사회의 구성원들에게 얼마나 유용한가 하는 관점에서 이 정보를 비판해 보아라.

제6장

재난 관리 – 대응

학습
내용

- 지역의 긴급구조대원과 재난관리자의 역할과 책임
- 주州에서 재난을 관리하는 법
- 재난 대응 노력에 있어서 자원봉사 단체의 기여
- 사건 지휘 시스템이 작동하는 방법
- 대통령의 재난 선포가 이루어지는 방법
- 재난 선포 이후에 연방 정부가 지원을 제공하는 방법
- 국가 대응 체계가 작동하는 방법과, 이 체계에 따라 정부와 민간 및 비영리 부문의 기구와 조직의 업무 조정이 이루어지는 과정

서론

주택 화재나 자동차 사고 아니면 홍수, 지진, 허리케인 등의 대규모 재난 같은 비상
상황이 발생했을 때, 이에 처음으로 대응하는 정부의 공무원은 늘 지역 경찰, 소방관,
그리고 응급 의료진이다. 이들은 사람을 구조하고, 부상자를 보살피며, 화재를 진압
하고, 재난 지역의 안전과 치안을 유지하며, 재건 절차를 시작한다. 지역의 재난 관
리 담당자와 지역 사회의 공무원이 이들의 업무를 지원한다.

사건의 규모가 너무 커서 지역 대응 담당자의 역량을 초과할 때, 그리고 피해액
이 지역 정부의 처리 능력을 초과할 때, 사건은 재난이 된다. 이런 상황이 벌어지면,
시장이나 카운티 행정관은 엄청난 대응 요구에 부응하기 위해 그리고 해당 지역 사
회의 복구를 돕기 위해 주지사와 주 정부에 도움을 요청해야 한다. 그러면 주지사는
주의 재난 관리 역량을 가동시키는데, 이것은 재난 관리와 국토 안보를 담당하는 주
의 행정부서에서 담당한다. 주지사는 피해를 입은 지역 사회가 필요로 하는 도움을
제공할 다른 자원도 보유하고 있는데, 이것은 주 방위군, 자원과 서비스를 제공하는
주 정부의 또 다른 기관들이다.

주지사가 해당 지역 사회와 주 정부의 공무원들이 작성한 정보에 근거해, 재난
사건의 규모가 주의 역량을 초과한다고 판단하면, 주지사는 대통령령으로 대규모 재
난 선포를 해 줄 것을 대통령과 국토안보부에 정식으로 요청하게 된다. 이러한 요청
문은 주의 공무원들이 연방재난관리청(FEMA)의 직원과 협력하여 작성한다. 이 요청
은 FEMA 지역 본부의 담당 부서에서 먼저 분석한 후에 워싱턴 D.C.에 있는 FEMA
본부로 보내지며, FEMA 본부의 직원들이 주지사의 요청을 검토하고 평가한다. 이
러한 분석과 권고 사항은 대통령에게 보내지고, 대통령은 올라온 정보를 신속히 고
려해 요청을 거부할 것인지 아니면 선포를 승인할 것인지를 결정한다. 일단 선포가
이루어지면, 스태포드 법과 미국 연방 규정집에 명시된 대로 연방 정부의 지원이 가
능해진다.

2008년 1월, FEMA는 어떤 유형의 사건에도 좀 더 효율적으로 대응하기 위해
정부의 고위 관리, 민간 기구, 비정부 기구의 대표 그리고 전국의 재난 관리 전문가들

이 국내에서 벌어진 사건에 대한 대응 역할, 책임 그리고 협력 관계에 대해 잘 알 수 있도록 국가 대응 체계(NRF)를 도입했다(FEMA, 2008). 그 전에 있던 여러 기관의 대응 협조 메커니즘 — 2001년 9월 11일 테러 공격 이후인 2004년 12월 FEMA가 채택한 국가 대응 계획(NRP)과 1990년대 초반 이후로 연방 정부의 대응 활동을 이끌었던 연방 대응 계획(FRP)을 포함해 — 이 그러했듯이, NRF는 연방 정부 및 정부와 함께 일하는 협력 기관들이 15가지 지원 기능 전체에 대한 필수적인 긴급 지원을 제공하는 방법을 알려 준다. FEMA는 또한 다양한 차원의 정부(연방, 주, 부족, 그리고 지역)와 서로 다른 여러 부문(민간 부문, 비영리 부문, 자원봉사 기관 등) 간의 협조를 증진시키기 위해 국가 사고 관리 시스템(NIMS)을 구축했다.

대통령이 대규모 재난 선포를 승인하면, 대응 업무를 하는 연방 정부의 부서와 기관들은 NRF에 정의된 역할에 따른 조치를 하며, 재난관리자들, 비정부 기구, 그리고 민간 기관과 함께 지역 공무원을 지원한다. 이러한 합법적 절차에 따른 선포를 통해 어떤 구체적인 지원 프로그램이 유용하며, 공공 지원이나 개인 지원 중 어떤 유형이 필요한지 또는 이 둘 다가 필요한지, 피해 정도와 카운티의 요구에 의해 결정되는 자금을 특정 행정 구역이 받을 자격이 있는지를 결정하는 것이다.

사례 연구: 우주 왕복선 컬럼비아 호의 재난

2003년 2월 1일, 우주 왕복선 컬럼비아 호가 우주에서의 성공적인 임무를 마치고 지구의 대기권에 재진입했을 때, 갑자기 폭발하며 텍사스 동부와 루이지애나 서부의 수백 평방마일에 걸쳐 잔해를 뿌리기 시작했다. 이 우주선이 연방 정부의 재산이기 때문에 부시 대통령은 두 주지사의 지원 요청도 없는 상태에서 텍사스 주와 루이지애나 주에 비상사태를 선포했다. 이미 현장에 와 있었던 지역 소방관, 치안 당국, 재난 관리 기관을 지원하기 위해 연방 정부와 주 정부의 여러 기관들이 몇 시간도 안 돼 재난 지역에 배치되었다. 공공 기관과 민간 기관을 포함한 60개 이상의 기관이 인력과 장비 그리고 물자로 재난에 대응했다. 루이지애나 주 시리브포트Shreveport의 박스데일Barksdale 공군 기지와 텍사스 주 러프킨Lufkin에 재난 현장 사무소Disaster Field offices(DFOs)가 문을 열었고, 위성 재난 현장 사무소가 텍사스 주 포트워스Fort Worth에 세워졌다. 러프킨의 재난 현장 사무소는 모든 수색 관련 업무의 중심지가 되었다. 이것은 새로 설립된 국토안보부(DHS)가 담당한 최초의 대규모 재난이었다.

재난관리론

연방 정부에서 재난으로 선포한 사건이므로 FEMA가 연방 대응 계획(FRP)의 조정 책임을 맡았으며, 대응과 복구 활동도 조정했다. 연방항공우주청National Aeronautics and Space Administration(NASA)은 텍사스 산림국Texas Forest Service(TFS), 연방산림국U.S. Forest Service(USFS), 환경보호청(EPA), 그리고 다른 많은 기관의 도움으로 우주선의 잔해 수색 작업을 지휘했다. 환경보호청의 역할은 환경 감시를 수행하고 컬럼비아 호에서 나온 유해 물질 제거를 도와줌으로써 FEMA와 NASA를 지원하는 것이었다. 전국에서 환경보호청의 전문가들이 동원되어, 지역과 카운티 그리고 주의 공무원들을 도와 공중 보건과 환경을 보호하기 위해 일했으며, 지역 사회에서 잔해를 수거해 해당 지역의 안전이 위협받지 않도록 안전하게 옮기는 일도 도왔다.

처음부터 환경보호청은 세 가지 사항에 우선순위를 두었는데, 그것은 공공의 안전을 확보하고 증거(이 비극적인 사건의 원인을 궁극적으로 판정할 수 있는 우주선의 잔해)를 회수하며, 주와 지역 정부 그리고 이 사고와 수색 작업으로 인해 재산상의 피해를 입은 일반 시민의 비용 손실을 변상하는 것이었다. NASA는 독성 물질이 들어 있었던 탱크, 폭발하지 않은 발화 장치 등 잠재적인 위험 물질을 신속하게 확인하였고, 일단 발견되면 환경보호청이 안전 조치를 취했다. 환경보호청은 학교 운동장과 일반 시민이 접근하는 지역을 깨끗이 하기 위해 주와 지역의 여러 기관과 함께 일했으며, 우주선의 비행경로를 따라 오염 지역에서 물과 공기의 표본을 수거해 조사했다. 환경보호청은 재난 대응 및 제거국Emergency Response and Removal Service(ERRS)의 계약업체, 미국 해안경비대의 걸프 기동대Gulf Strike Team를 활용해 공기와 식수 공급원에서 유해 물질이 발견되지 않았음을 확인했다. 복구 단계의 초기에는 NASA, FBI, 주 방위군, 도시 수색 구조Urban Search and Rescue(US&R) 기관, 공공안전부Department of Public Safety, 그리고 기타 다른 기관이 컬럼비아 호 승무원의 사체를 수색해 집으로 보내는 작업을 텍사스에서 성공적으로 수행했다.

사고 3일 뒤에, 지역 소방서와 경찰, 자원봉사자, 텍사스 공공안전부의 직원, 루이지애나 주 경찰, 환경보호청, 연방산림국, 텍사스 산림국, 그리고 텍사스, 루이지애나, 오클라호마, 뉴멕시코의 주 방위군이 교통 혼잡 지역에서 우주선 잔해를 청소하는 일을 시작했다. 텍사스 주, NASA, 그리고 환경보호청에서 준비한 한 쪽 분량의 지침서에 따라, 환경보호청과 NASA가 사전에 청소 작업을 하지 않은 상태에서 무해한 잔해를 수집하고, 보고하고, 분류하고, 운송했다. 이들 초기 팀은 2월 17일에 수색 작업을 종료했다. 이제 텍사스 산림국이 NASA의 지시에 따라 현장에서의 수색 활동을 책임졌으며, 이는 우주선의 예상 비행경로를 따라 가로·세로 10마일과 240마일에 이르는 광범위한 공중과 지상의 지역을 수색하는 일이었다. 텍사스 산림국은 텍사스 다부처 협력 센터Texas Interagency Coordination Center를 통해 미국 전역과 푸에르토리코에서 숙련된 관리자와 소방대원을 소집했다. 텍사스 산림국의 공중 수색 작업에는 36대의 헬리콥터와 10대의 고정익 항공기fixed-wing aircraft가 동원되었다. 또한 이 공중 수색에는 텍사스 산림국이 관리하지는 않았지만, 패러글라이더, (U-2와 유사한) ER-2, 특수 장비를 갖춘 DC-3, 그리고 민간항공정찰대Civil Air Patrol(CAP) 등도 동원되었다. 또한 사고 직후부터 몇 주간의 수색 기간에 800명 이상의 자원봉사자가 투입되어, 포트워스 서쪽에서 뉴멕시코 국경에 이르는 비행경로를 담당했다. 연방산림국, 인디언 사무국Bureau of Indian Affairs, 토지관리국Bureau of Land Management, 국립공원관리국National Park Service, 연방 어류 및 야생동물 관리국U.S. Fish and Wildlife Service이 주 정부의 산림 관리 기관 및 계약 업체들과 함께 수많은 직원을 제공해 주었으며, 산불 진화 작업의 전문가들도 동원되었다. 한 번에 4,000명 이상의 인력이 하루 12시간, 1주일에 7일 동안 수색 작업에 나섰다. 또한 봄에 식물들이 자라 수색 작업이 더 어려워지기 전에 가능한 한 많은 잔해를 발견하기 위해 헴필Hemphill, 나코그도치스Nacogdoches, 팔레스틴Palestine, 그리고 코시카너Corsicana 인근에서는 직원들이 현장 인근의 캠프에서 지내기도 했다.

미국 해군은 2400 평방마일에 이르는 수색 구역의 동쪽 끝에 위치한, 나코그도치스 호수와 털리도벤드Toledo Bend 저수지에서의 수중 탐색 활동을 지휘했다. 2월 22일에 시작된 이 수색 작업에서 해군과 해안경비대, 환경보호청, 공공안전부, 휴스턴Houston과 갤버스턴Galveston의 경찰과 소방서 그리고 재스퍼Jasper 카운티의 보안관실에서 파견된 60명의 잠수부들이 정교한 수중 음파 탐지기를 갖춘 배를 이용해 호수를 샅샅이 뒤지며 우주선 잔해를 찾았다. 이 같은 규모의 모든 작업에서 그러하듯이, 모든 수색대원들은 위험에 맞서 고군분투해야 했다. 지상을 담당한 수색대원들은 진흙, 빽빽하게 자란 식물, 그리고 암반 지역을 헤치며 걸어야 했고, 멧돼지, 뱀 등의 야생동물과 마주쳤으며 시시각각으로 변하는 날씨에 적응해야 했다. 잠수부들은 수중 식물과 물속의 다양한 위험 요인이 있는 텍사스 호수의 진흙물과 투쟁을 벌여야 했다.

지상과 공중에서 작업이 이루어진 공간은 150만 에이커에 달했으며, 이 지역의 대부분이 텍사스 주에 해당하지만, 루이지애나, 캘리포니아, 유타, 네바다, 그리고 뉴멕시코 주에서도 수색이 이루어졌다. 82,500개 이상의 우주선 잔해가 발견되어 플로리다의 케네디 우주 센터로 보내졌으며, 이 파편들의 무게는 84,800파운드에 달해, 컬럼비아 호 전체 무게의 거의 40%에 이르렀다. 수색과 복구 과정에 쓰인 총비용은 1억 6,194만 5,000달러였다. 이 비용은 지상과 공중 및 수중 수색 작업 그리고 장비 및 인력을 아우른 모든 비용의 총합계이다. 텍사스와 루이지애나 주에서 활약한 FEMA의 공공 지원 본부는 이러한 노력에 대해 거의 450만 달러를 배상했다. FEMA는 4월 30일 복구 작업을 NASA에 이관했고, 같은 날 NASA는 휴스턴의 존슨 우주 센터에 컬럼비아 복구 작업Columbia Recovery Operation(CRO) 사무실을 열었다. 마지막으로 FEMA는 5월 10일 텍사스 러프킨 재난 현장 사무소의 문을 닫았다.

출처: FEMA. http://training.fema.gov/EMIWeb/edu/Chapter%204%20Response.doc.

1990년대 미국의 재난 관리 시스템은 1993년 중서부 홍수, 1994년 노스리지와 캘리포니아의 지진, 그리고 여러 차례의 끔찍한 허리케인과 토네이도 등을 포함

그림 6-1   1993년 7월 미국 중서부 대홍수. 주민들과 자원봉사자들이 홍수로 인해서 생기는 추가 손실을 막기 위해서 모래주머니를 채우고 있다. 9개 주에서 전체 534개 카운티가 연방 정부의 재난 지원을 받았다. 이 홍수로 인하여 168,340명이 연방 정부의 지원을 받기 위해 등록했다. 사진 Andrea Booher/FEMA.

한 일련의 대규모 재난 사건으로 여러 번에 걸쳐 시험을 받아 왔다. 이러한 각각의 사건을 겪으면서, 미국의 재난 관리 시스템은 연방 정부의 모든 자원을 활용하고, 연방 정부, 주 그리고 지역 차원에서 포괄적이고 협조적이며 효율적인 대응을 하기 위해 서로 다른 협력 기관들을 하나로 묶는 데 있어 대단히 효율적인 시스템으로 밝혀졌다(그림 6-1). 이 시스템은 피해자들에게 음식과 물 그리고 대피소를 제공함으로써 즉각적인 구호를 제공하는 미국의 핵심 자원봉사 단체의 역량과 자원에도 영향을 미쳤다. 최근 몇 년 동안 모든 차원의 정부 기관과 관리들은 방대한 경제계에 접근해 지역 사회의 회복 탄력성을 더욱 높이고 이러한 시스템의 역량을 더 키우기 시작했다. 민간 부문은 복구와 대응 역량의 수많은 간극을 메꿀 뿐 아니라, 다양한 정보와 역량 그리고 자원을 통해 지역 사회의 취약성을 전반적으로 감소시키는 데 기여해 왔다.

9/11 테러 공격으로 전체 행정부 차원에서 정부 기관의 대응 절차와 규정을 재평가하게 되었다. 긴급구조대원의 입장에서 테러의 위험에 대처하는 데 아무런 대비가 없었던 점, 대응 기관들 사이의 형편없는 공조와 의사소통, 그리고 대응 담당자의

적절한 안전 조치 결여 등 여러 요인이 합쳐져 긴급구조대원의 엄청난 인명 손실을 낳았으며, 이는 이들의 1년 전체 활동에서 정상적으로 발생하는 것보다 몇 배나 더 큰 수치였다. 사후 보고서와 연구는 이들 직종에 여러 가지 면에서 근본적인 변화와 수많은 절차 및 규정의 변화를 가져왔다. 뿐만 아니라 테러의 가능성으로 인해, 모든 유형의 재난, 테러, 그리고 기타 위험으로부터 긴급구조대원을 더 철저히 보호하기 위한 방법에 좀 더 초점을 맞추게 되었다(제9장 참고).

2005년 허리케인 카트리나에 대한 대응 실패는 재앙적 재난에 대응할 때 모든 관련 부서가 어떻게 함께 일해야 하는지에 대한 또 다른 점검의 기회가 되었다. 미국 상원, 하원, 백악관에서 수많은 사후 보고서가 발간되었으며, 이것은 대규모 재난 시 연방 정부와 주·지역 정부 그리고 자원봉사 단체와 비정부 기구 및 민간 기관의 대응을 조정하는 중추 기관인 FEMA와 국토안보부로 하여금 국가 대응 체계(NRF)를 만들고 국가 사고 관리 시스템(NIMS)을 받아들이게 하는 결과를 낳았다.

사례 연구: 허리케인 카트리나에 대한 대응

누구의 말을 들어도, 허리케인 카트리나에 대한 대응은 모든 차원에서 실패였다. 이 재난에 대한 백악관의 보고서에 의하면, "허리케인 카트리나에 대한 대응은 2003년 2월 국가대응 계획(NRP)을 세우라고 지시한 부시 대통령이 꿈꾼, 매끄럽게 상호 협조하는 작업과는 거리가 멀었다"(Townsend, 2006). 상원의 보고서에서는 "고통은 … 마땅히 그래야 하는 정도보다 더 오래 지속되었으며, 어떤 경우에는 모든 차원의 정부가 폭풍에 대한 계획을 수립하고 대비하며 공격적으로 대응하지 못한 실패에 의해 더욱 악화되었다. 이러한 실패는 단지 눈에 잘 띄는 정도가 아니라, 어디서나 눈에 보이는 것이었다"(Senate Committee on Homeland Security and Governmental Affairs, 2006)라고 한다. 이 보고서는 우연한 실패도 많았지만, 재난에 있어서의 중요한 역할을 고려해 볼 때 다음 네 가지 실패는 특별히 조명할 만한 가치가 있다는 결론을 내렸다.

1. 장기간에 걸친 경고가 무시되었으며, 정부 관리들은 경고된 재난에 대비하는 의무를 소홀히 했다.
2. 허리케인 상륙 직전과 직후의 며칠 동안 정부 관리들이 불충분한 조치를 취했으며, 형편없는 결정을 내렸다.
3. 대응 노력을 지원하기 위해 관리들이 의존한 시스템이 제대로 작동하지 않았다.

재난관리론

4. 모든 차원의 정부 관리들이 효율적인 리더십을 보이지 못했다(Senate Committee on Homeland Security and Governmental Affairs, 2006).

하원이 펴낸 보고서에서도 재앙적인 재난에 대응해야 하는 기관들이 그렇게 할 준비가 되어 있지 않았으며, 명령과 통제 및 조정 시스템이 효율적으로 그리고 최대한으로 발휘되지 않았고, 도시를 보호하기 위해 세운 방어물(제방)이 당시 발생한 폭풍 해일을 적절하게 막지 못한 점 등을 포함해 기존 시스템이 취약했음을 지적했다. 이 보고서에서는 허리케인 카트리나 발생 이전에 허리케인 팜 대비 훈련Hurricane Pam Exercise이 실시되었다는 사실에 주목했다. 이 훈련에서 4-5등급의 허리케인이 발생하면 어떤 일이 일어나며 어떤 대응 작업이 필요한지 조사되었지만, 이러한 내용은 정책 결정자들에게 제대로 전달되지 않았다. 이 조사 보고서는 연방기상국과 국립 허리케인 센터의 정확하고 시의적절한 예보가 더 많은 인명 손실을 예방한 긍정적인 측면도 있었다고 결론 내렸다. 다른 중요한 사실은 다음과 같다.

• 대피의 완전한 실패로 인해, 예방할 수 있는 죽음과 커다란 고통, 그리고 구조 지연을 초래했다.
• 의사소통의 실패와 적절한 대안 계획의 부재로 대응 노력, 명령과 통제 그리고 상황 인식이 제대로 이루어지지 않았다.
• 지역의 치안 붕괴와 효율적인 대민 의사소통의 부재로 시민의 불안과, 더 나아가 구조 지체를 낳았다.
• 사전 준비의 부재, 부적절한 의사소통, 조정의 어려움 등으로 인해 의료 조치와 대피가 제대로 이루어지지 않았다.
• 장기적인 취약성에 재난의 심각성이 더해져, 대피소와 임시 거주지를 제공하는 FEMA의 역량을 넘어섰다.
• FEMA의 물류와 계약 시스템이 선별적이고 지속적이며 대규모인 물자 공급에 도움이 되지 않았다.

자선 단체의 기여로 곤란에 처한 많은 사람들이 도움을 받았으나, 적십자와 다른 기관들은 임무의 규모, 부적절한 물류 역량, 그리고 비조직적인 대피소 운영 등으로 큰 어려움을 겪었다(Senate Committee on Homeland Security and Governmental Affairs, 2006).

이 보고서를 보면, 한마디로 정부의 대응은 최고위층의 리더십이 결여되어 있고, 준비되지 않았으며, 부족한 정보와 형편없는 상황 인식에 근거해 움직였고, 제대로 조정되지 않았으며, 일반 시민과 다양한 재난 대응 기관들 사이에 의사소통이 제대로 이루어지지 않았다는 사실을 알 수 있다. 이러한 모든 요인이 혼란과 폭력 및 고통을 가중시켰으며, 첫 몇 주 동안 언론에 보도되어 전 세계 10억 명이 지켜보기에 이르렀다(그림 6-2).

그림 6-2   2006년 2월 24일 뉴올리언스 루이지애나. FEMA와 계약한 사람들이 로워나인스워드에서 허리케인 카트리나로 인해 생긴 잔해들을 제거하고 있다. 직원들이 마을 도처에 있는 잔해들을 모으고, 더 많은 사람들이 뉴올리언스의 재건을 위해 돌아오고 있다. 사진 Robert Kaufmann/FEMA.

이 장에서는 연방 정부와 주 그리고 지역 정부의 공무원들과, 이들과 함께 일하는 협력 기관들이 미국 내에서 발생한 재난에 어떻게 대응하는가에 대해 다루고 있다. 이 장에서는 지역의 대응, 주의 대응, 자원봉사 단체의 대응, 사고 지휘 시스템(ICS), 국가 사고 관리 시스템(NIMS), 국가 대응 체계(NRF), 그리고 대응 기관 간의 의사소통에 대해서도 다루고 있다.

지역의 대응

미국 전역의 지역 사회에서 일상적이고 사소한 비상 상황은 매일 발생한다. 지역의 재난을 담당하는 인력은 교육을 받고 필요한 장비를 갖춘 상태에서 체계적이고 계획적으로 이러한 재난에 대응하며, 위험 요인을 해결한다. 대부분의 지역 사회에서 재난 관리의 핵심은 소방관, 경찰관 그리고 응급 의료팀이며, 이들은 병원 응급실,

민간과 공공시설의 대응팀, 그리고 각각의 필요(보건이나 토목 사업 및 공학에 관한 부서 등)를 해결하는 지역 정부 내 기타 부서의 지원을 받는다. 지역의 개인과 기관은 사건을 평가하고, 현장의 안전을 지키며, 질서를 유지하고, 부상자를 구조해 치료하며, 화재나 유해한 상황이 번지는 것을 막거나 진압하고, 시체를 회수하는 등 궁극적으로 상황을 안정시킨다.

지역에서 발생해 해당 지역에 영향을 미치는 위험 요인은 매우 많으며, 이러한 위험 요인들은 해당 지역 내에서 완전히 관리된다. 예를 들어, 유해한 물질의 운송과 저장 과정에서 발생한 사고, 건물의 화재, 자동차 사고, 시민들의 소요, 그리고 심지어 지역적인 홍수 등은 지역 공무원들의 역량 내에서 전적으로 관리가 가능하다. 이러한 사건들은 발생 가능성은 높고 결과의 파장은 작거나 중간 정도로 간주된다. 또한 늘 존재하는 자원 제한이라는 문제를 고려해 볼 때, 이러한 사건이 발생했을 때 필요 사항에 부응하는 것은 해당 지역 사회의 역량에 기반한다.

그러나 발생 가능성은 낮지만 결과의 파장은 큰 사건도 일어난다. 하지만 이런 사건이 일어났을 때, 지역의 행정 기관은 하나 이상의 대응 기능에서 금방 압도당하고 만다. 역량 부족은 비상 상황이나 재난 상황을 악화시키고, 따라서 상호 간에 도움을 주고받는 협력 기관이나 주의 지원을 요청하게 만든다. 만일 주 정부도 해당 사건을 관리하거나 요구에 부응하지 못할 경우 주지사가 도움을 요청하게 되고, 이에 따라 재난은 연방 정부 차원으로까지 확대된다. 그러나 사건의 규모가 어떻든, 늘 현장에 처음 나타나 초기에 대응하는 사람들은 지역의 공무원이며, 따라서 얼마나 많은 외부 기관이 도와주러 오든, 지역의 사고 현장 지휘관이 점점 커지는 대응 요구를 지휘하고 통제하게 된다(테러나 국가 안보와 관련된 사건인 경우에는 예외인데, 이때는 FBI나 국토안보부(DHS)가 법 집행이나 국가 안보 활동 전반에 대해 관할권을 갖는다).

미국은 연방주의와 긴밀히 연결된, 분권화된 재난 관리 구조하에서 움직인다. 여기에 더해, 지역 긴급구조대원들의 활동은 이들 대응 기관이 자체적으로 개발한 절차와 규약(예를 들어, 소방, 경찰 그리고 응급 의료 등의 분야에서)에 따른 것이지, 국가나 주 정부 차원의 '원대한 계획'에 의한 것은 아니다. 미국 내 대부분의 행정 기관은 지역 사회 전체에 걸친 재난 관리(또는 비상 운영) 계획을 개발해 왔으며, 여기에는 해당 지역 사회가 겪는 위험 요인에 적합한 다양한 절차 및 규약이 설명되어 있다. 이러한 계획에는 폭넓은 가능성이 있는 재난 시나리오에 대응할 기관과 인력에 각각 적합한 역할과 책임도 명시되어 있으며, 이들 기관과 관리들이 필요한 조치를 취할 수 있는 권한도 법에 명시되어 있다.

실제로 모든 행정 기관이 '모든 위험 요인'의 틀 안에서 재난 계획을 짜고 있으며, 그 안에는 모든 위험 요인의 유형에 공통되는 기능, 조치, 결정 그리고 기타 요인을 설명한 기본 계획이 담겨 있다. 이 기본 계획에는 기능별 사건에 관한 더 자세한 세부 사항이 실린, 기능과 위험 요인에 관한 부속 문서가 첨부되어 있다. 9/11 사건 이후에 많은 지역 사회에서 테러를 포함한 의도적인 위험 요인에 대응하기 위해, 이러한 사건과 결부된 특별한 요인을 감안하고 절차와 규약을 포함한 지역 사회 비상 운영 계획을 점검하고 수정하고 확대했다. 대량 살상 무기로 인한 공격, 특히 생화학과 방사능 재해와 관련된 사건은 특정한 범주의 참여자와 조치를 필요로 한다. 이러한 사건은 또한 법에 명시된 권한의 확장을 필요로 한다(심지어 사건의 일부 또는 전부에 대한 명령 권한을 연방 정부에 양도할 것을 요구하기도 한다).

지역에서 수립한 대부분의 계획이 저마다 다름에도 불구하고, 허리케인 카트리나로 많은 문제가 드러난 이후에는 재난 대응의 명령, 통제, 그리고 조정 시스템을 표준화할 필요가 제기되어 왔다. 그 이후로 FEMA는 모든 주와 지역의 재난 대응 기관들이 연방 정부의 보조금을 받으려면, 사고 지휘 시스템(ICS)에서 훈련받고 국가 사고 관리 시스템(NIMS)의 지침에 따르도록 요구하고 있다. 제4장에서 언급했듯이, 2010년 11월 FEMA는 "주, 준주, 부족 및 지역 정부의 비상 운영 계획을 개발하고 유지하기Developing and Maintaining State, Territorial, Tribute, and Local Government Emergency Operations Plans"라는 지침서의 개정판을 펴냈는데, 이는 재난관리자들 사이에서 "포괄적인 대비 지침서 101(CPG-101)"로 더 잘 알려져 있다. 이 지침서는 지난 5년 동안 정부가 주와 지역 소재 기관들의 활동을 이끌기 위해 이들에게 제공한 일련의 대비 지침서 중 가장 최근의 것이다. CPG-101은 재량권은 있지만 기준을 마련해야 할 때 협조를 촉진시킬 수 있다는 인식하에, 지역의 기관들이 비상 운영 계획을 수립할 때 지침으로 활용하기 위해 개발되었다. 이 지침서는 지역의 재난 계획을 수립하는 사람들이 외부의 자원을 더 잘 활용해서 자신들이 속한 지역 사회의 위험 요인을 관리하는 것을 돕기 위해 기본적인 계획 수립과 의사 결정 방법 등을 제시하고 있다 (FEMA, 2010).

━━ 지역의 재난관리자

지역의 재난관리자로 임명된 사람은 보통 비상 운영이나 대응을 위한 계획 수립을 포함해, 해당 지역 사회의 재난 계획을 세우고 유지하는 책임을 진다. 이 사람은 많은 지역 사회에서 (예를 들어, 소방이나 경찰 부서의 책임자 같은) 지역 정부의 다른 직무도 수행할 가능성이 있으며, 이럴 경우 재난관리자로서의 이들의 시간제 근무는 2차적인 일로 밀리고 만다. 제1장에서 미국의 재난 관리 직종이 1980년대 이후로 어떻게 성장했는지를 살펴봤는데, 이는 지역 차원에서도 정말로 사실이다. 오늘날에는 개인이 정식 재난 관리 교육을 받을 기회가 더 많아졌으며, 더 많은 지역 사회에서 강력한 재난 관리 역량을 가치 있게 여기고 있다. 기본적이고 기술적인 대응 역량에 대한 교육이 모든 주의 교육 센터, 미국 전역 180개 이상의 전문대학, 학사 과정, 석사 과정, 그리고 메릴랜드 주 에미츠버그에 있는 FEMA의 재난관리연구원(EMI)을 통해 이루어지고 있다. EMI는 캠퍼스 내에서 그리고 원거리 프로그램을 통해 매년 1개 이상의 재난 관련 과정을 운영하며 200만 명 이상의 학생들을 교육시키고 있다(EMI 및 다른 재난 관리 교육 프로그램에 대한 보다 자세한 정보는 제4장에서 볼 수 있다).

재난 관리 직종을 표준화하기 위한 노력의 일환으로, 여러 개의 자격증 과정이 등장했으며, 이 중 가장 유명한 것은 공인 재난관리자(CEM) 과정이다. CEM은 1993년에 국제재난관리자협회(IAEM)에서 만들었으며, (이 직종의 학문적인 수준은 초기 단계와는 비교도 안 될 만큼 성장했지만) 당시에는 이 자격증을 따는 데 대학 학위는 필요하지 않았다. 이때 이후로 IAEM이 이 직종의 기준으로 내세운 다른 많은 요인에 더해, 전문적인 경험과 학문적인 성취의 결합이 필요하게 되었다. 주 정부에서 관리하는 자격증을 비롯해 다른 자격증 과정도 서너 개 있다(예를 들어, 캔자스 공인 재난관리자(KCEM) 과정, 그리고 텍사스 공인 재난관리자(TEM) 과정 등).

더 많은 지역 사회에서 재난 관리 전담 직원을 지정하고 있으며, 이들은 이러한 직종에 부합하는 대응과 복구 과정을 이끌 책임을 진다. 재난 관리 분야에서 교육받고 자격을 갖춘 개인들이 많은 지역 사회에서 재난 관리 직무를 크게 발전시킨다는 사실을 고려하면, 재난 관리 직종의 성장이 재난 사건에 대한 보다 효과적이고 효율적인 지역의 대응을 이끌어 가고 있다고 볼 수 있다.

주 정부의 대응

미국을 구성하는 50개 주와 6개 준주는 각각 주 정부 소속의 재난 관리 부서를 운영하고 있다. 주 정부의 재난 관리 부서에 들어가는 자금은 거의 전액 FEMA와 주의 예산으로부터 나온다. 여러 해 동안 FEMA는 주와 지역 정부의 재난 관리 활동 자금으로 주와 준주에 연간 3억 3,900만 달러에 달하는 돈을 제공해 왔다. 이 돈은 주의 재난 관리 기관이 직원을 고용하고, 교육과 훈련을 실시하며, 장비를 구입하는 데 사용된다. 이 자금의 일부는 주 정부의 지시에 따라 지역 정부가 재난 관리 운영을 하는 데도 사용된다. 주의 예산에서 재난 관리 운영 자금을 제공하기도 하지만, 이 자금은 예로부터 지속적으로 주어지지는 않았으며 연간 재난 활동이 미미한 주에서는 특히 그러했다.

주지사가 재난 사건에 대응해 자신의 주에서 사용할 수 있는 주된 자원은 주 방위군이다. 재난 대응에 사용되는 주 방위군의 자원에는 인력, 재난 방송 시스템, 장비, 공중과 육로를 통한 이동 수단, 건설 중장비, 토목 장비, 시민 보호 및 급식 장비, 침대, 담요, 그리고 의료 기구와 같은 재난 물품이 포함된다.

2007년 초에 존 워너 국방재인증법John Warner National Defense Reauthorization Act이 통과되면서, 주 방위군을 배치하는 주지사의 권한은 심히 약해진 상태이다. 이 법안의 1076항에 의하면, 이 귀중한 대응 자원을 완전히 통제하고 징발하는 권한이 대통령에게 부여되었다. 이 항목은 허리케인 카트리나에 대한 대응권을 연방 정부가 인계받아야 했으며, 이러한 경우 군대가 재난 관리에 가장 적합하다는 정서에 반응하여 만들어진 것으로 보인다. 50개 주 전체의 리더십을 대표하는 전국주지사협의회(NGA)는 주 방위군에 대한 주지사의 권한과 주민들의 안전을 확보하는 능력이 침해받는다고 느끼고, 이러한 법 조항이 포함된 것에 대해 즉시 반대의 목소리를 냈다. 주지사들은 '자연 재난이나 비상 상황이 발생할 경우 주지사의 동의 없이 대통령이 주 방위군을 빼앗을 권한을 허락함으로써, 주(州) 내의 재난 상황에 대한 주된 책임이 주지사에게 있는지 대통령에게 있는지에 대한 의문을 제기함으로써, 1076항은 주민의 필요에 대응하는 주지사의 역량에 혼란과 무능력을 가져올 수 있다'는 반론을 폈다(NGA, 2007년).

허리케인 샌디에 대응하는 과정에서 피해를 입은 7개 주에서 주 방위군을 지원하라는 요청이 있었다(뉴욕, 메사추세츠, 버지니아, 뉴저지, 델라웨어, 코네티컷, 그리고 메릴랜드). 약 1,500명의 주 방위군이 소집되어 대피소에서 재난 대응 업무를 지원하고, 잔해를 청소하고, 수색과 구조 활동을 하며, 장비와 물품을 날랐다. 이러한 상황에 대해 리온 파네타Leon Panetta 국방부 장관은 피해 지역에서 연방 정부 군대와 주 정부 군대를 모두 지휘하는 '이중적 지위'를 가지게 되었으며, 이는 주 방위군에 대한 새로운 지휘 체계가 만들어졌음을 의미한다. 이중적 지위를 지닌 지휘관들은 허리케인 카트리나 때와 같은 중복과 혼란이 발생하지 않기를 바라며, 연방 정부와 주 정부에 보고하는 군대 사이에서 각각의 지휘 체계를 유지했다. 각 주는 주지사를 이중적 지위의 지휘관에 임명하는 국방부와의 합의문에 서명했으며, 이는 국방부 장관의 승인을 받았다(Insinna, 2012).

매년 힘겨운 재난 구호 활동을 벌이는 주와 준주들은 대응 역량과 능력도 뛰어나다. 예를 들면, (위험성 높은 허리케인과 홍수를 겪는) 노스캐롤라이나, (위험성 높은 허리케인을 겪는) 플로리다, 그리고 (위험성 높은 지진과 산불을 겪는) 캘리포니아, 이 세 주는 재난 관리 역량이 아주 잘 발달되어 있다. 각 주는 주 차원의 재난 관리 역량을 상세히 기술하는 '주(州) 대비 보고서'를 작성하지만, 이 보고서를 펴내는 주도 있고 그렇지 않은 주도 있다. 네브래스카와 워싱턴 주의 대비 보고서는 온라인으로 볼 수 있다.

자원봉사 단체의 대응

자원봉사자들은 거의 모든 재난 대응의 최전선에서 봉사해 왔다. 미국 적십자와 구세군 같은 전국적인 자원봉사 단체는 한 가지 이상의 재난 대응 능력을 교육받은 유급 직원 및 자원봉사자들이 지역 지부를 조직하며 유지하고 있다. 이러한 조직은 재난 피해자들이 긴급하게 필요로 하는 것들을 해결하기 위해 연방 정부와 주 그리고 지역의 기관들과 함께 일한다. 이러한 단체에서는 크고 작은 재난으로 집을 잃은 피해자들에게 대피소와 음식 그리고 옷을 제공한다. 많은 지역 사회에서 이들 자원봉사 단체는 비상 운영 계획(EOPs)에 따라 분명하게 규정된 대응 역할을 하고 있으며, 가장 공통적인 역할은 대중 보호, 대피소, 사회심리적 상담, 사례별 관리 등이다. 육군공병단의 '파란 지붕Blue Roof' 작전(파란 방수포로 물이 새는 지붕을 덮어 제대로 수리할 수 있을 때까지 임시로 그 집에서 살 수 있게 해 주는 봉사 활동)에서 알 수 있듯이, 자원봉사 단체는 연방 정부 업무를 지원하는 것으로 봉사에 참여하며 재난 시 일반 시민들에게 비상 물품을 나눠 주기도 한다.

미국 적십자(현직 공무원들이 운영위원회에 참여한다는 것을 고려하면 실질적으로는 준정부 조직에 가깝다)는 미국에서 재난 대응과 관련된 자원봉사 단체 중 가장 널리 알려진 조직이다. 하지만 적십자는 구세군, 유나이티드 웨이The United Way, 세이브 더 칠드런Save the Children, 해비타트 운동Habitat for Humanity 등이 포함된 훨씬 더 큰 공동체의 하나일 뿐이며, 더 많은 단체가 힘을 모아 국가와 주, 그리고 지역 차원의 공식적인 재난 관리 기관이 해결하지 못하는 재난 대응의 엄청난 수요에 부응하고 있다.

재난 관리에 참여하는 많은 자원봉사 단체는 자원봉사 단체 협의회(VOADs) 또는 전국 자원봉사 단체 협의회(NVOAD)라고 불리는 협회의 회원이다. 이 협회는 국가와 주 그리고 지역 차원에 모두 존재하며 49개 국가 회원 기관으로 구성되어 있다. 현재 주와 준주들의 VOADs는 55개이며, 미 국내외에서 재난 대응과 복구 활동에 참

그림 6-3   2005년 9월 22일 루이지애나 주 라파예트Lafayette. 휠체어가 병원 침대 및 다른 장비들과 함께 주민들이 사용할 수 있도록 헤이먼 주민 센터Heymann Community Center에 수집되었다. 허리케인 리타가 라파예트 지역에 올 것이라고 예상되었을 때, 주민들은 앰뷸런스와 벤을 통해서 안전한 곳으로 대피하였다. 사진 Robert Kaufmann/FEMA.

여하는 지역 VOADs 수도 계속 증가하고 있다. 1970년대에 설립된 NVOAD는 재난 지역의 회원 단체가 가장 효과적이고 효율적인 대응을 할 수 있도록 업무를 조정하고 의사소통을 돕고 있다. NVOAD의 회원 단체는 다음과 같다.

- ATCS World Relief
- Adventist Community Services
- All Hands Volunteers
- Alliance of Information and Referral Systems
- American Radio Relay League
- American Red Cross
- Billy Graham Rapid Response Team
- Brethren Disaster Ministries
- Buddhist Tzu Chi Foundation
- Catholic Charities USA

- Churches of Scientology Disaster Response
- Church World Service Emergency Response Program
- City Team Ministries International Disaster Response
- Convoy of Hope
- Cooperative Baptist Fellowship
- Episcopal Relief and Development
- Feeding America
- Feed the Children
- Habitat for Humanity
- Headwaters Relief Organization
- HOPE Animal-Assisted Crisis Response
- Hope Coalition America (Operation Hope)
- HOPE Worldwide Ltd.
- Humane Society of the United States
- ICNA Relief USA
- Islamic Relief USA
- International Critical Incident Stress Foundation
- International Relief and Development
- The Jewish Federation of North America
- Latter-Day Saints Charities
- Lutheran Disaster Response
- Mennonite Disaster Services
- Mercy Medical Airlift
- National Association of Jewish Chaplains (NAJC)
- National Baptist Convention USA
- National Organization for Victim Assistance

재난관리론

- Nazarene Disaster Response

- NECHAMA - Jewish Response to Disaster

- Noah's Wish

- Operation Blessing

- Points of Light Action Networks

- The Presbyterian Church in America - Mission North America

- Presbyterian Church USA - Presbyterian Disaster Assistance

- Rebuilding Together

- Samaritan's Purse

- Save the Children

- Society of St. Vincent De Paul

- Southern Baptist Convention

- The Salvation Army

- United Church of Christ

- United Methodist Committee on Relief

- United Way Worldwide

- World Renew

허리케인 카트리나는 자원봉사 단체, 비정부 기구(NGOs), 민간 부문이 재난 대응에 개입하는 풍경을 바꿔 놓았다. 카트리나의 규모는 통상적인 정부 프로그램 이상의 자원과 역량을 필요로 했다. 허리케인에 앞선 대규모 대피로 인해 대피소, 의약품, 음식, 그리고 임시 거주지에 대한 엄청난 규모의 수요가 발생했다(그림 6-3). 비정부 기구와 민간 부문은 카트리나의 피해자들이 혼자 힘으로 다시 일어설 수 있도록 많은 지원을 베풀었다. 대피 과정에서 5,000명 이상의 어린이가 부모와 헤어졌으며, 비정부 기구인 '실종되거나 학대받는 어린이를 위한 전국 모임National Center for Missing and Exploited Children'에서 이들 한 명 한 명이 부모를 찾도록 성공적으로 도와주었다. 민간 부문에서는 정부의 구호 프로그램이 감당하지 못한 수많은 활동을 지원했으며, 재난 대응을 위해 10억 달러 이상의 기금을 모으는 것을 도왔다. 예를 들어, 쉐브론Chevron은 미시시피 주립대학교Mississippi State University의 유아 교육 기관과 세이브 더 칠드런과 함께 미시시피 주 해안 지역의 3개 카운티에 어린이 돌봄 센터를 재건하고 필요한 물품을 공급했다.

사고 지휘 시스템(ICS)

모든 재난 대응 작업에 있어 어려운 문제는 누가 전반적인 대응 업무에 대한 책임을 질 것인가를 결정하는 일이다. 사고 지휘 시스템(ICS)은 1970년 캘리포니아 남부에서 화재가 발생한 이후에 만들어졌다. 업무의 중복, 조정의 결여, 의사소통 문제로 급속도로 번져 가는 화재에 대응하는 모든 기관이 방해를 받았다. ICS의 주요 기능은 재난에 대응하는 기관들이 협조적이고 체계적인 접근으로 함께 일하는 데 도움이 되는 계획 수립과 관리 시스템을 확립하는 것이다. 단계별 과정을 통해 수많은 대응 기관이 자원과 인력을 효율적으로 사용하여 곤란에 처한 사람들에 대응할 수 있게 되었다(그림 6-4).

ICS는 여러 가지 기능을 한다. 여기에는 모두가 같은 전문 용어를 사용하고, 의사소통을 통합하며, 지휘 체계를 일원화하고, 자원을 관리하며, 행동 계획을 수립하는 것 등이 포함된다. 계획된 지시 사항에는 대응 기반 시설을 관리할 조정관을 임명하고, 인력과 장비를 배치하며, 자원을 확보하고, 수많은 기관들과 함께 재난 현장에 대응하는 것 등이 포함된다. 대부분의 경우, 지역의 소방서장이나 소방총감이 사고 현장 지휘관이 된다.

ICS가 효율적으로 돌아가기 위해서는 사고 특성의 세 단계에 따라 효율적인 운영이 이루어져야 한다. (1) 하나의 관할권 또는 하나의 기관 (2) 여러 기관의 도움을 받는 하나의 관할권 (3) 여러 개의 관할권과 여러 개의 기관이 그것이다. 조직의 구조는 다양한 재난에 적응할 수 있어야 한다(예를 들어, 화재, 홍수, 지진, 그리고 인명 구조 등).

그림 6-4　2007년 5월 16일 뉴저지 주 워런그로브Warren Grove. 소방관들이 워런파크 사고 지휘 본부Warren Park Incident Command Post에서 브리핑을 받고 있다. 벌링턴Burlington과 오션Ocean 카운티를 불태운 워런그로브 화재로 인하여 FEMA는 화재 관리 지원을 선언하였다. 이 선언은 주와 지역의 소방 활동에 대하여 연방 정부가 예산을 지원하는 계기가 되었다. 이것은 소방관들이 인명과 자산을 보호하기 위하여 필요한 조치를 취할 수 있도록 하는 것이고, FEMA는 그 비용을 충당하도록 도움을 줄 것이다. 사진 Andrea Booher/FEMA.

ICS에는 기관의 자치권, 목적에 따른 관리, 완전한 통합, 기능의 명확성, 그리고 효율적인 통제 범위가 고려되어야 한다. 재난 중에 ICS가 그토록 효율적인 리더십을 발휘할 수 있는 것은 함께 일하는 많은 기관의 실행 계획, 조정, 그리고 역량 때문이다. ICS가 생기기 이전에 가장 심각했던 문제 중 하나는 대규모 재난에 대응하는 기관들이 자체적으로 지휘관을 선임하기 때문에, 권한 다툼, 의사 불통, 그리고 업무의 중복이 발생하는 것이었다(Irwin, 1980).

　ICS의 주요 관리 시스템은 지휘, 운영, 계획 수립, 물류, 자금 등 다섯 가지 분야로 이루어져 있다.

- 지휘 분야는 현장의 다양한 기관들 간의 의사소통과 협조를 이끌어 내고 지시하며 유지하는 것으로, 그러한 과정에서 지역의 공무원, 시민 그리고 재난에 관한 최신 정보를 제공하는 언론과 함께 일하게 된다.
- 운영 분야에서는 전략 문제를 다루고, 지휘의 목적을 조정하며, 모든 자원을 정

리해 재난 현장으로 보내는 일을 한다.

- 계획 수립 분야에서는 목적을 달성할 실행 방안을 세우기 위해 지휘 본부에 필요한 정보를 제공한다. 이 단계에서 유용한 정보를 모으고 평가한다.
- 물류 분야에서는 지휘 본부가 인력과 장비 및 물품을 제공한다. 이 단계에서는 구조 장비를 이동하는 것에서부터, 구세군이나 적십자와 같은 자원봉사 단체의 대응 활동을 조정하는 것에 이르기까지, 대응과 관련된 모든 활동을 조정하는 일을 한다.
- 자금 분야에서는 재난의 대응과 복구 분야에서 사용한 자금 지출 내역을 보고할 책임을 진다. 이 분야에서는 사건에 들어간 비용을 점검해 물품 조달과 관련한 회계와 비용 분석을 실시한다.

오늘날의 세계에서 심각한 재난이 발생하면, 공익적 가치, 개인적 가치 그리고 정치적인 가치가 위험에 처하며, 따라서 가장 효율적인 대응과 관리 방법이 필요하다. 하지만 다양하고 많은 기관이 관련되면, 이러한 요구에 부응하기는 몹시 힘들어진다. 따라서 ICS는 사고의 규모, 범위 그리고 특성에 따라 변화하는 다양한 지휘 체계를 허용한다.

1. 단일 사고 지휘: 비상 상황이나 재난이 1개의 관할권으로 한정된 경우, 지역이나 기관 사이의 관할권이나 기능상의 중복은 존재하지 않으며, 이러한 사건은 단일 사고 현장 지휘관이 관리한다. 이 지휘관은 전반적인 사건 관리에 대한 책임을 진다. ICS가 관리하는 사건의 대다수가 이처럼 단순한 체제로 운영된다.
2. 통합 지휘: 여러 기관이 책임을 져야 하거나, 여러 기관 중 한 곳 이상에서 관할권을 소유한 경우, 통합 지휘 체제가 필요하다. 통합 지휘 체제로 운영되는 기관들은 대표 기관을 통해 함께 일하며, 대표 기관은 공통적인 목적이나 전략을 세우는 데 필요한 정보를 분석해, 통합 지휘 체제 내에서 모든 기관이 따라야 하는 단일 실행 방안을 세워야 한다. 이러한 체제는 다른 어떤 방식으로도 ICS 운영

을 변경시키지 않는다. 이러한 체제는 사건 대응에 책임이 있는 모든 기관들의 효율적인 의사 결정 과정을 위한 것이다(그림 6-5).

3. 지역 지휘: 지역 지휘 체제는 다양한 ICS 조직이 관리하는 여러 ICS 사건이 발생했을 때 성립한다. 지역 지휘는 어떤 특정한 지역에 국한되지 않은, 즉시 인식할 수 없거나, 지리적으로 흩어져 있거나, 오랜 시간에 걸쳐 발생하는 사건에 가장 좋으며, 광대하고 심지어는 이질적인 지역에 걸쳐 사건에 대한 공통 전략과 우선순위를 설정하게 된다. 전국적으로 발생하는 공중 보건상의 재난이 좋은 예로, 이때 지역 지휘가 활용될 수 있다. 지역 지휘는 사건이 발생한 광대한 지역에 걸쳐 보다 효율적인 자원 할당을 하는 데 매우 효과적이다. 지역 지휘 체제는 운영 분야가 없다는 점에서(운영은 현장에서 이루어진다) 통합 지휘나 단일 사건 지휘와는 다르다. 많은 관할권에 걸쳐 여러 기관이 참여하는 사건일 경우, 지역 지휘는 통합 지휘가 될 수도 있다.

ICS가 제대로 이루어지지 않으면, 다음과 같은 문제가 발생한다.

그림 6-5   2007년 5월 19일 캔자스 주 그린스버그Greensburg. FEMA 비상 운영 센터(EOC)의 모든 직원이 진행 사항과 안전 문제를 최신의 것으로 유지하기 위한 사고 지휘 보고회의를 하고 있다. 이러한 보고회의는 하루에 두 번 열리고, 구호 단체, 시, 카운티, 주 그리고 연방 정부의 대표자들이 참여한다. 사진 Greg Henshall/FEMA.

- 신뢰 부족
- 형편없는 의사소통
- 계획 수립 과정의 부재
- 사고 현장 지휘관의 업무 과중
- 기관 간의 요구를 통합할 방법의 부재

사고 지휘 시스템을 위한 절차

ICS가 효율적으로 운영되려면, 다음 절차를 잘 지켜야 한다.

- 지휘 본부를 세워야 한다.
- 컴퓨터, 라디오, 전화선 같은 적절한 장비를 설치하고 제대로 작동시켜야 한다.
- 언론/기자 회견장을 만들어야 한다.
- 지형 지도를 배치하거나 게시해야 한다. 토네이도가 휩쓸고 지나가면, 도로 표지판이나 기타 눈에 띄는 주요 지형지물이 파괴되어, 구조 인력이 전통적인 도로 지도를 활용할 수 없게 된다.
- 실종자 명단을 마련해 사람들의 왕래가 많은 곳에 비치한다.
- 부상자를 이송하고 분류하는 장소를 만들며, 피해자 이송을 점검해야 한다.
- 병원으로 이송된 피해자의 수를 파악하기 위해 지역 병원과 지속적으로 연락해야 한다.
- (필요한 경우) 수색 구역을 설정해야 한다.
- 사용 가능한 재원과 지역에 배치된 자원의 물품 목록을 만들어야 한다.
- 완료해야 하는 과업과 새로 주어진 과업을 점검해야 한다.

출처: Irwin, 2002.

사고 현장 지휘관(IC)은 대응 개발에 집중하면서 기능적이고 절차적인 책임을 져야 한다. 사고 현장 지휘관은 지휘 본부를 관리하기 위해 '임무 복귀 보고자debriefer', 조정자, 단체의 지도자 등이 맡을 책임과 지위를 결정해야 한다. 대응과 복구 과정이 진행되면서 사고 현장 지휘관은 대응 과정을 점검하고 관리하며, 사건의 전반적인 운영상의 그림(공통 작전 상황도)을 파악하기 위해 직원 및 담당 관리들과 지속적

으로 대화해야 한다. 이와 함께 대응자의 지속적인 필요를 평가해 추가적인 자원이 필요한지를 결정해야 한다. 일단 사건이 제어되면, (일반적으로 사고 현장 지휘관과 사고 지휘 체제의) 조직적 능숙함과 효율성에 의해 성공을 평가할, 사후 보고서 작성과 토론 및 평가 작업을 해야 한다.

연방 정부의 대응

주와 지역 정부가 재난 사건에 효율적으로 대응하고 뒤이은 복구 노력에 드는 비용을 대기에 역부족이라고 주지사가 판단한 경우, 주지사는 대통령에게 재난 선포를 요청하는 공문을 보낸다. 이것은 재난 사건에 연방 공무원, 기관 그리고 부서들이 연루되는 첫 단계이다. 만일 대통령이 대규모 재난으로 선포하면, 주와 지역의 공무원들을 돕기 위해 '로버트 스태포드의 재난구호 및 긴급지원법'에 따라, 미국 적십자를 포함한 비정부 기구는 물론 30개 이상의 연방 정부의 부서와 기관들이 국가 대응 체계(NRF)라는 틀 안에서 함께 일하게 된다.

국토안보부는 FEMA를 통해 대통령이 재난을 선포한 지역에서 주와 지역의 대응 및 복구 노력을 돕는 모든 연방 정부의 활동을 조정할 책임을 진다. 이런 경우에 FEMA는 NRF를 실행한다(그림 6-6). FEMA는 또한 피해를 입은 개인과 지역 사회에 재난 지원을 제공하는 여러 프로그램을 관리한다. 이러한 프로그램에 대해서는 제7장에서 자세히 살펴보겠다.

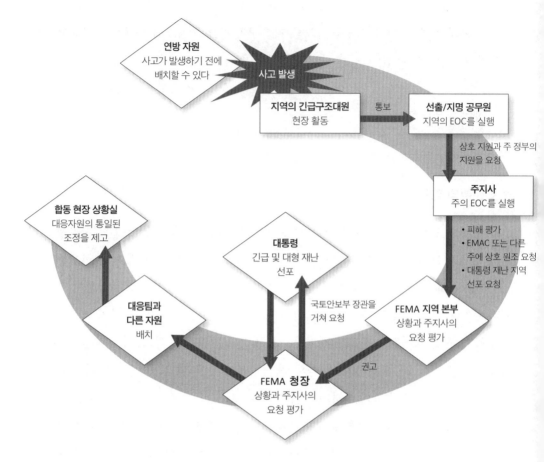

그림 6-6   스태포드 법에 의해 주에 제공되는 지원. 출처: http://www.fema.gov/pdf/emergency/nrf/nrf-staf-ford.pdf.

—— 대통령의 재난 선포 과정

재난 선포는 대응 자원이 부족한 상황임을 정부가 인정하는 것이다. 재난 선포를 통해 정부는 추가 지원이 필요하며, 좀 더 높은 차원의 행정권과 조직적인 권한이 필요하다는 사실을 선포하는 셈이다.

미국에서 대통령의 재난 선포란 피해를 입은 주와 지역 정부가 스태포드 법에 의해 가용한 자원을 쓸 수 있게 해 주는 것이다. 정식 재난 선포에 연방 정부가 서명할 필요는 없지만, 주지사는 정식으로 지원을 요청하고 재난 지역에서 구체적으로 필요한 것을 명시해야 한다. 대통령의 대규모 재난 선포 과정에서 연방, 주, 지역, 부족, 민간 기관, 그리고 비정부 기구는 기존의 의사소통 및 보고 통로를 통해 위협, 사고 그리고 잠재적인 사고에 대해 보고해야 한다. 국토안보부(DHS)의 운영협력계획 국Office of Operations Coordination and Planning은 사고 또는 잠재적 사고의 위협 정도와 운영에 관한 정보를 받고, 연방 정부와 정보를 공유하며, 사고 관리 활동을 맡길 것인지를 최초로 결정한다. 재난 선포에 대한 결정은 전적으로 대통령의 재량에 따른 것이다. 어떤 사건에 대해서는 선포해야 하고 어떤 사건에 대해 선포해서는 안 된다는 정부의 규정도 없고, 대통령이 따라야 할 정해진 기준도 없다. FEMA는 1인당 재산 손실, 지역 사회 기반 시설의 피해 정도, 보험금 지급 가능성 등, 대통령에게 재난 선포를 권고할 때 고려해야 할 요인을 서너 가지 규정했다. 하지만 결국 선포 결정은 대통령에게 달려 있다.

대통령의 재난 선포는 1994년 노스리지 지진과 1995년 오클라호마 시 폭탄 테러 사건(아래의 오클라호마 시 폭탄 테러 사건에 관한 사례 연구 참고)의 경우처럼, 단 몇 시간이라는 짧은 시간 만에 이루어지기도 한다. 하지만 때로는 피해 평가 및 대응과 복구 과정에 자금을 대야 하는 주와 지역 행정 기관의 역량을 평가하는 데 몇 주가 걸리기도 한다. 대통령이 주지사의 요청을 거절하면 주지사는 항소할 권리가 있으며, 특히 새로운 피해 자료가 나와 추가되는 경우에는 항소에 성공할 수도 있다.

1995년 4월 19일, 폭음이 오클라호마 시의 연방 정부 건물을 뒤흔들었다. 오클라호마 재난 관리국의 통보를 받은 지 45분 만에 FEMA는 오클라호마 시로 직원을 파견했다. FEMA는 오클라호마 폭탄 테러에 대한 연방 정부의 대응을 조정했으며, 나중에 복구 과정에서는 주 및 지역의 담당자들과 긴밀하게 협조했다. 대통령은 사건 발생 8시간 만에 비상사태 선포안에 서명했다. 이것은 FEMA가 국내에서 일어난 사건의 결과에 대응하는 데 연방 정부에 주된 책임이 있다는 것을 인정한, 스태포드 법 501(b)항이 적용된 최초의 사례였다. 대통령은 1주일 뒤인 1995년 4월 26일 대규모 재난을 선포했다. 재난이 일어난 현장이 연방 정부의 건물이었기 때문에, FEMA는 현장 접근을 조정하고, 필요한 것을 공급하며, 대민 정보를 통제하기 위해 FBI의 공보 담당자를 임명했다. 오클라호마 시에서 연방 정부의 기관들이 긴밀히 공조하며 일하여, 재난과 그로 인한 결과를 관리하는 데 있어 기관과 부서의 역할에 대한 확실한 규명이 이루어졌다.

오클라호마 시에서 혹독한 교훈도 얻었다. 지역 라디오 방송국이 모든 의료진은 재난 현장으로 와서 대응해 달라고 방송했을 때의 일이다. 이 요청에 응한 한 간호사가 건물 안에서 피해자를 구조하려다 떨어지는 파편에 맞아 사망한 것이다. 폭파 사건이 발생한 뒤부터 '오클라호마 기준'이라는 용어가 계속해서 사용되었다. 오클라호마 시에서는 현장에서 30분 이내 거리에 직원들이 있었고, 연방 정부의 관리들도 재난 발생 수 분 이내에 사건 발생을 통보받았으며, 자원봉사자들도 즉각 나섰다. 지역에서 벌어진 재난이었으므로 모두가 나서야 한다는 책임감을 갖고 있었다. 병원 직원은 효과적이고 효율적인 부상자 분류 시스템을 만들었다. 재난 발생 후 몇 시간 이내에 재난 대응 관련 전화번호와 인터넷 사이트 그리고 언론 브리핑이 이루어졌다. 모든 재난이 발생했을 때 그러하듯, 미국 적십자는 폭탄 사고로 사망하거나 부상당한 사람들의 가족을 돕기 위해 인력과 물품을 준비해 신속하게 대응에 나섰다. 구세군은 몇 시간 이내에 음식과 물품을 제공했다. 그날이 저물 무렵, 구세군은 피해자와 대응 인력에 서비스를 제공할 7개의 봉사 지부를 세웠다. 법률 집행과 응급 의료 인력은 최신 교육을 받은 상태였다. 오클라호마는 공공사업부Public Works Department, 연방기상국, 주 방위군과 뛰어난 협업을 했다. 공공안전부도 미리 준비된 재난 계획을 갖고 있었다.

대통령의 재난 선포는 보통 대홍수, 허리케인, 지진, 그리고 대규모 토네이도 같은 사건에 이루어져 왔다. 최근에는 주지사들이 보다 독창적이어서 제설, 가뭄, 웨스트나일 바이러스, 북서부의 연어 산란 감소처럼 산업의 쇠락으로 인한 경제적 손실에도 대통령의 재난 선포를 요청하는 일이 많아졌다. 1979년에서 2012년까지 대통령의 대규모 재난 선포는 총 1,526건이었으며, 이는 매년 평균 45건에 달한다. 어느 한 해의 재난 선포 활동을 예로 들면, 2012년에는 40개 주와 미국령 사모아에서 모두 47건의 대규모 재난이 선포되었다.

앞서 언급했듯이, 대통령의 대규모 재난 선포는 주지사가 피해 지역(여기에는 준주, 컬럼비아 특별구, 그리고 부족 영토가 포함된다)에 대해 요청하는 것이라고 스태포드 법에 명시되어 있다. 주지사의 요청은 FEMA의 지역 본부 열 곳 중 한 곳을 통해 이루어진다. 주와 연방 정부의 담당자들은 재난의 규모와 개인 및 공공시설이 받은 피해 정도를 측정하기 위해 예비 피해 평가Preliminary Damage Assessment(PDA)를 실시한다. 이 평가 결과는 주지사의 요청에 포함되어, 재난의 심각성과 규모가 어느 정도여서 주와 지역 정부의 효율적인 대응 역량을 넘어서며, 따라서 연방 정부의 지원이 필요한지를 보여 주게 된다. 보통 PDA는 주지사가 요청서를 제출하기 전에 완료된다. 하지만 명백하게 심각하고도 끔찍한 사건이 발생했을 경우에는, PDA가 완료되기 이전에 주지사의 요청이 제출되기도 한다. 그럼에도 주지사는 반드시 요청을 해야 한다.

대통령에게 요청하는 한편, 주지사는 주법에 따라 적절한 조치를 취해야 하며, 따라서 주 정부의 재난 계획을 즉각 실행해야 한다. 주지사는 재난의 피해를 완화하기 위해 사용되어 왔거나 사용하게 될, 주와 지역이 보유한 자원의 양과 질에 대한 정보를 제공하고, 피해 정도와 심각성 그리고 민간과 공공 부문에 미친 영향 등에 대한 추정치를 제공하며, 스태포드 법에 따라 필요한 지원의 종류와 양에 대한 추정치도 제공해야 한다. 이에 더해 주지사는 현재의 재난을 위해 주와 지역 정부가 할 일과 비용(주에서 부담하는 비용이 상당 비율이 되어야 한다)에 대해 비용 분담 의무를 준수할 것임을 증명해 보여야 한다.

주지사의 요청을 기반으로 대통령은 대규모 재난이나 비상 상황이 존재함을 선포하고, 이에 따라 대응과 복구 노력을 지원하는 연방 정부의 모든 프로그램을 실행해야 한다. 하지만 모든 재난의 경우에 모든 프로그램이 실행되는 것은 아니다. 어떤 프로그램을 실행할 것인가에 대한 결정은 피해 평가 중에 밝혀진 필요 사항과 이후에 드러난 정보에 의해 결정된다. 개인에 대한 지원만을 제공하거나 공공 분야에 대한 지원만을 제공하는 경우도 있다. 대부분의 경우 재해 완화 기회를 평가하기도 한다.

━ 예비 피해 평가(PDA)

예비 피해 평가팀은 FEMA, 주의 재난 관리 기관, 카운티와 지역의 공무원, 그리고 중소기업청(SBA)의 인력으로 구성된다. 이 팀은 피해의 유형이나 정부 기관이 감당해야 할 재난 비용, 그리고 공공 기관, 병원, 학교, 소방서와 경찰서처럼 반드시 필요한 시설에 미친 영향 등을 점검하는 것으로 평가를 시작한다. 예비 피해 평가팀은 개인과 기업에 미친 영향도 점검하는데, 여기에는 피해를 입은 개인이나 기업의 수, 집을 잃은 사람들의 수, 폭풍으로 인한 건강과 안전에의 위협 등도 포함된다. 적십자나 해당 지역의 다른 지역 자원봉사 기관들로부터 받은 추가적인 자료도 검토한다. 이 팀은 평가를 하면서 비용의 추정치와 피해 사례를 수집한다.

PDA를 통해 얻은 정보는 주지사의 재난 선포 요청을 뒷받침하는 자료로 사용되는데, 여기에는 재난 대응 인력의 시간 외 근무, 기타 비상 활동, 그리고 시민이 입은 피해처럼 대응 과정에서 발생한 비용이 포함되며, 이 비용이 주와 지역의 역량을 넘어선다는 사실을 입증해 보여야 한다. 평가 과정에서 수집한 정보는 주지사가 주와 지역의 자원 역량을 넘는 피해를 입었음을 입증해 보이는 데 활용된다.

━ FEMA의 선포 기준

연방 재난법은 재난이나 비상사태 선포를 통해 연방 정부의 추가 도움이 필요하다는 것을 결정짓는 유일한 근거로서 산술적인 공식이나 기타 객관적인 기준을 제한적으로 사용하도록 하고 있다. 이에 따라 FEMA는 부정적인 사건의 심각성, 규모 그리고 피해 정도를 결정짓는 요인의 갯수를 평가한다. 대규모 재난 선포에 대한 주지사의 요청을 평가하는 데 있어, 관련된 기타 정보를 포함한 수많은 주요 요인이 권고 과정에서 고려되며, 대통령은 이를 통해 궁극적으로 해당 주나 다른 행정 기관이 재난 선포와 그에 따른 지원을 받을 자격이 있는지 없는지를 결정한다. 이때 고려되는 주요 사항은 다음과 같다.

재난관리론

- 피해의 정도와 유형(파괴되었거나 심한 피해를 입은 주택의 수)
- 피해 지역의 사회 기반 시설이나 필수적인 시설이 입은 피해
- 공중 보건과 안전에 대한 즉각적인 위협
- 꼭 필요한 정부의 역할과 기능이 입은 충격
- 연방 정부만이 가능한 역량
- 피해의 분산과 집중 정도
- 주택 소유자와 공공시설에 대한 보험금 지급의 정도
- (연방 기관, 주와 지역의 기관 그리고 자원봉사 기관 등) 다른 곳으로부터 받을 수 있는 지원
- 이전에 재난 선포를 받지 않은 사건에 대한 주와 지역의 자원 기여도
- 향후 몇 년간 발생할 재난 사건의 빈도

재난의 분명한 특성 — 저마다의 독특한 상황, 예기치 않은 시간대, 그리고 다양한 피해 양상 등 — 을 감안해 보면, 재난 선포 요청을 평가할 때 고려해야 할 요소들의 완벽한 목록을 만드는 것은 사실상 불가능하다. 하지만 위의 목록을 보면, 주요 고려 사항에 대해 알 수 있을 것이다(FEMA, 2013).

비판적으로 생각하기

대통령이 어떤 사건에 대해 재난 선포를 해야 하는지에 대한 보다 엄격하고 직접적인 지침이 있어야 하는가? 왜 그렇다고, 또는 그렇지 않다고 생각하는가?

국가 대응 체계(NRF)

1992년 FEMA는 범연방 정부 차원에서 잘 조직된 재난 관리 체계를 제공하기 위해 처음으로 연방 대응 계획Federal Response Plan(FRP)을 만들었다. 미국 적십자를 포함한 27개 연방 정부의 부서와 기관이 합의서에 서명함으로써 FEMA는 FRP를 확정 지

었으며, 이에 따라 다음과 같은 역할을 수행하기로 하였다. 대규모 재난에 휩싸인 주와 지역 정부의 노력에 힘을 보태기 위해 연방 정부의 지원과 자원을 조직적으로 전달하며, 법에 명시된 각 기관의 권한뿐 아니라 개정(42 U.S.C. 5121, 이하 참조)된 로버트 스태포드의 재난구호 및 긴급지원법에 따른 실행을 지원하고, 특정한 위험 요인을 해결하기 위해 개발된 연방 정부의 다른 비상 운영 계획도 추가로 실시한다.

FRP의 궁극적인 목적은 주와 지역의 재난 담당 공무원들이 수행하는 대응과 복구 활동을 지원하면서 연방 정부의 자원을 최대한으로 활용하기 위한 것이다.

2003년 2월 18일 FEMA가 국토안보부로 흡수된 후에, 부시 대통령은 '포괄적이면서도 단일한 국가적인 사고 관리 시스템을 만듦으로써 국내에서 발생하는 사건에 대한 미국의 관리 역량을 끌어올리기 위해' 대통령 훈령-5호(HSPD-5)에 서명했다. 이러한 조치는 '국내에서 벌어지는 사고 관리에 통합되고 체계적이며 모든 위험 요인에 적용 가능한, 연방 정부의 조직적인 구조와 역량 및 자원을 조절하기 위한' 국가 대응 계획(NRP)의 설립과 개발에 법적 정당성을 부여했다.

NRP는 사고의 원인과 규모 및 복잡성에 상관없이 모든 관할권 차원에서 벌어지는 사고의 관리에 적용되는 지속적인 정책적 틀을 유지하기 위해 국가 사고 관리 시스템(NIMS: 2004년 3월 1일 발표됨)의 모델에 따라 만들어졌다. NIMS는 사고 관리를 위한 재난 대비와 대응의 효율적인 실행을 포괄적인 전국적 틀로 통합하기 위해 만들어졌다. NIMS는 모든 차원의 대응 담당자들이 파멸적인 테러와 재난을 포함해 원인과 규모 및 복잡성에 관련 없이 국내에서 벌어지는 모든 사건을 관리하는 데 있어 보다 효과적이며 효율적으로 일할 수 있게 해 준다.

2008년 1월, 국토안보부는 국가 대응 계획(NRP)을 대신하는 국가 대응 체계(NRF)를 펴냈으며, NRF는 현재 미국에서 발생하는 대규모 재난 사건 대응의 지침서로 활용되고 있다. FEMA는 이렇게 말한다.

국가 대응 체계(NRF)는 가장 사소한 사건에서부터 가장 큰 재난에 이르기까지 모든 대응 협력 기관들이 재난과 비상 상황에 대해 전국적으로 통합된 대응을 준비

재난관리론

하고 제공할 수 있게 하는 지침과 원칙을 밝히고 있다. NRF는 한 국가가 대응하는 방식을 이루는 주요 원칙, 역할 그리고 구조에 대해 정의한다. NRF는 지역 사회, 부족, 주, 연방 정부 및 민간 기관과 비정부 기관들이 조직적이고 효율적인 국가적 대응을 위해 이러한 원칙을 어떻게 적용할 것인지를 설명하고 있다. NRF는 언제나 유효하며, 언제 어떤 차원에서도 실행 가능하다(FEMA. http://www.fema.gov/pdf/emergency/nrf/nrf-overview.pdf).

2013년 5월, '총체적 지역 사회'를 포함시키고, (재난 관리에서 계획 수립과 정보로 바뀐) ESF #5가 포함된 조정 기능을 바꾸기 위해, 그리고 기타 사소한 구조적인 변화를 위해 NRF의 개정판이 공개되었다.

NRF는 대응 정책의 기본을 이루는 다음 다섯 가지 주요 원칙에 따라 개발되었다.

- 적극적으로 참여하는 협력 관계
- 단계별 대응
- 확장 가능하며, 융통성 있고, 상황에 적응할 수 있는 운영 역량
- 일원화된 명령을 통한 대응 노력의 통합
- 자발적인 행동

NRF의 기본 문서는 다음 여섯 가지 구성 요소로 이루어져 있다.

- 역할과 책임감
- 핵심 역량
- 구조와 통합 조정
- 다른 임무 분야와의 관계
- 운영 계획 수립

• 자원의 지원

NRF에는 주요 참가 대상과 NRF 내에서의 이들의 역할에 대해서도 규정되어 있다.

국가 사고 관리 시스템(NIMS)

허리케인 카트리나 이후에 부시 대통령은 국토 안보에 관한 대통령 훈령-5호(HSPD-5)를 통해 국토안보부에 국가 차원의 사고 관리 시스템을 만들 것을 지시했다. 이러한 조치는 9/11 테러 사건 이후에 9/11 위원회가 각 기관 간의 형편없는 공조 체제를 지적함으로써 이루어졌다. NIMS는 사고 지휘 시스템(ICS)의 표준적인 구조 아래서는 필수 사항으로 여겨지지 않았던 기관 간 업무 조정을 가능하게 하는 ICS의 자연스러운 결과물로 발전되었다. 그 결과 ICS보다 더 포괄적인 사고 관리 시스템이 만들어졌으며, 이것은 현장의 사고 지휘와 통제를 넘어서서, (비정부 기구와 민간 부문을 포함한) 모든 이해 당사자뿐 아니라 재난 관리의 모든 국면을 다루기 위한 것이었다. 하지만 NIMS가 ICS를 대체하는 것은 아니다.

연방 정부는 많은 정부 보조금 프로그램에 이것을 적용하게 함으로써 주와 지역 차원에서 NIMS를 채택하도록 했다. 그 결과 거의 모든 미국 내 지역 사회와 병원과 학교 같은 재난 대응 관련 기관이 NIMS에 대해 알게 되었다. 하지만 비정부 기구의 NIMS 활용 여부는 선택 사항이며, 따라서 이들 기관이 NIMS를 채택하고 이해하는 정도는 아직 미약한 상태로 남아 있다.

ICS와 다부처 협력 시스템Multi-agency Coordination System(MACS)과 결부된 NIMS는 대규모 재난 사건에서 서로 다른 기관 사이의 조정을 향상시키기 위한 연방 정부의 포괄적인 전략을 대표한다.

2008년 NIMS 지침서에 설명된 NIMS에 대한 공식적인 정의는 다음과 같다.

"국가 사고 관리 시스템(NIMS)은 인명 손실과 재산 피해 그리고 환경 손실을 줄이기 위해 사고의 원인과 규모, 위치 및 복잡성과 관계없이 사고의 영향을 빈틈없이 예방하고 보호하며, 대응하고, 복구하며, 완화하기 위해 일할 수 있도록 모든 차원의 정부, 비정부 기구, 그리고 민간 부문의 부서와 기관들을 이끌기 위한 체계적이고 적극적인 접근을 제공한다. NIMS는 국가 대응 체계(NRF)와 공조하여 일한다. NIMS는 사고 관리에 대한 본보기를 제공하는 반면, NRF는 사고 관리에 대한 국가적 정책을 위한 구조와 메커니즘을 제공한다."(FEMA, 2008)

사고의 현장 지휘와 통제를 관리하는 ICS는 NIMS의 필수적인 구성 요소이며, 재난 관리에 국가적인 접근을 하는 좀 더 포괄적인 시스템이다. NIMS는 좀 더 효율적인 대응을 위해 사람과 장비라는 자원, 물품, 그리고 재원을 조정하기 위한 방법을 제공한다. NIMS에 지휘 및 통제와 관련된 절차나 규약이 존재하지는 않지만, 단순한 자원 할당 계획으로 여겨서는 안 된다. 오히려 NIMS에는 좀 더 효과적이고 효율적이며 협조적인 사고 관리를 위해 공존하는 핵심 정책, 개념, 원칙, 용어 그리고 조직적인 과정 일체가 포함된다.

FEMA는 이 시스템이 무엇이며 무엇이 아닌지에 대해 NIMS의 개요를 다음과 같이 제시하고 있다(FEMA, 2009).

NIMS란 무엇인가:

- 사고 지휘 시스템(ICS), 다부처 협력 시스템(MACS), 공적 정보(PI)를 포함한, 사고 관리에 대한 포괄적이고 전국적이며 체계적인 접근
- 모든 위험 요인에 대한 대비의 개념과 원칙 일체
- 일반적인 운영 현황 그리고 통신과 정보 관리의 상호 운영을 위한 필수 원칙
- 서로 다른 관할권이나 조직 간의 협조를 가능하게 하는 표준화된 자원 관리 절차
- 확장이 가능하여 모든 사고에 활용될 수 있음(일상적인 사고에서 대규모 사고에 이르기까지)
- 진행 중인 관리와 유지를 촉진하는 역동적인 시스템

NIMS가 아닌 것은 무엇인가:

- 대응 계획
- 대규모 사고에만 적용되는 것
- 의사소통 계획
- 특정한 재난 관리나 사고 대응 인력에게만 적용 가능한 것
- ICS나 조직도에만 존재하는 것
- 정적인 시스템

국가 대응 체계(NRF)의 주요 참여 기관

지역 정부

지역 정부(카운티, 시 또는 마을)는 자체 자원을 활용해 일상적인 재난에 대응한다. 지역 정부는 추가적인 자원이 필요할 때 인접한 행정 기관과 맺은 상호 도움 및 지원 협약에도 의존한다. 상호 도움과 지원 협약에 대한 정보는 국가 사고 관리 시스템(NIMS)이 제공한다. 지

역 행정 기관이 자체 자원만으로 또는 지역 내 다른 행정 기관의 도움으로도 대응에 필요한 자원을 조달할 수 없을 때, 지역 정부는 주 정부에 지원을 요청할 수 있다.

부족 정부

부족 정부는 다른 행정 기관과 똑같은 범주의 비상 상황과 재난에 대응한다. 부족 정부는 상호 도움과 지원 협약에 따라 인접한 행정 기관에 지원을 요청할 수 있으며, 지원을 제공할 수도 있다. 미국은 아메리칸 인디언 부족과 신뢰 관계를 맺고 있으며, 이들의 자치권을 인정한다. 따라서 부족 정부는 실질적이고 잠재적인 사건을 해결하기 위해 자원을 조정할 책임이 있다. 지역의 자원으로 충분하지 않으면, 부족의 지도자가 주나 연방 정부에 지원을 요청할 수 있다.

부족 정부는 특정한 유형의 연방 정부의 지원을 받기 위해 주와 협업할 수 있으나, 자주적인 독립체로서 연방 정부와 다른 유형의 지원 문제를 직접 다룰 사람을 선출할 수도 있다. 로버트 스태포드의 재난구호 및 긴급지원법에 따라 연방 정부의 지원을 얻으려면, 주지사가 부족을 대표해 대통령에게 재난 선포를 요청해야 한다.

주 정부

주 정부는 지원이 필요한 지역 정부를 돕는다. 주 정부는 재난 관리와 국토 안보 기관, 경찰, 보건 관련 기관, 교통 관련 기관, 사고 관리팀, 특수임무팀, 그리고 주 방위군 등 자체적으로 상당한 자원을 보유하고 있다.

만일 추가적인 자원이 필요하면, 주 정부는 재난 관리 지원 협약(EMAC)과 같은 주 정부 사이의 상호 도움과 지원 협약을 통해 다른 주에 지원을 요청할 수 있다. 전국 재난 관리 협회 National Emergency Management Association가 관리하는 EMAC는 의회가 비준한 조직으로, 주 정부 사이의 상호 도움과 지원을 위한 형식과 구조를 제공한다.

사건이 지역과 주 정부의 역량을 넘어서는 경우, 주지사는 연방 정부에 도움을 요청할 수 있다. 주 정부는 피해를 입은 지역 사회 및 필요한 도움을 제공하는 연방 정부와 협력해야 한다.

연방 정부

연방 정부는 재난 사건에 대응해 주 정부를 도울 수 있는 상당한 역량과 자원을 보유하고 있다. 연방 정부의 부서와 기관은 이 책에서 나중에 언급할 과정을 통해 이러한 지원을 제공한다. 이에 더해 연방 정부의 부서와 기관들은 다른 연방 정부의 부서 및 기관들로부터 도움을 요청받거나 도움을 제공하기도 한다.

재난 대응에 있어서 연방 정부의 지원

연방 정부가 재난 지원에 착수하는 데는 수많은 요인이 선행되어야 하지만, 가장 공통적인 요인은 대통령의 선포와 스태포드 법에 명시된 권한이다. 연방 정부의 재난 지원은 주, 부족, 지역 행정 기관 및 연방 정부의 다른 부서와 기관, 그리고 민간 기관과 비정부 기구의 법에 명시된 권한과 다양한 메커니즘을 통해 수없이 다양한 방식으로 적절하게 제공된다.

연방 정부의 지원이 언제나 연방재난관리청(FEMA)의 조정을 받는 것은 아니며, 대통령의 대규모 재난 선포나 비상사태 선포 없이 이루어지기도 한다. 이러한 경우 연방 정부의 지원에 대한 조정은, 공중 보건과 관련한 비상사태는 보건후생부

(DHHS), 농업과 관련한 비상사태는 농무부에 의해 이루어지는 등, 법에 명시된 권한에 따라 연방 정부의 관련 기관이나 부서에 의해 이루어진다(주와 지역의 관할권에 관한 스태포드 법에 의하지 않은 연방 정부의 지원에 대해서는 아래를 참고하라).

연방 정부가 지원하는 폭넓고 다양한 재난 사건은 이 책에서 밝힌 자연적이고 기술적인 위험 요인의 결과이며, 이는 곧바로 지역 재난관리자의 권한에 속하게 된다. 따라서 보통은 대통령의 재난 선포가 필요하거나 스태포드 법의 영역에 해당되는 일들이다. 이러한 사건에 대한 연방 정부의 지원은 국가 대응 체계에 의해 구성되며, FEMA를 통해 국토안보부 장관이 조정한다.

로버트 스태포드의 재난구호 및 긴급지원법하에 주와 지역의 행정 기관에 대한 연방 정부의 지원은 (보다 제한된 지원을 제공하는 대규모 재난과 화재 관리에 대한 지원 선포 이외에도) 매년 평균 약 44회 이루어졌다. 재난 선포를 요청하기 전에 주지사는 주의 비상 운영 계획과 절차를 먼저 작동시키고, 주와 지역의 모든 가능한 재난 관리 조치를 자신들의 역량 내에서 시작해야 한다. 민간과 공공의 피해 정도를 결정하기 위해 피해 지역에 대한 조사가 이루어져야 하며, 연방 정부의 재난 지원이 어느 정도로 어떻게 이루어져야 하는지를 측정하기 위해 FEMA의 관리들과 함께 공동 예비 피해 평가를 해야 한다.

보통은 주지사만이 대통령에게 비상사태나 대규모 재난 선포를 요청할 수 있다. 하지만 특별한 경우에는 대통령이 일방적으로 그러한 선포를 하기도 한다. 주지사는 FEMA의 지역 본부를 통해 이러한 요청을 하며, 재난의 심각성과 규모가 주나 지역 정부의 역량을 넘어서므로 연방 정부의 지원이 필요하다는 사실을 입증해야 한다.

주지사의 요청에는 다음 사항이 포함된다.

- 재난의 피해를 해결하기 위해 사용되어 왔거나 사용될, 주 정부 자원의 범위와 특성에 대한 정보
- 주와 지역 정부가 스태포드 법에 의해 연방 정부에 귀속되지 않는 모든 비용을 댈 것이라는 주지사의 증명

- 연방 정부의 추가 지원이 필요한 유형과 규모의 추정치
- 재난과 관련된 주 정부의 모든 운영 관리를 감독할 조정담당관의 임명(합동 현장 사무소(JFO)에서 연방 조정담당관(FCO)과 함께 공동으로 일한다)

FEMA의 지역 본부는 연방 정부의 지원을 위해 피해와 필요 사항을 평가한 후에 국토안보부 장관을 통해 FEMA 청장에게 추천하는데, 이때 국토안보부 장관이 대통령에게 행동 방침을 권고한다. 주지사, 의회와 연방 정부의 부서 및 기관의 관련자는 대통령의 선포를 즉각적으로 통지받는다.

─── 스태포드 법에 의하지 않은 연방 정부의 지원

스태포드 법이 연방 정부가 주와 부족, 그리고 지역 정부에 지원을 제공하는 가장 흔한 방법이긴 하지만, 유일한 방법은 아니다. 국토안보부의 조정 없이 연방 정부의 지원이 이루어지는 경우도 많으며, 이 경우에는 대통령의 대규모 재난이나 비상사태 선포 없이 지원이 이루어진다.

이러한 경우 연방 정부의 부서와 기관은 주 정부와 자신들의 권한이 미치는 부족과 지역의 관할 구역에 직접적으로 지원을 제공한다. 예를 들어, '포괄적인 환경 대응, 보상 및 책임에 관한 법Comprehensive Environment Response, Compensation and Liability Act'에 의해 지역과 부족 정부는 환경보호청과 해안경비대에 직접 지원을 요청할 수도 있다.

이러한 지원은 국토안보부보다는 주요 관할권을 갖고 있는 연방 정부 소속 기관의 조정을 받는다. 국토안보부 장관은 그러한 사건을 감독해서, 해당 사건에 대한 전반적인 책임을 맡지 않고 요청받은 대로 국가 대응 체계(NRF)를 작동시켜 연방 정부의 부서와 기관을 지원할 수 있다.

지원의 조직화: 긴급 지원 기능(ESF)

대응 과정에서 요구되는 긴급 지원의 다양한 범주와 그러한 지원을 제공하는 수많은 기관을 가장 잘 조직하고 조정하기 위해, 긴급 지원 기능(ESF)에 관한 부속 문서가 개발되었다. ESF는 예상되는 지원의 가장 공통적인 범주에 따라 ESF가 적용되는 기관의 특성과 선호도를 수용하는 방식으로 비상 계획이나 비상 체계의 운영적 측면을 구성한다. ESF 형식은 대규모 사건에 적합한데, 그 이유는 유사한 기능을 수행하는 다양한 기관과 개인들이 행동과 자원을 조정해야 하기 때문이다. 더 나아가서 기관과 개인은 지원의 서로 다른 여러 분야 또는 모든 분야에 해당하는 업무와 조치를 수행해야 한다. 주요한 기능적 분야에 따라 대응 활동을 나눔으로써, 개인과 집단 그리고 자원이 피해 주민에 대한 주요한 지원을 합심해서 제공해야 한다는 사실을 이해하면 일이 한결 더 쉬울 것이다. 예를 들어, NRF의 ESF #6(대중 보호와 긴급 지원)은 시민들이 무엇보다 음식과 물, 대피소, 심리적인 지원을 제공받도록 하기 위한 다양한 조치와 행동을 규정하고 있다. 이러한 물품과 봉사를 제공하기 위해서는 책임있는 정부, 비영리 단체, 민간단체 그리고 다른 이해 당사자들의 일치되고도 잘 조율된 노력이 있어야 한다. 이러한 조치에는 대비 활동(예를 들어 제 기능을 하는 대피소 확보나 대피소 관리자들에 대한 교육과 훈련 등), 자원 분배(음식, 간이 침대, 담요, 그리고 위생 도구 제공자의 확보 등), 평가, 보고, 그리고 그 이상의 여러 활동이 관련된다. 대피소의 소유자와 이러한 대피소의 관리 권한을 포함해, 재정 문제와 법적 책임 문제 같은 해결해야 할 다양한 법적인 측면도 고려해야 한다. 업무를 분배하고, 기준이 되는 규약과 운영 정책도 만들어야(또한 교육하고 훈련해야) 한다. 이러한 형식은 위험 요인에 따라 달라지지 않으며, ESF에 따라서도 달라지지 않는다. 긴급 지원 기능은 다른 것이 아닌 일부 ESF를 단순히 작동시킴으로써, 사건의 필요에 따라 규모가 결정되는 제한되고 집중된 대응을 가능하게 한다.

연방 정부와 대부분의 주 그리고 지역 정부는 ESF를 비상 계획에 활용한다. 비정부 부문(민간 부문과 비영리 부문)에서도 이 같은 내용이 점점 더 폭넓게 적용되고 있다. 어떤 기능이 ESF의 번호와 일치하는지에 대한 일부 표준화가 있는 반면, 이 계획이 지원하는 행정 기관의 필요 사항은 어떤 기능이 사용되는지에 따라 좌우되며, 이들이 NRF의 내용에 똑같이 따라야 할 필요는 없다. ESF는 FEMA의 연방 대응 계획(FRP)이 발표된 이후인 1980년대에 많이 발전했다. 주와 지역의 많은 기관들이 이와 같은 형식의 장점을 인식했을 뿐 아니라, 주와 연방 기관의 상황을 그대로 반영한 계획이 세워짐으로써 대규모 재난 동안 기관 간의 조정이 더욱 쉬워진다는 사실을 목격했다. 오늘날 대부분의 기관들은 ESF 형식을 계속 활용하고 있으며, 많은 경우 NRF에 포함된 ESF가 14개까지 늘어났는데, 이는 주와 지역의 특별한 우려(NRF에 15개의 ESF가 있지만, ESF #14(지역 사회의 장기적인 복구)는 국가 재난 복구 체계(NDRF)로 대체되었으며 따라서 더 이상 사용되지 않는다)를 해결하기 위해서였다. 예를 들어 터스컬루사Tuscaloosa 카운티의 앨라배마 비상 운영 계획에는 18개의 ESF가 포함되어 있으며, 이 중 하나는 '동물 보호'이다.

ESF는 대응 과정에서 민간 부문과 비정부 기구뿐 아니라 연방 정부의 부서와 기관이 제공하는 기능적인 역량과 자원을 조화시키기 위해 꼭 필요한 메커니즘이다. ESF는 스태포드 법에 적용되거나, 연방 정부의 부서나 기관이 국토안보부에 지원을 요청하거나 국토 안보 대통령 훈령 5호(HSPD-5)에서 규정한 또 다른 상황에서 스태포드 법에 적용되지 않는 사건에 선별적으로 적용될 수 있다. 모든 사건에 ESF가 작동되는 것은 아니다.

ESF는 본부 및 지역과 현장 활동을 지원하기 위해 작동될 수도 있다(그림 6-7). 사고 지휘 시스템(ICS)은 보다 협조적이고 교차적인 방식으로 사건에 대응하기 위해 ESF와 다른 이해관계자들에게 자원을 배분하는 데 있어, 합동현장사무소(JFO), 지역 대응 조정 센터Regional Response Coordination Center(RRCC), 또는 국가 대응 조정 센터 National Response Coordination Center(NRCC) 등 다른 부문을 지원하고 증진시키기 위한 역량과 업무 그리고 필요에 따라 융통성을 발휘한다.

ESF가 보통 NRCC나 JFO/RRCC 내에서 관리를 목적으로 특정한 부문을 할당받는 반면, 자원은 통합된 조정 체계 내에서 필요한 곳으로 배정된다. 어느 ESF에 속하든, 그 부서는 적절한 계획 수립과 임무 수행을 위해 JFO의 다른 부문과 협력한

다. 예를 들어, 어떤 주가 대규모 대피에 대한 지원을 요청하면, JFO는 ESF #1(교통), ESF #6(시민 보호, 긴급 지원, 주택과 대민 봉사), ESF #8(공중 보건과 의료 봉사)로부터 인력을 요청한다. 그리고 나면 이러한 업무는 효율적인 대피를 위해 운영 업무 내에서 1개의 부서나 집단으로 통합된다.

━ ESF 참여 기관의 역할과 책임

각각의 ESF 부속 문서에는 조정자 및 ESF에 적합한 주요 기관과 지원 기관이 규정되어 있다. 여러 개의 ESF에는 여러 구성 요소가 포함되어 있는데, 대비와 대응 그리고 복구 활동 사이의 매끄러운 통합과 실행을 위해 각각의 구성 요소는 주요 기관에 속해 있다.

- ESF 조정관: ESF 조정관은 특정한 ESF를 관리 감독하는 개인이다. 조정관은 사건 관리의 대비와 대응 그리고 복구 단계 전반을 통해 전반적인 책임을 진다. ESF 조정관의 역할은 '일관된 지휘'를 통해 지정된 주요 기관과 지원 기관이 집

단적으로 합의한 임무를 수행하는 것이다.

- ESF 주요 기관: ESF 주요 기관은 ESF의 특정한 기능을 위해 중요한 권한, 임무, 자원, 또는 역량을 지닌 연방 정부의 기관이다. ESF에는 여러 주요 기관이 참여하며, 이 기관들의 책임은 관련된 ESF 부속 문서에 정확히 묘사되어 있다. ESF의 주요 기관으로 지정된 연방 정부의 기관은 ESF 임무를 완수하기 위해 연방 정부 조정담당관(또는 스태포드 법의 적용을 받지 않는 사건을 담당하는 연방 정부의 자원조정관) 밑에서 연방 정부의 운영 기관으로 일한다.

- ESF 지원 기관: 지원 기관은 ESF의 임무를 완수하는 주요 기관을 지원하는, 특정한 역량과 자원을 지닌 기관이다.

- ESF 지도자 집단: 각 ESF는 폭넓은 ESF 지도자 집단(ESFLG)에 속하는데, 이 지도자 집단은 ESF의 조정관 또는 기타 NRF 부속 문서의 조정 담당 기관으로 지정된 연방 정부의 부서와 기관의 대표로 구성되어 있다. FEMA가 이끄는 ESFLG는 정책, 대비, 그리고 교육과 같은 문제를 함께 해결하기 위해 구성원들에게 토론의 장을 제공한다.

NRF 내의 ESF에는 공통적인 조직 구성 방식이 있으며, 대다수의 주州와 지역의 계획에 이러한 구성 요소가 활용된다. 이것은 목적에 대한 설명, 역량에 대한 묘사, ESF 운영 개념에 대한 개요, 그리고 ESF 조정관 및 주요 기관과 지원 기관을 밝히는 ESF 가입 기관의 지정을 포함하고 있다.

ESF #3 - 토목과 공학 기술

목적

긴급 지원 기능(ESF) #3인 토목 엔지니어링 기술은, 잘 조정된 연방 정부의 대응을 필요로 하는 재난 사건에 대한 대비와 대응 및 복구 작업을 위한 서비스, 기술 지원, 공학적 전문 지식, 건설 관리 그리고 기타 지원을 쉽게 전달하기 위해서 연방 정부의 역량과 자원을 조정하고 구성함으로써 국토안보부(DHS)를 지원한다.

역량

ESF #3은 대비, 대응 그리고 복구 조치를 포함해 국내 사고 관리의 변화하는 요구 사항에 토목 및 공학 기술 관련 지원을 제공하기 위해 만들어졌다. ESF #3의 활동에는 다음과 같은 것들이 있다.

- 토목 사업과 사회 기반 시설에 대한 사건 전후의 평가 수행
- 인명 구조와 인명 유지 활동을 위한 긴급 계약 이행에 대한 지원
- 공학적 전문 지식, 건설 관리 그리고 계약과 부동산에 대한 기술적인 지원 제공하기
- 손상된 공공 사회 기반 시설과 주요 시설에 대한 응급 복구 제공하기
- DHS/FEMA의 공공 지원 프로그램과 기타 복구 프로그램을 실행하고 관리하기

운영 개념에 대한 개요

국방부(DOD)/육군공병단(USACE)은 ESF #3의 대응 활동 과정에서 기술 지원, 엔지니어링 기술, 그리고 건설 관리 자원과 지원을 제공하기 위한 주요 기관이다.

DHS/FEMA는 스태포드 법 공공 지원 프로그램에 대한 지원을 위해 ESF #3의 복구 자원 및 지원을 제공하기 위한 주요 기관이다. 공공 지원 프로그램은 잔해 제거와 처리, 긴급 보호 수단, 그리고 재난의 피해를 입은 공공시설과 특별히 인정된 민간 또는 비영리 단체의 시설 복구, 이전 및 재건을 위한 연방 정부의 추가적인 재난 보조금 지원을 제공한다.

연방, 주, 부족, 그리고 지역 정부의 공무원들은 지원의 잠재적 수요를 결정하고 대응과 복구 활동의 진행 상황을 확인하기 위해 긴밀한 협조 관계를 유지한다.

주, 부족, 그리고 지역 관리들은 우선순위를 함께 결정한다. 연방 정부의 ESF #3 지원에서는 연방 정부, 주, 부족, 지역, 비정부 기구(NGOs), 그리고 민간 기관의 전반적인 노력이 하나로 통합된다. 지원 기관의 대표들은 필요한 지원을 조정하기 위해 ESF #3의 현장 인력과 함께 일한다.

출처: FEMA. http://www.fema.gov/pdf/emergency/nrf/nrf-overview.pdf.

국가 대응 체계(NRF)에는 현재 15개의 ESF가 있으며, 이 중 14개가 작동되고 있다. 15개의 ESF는 다음과 같다.

ESF #1 — 교통

ESF #2 — 의사소통

ESF #3 — 토목 및 엔지니어링 기술

ESF #4 — 소방(화재 진압)

ESF #5 — 정보와 계획 수립

ESF #6 — 대중 보호, 긴급 지원, 임시 주택 및 대민 봉사

ESF #7 — 물류

ESF #8 — 공중 보건과 의료 봉사

ESF #9 — 수색과 구조

ESF #10 — 기름 및 위험 물질에 대한 대응

ESF #11 — 농업과 자연 자원

ESF #12 — 에너지

ESF #13 — 공공 안전과 보안

ESF #14 — 장기적인 지역 사회 복구(NDRF로 대체됨 — 제7장의 재난 복구 활동을 위한 국
   가 대응 체계 참고)

ESF #15 — 대외 업무

NRF에는 연방 정부의 부서와 기관, 주와 부족 및 지역의 기관, 민간 부문, 자원 봉사 단체, 그리고 NGO가 효과적이고 효율적인 사건 관리에 필요한 행정적인 필요 사항과 공통적인 기능상의 과정을 어떻게 조정해서 이행할 것인지를 설명한 지원 부속 문서도 포함되어 있다. 사건 발생 중에 사건 관리를 지원하기 위해서는 수많은 절차와 행정 기능이 요구된다(NRF, http://www.lrc.fema.gov/em_doctrine_fema_nrf.html).

- 필수적인 사회 기반 시설과 주요 자원

- 재정 관리

- 국제적인 조정

- 민간 부문의 조정

- 공공 업무

- 부족과의 관계
- 자원봉사 및 기부에 대한 관리
- 작업자의 안전과 건강

─ NRF의 역할과 책임

연방 정부와 주 그리고 지역 정부의 주요 관리들은 NRF에 명시된 대로 연방 정부의 자원과 관련된 대응 활동을 한다. 이러한 각 개인과 NRF의 역할과 책임은 다음과 같다.

• 주지사

주지사는 주에 사는 주민들의 공공의 안전과 안녕을 확고히 할 책임을 진다. 주지사는 주의 자원을 조정하고, 재난 대응에 있어 전략적인 지침을 제공하며, 도움이 필요한 지역 정부를 지원하고, 다른 주와 연방 정부와의 지원을 조정한다. 주지사는 또한 다음과 같은 책임도 진다.

- 주州 법에 맞게 대응과 관련된 특정한 지시를 내리거나, 규정을 만들거나 수정하거나 유예할 수 있다.
- (지역 사회의 모든 구성원을 대상으로 효과적인 의사소통을 하는 등) 수용적인 태도로 일반 시민들과 의사소통하며, 모든 사건의 결과에 대처하여 사람과 기업, 그리고 조직을 돕는다.
- 주 안에 있는 부족 정부와 협조한다.
- 주의 군대를 지휘한다(연방 정부의 군대와 주의 의용군이 아닌 주 방위군).
- 재난 관리 지원 협약(EMAC)과 같은 주 정부 간의 상호 도움과 지원 협약을 통해 다른 주들로부터 받는 지원을 조정한다.
- 필요할 경우, 스태포드 법에 따른 비상사태 또는 대규모 재난 선포를 포함해 연방 정부에 지원을 요청한다.

재난관리론

• 선출되거나 임명된 지방자치단체장

지방자치단체장은 주민의 공공 안전과 안녕에 책임을 진다. 이들은 자신들에게 주어진 재난 관리의 역할과 책임 그리고 사건 발생 중에 자원과 운영에 관해 결정을 내려야 할 때, 대응 핵심 역량을 어떻게 적용할 것인지에 대해 명확히 알고 있어야 한다. 이들의 결정에 사람의 생명이 달려 있다. 지방자치단체장은 보통 대비 노력을 돕고 재난 관리와 대응 역량을 촉진하기 위해, 법, 정책 그리고 예산을 만들거나 변경하기도 한다. 지방자치단체장의 대응 임무는 다음과 같다.

- 통행 금지령, 직접 대피 그리고 지역 보건 기관과 협력하여 격리 지시 등을 내리기 위해 (주와 지역의 법에 따라) 지역의 법과 조례를 유예시킨다.
- 관할 구역 내 모든 사건의 결과에 대처하기 위해 주민들과 의사소통하고, 사람, 기업, 그리고 단체를 돕기 위해 지도력을 발휘하며 주요한 역할을 담당한다.
- 자원 배분을 촉진하기 위해 다른 관할 구역과의 상호 지원 협약을 논의하고 협약을 맺는다. 관할 구역의 역량이 초과하거나 소진했을 때 해당 주의 주지사를 통해 필요한 경우, 주와 연방 정부에 지원을 요청한다.

• 부족/준주/섬 지역의 지도자

부족/준주/섬 지역의 지도자는 해당 지역에 사는 주민의 공공 안전과 안녕에 책임을 진다. 그 밖에 다음과 같은 책임도 진다.

- 테러, 자연 재난, 사고, 그리고 다른 만일의 사태를 포함한 모든 위험 요인과 관련된 사건을 예방하고, 대비하며, 대응하고, 복구하는 모든 조치를 취하기 위해 부족의 자원을 조정한다.
- 통행 금지령, 직접 대피, 그리고 격리 지시와 같은 특별한 상황에 부족의 법과 조례를 유예시킨다.
- 관할 구역 내 모든 유형의 사건 결과에 대처하는 사람, 기업, 단체를 돕고, 관할

구역 내의 주민들과 의사소통하는 데 있어 리더십을 발휘하고 주요한 역할을 담당한다.

- 자원 배분을 촉진하기 위해 다른 관할 구역과의 상호 지원 협약을 논의하고 협약을 맺는다.
- 지도자 권한의 역량을 초과하거나 소진되었을 경우, 주지사나 FEMA의 지역 본부를 통해 주(적합할 경우)나 연방 정부에 지원을 요청한다.

• 국토안보부 장관

대통령 훈령 5호(HSPD-5)에 따라, 국토안보부(DHS) 장관은 다음 업무를 수행한다.

- 테러 공격, 대규모 재난 그리고 기타 비상 상황에 대비하고 대응하며 회복하기 위해 미국 내 연방 정부의 활동을 조정하는 책임을 진다.
- 국내 사고 관리에 있어 '연방 정부의 주요 고위 관리'로서 일한다. 국토안보부 장관은 또한 다음 네 가지 상황 중 어떤 것에 해당하는 경우, 테러 공격, 대규모 재난 또는 기타 재난 상황에 대응하고 복구하는 데 사용될 연방 정부의 자원을 조정하는 책임도 진다.
  - 자체 권한을 가진 연방 정부의 부서나 기관이 DHS의 지원을 요청한 경우
  - 주와 지역 기관의 자원으로 부족하거나 연방 정부의 지원이 필요한 경우
  - 1개 이상의 연방 정부의 부서나 기관이 사고 대응에 연루된 경우
  - 국토안보부 장관이 대통령에 의해 사고 관리 책임을 지시받은 경우

• FEMA 청장

FEMA의 청장은 재난 관리에 관해 대통령, 국토안보부 장관, 그리고 국토안보위원회Homeland Security Council에 주요한 조언을 한다. FEMA 청장은 장관을 통해 대통령을 보좌하고, 스태포드 법을 실행하며, 국가 대응 조정 센터(NRCC)를 운영하고, 모든 ESF에 대해 효율적인 지원을 하며, 더 광범위하게는 모든 위험 사건에 대한 대비, 보

호, 대응 그리고 복구 활동의 임무를 지닌다.

• 검찰총장

검찰총장은 미국의 최고위 법률 집행관이다. 대통령 훈령 5호(HSPD-5)와 다른 관련 법규 및 명령에 따라, 검찰총장은 다음과 같은 테러 행위와 테러의 위협에 대한 범죄 수사를 책임진다.

- 미국 내의 개인과 단체에 의한 테러 행위와 테러의 위협
- 미국 시민이나 해외의 기관을 겨냥한 테러 행위와 테러의 위협

일반적으로 FBI를 통해 활약하는 검찰총장은 국가의 안전을 지키는 활동을 하는 다른 연방 정부의 부서 및 기관들과 협력하여 다른 사법 기관들의 활동을 조정한다.

• 국방부 장관

국방부의 자원은 국방부 장관의 승인이 있거나 대통령의 지시가 있는 경우에만 재난에 사용된다(인명을 구조하거나 존속시키며, 대단히 심각한 상황에서 재산 보호에 필요한 경우, 연방 정부의 다른 기관에서 국방부 관리들이 대응을 책임지는 경우도 있다). 국방부의 자원으로 민간 기관을 지원하도록 허락받으면, 국방부 장관이 이러한 기관을 지휘하게 된다. 사고가 발생한 지역에서 국방부의 군대는 주지사의 지휘를 받는 주 방위군뿐만 아니라 필요에 따라서는 모든 정부 차원의 대응 조직과 협력하게 된다.

• 국무부 장관

국내의 재난 사건은 외국 정부 및 국제 기관과 조정하거나 협의해야 할 국제적이고 외교적인 영향을 미칠 수 있으며, 또 미쳐 왔다. 미국에서 거주하는 외국 시민이나 재난 발생 지역을 방문 중이던 외국 시민이 피해를 보는 것은 아주 흔한 일이다. 국

무부 장관은 국내에서 발생한 재난의 대응과 관련하여 미국 정부와 다른 국가 간에 이루어지는 모든 의사소통과 조정에 책임을 진다. 국무부는 또한 국제 협력 지원 부속 문서International Coordination Support Annex에 기록된 대로, 연방 정부의 부서와 기관들이 전달한 요구 사항에 근거해 미국 정부를 대표하여, 국제 사회의 지원에 대한 제안을 조정하고 이러한 제안을 정식으로 받아들이거나 거절한다. 국제적인 지원의 경우, 일부는 사전에 규정되었거나 이미 쌍방 합의가 이루어진 경우도 있다. 예를 들어, 미국 농무부/산림국과 내무부는 여러 나라와 산불 진화 지원에 대해 공동 쌍방 협약을 맺고 있다.

• 비정부 기구(NGOs)

비정부 기구는 다른 곳의 지원이 여의치 않을 경우, 긴급구조대원, 모든 차원의 정부, 그리고 인명을 살리고, 육체적이고 감정적인 고통을 줄이며, 재난 피해자의 회복을 촉진하는 등의 구조 활동을 제공하는 다른 기관 및 조직과 협력한다.

• 민간 부문

DHS와 NRF의 주요 기관 및 지원 기관은 효율적으로 정보를 나누고, 행동 방식을 만들며, 재난을 예방하고 재난에 대비하며 대응하고 복구하기 위한 가용 자원을 분배하기 위해 민간 부문과 협력한다. 대통령이 선포한 재난이 발생한 동안, 민간 부문의 역할과 책임 그리고 참여는 조직의 성질 및 사건의 유형과 영향에 따라 다르다. 민간 부문의 조직은 다음과 같은 형태로 참여할 수 있다.

- 피해를 입은 조직이나 사회 기반 시설: 민간 부문의 조직은 사고의 결과에 직간접적으로 영향을 받는다. 민간 부문에서 소유하고 있는 사회 기반 시설에는 교통, 전자 통신, 민간 시설, 금융 기관 그리고 병원 등이 있다.
- 대응 자원: 민간 부문의 조직은 사건 발생 중에 전문가 팀, 장비 그리고 선진 기술을 포함한 (기부받거나 보상받은) 대응 자원을 제공하기도 한다.

- 규제와 책임: 규제받는 시설이나 위험한 작업을 하는 시설을 소유하거나 운영하는 사람은 법에 따라 사고 발생에 대비하거나 사고를 예방하고, 일단 사고가 발생하면 이에 대응할 책임이 있다. 예를 들어, 연방 정부의 규정에 따라 원자력 규제위원회의 규제를 받는 원자력 시설의 소유자나 운영자는 재난 (사고의) 대비 계획, 절차 그리고 시설을 유지하고, 사고에 대해 평가하고, 즉각적인 통지를 하며, 교육을 수행해야 한다.
- 연방 정부/주/지역의 재난 조직들과의 협력 관계: 민간 부문의 단체는 주와 지역의 재난 대비와 대응 조직 및 활동에 있어 적극적인 협력 기관이 될 수 있다.

• 시민의 참여

시민 단체 및 조직들과의 강력한 협력 관계는 사고의 예방, 대비, 대응, 복구 그리고 완화를 위한 지원을 제공한다. 미국 시민봉사단Citizen Corps은 지역 사회를 더욱 안전하고 강하게 만들며, 테러나 범죄, 공중 보건 문제 그리고 모든 재난의 위협을 해결하기 위해 더 나은 대비를 하도록, 이러한 집단들을 하나로 모아 교육과 훈련 및 자원봉사를 통해 개별적인 노력을 통합시킨다.

임무 부여(MA) 과정

FEMA는 ESF #5인 정보와 계획 수립을 위한 조정 기관으로서의 역할을 통해 연방 정부의 대응 과정을 조정한다. FEMA가 재난과 관련된 일을 하는 연방 정부의 다른 기관에 작업을 맡겨야 할 때, 이러한 작업(그리고 연관된 배상)은 임무 부여Mission Assignment(MA)의 순환 과정을 통해 이루어진다. 임무 부여는 근본적으로 FEMA가 연방 정부의 다른 기관에 특정한 작업의 이행을 지시하고, 자금과 다른 관리상의 통제 및 지침을 제공하는 것이다. MA는 대통령의 비상사태나 대규모 재난 선포를 예상하거나 이에 대응하여 이루어진다. MA 자체는 보조금이나 다른 연방 기관과의 계약이 아니지만, 대신 대통령의 선포 이전이나 이후에 이행되는 특정한 작업을 위한 배상 가능한 작업 지시이다. 연방 정부의 지원 제공 과정을 신속하게 처리하기 위해서는 사전 규정된 임무 부여Pre-Scripted Mission Assignments나 PSMAs를 작성해야 한다(관련 비디오: 〈잔해 제거는 허리케인 샌디 이후에도 계속되다Debris removal continues after Hurricane Sandy〉. http://www.youtube.com/watch?v=RpvqqLB_GHY&feature=youtube_gdata).

NRF의 운영 조정

NRF가 작동 중일 때, 다양한 협력 기관과 이해 당사자들이 그 결과로 인한 대응 작용을 효율적으로 수행하기 위해서는 상당한 조정이 필요하다. 운영이 이루어지는 각 정부 차원에 조정 체제가 존재하며, 각 조정 체제 안에서 정책 결정자들이 적합한 방식을 결정하고, 시행되고 있는 비상 운영을 감시하는 다양한 조치와 활동들을 시행한다. 이 조정 체제 각각은 독특하고도 중요한 목적을 지니며 다음과 같은 것들이 있다.

—— 지역 사고 지휘 본부

지역의 조정 체제는 보통 공공 사업, 법률 집행, 응급 의료, 소방서같이 구체적인 기능을 지닌 개체들로 이루어져 있다. 이러한 체제들의 통합은 사고 지휘 본부Incident Command Post(ICP)에서 이루어진다. ICP는 주로 전략적인 차원에서 현장의 사고에 대한 지휘가 이루어지는 현장 사무소이다. ICP는 사고 기지나 사고 관련 기타 시설들과 비슷한 용어로 쓰이기도 하며, 대개는 빙빙 돌거나 번쩍이는 녹색 불빛으로 표시한다. ICS는 정부뿐 아니라, 민간 부문과 비영리 단체에서 모두 사용한다.

—— 지역 비상 운영 센터

지역의 사고 현장 지휘관이 추가 자원이나 역량이 필요하다고 판단하면, 사고 현장 지휘관은 지역 비상 운영 센터(EOC)와 연락해 지역의 재난관리자에게 이 같은 요청을 전달한다. EOC는 지역의 정해진 관할 구역 내에서 정상적으로 이루어지는 지역의 사고 관리 활동을 지원하기 위해, 정보와 자원을 조정하는 물리적인 장소이다.

━━ 주의 비상 운영 센터

이 센터는 보통 주의 사고 관리 활동을 지원하기 위해 정보와 자원의 조정이 이루어지는 물리적인 장소를 말한다. 주의 EOC는 지역의 EOC를 지원하기 위해 그리고 대응 담당자들이 대응 활동을 수행하는 데 필요한 자원을 확보하기 위해, 필요에 따라 활동한다. 이것은 지역의 조정 체제나 지역의 사고 지휘 체제와 함께 일하는 주 차원의 조정 체제를 통합함으로써 이루어진다. 주의 EOC는 보통 ESF 또는 규정이나 역량에 맞춘 다른 조정 체제의 결합으로 조직된다.

━━ 국가 운영 센터

국가 운영 센터National Operations Center(NOC)는 사고 관리를 위해 연방 정부 전체에 걸쳐 상황 인식과 운영을 조정하기 위한 국가의 주요한 중심 기관이다. NOC는 국가 차원의 주요 사고 관리에 관한 결정을 내리는 데 필요한 정보를 국토안보부 장관과 다른 고위직 인사들에게 제공한다. NOC는 지속적으로 작동하는 여러 기관의 운영 센터이다. NOC의 직원은 미국 전체와 해외에서 비롯되는 위협의 근원과 위험 요인에 대한 정보를 살핀다. NOC는 (1) NOC의 관리자 (2) 선출된 연방 정부의 유관 기관, 주, 지역의 치안 부서 대표자 (3) 국토안보부의 정보 담당 책임자가 제공하는 정보기관의 연락 담당 관리 (4) 운영 부서의 다부처 계획 수립 분석가 (5) 연방 정부와 민간 부문의 수많은 기관의 조직과 규율을 대표하는 감시관 등을 포함해 1주일에 7일, 하루 24시간 당직 공무원에 의해 운영된다. NOC는 다른 연방 정부, 주, 부족, 지역 그리고 비정부 기구의 협력 기관들과 국토 안보에 관한 정보를 공유하고 운영을 조정하도록 촉진시킨다. NOC는 주요 사고에 대응하면서 일반 상황도를 통해 현지 보고, 상황 보고 및 다른 정보 공유 도구를 제공함으로써, 정보 결합과 정보 공유의 책임을 다한다. NOC의 일반 상황도를 지원하는, 연방 정부와 주, 부족, 그리고 지역 차원의 전자 보고와 정보 공유 도구의 지속적인 발전과 신속한 통합은 이 체계에 있어 우선순위와 중요도가 아주 높은 일이다.

─ 국가대응조정센터

국가대응조정센터(NRCC)는 국가의 자원을 조정하는 중심 센터일 뿐 아니라, FEMA의 주요한 운영 관리 센터이다. 1주일에 7일, 하루 24시간 근무하는 NRCC는 잠재적이고 진행 중인 사고를 감시하고, 지역과 현장의 업무를 지원한다. NRCC는 합동 현장 사무소(JFO)와 다른 지역 사고 관리 체제에 자원과 정책 지침을 제공하기 위해, 필요에 따라 ESF와 다른 인력을 완전히 가동시킴으로써 사고를 예측하거나 대응하여 즉각적으로 직원을 늘리는 역량도 지니고 있다. NRCC는 일반 상황도를 작성하고 유지하면서 전반적인 재난 관리를 조정하고, 운영 계획을 수립하며, 국가적 차원의 기관을 배치하고, 사건에 관한 정보를 수집하고 알린다. 민간 부문 비영리 조직의 대표들은 이들 조직과 연방 정부 사이에 정보의 공유와 조정을 촉진하기 위해 NRCC에 참여하기도 한다.

─ 국가 사회 기반 시설 조정 센터

국가 사회 기반 시설 조정 센터National Infrastructure Coordinating Center(NICC)는 국가의 주요 사회 기반 시설과 주요 자원들을 지속적으로 감시한다. 사고가 발생하면, NICC는 정보 공유 및 분석 센터Information Sharing and Analysis Centers와 부문조정협의회Sector Coordinating Councils와 같은 적절한 정보 공유 집단을 통해 사회 기반 시설과 주요 자원 부문 전체에 걸쳐 정보 공유를 위해 조정에 관한 토론의 장을 제공한다.

─ 국가 군사 지휘 센터

국가 군사 지휘 센터National Military Command Center(NMCC)는 전 세계의 군사 작전을 지속적으로 감시하고 조정하기 위한 국가의 중심 기관이다. NMCC는 전투 부대의 지휘관, 합동 참모 본부의 본부장, 국방부 장관, 그리고 만일의 사태에 대비해 평화 시와 전시에 미군을 지휘하는 대통령을 직접 지원한다. 대통령과 국방부 장관을 효과적이고 효율적으로 지원하기 위해 만들어진 이 센터는 미사일 경보, 공격 평가에서부터 민방위 당국의 방위 지원Defense Support of Civil Authorities(DSCA)과 같은 평화 시 만일의 사태에 대비한 관리에 이르기까지 폭넓은 활동에 참여한다. 전 세계의 현재 상황을 감시하는 동시에, 이 센터는 진행 중인 재난에 대해 합동 참모 본부와 다른 국가 기관에 경보를 발령하며 필요한 모든 군사 대응을 초기에 조정한다.

── 국립 대테러 센터

국립 대테러 센터National Counterterrorism Center(NCTC)는 테러 및 대테러와 관련된 모든 정보를 통합하고 분석하며 국가 권력의 모든 도구를 통합함으로써, 전략적인 운영 계획을 수립하기 위한 연방 정부의 주요 조직이다.

── 전략 정보 운영 센터

FBI의 전략 정보 운영 센터Strategic Information and Operations Center(SIOC)는 국내의 테러 사건 및 예상되는 위협과 관련된 연방 정부의 모든 정보, 법률 집행, 그리고 수사 활동에 대한 거점 기관이자 운영 통제 센터이다. SIOC는 법률 집행과 시의적절한 범죄 수사 노력과 관련된 정보를 수집하고 가공하며 조사하고 전파하는 것을 돕기 위한 정보 센터 역할을 한다. SIOC는 NOC와 직접적으로 연결되어 있다. FBI의 본부에 위치한 SIOC는, 미국에 대한 테러 공격을 감지하고 예방하며 미연에 방지하고 방해하기 위한 사법 분야의 중요한 업무를 이끄는 FBI의 임무를 지원한다. SIOC는 국가 합동 테러 기동대National Joint Terrorism Task Force(NJTTF)와 긴밀히 연락한다. NJTTF의 임무는 테러 관련 정보를 위한 융합 지점을 제공하고 미국 전역의 합동 테러 기동대를 지원함으로써 정보, 법률 집행, 국방, 외교, 공공 안전 그리고 국토 안보 분야를 대표하는 연방 정부와 주, 부족과 지역의 관련 기관들 사이의 의사소통과 조정 그리고 협조를 돕는 것이다.

─ 합동운영센터

합동운영센터Joint Operations Center(JOC)의 지부는 (테러 사건이 발생한 동안 FBI의 특수 요원Spe-cial Agent in Charge(SAC)과 같은) 연방 정부의 수석법률집행관Senior Federal Law Enforcement Officer(SFLEO)이 사건과 관련된 법률 집행과 범죄 수사를 지시하고 조정하기 위해 설립했다. JOC 지부는 연방 정부와 주, 지역 그리고 부족의 수사/사법 활동을 관리하고 조정한다. JOC는 정보 수집, 조사, 그리고 범죄 행위의 기소뿐 아니라 예방에도 역점을 두고 있다. 이러한 역점 사항에는 (인질 상황이나 테러의 위협과 같은) 재난 상황에 내재된 고유한 전략적인 문제를 관리하는 것도 포함된다. JOC의 지부가 합동 현장 사무소(JFO)에 포함되면, (NIMS에서 서술한 것처럼) 기밀 사항과 정보의 기능을 조정하는 책임을 지는데, 여기에는 정보와 운영상의 안보, 그리고 사건과 관련된 모든 기밀 사항의 수집과 분석 및 전파가 포함된다. 이에 따라 JOC 지부 내의 정보국은 사건과 관련된 모든 기밀 사항을 위한 기관 간 융합 센터 역할을 한다. 합동 현장 사무소가 설치되면, JOC는 합동 현장 사무소에 속하게 된다.

─ 합동 정보 센터

합동 정보 센터Joint Information Center(JIC)는 재난 관리의 협력 기관들이 합심하여 일하게 하는 귀중한 센터 역할을 한다. 재앙적이고 국가적으로 큰 영향을 미치는 재난 시에 모든 재난 대응과 복구 프로그램에 관한 정보의 전파를 조정하기 위해 JIC가 설립되었다. 대응이나 복구 업무를 하는 모든 연방 정부와 주, 지역 그리고 자원봉사 기관을 대표하는 공보 담당관Public Affairs Officers(PAOs)이 초빙되어, JIC 운영의 일부가 된다. 기관 사이의 조정은 JIC의 중심 기능 중 하나이며, 팀워크는 공공 정보와 언론 업무 프로그램을 성공적으로 이행하는 데 중요한 역할을 한다. JIC는 연방 조정 담당관(FCO), 주의 공보 담당관, 의회의 연락 담당관, 지역 사회의 관계와 재난 지원 프로그램 관리자 그리고 기타 공공 기관의 공보 담당자들 사이의 조정에 관여한다.

── 국토안보부의 기타 운영 센터

사고의 유형(특수 국가 안보 사건National Special Security Events(NSSEs) 등)에 따라, 국토안보부의 기타 운영 요소를 관리하는 운영 센터는 장관을 도와 주요 운영 관리 센터로 기능한다. 이러한 기관에는 해안경비대, 교통안전청Transportation Security Administration, 비밀경호국Secret Service, 그리고 관세 및 국경보호청Customs and Border Protection의 운영 센터 등이 있다.

사고 단계의 조정: 합동 현장 사무소(JFO)

합동 현장 사무소(JFO)는 재난이 선포된 동안 피해를 입은 관할 구역에 대한 연방 정부의 지원 활동을 조정하기 위해 지역에 설치하는 연방 정부의 임시 시설이다. JFO는 다부처로 구성된 센터로, 위협에 대한 대응과 사건에 대한 지원에 주된 책임을 지는 연방 정부와, 주, 지역, 부족의 정부, 비정부 기구 그리고 민간단체의 조정을 위해 중심 장소를 제공한다. JFO는 연방 정부의 사건과 관련된 예방, 대비, 대응, 그리고 복구 활동의 효과적이고 효율적인 조정을 가능하게 한다. JFO는 사고 지휘 시스템(ICS)의 확장 가능한 조직적 체제를 활용하며, JFO의 조직은 목전에 닥친 상황의 규모와 복잡성에 적응한다. JFO는 ICS 체제를 활용함에도 불구하고 현장의 운영을 관리하지는 않는다. 대신 JFO는 현장의 업무를 지원하고, 사건 현장을 넘어 확대되는 광범위한 지원을 운영한다.

JFO의 기능에 반드시 필요한 주요 부문은 다음과 같다.

- 운영 부문: 운영 부문은 현장의 사고 관리 노력에 대한 운영상의 지원을 조정한다. 지부는 사고의 성질에 따라, 요청받은 대로 추가되거나 없어지기도 한다. 운영 부문은 사고 관리 활동을 지원하기 위해 설립한 다른 연방 지휘 본부와 협의할 책임도 갖고 있다. 운영 부문에는 다음 요소가 포함된다.
  - 대응과 복구 지부는 다양한 특별팀이 요청하는 연방 정부의 지원 및 협조를 조

정한다. 이 지부는 네 집단으로 이루어져 있는데, 네 집단은 응급 서비스, 대민 서비스, 사회 기반 시설 지원 그리고 지역 사회의 복구와 완화이다.

- 사법 수사 지부/합동운영센터(JOC)는 (테러 사건 동안 FBI의 SAC과 같은) 연방 정부의 수석법률집행관(SFLEO)이 테러 사건과 관련된 법률 집행과 범죄 수사를 지시하고 조정하기 위해 설립했다. JOC 지부는 연방 정부와 주, 지역 그리고 부족의 수사/사법 활동을 관리하고 조정한다. JOC는 정보 수집, 조사, 그리고 범죄 행위의 기소뿐 아니라 예방에도 역점을 두고 있다. 이러한 역점 사항에는 (인질 상황이나 테러의 위협과 같은) 비상 상황에 내재된 고유한 전략적인 문제를 관리하는 것도 포함된다.

- 특수 국가 안보 사건(NSSEs)을 위한 세 번째 지부인 안보 운영 지부Security Operations Branch 또는 다부처 지휘 센터Multi-agency Command Center(MACC)는 보호와 현장 안보 업무를 조정하기 위해 추가될 수 있다. 이러한 상황에서 운영 부문의 책임자는 현 사건의 우선권을 위해 가장 넓은 관할 구역에 개입해 있으면서 법에 명시된 권한을 지닌 기관에 기반한 JFO 조정 그룹JFO Coordination Group의 상호 합의로 지명된다. 운영 부문의 책임자를 배출한 기관은 사건의 우선순위가 달라짐에 따라 시간에 따른 변화를 보이기도 한다.

• 계획 수립 부문: 계획 수립 부문은 상황 인식을 확실히 하고, 지속적인 효과를 결정하며, 국가적인 피해를 밝히고, 장기간의 주의를 요하는 특정한 관심 분야를 결정하기 위해, JFO 조정 그룹에 현재의 정보를 제공한다. 계획 수립 부문은 또한 기술적이고 과학적인 전문 지식도 제공한다. 계획 수립 부문은 상황, 자원, 기록, 기술 전문가, 그리고 동원 해제 부서로 구성되어 있다. 계획 수립 부문에는 또한 정보와 기밀 부서가 (다른 곳에 배정되지 않으면) 포함되기도 한다.

• 수송 부문: 수송 부문은 수송 지원을 조정하며, 여기에는 다음 사항이 포함된다.
- 연방 정부의 지급품과 장비에 대한 통제와 책임
- 자원 배치
- 장비, 물품, 그리고 서비스를 JFO와 다른 현장으로 전달

- 시설의 위치, 배열, 공간 관리, 건물 관리, 그리고 일반적인 시설 관리
- 교통편 조정과 인력 관리
- 정보와 기술 시스템 서비스, 우편물 관리와 재생산과 같은 행정 서비스, 그리고 고객 지원

수송 부문에 조정과 계획 수립, 자원 관리, 공급, 그리고 정보 서비스 지부가 포함되기도 한다.

• 재정과 행정 부문(감사관): 재정과 행정 부문은 연방 정부의 모든 법과 규정을 지키는 데 대한 JFO의 기능 및 사건과 관련된 연방 정부의 모든 비용을 추적하고 재정을 관리하며, 감시하는 책임을 진다. 재정과 행정 부문의 책임자 자리는 (FCO 등) 팀의 책임자에게 재정 부문의 수석 자문 역할을 하는 감사관이 차지하며, 1990년 CFO 법에 의해 조정 기관의 최고위 재정 담당관Chief Financial Officer(CFO)으로 일한다.

FEMA 사고관리지원팀

FEMA는 사고관리지원팀Incident Management Assistance Teams(IMATs)이라고 불리는, 신속하게 배치되며 상시 근무하는 수많은 재난 대응팀을 보유하고 있다. IMATs는 통보 받은 지 2시간 이내에 배치되며, 12시간 이내에 사건 현장에 도착해 그 지역의 사고 현장 지휘관을 지원한다. 이 팀은 초기에 통합된 지휘권을 확립하도록 도우며, 연방 정부의 즉각적인 지원의 정도와 유형을 결정하는 데 필수적인 상황 인식을 제공한다.

IMATs는 ERT-Ns(국가 재난대응팀)과 ERT-As(지역 재난대응팀)라고 불리는, 전국 및 지역 대응팀의 이전 집단의 개념에 기반해서 만들어졌다. 이 팀들은 여전히 충원되고 개발되고 있지만, 궁극적으로 각각 16명의 상근 직원을 보유한 3개의 전국 IMATs, 그리고 각각 4명의 상근 직원과 보조적인 업무를 수행할 6명의 인력을 보유한 13개의 지역 IMATs를 개발할 계획이다. 모두 10개인 FEMA의 지역 본부는 각

각 1개의 헌신적인 IMATs 팀을 갖고 있지만, 제2, 4, 6 지역 본부는 예외적으로 각각 2개의 팀을 보유하고 있다.

IMATs는 재앙적인 사고에 대한 국가적 대응을 촉진하는 연방 정부의 존재감을 제공하고 있다. FEMA IMAT의 주요 임무는 사건이 발생했거나 사건 발생의 위협이 있는 장소에 신속하게 팀을 배치하고, 연방 정부의 지원을 확인하고 제공하는 데 있어 리더십을 발휘하며, 피해를 입은 주와 준주를 지원하는 데 있어 행정 기관 사이의 대응을 조정하고 통합하는 것이다.

IMATs는 경험 많은 고위급 재난관리자들이 이끌며, 영구 상근직의 핵심 직원으로 충원된다. 이 팀은 사건 현장에 배치되지 않을 때는 계획 수립, 교육, 훈련, 그리고 재난 대응의 준비에 필요한 다른 활동을 지원하기 위해, 지방, 주, 부족, 그리고 지역의 재난 관리 담당자, 연방 정부의 협력 기관, 그리고 민간 부문과 긴밀하게 협조하는 관계를 만들고 유지할 책임이 있다(FEMA, 2010b)(관련 비디오: 〈IMAT—도전에 맞서다 (IMAT—Meeting the Challenge)〉: http://www.fema.gov/medialibrary/media_records/9452. 〈IMAT 대응 훈련 (IMAT Operational Response Exercise)〉: http://www/fema.gov/medialibrary/media_records/7966).

사례 연구: 미주리 주, 조플린의 토네이도

조플린 시는 미주리 주의 남서쪽 모퉁이에 위치해 있으며, 인구는 49,024명이다. 낮 동안은 인구가 27만명에 이르는데, 그건 이 도시가 산업, 농업, 그리고 교육의 주요한 자원을 보유하고 있기 때문이다. 조플린은 '토네이도 골목'이라고 불리는, 토네이도의 위험이 비정상적일 만큼 높은 지역에 위치하고 있다.

2011년 5월 22일 일요일은 토네이도로 인한 초대형 뇌우가 생성되기 완벽한 조건이었다. 이 뇌우는 이날 늦은 오후에서 저녁 시간에 걸쳐 캔자스 주 남동쪽에서 미주리 주 남서쪽으로 이동했다. 이 폭풍은 움직이면서, 수많은 토네이도를 발생시켰다. 오후 2시 40분 연방기상국(NWS)의 폭풍 예측 센터Storm Prediction Office는 아칸소, 캔자스, 미주리, 그리고 오클라호마 주의 일부 지역에 토네이도 주의보를 발령했다. 토네이도는 오후 5시 45분경에 조플린 인근에 나타났으며, 조플린/재스퍼 카운티의 재난 관리 담당자는 NWS와 함께 이 토네이도를 추적하기 시작했다. 6시 17분에 조플린에 대한 경보가 발령되었으며, 토네이도가 도착하기 전에 주민들이 행동을 취할 시간은 결국 24분밖에 없었다. 오후 6시 17분에

재난관리론

야외 비상 사이렌이 울렸고, 6시 31분에 다시 울렸다.

오후 6시 41분에 EF-5 토네이도가 풍속 200mph가 넘는 속도로 조플린을 강타했다. 이 토네이도는 폭 1마일, 길이 6마일의 규모로 도시를 휩쓸며 22.1마일에 걸쳐 피해를 입혔다. 이 토네이도는 엄청난 인명 피해를 냈으며, 이 도시의 상업 지역을 거의 완전히 파괴했다. 결국 161명의 사망자와 1,371명의 부상자가 발생했으며, 이는 1947년 이래 미국에서 가장 치명적인 토네이도이자, 미국 역사상 일곱 번째로 많은 사망자를 낸 토네이도였다. 단독 주택에서부터 아파트 건물, 그리고 대규모 소매점과 (대형 병원과 대형 상점을 포함한) 공공건물까지 수천 채의 건물이 파괴되고 피해를 입었다. 주택의 손실도 엄청나서, 4,380채의 주택이 완전히 파괴되었으며, 또 다른 3,884채의 주택이 피해를 입었다. 고등학교도 완전히 파괴되었지만, 다행히 졸업식이 학교 밖에서 거행되었으며, 따라서 추가적인 대규모 인명 손실을 피할 수 있었다.

토네이도 발생 직후에 재난 대응 담당자와 시민들은 피해를 입은 건물에서 수색과 구조 작업을 벌이기 시작했으며, 생존자들에게는 의료 봉사와 대피소가 제공되었다. 대략 300만 평방야드에 이르는 잔해가 생겼으며 이를 치워서 갖다 버려야 했다. 주요한 병원 시설 대부분이 피해를 입었고, 183명의 환자가 사건 발생 90분 이내에 대피해야 했다. 엠파이어 디스트릭트 전기 회사Empire District Electric Company는 도시 전체에 걸쳐 130개의 전신주가 사라졌다고 보고했으며, 이에 따라 18,000명의 고객에게 전력 공급이 중단되었다. 수천 명이 친척이나 친구의 집에서 지내야 했으며, 미국 적십자에서는 대학 인근에 대피소를 운영했다.

FEMA는 조플린 토네이도가 발생하기 몇 달 전에 미주리 주에서 재난 대응과 복구를 수행한 경험이 있었다. 2011년 1월과 2월 심각한 겨울 폭풍이 발생했고, 버락 오바마 대통령은 미주리 주의 59개 카운티에 대규모 재난을 선포했다. FEMA 청장인 크레이그 퓨게이트는 연방 조정담당관(FCO)을 임명하고, 미주리 주 컬럼비아에 합동 현장 사무소(JFO)를 설치했다. 몇 주 뒤에 봄 폭풍이 미주리 주에 심각한 토네이도와 홍수를 몰고 왔다. 2011년 5월 9일, 오바마 대통령은 홍수에 대해 미주리 주의 5개 카운티에 대규모 재난을 선포했다. FEMA 청장인 퓨게이트는 이 사건에 대해서도 FCO를 임명했고, JFO는 컬럼비아의 사무소에서 업무를 이어 갔다. 2011년 5월 22일 저녁, 토네이도가 지나간 직후에 FEMA 본부와 제7 지역 본부장인 프리먼 그리고 미주리 주 FCO는 조플린에서의 재난 대응 활동을 FEMA가 어떻게 지원할 것인지를 의논했다. 미주리 주는 조플린에서 벌어진 사건을 기존의 재난 선포에 포함시켜 달라거나 아니면 대통령이 새로운 재난 선포를 해 달라고 요청할 수 있었다. FEMA 청장인 퓨게이트는 2011년 5월 23일 기존의 재난 선포에 대한 수정안을 제출했고, 이에 따라 개별적인 지원, 잔해 제거, 그리고 재스퍼와 뉴턴Newton 카운티의 주민들에게 긴급 보호 조치 자금이 제공되었다.

출처: FEMA, 2011. The Response to the 2011 Joplin, Missouri, Tornado: Lessons Learned Study. http://kyem.ky.gov/teams/documents/joplin%20tornado%20response,%20lessons%20learned%20report,%20fema,%20december%2020,%202011.pdf.

연방 정부의 대응 업무를 담당하는 주요 관리들

연방 정부의 여러 고위 관리는 연방 정부가 재난 대응 노력을 펼치는 데 있어 중요한 역할을 담당하며, 이들 중 일부는 연방 정부의 업무를 감독하기 위해 파견되기도 한다. 이러한 요직에는 다음과 같은 것들이 있다.

─ 최고위 연방 관리관

국토안보부 장관은 법과 대통령 훈령에 의해 연방 정부의 다부처 대응이 필요한 모든 국내 사건을 조정할 책임이 있는 최고위 연방 관리관Principal Federal Official(PFO)이다. 국토안보부 장관은 국토안보부 안팎의 인물을 자신을 대신해 일할 대리인으로 임명할 권한이 있으며 연방 정부의 지원이 효율적이고 지속적으로 제공되도록 해야 한다. 일단 임명되면, PFO는 사건 현장에서 일한다. 스태포드 법이 정한 사건에 PFO를 임명하는 것을 전반적으로 금지하고 있음에도 불구하고, 의회는 '세계적인 전염병의 유행이나 올림픽 테러 사건처럼 FEMA가 대응을 주도하지 않은 사례들이 있다'는 입장을 견지해 왔다. 의회는 또한 '스태포드 법의 요소가 포함될 수 있으면서도, 스태포드 법에 해당하지 않는 대규모 대응'도 있을 수 있음을 인식하고 있다. 이 두 경우 모두에 국토안보부 장관은 PFO를 임명할 수 있다. 국토안보부 장관이 예외적인 수준의 조정이 필요한, 심각하고 이례적으로 복잡한 사고에만 PFO를 임명하는 경향이 있다는 것은 중요한 사실이다. PFO는 일단 임명되면, 연방 정부의 전반적인 사건 관리 전략에 대해 연방 정부와 주, 부족, 그리고 지역 관할 구역의 담당자들과 접촉하며, 언론 및 대민 의사소통과 관련한 연방 정부의 최고위 대변인으로 활동한다. PFO는 통합조정단Unified Coordination Group(아래 참고)의 일원이며, 국토안보부 장관과 긴밀하게 접촉하며 지역에 대한 상황 인식을 돕는다. PFO는 관리 경험이 입증되고 강력한 리더십 역량을 지닌 연방 정부의 고위직 관리이다. PFO는 고도로 훈련된 소규모 이동 지원 관리단을 배치하며, 이들은 일단 현재 발생한 사건에 정식으로 배치되면 사건 관리에만 집중하기 위해 이전에 했던 모든 업무를 중단한다. 같은 사

재난관리론

건에 대해 최고위 연방 관리관(PFO)과 연방 조정담당관(FCO, 아래를 보라)에 같은 사람이 임명될 수는 없다. 이 두 직책에 임명되면, FCO는 아래 설명한 바와 같이 스태포드 법의 권한을 집행할 책임을 갖게 된다.

PFO는 어떤 사건에 대해 형성된 사건 지휘 체제에 대해 어떤 지시도 내리거나 바꿀 수 없으며, 연방 조정담당관, 연방 정부의 고위 법률집행관, 국방부 합동특수임무지휘관 또는 기타 연방 정부나 주의 공무원에 대한 직접적인 권한도 갖지 않는다. 연방 정부의 다른 사건 관리 담당자들은 기존의 법과 훈령에 명시된 대로의 권한을 보유한다. 대신 PFO는 있을 수 있는 연방 정부의 기관들 사이의 갈등을 해결하기 위해 조정 역할을 해야 한다. PFO는 문제 해결이 필요한 모든 정책 문제를 규명해 이를 국토안보부 장관에게 알려야 한다.

통합조정단(UCG)

합동 현장 사무소(JFO)는 통합조정단(UCG)의 지시를 받는데, (필요에 따라) 통합조정단은 대개 다음과 같은 관리들 전원 또는 이 중 몇 명으로 구성된다.

- 연방 조정담당관(FCO): 대통령이 임명하며 스태포드 법의 권한을 이행한다.
- 주 조정담당관State Coordinating Officer(SCO): 주지사가 임명하며 주의 재난 지원 노력을 조정한다.
- 연방 자원조정관Federal Resource Coordinator(FRC): 자체 권한에 의해 활동하는 연방 정부의 하나 이상의 부서나 기관이 다른 연방 정부의 부서나 기관의 지원을 국토안보부에 요청할 때, 국토안보부 장관이 스태포드 법의 적용을 받지 않는 사건에 대해 임명할 수 있다. FRC는 기관들 사이의 합의나 양해 각서를 통해 지원을 조정한다.
- 합동 특수부대 지휘관Joint Task Force Commander: 사건의 유형이나 복잡성이 군사 행동을 요하는 경우, 재난 사건에 지원된 군사 활동을 지휘하기 위해 국방부에서 임명한다. 이 지휘관은 연방 정부의 군 인력과 연방 정부의 대응에 필요한 대부분의 국방 자원에 대해 운영상의 통제권을 갖는다. 단, 다른 기관(예를 들어 육군공병단이나 주 방위군과 같은)이 지휘권을 갖는 경우는 예외로 한다.
- 고위 보건담당관Senior Health Officer: 보건후생부의 고위 관리로 대비와 대응 담당 차관보 Assistant Secretary for Preparedness and Response(ASPR)를 대리한다. 고위 보건담당관은 ESF #8이 필요한 사건에 배치된다.

- 국방 조정담당관Defense Coordinating Officer(DCO): 국방부에서 선임한 국방 조정담당관 10명의 핵심 그룹이 FEMA의 각 지역 본부로 파견된다. 필요한 경우 이 담당관은 군사 지원을 요청하기 위해 JFO에서 국방부의 유일한 연락 담당 역할을 한다. 몇 가지 예외가 있긴 하지만 JFO에서 시작된 민방위 당국의 방위 지원(DSCA)에 대한 요청은 DCO와의 조정을 거쳐 DCO를 통해 이루어진다.
- 고위 연방법률집행관Senior Federal Law Enforcement Official(SFLEO): 사건과 직접적으로 관련이 있는 모든 법률 집행과 공공 안전, 그리고 기밀 정보의 안전한 운영 또는 조사 활동을 조정하기 위해 연방 정부의 조정 대응이 필요한 사건이 발생하면, 검찰총장이 SFLEO를 임명한다. SFLEO는 법률 집행 요청에 대한 배분과 자원 배분이 UCG의 다른 모든 구성원들에게 적합하게 조정되도록 할 책임이 있다. 테러 사건이 발생하면, SFLEO는 보통 사건과 관련된 모든 법률 집행 활동에 대한 조정 권한을 가진 FBI의 고위 관리가 되며, 이들 활동은 HSPD-5로 알려진 검찰총장의 분명한 권한에 속하거나, 아니면 그 사건 자체와 직접적으로 연관된 것이다.

사건의 규모와 특성에 기반해 연방 정부의 다른 부서와 기관, 그리고 주, 부족, 지역 정부, 민간단체와 비정부 기구에서 온 고위 관리들도 UCG에 참여할 수 있다. 보통 사건의 규모가 더 크고 복잡할수록 참여하는 기관의 수도 더 많아진다. 재앙적이고 복잡한 재난의 경우 PFO는 국토안보부 장관의 대리인으로 임명되어 일하기도 한다. PFO에 임명되면, 이들은 연방 정부의 전반적인 사건 관리 전략에 대해 모든 차원의 대응 담당자들과 접촉하며 UCG에서 일하게 되지만, 그 사건에 관해 세워진 기존의 사건 지휘 체제에 대해 명령을 내리거나 이를 바꾸지는 못한다.

─ 연방 조정담당관(FCO)

대통령은 스태포드 법의 적용을 받는 사건에 대해 FEMA 청장과 국토안보부 장관의 추천을 받아 FCO를 임명한다. FCO는 재난 관리 분야의 교육을 받고 자격을 갖췄으며 경험 많은 FEMA의 고위 관리로, 비상 상황과 대규모 재난의 대응과 복구에 투입되는 연방 정부의 지원을 조정하기 위해 특별히 임명된다. FCO는 FEMA의 자원을 투입하고 연방 정부의 다른 부서나 기관에 임무를 배정하는 등 스태포드 법의 권한을 수행한다. 만일 대규모 재난이나 비상사태 선포가 하나 이상의 주 전체 지역이나 일부 지역에 속할 경우, 대통령은 전체 사건에 FCO 한 명을 임명하고, 필요에 따라 FCO 부담당관으로 일할 사람을 따로 임명할 수도 있다.

이 모든 경우에 FCO는 진행 중인 대응과 복구 노력을 위한 FEMA의 책임을 다하기 위해 현장에서 FEMA의 대표자로서 업무를 수행한다. FCO는 스태포드 법에 해당하는 사건을 맡아 UCG에서 조정의 중심 역할을 하며, 연방 정부의 재난 관리, 자원 배분 그리고 주와 부족 및 지역 정부의 필요 사항을 지원하고 이를 조정하는 연방 정부의 활동을 매끄럽게 통합하는 역할을 한다. 어떤 FCO는 이례적으로 복잡한 사건에 대해 추가적이고 특별한 교육을 받기도 한다. 예를 들어, 어떤 FCO는 심각한 지진에 대한 대응 교육을 더 받기도 하고, 다른 FCO는 대량 살상 무기나 전 세계적으로 유행하는 전염병과 관련된 특정한 대응 기술을 익히기도 한다.

PFO와 FCO의 우선 지명

어떤 경우에 국토안보부 장관은 PFO와 FCO를 미리 지명하기도 한다. 이와 같은 우선 지명은 특정한 지리적 영역이나 구체적이며 잠재적인 위협 또는 이 둘 모두가 결합한 경우에 주로 이루어진다. 예를 들어, 2007년 초에 국토안보부 장관은 국가 PFO 한 명과 지역 PFO 다섯 명을 미리 지명했으며, 이와 함께 국가 FCO와 지역 FCO도 함께 지명했다. 이들은 세계적으로 유행하는 독감의 전국적인 확산이나 이와 유사한 생물학적 사건을 다루는 분야에서 일하게 될 것이다. 이러한 우선 지명은 주와 부족 그리고 지역의 지도층과 함께 일관되고 한 발 앞선 계획 수립을 가능하게 한다.

─ 주 조정담당관(SCO)

SCO는 스태포드 법이 선포된 후에 주 정부의 대응과 복구 노력을 관리하는 데 있어 중요한 역할을 담당한다. 피해 지역의 주지사는 SCO를 임명하고, 그러면 주의 법률과 정책에 따라 주지사에서 SCO에게로 권한이 이동하게 된다. 허리케인의 접근처럼 스태포드 법에 의한 선포가 예상되는 일부 사건에서, 국토안보부 장관과 FEMA 청장은 필요한 자원과 조치를 결정하고 자산의 배치를 시작하기 위해, SCO와 협력할 연방 정부의 관리를 한 명 이상 미리 지명하기도 한다. SCO의 구체적인 역할과 책임은 다음과 같다. SCO는 일단 설립된 지역 대응 조정 센터(RRCC)나 합동 현장 사무소(JFO)에서 피해를 입은 주나 지역에 대해 주지사의 대리인으로 일하고, 주의 역량을 넘어서는 것을 포함해 주의 요청을 해결하기 위해, 그리고 주에 제공된 연방 정부의 자원 활용을 위한 우선 사항을 설정하기 위해 연방 조정담당관과 함께 일하며, 상호 협조와 지원 협약을 통해 주州에 제공된 자원을 조정하고, 지역 정부와의 연락을 담당하며, JFO의 UCG에서 일한다.

── 기타 고위 관리

사건의 규모와 특성에 따라 연방 정부의 다른 부서와 기관, 그리고 주, 부족, 지역 정부, 민간 기관과 비정부 기구에서 온 고위 관리들도 UCG에 참여할 수 있다. 보통 사건의 규모가 더 크고 복잡할수록 참여하는 기관의 수도 더 많아진다.

── FEMA의 국가 재난 예비군

FEMA는 국가 재난 예비군National Disaster Reservists이라는 7,000명 이상의 정예 그룹을 관리한다. 이들은 진에는 재난 지원 고용인Disaster Assistance Employees(DAEs)이라고 불렸다(하지만 이 DAE 프로그램은 2012년 10월에 종료되었다). 예비군은 대기하고 있다가 간헐적으로 일하는 연방 정부의 고용인이다. 이들은 재난 시에 FEMA의 대규모 노동력을 형성하므로, 재난 피해 지역에서 펼치는 FEMA의 임무에 반드시 필요하다. 이 예비군은 합동 현장 사무소(JFO)와 재난 복구 센터Disaster Recovery Center의 직원으로 일하며, 재난 피해자를 인터뷰하고, 피해 평가를 실시하고 확인하며, 행정적, 재정적, 물류적 지원을 제공한다. 그리고 직원 부족과 운영상의 필요에 따라 다양한 다른 업무도 수행한다. 예비군은 보통 한 번 배치에 최소 30일 동안 일하며, 1년에 최소 한 번은 배치된다. 예비군은 FEMA의 자격시스템Qualification System(FQS)에 의해 개인의 고유한 능력과 지식에 따라 분류된다(그림 6-8, 6-9).

(관련 비디오: 〈FEMA Minnesotans Work Near Home〉. http://www.youtube.com/watch?v=YNTikghM IZk&feature=youtube_gdata)

그림 6-8   2007년 10월 26일 캘리포니아 주의 샌디에이고San Diego. 캘리포니아 북부의 소방대원이 서쪽에서부터 다가오는 푸마카Poomacha 산불을 막기 위해서 맞불을 놓고 있다. 현재 캘리포니아 남부에서는 산불이 355,000에이커 이상을 태워 버렸다. 사진 FEMA/Andrea Booher.

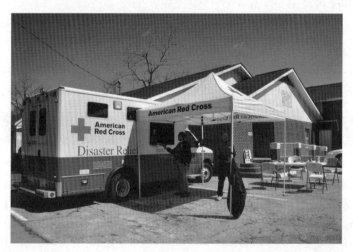

그림 6-9   2013년 3월 1일 미시시피 주의 해티스버그Hattiesburg. 적십자의 밴이 모빌 가의 퍼스트 트리니티 침례교회First Trinity Baptist Church 앞에 주차되어 있고, 적십자에서 지역 주민에게 간단한 음식과 물품을 나눠 주고 있다. 미국 적십자 자원봉사자들이 작업자와 재난 생존자에게 음식과 보급품을 제공할 수 있는 장소에 트럭을 세워 두고 있다. 사진 Marilee Caliendo/FEMA.

FEMA의 자격시스템(FQS)

FEMA는 서로 다른 직책에서 요구하는 기술과 지식의 기준을 마련하는 새로운 프로그램에 착수했다. 2011년 중반 FEMA의 기존 인력에서 주제와 프로그램별 전문가를 선별해 구성한 심사위원단이 이 과정을 시작했다. 이들 전문가들은 각 프로그램별 직책을 위한 기준 자질을 개발하고, 그런 연후에 교육, 경험, 그리고 성취를 규정짓는 기준을 평가하는 과정에 착수했다. 현재 FEMA에 고용된 사람들의 자질을 평가하는 이 과정은 국가 사고 관리 시스템(NIMS)에서 발전해 나온 것이다. FQS에는 평가 등급이 2개뿐인데, 그것은 수습 직원과 정규 직원이다. 수습 직원은 그 직무에 맞는 자질을 완전히 갖추기 위해 필요한 과정을 밟으면서 일하는 직원이다. 정규 직원은 경험, 교육, 그리고 성취를 기반으로 한 정식 과정을 거쳐 자질의 기준에 부합하는 사람들이다.

비판적으로 생각하기

- 국가 대응 체계(NRF)의 장점과 단점은 무엇인가?
- 만일 지역 대응 기관의 역량과 관계없이 연방 정부가 재난 대응에 대한 권한을 갖는다면, 재난 대응이 더 효율적일까? 왜 그럴까? 또는 왜 그렇지 않을까?

FEMA의 모바일 운영 역량

재난은 지역이나 주 정부 당국의 역량을 넘는 자원을 요구하기도 한다. 지역의 지원 요청에 대응하여, FEMA는 재난을 비롯한 모든 위험 요인의 현장 관리를 위해 모바일 통신, 운영 지원, 구명 지원, 전력 생산 장비를 제공한다. 이러한 지원은 대응 및 복구 본부Response and Recovery Directorate의 모바일 운영과Mobile Operations Division에서 관리한다.

모바일 운영과는 작은 본부와 지리적으로 분산된 5개 지역에 모바일 재난 대응 지원Mobile Emergency Response Support (MERS) 파견대와 공수 가능한 모바일 통신 시스템Mobile Air Transportable Telecommunications System (MATTS)을 보유하고 있으며, 이는 다음과 같은 목적을 위해서이다.

- 인명을 구조하고 재산을 보호하며, 재난과 모든 위험 요인을 조정하는 과정에서 정부 재난관리자들의 요구에 부응하기

- 정부의 대응과 복구 관리가 필요한 재앙적인 재난 및 비상 상황에 즉각적으로 신속한 멀티미디어 의사소통, 정보 처리, 물류 그리고 운영 지원을 연방, 주, 지역의 기관들에게 제공하기

MERS와 MATTS는 재난 현장의 시설을 지원한다. 이들은 연방 정부, 주 그리고 지역의 대응 담당자들 ─ 재난의 피해자가 아니라 ─ 을 지원한다.

활용 가능한 지원

각각의 MERS 파견대는 대규모 재난 현장 사무소와 재난 지역 내의 다중 현장 운영소를 동시에 지원할 수 있다. MERS는 재난 지역으로 운반하거나 공수할 수 있는, 자급자족이 가능한 통신, 수송, 운영 지원 요소를 갖추고 있다. MATTS와 MERS의 일부 자산은 C-130 군용 화물 비행기로 공수 가능하다.

MATTS와 MERS는 즉각적인 배치가 가능하다. 요청받은 장비와 인력은 즉시 배치되며, 다음과 같은 것도 제공된다.

- 멀티미디어 의사소통과 정보 처리 지원, 특히 연방 대응 계획(ERP)의 의사소통 부문, 재난 지원 기능(ESF #2)
- 운영 지원, 특히 정보와 계획 수립 부문, FRP의 ESF #5
- 연방 조정담당관(FCO)과의 연락
- 재난 대응 담당자를 위한 물류와 생명 유지
- 자동화된 정보와 의사 결정 지원 역량
- 안전(시설, 장비 및 인력의) 관리와 자문

대부분의 장비는 사전에 설치 및 설비가 완료된 상태로 튼튼한 다륜 트럭으로 운반된다. 일부 장비는 수송용 용기에 보관되어 있다.

출처: FEMA. http://www.fema.gov.

주 정부 사이의 지원: 재난 관리 지원 협약(EMAC)

재난 관리 지원 협약(EMAC)은 국가 차원의 다중 지원 프로그램으로 50개 모든 주와 컬럼비아 특별구, 푸에르토리코, 괌, 그리고 버진 아일랜드 등이 가입해 있다. 이 협

약은 1996년에 체결되었다. EMAC를 통해 주지사가 재난을 선포한 주는 재난 대응에 필요한 인력, 장비 및 물품을 다른 회원 주로부터 지원받을 수 있다. EMAC는 재난관리자들의 국제 협약, EMAC 위원회, 행정부, 자문단, 실행 전담반 그리고 운영 요소로 구성된 특유의 거버넌스 구조를 갖고 있다. 이 점이 보통 서류상의 협정으로 존재하는 다른 상호 지원 협약과 다른 점이다. EMAC는 모든 정부 차원의 대응 조직과 관계를 맺음으로써 오는 장점도 누린다.

각 주는 지원 제공에 필요한 체계적인 접근, 형식 그리고 방식에 따른 다섯 단계의 과정을 거쳐 EMAC에 지원을 요청한다. 이 단계는 다음과 같다(그림 6-10).

1. 사전 대비: 참여하는 행정 기관은 협약 실행을 위한 내부 절차를 수립하며, 전에 배운 교훈을 계획 수립에 포함하고, 자원을 유형별로 분류하며, 추정 비용을 미리 결정하고, 주의 재난 관리 기관과 협조하여 EMAC의 교육과 훈련을 이행한다.

2. 실행: 피해 행정 구역의 필요 사항을 파악하고 이를 주의 재난 관리 부서에 알린다. 주는 대통령의 재난 선포가 필요할지 아니면 민간 기관이나 EMAC 또는 기타 기관으로부터 지원을 요청할 것인지, 그리고 적절한 조치가 무엇인지를 결정한다.

3. 요청과 제공: 주의 해당 기관들이 자원 요청 절차를 활용해 모든 요청을 상대 주의 재난 관리 기관으로 전달한다. 일단 주의 재난 관리 기관이 필요 사항을 파악하고 지원 요청을 받으면, 이러한 자원을 EMAC의 회원 주들로부터 얻는 게 좋을 것인지를 결정하고, 그런 후에 EMAC의 요청과 제공 과정이 시작된다.

4. 대응: 지원을 요청한 주와 지원을 제공하는 주 사이에 계약된 합의 사항을 포함해 모든 요청에 필요한 절차를 완료한 후에 자원의 이동이 시작된다. 직원이 동원되고 배치되며, 조정과 지휘 그리고 통제 시스템이 실행된다.

5. 배상: 지원이 완료된 후에는 협약에 따라 요청한 주는 제공받은 인력, 물자, 그리고 서비스 지원에 대한 배상 과정에 들어간다.

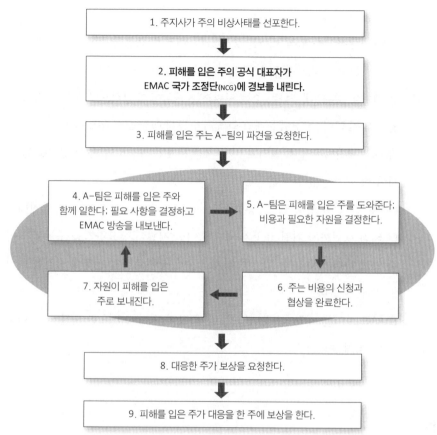

그림 6-10 EMAC 절차의 흐름도. http://www.emacweb.org.

EMAC가 제공하는 장점은 다음과 같다.

- EMAC의 지원은 다른 자원보다 더 쉽게 이용할 수 있다.
- EMAC는 고유한 인적 자원과 회원 주들이 갖고 있는 전문 지식을 활용해 신속
  한 재난 대응이 가능하게 해 준다.
- EMAC는 주지사가 선포한 주의 재난 상황에 따라 주 대 주의 지원을 제공하며,
  다른 주에서의 재난 구호 노력을 돕기 위해 회원 주에서 인력과 장비를 보내는
  즉각적이고 간단한 시스템이다. 자원이 부족하면, EMAC가 부족분을 채우는

데 도움을 준다.

- EMAC는 확고한 법적 토대를 갖고 있다. 지원을 요청한 주에 지원을 제공할 조건이 마련되면, 피해를 입은 주가 배상에 책임을 진다는 법적 구속력 있는 계약을 맺어야 한다. 대응하는 주는 지원하는 도움이 재정적으로 또는 법적으로 부담이 되지 않아야 하며, 보내진 인력은 노동에 대한 보상과 법적 보호를 받는다. EMAC 제정법은 법적 책임과 비용 책임 문제를 해결하며, 주의 경계를 넘어 지켜야 할 규정을 준수한다.

- EMAC는 신속하면서도 융통성 있는 지원을 제공한다. EMAC는 지진에서부터 테러 행위까지 어떤 유형의 재난에 어떤 지원이 필요한지를 주에서 요청할 수 있게 한다. EMAC는 간단한 절차로 주에서 관료적인 논쟁에 시간을 허비하지 않게 해 준다.

- EMAC는 다른 계약에서는 불가능한, 의료적 대비에 필요한 자원 등을 이동할 수 있게 해 준다.

결론

재난에 대한 대응은 모든 연방 정부, 주 또는 지역의 재난 관리 기관이 수행하는 가장 눈에 띄는 활동이다. 정치인, 언론, 그리고 일반 시민은 재난에 어떻게 잘 대응했는가에 의해 재난 관리 조직의 성공 여부를 판단한다. 모든 차원의 정부에서 성공적인 재난 대응은 강력한 지휘 및 통제 시스템, 명료한 의사소통 라인, 그리고 여러 행정 구역의 수많은 기관 사이의 조정을 필요로 한다. 지역의 긴급구조대원들 — 소방관, 경찰 그리고 응급 의료진 등 — 은 재난 현장에 처음 나타나는 사람들이다. 지역과 주의 재난관리자들은 주로 작업을 조정하고, 효율적으로 대응하기 위해 피해 정도와 관할 구역의 역량을 판단한다. 주요 재난 사건에서 대통령의 재난 선포는 지역과 주의 기관을 도와 연방 정부의 모든 자원을 전달하는 국가 대응 체계(NRF)를 작동시킨다.

현재 대규모 재난에 대한 국가의 대응은 NRF에 따르며, NRF는 연방 정부와

재난관리론

주, 그리고 지역의 정부, 자원봉사 단체 및 민간단체의 역할과 책임을 규정하고, 재난 대응에 있어 여러 집단의 계획과 협동 지침을 제공한다. 국가의 대응 역량에 있어 현재 한 가지 부족한 부분은, 주와 지역의 협력 기관들을 돕고 대규모 재난에 대응하는 연방 정부의 노력을 조정하기 위해 연방 정부 기관의 책임을 규정하고 권한을 주는, NRF의 전신인 연방 대응 계획(FRP) 및 국가 대응 계획(NRP)과 유사한 협약이다. 연방 정부의 대응을 조정하기 위한 단일 기관을 연방 정부가 설립해야 한다는 주의 재난 관리 책임자와 주지사들의 요구에 부응하여 1979년 FEMA가 창립되었다. NRF는 FEMA가 FRP와 NRP의 일환으로 했던 것처럼, 연방 정부의 모든 부서와 기관의 활동을 조정하는 권한을 단 하나의 연방 정부 기관에 부여하지 않는다. 연방 정부의 현재 대응에 있어 부족한 이 한 가지 사항은 주와 지역 정부의 협력 기관들에게 있어서는 중요한 문제이며, 미래에 연방 정부의 대응이 시의적절하고도 효율적으로 이루어진다면 해결될 것이다.

주요 용어

재난 관리/대응 인력 Emergency Management/Response Personnel

비상 운영 계획 Emergency Operations Plan(EOP)

비상 지원 기능 Emergency Support Function(ESF)

긴급구조대원 First Responders

사고 지휘 시스템 Incident Command System(ICS)

사고 현장 지휘관 Incident Commander(IC)

국가 사고 관리 시스템 National Incident Management System(NIMS)

국가 대응 체계 National Response Framework(NRF)

통합 지휘 Unified Command

자가 점검을 위한 질문

1. 주 방위군은 재난 대응 업무를 지원하기 위해 어떻게 배치되는가?

2. 일상적이며 '사소한 재난'이 지역 사회에서 발생했을 때, 긴급구조대원의 역할은 무엇인가?

3. 지역의 긴급구조대원들을 활동하게 만드는 동인은 무엇인가?

4. 당신이 사는 지역 사회에서 긴급구조대원들의 역할과 책임에 대한 자세한 규정을 어디서 찾을 수 있는가?

5. 지역 사회의 재난 계획을 세우고 유지하는 책임은 보통 누구에게 있는가?

6. 주 차원에서 재난 관리 직책은 어디 존재하는가? 세 가지 예를 들어 보아라.

7. 주의 재난 관리 부서를 위한 주요 자금원은 무엇인가?

8. 재난 이후에 자원봉사 단체는 피해자들에게 어떤 것을 제공하는가?

9. 사고 지휘 시스템이란 무엇이며, 처음에 만들어진 이유는 무엇이었는가?

10. 사고 지휘 시스템에서 다섯 가지 주요한 관리 시스템은 무엇인가?

11. 사고 현장 지휘관의 역할은 무엇인가?

12. 재난 선포에 대한 결정은 누구의 재량권에 속하는가?

13. 국가 대응 체계란 무엇인가?

14. 국가 대응 체계는 그 전신인 국가 대응 계획 및 연방 대응 계획과 어떤 점에서 다른가?

15. 대응 기관들 간의 의사소통이 그토록 중요한 이유를 몇 가지 들어 보아라.

실전 연습 문제

1. 당신이 사는 주의 방위군 사무소에 연락하라. 재난이 발생하면 이들이 지역 사회에 어떤 자원을 제공할 수 있는지 그리고 재난 대응에 대비시키기 위해 구성원들에게 어떤 교육과 훈련을 시키는지 알아보아라.

2. 지휘와 통제 그리고 협력 대응 모델 사이의 주요 차이점을 나열하여라.

3. 당신이 사는 지역의 아마추어 무선 조직과 접촉해 자격증 과정을 이수하라. 그 자격증을 이용해 지역의 대응 활동에 참여하라. 미국 아마추어 무선 연맹Amateur Radio Relay League에서 더 자세한 정보를 얻을 수 있다(ARES, http://www.arrl.org/).

4. 지역 사회 재난 대응팀(CERT) 과정을 이수하라. 시민 봉사단 지역 사회 재난 대응팀 웹사이트(https://www.citizencorps.gov/cert/)를 방문해 당신이 사는 인근 지역에서 해당 과정을 찾아보아라.

참고문헌

FEMA, 2008. National incident management system. ⟨http://www.fema.gov/pdf/emergency/nims/NIMS_core.pdf⟩.

FEMA, 2009. NIMS fact sheet. ⟨http://www.fema.gov/pdf/emergency/nims/NIMSFactSheet.pdf⟩.

FEMA, 2010a. Developing and maintaining emergency operations plans. Version 2.0. November. ⟨http://www.fema.gov/pdf/about/divisions/npd/CPG_101_V2.pdf⟩.

FEMA, 2010b. Incident management assistance teams. FEMA Fact Sheet. ⟨http://www.fema.gov/pdf/media/factsheets/2010/imat_fact_sheet_10_05_10.pdf⟩.

FEMA, 2013. ⟨http://www.fema.gov/declaration-process-fact-sheet⟩; FEMA, 2013. ⟨http://www.fema.gov/declaration-process⟩.

제 7 장

재난 관리 - 복구

학습
내용

- 국가 재난 복구 체계의 역할

- 재난 복구 활동에 있어서 연방 정부의 역할

- 개인과 지역 사회의 복구 활동을 고양하는 FEMA의 복구 프로그램

- FEMA가 아닌 다른 연방 기관은 재난 복구에 어떻게 기여하는가?

- 전국 자원 구호 단체의 역할

- 지역 사회를 위한 장기 복구 계획을 세우는 방법

서론

언제 대응 기능이 끝나고 복구 기능이 시작되는지에 대한 이론적 논란은 오래전부터 있어 왔다. 이 책에서는 생명을 구하고, 재산을 보호하며, 사람이 기본적으로 필요로 하는 것에 부응하기 위한 즉각적인 활동을 대응 기능으로 정의한다. 하지만 복구 기능은 그렇게 쉽게 분류되지는 않는다. 복구 기능은 재난 발생 후 초기 몇 시간 또는 며칠 이내에 시작되는 경우가 많으며, 사태의 심각성에 따라 몇 달, 또는 몇 년씩 계속되기도 한다(그림 7-1).

모든 노력이 한 분야에 집중되는 대응 기능과 달리, 복구 기능이나 복구 과정은 개인과 지역 사회가 내려야 하는 결정과 복잡한 문제가 있다는 것이 특징이다. 복구 과정에는 주택을 재건하고, 자산을 대체하며, 고용을 재개하고, 사업을 다시 시작하며, 사회 기반 시설을 영구적으로 보수하고 재건하는 것과 관련된 온갖 결정과 행동

그림 7-1   2005년 9월 18일 루이지애나 주 뉴올리언스. 이 도시를 상공에서 내려다보면 3주가 지났지만 여전히 도시 남쪽은 침수되어 있다. 허리케인 카트리나의 복구는 고된 일임을 보여 준다. 사진 Win Henderson/FEMA.

이 수반되게 마련이다. 복구 과정은 향후 취약성을 줄이기 위한 장기적인 목표와 지역 사회를 정상으로 되돌리기 위한 즉각적인 요구를 충족시키는 일 사이의 균형을 맞춰야 한다. 복구 과정은 개인과 지역 사회가 경제적으로 보다 안정되며 전반적인 삶의 질과 안전을 향상시키기 위한 기회가 될 수도 있다.

복구 기능은 그 효과가 오랫동안 지속되며 대개 비용이 많이 드는 일이기 때문에, 이 과정에 참여하는 사람들의 수도 더 많다. 복구 과정에는 모든 차원의 정부, 기업, 정치 지도자, 지역 사회의 활동가, 그리고 개인 등이 참여한다. 이 각각의 집단은 복구 과정이 어떻게 진행될 것인지 결정하는 역할을 한다. 이러한 역할 중 일부는 주나 지역의 건축 조례, 보험 규제, 재정적 지원의 한계에 제한받기도 한다. 효과적인 복구의 목적은 모든 관련자들이 함께 참여해 계획을 세우고 자금을 마련하여, 피해 지역을 가능한 한 빨리 더 안전하고 안정된 곳으로 다시 건설할 복구 전략을 실행하는 것이다.

제6장에서 다루었듯이, 재난 피해 지역의 복구를 촉진하는 것은 스태포드 법에 의한 대통령의 재난 선포이다. 복구 활동은 대통령의 재난 선포 이후에 즉각적으로 시작되며, 연방 정부의 기관들이 피해 지역에서 주 정부와 협조해 복구 프로그램을 실행하고 복구 활동을 실시한다.

예로부터 FEMA는 대규모 재난으로 선포된 공공 지원 사업에 매년 평균 28억 8,000달러, 그리고 한 건의 대규모 재난 선포당 매년 평균 5,800만 달러를 사용해 왔다. 또한 비상사태 선언으로 평균 1,100만 달러에 가까운 비용을 사용하고, 공공 지원 사업에 매년 1억 5,300만 달러를 사용해 왔다.

1993년부터 2012년 9월까지 FEMA는 재난 및 비상사태 선포에 1,340억 달러 이상을 지출했으며, 이는 1980년에서 1989년까지 현재 달러 가치로 39억 달러를 쓴 것과 크게 비교된다.

이러한 수치는 거의 650억 달러로 추정되는 허리케인 샌디로 인한 비용과 샌디 이후에 같은 지역에 피해를 입힌 노리스터Nor'easter(* 겨울철 미 북동부의 눈 폭풍: 옮긴이)로 인한 비용을 포함하지 않은 것이다. 샌디는 2005년 허리케인 카트리나 이후로 연방 정부에 가장 큰 비용 피해를 입힌 폭풍이다. 뿐만 아니라 이 비용에는 기업이 입은 피해, 지역과 주 정부의 세입 손실 그리고 기타 다양한 요인은 반영되지 않았다. 즉, 연방 정부가 지출해 왔거나 지출할 예정인 비용만을 계산한 것이다. 허리케인 카트리나에 대한 다음의 사례 연구를 보면 알 수 있겠지만, 복구 과정에는 몇 년, 심지어는 몇십 년이 걸리기도 한다.

사례 연구: 새로운 뉴올리언스의 6년간 지표 — 더 나은 뉴올리언스의 진보를 향한 척도

제방의 붕괴로 뉴올리언스의 80%와 대도시권의 상당 부분이 침수되었던 허리케인 카트리나 이후 6년 가까운 시간이 흘렀으며, 10년 간격으로 행해지는 인구조사 결과, 뉴올리언스에서는 2000년에 비해 2010년에 인구가 29% 줄었으며, 대도시권에서는 인구가 11% 감소한 것으로 확인되었다(i). 하지만 10년 간격의 인구조사로 인해, 2010년 4월의 뉴올리언스 인구에 대한 정확한 단면은 알 수 있는 반면, 카트리나 이후의 복구의 궤적에 대한 통찰은 알 수 없는 게 현실이다. 이러한 궤적을 평가하기 위해서는, 경제 성장, 지속 가능성, 포괄적인 성장, 그리고 삶의 질과 같은 번영과 복지의 지표들 뿐 아니라, 2005년 이후 몇 년간의 자료를 반드시 검토해야 한다.

1890년대 미국 대평원의 가뭄처럼 오래 전 재난을 분석하는 연구자들은 허리케인 카트리나 같은 대규모 참사가 종종 재난 이전의 궤적을 가속화한다는 사실을 발견했다. 하지만 주민과 지도층이 대규모 재건 투자와 새로운 경제 기회에 투입되는 자본을 지렛대 삼아 현재의 상황에 단절을 고하고, 새로운 변화를 이끌어 내기 위해 노력할 때, 재난의 피해를 입은 지역이 과거의 경로에서 벗어나는 경우도 있다(ii). 뉴올리언스 지역이 카트리나, 대불황 그리고 딥워터 호라이즌Deepwater Horizon에서 발생한 기름 유출 사고 등으로 5년 동안 한 차례가 아니라 세 차례나 재난에 강타당했기 때문에, 뉴올리언스의 사례는 특히 충격적이다. 이러한 상황에도 불구하고 이 지역이 변화의 경로에 접어들었다는 증거가 있다.

'회복 탄력성과 기회: 카트리나와 리타 이후에 미국 멕시코 만 해안 지역에서 배운 교훈 Resilience and Opportunity: Lessons from the U.S. Gulf Coast after Katrina and Rita'에서 이 지역의 학자는 공공 교육, 보건, 범죄에 대한 공평성, 대피 계획 수립 등에서 상당한 진전을 이루었다고 기록하고 있다(iii). 뉴올리언스 시 정부의 감사관실의 자료를 보면, 공공 비용 지출에 있어 더 큰 통합과 더 적은 지출을 강조하고 있다. 시 차원의 종합 계획의 채택은 토지 사용 결정의 투명성을 더욱 확보하게 한다. 카트리나 이후에는 공공 정책을 결정하는 데 있어 시의 참여가 상당한 정도로 확대되고 있다.

인근 지역의 단체와 비영리 단체들이 더 많은 정보를 가진 정교한 네트워크를 통해, 기존 주민과 돌아온 주민을 위한 지역 재건의 전체적인 전략을 세우고 실행해 왔다. 하지만 '회복 탄력성과 기회Resilience and Opportunity'의 저자들은 이 같은 일부 진전이 여전히 불안정하며, 재건 사업이 대부분의 연방 정부의 재난 관련 자금에 의존하고 있다는 이유로 조심스러운 낙관주의를 펴고 있다. 게다가 허리케인에 맞서 뉴올리언스를 방어하는 최전선 지역인 습지의 회복이 아직 별다른 진전을 보이지 않고 있으며, 따라서 이 도시와 주변 지역은 여전히 강력한 폭풍 해일에 취약한 채로 남아 있다.

매년 돌아오는 카트리나 기념일은 지도자들이 더 큰 번영과 포괄성, 지속 가능성 그리고 삶의 질 향상을 위한 노력이 뉴올리언스 지역에서 제대로 이루어지고 있는지를 평가하기 위한 좋은 계기가 되어 주고 있다. 1980년대로 돌아가 20개 이상의 지수를 살펴봄으로써, 우리는 뉴올리언스 지역이 카트리나, 불황 그리고 딥워터 호라이즌의 기름 유출 사건으로부터 과거의 궤적을 벗어나 얼마나 도약하고 있는지 알 수 있다. 이러한 조사에서 밝혀진 사실을 간단히 요약하면 다음과 같다.

더 건강한 경제, 더 나은 사회적 성과 그리고 학교와 기본 시설 개선 등의 새로운 신호와 함께 위대한 뉴올리언스는 지속적으로 회복하고, 어떤 면에서는 '예전보다 더 나아지기 위해' 재건을 계속하고 있다.

경제 성장

- 뉴올리언스 대도시권의 경제는 활발한 재건 활동으로 인해 최악의 대공황 시기를 지나 충격이 완화되고 있다. 이 대도시권은 2008년에서 2010년까지 겨우 1.2%만 일자리를 잃었으며, 이는 전국 실업률인 5.1%와 대비된다.
- 뉴올리언스의 지역 경제는 고등 교육, 법률 서비스, 그리고 보험 회사 등과 같은 지식 기반 산업의 성장과 함께 다양성을 보이기 시작하고 있다. 이와 함께 지역의 '수출' 관련 일자리가 1980년 약 1만 개에서 2010년 17,000개로 증가했다.
- 2000년에서 2004년까지 뉴올리언스 대도시권에서 평균 임금이 7% 늘어났다. 이러한 경향은 카트리나 이후에 더욱 가속화되어, 2004년에서 2006년까지 임금이 14% 증가했다. 대공황의 충격으로 성장이 멎었음에도 불구하고, 2009년 뉴올리언스 대도시권의 평균 임금인 45,492달러는 1985년 이후로 국가의 평균을 상당히 따라잡아 이제 전국적인 평균과 거의 동등한 수준이 되었다.
- 카트리나 이후에 기업가 정신도 고양되어, 2003년에서 2005년까지는 대도시 인구 10만 명당 218명의 개인이 창업했으나, 2008년에서 2010년 사이에는 427명으로 늘어났으며, 이는 전국 평균인 333명보다 훨씬 높은 수치이다.

포용성

- 2009년 뉴올리언스 대도시권 가정의 평균 수입은 1999년보다 높지 않았으나, 이는 1999년에서 2009년까지 전국적인 수입이 7% 감소한 것과 대비된다. 게다가 이 지역의 수입은 전국적인 수입보다 겨우 8%만 낮으며, 지역 수입과 전국 수입의 차이가 19%나 벌어졌던 1989년 이후로 격차는 상당히 좁혀졌다.
- 이 도시에서 중간 수준의 수입을 올리는 가구의 수는 지속적으로 증가해, 1989년의 16%에서 1999년에는 17%로, 그리고 2009년에는 18%로 증가했다.

삶의 질

- 뉴올리언스에서 상대적으로 대규모인 문화 예술 비영리 재단의 수는 성장을 지원할 인구가 더 적어졌음에도 불구하고, 2004년 81개에서 2008년 98개로 늘어났다. 뉴올리언스는 인구 십만 명 당 비영리 재단을 29개나 소유함으로써, 전국 평균을 2배 앞지르고 있다.
- 대도시권 공립학교 학생의 상당수가 주 정부의 기준에 부합하는 학교에 다니고 있다. 올리언스 패리쉬는 2003년 이후로 크게 발전해, 2010년 올리언스 학생의 68%가 학업적으로 만족스러운 학교에 다니고 있는데, 이는 2003년의 28% 그리고 2008년의 44%에서 크게 증가한 수치이다.

지속 가능성

- 2000년 이후로 뉴올리언스 대도시권 대기의 질은 지속적으로 개선되고 있으며, 이는 부분적으로는 배기가스 감소에 대한 국가와 주의 규정 때문이지만, 카트리나 이후 더 많은 버스와 자동차가 현대화하고 있기 때문이다.
- 그럼에도 불구하고, 뉴올리언스 대도시권의 경제, 사회, 환경적인 추세에 문제가 남아있어, 이 지역이 아직 상당한 과제를 안고 있으며 요구에 부응하지 못하고 있음을 알 수 있다.

경제 성장

- 뉴올리언스의 지역 경제는 아직 과거의 유산에 크게 의존하고 있다. 경제의 3대 동력 산업은 관광업, 석유 및 천연가스 그리고 해운 물류업으로, 지난 30년 동안 이 분야에서 수많은 일자리가 사라졌으며, 지식 산업의 성장은 이 세 성장 동력 산업에서의 손실을 메우지 못하고 있다.
- 대도시권에서 대학 교육을 받은 성인의 비율은 1980년 이후로 매 10년마다 증가해 왔다. 하지만 이러한 증가는 전국적인 증가에 비하면 뒤떨어지는 비율이다. 뉴올리언스 대도시권에서 성인의 26%가 학사 학위를 갖고 있으며 전국적인 비율은 28%이다. 또한 이 지역의 성인 54%는 적어도 대학 교육을 받은 경험이 있는데, 전국적인 비율은 57%이다.
- 2004년 이후로 뉴올리언스 대도시권에서 일자리 증가가 가속화하고 있으며, 현재는 제퍼슨 패리쉬 지역이 39%로 가장 큰 고용 비율을 보이고 있다. 제퍼슨 패리쉬에는 현재 일자리가 밀집한 지역이 두 곳 있는데, 이곳들은 중앙 상업지역/프렌치 쿼터에 거의 육박할 만큼 큰 규모이다. 2008년 그레이터 엘름우드Greater Elmwood와 코즈웨이 베테랑스 Causeway-Veterans 지역에는 각각 30,233개와 29,586개의 일자리가 있었으며, 중앙 상업지역/프렌치 쿼터에는 39,293개의 일자리가 있었다.

포용성

뉴올리언스 대도시권에 사는 흑인과 라틴계 가구의 소득은 백인 가구의 소득에 비해, 각각 50%와 30%씩 낮다. 뉴올리언스 대도시권에서의 수입 차이는 특히 심각해서, 이 지역 백인 가구의 소득은 전국 평균 백인 가구의 소득보다 상당히 높은 반면, 이 지역 흑인 가구의 소득은 전국 평균 흑인 가구의 소득보다 상당히 낮다.

1989년에서 1999년까지 이 도시 빈곤층의 수는 감소했지만, 대도시권이 아닌 다른 지역에서는 증가했다. 빈곤의 도시 외곽화를 향한 이러한 경향은 카트리나 이후에 더욱 가속화되어, 오늘날 대도시권 빈곤 인구의 56%가 외곽인 패리쉬 지역에서 살고 있다.

카트리나 이후에 주거비가 치솟아서, 2009년 뉴올리언스 세입자의 55%가 집세와 공공요금으로 세전 가구 수입의 34% 이상을 지불했는데, 이는 2004년 43%에서 증가한 것이다. 33%인 뉴올리언스 주택 소유자는 전국 평균보다 높은 집값의 부담을 안고 있다.

삶의 질

이 도시의 폭력과 강도 범죄율은 카트리나 이전 수준으로 떨어졌다. 하지만 뉴올리언스에서 공공 안전은 여전히 심각한 문제이며, 폭력 범죄율은 80%로, 2009년 전국 평균보다 높다.

지속 가능성

전국적으로 통근자들의 대중교통 이용이 증가하고 있는 반면, 뉴올리언스에서 대중교통을 이용하는 노동자의 비율은 2000년 13.2%에서 2009년 7.4%로 떨어졌다.

뉴올리언스 대도시권을 보호하는 해변 습지의 29%가 1932년 이후에 개방수면으로 바뀌고 있다.

결론

최근 6년 동안 뉴올리언스에서는 거대한 발전이 이루어지고 있지만, 지도층은 장기간 발전을 지속하고 확장시키는 과정에서 방심해서는 안 된다. 공공 교육, 의료, 주거, 범죄에 대한 공평성을 위한 개혁이 진행 중이며, 이는 빈곤에서 빠져나오기 위해 노력하는 가정의 삶의 질을 끌어올리는 데 있어 상당히 중요한 문제이며, 동시에 이를 통해 모두에게 더 안전하고 좋은 지역 사회를 만들 수 있다. 이러한 개혁은 연방 정부의 대규모 재건 투자에 힘입은 바가 크다. 장기간에 걸쳐 뉴올리언스는 이 지역의 미래의 번영과 포용성을 위해 더 강한 경제를 만들어야 한다.

세계 신흥 시장의 성장에 발맞춰, 기존 산업과 새로운 산업을 지원함으로써 경제를 확장시킬 절호의 기회를 맞았다. 주민과 시민 단체 및 정치 지도자들은 모두 힘을 모아 보건 증진, 공공 교육, 윤리, 그리고 범죄에 대한 공평성을 실현하기 위한 개혁을 위해 노력하고 있으며, 지금과 같은 절호의 기회를 활용해 경제를 강화하려면 이와 같은 집단적 힘이 필요하다. 구체적으로 이 지역은 에너지, 선박, 엔지니어링, 고등 교육에서의 경쟁력, 유출된 기름 복원, 풍력 개발, 탄소 저장, 그리고 수질 관리와 같은 급속도로 성장하는 산업을 확대시키기 위해 경제 의제를 중심으로 모여야 한다(iv). 이러한 의제에는 예전 산업이 새로운 제품과 서비스로 바뀌도록 하기 위한 새로운 기업가 정신이 포함되어야 한다. 또한 새롭게 등장하는 산업의 요구에 잘 맞는 인력 훈련이 반드시 수반되어야 한다. 효율적인 인력 개발 시스템은 뉴올리언스가 고임금의 일자리뿐 아니라 지식 산업을 성장시키는 데에도 반드시 필요하다.

경제 성장과 모든 주민을 위한 기회 창출도 반드시 필요하지만, 여전히 보다 중요한 문제는 홍수의 추가적인 위험 감소를 위해 노력하는 일일 것이다. 육군공병단은 2005년에 가장 큰 피해를 입은 지역을 보호할 목적으로 수십억 달러를 들인, '허리케인과 폭풍 피해 위험 감소 시스템Hurricane and Storm Damage Risk Reduction System'을 현재 거의 완성해 가고 있다(v). 이 시스템은 임의의 해에 발생할 가능성이 1%인 폭풍에 대한 보호를 제공한다. 이 1%의 기준이 낮긴 하지만 그럼에도 더 필요한 것이 있다. 주와 연방 정부의 지도자들은 습지 복원에 집중적인 투자를 해야 하며, 뉴올리언스는 도시의 형태와 기능에 물을 통합시키기 위하여 네덜란드로부터 영감을 얻은 여러 개의 좋은 방안을 도시의 종합 계획에 반영하는 모범을 보여야 한다. 이러한 노력은 해수면이 지속적으로 오르고 해안 지역이 계속 가라앉고 있는 이 도시와 지역의 장기적인 지속 가능성을 확보하는 데 반드시 필요하다.

참고문헌

Allison Plyer, "What Census 2010 Reveals about Population and Housing in New Orleans and the Metro Area" available at http://www.infrastructurereportcard.org/a/#p/dams/overview.

R.W. Kates et al., "Reconstruction of New Orleans after Hurricane Katrina: A Research Perspective," Proceedings of the National Academy of Sciences 103 (40) (2006): 14653 – 14660.

Liu, A., Anglin, R., Mizelle, R., & Plyer, A. (Eds.). (2011) Resilience and Opportunity: Lessons from the U.S. Gulf Coast after Katrina and Rita. Washington D.C.: Brookings Institution Press.

Muro, M., Rothwell, J., Saha, D. (2011). Sizing the Clean Economy: A National and Regional Green Jobs Assessment. Washington: Brookings Institution.

"Final Lake Pontchartrain and Vicinity Teammate Update," U.S. Army Corps of Engineers.

출처: Greater New Orleans Community Data Center, 2011. THE NEW ORLEANS INDEX AT SIX: Measuring Greater New Orleans' Progress Toward Prosperity. August, 2011.

추가 연구

카트리나에 대한 백악관의 보고서인 "허리케인 카트리나에 대한 연방 정부의 대응: 배워야 할 교훈The Federal Response to Hurricane Katrina: Lessons Learned"을 보면, 주택이 입은 피해가 670억 달러, 기업이 입은 피해가 200억 달러, 그리고 정부 재산상의 피해가 30억 달러에 이르는 것으로 추산된다(Townsend, 2006).

복구를 위한 기술적이고 재정적인 지원을 제공하는 데 있어 연방 정부가 가장 큰 역할을 했다는 사실에는 의심의 여지가 없다. 그러한 이유로 이 장에서는 재난 복구 기능에 있어 연방 정부의 역할에 초점을 맞추고 있다. 이 장에서는 재난 이후 환경에서 개인과 지역 사회를 돕는 데 활용 가능한 조직과 다양한 프로그램에 대해 알아보고 있다. 복구를 돕는 전국적이며 다양한 자원봉사 단체에 대해서도 간단히 언급했으며, 다양한 복구 유형을 보여 줄 서너 가지 사례 연구도 제시되어 있다.

앞서 지적했듯이, 복구 중에 내리는 결정에서 주도적인 역할을 하는 것은 지역 정부이다. 이 장의 끝부분에는 복구 과정을 위한 잠재적인 계획 수립 도구의 목록이 실려 있다. 복구의 복잡성에 대한 보다 광범위한 논의와 더불어, 이 목록과 다양한 참여자들의 역할과 책임은 미국 계획 수립 협회American Planning Association에서 FEMA를 대신해 펴낸 "재난 이후 복구와 재건을 위한 계획 수립Planning for Post-Disaster Recovery and Reconstruction"이라는 보고서에서 찾아볼 수 있다.

재난 복구 활동을 위한 국가 대응 체계

대규모 재난이나 비상사태가 주와 지역 정부의 효과적인 대응 역량을 압도할 경우, 연방 정부가 주와 지역 정부를 돕기 위해 로버트 스태포드의 재난구호 및 긴급지원법 수정안을 실행하는 법을 강조한 국가 대응 계획(NRP)이 2005년 시행되었다. NRP에는 대통령이 대규모 재난이나 비상사태를 선포한 후에 연방 정부의 활동을 이끌 정책·계획 수립에 필요한 기본 사항, 운영의 개념, 대응과 복구 조치 그리고 미국 적십자를 포함한 32개 연방 정부 산하 기관과 부서의 책임이 설명되어 있다.

NRP는 사고의 원인이나 규모 또는 복잡성과 관계없이, 모든 행정 구역 차원에서 사고 관리를 위한 지속적인 정책의 틀을 제공하는 국가 사고 관리 시스템(NIMS)을 바탕으로 만들어졌다. 국가적으로 중대한 사건Incidents of National Significance(INS)이 발생할 경우 부분적으로 또는 전적으로 NRP를 가동하고 그 조직과 규약을 조정하는 것은, 다양한 사고 관리와 재난 지원 활동의 실행 및 조정을 위한 메커니즘을 제공한다. 이러한 활동에는 주와 지역 그리고 부족 정부의 기관, 비정부 기구, 개인 기부자, 민간단체와의 상호 작용이 필요하며, 적합한 경우 연방 정부 소속 기관의 직접적인 지시와 조정이 이루어지기도 한다.

2008년 1월 국가 대응 체계(NRF)가 발간되었으며, 대규모 재난에 대응해 모든 대응 당사자(정부, 민간단체, 그리고 자원봉사 단체)를 이끄는 지침이었던 NRP를 NRF가 대체했다. FEMA에 의하면, "NRF는 대응의 모든 당사자가 가장 작은 사고에서부터 가장 큰 참사에 이르기까지 재난과 비상 상황에 대한 국가 차원의 통합적인 대응을 위해 준비하고 제시할 수 있는 원칙적인 지침을 담고 있다. 이 중요한 문서에는 국내에서 벌어진 사고 대응에 대한 포괄적이고, 국가적이며, 모든 위협 요인에 대한 접근 방법이 제시되어 있다. 이 체계에는 우리가 한 국가로서 대응하는 방식을 이루는 주요한 원칙과 역할 그리고 구조가 정의되어 있다. 또한 지역 사회, 부족, 주 및 연방 정부, 민간 기구와 비정부 기구의 협력 기관들이 잘 조정되고 효율적인 국가적 대응을 하기 위해 이러한 원칙을 어떻게 적용해야 하는지도 설명되어 있다. 또한 연방 정부의 이해관계가 얽힌 사건이나, 주 정부의 상당한 지원이 필요한 대참사를 포함해, 연방 정부에서 더 큰 역할을 수행해야 하는 특별한 상황도 규정되어 있다. 이 체계는 긴급구조대원, 의사 결정자, 지원 단체들의 통합된 전국적 대응을 가능하게 해 준다." 라고 한다. NRF의 복구에 관한 지침은 다음과 같다.

즉각적인 인명 구조 활동이 완료되면, 개인과 가정, 필수적인 사회 기반 시설, 그리고 기업이 기본적인 수요를 충족하고 자급자족 체제로 돌아가도록 하는 데 초점을 맞춰야 한다. 사건 대응을 위한 필수적이고 즉각적인 문제가 해결되고 나면, 복구 활동을 시작해야 한다. 대응을 강조하던 분위기는 점차 복구 활동에 자리를 내주어야 한다. 복구 기간에는 개인과 지역 사회 그리고 국가가 정상으로 돌아가는 데 필요한 활동들이 이루어진다. 복구 단계의 복잡성에 따라, 복구와 청소를 위한 노력에는 우리 사회 모든 부문의 상당한 기여가 있어야 한다.

- 단기 복구는 즉각적이며 대응과 겹쳐진다. 단기 복구 기간에는 공공 보건과 안전을 도모하고, 중단된 공공시설과 다른 필수적인 서비스를 재건하며, 도로를 복원하고, 재난으로 집을 잃은 사람들에게 먹을 것과 대피소를 제공하는 것과 같은 활동이 이루어진다. 이러한 활동 중 일부를 '단기적'이라고 부르긴 하지만, 이러한 활동은 몇 주간 계속되기도 한다.
- NRF의 틀 밖에 있는 장기 복구에는 단기 복구와 같은 활동이 일부 포함되기도 하지만, 지속적인 피해의 심각성과 정도에 따라 몇 달이나 몇 년 동안 지속되기도 한다. 예를 들어, 장기 복구에는 피해 지역의 완전한 재개발이 포함되기도 한다.

재난으로부터의 복구 과정은 각 지역 사회마다 다르며, 사건이 일으킨 피해의 정도와 종류 그리고 해당 행정 구역에 준비되어 있거나 신속하게 얻을 수 있는 자원에 따라 달라진다. 단기 복구는 기본적인 서비스와 기능을 회복하는 대응 단계의 연장이다. 복구는 장기적으로 개개인의 인간적인 생활과 지역 사회의 생활을 재건하는 것을 말한다. 복구에는 서비스와 어느 장소의 재건 계획을 개발하고 조정하여 실행하는 것, 정부 활동과 서비스의 재구성, 살 곳을 제공하고 주택 재건을 촉진하는 프로그램, 피해를 입은 사람에 대한 장기적인 보살핌과 치료, 그리고 사회적, 정치적, 환경적, 경제적 재건을 위한 추가적인 수단 등이 포함된다. 복구 단계에서 하는 일은 다음과 같다.

- 필요 사항과 자원을 규정한다.
- 살 곳을 제공하고 주택 재건을 촉진한다.
- 피해를 입은 사람을 돌보고 치료한다.
- 주민들에게 올바른 정보를 알려 비현실적인 기대를 갖지 않도록 한다.
- 지역 사회 재건을 위한 추가 조치를 실행한다.
- 실행 가능한 완화 조치와 기술을 포함시킨다.

합동 현장 사무소(JFO)는 지역, 부족, 주 및 연방 정부뿐만 아니라 복구를 돕는 민간 부문과 비정부 기구 사이에서 중앙 조정 역할을 한다. 연방 정부와 주 정부가 벌이는 복구 활동의 몇 가지 예는 다음과 같다.

- 개인과 가정 및 기업을 돕기 위한 지원 프로그램을 조정함으로써, 기본적인 필요 사항에 부응하고 자급자족 상태로 돌아갈 수 있게 돕는다. 이러한 프로그램에는 주택 지원, 기타 필요 사항에 대한 지원, 재난 상담 서비스, 재난 법률 서비스, 그리고 실업이나 재취업 프로그램이 포함된다. 또한 지역 및 부족 정부와 함께 재난 복구 센터Disaster Recovery Centers(DRC)의 설치와 필요성을 조정하는 것도 포함된다.
- 재난회복센터(DRC)를 설립한다. 연방, 주, 부족 및 지역 정부, 그리고 자원봉사 단체와 비정부 기구가 DRC의 필요성과 위치를 결정한다. 센터 직원은 복구 및 완화 프로그램에 대한 정보, 조언, 상담 그리고 관련 기술을 제공한다.
- 기부금 관리, 재난 피해를 입은 공공시설의 보수와 교체 그리고 주위 환경의 재건과 관련이 있는 민간단체 및 비정부 기구와의 업무를 조정한다.
- 필수적인 사회 기반 시설과 주요 자원의 재건 및 복구에 관한 민간 부문의 업무를 조정한다. 이러한 활동에는 물, 전력, 천연가스, 그리고 기타 복구 활동에 포함된 필수 서비스의 재건을 위해 이러한 시설의 소유자 및 운영자와 함께 일하는 것도 포함된다.
- 스태포드 법에 의한 공공 지원 보조금 프로그램을 조정한다. 이러한 프로그램은 긴급 보호 서비스, 폐기물 처리, 재난 통신, 그리고 응급 의료에 드는 비용을 제공함으로써, 지역, 부족, 주 정부 및 적합한 비영리 민간단체를 돕는다.
- 지역 사회를 돕기 위한 완화 보조금 프로그램이 향후에 잠재적인 재난의 피해를 줄일 수 있도록 이를 위한 업무를 조정한다. 이러한 활동에는 회복 탄력성 높은 지역 사회를 재건하기 위한 전략 개발도 포함된다.

합동 현장 사무소가 문을 닫은 후에는 복구의 주된 책임이 개별적인 단체로 옮겨 간다. 그러면 연방 정부의 협력 기관들은 복구 프로그램과 지원 그리고 기술적인 서비스를 관리하고 감시하기 위해 지역 및 본부 사무실과 직접적으로 함께 일하게 된다.

출처: National Response Framework, January 2008. http://www.fema.gov/pdf/emer-gency/nrf/nrf-core.pdf.

국가 재난 복구 체계 가동

2009년 8월 27일, FEMA 청장 크레이그 퓨게이트는 국가 재난 복구 체계(NDRF) 실무단의 설립을 발표했다. 재난 지원 담당 부청장인 엘리자베스 짐머만Elizabeth Zimmerman이 이 작업의 책임자로 임명되었다. 이 NDRF의 목적은 복구에 관련된 이해 당사자들을 참여시켜, 함께 일하는 능력을 향상시키고 효과적인 복구 지원을 전달할 포괄적인 조정 체제를 만드는 것이었다.

2009년 9월 29일, 오바마 대통령은 연방 정부와 주 및 지역 정부, 연방 정부의 기관들 그리고 이해 당사자들 간의 협업을 향상시키고, 지난번의 재앙적인 재난의 복구 과정에서 배운 교훈을 되살리기 위해 노력할 것이라고 선언했다. 대통령의 요청에 의해, 국토안보부와 주택도시개발부 장관은 연방 정부의 20개 이상의 부서 및 기관의 책임자들로 구성된 장기적인 재난 복구 실무단의 공동 의장을 맡았다. 이 고차원적이고 전략적인 계획은 미래의 개선을 위한 제안뿐 아니라, 복구 조직을 위한 운영 지침을 제공하기 위해 마련되었다. 2009년 10월과 11월의, 주, 지역, 그리고 부족 정부의 대표자뿐 아니라 다양한 민간단체 및 민간 비영리 단체가 포함된 이해 당사자들의 통합된 지원 노력을 보면, 이러한 시도에 대해 잘 알 수 있다.

NDRF 실무단장은 결국 국토안보부 장관과 주택도시개발부 장관이 공동으로 맡게 되었으며, 백악관의 장기 재난 복구 실무단의 영향력 아래 놓이게 되었다. 이는 두 가지 주요한 성과 중 하나이다. 다른 성과는 실무단이 발견한 내용을 요약해 '대통령에게 보고하는 것'이다.

NDRF가 할 일은 다음과 같다.

- 재난 복구에 있어, 연방, 주, 지역 및 부족 정부 그리고 민간의 비영리 단체와 민간 부문의 역할과 개별 시민의 역할 규정하기
- 재난 복구 프로그램을 위한 효과적인 조정 체제를 계획하고 설립하기
- 복구 프로그램과 자금이 겹치는 부분과 격차 밝히기
- 주와 지역의 복구를 위한 연방 정부 지원의 성과 기준 마련하기

바람직한 결과

모든 차원의 정부와 모든 부문에서 조화롭게 함께 일할 때 복구 프로그램과 복구 역량에서 바람직한 결과를 낼 수 있으며, 다음에 유의해야 한다.

- 역할과 책임을 명확하게 규정한 조정 체제 세우기
- 성공 수단을 명료하게 규정하기
- 모든 이해 당사자들에게 복구 분야에 관한 정보를 지속적으로 알리기 위한 의사소통 전략 세우기

접근 방법

- 장기 복구 실무단과 협력하기. 실무단은 연방 정부의 기관과 함께 일하는 협력 기관, 주, 부족 및 지역의 정부 그리고 비정부 기구를 포괄적인 공동 점검 작업에 참여시키고, 재난 복구 관리를 위한 전국적인 접근의 틀을 마련한다.

- 복구 과정이 어떻게 조직되고 관리되어야 하는가에 관해 이해 당사자들의 인식에 기반한 체제를 개발한다.
- 모든 이해 당사자, 특히 어린이와 장애인, 저소득자, 다문화 가정, 농촌 주민과 같이 예전부터 서비스를 충분히 받지 못했던 집단의 대표를 포함시킨다.

2011년 9월 FEMA는 NDRF의 최종판을 펴냈다. 이 체계의 종합 보고서는 다음과 같다.

국가 재난 복구 체계(NDRF): 종합 보고서

재난 복구 노력에 관한 최근의 경험을 통해, 우리는 한 국가로서 복구라는 과제를 풀어 나갈 방법을 향상시키기 위한 추가적인 지침, 체제, 그리고 지원이 필요하다는 사실을 깨달았다. 이러한 경험으로부터 재난 지원을 필요로 하는 지역 사회가 직면한 과제와 재난 복구를 가로막는 여러 가지 걸림돌에 대해 더 잘 이해하게 되었다. NDRF는 효율적인 복구를 촉진하기 위한, 특히 대규모 재난이나 심각한 참사로부터의 복구를 촉진하기 위한 지침이다.
NDRF는 재난의 피해를 입은 주, 부족, 그리고 지역 정부의 행정 구역에 복구를 위한 효율적인 지원을 가능하게 하는 지침을 제공한다. 이것은 재난 복구 관리자들이 통합되고 협조하는 방식으로 일할 수 있도록 하는, 융통성 있는 체제를 제공한다. 또한 지역 사회의 보건적, 사회적, 경제적, 자연적, 그리고 환경적인 구조를 재건하고 재개발하며 활력을 되찾게 하여, 보다 회복 탄력성 높은 국가를 건설하는 최선의 방법에 집중하고 있다.
NDRF에 규정된 내용은 다음과 같다.

- 복구의 핵심 원칙
- 복구 조정관과 다른 이해 당사자들의 역할과 책임
- 모든 이해 당사자들 간의 의사소통과 협업을 촉진시키는 조정 체제
- 재난 전후의 복구 계획 수립에 대한 지침
- 지역 사회를 더 강하고 더 똑똑하며 더 안전하게 재건할 기회로 활용하기 위한 전반적인 과정

이러한 요소들은 재난의 피해를 입은 개인과 가정, 기업 그리고 지역 사회의 복구를 앞당기고, 복구를 위한 지원을 촉진시킨다. NDRF는 피해를 입었거나 재난 복구에 관여된 모든

사람들과 의사소통하지만, 개인과 지역 사회에 대한 지원에 중점을 둔다.

NDRF는 다음 네 가지 새로운 개념과 용어를 도입했다.

- 연방 재난 복구 조정관Federal Disaster Recovery Coordinator(FDRC)
- 주와 부족 정부의 재난 복구 조정관State or Tribal Disaster Recovery Coordinators(SDRC or TDRC)
- 지역 재난 복구 관리자Local Disaster Recovery Managers(LDRM)
- 복구 지원 기능Recovery Support Functions(RSFs)

FDRC, SDRC, TDRC, LDRM은 복구와 관련된 고려 사항을 의사 결정 과정에 포함시키고, 복구 과정에 필요하며 실현 가능한 지원을 제공하는 데 중점을 둔다. RSFs는 핵심 복구 역량을 6개 분야로 나눠 문제 해결을 촉진하기 위한 체제를 제공하고, 자원에 대한 접근을 개선시키며, 주와 연방 정부의 기관, 비정부 참여 기관들과 함께 이해 당사자들 간의 조정을 돕는다. 각 RSF는 연방 정부의 주요 기관들을 조정하고, 이들이 지역, 주, 그리고 부족 정부의 관리들, 비정부 기구 및 민간 부문의 참여 기관들과 함께 일하도록 돕는다. FDRC, SDRC, TDRC, RSF의 개념은 재난의 특징과 규모에 따라 확장이나 축소가 가능하다.

NDRF는 국가 대응 체계(NRF)에 맞춰 달라지며, NRF는 주로 재난 대응 단계의 활동에 대해 다루고 있다. NRF처럼, NDRF도 운영 체제를 세우고 공통적인 계획 수립 체제를 개발한다. NDRF는 NRF의 재난 지원 기능 #14(ESF #14)인 지역 사회의 상기석인 복구에 해당한다. ESF #14의 개념은 NDRF 내에서 확장되며, 복구의 리더십, 조직 구조, 계획 수립에 대한 지침, 그리고 개인과 기업과 지역 사회가 지속적인 복구 지원을 받는 데 필요한 기타 요소 등이 이에 포함된다.

기본적으로 NDRF는 연방 정부의 기존 자원과 기관을 최대한으로 참여시키고, 지역 사회의 복구를 돕는 모든 부문의 완전한 역량을 통합시키도록 구성되었다. NDRF의 효율적인 실행은 로버트 스태포드의 재난구호 및 긴급지원법에 해당되든 그렇지 않든, 모든 차원의 정부, NGO, 그리고 민간 부문 전체에 걸친 강력한 조정을 필요로 한다. 또한 공공 정보를 효율적으로 알리기 위해 노력함으로써, 모든 이해 당사자가 복구의 범위와 현실을 이해할 수 있게 해 준다. NDRF는 복구 활동에서 모든 인구를 포괄하는 시민의 권리와 자유를 존중하기 위한, 그리고 인종, 피부색, 국적(영어에 능통하지 못한 인구 포함), 종교, 성, 나이, 또는 장애로 인한 차별이 벌어지지 않도록 하기 위한 지침을 제공한다. 계획을 수립하고 복구 전략을 실행할 때 이러한 근거로 특정한 집단을 배제시키지 않도록 법 조항을 이해시키고 최선을 다해 실행하도록 하는 것이 반드시 필요하다.

NDRF는 효율적인 복구를 촉진하기 위한 지침이다. 이것은 운영의 개념이지, 연방 정부 기관에 새롭고 추가적이며 재원 없는 자원을 요구하기 위해 만든 것이 아니다. 책임, 역량, 정책 그리고 자원이 확장되고 변화함에 따라, NDRF는 재난 복구에 대한 공통적이고 실용적인 접근을 가능하게 하는 지속적인 지침을 제공할 수 있도록, 필요에 따라 계속 변화할 것이다(그림 7-2).

재난관리론

그림 7-2　　2012년 4월 18일 뉴욕 주 글렌빌Glenville. 전국적으로 시행되는 사업의 일부분으로써 홍수 조절 시스템을 보수하라는 앤드루 쿠오모Adrew Cuomo 주지사의 지시에 의해, 모호크 강Mohawk River에 있는 이리 운하 시스템의 9번 로크에 있는 기초 시설이 수리 중에 있다. FEMA는 주, 부족 및 지역 정부가 복구 작업을 할 때, 이들을 지원하는 중요한 역할을 한다. 사진 Hans Pennink/FEMA.

출처: FEMA, September 2011. http://www.fema.gov/national-disaster-recovery-frame work.

　　복구 과정은 성공적인 복구를 향해 지역 사회가 앞으로 나아가는, 상호 의존적이고 동시다발적인 일련의 활동으로 묘사된다. 하지만 이러한 과정에서 빠른 결정과 우선순위 설정이 복구의 진척을 가속화시킨다.

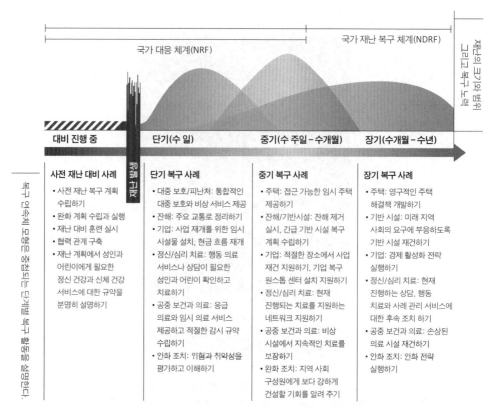

그림 7-3 복구 연속체 모형. 단계별 활동에 대한 설명은 복구를 향해 나아가는 전형적인 과정에 대한 윤곽을 보여준다. 출처: FEMA. http://www.fema.gov/library/viewRecord.do?id=5124.

FEMA의 개별 지원 복구 프로그램

개별 지원Individual Assistant(IA) 프로그램은 개인, 가정, 그리고 소규모 기업을 대상으로 하며, 이 프로그램에는 임시 주거 지원, 개인과 가정에 대한 보조금 지급, 재난 실업 지원, 법률 관련 서비스, 그리고 재난 관련 상담 등이 포함된다. 재난 피해자는 우선 지원을 신청하고 적합성을 규명해야 한다. 세 곳의 국립 센터에서 재난 피해자에 대한 일원화된 재난 적용 서비스를 제공한다. FEMA의 국가 업무 처리 서비스 센터 National Processing Service Center(NPSCs)는 텍사스 주의 덴톤Denton, 버지니아 주의 베리빌 Berryville, 메릴랜드 주의 하이아츠빌Hyattsville에 있다.

1994년 최초의 국립 센터가 문을 연 이래, 400만 건 이상의 지원서가 처리되었으며, 300개 이상의 대규모 재난에 대해 450만 건의 요청이 접수되었다. 이 NPSCs는 자동화된 원격 등록 서비스를 제공하며, 재난 피해자들은 이 서비스를 통해 재난 거주 시설, 개인 및 가정 보조금 프로그램에 신청한다. 이 서비스를 통해 신청이 접수될 뿐 아니라, 피해자들은 질문에 대한 답변도 받을 수 있다.

이 자동화 시스템은 재난 거주 시설 관련 사례의 90% 정도에 대해 자동으로 적합성 판정을 내리며, 대개 10일 이내에 지원이 완료된다. 기타 10%의 사례는 서류 작업이 필요해 더 오랜 기간이 걸린다. 지원자의 요구가 재난 거주 시설 프로그램의 한계를 넘거나, 개인이 중소기업청으로부터 재난 대출을 받을 자격이 되지 못할 경우, 이런 사례들은 자동으로 주 정부로 보내져 보조금 지원이 가능한지 여부를 알아보게 된다.

9월 11일 테러 사건 이후에 FEMA는 많은 개인과 기업이 테러 공격 이후에 도움을 요청하지 않은 문제에 관심을 갖게 되었다. FEMA는 광고협의회와 자원봉사 광고업체인 무에진 브라운 & 파트너스Muezzin Brown & Partners와 손잡고 공익 광고를 제작해, FEMA에 수신자 부담 전화를 하면 지원 신청이 가능한지 여부를 알 수 있다는 사실을 시청자에게 알렸다. 이 광고는 뉴욕, 뉴저지, 코네티컷, 펜실베이니아, 그리고 메사추세츠 주의 전자 및 언론 매체를 통해 배포되었다.

─ 재난 거주 시설 공급 프로그램

재난 거주 시설 공급 프로그램Disaster Housing Program은 재난으로 주택에 피해를 입은 사람들에게 수리가 완료될 때까지 거주할 안전한 장소를 제공한다. 이 프로그램은 보험 처리가 되지 않는 경우를 위해 자금을 제공할 목적으로 만들어졌으며, 재난에 의해 살던 곳에서 나온 합법적인 미국 내 거주자인, 주택 소유자와 세입자들이 활용할 수 있다.

• 임시 숙소 비용 상환 프로그램은 주택에 피해를 입었거나 집으로 돌아가는 것

이 공식적으로 금지된 사람들에게 호텔 숙박과 같은 단기간의 체류 비용을 상환해 준다.

- 최소한의 긴급 수리 지원 프로그램은 집을 거주 가능한 상태로 수리할 수 있도록 비용을 지원해 준다.
- 임시 임대 지원 프로그램은 재난 전에 살던 거주지 대신 임대해서 살 수 있도록 비용을 지원해 준다.
- 융자 및 임대 지원 프로그램은 집에서 쫓겨나거나 압류당하는 것을 막기 위해 임대료나 융자금을 지원해 준다. 지원을 받기에 적합한지 여부를 밝히기 위해 지원자는 재난 전후에 같은 집에서 살아야 하며, FEMA가 인정할 만한 재난과 관련한 경제적 어려움을 문서로 입증해 보여야 한다.

── 개인과 가정을 위한 프로그램

개인과 가정을 위한 프로그램Individual and Households Program(IHP)은 전에는 개인과 가족을 위한 보조금 프로그램Individual and Family Grant Program(IFG)으로 불렸으며, 보험이나 다른 형태의 재난 지원으로도 해결되지 않는 재난 피해자의 심각한 필수 비용을 위한 자금을 제공한다. IHP는 피해자의 모든 손실(주택, 개인적인 재산, 집안의 물건 등)을 보상하기 위한 것도, 피해를 입은 재산을 재난 이전의 상태로 되돌려 주기 위한 것도 아니다. 또한 IHP는 재난으로 인해 발생한 사업 관련 손실은 배상하지 않는다. IHP는 보험금이 지급되는 손실에 대해서도 지원할 수 없도록 법으로 규정되어 있다.

IHP에서 제공하는 지원은 다음과 같다.

- 임시 거주지(제한된 기간 동안 살 곳): 임대 부동산을 사용할 수 없을 때 정부가 제공한 거주 단지나 거주할 다른 곳을 임대할 비용.
- 수리: 보험금이 지급되지 않는 재난으로 인해 주택 소유자가 입은 피해를 수리할 비용.
- 교체: 보험금이 지급되지 않는 재난으로 인해 파괴된 주택을 주택 소유자가 교

체하는 데 필요한 비용. 주택 소유자가 파괴된 집을 교체할 비용을 지원하기 위함.

- 영구 주택 건설: 주택 건설을 위한 비용을 직접 지원하는 것으로, 이러한 유형의 지원은 FEMA가 규정한 원거리 지역이나 지정 구역에서만 가능하며, 이곳에서 다른 유형의 주택 지원은 불가능하다.
- 기타 필요 사항: 재난이 야기한 필요 경비와 주요 비용에 대한 돈을 지원한다. 여기에는 의료, 치과, 장례, 개인 자산, 교통, 이사와 보관 그리고 법의 허가를 받은 기타 비용이 포함된다.

IHP는 보험금이 지급되지 않는 재난의 직접적인 결과로 피해를 입은 대상을 수리하거나 교체하는 비용만을 지원한다. 수리나 재건은 현재의 건축 규정상 재난 이전의 상태보다 더 낮게 개선해야만 하는 경우가 아니라면, 피해자의 집을 재난 이전 상태보다 더 낮게 개선할 수는 없다.

• 거주 시설과 관련된 필요 사항

집을 수리하는 비용은 집을 '안전하고 위생적으로' 만들어 피해자들이 계속 그 집에서 살 수 있도록 하는 용도로 제한된다. IHP는 집을 재난 이전 상태로 되돌려 놓는 비용을 지불하지는 않는다. 보조금은 주택의 다음 사항을 수리하는 것에 사용 가능하다.

- 집의 구조적인 부분(기초, 외벽, 지붕)
- 창문, 문, 바닥, 벽, 천장, 가구류
- 정화조 또는 하수 시스템
- 우물이나 기타 물 공급 시스템
- 난방, 통풍, 에어컨 시스템
- 편의 시설(전기, 배관, 가스 시스템)

- 사적으로 소유하는 진입로를 포함한 집의 입구와 출구
- 이동 주택의 차단, 수평 조절 및 고정 시설 그리고 이들 주택의 하수, 수도, 전기, 연료, 탱크 등의 연결이나 재시공

• 기타 필요 사항

피해를 입은 개인의 재산을 수리하거나, 재난과 관련해 발생한 피해와 주요 필요 사항에 대한 비용을 지불하는 것은, 재난과 관련된 어려움, 피해 또는 불리한 조건을 예방하거나 극복하는 데 도움을 주는 서비스나 대상으로 제한된다. 다음의 비용을 지불하는 데는 보조금 사용이 가능하다.

- 재난 관련 의료 및 치과 비용
- 재난 관련 장례 및 매장 비용
- 의복, 기정용품(가구와 사전세품), 도구(특별한 용도나 보호를 위한 의복과 상비), 직업이나 교육적인 필요에 의한 물품(컴퓨터, 학교 교재, 문구류)
- 난방 연료(석유, 가스, 장작)
- 청소 도구(진공청소기, 공기 정화기, 제습기)
- 재난 피해를 입은 차량
- 재난과 관련된 이사와 보관 비용(주택에 재난 관련 수리가 이루어지는 동안 추가적인 재난의 피해를 막기 위한 재산의 이동 및 보관)
- 기타 FEMA가 규정한 비용이나 중대한 필요 사항

'거주지'와 '기타' 필요를 위해 IHP로부터 받은 돈은 FEMA가 규정한 항목에만 사용해야 한다. 만일 수혜자가 보조금 지급에 규정된 사유에 돈을 사용하지 않으면, 그 당사자는 추가적인 어떤 도움도 받을 수 없으며 제공받은 보조금을 되돌려 주어야 한다. 보조금은 다음과 같은 특성을 갖는다.

재난관리론

- 보통은 대통령이 재난을 선포한 날로부터 18개월까지로 제한된다.
- 갚을 필요가 없다.
- 면세 적용을 받는다.
- 연방 정부가 자금을 대는 복지, 수입 지원, 또는 수입으로 인한 이득의 적합성을 결정하는 데 있어 수입이나 자원으로 계산되지 않는다.
- 채권 압류 통고, 압수, 채무, 추가 부담금, 집행, 담보, 첨부, 양도 또는 포기의 의무로부터 면제된다.
- 다른 사람에게 이전하거나 다시 지급받을 수 없다.

FEMA는 거주 시설 보조금의 100%, 그리고 '기타 필요 사항'의 75%를 지불한다. 그리고 '기타 필요'의 나머지 25%는 주 정부에서 부담한다. 주 정부는 보조금 중 '기타 필요'의 비율만을 관리한다. 2005 회계연도에 각 가정과 개인을 위한 보조금 지원의 최대 총액은 25,000달러로, 이 금액은 제공되는 다양한 유형의 지원으로 더욱 세분되었다. 예를 들어 주택 수리에는 25,000달러까지 제공되었지만, '소유자가 사는 민간 거주 시설'의 교체에는 최대 1만 달러까지 제공받을 수 있었다.

IHP를 통해 종종 일부 현금이 제공되기도 하지만 연방 정부로부터의 재난 지원은 대부분 중소기업청의 대출 형태로 제공되며, 반드시 갚아야 한다. IHP 지원자는 IHP의 지원을 고려하기 전에 먼저 중소기업청에 도움을 요청해야 한다. 중소기업청은 보험금이 지급되지 않는 피해를 입은 주택, 개인 재산 또는 사업체를 수리하거나 교체하기 위해, 적합한 자격을 갖춘 주택 소유자와 기업에 세 가지 유형의 재난 대출을 제공할 수 있다.

- 가정 재난 대출은 거주 시설이나 개인 재산에 입은 재난 관련 피해를 수리하거나 교체하기 위해 주택 소유자나 세입자에게 자금을 제공한다.
- 기업 재난 대출은 제품과 저장품을 포함해 재난의 피해를 입은 재산을 수리하거나 교체하기 위해 기업 소유자에게 자금을 제공한다.

- 경제 피해 대출은 소규모 기업과 소규모 농업 협업체에 재난 피해 기간 동안 자금을 제공한다. 만일 중소기업청이 어떤 개인이 대출을 받기에 부적합하다거나, 대출 금액이 개인의 필요에 부응하기 불충분하다고 결정하면, 그 지원자의 신청은 IFG 프로그램으로 이관된다.

── 재난 실업 지원

재난 실업 지원Disaster Unemployment Assistance(DUA) 프로그램은 심각한 재난으로 실업 상태가 된 사람과 실업보험에 가입해 재난 수당을 받지 못하는 사람을 대상으로 실업 수당 및 재고용 서비스를 제공한다.

── 법률 서비스

미국 변호사 협회American Bar Association의 청년 변호사 분과Young Lawyers' Division는 FEMA의 동의를 거쳐 저소득 재난 피해자들에게 무료 법률 지원을 제공한다. 이 활동에 참여하는 변호사들은 보험금 청구, 집주인과 세입자 문제에 대한 상담, 소비자 보호, 의약품 및 소송 절차에 대한 지원, 유언장과 대규모 재난으로 파괴된 기타 중요한 법률 문서의 재작성 등에 관한 지원을 제공한다. 이러한 지원은 대규모 재난으로 인한 피해에 대해 적절한 법률 서비스를 받을 수 없는 사람들을 대상으로 한다.

── 특별세 문제

재난으로 선포된 사건으로 인한 재해 손실을 겪고 있는 납세자는 손실이 발생한 해 또는 전년도의 세금 환급에 대한 즉각적인 수정을 통해 소득세 환급에 대한 손실분을 공제받을 수 있다. 기업을 운영하는 사람은 주류 · 담배 · 총기 단속국Bureau of Alcohol, Tobacco, and Firearms(ATF)에 알코올성 음료나 담배에 부과되었거나, 팔지 못한 제품, 또는 대통령이 대규모 재난을 선포한 곳 등 다양한 상황에서 적법한 절차에 따라 낸 연방 정부의 소비세를 환급해 달라고 요구할 수 있다.

━━ 재난 상담

재난 상담 지원 및 교육 프로그램Crisis Counseling Assistance and Training Program은 대통령이 선포한 재난의 피해를 입은 사람들에게 단기간의 재난 상담 서비스를 제공하기 위해 만들어졌다. 재난 상담의 목적은 재난이나 그 여파로 인해 발생했거나 악화된 슬픔, 스트레스, 또는 정신 건강 문제를 완화시키기 위한 것이다. 이 단기간의 서비스는 FEMA가 주와 지역의 정신 건강 관련 기관에 제공된 추가 자금으로 제공한다. 미국 적십자와 구세군 그리고 교회와 유대 교회당을 비롯한 다른 자원봉사 단체에서도 재난 상담 서비스를 제공한다.

━━ 코라 브라운 기금

미주리 주 캔자스시티의 코라 브라운Cora Brown은 1977년에 사망했으며, 부동산의 일부를 미국 정부에 기부하고 자연 재난으로 인한 사람들의 고통을 덜어 주는 특별한 목적으로만 이 기부금을 사용하도록 했다. 이 기금은 대통령이 재난으로 선포한 지역에서 재난과 관련해 발생한 문제를 정부 기관이나 다른 단체가 해결해 주지 못했거나 앞으로도 해결해 주지 못할 경우, 피해자와 생존자를 돕는 데 사용된다.

비판적으로 생각하기

- FEMA의 개별 보조금 프로그램이 재난의 피해를 입은 개인과 가족에게 충분한 지원을 제공한다고 생각하는가?
- 연방 정부의 지원 프로그램이 소득이나 순 자산과 관계없이 모든 재난 피해자들에게 제공되어야 한다고 생각하는가? 왜 그러한가? 또는 왜 그래서는 안 되는가?

FEMA의 공공 지원 보조금 프로그램

FEMA는 스태포드 법에 의해 공공 지원Public Assistance(PA) 프로그램을 관리한다. 이 공공 지원 보조금 프로그램Public Assistance Grant Program에서는 주와 지역 정부 및 일부 민간 비영리private nonprofit(PNP) 단체에 연방 정부의 지원을 제공한다. 이 보조금은 이들 단체로 하여금 재난의 피해로부터 복구되고 향후 재난의 피해를 줄이기 위한 완화 조치를 실행할 수 있게 해 준다. 이 보조금은 끔찍한 대규모 재난을 당한 지역 사회와 시민의 복구를 돕기 위해 정부와 단체에 제공된다. 이 지원에 있어서 연방 정부의 몫은 비상조치와 영구적인 재건 비용의 75%를 넘어야 한다. 주 정부는 연방 정부가 부담하지 않는 몫을 지원자들에게 어떻게 분배할지를 결정한다.

적합한 지원자에는 주와 지역 정부, 자치구, 미국 인디언 부족, 알래스카 원주민 마을, 그리고 일부 PNP 단체가 포함된다. 적합한 PNP 시설에는 교육, 공공시설, 관개, 재난, 의료, 재활, 임시 및 영구 양육 서비스 그리고 일반 대중에게 공개되어 있으며 일반 대중에게 정부의 필수적인 서비스를 제공하는 기타 PNP 시설이 포함된다. 이 작업은 재난의 결과로 요청되어야 하며, 지정된 재난 구역 내에 있어야 하고, 지원자의 법적 책임이 동반된다. 전력, 물, 하수 · 폐수 처리, 의사소통, 또는 응급 의료 서비스와 같은 필수적인 서비스를 제공하는 PNP는 FEMA에 재난 보조금을 직접 신청할 수 있다. 기타 PNP는 모두 중소기업청에 재난 대출을 신청해야 한다. 만일 대출 금액이 적거나, 적절한 피해에 대한 보상이 모두 이루어지지 않으면, 지원자는 FEMA에 다시 지원을 요청할 수 있다.

연방 정부의 추가 보조금 지원에 적합한 일은 비상 작업 또는 영구 작업으로 분류된다.

- 비상 작업에는 공공 도로와 공공 통행로 그리고 공익에 기여한다고 여겨지는 개인 재산으로부터 잔해를 제거하는 일이 포함된다. 여기에는 시민에 대한 직접적인 위협을 제거하거나 줄이기 위한 보호 조치가 포함된다.

• 영구 작업은 피해를 입은 시설을 재난 이전의 용도로 재건하는 데 필요한 일을 일컫는다. 이러한 일은 사소한 수리에서부터 재배치까지 폭이 넓다. 영구 작업의 일부 범주에는 도로, 다리, 용수 조절 시설, 건물, 전기·가스 공급 시스템, 공원, 복지 시설 등이 포함된다. 정상 참작이 가능한 상황에서는 비상 작업과 영구 작업의 마감 기한이 연장될 수 있다.

주 정부는 재난 선포 후 가능한 한 빨리 FEMA의 지원을 받아, 주와 지역 그리고 PNP의 담당자들에게 가능한 지원이 무엇인지 그리고 그러한 지원을 받기 위해 어떻게 신청해야 하는지를 알려야 한다(그림 7-4). 공공 지원 신청서는 해당 지역이 지원을 받을 수 있는 곳으로 지정된 후 30일 이내에 제출해야 한다. 연방 정부, 주, 그리고 지역 정부의 합동팀은 해당 지역 사회를 위한 적절한 복구 지원을 계획하고 실행하기 위해 함께 일한다(그림 7-5). 이러한 사업에 필요한 연방 정부의 비용을 산출하는 데 있어 민간 보험 회사와 공공 보험 회사가 중요한 역할을 하기도 한다. 특별 홍수 위험 지역 안에 있거나, 홍수 피해를 입어 보험에 가입한 건물에 대해서는 국가 홍수보험 프로그램(NFIP)의 표준 약관에 의해 건물과 그 안의 시설이 모두 보험금을 제공받는 경우, 받을 수 있는 보험 차익 금액만큼 재난 지원이 감소된다. 특별 홍수 위험 지역 밖에 위치한 건물의 경우, 그 금액은 실질적이거나 예상되는 보험 절차에 따라 감소된다.

1998년 FEMA는 지원자에게 좀 더 신속하게 자금을 제공하고, 지원 절차를 더 쉽게 하기 위해 공공 지원 프로그램을 다시 설계했다. 재설계된 이 프로그램은 1998년 10월 1일 이후에 선포된 재난에 대해 실행 가능하다. 재설계된 이 프로그램은 사람, 정책, 절차 그리고 성과를 새롭게 강조하고 있다. 이 프로그램은 재난 복구를 신청한 사람들에게 보다 높은 수준의 고객 서비스를 제공하고, 조사와 강제 집행이었던 FEMA의 역할을 자문과 지원으로 바꾸는 데 중점을 두었다.

2008년 12월, 연방회계감사국General Accounting Office(GAO)은 멕시코 만 해안 지역을 따라 수많은 지역 사회에 처참한 피해를 입힌 2005년 허리케인 이후에 멕시코

그림 7-4　　2013년 1월 27일 뉴저지 주 프리홀드Freehold. 뉴저지 주의 프리홀드에서는 허리케인 샌디에 의해서 흩어진 가족들이 사용할 수 있도록 FEMA가 지원하는 임시 거주 시설Temporary Housing Unit(THU)에 새로운 현관 계단과 입구가 부착되었다. THU는 FEMA의 직영 주택 건설 프로그램direct housing program에 의해서 관리된다. 사진 Sharon Karr/FEMA.

그림 7-5　　2013년 3월 12일 노스캐롤라이나 주 체로키Cherokee. FEMA의 공공 지원 전문가인 월트 크루스키Walt Kruski가 체로키 인디언 동부 연맹Eastern Band of the Cherokee Indians(ECBI)에서 열리는 첫 번째 킥오프 미팅에서 참가자 질문에 답변하고 있다. FEMA는 올해 초에 악기상으로 피해를 입은 도로와 또 다른 토목 사업을 지원하기 위해 ECBI와 노스캐롤라이나 주의 대표들과 함께 일하고 있다. 사진 Patsy Lynch/FEMA.

재난관리론

만 해안 지역의 재건을 돕기 위한 FEMA의 공공 지원 프로그램 활동에 대한 평가서를 발간했다. GAO의 이 보고서는 주로 프로그램 개발, 정보 공유 및 추적, 프로젝트 승인과 항소, 그리고 인적 자본 분야에서 현재의 공공 지원 프로그램 활동에 관한 수많은 문제를 제기했다. 이 보고서는 미국 회계감사국에서 볼 수 있다(2008년 12월, "재난 복구: 멕시코 만 해안 지역의 재건에 있어, FEMA의 공공 지원 보조금 프로그램이 경험한 과제Disaster Recovery: FEMA's Public Assistance Grant Program Experienced Challenges in Gulf Coast Rebuilding," http:// www.gao.gov/new.items/d09129.pdf).

허리케인 샌디 이후에 FEMA의 개별 지원(IA) 프로그램과 공공 지원(PA) 프로그램에 영향을 준 일련의 입법 활동이 이루어졌다. 의회조사국은 통과된 모든 법안에 대해 완전한 분석을 실시했다. 이 보고서에 대한 간단한 요약은 이 책의 제1장에서 언급했으며, 아랫부분에 실었다. 또한 완전한 분석과 보고를 접할 수 있도록 출처도 공개한다.

2013년 샌디복구개선법에 대한 분석

허리케인 샌디는 사람들에게 막대한 고통을 안겨 주고 공공시설 및 민간 재산을 파괴했다. 이 같은 끔찍한 참사에 대해 의회는 연방 재난 지원 프로그램에 추가 예산을 책정하기 위한 입법화를 고려했다. 뿐만 아니라 의회는 로버트 스태포드의 재난구호 및 긴급지원법(스태포드 법 P.L. 93-288 수정)의 개정도 고려했는데, 이 법은 FEMA의 재난 지원 프로그램의 주된 법적 근거를 이룬다. 이러한 움직임의 결과로 의회는 2013년 샌디복구개선법을 통과시켰는데, 이 법은 2013년 재난구호예산책정법Disaster Relief Appropriations Act(P.L.113-2)의 B부에 포함되었다. P.L.113-2의 A부는 주로 허리케인 샌디에 대한 대응에 초점을 맞춰 507억 달러 규모의 재난 지원을 제공했다. 이에 더해, 의회는 국가 홍수보험 프로그램의 대출 권한을 (207억 달러에서 304억 달러로) 97억 달러 증가시켰다(P.L.113-1). 이 두 추가 구호 법안 모두 CRS 보고서 R42869와 재난 구호를 위한 2013 회계연도 추가 예산안에서 각각 논의되었다. 이 보고서에서는 2013년 샌디복구개선법의 조항을 분석하였다. 일반적으로 이러한 조항은 FEMA가 제공하는 재난 지원의 효율성과 품질을 개선하기 위해 스태포드 법을 개정한 것이다. 스태포드 법의 개정안을 간단히 살펴보면, 다음과 같다.

• 잔해 제거와 적절한 시설에 대한 보수 및 복원을 지원하는 공공 지원 프로그램 관리를 위한 새로운 대안적 절차를 마련한다(2013년 샌디복구개선법의 1102항).

- 재난 이후 거주 시설을 확대하기 위해 FEMA로 하여금 다가구 임대 건물의 민간 소유주와 계약을 맺을 수 있게 한다(1103항).
- 재해 완화 보조금 프로그램을 집행할 때, 보조금의 25%를 증액할 수 있게 한다(1104항).
- 비용과 적합성 논란에 대한 연방 정부와 주 정부의 의견 차이를 해소하기 위해 FEMA의 현재 항소 과정을 토대로, (구속력 있는 조정을 포함해서) 대안적인 논쟁 해결 절차를 마련하도록 지시한다.
- 진행 속도를 신속하게 하기 위해 재난 복구 사업에 대한 환경적이고 역사적인 검토를 위한 합동 절차를 만들도록 지시한다(1106항).
- 간단한 절차에 합당한 '소규모 사업'의 비용 규모를 늘리는 게 적합한지 여부를 연구해 의회에 보고하도록 FEMA에 지시한다.
- 특정 재난에 제공되는 '기타 필요 사항에 대한 지원'에 해당하는 적합한 비용에 어린이 돌봄 항목을 포함시킨다(1108(a)항).
- 특정한 상황에서 비상조치를 제공하기 위해 정부에 고용된 자의 기본임금을 배상할 수 있도록 특별히 허가한다(1108(b)항).
- 선포 과정에서 개개인에 대한 지원 필요를 평가할 때 고려해야 할 요소들을 현대화하도록 FEMA에 지시한다(1109항).

출처: Congressional Research Service, 2013. Analysis of the Sandy Recovery Improvement Act of 2013. https://opencrs.com/document/R42991/2013-03-11/.

추가 연구

'재난 지원과 구호 자금에 대한 지침: 재난 지원 과정에서 길을 찾는 방법(A Guide to Disaster Assistance and Relief Funding: How to Navigate the Disaster Assistance Process)'은 2012년 12월 18일, 뉴욕 상원의원 컬스텐 길리브랜드Kirsten Gillibrand가 제출했다.

출처: http://www.esboces.org/doc/Gillibrand_Disaster_Relief_Funding_Assistance_ Hurricane_Sandy_Guidebook_11.2012[1].pdf.

사례 연구: 뉴욕 시의 허리케인 샌디 복구 프로그램

뉴욕 시는 허리케인 샌디 이후에 지역 정부 차원에서 복구 노력을 이끌기 위해 수많은 프로그램을 만들었다. 이러한 프로그램 중 일부는 연방 정부의 자금을 관리하고 운영하기 위한 것이지만, 대부분의 프로그램은 주와 지역 정부의 자금으로 운영된다. 물론 뉴욕은 재정 자산이라는 측면에서는 이례적인 곳이다. 불황의 영향을 받긴 했지만 뉴욕의 과세 표준은 다시 회복되었으며, 복구에 드는 지역 정부의 자금을 댈 역량도 갖추고 있다. 뿐만 아니라, 뉴욕 의회 대표단의 정치적인 힘으로 인해 뉴욕은 연방 정부의 자금 면에서 최우선권을 누리게 되었다. 하지만 지역 정부가 재난 후 상황에서 계획하는 프로그램의 유형을 결정하는 이 보고서의 목적은 정보 제공에 있다.

- 뉴욕 시의 빠른 보수 프로그램: 이 프로그램은 피해를 입은 주택에 필요한 수리를 하기 위해 허리케인 샌디의 영향을 받은 지역을 다니며 조사하는, 시의 조사관과 도급 업체로 이루어진 팀을 지원한다.
- 뉴욕 시의 중소기업을 위한 기업 복구 자원 긴급 대출: 기업을 위한 긴급 대출은 허리케인 이후에 가능해졌으며, 지난번 재난에서 활용된 것과 유사한 프로그램을 만들었다. 대출 한도액은 25,000달러이다. 긴급 대출은 기업 운영을 재개하거나 지속하는 데 필요한 시설이나 장비를 교체하거나 수리하는 데 드는 비용과, 영업 자본을 25,000달러까지 빌려주는 제도이다. 이 긴급 대출 프로그램은 뉴욕 시에 세금을 내며, 독립적으로 소유하거나 운영하는 기업 및 비영리 단체에 해당되는데, 구체적인 기준은 다음과 같다.
  - 뉴욕 시에 위치해야 하고
  - 100명 이하의 직원이 있어야 하고
  - 2011년 사업 소득세 신고를 완료했어야 하고
  - 허리케인 샌디의 영향으로 사업을 방해받았거나 피해를 봤어야 했다.
- 허리케인 긴급 판매세 면제 프로그램: 허리케인 샌디로 피해를 입은 뉴욕 시의 기업을 위해 뉴욕 시 산업개발국Industrial Development은 허리케인 긴급 판매세 면제 프로그램Hurricane Emergency Sales Tax Exemption Program(HESTEP)을 실시해, 소규모 기업에 대한 긴급 지원을 제공했다. 이 프로그램은 피해를 입은 회사가 건물 구입, 건축이나 개·보수 자재, 기계나 장비, 기타 사유 재산에, 그리고 폭풍 이후에 재건을 위해 들인 비용에 대해 10만 달러까지 판매세를 면제해 준다.
- 상계相計 보조금 프로그램: 허리케인의 피해를 입은 뉴욕 시의 기업에 1만 달러까지 상계 보조금을 지급한다. 3주 동안 사업장을 비울 수밖에 없었던 기업에 총 550만 달러의 상계 보조금이 지급되었다. 이 보조금은 이자가 낮은 대출을 통해 제공되는 필수적인 추가 지원으로, 기업이 대출받는 금액을 초과해서는 안 된다.

기타 연방 기관의 재난 복구 자금

다른 연방 정부 기관도 사회 경제적 복구에 기여하는 프로그램을 보유하고 있다. 이러한 추가 프로그램 대부분은 스태포드 법에 의해 대통령이 선포한 대규모 재난이나 비상 상황 시에 작동된다. 하지만 농무부 장관과 중소기업청 청장은 재난을 선포하고 재난 복구를 지원하는 데 있어, 선거구민과 관련된 특별한 권한을 갖는다. 모든 기관은 NRP 체제의 일부를 이룬다. 여기서 재난 선포 후에 가능한 모든 재난 복구 프로그램의 완전한 목록을 제공하지는 않겠다. 하지만 재난 복구 프로그램을 제공하는 FEMA뿐 아니라, 많은 연방 정부의 기관들을 간략히 소개하려 한다. 이러한 기관은 다음과 같다.

- 육군공병단
- 중소기업청
- 보건후생부
- 상무부
- 주택도시개발부
- 농무부
- 교통부
- 노동부

더 포괄적인 목록은 연방 정부의 국내 지원 일람Catalog of Federal Domestic Assistance (CFDA)에서 볼 수 있으며, 연방 지원 프로그램 정보 검색 시스템Federal Assistance Programs Retrieval System에서도 찾아볼 수 있다. 이러한 일람과 시스템은 6월과 12월에 자동으로 갱신된다.

── 육군공병단

미국 육군공병단은 매년 수많은 주와 지역의 비상사태뿐 아니라, 대통령이 선포한 30건 이상의 재난에 대응한다. 육군공병단은 NRP하에서 토목 사업과 엔지니어링 임무를 위한 책임을 이끌어 왔다. 예를 들어, 2001년 9월 11일 테러 사건 이후에 육군공병단은 잔해 제거를 위한 기술 지원을 제공했으며, 2001년 12월까지 66만

재난관리론

1,430톤 이상의 잔해가 스태튼 섬의 매립지로 옮겨졌다.

── 주택도시개발부

주택도시개발부(HUD)는 대통령이 재난을 선포한 지역, 특히 저소득 지역의 복구를 위한 추가 예산 책정을 위해 시와 카운티 그리고 주를 돕기 위한 보조금을 융통성 있게 지급하고 있다. 재난이 발생하면, 의회는 피해 지역을 재건하고 복구하는 과정을 시작하는 데 필수적인 종잣돈을 제공하기 위해, 지역 개발 구역 보조금(CDBG)과 홈 프로그램Home program을 위한 추가 예산을 책정할 수 있다. 다른 대부분의 프로그램보다 더 폭넓은 복구 활동에 자금을 댈 수 있기 때문에, CDBG 재난 복구 지원 프로그램은 FEMA로부터 추가적인 복구 지원을 받으며, 제한된 자원 때문에 복구하기 어려운 지역 사회와 인근 지역을 돕는다.

CDBG 프로그램의 자금은 완화를 복구 과정에 통합시키는 데 관심이 있는 지역 사회에 특히 유용한 역할을 해 왔다. 이 자금은 범람원 내의 건물을 제거하거나 높은 곳으로 옮기고 주민과 기업을 더 안전한 곳으로 이동시키기 위한 FEMA의 지원과 관련되어 있다.

홈 프로그램은 주와 지역 정부에 보조금을 지급함으로써, 저소득 또는 초저소득 가정에 알맞고 질 좋은 거주 시설의 제공을 확대하는 데 도움을 주며, 주택 구입, 새로운 주택 건축 및 재건, 그리고 세입자에 대한 임대 지원에 자금을 사용한다. 홈 재난 복구 보조금은 재난 피해자들에게 좋은 거주 시설을 제공하기 위한 중요한 자원이다.

── 중소기업청

중소기업청(SBA)의 재난 대출 프로그램은 재난 이후에 집이나 기업을 재건하기 위한 장기간의 복구 노력을 지원하기 위해 낮은 이자로 대출을 제공한다. SBA의 재난 대출은 주택 소유자, 세입자, 모든 규모의 사업체, 비영리 단체의 자금 모금 노력을 돕는다. SBA 재난 대출 프로그램은 연방 재무부에 대출금을 갚기 때문에, 보조금 같은 다른 형태의 지원과 비교할 때 연방 정부의 재난 비용을 줄여 주는 역할을 한다.

SBA는 대출금과 기타 채무를 갚을 합당한 소득이 있는 지원자에게만 대출을 승인한다. 각각의 대출 기간은 대출자의 상환 능력에 맞춰 설정된다. 일반적으로 SBA 재난 대출의 90% 이상이 다른 곳에서의 신용 확인 없이 대출자에게 제공되며, 4% 정도의 이자를 받는다. 재난 대출은 대출자에게 적절한 재해와 홍수보험 담보물을 유지하게 함으로써 향후 재난 지원의 수요를 줄여 나간다.

SBA는 중소기업청 법의 권한에 따라 두 가지 유형의 재난 대출을 제공하는데, 이 두 가지는 물리적 재난 대출과 경제 피해 재난 대출이다. 물리적 재난 대출은 사유 재산에 보험이 적용되지 않는 피해를 입은 데 대해, 영구적인 재건이나 대체를 하기 위한 주요 자금원이다. 경제 피해 재난 대출은 물리적인 재난이 발생한 이후에 정상적인 운영이 재개될 때까지 필요한 영업 자본을 제공한다.

2009 회계연도(2008년 10월 1일부터 2009년 9월 30일까지)에 SBA는 21,780건의 재난 대출 신청에 1억 1,295만 5,400달러를 승인했으며, 세부 내역은 다음과 같다. 물리적 대출은 21,132건의 신청에 대해 총 10억 7,964만 2,500달러 그리고 경제 피해 대출은 648건의 신청에 대해 총 4,987만 2,900 달러이다. 1953년 이 프로그램이 시작된 이래, SBA는 180만 건의 재난 대출로 470억 달러 이상을 승인했다. 2005년 허리케인 카트리나, 리타, 그리고 윌마의 여파로, SBA는 총금액 109억 달러에 이르는 16만 805건의 재난 대출을 승인했다. 2001년 9/11 사건 이후에 SBA는 주택 수리, 기업 대출 그리고 재난으로 인한 경제적 피해를 겪는 소규모 기업을 지원하기 위해 5,300명 이상의 신청자에게 낮은 이자로 5억 2,600만 달러 규모의 대출을 승인했다.

사례 연구: 시더 래피즈의 사업 사례 관리 프로그램

2008년 시더 래피즈는 기업, 가정, 그리고 사회 기반 시설에 60억 달러 이상의 피해를 입었으며, 이는 미국 역사상 다섯 번째로 큰 재난으로 기록되었다. 풀뿌리 기업 조직인 시더 래피즈 중소기업 복구 단체Cedar Rapids Small Business Recovery Group는 홍수가 가장 심한 날로부

재난관리론

터 며칠 이내에 만들어져, 신속하게 기업 공동체를 위해 통합된 목소리를 냈다.[1] 이 단체의 지도자들은 의장을 포함, 지방 의회의 홍수 복구 위원회에서 일했다. 경영 사례 관리 프로그램Business Case Management Program을 만들어야 하는 필요성을 제시한 것이 바로 이 단체이다.

경영 사례 관리 프로그램은 2010년에 시행되었으며, 이러한 종류의 프로그램으로서는 최초이다. 이 프로그램은 홍수 피해를 입은 기업에 일대일 지원을 제공하기 위해 만들어졌다. 처음에는 주 정부의 지원을 받았으나, 프로그램이 확대되면서 연방 정부의 자금이 확보되었다. 2년 정도 시간이 지난 뒤에 경영 전문가들로 이루어진 사례 관리 팀은 홍수의 상태와 복구의 필요 사항을 규정하기 위해 1,230개의 사업장을 방문했다. 전국 통계와 비교해 볼 때, 이 프로그램은 3년간 기업의 생존율을 높이는 결과를 낳았다.

주 1: 피해를 입은 기업체의 수는 다음과 같다. 침수 피해 943개 사업체(1층 피해는 757개, 더 높은 층에서의 피해는 186개), 침수 주변 지역 피해 81개 사업체(전력/용수 중단, 우수 역류 등), 사업장 폐쇄 173개 사업체. 2,500개 이상의 일자리 상실.

━ 농무부

미국 농무부(USDA) 농업진흥청Farm Service Agency(FSA)은 대통령이 선포한 재난 지역이나 농무부 장관이 지정한 카운티의 물리적 손실과 물품에 입은 손실을 지원하기 위해, 자격을 갖춘 농부와 목장주에게 낮은 이자의 대출을 제공한다. 긴급 대출은 필수적인 물리적 재산을 재건하거나 대체하고, 재난이 일어난 해에 발생한 물품 비용의 전부나 일부를 지급하며, 필수적인 가정 생계비를 지급하고, 농장 운영을 다시 시작하거나, 빚을 차환하는 데 사용할 수 있다.

━ 보건후생부

보건후생부(DHHS)는 NRP의 건강과 의료 부문을 책임지는 연방 정부 기관이다. 이들은 재난의 피해를 입은 개인과 지역 사회, 주와 지역의 정신 건강을 돌보는 관리자, 사람이 일으킨 재난(학교 폭력 같은)의 피해를 입은 이들에 대응하는 기타 단체에 지원을 제공한다. DHHS의 정신 건강 서비스 센터Center for Mental Health Services(CMHS)는 이 장의 앞부분에서 밝힌 재난 상담 지원 및 교육 프로그램을 실행하기 위해 FEMA

와 함께 일한다.

DHHS는 또한 고령화관리청Administration on Aging(AoA)을 통해 미국의 노인에 대한 재난 지원을 제공한다. 육체적 정신적 장애가 진행되는 데다 노쇠함으로 인해 필요한 지원을 얻는 데 어려움을 겪는 노인들이 많다. 적은 수입으로 생활하는 많은 노인들은 종종 혼자 살며, 연방 정부의 특별한 지원 없이는 재난으로부터의 회복이 불가능한 경우가 많다. AoA의 전국 노인 네트워크는 식사와 교통편, 임시 거주지에 대한 정보, 그리고 노인들이 필요로 하는 다른 주요 서비스를 제공함으로써 노인들을 돕는다.

── 교통부

의회는 국가적 재난이나 외부 원인으로 인한 대참사로 심각한 피해를 겪는 연방 정부 소유지 내의 도로 및 고속도로의 수리나 재건을 위한 고속도로 신탁 기금Highway Trust Fund에 특별 프로그램을 허가했다. 교통부(DOT) 연방 고속도로 관리청Federal Highway Administration(FHWA)은 비상 구호 프로그램Emergency Relief Program을 운영하는데, 이 프로그램에 따라 주, 자치구, 기타 연방 정부 기관이 재난으로 인한 피해 비용을 추가로 지원할 수 있다. 자연 재난에 대한 이 프로그램의 적용 가능성은 재난의 범위와 강도에 따라 결정된다.

── 상무부

상무부 경제개발청(EDA)은 경제적으로 피해를 입은 분야 및 지역의 지속적 실업 상태를 완화함으로써 지역 사회를 돕기 위해 사회 기반 시설 개발, 기업 장려 정책, 그리고 기타 지원을 위한 프로그램을 관리하고 보조금을 제공한다. EDA는 자연 재난의 피해를 입은 지역 사회를 위해 재난 후 경제 지원을 제공한다. 이 프로그램을 위한 자금은 여러 해 동안 문제가 되어 왔다.

─ 노동부

노동부Department of Labor(DOL)의 재난 실업 지원(DUA) 프로그램은 대규모 재난의 직접적인 결과로 일자리 또는 자체 일자리를 잃었거나 중단당한 개인과 주 정부의 정규 실업보험을 받을 수 없는 개인을 위해 재정 지원을 제공한다. 이 프로그램을 위한 자금은 FEMA에서 제공한다. DUA는 실업보험 제공을 책임지는 주 정부의 기관에서 관리한다.

1998년 인력투자법Workforce Investment Act에 의해, 노동부 장관이 재난 구호를 위한 일자리를 제공하고, 비상 상황이나 대규모 재난을 겪은 주를 지원하기 위해 국가 비상 보조금National Emergency Grants을 지급할 수 있게 되었다. 이 자금은 혼란에 빠진 노동자들을 위한 고용 지원을 제공하고, 재난 상황을 정리하고 복구하기 위해 재난에 의해 일자리를 잃은 노동자들을 위한 임시 일자리 창출에 필요한 재원을 마련하는 데 사용된다. 흥미롭게도 의회는 재난의 피해를 입은 사람들을 넘어, 최근 군대에서 전역했거나, 인원 삭감 대상이 된 국방부의 민간 고용자들에게까지 자격 대상을 확대했다.

─ 전국 자원봉사 구호 단체

많은 자원봉사 단체와 비정부 기구(NGOs)가 재난 복구와 관련된 일을 한다. 이러한 단체는 음식, 대피소, 의약품 및 의복을 제공함으로써, 재난이 벌어진 이후에 개개인이 즉각적으로 자립할 수 있도록 돕는다. 이러한 단체는 주택 수리와 재건, 어린이 돌봄, 정부에 구호 신청을 할 수 있도록 돕기 등 많은 분야에서 장기적인 지원을 제공하기도 한다. 허리케인 카트리나 이후에 한 자원봉사 단체는 카트리나 피해자 한 명 한 명에게 사례 관리 서비스를 제공했다. 자원봉사 단체와 NGOs는 정부의 구호 프로그램이 담당하지 못하는 개인의 여러 가지 필요 사항을 해결해 주는 일을 주로 한다.

— 전국 자원봉사 단체 협의회

전국 자원봉사 단체 협의회(NVOAD)는 재난 피해를 입은 사람들에게 보다 효율적인 서비스를 제공하기 위해 재난에 대응하는 수많은 자원봉사 단체의 계획 수립 작업을 조정하는 일을 한다. 이 단체에는 재난 완화와 대응 분야에서 활약하는 전국적인 자원봉사 단체 34개, 52개 주와 준주의 지부(VOADs), 그리고 수십 개 지역 단체가 회원으로 가입해 있다. 일단 재난이 발생하면, NVOAD와 이들과 연계된 주의 VOAD는 회원 단체와 다른 자원봉사 단체를 현장에 모이도록 한다. 회원 단체들은 긴급 배급 서비스, 대중에 대한 급식 제공, 재난 어린이 돌봄, 집단적이거나 개인적인 대피소, 수면에 필요한 도구 상자, 추가적인 의료 서비스, 청소 도구, 재난 의사소통, 스트레스 관리 서비스, 재난 평가, 재난 피해자들에 대한 변호, 주택의 건축이나 수리, 잔해 제거, 완화 활동, 화상 치료, 자발적인 자원봉사자들에 대한 관리 지침 제공, 희생자 이송 및 물품 운반과 같은 다양한 재난 구호 서비스를 제공한다. NVOAD는 FEMA와 밀접한 관세를 유지하며, 주와 지역의 관련 단체가 수와 지역의 재난 관리 단체와 협조적으로 일하도록 격려한다.

— 미국 적십자

미국 적십자는 정부 기관은 아니지만, 재난 구호 활동을 하는 공식 기관이다. 1905년 적십자는 '평화 시에 국내 및 국제 구호 활동을 수행하고, 전염병, 기아, 화재, 홍수, 그리고 기타 자연의 대재난이 일으킨 고통을 덜어 주기 위해 같은 임무를 수행하며, 이러한 재난을 예방하기 위한 조치를 고안하고 실시하도록' 의회의 인가를 받았다. 적십자의 재난 구호는 재난의 피해를 입은 사람들의 즉각적인 필요를 충족시키는 데 중점을 두며, 개개인이 독립적으로 정상적인 일상생활을 재개할 수 있도록 지원을 제공한다. 적십자는 재난 현장에서 일하는 인력에게 음식을 제공하고, 재난 지역 밖에 있는 피해자 가족의 걱정과 문의에 응하며, 재난 피해자에게 혈액과 혈액 관련 제품을 제공하고, 재난의 피해를 입은 사람들이 다른 가용한 자원에 접근할 수 있도록 돕는다.

적십자는 NRP에 포함된 비정부 기구이며, ESF #6인 시민 보호와 주택 및 대민 봉사를 위한 지원 기관으로 지정되었다. 적십자는 대통령이 선포한 재난이나 비상 상황 시에 연방 정부의 시민 돌봄 자원 활용을 조정하고, 재난 피해자를 집단적으로 돌보는 주와 지역의 노력을 지원하기 위해 긴밀하게 협조한다. 연방 정부의 이러한 지원에는 대피소, 음식, 구급상자 제공과 같은 대중 돌봄 서비스를 재난 피해자에게 제공하고, 재난 구호 물품을 피해자에게 대량으로 분배하기 위한 시스템을 마련하며, 피해자의 상태를 보고하고 가족의 재회를 돕는 재난 복지 정보 시스템을 운영하기 위해 정보를 수집하는 등의 활동이 포함된다.

─ 복구 계획 수립을 위한 도구

가능한 한 빨리 정상 상태로 돌아가라는 정치인과 지역 사회 지도자의 압력에도 불구하고, 연방 정부의 장려 정책, 대중의 관심, 그리고 보험 철회 같은 문제들 때문에 점점 더 많은 지역 사회가 향후 취약성을 줄이기 위한 방법을 찾게 된다. 재난이 반복되면서 대중은 재난 완화로 인한 감정적이고 경제적인 이익에 대해 깨닫게 되며, 이에 따라 지역 사회는 재난 완화를 위한 장기적인 투자에 나서게 된다. 예를 들어, 1993년 끔찍했던 미국 중서부 홍수가 1995년 일부 지역에 다시 발생했지만, 1993년 홍수 발생 이후에 건물 매입과 이전 프로그램을 수행한 지역은 최소한의 피해만 입었다. 다음은 복구 계획을 수립하는 데 있어 정책 결정자들이 고려해야 할 정책 분야 및 도구의 목록이다.

- 토지 이용 계획 수립 기법: 매입, 지역권(* 남의 토지를 특정 목적으로 이용할 수 있는 권리: 옮긴이), (토지의) 합병, 우수 관리, 그리고 환경 점검이 포함됨
- 구역화zoning: 특별 용도 허가, 역사적 건물 보존, 건축선 이동시키기, 밀도 관리, 습지 보호, 홍수 범람원 및 해변 지역 관리가 포함됨
- 건축 규제: 설계 규제, 설계 검토, 고도와 유형, 그리고 특별 연구 구역(토양 안정성 평가)이 포함됨

- 재정 문제: 특별 구역, 면세, 특별 채권, 개발권, 재산 이전, 또는 이용 변화 비용 등이 포함됨
- 정보 관리: 대중 인식과 교육, 지역에 대한 접근과 동의, 범세계 정보 시스템, 시청 회의 및 공청회가 포함됨

성공적인 복구의 가장 중요한 요소 중 하나는 지역의 리더십이라는 데 대부분이 동의한다. 공통적이고 명료한 비전, 잘 짜인 계획, 지역 사회 ─ 특히 기업 공동체 ─ 의 적극적인 참여, 재정 자원 그리고 연방 정부와 주 및 지역 정부 차원에서의 기능적인 협력 관계, 이 모두가 효율적이고 신속한 복구에 있어 차이를 만드는 요소들이다. 하지만 가장 중요한 요소는 리더십이다. 도시 행정가인 스티브 휴이트Steve Hewitt는 2008년 끔찍한 토네이도를 겪은 캔자스 주 그린스버그의 지역 사회를 이끌어 『미국의 도시와 카운티American City and County』라는 잡지에서 그해 지방자치제의 지도자로 선정되었다. 그는 자신이 속한 지역 사회를 재난이 닥치기 이전보다 경제적으로 더 생동감 넘치는 모범적인 지역 사회로 변모시켰다. 아이오와 주의 시더래피즈는 선출된 관리들과 기업 공동체가 탁월한 리더십을 선보인 또 다른 예이다.

공공재정원Public Finance Authority(PFA)은 2008년과 2010년 일련의 홍수 발생 이후에 미국 중서부 일대에 만들어졌다.

공공재정원(PFA)은 전국의 공공 기관과 민간 기관을 위해 자산 유동화 법인에 면세권을 주기 위해 세워진 독특한 정부 기구이다. PFA는 전국 카운티 협회, 전국 도시 연맹, 위스콘신 카운티 협회, 그리고 위스콘신 자치 단체 연맹 등의 후원을 받는다. PFA는 민간 대출업자 및 지방 정부와 협력 관계를 맺고 공익사업의 세금을 감면해 주고 있다. 이 사업은 임시적이고 영구적인 일자리, 살 만한 거주지, 지역 사회의 사회 기반 시설을 창출하고 전반적인 삶의 질을 향상시킨 공로를 인정받고 있다.

중서부 재난 지역 채권Midwestern Disaster Area Bonds(MDAB)은 2008년 홍수 발생 이후에 지역 사회를 후원하기 위해 PFA가 만든 프로그램이다.

MDAB는 다음 목적에 활용된다.

재난관리론

1. '적합한 손실 및 대체 업무'를 위한 비주거용 부동산의 매입, 건설, 재건, 또는 수리 비용
2. 중산층 및 저소득자를 위한 다가구 거주용 임대 사업
3. 2008년 5월 20일에서 2008년 8월 1일까지 발생한 심각한 폭풍, 토네이도, 또는 홍수의 피해를 입은 공공시설의 보수와 재건

혁신적으로 일하는 거의 모든 경우를 살펴보면, 지역 사회를 이전 상태로 되돌리고 더 나은 사회를 건설하려는 굳은 결의를 지닌 선출직 공무원과 기업 공동체의 협력 관계를 찾아볼 수 있다.

허리케인 카트리나가 발생한 이후에 장기적인 복구 계획 수립에 대한 관심이 증폭되고 있다. 지역 사회 차원의 장기적인 복구를 위한 계획 수립은, 과거에 그래 왔듯이 다음 재난이 닥친 후가 아니라, 다음 재난이 발생하기 이전에 실행되어야 한다. 지역 사회가 장기적인 복구 계획을 수립하기 위한 방법은 다음과 같다.

• 지역 사회를 위한 장기적인 복구 계획 수립하기

장기적인 복구 계획을 수립하기 위한 시기는 다음 재난이 닥치기 전이다. 행정 기관이 재난 전에 장기적인 복구 계획을 수립하면, 다음과 같은 혜택을 누릴 수 있다.

- 지역 사회 내의 가장 취약한 지역을 알 수 있다.
- 재난 이후 환경을 재건하기 위한 연방 정부의 자금 승인을 가속화할 수 있다.
- 재건을 위한 규정상의 필요 사항과 환경적인 필요 사항을 예측하거나 보완할 수 있다.
- 지역 사회의 경제 · 사회적 붕괴를 최소화할 수 있다.
- 공공 부문과 민간 부문에서의 재난 이후 자금 규모를 최대화할 수 있다.
- 지방채와 보험 포트폴리오를 위한 유리한 분위기를 만들 수 있다.

• 계획 수립 과정

장기적인 복구 계획을 세우는 목적은 대규모 재난이 지역 사회의 주민, 가정, 사회 기반 시설, 경제 및 환경에 미치는 영향을 규명해, 더 안전하고 더 강한 지역 사회를 건설하기 위한 과정과 절차를 개발하는 데 있다. 이 과정에는 다음 활동이 포함된다.

1. 정부(지역, 주 및 연방), 민간단체, 지역 사회의 단체, 자원봉사 단체, 비영리 조직, 조합, 교회, 언론 등 지역 사회의 모든 이해 당사자가 포함된, 장기적인 복구 계획 수립 위원회를 결성한다.

2. 대규모 재난이 지역 주민, 기관, 필수적인 사회 기반 시설, 경제, 그리고 환경에 타격을 주는 피해 규모를 추정하게 해 주는 위험 취약성 평가를 실시한다.

3. 다음 재난이 닥치기 전에 향후 재난의 영향을 줄이기 위해 취해야 할 조치가 무엇인지를 규정하고 우선순위를 설정한다.

4. 더 안전하고 강한 지역 사회를 재건하기 위해 다음 재난 발생 이후에 취해야 하는 조치를 규정하고 우선순위를 설정한다.

5. 복구 단계에서 필요한 규정상의 환경 관련 자료를 모은다.

6. 잠재적인 복구 자원을 파악하고(예를 들면, 주와 연방 및 지방 정부의 자금원, 상호 지원 협약, 민간 부문, 재단, 자원봉사 단체, 비정부 기구 등), 이러한 자원을 얻기 위해 시의적절하고도 성공적으로 신청하는 데 필요한 정보의 유형을 결정한다.

7. 신속한 복구를 방해하는 잠재적인 장애물을 밝히고, 복구 단계에서 이러한 장애물을 극복할 비상조치와 기관을 선정한다.

8. 복구를 위한 계획 수립, 자료 수집, 그리고 실행 단계에 대중을 포함시켜, 대중에게 관련 정보를 알리기 위한 캠페인을 공격적으로 실시한다.

9. 다음 사항이 포함된 복구 단계의 실행 계획을 세운다.

    a. 지역 사회의 중장기 복구 위원회 설립

    b. 절차 통보

    c. 자료 수집과 분석 과정

d. 긴급 권한과 면제를 설정하는 절차

e. 복구 지원을 위한 신청서를 작성하는 데 있어 이해 당사자들 간의 역할과 책임

f. 복구 지원 신청을 위한 절차

g. 복구 지원을 분배하고 활용하는 절차

h. 내부적이고 외부적인 의사소통 절차와 지원

10. 매년 중장기 복구 계획을 갱신하고 개선한다.

사전 재난 복구 계획 수립의 주요 원칙

사전 재난 복구 계획 수립의 주요 원칙은 다음과 같다.

- 지역, 주, 그리고 부족 차원에서 명료한 리더십, 조정 및 의사 결정 체계를 마련한다.
- 다음 방법을 통해 모든 잠재적 자원을 활용하기 위한 사전 재난 협력 관계를 구축한다.
  1. 일반 시민, 지역 사회의 지도자, 종교 단체, 비영리 단체, 그리고 민간단체를 모두 포함하면서 이에 한정되지 않는 모든 이해 당사자를 찾아 참여시킨다.
  2. 지역, 주, 부족 그리고 연방 정부와 연결 관계를 맺는다.
  3. 다양한 인종과 민족적 배경을 지닌 지역 사회, 장애인, 기타 접근이 어렵거나 기능적인 어려움을 지닌 사람들, 어린이, 노인, 그리고 국어 능력이 떨어지는 이들을 포함, 예로부터 제대로 대우받지 못했던 집단을 지역 사회에 반드시 참여시킨다.
- 세미나, 워크숍, 훈련 등을 통해 사전 재난 계획을 점검하고 평가한다.
- 재난 전후의 다양한 위험 요인 평가의 기본을 이루며 완화 활동을 돕는, 주변 지역 및 지역 정부의 기관과 협력 관계를 맺는다.
- 사전 재난 복구 계획 수립(예를 들어 대응, 토지 사용, 재해 완화 계획 수립 등)을 지역 사회의 다른 적합한 계획 수립(예를 들어 포괄적이고 접근하기 쉬운 설계, 그리고 자산 개선 계획 수립 등)에 통합시킨다.
- 지역 사회 복구 역량의 한계를 규명하고 이러한 역량을 보완할 수단을 밝힌다.
- 환경 보존과 역사적인 보존, 그리고 재정적인 요소를 포함한 지속 가능한 발전에 복구 계획 수립을 위한 지침을 포함시킨다.
- 시민의 우려를 해결하고 가능한 시나리오를 담아 일반 시민을 대상으로 한 정보 캠페인을 개발한다.
- 종교 단체, 비영리 단체 그리고 민간 기관 등과 일찍이 협력 관계를 맺고, 이해 당사자들의 기대와 의도를 계획 수립에 포함하는 방법으로, 사전 재난 '양해 각서'를 준비한다.
- 복구 역량을 기르는 도구이자 다른 모든 이해 당사자를 참여시키는 방법으로, 복구 교육과 훈련을 개발해서 실시한다.

- 필요한 자원을 파악하고 이를 확보할 계획을 세워 실행한다.

출처: FEMA, September 2011. http://www.fema.gov/national-disaster-recovery-frame work.

비판적으로 생각하기

복구 기간이 종종 '위험 감소를 위한 절호의 기회'라고 불리는 이유는 무엇인가? 어떤 유형의 위험 감소 조치를 다른 시기보다 복구 시기에 실행하는 것이 더 쉬운가? 그리고 더 쉬운 이유는 무엇인가?

사례 연구: 미주리 주, 조플린의 토네이도

미주리 주의 조플린 시를 포함해, 재스퍼와 뉴턴 카운티의 주민들에게 있어 2011년 5월 22일은 인생을 바꾼 대사건이 발생한 날로, EF 5급의 토네이도가 이 지역을 강타해, 인명을 앗아 가고, 주택과 기업, 필수적인 사회 기반 시설을 파괴했다. 한 달 뒤, 임시 거주지를 마련하고 재난으로 인한 다른 필요 사항을 지원하기 위해, 이 두 카운티의 주민과 기업에 퍼부어진 주와 연방 정부의 재난 지원은 거의 1,400만 달러에 달했다.

조플린의 토네이도로 인한 재난이 발생한 지 30일이 지난 오늘 현재, 9,000명 이상의 재스퍼와 뉴턴 지역 재난 생존자가 지원을 신청하였고, 미국 전역에서 600명에 달하는 연방 정부와 주의 직원들이 재난 생존자들을 위해 일하고 있다.

아주 중요한 복구 임무인 잔해 제거는 지역, 주, 연방 정부 기관들 간의 긴밀한 협업을 통해 전력을 다해 계속되고 있다. 지금까지 65만 평방야드 이상의 잔해가 조플린 지역에서 치워졌다.

"FEMA는 미주리 주 재난복구팀의 극히 일부분일 뿐입니다." FEMA의 연방 조정 담당관인 리비 터너Libby Turner가 설명했다. "연방, 주, 지역의 정부, 비영리 단체, 민간단체 및 종교 단체 사이의 잘 조율된 노력이, 생존자들에게 필수적인 정보 및 자원 그리고 사람들이 가장 필요로 하는 재난 지원을 시의적절하게 제공하기 위한 폭넓은 연결망을 구축했습니다."

5월 22일 이후의 한 주 동안 수많은 자원봉사자, 기관 그리고 인력이 행동에 돌입했다. 지역 정부와 지역 사회의 공무원들과 함께 조플린 시, 미주리 주, 미주리 자원봉사단체협의회(VOADs), 재난 복구를 위한 종교 및 지역 사회 협의회Governor's Faith-based and Community

---

재난관리론

그림 7-6　2012년 5월 20일 미주리 주 조플린. 조플린에 있는 많은 나무들 중의 하나인 조플린 "정령 나무"는 죽음의 토네이도에 의해서 2011년 5월 22일에 소실되었다. 이 토네이도로 인하여 161명의 주민이 사망하였으며, 이 지역의 25%가 파괴되었고 2.2억 달러의 재산 피해가 발생했다. 캔자스 남부 철로 인근의 20번가에 있던 이 40 피트짜리 나무는 미국 인디언의 예술 정신에 의해서 영감을 받은 활기찬 색상으로 칠해졌다. 토네이도가 지나간 이후, "정령 나무"는 돌로레스Dolores와 대럴 바이크Darrel Bike 그리고 조플린에서 대중 벽화를 만드는 대중 미술 그룹 탱크의 회원들에 의해서 채색되었다. "정령 나무"는 조플린 주민의 단결력과 복원력의 상징이다. FEMA는 재난 이후에 복구와 재건을 위해 일함으로써 조플린과 같은 도시와 지역 사회의 복구 작업을 지원한다. 사진 Christopher Mardorf/FEMA.

Service Partnership for Disaster Recovery 그리고 FEMA는 필수적인 비상 물품, 의료 지원, 그리고 재난 구호 물품의 취합과 배분을 조정하는 일을 했다(그림 7-6).

자원봉사자들은 대피소 6곳과 배급소 120곳을 운영하고, 아메리코AmeriCorps(* 미국 내 지역 사회봉사단체. 회원은 집 짓기, 집수리, 공원 청소 등을 하고 학비 지원을 받기도 함: 옮긴이) 회원들의 관리하에 자원봉사자 접수 센터를 운영했는데, 이를 통해 32,000명 이상의 자원봉사자가 등록했다. 자원봉사자들이 일한 시간은 겨우 한 달 만에 19만 시간을 넘어섰다. 재난 복구를 위해 일한 자원봉사자 중에는 미국 프로 미식축구 연맹의 세인트루이스 램스St. Louis Rams의 선수, 코치, 그리고 직원들도 있었는데, 이들은 조플린에서 청소 작업을 도왔다. 이 팀은 FEMA와 함께 지역 사회의 대비를 촉진시키고, 생존자들이 1-800-621-FEMA로 지원을 신청하도록 돕기 위한 안내 방송을 녹음하기도 했다.

지역 사회의 또 다른 협력 기관인 미주리 휴먼 소사이어티Missouri Human Society는 재난 발생 후 집을 잃은 애완동물이 주인과 다시 만날 수 있도록 돕는 일을 계속하고 있다. 현재까지 500마리 이상의 애완동물이 주인과 재회했다. 재난 후 한 달이 지난 지금 이 미주리 휴먼 소사이어티는 미국 동물 학대 방지 협회American Society for the Prevention of Cruelty to Animals(ASPCA)와 함께, 조플린에 서너 곳의 동물 대피소를 열고 아직도 주인을 만나지 못한 600마리 이상의 애완동물을 돌보고 있다.

　연방, 주 그리고 지역 정부의 공무원들은 장애인 자립 생활 센터 및 다른 장애인 단체와 팀을 이뤄, 장애를 지녔거나 접근이 어렵거나 기타 기능적 어려움을 겪는 사람들을 위해 자원을 제공하고 있다. 미주리 주의 집중적인 장애인 통합 노력을 통해, FEMA는 '총체적 지역 사회'로 나아가기 위한 노력(장애인이나 노인 그리고 영어에 능통하지 못한 사람들도 재난 지원 프로그램의 혜택을 똑같이 누리도록 하기 위한)을 계속하고 있다.

　복구 노력은 계속되고 있으며, 다음 요약문을 보면, 조플린의 토네이도가 발생한 뒤 첫 30일 동안 이루어진 진전에 대해 잘 알 수 있을 것이다.

개별 지원(IA): 연방 정부의 지원금 1,400만 달러가 재스퍼와 뉴턴 카운티에서 승인되었다. 세입자 지원을 포함한 주택 지원에는 560만 달러가 승인되었다.

결론

이 장에서 알 수 있듯이, 연방 정부는 재난 복구 과정에 착수하고 자금을 제공하는 데 있어 중요한 역할을 하고 있다. 하지만 복구가 효율적으로 이루어지려면, 계획 수립과 결정이 지역 차원에서 이루어져야 한다. 재난은 파괴와 비극을 불러오지만, 그 이후에는 기회가 되기도 한다. FEMA의 스태포드 법이 개정됨에 따라, 이제 지역 사회와 주 정부가 사전 재난 완화 계획을 세워 승인받아야 한다. 사건이 벌어지기 전 차분한 시기에 세워진 이러한 계획은 복구를 촉진하고 지역 사회를 재난 이후 환경에 덜 취약하게 만드는 청사진 역할을 할 것이다. 지역 사회는 사전 재난 복구와 완화 계획을 현재 진행 중인 계획 수립 노력에 통합시키기 위해 최선의 노력을 다해야 한다. 이러한 통합을 통해 정치 절차를 돌아가게 하고, 시민의 참여를 유도하며, 지역 사회를 더 안전하고 안정된 곳으로 만들기 위한 변화의 의지를 모을 수 있다. 허리케인 샌디는 국가 재난 복구 체계(NDRF)를 적용하고, 복구 과정을 지원하는 데 널리 활용한 최초의 대규모 재난이었다. 모든 새로운 방법이 그러하듯, 일은 생각만큼 원만하게 이루어지지 않았다. 복구 지원 기능들 사이의 조정은 계획했던 만큼 또는 희망했던 만큼 잘 돌아가지 않았으며, NDRF의 여러 측면이 실행에 적합하지 않다는 사실이 밝혀졌고, 연방 정부의 기관들은 함께 일하는 방법에 대한 일반적인 인식이 부족했다. 하지만 이러한 문제들 중 극복 불가능한 것은 없으며, 따라서 NDRF는 샌디의 경험을 다시 돌아보며 필요한 사항을 고쳐 나갈 것이다. 더욱 흥미로운 것은 오바마 대통령이 허리케인 샌디로 인한 중장기 복구 업무를 맡을 인물로, 연방재난관리청(FEMA) 청장인 퓨게이트나 국토안보부(DHS) 장관인 나폴리타노가 아니라, 주택도시개발부(HUD) 장관인 숀 도너번을 임명한 것이다. 이러한 결정에 따른 장기적인 영향은 앞으로 한동안 논의될 것이다. 대비와 대응에 중점을 두기로 한 FEMA의 결정은, FEMA가 재난 복구 체계(DRF)를 통해 비용을 대는 것 말고, 완화와 복구 분야에서 손을 뗄 것이라는 걸 의미할 수도 있다. 이러한 결정과 관련된 정책의 함축적의미는 연방 정부 차원에서만이 아니라, 주와 지역 정부 차원에서도 재난 관리에 장기적인 영향을 미칠 것이다.

자가 점검을 위한 질문

1. 복구를 위한 기술적, 재정적 지원을 제공하는 데 있어 누가 가장 큰 역할을 하는가?

2. 재난 복구 센터는 어떤 곳인가?

3. 복구 지원 프로그램을 지원하는 연방, 주, 지역 및 부족의 기관과 자원봉사 단체 사이에서 중심적인 조정 역할을 하는 기관은 어디인가?

4. 텍사스, 버지니아, 그리고 메릴랜드 주에 있는 국가 업무 처리 서비스 센터의 목적은 무엇인가?

5. 재난 거주 시설 공급 프로그램이 제공하는 네 가지 유형의 지원에는 어떤 것들이 있는가?

6. 개인과 가정을 위한 프로그램에는 어떤 것이 있는가?

7. FEMA의 공공 지원 보조금을 위한 연방 정부의 최소한의 역할은 무엇인가?

8. 허리케인 샌디 이후에 공공 지원 보조금을 받기 적합한 기관에 어떤 변화가 있었는가?

9. 긴급 사업과 공공 사업 사이의 차이점은 무엇인가?

10. FEMA 이외에 연방 정부의 어떤 기관이 복구를 지원하며, 각각 어떤 종류의 지원을 제공하는가?

11. VOAD는 무엇이며, 어떤 일을 하는가?

12. 정책 결정자들이 복구 계획을 세우는 과정에서 고려해야 하는 정책 분야와 도구의 몇 가지 예를 들어 보아라. 이 각각의 분야 및 도구를 고려해야 하는 이유를 설명해 보아라.

제8장

국제 재난 관리

**학습
내용**

- 개발도상국에 대한 재난의 영향
- 국내 및 국제 단체, 그리고 비정부 기구가 심각한 재난의 피해를 입은 나라들을 돕는 이유와 방법
- 국제 재난 관리 방법에 영향을 미치는 주요 문제들
- 국제연합의 여러 부서들이 재난에 대응하는 방법
- 국제 재난에 대한 비정부 기구의 대응
- 미국 정부가 재난 피해를 입은 다른 나라에 제공하는 지원
- 세계은행, 국제통화기금을 포함한 국제 금융 기관이 재난 대응, 구호 및 재건 자금을 제공하는 문제

서론

모든 나라의 국민은 이 책 전편에 걸쳐 서술한 자연적이고 기술적인 위험 요인에 노출되어 있으며, 거의 모든 나라가 결국 재난의 피해자가 된다. 예로부터 문명사회는 생존 가능성을 높이려는 희망을 품고 주변 환경에 적응해 왔다. 사회가 점점 조직적이게 되면서, 이러한 위험 요인에 대한 복잡한 대응 시스템이 지방, 국가, 그리고 지역적인 차원에서 발전되어 왔다. 각 국가의 대응 역량은 재난의 특성, 지방과 지역의 경제적 자원, 정부 구조, 그리고 기술 및 학문적 자원과 인력 자원의 가용성을 포함한 여러 가지 요인에 따라 달라진다. 하지만 위험 요인과 인간의 거주지 변화로, 각 국가의 대응 역량이 대규모 재난에 미치지 못해, 나라 밖의 국제적 지원이 필요한 경우가 점점 많아지고 있다. 게다가 드넓은 지역에 피해를 주는 재난 발생이 증가하면서, 아직 초기 단계에 있는 전 지구적인 대응 체제가 필요해지고 있다.

이 장에서는 국제 재난의 개념에 대해 알아보고, 국제 재난 관리 분야에서 일하는 여러 단체(정부 기관, 국제 단체, 비정부 기구 등)와 재난에 대비하고 대응하며 복구를 도모하는 금융 기관에 대해 소개할 예정이다. 또한 (이들의 실적을 자세히 소개할 순 없지만) 이러한 기관과 단체의 사명과 목표에 대해서도 설명하고자 한다.

개발도상국의 재난

온갖 종류의 재난이 말 그대로 전 세계 모든 나라에 발생하지만, 이러한 사건이 모든 지역에서 고르게 일어나는 것은 아니다. 부유한 나라와 가난한 나라가 모두 재난의 영향을 받지만, 이러한 자연의 분노에 가장 큰 피해를 입는 것은 취약성을 안고 있는 개발도상국이며, 이러한 나라들은 내전으로 인해 복합적인 인도주의적 재난 상황Complex Humanitarian Emergencies(CHEs)을 겪는 일도 많다. 뿐만 아니라 대응 역량을 초과하는 심각한 자연 재난의 많은 비율이 개발도상국에서 발생하며, 재난과 관련한 부상과 사망의 90%가 1인당 국민 소득 760달러 이하인 나라에서 일어난다 (UNICEF, n.d.).

국제 개발 기구들이 재난 대비와 완화를 전반적인 개발 과정의 필수 요소로 받아들이고 있긴 하지만, 개발 지수가 낮은 나라들이 재난 관리 문제에 똑같이 낮은 예산을 책정하는 것은 놀라운 일이 아니다. 이러한 국가는 장기적이며 단기적인 위험 요인 감소보다는 교육, 사회 기반 시설, 군사적 요구와 같은 사회적 관심에 지나치게 많은 자원을 쏟아붓고 있다. 재난은 우발적인 사건으로 반드시 발생한다고 확신할 수는 없으므로, 가난한 나라에서의 재난 관리 프로그램은 여분의 일로 여겨지는 경향이 있다. 많은 사람들이 이러한 나라는 군대가 잘 조직되어 있으므로 즉각적인 수송에 대한 요구가 생기면 무엇이든 해결할 수 있으며, 재난이 발생하면 국민을 돌보고 장기적인 재건 사업을 잘 계획해서 해결할 수 있으리라고 기대한다. 중진국 정도의 개발 국가에서조차, 군대가 재난 대응 업무를 수행하기 위한 훈련을 거의 받지 못했음에도 불구하고, 재난 관리의 책임을 군대에 위임하는 것이 보편적이다. 빈곤과 무계획적인 도시화는 문제를 더욱 악화시켜, 재난에 대한 아무런 방어 시설도 없는, 아주 위험할 뿐 아니라 위험 가능성이 높은 도시 지역에 수많은 인구가 집중적으로 거주하는 경우가 많다.

국제 재난의 정의

제2장에서 재난이라는 용어를 개인, 조직, 행정 기관의 대응 역량을 압도하는 부정적인 사건으로 정의한 일이 있다. 각각의 연속적인 차원의 관리가 사태에 압도되면서, 재난의 규모와 범위 또한 확대되곤 한다. 국가적인 재난 관리 체제의 대응 역량이 상황에 압도되면, 그러한 사건은 국제 재난으로 알려지고 재난 대응에 국제 사회의 개입이 필요하게 된다.

어떤 재난이 규모와 범위 면에서 국제적인 사건이 되는 경계는 각 나라에 따라 다르며, 위험 요인으로 인한 결과의 심각성, 경제 자원의 가용성, 대응 담당자에 대한 훈련의 포괄성과 적합성, 사회 기반 시설에 내재된 회복 탄력성, 그리고 특별한 자산의 가용성과 상황을 관리하는 정부의 실질적인 역량 및 대중의 인식을 포함한 수많은 요인에 의해 결정된다. 각 분야에 결핍이 존재하는 가난한 나라에서는 이와 같은 경계를 훨씬 쉽게 넘어서게 된다. 하지만 가장 부유한 나라에서조차, 물품, 인력, 자금, 또는 특수한 기술이나 현지에서 얻을 수 없는 자산 등으로 인해 국제 사회의 지원을 필요로 하는 경우가 가끔 발생한다.

이러한 수준에까지 이르는 사건이 꽤 많기 때문에, 지원 요청을 하는 시스템과 절차가 만들어지고 (요청받거나 요청받지 않은) 지원을 제공하는 방법에 관한 의사소통이 이루어지며 행동에 돌입하게 된다. 전 세계가 긴밀하게 연결된 오늘날과 같은 세상에서는 텔레비전, 인터넷, 뉴미디어, 소셜 미디어가 24시간 돌아가므로, 재난에 대한 소식이 불과 몇 분 만에 전 세계로 전해지게 마련이다. 또한 이러한 일이 일어나면, 국제 대응의 공식 및 비공식적인 메커니즘이 작동하게 된다.

국제적인 대응을 부르는 재난 상황의 세 가지 유형에는 보통 자연 재난, 기술 재난, 그리고 복합적인 인도주의적 재난(CHE)이 있다. 첫 두 가지 재난 상황은 명료하게 정의하고 쉽게 이해할 수 있다. 그러나 CHE는 다양한 해석이 가능하며, 기준 또한 다양해서, 이 책의 목적을 위해서는 국제연합United Nations(UN)의 정의를 따르는 게 바람직할 것이다. UN은 CHE를 '내분이나 외부적인 갈등으로 인해 권위가 완전히 또는 상당히 무너진 나라나 지역에서 발생한 인도주의적인 재난으로, 어느 한 기관의 권한이나 역량을 넘어서서 국제적인 대응을 필요로 하는 상황'으로 정의하고 있다. 미국 국제개발청U.S. Agency for International Development(USAID)의 전임 청장인 앤드루 내치어스Andrew Natsios는 CHE에서 가장 흔히 보이는 특성을 심각성의 수준에 따라 다섯 가지로 정의했다.

- 전통적인 민족, 부족, 종교적 적대감에 뿌리를 둔 내전(보통 광범위한 잔학 행위가 동반됨)
- 공공질서가 붕괴하고 정치적 통제력이 사라진 것과 같은 중앙 정부의 권위 추락
- 피난이나 국내 지역 이동 등으로 분쟁을 피하거나 식량을 찾아 떠나는 인구의 대이동

- 심한 인플레이션과 통화 가치 하락, 국내 총생산의 극심한 감소, 실업률의 가파른 상승, 그리고 시장 붕괴 등을 낳은 경제 시스템의 심각한 붕괴
- 식량 확보의 감소로 인한 심각한 영양 결핍과 대대적인 기아

이러한 재난 상황은 정치적이고 의도적이라는 측면에서 자연 재난이나 기술적인 요인으로 인한 재난과는 근본적으로 다르지만, 대응과 복구를 요구하는 측면에서는 많은 공통점을 갖고 있다. 따라서 이 장에 소개한 많은 조직과 기관들이 이 세 가지 유형의 재난에 대응하고 있다.(관련 비디오: 〈자타리Zaatari 난민촌의 NRC를 방문한 게오르기에바Georgieva EU 집행위원(Commissioner Georgieva Visiting NRC in Zaatari Refugee Camp)〉, http://www.youtube.com/watch?=I9WUQym91nE. 〈UNHCR은 무엇인가?(What is UNHCR?)〉, http://www.youtube.com/watch?v=7XgOTTdLRMQ.)

대응 과정에 영향을 주는 주요 문제들

국제 재난에 대응하려면 몇 가지 문제가 해결되어야 한다. 첫째는 조정으로, 재난 현장에 나타나는 대응 기관의 수가 거의 언제나 너무 많기 때문에, 조정은 즉각적으로 반드시 필요한 요소이다. 대규모 재난의 경우, 각각 특별한 기술이나 서비스를 제공하러 온 수백 개의 지역 단체 및 국제적인 비정부 기구를 보는 것은 드물지 않은 일이다. 조정과 협조가 성공적으로 이루어지면 많은 생명을 구하기도 하지만, 내분과 영역 다툼 그리고 방관은 혼란을 낳아 2차적인 재난을 일으키는 경우까지 있다 (PAHO, n.d.).

UN은 국제적인 지원이 필요한 재난의 중심 조정 기구로 널리 알려져 있으며, 재난으로 인한 구체적이며 특정한 필요 사항을 해결하는 전문 기관들을 갖고 있다. UN은 피해국 정부와 맺은 장기적인 관계를 활용해 상황을 공동으로 통제하는 협력 관계를 맺기도 한다. 하지만 UN의 조정은 피해국 정부의 요청이 있어야 하며, 요청을 받은 경우라도 법에 명시된 한정된 권한 내에서 활동해야 한다. 또한 국제 재

난에 대응하는 많은 비정부 기구와 종교 단체는 UN을 비롯한 다른 어떤 기관이 세운 조정 체제의 제한도 받지 않고 자유롭게 활약할 수 있으며 또 그렇게 하고 있다. 대규모 비정부 기구와 단체 몇 곳은 적십자 행동 강령The Red Cross Code of Conduct(http://www.ifrc.org/en/publications-and-reports/code-of-conduct/), 재난 대응에 있어 스피어 프로젝트 인도주의적 헌장과 최소한의 기준Sphere Project Humanitarian Charter and Minimum Standards(http://www.sphereproject.org/handbook/), NGO의 옥스팜 행동 강령Oxfam Code of Conduct(http://www.oxfam.org/sites/www.oxfam.org/files/oi_code_of_conduct_2003_0.pdf), 그리고 INGO 책임 헌장INGO Accountability Charter(http://www.ingoaccountabilitycharter.org/)과 같은 조정과 행동에 대한 자체 기준을 세워 두고 있다.

두 번째 문제는 국가의 자주권과 관련된 것이다. 국가의 자주권은 영토와 자치권을 지닌 정치적 권위에 대한 인식에 기반하고 있다. 이에 따라 외국의 국가나 단체는 피해국 정부의 사전 동의 없이 국내 문제에 개입해서는 안 된다. 이것은 내전으로 인한 CHE에 대한 대응에 커다란 장애물이 되기도 해서, 내전으로 인해 모두의 인정을 받는 안정된 정부가 없는 소말리아에서의 구호 노력을 어렵게 하고 있다. 덜 일반적인 경우이긴 하지만, 자주권은 자연 재난이나 기술적인 재난에 있어서도 문제가 되곤 하는데, 해당 국가가 약하거나 자국 국민을 돌볼 능력이 없는 것으로 보이고 싶어 하지 않을 때 특히 그러하다. 이러한 예는 1995년 고베 대지진 이후 처음 며칠 동안 일본이 국제적인 대응을 거부한 것, 체르노빌 원자력 발전소에서의 사고 이후에 소련이 보인 행동, 그리고 가장 최근에는 사이클론 나르기스 발생 이후에 인도주의적인 지원 인력을 받아들이지 않은 버마 정부의 대처 등에서 찾아볼 수 있다(일본 정부는 이 사건에서 교훈을 얻어 2011년 동일본 대지진 이후에는 국제적인 지원을 즉각적으로 받아들이기 위한 다양한 조치를 취했음에 주목해야 한다).

세 번째 문제는 구호 배분에 있어서의 평등인데, 이 요인은 모든 유형의 재난에 똑같이 적용된다. 여러 가지 다양한 문화적 · 정치적 이유로 인해, 지원을 필요로 하는 어떤 집단이 다른 집단보다 더 선호되는 상황이 종종 발생한다. 이러한 불평등에는 두 가지 주요한 요인이 있다. 하나는 성 편견에 의한 차별로, 이는 성 역할이 엄격하게 제한되어 있으며 여성이 전통적으로 가정과 아이를 돌보는 일을 하는 사회에서 가장 흔히 볼 수 있다(이러한 성향은 재난이 발생하면 더욱 심해지는 경향이 있다). 이러한 문화권에서는 남자들이 재난 구호 물품을 받는 줄에 설 기회를 더 많이 가지며, 따라서 여성들(노인과 아이들도)은 이들에게 자신의 생존을 더욱 의존하게 된다. 여성이 과부이거나 편부모일 때, 그리고 배분되는 구호 물품을 얻을 능력이 없을 때 상황은 더욱 악화된다.

추가 연구

성에 대한 편견이 만연한 사회에 사는 사람들의 재난 취약성과 복구 역량에 대한 성의 영향을 평가하기 위한 많은 시도가 이루어져 왔다. 다음 보고서는 전 세계에 걸쳐 재난의 피해를 입은 여성들의 곤경에 밝은 빛을 비춰 주었다.

- 범미보건기구Pan American Health Organization의 자료표 "성과 자연 재난"
  http://www.paho.org/English/DPM/GPP/GH/genderdisasters.pdf
- 세계보건기구World Health Organization의 평가 자료 "재난 평가에 있어서의 성 문제"
  http://www.who.int/gender/other_health/en/gwhdisasterassessment.pdf
- 세계보건기구의 논문 "재난 시의 성과 건강"
  http://www.who.int/gender/other_health/en/genderdisasters.pdf

---

구호 활동에서 드러나는 불평등의 두 번째 형태는 계층에 대한 편견이다. 명백한 신분 제도를 지닌 사회에서 가장 뚜렷하게 나타나긴 하지만, 근본적인 민족과 인종의 차이도 같은 문제를 내포하고 있는 경우가 많다. 관련 기관이 그러한 영향력을 해소하기 위해 차별에 대해 잘 알고 있어야 이러한 형태의 편견을 피할 수 있다. 인도주의 기관들이 구호 활동에 있어 배분을 도울 현지 주민을 고용하는 경우가 많은데, 우연히 어떤 특정한 민족이나 사회 집단에 속한 사람을 고용하면 같은 민족이나 사회 집단을 따라 불공정한 배분이 이루어지곤 한다. 하지만 동시에 인도주의 기관들이 이재민 같은, CHE의 가장 많은 피해를 본 집단에 즉각적으로 초점을 맞추게 되면, 전체 원조의 지나치게 많은 비율이 이들에게 할당되는 바람에 절박한 상황에

재난관리론

처한 다른 집단이 소외당하는 경우도 생긴다.

많은 국제 대응 기구들은 편견과 관련된 이러한 복잡한 문제를 해결하기 위해 배분과 구호 시스템을 지속적으로 개발해 나가고 있다. 하지만 이러한 문제는 쉽지 않은데, 여성이나 어린이 같은 특정 집단을 중점적으로 돌볼 경우 역차별이 일어날 수 있다는 사실을 간과해서는 안 된다. 이러한 편견은 지원 활동을 하는 기관의 적법성과 공정함에 해를 입혀, 요구 사항을 해결하는 게 아니라 오히려 상황을 악화시키는 결과를 낳기도 한다(Maynard, n.d.).

네 번째 문제는 구호와 개발을 연결하는 역량의 중요성이다. 대응 기관들은 피해 국가를 돕는 데 있어 일시적으로 피해를 봉합하는 방식으로만 접근해서는 안 된다. 재난은 거의 대부분 오래되고 비효율적인 체제를 재건하고, 보다 힘 있고 회복 탄력성 높은 지역 사회로 나아가기 위해 정책을 개발하고 실천할 기회의 문이 되어 준다. 이러한 목표는 가장 전통적인 개발 단체의 목표와 일치하기 때문에 구호와 개발을 연결하는 것이 반드시 필요하다. 사회 기반 시설과 기본적인 사회 서비스를 완전히 재건해야 할 상황에서 기회의 문은 가장 크게 열린다. 이러한 재건 단계에서 교육과 정보의 교환이 이루어져야 하며, 반복되는 재난 완화를 위해 지역의 위험을 해소해야 한다. 이렇게 되풀이되는 재난은 한 나라의 개발을 상당히 지체시키는 결과를 낳으며, 따라서 이러한 문제를 완전히 해결해야 한 국가의 지속적인 발전 가능성을 높일 수 있다.

비판적으로 생각하기

• 구호 활동의 배분에 있어 평등과 관련된 문제가 개발도상국에서만 발생하는가? 아니면 모든 나라에서 일어날 수 있는가? 미국에서 구호 배분의 불평등이 있었던 시대를 예로 들 수 있는가?

• 구호 활동을 개발과 연결 짓는 것이 반드시 필요한 이유는 무엇인가? 재난 구호 활동이 수혜국을 더 의존적으로 만든다고 생각하는가? 아니면 더 독립적으로 만든다고 생각하는가? 질문에 답하고 이유를 설명해 보아라.

— UN

제2차 세계대전이 막을 내린 1945년, 51개국 대표가 평화를 지키기 위해 샌프란시스코에 모여 UN 헌장을 제정하고 UN을 설립했다. 같은 해에 이 헌장은 중국, 프랑스, 소련, 영국, 그리고 미국 등 5개 상임이사국과 다른 여러 나라의 비준을 받았다. 오늘날에는 192개국이 UN에 가입했으며, (독립국 헌법과 유사하며, 회원국의 권리와 책임을 명시한) UN 헌장은 세계 정책의 변화하는 요구를 반영해 필요에 따라 그때그때 수정되어 왔다.

UN 자체는 정부 기구가 아니며, 성문화된 법이 존재하는 것도 아니다. 하지만 자주적인 회원국들은 UN을 통해 분쟁을 해결하며, UN은 국제 정책을 개발하는 데 필요한 역량도 지니고 있다. 독립국에 어떤 결정이나 조치도 강제할 수 없지만, 이러한 공동 정책에 전 세계적인 이상이 자연스럽게 반영되므로 보통은 당연히 고려하지 않을 수 없다.

UN은 자체 기구와 연합 프로그램을 통해 전 세계 대부분의 국가에 지부를 두고 있으며, 회원국 정부와 협력 관계를 맺고 있다. UN의 업무 중 70% 이상이 개발 활동에 집중되어 있긴 하지만, 재난 완화, 대비, 대응, 그리고 복구를 포함한 다른 여러 가지 문제에도 사명감을 갖고 대처하고 있다. UN은 재난이 발생하면, 재난 구호 활동을 조정하고, 해당국 정부와 함께 복구와 재건 활동을 벌이기 위한 만반의 태세를 갖추고 있다. 이것은 주요 공공사업이 아직 진행 중이며 재난의 피해를 입은 사회 기반 시설과 경제를 되살려야 함에도 불구하고, 대응 역량이 금방 바닥나고 마는 개발도상국의 경우에 특히 그러하다.

재난이 발생하면, UN은 즉각적으로 대응하며, 식량, 대피소, 의료 지원 그리고 물류 지원의 형태로 지속적인 지원을 제공한다. UN의 긴급 구호 조정관Emergency Relief Coordinator은 UN 아동기금UN Children's Fund(UNICEF), UN 개발계획UN Development Programme(UNDP), 세계식량계획World Food Program(WFP), UN 난민고등판무관High Commissioner for Refugees(UN HCR) 그리고 재난에 따른 구체적인 문제에 맞춰, 이에 필요한 다른 연합체들을 비롯한 여러 인도주의적 기구의 위원회를 통해 재난에 대한 UN의

재난관리론

국제적 대응을 이끌어 나간다. 이러한 기관들 각각은 자연 재난이건 인적 재난이건 재난에 의해 발생한 고유한 필요 사항에 부응하기 위해 일한다.

UN은 또한 일상적인 개발 계획을 통해 대비와 완화 활동을 촉진시킨다. 조기 경보 시스템을 마련하고 감시와 예보를 일상화하게 함으로써, 지역의 대비 능력과 역량을 끌어올리기 위해 노력한다. 1990년대의 자연 재난 저감을 위한 10개년 국제 계획International Decade for Natural Disaster Reduction(IDNDR)의 결론으로, UN은 재난 감소와 위험 완화의 필요성을 널리 알리기 위해 핵심 임무의 일부로 '재난 감소를 위한 국제 전략International Strategy for Disaster Reduction(ISDR)'을 채택했다. UN은 인간적, 경제적, 사회적 손실을 줄이기 위해 자연적인 위험 요인에 대한 전 세계적인 회복력을 증진시킬 목적으로 다음을 추구한다.

- 대중 인식의 증진
- 공공 기관의 헌신 이끌어 내기
- 여러 분야 간 그리고 여러 학문 분야 간 협력 관계를 촉진하고, 모든 차원에서 위험 감소 네트워크를 확장해 나가기
- 자연 재난의 원인, 자연적인 위험 요인의 영향, 그리고 이와 관련해 사회에 미치는 기술적 · 환경적 재난에 대한 과학적 연구 촉진하기

이러한 전략은 국가 기관과 지역 정부를 통해 가장 취약한 지역 사회에서 이루어지고 있다. 완화와 대비 전략은 대중 인식 캠페인, 공공 기관의 헌신, 분야 간 조정과 의사소통 그리고 기술 지식 이전을 통해 사회의 모든 차원에서 실행되어야 한다.(관련 비디오: 〈마가레타 왈스트롬의 재난 위험 감소Margareta Wahlstrom on Disaster Risk Reduction〉, http://www.youtube.com/watch?v=Wg_Ts9MjAYk).

── UN 개발계획

UN 개발계획(UNDP)은 개발도상국에 대한 개별적인 투자에 대해 조사하고, 이들 국

가의 자연 자원을 조사하며, 이곳의 인력에게 개발 기술(광산업이나 제조업 같은)을 교육시키기 위해 UN 10개년 개발 기간 도중인 1965년 설립되었다. 개발의 개념과 실행이 확대되면서, UNDP는 해당국과 UN에 대해 전반적으로 훨씬 더 큰 책임을 지게 되었다.

UNDP는 원래 국제 재난 관리와 인도주의적인 재난의 최전선에 선 기구는 아니었는데, 이는 UNDP가 (이전에는 재난 관리의 가장 중요한 사항으로 여겨졌던) 구체적인 재난 대응 체제에 초점을 맞추기보다는 국가적인 역량을 끌어올리는 데 역점을 두었기 때문이다. 하지만 완화와 대비가 당연한 주목을 받으면서, UNDP는 반드시 필요한 위험 감소 역할에 대한 인식을 끌어올리는 데 기여했다. 국가적 역량을 키우는 것은 궁극적으로 외국의 원조 없이 중대한 문제들을 더 잘 해결할 수 있게 하는 권한을 해당국에 주는 것으로, 언제나 UNDP의 중심적인 사명이었다.

대규모 인구에 피해를 입히고 심각한 경제적 손실을 입히는 재난이 빈발하면서, 국제 재난 관리에 사람들의 관심이 쏠리게 되었다. UNDP가 일했던 개발도상국들은 이러한 재난에 대한 대비와 대응에 무능한 모습을 보여 왔다. UNDP의 계획은 완화와 대비 역할을 간접적으로 충족시키기 위한 활동으로 옮겨 가는 것이었다. 예를 들어, 정부 기관을 강화하기 위한 프로젝트는 재난을 맞아 적절하고 효율적인 정책과 권한 그리고 리더십을 갖고 대응하는 정부의 역량도 향상시키게 마련이었다.

UNDP는 내전과 복합적인 인도주의적 재난(CHE)뿐 아니라, 개발도상국에서의 자신들의 임무에 재난 관리도 포함시켜야 한다는 사실을 깨닫고 있다. UNDP의 임무에서 발췌한 것처럼, UNDP의 이상과 인도주의적 재난을 완화하고 관리하는 구체적인 목적을 지닌 기관들의 이상은 상당히 흡사하다. 몇 가지 예를 들어 보면 다음과 같다.

- UNDP는 개발이 평화와 인간의 안전을 위한 추구와 별개의 것이 아니며, UN은 평화뿐 아니라 개발도 강하게 추진해야 한다는 원칙에 헌신한다.
- UNDP의 임무는 빈곤 퇴치에 최우선순위를 두고, 빈곤 퇴치, 고용 창출, 지속

적인 생계 수단, 여성에 권한 부여, 환경 보호와 재생산이 가능한 개발 프로그램을 계획하고 수행하기 위한 자체 역량을 기르게 하는 것으로써 지속 가능한 인간의 발전을 성취하려는 나라의 노력을 돕는 것이다.

- UNDP는 UN의 구호 기관과 효율적인 협력 관계를 맺어, 이들 기관이 생명을 구하기 위해 노력할 때 생계 수단을 제공하기 위해 노력한다. 또한 이들 나라가 복합적인 재난을 피하고 이것에 대비하며 관리하는 것을 돕는다.

- UNDP는 개발도상국끼리 경험을 나누도록 적극적으로 도움으로써 이들이 (개발에 대해) 서로 협조하도록 돕는다.

UNDP는 재난에 대한 취약성이 사회 기반 시설의 결핍이나 미흡, 형편없는 환경 정책, 토지 오용, 그리고 재난 취약 지역에서의 인구 증가와 관련이 있다고 본다. 일단 재난이 발생하면, UNDP가 향상시키기 위해 노력해 왔던 한 나라의 국가적 발전이 몇 년 또는 몇십 년 뒤로 후퇴할 수도 있다. 저개발 국가에서는 중소 규모의 재난도 '이미 취약한 국가 경제에 누적된 영향을 미쳐, 국제적으로 널리 알려진 대규모 재난과 같은 심각한 누적 효과를 낼 수 있다'(SARPN, n.d.). UNDP의 목적은 '재난 위험을 지속적으로 감소시켜, 개발 지역을 보호하고 재난으로 인한 인명 손실과 생계 수단 상실을 줄여, 재난 복구가 인간 사회의 지속적인 발전을 견고히 하도록 기여하는' 것이다(UNDP, n.d.).

1995년 인도주의적 구호에 대한 UN의 접근 방식이 달라지면서, 재난 대응에 대한 이 기구의 역할을 늘리기 위해 UNDP 산하에 비상대응과Emergency Response Division(ERD)가 설립되었다. 이에 더해 ERD의 팀이 특별한 상황에 신속하게 대응할 수 있도록 UNDP 예산의 5%가 할당됨으로써 관료적인 지체를 대폭 줄일 수 있었다. ERD는 해당 국가의 정부, UN 기관, 기부자, 그리고 NGO 사이에 협조적인 체제를 만들기 위해 설립되었으며, 그럼으로써 재난에 즉각적으로 대응하고, 의사소통을 도모하며, 재난 관리 직원의 이동과, 구호 물품 및 장비를 분배하는 일을 한다. 이 기구는 또한 재난 피해를 입은 국가에 30일 동안 파견되어, UNDP 대응의 기반

이 되는 상세한 대응 계획을 세운다.

1997년 UN 개혁 프로그램의 일환으로, 인도주의적 업무 조정을 위한 UN 사무국의 완화와 대비 책임이 긴급 구호 조정관에서 UNDP로 정식 이관되었다. UNDP는 재난 대응을 할 때, ERD 내에 재난 감소 및 복구 프로그램Disaster Reduction and Recovery Programme(DRRP)을 만들어야 한다. UNDP는 그 직후에 다시 한 번 조직을 재정비하면서, 대응 이외의 다양한 문제를 해결하는 중요한 임무를 가진 재난 예방 및 복구국Bureau of Crisis Prevention and Recovery(BCPR)을 설립했다. 대응 이외에, 재난 예방 및 복구국의 임무는 다음과 같다.

- 자연 재난 저감
- 지뢰 대책 활동
- 정의와 안보 부문의 개혁
- 복구
- 내전 예방과 평화 구축
- 휴대용 총기와 군사 동원 해제

BCPR은 UNDP의 회원국 대표를 도와, 보다 신속하고 효율적인 재난 대응과 복구 절차를 가동하고 제공할 준비를 한다. 또한 구호에서 개발로 옮겨 갈 때 UNDP 가 적극적인 역할을 하도록 돕는 일도 한다. UNDP의 재난 관리 활동은 위험 및 취약성과 관련된 개발, 그리고 재난 관리의 4단계 모두에서 역량을 강화하는 기술 지원에 중점을 둔다.

UNDP는 BCPR 내부에 재난저감단Disaster Reduction Unit(DRU)을 두었는데, DRU 는 일곱 명의 제네바 상주 직원과 방콕, 나이로비, 뉴델리, 그리고 파나마에 있는 네 명의 지역 재난 저감 자문위원으로 이루어져 있다. DRU는 재난의 위험을 줄이고 UNDP와 함께 일하는 나라에 지속적인 복구를 가능하게 하기 위해 일한다. DRU 는 새로운 개발 계획에 이미 드러난 위험 요인을 포함시키도록 하고, 재난 피해를 줄이고 개발 이익을 보호하며, 위험 감소가 재난 복구 과정에 포함되도록 함으로써, 국가와 지역 역량의 강화를 도모한다. DRU는 UNDP 회원국이 이러한 목적을 이루기 위한 재난 저감 전략과 역량 강화 프로그램을 계획하고 실행하도록 기술 및 재정 지원을 제공한다.(관련 비디오: 〈아이티, 재난에서 개발로Haiti: Disaster to Development〉. http://www. youtube,com/watch?v=gJAL9qJ1rI8.)

─ UNDP 복구단

내분과 재난을 겪은 나라는 결국 (그리고 가능한 한 빨리) 대응에서 복구로 나아가야 한다. 사회 기반 시설과 서비스망이 폭넓게 파괴된 상태이므로, 많은 나라가 복구 과정의 수많은 어려움과 다양한 요구 사항을 혼자 힘으로 해결하지 못한다. 떠난 사람들과 이재민이 거의 돌아오지 못한 데다 경제는 파괴되거나 큰 피해를 입은 상태이다. (BCPR 내부의) 복구단Recovery Unit은 재난의 대응 및 구호 단계가 끝났지만, 복구는 완전히 시작되지 않은 단계(때로는 '조기 복구 단계'라 부르기도 하는)에서 일을 시작한다.

복구단은 복구 프로그램으로의 이전을 통해, 재난 후에 정상적으로 맞닥뜨리게 되는 수많은 문제를 해결한다. 이 프로그램은 재난 상황으로 돌아가는 것을 막기 위해 정부와 지역의 재건 및 복구 역량을 북돋우는 역할을 한다. 복구의 구성 요소인 지속적인 위험 감소는 이러한 임무 중 가장 중요한 부분이다. UNDP는 위험 관리와 감소에 있어 지역 전문가들이 별 도움이 안 될 수도 있으며, 자신들이 제공하는 기술 지원이 해당 지역 사회가 미래의 재난에 대한 회복 탄력성을 높이는 유일한 방법일 수 있다는 사실을 알게 되었다. 이 프로그램은 30년간의 내전을 겪은 캄보디아, 2001년 내전 이후의 아프가니스탄, 2001년 지진 이후의 인도 구자라트, 26년간의 내전을 겪은 2010년 스리랑카 등 많은 나라의 복구 과정에서 그 효율성이 입증되었다. UNDP 복구단의 구체적인 활동은 다음과 같다.

- 복구를 위한 필요 사항에 대한 조기 평가 및 통합된 복구 체계 설계
- 지역에 기반한 개발과 지역 정부 프로그램에 대한 지원 및 계획 수립
- 국내 이재민Internally Displaced People(IDPs), 돌아온 피난민, 전직 전투원을 위한 포괄적인 재통합 프로그램 개발
- 지역과 국가 차원에서의 경제 회복 지원

• 국내 역량 강화, UN 시스템 조정, 자원 동원 및 협력 관계 구축을 위한 지원

이러한 복구의 우선순위에 부응하기 위해 복구단 내에 5개 지원 업무가 개설되었다. 이는 BCPR과 복구단에서 지원을 제공할 수 있는 분야를 밝히고, UNDP 회원국의 기관과 UNDP/UN의 다른 기관들을 돕기 위한 것이다. 이들이 벌이는 지원 업무는 다음과 같다.

• 복구를 위한 필요 사항 조기 평가 및 통합된 복구 체계 설계
• 지역에 기반한 개발과 지역 정부 프로그램에 대한 지원 및 계획 수립
• 국내 이재민(IDPs), 피난민, 전직 전투원을 위한 포괄적인 재통합 프로그램 개발
• 경제 회복 및 활성화를 위한 지원
• 역량 강화, 조정, 자원 동원 및 협력 관계 구축을 위한 지원

복구 활동에 지원이 필요할 때, 복구단은 피해국에서의 UNDP 활동을 추가하기 위해 특별 전환복구팀Transition Recovery Team(TRT)을 배치한다. 이 팀은 구체적인 요구에 따라 다양하게 운영된다. 예를 들어, (국경을 넘는 전직 전투원과 이재민의 재통합과 같은) 이웃 국가와 연결된 문제가 있을 때, TRT는 복구를 위한 소구역적 접근을 지원한다.

UNDP가 CHE의 평화 유지 대응 활동에서 중요한 역할을 하는 것은 아님을 명심해야 한다. 그보다 UNDP는 구호와 연결된 개발을 지원하는 역할을 주로 한다. 또한 UNDP는 복구와 재건 과정에서 다른 기관을 이끄는 역할도 한다. 방금 언급한 역할 및 책임에 더해 여러 개 중개 기관의 실무단을 이끌기도 한다. (세계식량기구(WFO), 세계보건기구(WHO), 식량농업기구Food and Agriculture Organization(FAO), UN 인구기금UN Population Fund, 유니세프UN International Children's Emergency Relief Fund(UNICEF)의 대표로 구성된) 이러한 실무단은 재난 위험을 공동 국가 평가Common Country Assessment(CCA) 및 UN 개발 지원 체계UN Development Assistance Framework(UNDAF)에 통합시키기 위한 원칙과 지침을 개발한다. 위험, 취약성, 그리고 재난 영향 평가에 대한 재난 저감 실무단을 위한 국제 전

략팀이 사회적 피해를 평가하는 지침을 설정한다. UNDP는 또한 중앙아메리카에서 재난 관리 교육 프로그램을 조정하며, '복구와 재난 저감 과정에서 빈민을 위한 소액 금융 지원과 소액 대출 활용'에 관한 국제학술회의를 개최하고, 빈민들이 재난 감소를 관리할 수 있도록 재정적인 도구를 알리는 프로그램도 만들었다.

UNDP가 자연 재난과 인적 재난의 완화, 대비, 그리고 복구에 있어 자신들의 역할을 성공적으로 완수하는 몇 가지 이유가 있다. 첫째, 해당 국가에 사무국을 상주시킴으로써 대부분의 정부 기관과 긴밀한 관계를 맺으며, 조정, 계획 수립, 감시 그리고 교육과 관련된 활동을 지속적으로 벌인다. 둘째, UNDP는 개발과 관련된 UN의 여러 기관을 조정하는 역할을 함으로써, 재난 상황이 발생하면 이러한 기존의 기관들이 안정된 기반 역할을 하여 이들을 이끌어 나갈 수 있다. 셋째, UNDP는 외국 정부나 개발 은행과 같은 기부자들을 노련하게 다루어 재난 구호와 복구 기간에 쏟아져 들어오는 지원을 잘 처리한다. 이러한 점은 부패를 줄이고, 생성된 기금의 비용 효율성을 증가시키는 데 크게 기여하고 있다. 최근의 몇몇 사건에서 UNDP는 거대 기부자들의 기여를 관리하기 위해 공식적인 기금을 설립했는데, 이 기금은 재난 후의 장기적인 재건 노력에 사용되고 있다.

━ UN 인도적 지원 조정국

1991년 이전에는 UN 재난 구호 조정관이 자연 재난을 관리하고, UN 사무총장의 특별 대표단이 복합적인 인도주의적 재난(CHE)을 조정했다. 하지만 1991년 12월 UN의 46/182 결의안이 채택되면서, 이 두 역할이 비상 구호 조정관Emergency Relief Coordinator(ERC)으로 합쳐졌다. 그 직후에 인도주의 사무국Department of Humanitarian Affairs이 설립되고 ERC는 인도주의적 업무를 위해 사무총장 직속 기구로 위상이 올라갔다. 1998년 UN 사무총장의 프로그램 개혁에 따라 UN의 인도적 지원 조정국 Office for Coordination of Humanitarian Affairs(UNOCHA)이 인도주의 사무국을 대신하게 되었다. UNOCHA는 재난 피해자의 요구에 부응하기 위해 설립되었는데, 재난 관리에 있어 (어느 한 기관의 역량과 권한을 넘는 재난 상황에서) UN의 지원을 조정하는 특별한 역할을 한다. UNOCHA의 재난 대응은 다음의 주요한 세 범주로 나누어진다.

- 국제적인 인도주의적 대응의 조정
- 인도주의 공동체를 위한 정책 개발과 지원 제공
- 구호의 전반적인 방향에 복구와 평화 구축의 일반적인 가치를 반영하도록 하기 위한 인도주의적 문제의 고양

UNOCHA의 업무는 뉴욕과 제네바, 그리고 이 분야에서 일하는 거의 1,900명에 달하는 직원들이 수행한다. UNOCHA의 2013년 예산은 2억 7,044만 3,000달러로, 이는 UN 정규 예산의 5%를 약간 넘는 금액이다. 나머지 95%는 '추가 예산 자원'으로부터 오는데, 이는 대부분 회원국과 기부 단체의 기부금으로 채워진다.

UNOCHA의 실장인 인도주의 업무 담당 사무차장/UN 비상 구호 조정관은 기구 간 상임이사회Inter-Agency Standing Committee(IASC)를 통해 UN의 재난 대응 업무를 조정한다. IASC는 UN 안팎의 인도주의 지원 단체의 지도층으로 구성되며, 효율성을 극대화하고 중복을 최소화하여 공동 대응하기 위해 비상 시나리오를 분석한다. ERC는 UN의 상근 조정관을 돕고 현장 조정관을 늘리는 기관들을 이끌기 위해 UN 전체로부터 인력을 적절하게 배치하는 일을 한다. 2007년 3월, UN 사무총장은 노르웨이의 얀 에겔란트Jan Egeland의 뒤를 이어 영국의 존 홈스John Holmes를 인도주의 업무 담당 사무차장 및 UN 비상 구호 조정관으로 임명했다. 2010년 9월에는 발레리 아모스Valerie Amos가 존 홈스의 뒤를 이었다.

UNOCHA의 재난 대응 시스템은 자연 재난과 기술 재난 발생을 감시한다. 이 시스템은 재난 사후 평가 실시는 물론, 재난이 발생하기 이전에 교육 평가팀을 구성한다. 재난이 발생하면, UNOCHA는 대응 체제를 발동시키고, 국제적인 대응 공동체에 자세한 정보(피해 평가, 이미 취해진 조치, 필요 사항 평가, 현재 제공되고 있는 지원 등)를 제공하기 위한 상황 보고서를 제출한다. 필요한 경우, UNOCHA는 구호 활동 조정을 돕고 피해와 필요 사항을 평가하는 UN 재난 평가 조정팀을 배치하기도 한다.

불가피하게 재난이 발생했거나 이미 상당히 진행된 경우, ERC는 IASC와 협의 하에 인도주의 조정관Humanitarian Coordination(HC)을 배치하는데, 이 조정관은 재난 현 장에서 UN 인도주의 담당 업무의 최고위급이 맡는다. HC는 ERC에 대해 직접적 인 책임을 지며, 그럼으로써 신속하고 효율적이며 잘 조정된 인도주의적 지원이 제 공될 가능성을 높인다. 대개 사건에 장기적인 인도주의적 도움이 필요한 경우 HC를 임명한다. HC를 임명할 것인지를 결정하는 데 있어, ERC는 다음의 필요 사항에 대 한 인식을 기준으로 활용한다.

- 피해를 입은 사람들에게 접근하는 것을 포함해, 인도주의적 대응을 전달하기 위 한 집중적이고 광범위한 정치적 관리, 중재, 그리고 조정
- 하나의 국가 기관을 넘어 다양한 참여자들의 조치가 요구되는 막대한 인도주 의적 지원
- UN 안전보장이사회인 경우가 많긴 하지만, 외부로부터의 고강도의 정치적 지원

때로는 엄청나게 많은 수의 대응 기관을 조정하고 지역의 긴급 대응팀을 돕기 위해 현장 업무 조정 센터On-Site Operations Coordination Center(OSOCC)를 현장에 설립하 기도 한다. UNOCHA는 UN 대응 기관의 요청이 있으면, 손상을 입었거나 적절한 수준으로 이루어지지 않는 의사소통 역량을 복구한다. UNOCHA는 일반적으로 구 호 활동이 대응에서 복구 단계로 넘어갈 때 임무를 종료한다.

전반적으로 UNOCHA는 IASC가 세운 체제와 정책을 통해 대응과 복구 활동 을 최대화하고 중복과 비효율성을 최소화하기 위해 인도주의적 업무를 조정한다 (UNOCHA, 2005).

- 공동 전략 개발   • 상황과 필요 사항 평가
- 조정 회의 소집   • 자원 동원

- 공동 문제 해결　　　　　　　• 조정 메커니즘과 수단 관리

　　UNOCHA가 활용하는 인간적, 기술적, 물류적 자원은 제네바의 현장 조정 지원팀이 관리한다. 이러한 자원은 주로 덴마크와 노르웨이 난민 협의회, 덴마크 재난관리청, 스웨덴 비상구조청, 영국 해외개발청의 비상 보급관리팀이 제공한다.

• 비상 구호 조정관

인도주의 업무 담당 사무차장 및 비상 구호 조정관은 재난 관련 문제에 대해 UN 사무총장을 자문하며, 인도주의 업무에 관한 집행 위원회Executive Committee on Humanitarian Affairs(ECHA)의 위원장을 맡고, IASC를 이끈다. 이 조정관은 비상 구호 부조정관Deputy Emergency Relief Coordinator(DERC)의 도움을 받으며, 주요한 조정, 정책, 관리 문제에 대한 책임을 진다.(관련 비디오: 〈인간의 안전, 복합적인 위협에 대한 새로운 대응Human Security: A New Response to Complex Threats〉. http://www.youtube.com/user/UNOCHAfilms. 〈파키스탄 홍수 이후의 재건에 대한 희망Restoring Hope After the Floods in Pakistan〉. http://www.youtube.com/watch?v=A3ybDyLYXeg.)

• 기구 간 상임이사회(IASC)

IASC는 UN의 46/182 결의안에 의해 1992년 설립되었다. IASC는 UN과 비UN 인도주의 협력 기관들(UN의 인도주의 기관들, 국제 이민 기구, 국제적인 주요 NGO의 세 기구 연합, 그리고 적십자 운동 등)의 폭넓은 관계 속에서 중심 기구 역할을 하며, 재난으로 인해 발생한 인도주의적 요구에 부응하기 위해 일한다. IASC의 주요 역할은 모든 종류의 재난과 비상 상황에 잘 조직화되고 효율적인 대응을 하기 위한 인도주의 정책을 만드는 것이다. IASC의 주요한 목적은 다음과 같다(UNOCHA, 2005).

- 모든 조직에 걸친 인도주의 정책을 개발하고 협의한다.
- 여러 기관에 인도주의 프로그램에 대한 책임을 할당한다.
- 모든 인도주의 활동에 대한 공통적인 윤리의 틀을 마련하고 협의한다.

　　　　　　　　　　　　　　　　　　　　　　　재난관리론

- IASC 이외의 단체에 대해 공통적인 인도주의 원칙을 지지한다.
- 권한의 공백이나 운영 역량의 결핍이 있는 분야를 밝혀낸다.
- 모든 조직에 걸친 인도주의적 문제에 대해 인도주의 기관들 사이의 논쟁과 의견 불협화음을 해결한다.

• 인도주의 업무에 관한 집행 위원회(ECHA)

인도주의 업무에 관한 집행 위원회(ECHA)는 인도주의 업무에 관한 일을 하는 UN 기관들 사이의 조정을 도모하기 위해 UN 사무총장이 설립했다. ECHA는 인도주의에 관한 협의에 정치적이고 평화 유지적인 깊이를 더하기 위해 뉴욕에서 매달 한 번씩 회의를 개최한다.

• UNOCHA 공여국 협력과

통합 심사 과정Consolidated Appeals Process에서 2003년 분리되어 나온, UNOCHA 공여국 협력과Donor Relations Section(DRS)는 공여국들의 모든 관계, 특히 기금 관련 문제에 있어 구심점 역할을 한다. DRS는 공여국과의 상호 작용 및 자원 동원과 관련된 정책 문제에 대해 고위 관리팀에 조언한다. 뿐만 아니라, 모든 UNOCHA 기관과 공여국, 그리고 본부와 현장 사무실 간의 상호 작용을 촉진하는 역할을 주로 한다.

• 협력대응부

협력대응부Coordination and Response Division(CRD)는 뉴욕에 있는 인도주의 비상지원지부Humanitarian Emergency Branch와 제네바에 있는 대응협력부가 통합하여 2004년 설립되었다. CRD는 ERC, UN상근/인도주의 조정관 그리고 UNOCHA 현장 사무소에 재난과 관련된 방향, 지침, 그리고 (필요에 따른 추가 인력 배치 또는 재난 시의 현금 지원을 포함해서) 지원을 제공할 책임이 있다.

• UNOCHA 비상 구호 지부

제네바에 있는 UNOCHA 비상 구호 지부Emergency Services Branch(ESB)는 국제적인 인도주의적 지원의 제공을 촉진하기 위해 설립되었다. ESB는 UNOCHA의 국제적인 신속 대응 '수단' — 재난 피해를 입은 나라를 돕는 인도주의적 지원을 촉진하기 위한 전문 지식과 시스템 및 서비스 — 의 배치를 개발하고 동원하며 조정한다. ESB의 인도주의 대응 활동에는 재난 대응 및 평가에 대한 조정(UNDAC), 국제적인 도시 지역의 수색과 구조 기준 설정(INSARAG), 그리고 OSOCC의 설립이 포함된다.

현장 협력지원과Field Coordination Support Section(FCSS)는 피해국 정부와 UN 상근 조정관이 '비상대기 역량'을 개발하고 대비하며 유지할 수 있도록 지원하기 위해 1996년 ESB 내부에 설립되었다. 이러한 비상 대기 역량은 갑자기 발생한 재난의 필요 사항에 대한 신속한 평가와 조정을 위해 긴급 배치를 하기 위한 것이다. 이 FCSS는 다음 사항을 포함한 국제 재난 조정과 협력을 향상시키기 위해 몇 개의 프로그램과 사무국을 관리한다.

- UN 재난 평가 조정팀(United Nations Disaster Assessment and Coordination(UNDAC). UN-DAC 팀은 UN 회원국 정부, UNOCHA, UNDP, 그리고 (WFP, UNICEF, WHO 같은) UN의 인도주의 관련 기관이 선발하고 자금을 지원하는 재난 관리 전문가들로 이루어져 있다. 이 팀은 필요성 평가를 신속하게 하고, 국제 구호 활동을 조정하는 데 있어 국가 기관과 UN 상주 조정관을 지원하는 일을 한다. UNDAC 팀은 몇 시간 이내에 배치될 수 있도록 상시 대기 상태에 있다.
- 국제 수색 구조 자문단International Search and Rescue Advisory Group(INSARAG). IN-SARAG는 도시 지역의 수색과 구조 및 재난 관련 대응 문제를 관리하는 UN 내 정부간 네트워크이다. 이 자문단은 정보 교환을 촉진하고, 국제적인 도시 수색 구조(USAR)의 기준을 정의하며, 지진 대응에 있어 국제적인 조정과 협력을 위한 방법을 개발한다.
- 가상 현장 운영 협력 센터Virtual On-Site Operations Coordination Centre(Virtual OSOCC).

인터넷의 발달로, 인터넷이 연결되는 곳에서는 인도주의적 구호 기관들이 재난 관련 정보를 지속적으로 그리고 동시에 공유하고 교환하는 일이 가능해졌다. 이 가상 OSOCC는 NGO 및 대응 정부와 정보 교환을 촉진하기 위해 UNOCHA가 관리하는 정보의 중심 저장소이다. 정보는 상호적인 웹 기반의 데이터베이스에 저장되며, 따라서 사용자들은 기존 정보에 의견을 밝히고, 다른 이해 당사자와 관심사에 대해 논의할 수 있다.

- (재난 대응 근무자 명단을 포함한) 신속 역량 프로젝트Surge Capacity Project. UNOCHA의 신속 역량 프로젝트는 갑작스러운 재난 발생에 의한 피해국의 필요 사항을 해결하기 위해 직원과 물자를 신속하게 동원하고 파견할 수단과 자원을 언제나 보유하기 위한 프로젝트이다. 비상 대응 근무자 명단Emergency Response Roster(ERR)은 2002년 6월부터 실행되었는데, 초기 조정 메커니즘을 평가하고 설립하기 위해 갑자기 발발한 재난 현장으로 UNOCHA의 직원들을 신속하게 배치하기 위해 만들어졌다. ERR에 포함된 직원들은 UNDAC 모델을 기반으로 한 배치 방법론에 따라 봉사를 요청받은 지 48시간 이내에 배치된다. 근무자들은 한 번에 두 달 동안 봉사한다.

1995년 IASC에 의해 설립된 군민 방위단Military and Civil Defense Unit(MCDU)은 군대와 민간 방위 자산을 제공하는 인도주의적 기관들을 지원한다. MCDU는 민과 군의 조정 과정을 담당하고 주요한 인도주의적 재난 훈련에 UN의 참여를 조정한다. MCDU는 UN 중앙 기록부를 관리하는데, 이것은 인도주의적 대응에 필요한, 비상 업적이며 정부 소유인 기타 자원에 관한 데이터베이스로, 모든 장비와 물품, 전문가 팀 그리고 재난 대응 접촉이 포함된다.

물류지원단Logistics Support Unit(LSU)은 재난으로 피해를 입은 지역에 즉각적으로 파견할 수 있는 기본적인 구호 물품을 대량으로 관리한다. 이 비축분은 이탈리아 브린디시Brindisi에 있는 UN의 인도주의적 대응 창고에 보관되어 있으며, UN 회원국 정부에서 기부한, 식량과 의료품이 아닌 물품들(대피소, 정수기, 용수 공급 시스템 그리고 가정

^{용품 등})이 보관되어 있다. LSU는 비상 구호 항공기를 신속히 배치하기 위해 만일의 사태에 대한 계획을 수립하고 (WFP, WHO, UNHCR, IFRC, ICRC 같은) 다른 인도주의 기관과 물류 문제를 논의하는 등 기타 물류상의 과제에 관여한다. LSU는 UN 공동 물류센터의 운영에 참여하고, 구호 물품을 추적하며, 공중 작전을 위한 공동 절차를 설립하기 위해 UN 전반의 시스템을 구축하기 위한 노력을 공동 후원한다. 마지막으로 LSU는 비축 물품과 (구호 물품을 신속하게 전달하는 데 도움이 되는) 세관 간소화 협약과 관련된 CRR에 정보를 전달한다.

환경재난과^{Environment Emergencies Section}나 UN 환경계획(UNEP)/UNOCHA 합동 환경단은 환경적인 재난과 비상 상황을 겪고 있는 나라에 국제적인 지원을 제공하는 통합된 UN 재난 대응 메커니즘을 제공한다. 이 합동 단체는 비상 지원과 대응 자원을 신속하게 동원해 환경 재난과 자연 재난으로 환경에 상당한 피해를 입은 국가에 전달한다. 이 합동 단체는 다음을 포함한, 신속하고 잘 조정된 재난 대응을 촉진하기 위해 넷 가지 주요 기능을 수행한다.

- 감시
- 통보
- 중개
- 정보 센터
- 지원 동원
- 평가
- 재정 지원

• UNOCHA의 대비와 완화 수단

UNOCHA가 인도주의적 비상 대응을 조정하는 데 주된 역점을 두고 있음에도 불구하고 이 기관은 위험 감소 기능도 수행한다. 예를 들어 UNOCHA 대표는 인도주의 대응 네트워크가 재난에 대비하고 대응하는 방법을 향상시키는 데 목적을 둔 공동 정책을 개발하기 위해 인도주의적 기관들과 함께 일한다. UNOCHA는 또한 취약성을 줄이기 위해 회원국들 사이의 대비와 완화 노력을 촉진하는 일도 한다. CRD와 ESB는 과거의 재난 대응으로부터 배운 교훈을 적용하고 각국 정부와의 협업 관계를 증진시키기 위해 다양한 프로젝트 및 활동과 관련해 UN의 개발 프로그램, 필요에 따라 UN의 다른 프로그램, 그리고 외부 조직과 긴밀하게 협조한다.

UNOCHA의 제네바 사무국은 발생 가능성이 있는 재난에 대한 조기 인식이나 통보를 위해 중요한 뉴스를 전달할 뿐 아니라, 지질학적이고 기후학적인 상황을 지속적으로 감시한다. UN의 상근 조정관, 외교팀 그리고 지역 재난 대응 자문가들과 함께 일하는 UNOCHA는 재난 발생에 앞서 그리고 그동안, 재난 발생 가능성이 있는 나라들과 긴밀한 관계를 유지한다. UNOCHA의 지역 재난 대응 자문가들은 기술적이고 전략적이며 교육적인 지원을 제공하기 위해 각국 정부와 함께 일한다. UNOCHA는 또한 국제 재난 관리 역량을 향상시키기 위해 다른 UN 기관 및 지역 단체에 이 같은 지원을 제공한다.

• UNOCHA의 정보 도구와 서비스

정보는 분명 재난 관리의 중요한 부분이며, 시의적절하고 정확한 정보만이 이용 가능하다. 이것은 조기 경보 및 재난 예방 계획에 있어 특히 그러하다. UNOCHA는 인도주의 노력을 지원하는 몇 가지 정보 관리 활동을 하며, 정보를 수집하고 분석하며 전파하고 교환하기 위한 시스템을 제공한다. 이러한 기능은 조기 경보와 비상 계획 수립 기관, 구호 웹 프로젝트, 현장 정보 지원 프로젝트, 통합 지역 정보 네트워크 등에 의해 공동으로 수행된다.

── 경제 · 사회 협력부(DESA)

경제 · 사회 협력부Department of Economic and Social Affairs(DESA)는 재난 관리를 해결하는 사무국 내의 또 다른 부서로, 주로 사전 재난 역량 강화에 관여한다. DESA는 다음 세 가지 일반 영역에서 다양한 문제를 해결한다.

- 폭넓은 경제적, 사회적, 환경적 자료와 회원국이 공통 문제를 점검하고 정책을 평가하는 데 활용한 정보를 수집하고 작성하고 분석한다.
- 진행 중이거나 곧 발생할 세계적인 과제를 해결하기 위해 공동 실행 과정에 대해 회원국의 수많은 정부 간 기구의 협상을 촉진한다.

• 기술 지원을 통해 UN의 개발 정책 체제를 국가 차원의 프로그램으로 변모시켜 국가적인 역량을 끌어올리도록 각국 정부에 조언한다.

이것은 DESA가 지속적인 개발을 위한 부서에서 재난 관리 활동을 하는 마지막 영역이다. 이러한 노력의 일환으로 DESA는 남아프리카 요하네스버그에서 열린 2002년 지속 가능한 발전에 대한 세계 정상회담 기간 동안 실행 계획을 작성했는데, 재난과 취약성 감소를 위한 헌신이 포함되었다.

UN 지역 개발 센터UN Centre for Regional Development(UNCRD)는 재난 관리 문제를 다루는 DESA의 또 다른 부서이다. 일본 나고야의 본부와 케냐의 나이로비 그리고 컬럼비아의 보고타에 있는 지부를 통해, UNCRD는 지역 개발 문제에 관한 교육과 연구를 지원하고, 정보의 전파와 교환을 촉진시킨다. UNCRD는 일본 효고 현에 재난 관리 계획국을 두고 있는데, 이곳에서 개발도상국의 재난 관리에 대한 계획 수립과 역량 강화를 위한 연구를 진행하고, 지역 사회에 기반을 둔 지속 가능한 프로젝트를 개발한다. 효고 지부에서 진행 중인 프로젝트에는 알제리, 인도네시아, 네팔, 페루에서의 주택 지진 안전 계획, 그리고 피지, 인도, 인도네시아, 우즈베키스탄에서의 학교 지진 안전 계획이 있다.

━ 지역 위원회

경제 사회 평의회Economic and Social Council 안에는 5개의 지역 경제 위원회가 있다. 이 지역 위원회 사무국은 UN 사무국의 일부이며, (방금 언급한 재난 관리 기능을 포함해서) 같은 기능을 수행하는 경우가 많다. 이 5개 위원회는 전 세계에서 더 큰 경제 협력을 도모하고 경제 사회적인 개발을 증진시키는 일을 한다. 재난 관리에 중점을 둔 프로젝트를 시작하고 관리하는 것도 이들의 임무이다. 이러한 프로젝트는 주로 재난 대비와 완화에 관한 것이며, 이들은 경제 사회 복구에 적절한 위험 저감 조치가 포함되도록 재난 피해 지역에서 일하기도 한다. 5개의 지역 위원회는 다음과 같다.

- 아시아 태평양 지역 경제 사회 위원회(ESCAP) — http://www.unescap.org

- 라틴아메리카와 카리브 해 지역 경제 위원회(ECLAC) — http://www.eclac.cl/

- 유럽 경제 위원회(ECE) — http://www.unece.org/

- 아프리카 경제 위원회(ECA) — http://www.uneca.org/

- 서아시아 경제 사회 위원회(ESCWA) — http://www.escwa.org.lb

━ UN 아동 기금

다른 주요한 UN 기관들이 그러하듯, UN 아동 기금(전에 UN 국제 아동 비상 기금으로 알려졌던 UNICEF)도 제2차 세계대전 이후에 설립되었다. 이 기관의 원래 임무는 전후 유럽에서 고통받는 어린이들을 돕기 위한 것이었지만, 이후에 전 세계의 빈곤한 아동에게 영향을 주는 문제를 해결하는 것으로 확대되었다. 유니세프는 아동의 권리를 옹호하고, 아동 개개인의 생존에 필요한 최소한의 필요 사항을 충족시키며, 성공적인 미래를 위한 기회를 늘리기 위해 유엔 총회로부터 권한을 위임받는다. UN 아동 권리 협약Convention on the Rights of the Child(CRC)은 194개국(미국을 제외한 모든 나라)이 비준한 조약이며, 난민고등판무관(UNHCR)은 임무를 수행하기 위한 폭넓은 법적 권한을 갖게 되었다.

재난이 발생하기 전에 유니세프가 해당 국가에 영구적으로 자리를 잡고 정기적인 예산을 갖고 활동하는 것은 드문 일이 아니다. 유니세프는 재난이나 내전이 발생하면, 특정한 집단에 대한 도움 제공자로서 즉각적인 역할을 수행할 수 있도록 만반의 태세를 갖추고 있다. 지원을 받는 측면에서 젊은 어머니와 어린이는 가장 소외된 집단인 경우가 많기 때문에 신속한 대응이 중요하다. 유니세프는 어린이들이 교육과 보건, 안전 그리고 아동 권리 보호를 받을 수 있도록 항상 노력하고 있다. 인도주의적 재난에 대한 대응 및 복구 기간에 피해자의 필요 사항이 급속도로 커지면 UN 아동 기금의 역할도 크게 확대된다. 유니세프가 아직 상주하지 않는 나라에서도 실질적인 지원의 형태는 똑같다. 하지만 시간과 운송에 영향을 받으며, 포괄적인 재건 활동이 훨씬 미흡하다고 할 수 있다.

유니세프는 인도주의적 지원에 어린이 피해자에게 특별히 초점을 맞춘 프로그램을 포함시켜야 한다. 구호 프로젝트에서는 면역 조치, 식수와 위생, 음식 공급, 교육 그리고 보건의 형태로 급박하게 요구되는 대응을 제공하기 위한 작업을 한다. 여성도 이러한 지원의 수혜자인데, 그건 유니세프가 여성을 어린이 보호에 반드시 필요한 존재로 보기 때문이다. 유니세프는 어린이의 기본적인 권리를 위해 복구와 재건 사업에도 관여한다. 유니세프는 현재 190개 이상의 나라에서 활약 중이다. (관련 비디오: 〈유니세프 — 미얀마에서 재난 생존자들이 겪는 재난UNICEF—In Myanmar, the Disaster of Surviving the Disaster〉, http://www.youtube.com/watch?v=DacPJ4A_KrY.)

── 세계식량계획

세계식량계획(WFP)은 전 세계 개발도상국들의 기아와 관련된 재난에 대응하는 UN의 조직이다. 세계식량계획은 UN 총회와 UN 식량농업기구(FAO)가 채택한 결의안에 의해 1961년 말 창설되었다. 1963년 공식적인 운영에 들어가기도 진에 세계식량계획은 몇 달 동안 500만 명 이상의 사람들에게 구호를 제공했으며, 이를 통해 이 기구가 존재할 필요를 입증해 보였다. 2011년, 세계식량계획은 75개국에서 1억 명 이상의 사람들에게 식량을 제공했다. 세계식량계획은 창설 이후에 전 세계 여러 나라에 5,000만 톤 이상의 식량을 제공했다.

식량은 인간의 생존에 반드시 필요하기 때문에, 개발의 필수 요소이기도 하다. 세계식량계획은 생존에 필요한 충분한 식량을 섭취하지 못하는 가난한 사람들을 돕고 '기아와 빈곤의 고리를 끊기 위해' 전 세계 곳곳에서 일하고 있다. 기아는 그 자체로 재난인데, 전 세계 10억 2,000만 명 이상이 건강하게 생존하는 데 필요한 최소한의 식량도 섭취하지 못하고 있다. 기아는 가뭄, 기근, 이재민 등 다른 재난과 관련되어 있는 경우가 많다.

세계식량계획은 자연 재난처럼 순식간에 발생하는 재난에서 피해자의 즉각적인 영양적 필요에 대응하는 주된 역할을 담당한다. 식량은 피해 지역으로 이송되어 창고와 분배 센터로 옮겨진다. 분배는 UNOCHA와 UNDP가 사전에 실시한 필요성 평가에 따라 이루어진다. 세계식량계획은 운송, 보관 그리고 분배와 같은 일을 계획하고 실행하는 데 폭넓은 경험과 기술을 가진 NGO와 계약해, 이들을 통해 식량을 분배한다. 이들이 계획을 수립하고 실행하는 데 있어 중요한 동반자는 바로 해당 국 정부이다(정부가 수립되지 않은 상황이 아니라면 이들이 세계식량계획에 지원을 요청해야 하며, 정부가 없다면 UN 총회에서 지원을 요청한다). 세계식량계획은 효율적이고 폭넓은 대응을 조정하기 위해 UN의 모든 대응 기관과 긴밀하게 협조하는데, 식량에 대한 필요는 재난 피해자들의 다른 모든 필수적인 필요와 너무도 밀접하게 연결되어 있기 때문이다.

재난 발생 이후의 재건 단계에서는 세계식량계획이 남아서 지속적인 식량 분배를 통해 적극적인 역할을 하는 경우도 많다. 재건 사업은 지역 개발을 증진시키는 방식으로 이루어지며, 따라서 재건에 쓰일 비용을 추가로 부담해야 하는 가정에 식량 지원을 계속해야 하는 것이다. 또한 지역 사회를 재건하기 위한 장려 정책을 제공할 뿐 아니라, 지원에 의존하는 악순환의 고리를 끊기 위해 노동의 대가로 식량을 제공하기도 한다.

━ 세계보건기구

1945년 UN 시스템을 설립하기 위한 최초의 회의에서 세계보건기구(WHO)에 대한 발상이 제기되었다. 1946년 뉴욕에서 열린 통합 보건 회의에서 세계보건기구의 설립이 승인되었고, (세계 보건의 날인) 4월 7일에 서명을 받아 공식화되었다. 세계식량계획처럼 세계보건기구도 공식적인 기관으로 인정받기 몇 달 전에 비상 상황(이집트에서 발생한 콜레라 유행)에 대응함으로써 가치를 입증해 보였다.

세계보건기구는 전 세계의 보건과 건강 문제에 대해 중심적인 기관 역할을 하기 위해 설립되었다. 세계보건기구는 의료와 보건 역량을 개발하기 위해 그리고 전염병 억제를 돕기 위해 각국 정부와 함께 일한다. 세계보건기구는 질병 근절에 대한 연구를 지원하며, 요청받은 이러한 주제에 대한 전문 지식을 제공한다. 또한 교육과 기술 지원을 제공하며, 의료에 대한 기준을 개발하는 일도 한다.

세계보건기구는 재난이 발생하면, 피해자의 건강을 위해 여러 가지 방법으로 대응한다. 가장 중요한 것은 재난 이후의 비위생적인 환경에서 전통적으로 발생하는 질병을 지속적으로 감시하는 것이다. 세계보건기구는 대응 기관과 재난 의료 역량을 키워 나가는 해당국 정부에 기술 지원을 제공하며, 필요한 경우 전문 지식을 지속적으로 제공하기도 한다. (관련 비디오: 〈WHO — 재난에서 건강을 1순위로WHO — Put Health First in Emergencies〉. http://www.youtube.com/watch?v=ITePPptmDLw.)

비판적으로 생각하기

UN이 국제 재난에 대한 대응을 조정하는 데 가장 적합한 기관인가? 왜 그런가? 또는 왜 그렇지 않은가? 그렇지 않다면, 누가 조정 업무를 맡아야 한다고 생각하는가?

비정부 기구

국제적인 인도주의적 구호에 중점을 두는 비정부 기구(NGO)의 수는 지난 몇십 년 동안 기하급수적으로 증가해 왔다. 이러한 기구들은 재난 대응과 복구에서 필수적인 역할을 하며, 해당국 정부와 다국적인 단체가 남긴 공백을 채우고 있다. 이들은 다양한 기술과 물품으로 피해자의 필요 사항을 해결하기 위한 국제 구호 노력의 역량을 크게 향상시켜 왔다. 국제 적십자 위원회International Committee of the Red Cross(ICRC) 같은 일부 대규모 NGO는 UN과 비슷한 국제적 존재감을 갖는 기관으로, 거의 즉각적인 대응 역량을 갖고 함께 일하는 지역의 기관들과 강력한 협력 관계를 맺고 대단히 효율적으로 일하고 있다. 이러한 민초 조직은 너무도 성공적인 활동을 펼치고 있으며, 주요한 쌍방향 개발 기관(예를 들면, 미국 국제개발청 해외재난지원국(USAID/OFDA))과 (UN 같은) 국제 조직이 자신들의 직원뿐 아니라 이들이 실행하는 구호 사업을 비슷하게 정기적으로 조정하고 있다.

인도주의적 기관의 분류에는 여러 가지가 있다. 다음의 폭넓은 범주는 국제 구호 기관들 사이에서 폭넓게 받아들여지는 것이다. 각 기구가 이러한 범주에 정확히 들어맞는 것은 아니지만, 재난 대응에 있어 표준화된 명명법의 일부가 되어 가고 있다.

- 비정부 기구(NGO): 민간인들로 이루어진 조직을 가리키는 일반적인 용어로, 정부로부터 재정 지원과 현물 형태의 지원을 받는 것 말고는 어떠한 국가의 정부에도 소속되어 있지 않다. 이러한 단체는 종교적인 신앙에서부터 인도주의적인 가치에 이르기까지 폭넓은 동기에 의해 결성된다. NGO는 한 나라에서 일하는 경우 국가적, 한 나라에 기반을 두고 4개 이상의 나라에서 일하는 경우 국제적, 여러 나라에서 함께 일하는 조직을 갖고 있는 경우 다국적 기관으로 분류된다. 옥스팸과 ICRC는 다국적인 NGO의 예이다. NGO는 기능에 따라 더 세분화되는데, 기독교 교회와 같은 종교 단체, 국제 로터리 클럽과 같은 이익 단체, 주민들이 구성한 단체, 직업 관련 단체, 교육 단체 등이 있다.
- 민간 자원봉사 단체(PVO): 세금이 면제되는 비영리 단체로, 적어도 재원의 일부를 민간 기부자로부터 받는다. PVO는 현금, 노동, 또는 현물의 형태로 자원봉사 기부를 받는다. 이러한 분류는 보다 광범위한 NGO 분류에 속한다. 모든 PVO가 NGO이지만, 그 반대는 성립하지 않는다.
- 국제기구(IO): 전 세계적으로 존재하며 영향을 미치는 단체. UN과 ICRC는 둘 다 IO지만, 이 중 ICRC만이 NGO에 속한다. 이러한 단체의 활동에 합법적인 근거를 제공하는 국제법이 존재한다.
- 공여 기관Donor Agencies: 민간, 국가, 또는 지역적인 기관으로 인도주의적인 구호와 이후의 재건을 위해 재정적이고 물질적인 자원을 제공하는 임무를 맡는다. 이들이 기부받은 자원은 다른 NGO, 다른 국가의 정부, 또는 일반 시민에게 보내진다. 기부자 기구에는 미국 국제개발청(USAID), 유럽 공동체 인도주의 기구 Europe Community Humanitarian Organization(ECHO), 그리고 세계은행 등이 있다.
- 조정 기구Coordinating organizations: 대응의 효과를 최대화하기 위해 사전에 등록한 수백 개 회원 기구의 활동을 조정하는 NGO 협회. 이들은 중복 지원을 줄이고,

다양한 피해자에게 지원이 돌아가도록 돕는 일을 한다. 또한 이들은 즉각적인 필요성 평가를 분석해 어떤 회원 단체가 가장 효율적인 대응을 할지 추천하는 일도 한다. 이러한 조정 기구로는 인터액션InterAction, 자원봉사 단체를 위한 국제 협의회International Council for Voluntary Agencies(ICVA)가 있다.

NGO는 여러 가지 자원을 현장에 동원한다. 첫째, 이들은 정보를 수집하는 기관으로 잘 알려져 있으며, 따라서 피해와 필요 사항을 정확히 평가하는 데 꼭 필요한 단체이다. 이들은 국경 없는 의사회의 의료 역량이나 옥스팸의 식량 부족을 해결하는 능력과 같은, 한 가지 기술이나 특정한 여러 가지 기술을 제공한다. 도움을 제공하는 관련 NGO 단체의 수가 많아 짧은 시간에 더 많은 사람에게 도달 가능한 엄청난 역량을 발휘한다. 마지막으로 NGO의 자금 모금 역량에 의해 재정 지원의 규모가 커서 피해자들의 필요 사항을 해결하기 위한 막대한 현금 자원이 발생한다. 이 단체들을 특징짓는 공동적인 특성은 다음과 같다.

- 독립성과 중립성을 도모한다.
- 조직의 체제에 있어 분권화를 선호한다.
- 헌신적이다.
- 아주 현실적이다.

가장 잘 알려지고 가장 널리 인정받는 인도주의 NGO는 적십자이며, 오랜 역사와 폭넓은 국제적 존재감을 지니고 있다. 국제 적십자는 다음과 같은 단체이다.

── 국제 적십자

국제 적십자/적신월 운동International Red Cross/Red Crescent Movement은 국제 적십자 · 적신월사 연맹International Federation of Red Cross and Red Crescent Societies(IFRC), 그리고 국제 적십자 위원회International Committee of the Red Cross(ICRC)로 구성되어 있다. 적십자는 1859

년 이탈리아에서 잔혹한 전투를 목격한 앙리 뒤낭Henry Dunant으로부터 시작되었다. 뒤낭은 의료 지원, 식량, 그리고 지속적인 구호를 통해 전투에서 부상당한 사람들을 돌보기 위한 지역 단체를 만들었다. 그는 스위스로 돌아와 1863년 부상자 구호를 위한 국제 위원회International Committee for Relief of the Wounded를 발족했으며, 이는 마침내 ICRC가 되었다. 이 위원회와 흰 바탕에 붉은 십자가가 있는 적십자의 마크는 전시에 부상당한 군인과 민간인에게 중립적인 의료 봉사를 제공하는 상징이 되었다.

IFRC는 1919년 창립되었으며, 세계 최대의 인도주의적 조직으로 성장했다. 제1차 세계대전 이후에 미국 적십자 전쟁 위원회의 의장인 헨리 데이비슨Henry Davison은 적십자사 연맹League of Red Cross Societies의 창설을 제안했으며, 이에 따라 ICRC에서 전시에 수백만 명의 자원봉사자들이 쌓은 전문 지식을 평화 시의 더 폭넓은 활동에 쓸 수 있게 되었다. 오늘날 IFRC에는 195개 회원국이 가입해 있으며, 제네바에는 사무국이, 그리고 전 세계에 60명 이상의 추가 대표단이 흩어져 있다.

IFRC는 전 세계에서 발생한 재난에 대해 포괄적인 구호와 복구 활동을 수행한다. 이들은 인도주의적 가치를 옹호하고, 재난 대응, 재난 구호, 그리고 건강과 지역 사회 돌봄이라는 네 가지 영역에 역점을 둔다. 이들은 IFRC의 임무에 명시된 것처럼 '인류의 힘을 끌어모아 취약한 사람들의 삶을 개선하기' 위해 일한다. 취약한 사람들에는 자연 재난과 인적 재난 그리고 내전에 희생된 피해자들이 포함된다.

UN처럼 IFRC도 전 세계 대부분의 나라에 설립되어 있으며, 재난이 발생하면 지원에 나설 만반의 준비를 갖추고 있다. 자원봉사자들은 지속적으로 훈련받고, 대규모 필요 사항이 발생하기 전에 견고한 지식 기반을 갖춤으로써 대부분의 지역에 도움을 제공한다. 연합을 통한 단체들 사이의 협조는 지역의 자원이 고갈되었을 때 끌어올 대규모 인력과 자금원을 제공한다.

발생한 재난이 지역 역량을 초과하는 경우, 해당 국가의 지부가 연합 사무국에 지원을 요청한다. 그러면 조정 업무를 하는 사무국은 IFRC와 다른 많은 외부 단체에 국제적인 지원을 요청하고, 비축해 두었던 인도주의 지원 물품과 인력을 제공한다. 이러한 물품은 지역에서 조달할 수 없을 경우 해당 국가로 운송되며, 보건, 물류, 수자원 전문가, 지원 인력, 그리고 구호 관리 분야에서의 필요 사항을 충당한다.

국제적인 지원 요청은 매년 평균 30차례 정도 이루어지며, 이러한 지원 사업은 몇 년간 계속되기도 한다. 지속적인 개발과 향후 재난에 대처할 역량을 기르기 위해 장기적인 재활과 재건 사업을 벌이는 것은 가난한 나라에서 대규모 재난에 관한 기준이 되었다. IFRC가 국제 재난에 대응하는 방법은 다음과 같다.

요청받은 대응의 복잡성에 따라, 사건에 대한 지원 필요성을 결정하는 해당 지역의 지부를 돕기 위해 현장 평가 조정팀Field Assessment and Coordination Team(FACT)을 파견한다. 통보받은 지 24시간 이내에 어떤 곳으로도 파견 가능한 이 팀은 IFRC 전역의 적십자 재난관리자들로 이루어져 있으며, 구호, 물류, 보건, 영양, 공중 보건, 전염병, 식수와 위생, 재정, 관리, 그리고 심리학적 지원에 관한 기술을 갖고 있다. 이 팀은 지역의 대응 부서 및 해당국 정부의 대표들과 함께 상황을 평가하며, IFRC의 대응을 어떻게 구성할 것인지를 결정한다. 국제적인 요청이 이루어지면, 제네바 사무국이 행동에 착수한다. 이 팀은 구호 활동의 착수를 조정하기 위해 해당국에 머문다. 일단 상황이 안정되고 지역적인 관리가 가능해지면, FACT는 그 지역의 적십자 본부에 통제 업무를 이관한다.

1994년, (예를 들어, 아르메니아의 지진, 걸프전으로 인한 쿠르드 족의 난민 문제, 그리고 아프리카 대호수African Great Lakes 지역의 재난 등) 특히 심각한 재난이 빈발한 이후에 IFRC는 재난 대응의 효율성과 효과를 증진하기 위해 비상대응단Emergency Response Unit(ERU)을 설립했다. 이 ERU는 사전 준비된 물품, 장비, 인력으로 구성되어 있는데, 이들은 통보받은 순간 신속하게 대응에 나서며, 이전보다 더 폭넓은 사태에 대처하기 위해 교육받고 준비한다. UNDP의 비상대응과(ERD)와 유사한 이러한 조직은 온두라스의 허리케인 미치를 포함한 여러 차례의 파견을 통해, IFRC의 대응을 더 빠르고 향상되게 하는 데 효과적임이 이미 입증되었다. 대응 임무를 완료한 이 팀은 해당 국가에 남아 식수와 위생에 대해 현지인들을 훈련시키는데, 이는 이들의 노력을 지속 가능하게 하기 위한 것이다. ERU 팀은 원거리에서 갑자기 발생한 대규모 재난에 가장 효율적으로 대처한다.

2010년 IFRC는 향후 10년간 이 단체의 노력을 이끌기 위한 '전략 2020'에 착수했다. 이 전략은 다음 세 가지 전략적인 목표에 역점을 둔다.

1. 생명을 살리고, 생계를 보호하며, 재난과 재난으로부터의 복구 역량을 강화한다.
2. 건강하고 안전한 삶을 추구한다.
3. 사회적 통합과 비폭력 및 평화의 문화를 추구한다.

이 전략에 의해 IFRC는 다음 세 가지 전략적 목적을 '가능하게 하는 세 가지 행동'을 추구한다.

1. 강력한 적십자와 적신월사를 설립한다.
2. 지구촌이 된 세계에서 취약성을 예방하고 줄이기 위한 인도주의적 외교를 펼친다.
3. 국제 연맹으로서 효율적으로 기능한다.

(관련 비디오: 〈2020과 그 이후: 인도주의적 공동체는 미래에 대비하는가?2020 and Beyond: Is the Humanitarian Community Prepared for the Future?〉. http://www.youtube.com/watch?v=GrlE1HXKB5A. 〈전략 2020, 생명을 구하고 마음을 바꾸기Strategy 2020, Saving Lives, Changing Minds〉. http://www.youtube.com/watch?v=YPbuKcGSsOs&feature=player_embedded#!. 〈전략 2020, 아시아 태평양의 소리Strategy 2020, Asian-Pacific Voices〉. http://www.youtube.com/watch?v=fjpAODvmFlI&feature=player_embedded.)

이러한 전략과 그 이전의 전략 2010의 결과, IFRC는 재난 위험 감소와 재난 대비 노력에 점점 더 폭넓게 참여하고 있으며, 이들이 활동하는 지역 사회의 재해 완화 활동을 지속적으로 촉진하고 있다. 피해를 줄이고, 더 나은 재난 예측과 예방을 위해 노력하는 이 같은 활동은 지역 적십자와 적신월사 프로그램의 보다 중요한 목표가 되었다.

이러한 세 가지 전략적 목표 중 첫 번째 목표는 국제 재난 관리의 실상과 가장 밀접한 관련이 있다. 전략 2020의 재난 전후 활동은 다음과 같다.

• 재난과 비상 상황에 대비하고 대응하기

인도주의적 지원과 보호는 재난이나 비상 상황에 뒤이은 시의적절하고 구체적인 평가를 통해 필요 사항에 적절하게 대응해야 한다. 모든 인도주의적 지원은 성별, 나이 그리고 다른 사회 경제적인 요인에 민감해야 하며, 상황의 규모에 비례해서 이루어져야 한다. 지원은 가장 취약한 사람들에게 제일 먼저 제공되어야 하며, 그들의 존엄성을 존중하는 방법으로 전달되어야 한다. 지역 사회의 필수적인 일부가 되면, 이들의 필요성, 취약성 그리고 역량을 지속적으로 이해할 수 있게 된다. 체계적인 재난 관리는 훈련되고 조직적인 자원봉사자들의 초기 행동을 위한 대비에서부터 시작되어야 한다. 또한 만일의 사태에 대비한 필수적인 물품을 사전에 배치하고 관리해야 하며, 물품 보급과 의사소통을 최대한 활용해야 한다. 믿을 만한 조기 경보 시스템은 막대한 수의 생명을 살리고 자산과 생계를 지키는 데 아주 중요하다. 뿐만 아니라, 재난 대응에는 건강, 식량과 영양, 물과 위생 등 꼭 필요한 것에 대한 제공이 포함되어야 한다. 또한 끊어진 가족 간의 유대를 복원하는 일도 도와야 하며, 인도주의적 지원 시스템 안에서 합의된 분업의 일환으로 비상 대피소의 제공을 조정해야 한다. 신속하고 효율적인 인도주의적 지원을 위해서는 적절한 법의 뒷받침이 반드시 필요하다. 따라서 재난 관련 법과 원칙 그리고 규정의 개발과 홍보를 통해 국내법을 준비하고 국제법을 조정하는 일도 중요한 업무에 속한다. 이러한 법은 운영상의 장애를 줄이고, 재난과 복구 조치가 피해를 입은 사람들의 존엄과 권리를 존중하는 방식으로 효율적으로 수행되도록 지역 사회의 역할을 강화시킨다. 대비 조치를 개선하고 공급의 적합성과 예측 가능성을 증진하기 위해 국제적 지원을 촉진하고 조절하는 사전 조정 활동도 중요하다.

재난관리론

• 재난으로부터의 복구

상황이 가능한 한 빨리 안정되어야 재난의 영향을 줄일 수 있으며, 사람들이 생계와 지역 사회 재건에 나설 수 있게 된다. 구체적인 필요 사항이 무엇이냐에 따라, 복구를 위한 지원은 미래의 피해와 손실을 예방하고, 필수적인 서비스를 재건하며, 건강을 보호하고, 심리사회적인 지원을 제공하는 것을 목표로 한다. 복구는 보다 포괄적인 사회를 재건하고, 미래의 재난에 대한 취약성을 줄이는 방식으로 수행된다. 따라서 복구된 지역 사회는 전보다 더 안전한 곳이 된다.

• 재난 관리 시스템

자원봉사자들이 재난과 재난의 위험을 무릅쓰고 지역 사회에 가까이 다가감으로써 지역과 국가의 대응 역량을 구축하는 것은 국제 사회의 가장 중요한 책임이다. 하지만 잘 알다시피, 대규모 재난이나 비상 상황은 가장 잘 대비한 이들에게조차 압도적인 경우가 있다. 그래서 국제 사회는 서로 돕고 재난 대응 역량을 기르는 데 헌신해왔다. 국제 사회 사무국은 IFRC의 핵심적인 회원 기구로서 '국제 구호 활동을 조직하고 조정하며 지휘할' 헌법상의 의무를 갖고 있다. 국제 사회의 보완적 역량에 의지하면, 전 세계와 지역 그리고 국가와 지역의 역량을 매끄럽게 연결하는 효율적인 도구와 믿음직한 능력이 언제나 동원 가능함을 확신할 수 있다. 이것으로 인해 전 세계적으로 대규모 재난의 수와 규모가 증가하고 있음에도 불구하고, 이를 처리할 수 있다는 자신감을 가질 수 있는 것이다. ICRC와 IFRC는 무장 갈등 세력과 폭력에 의해 피해를 입은 사람들을 보호하고 돕기 위한 강력한 역량을 갖기 위해 협력한다(IFRC, 2010).(관련 비디오: 〈아이티에서의 IFRC의 재난 대응IFRC Disaster Response in Haiti〉. http://youtube.com/watch?v=Lxp4U3mshKk.)

- 비정부 기구는 국제 재난에 대응하는 동안 작동되는 UN이나 다른 정부의 조정 시스템에 따라야 하는가? 왜 그런가? 또는 왜 그렇지 않은가?
- 재난의 피해를 입은 국가나 지역에서 작동 중인 조정 메커니즘에 따르기를 거부하는 NGO의 커다란 위험은 무엇인가? 참여하기를 선택함으로써 얻는 것과 잃는 것은 무엇인가?

미국 정부의 지원

── 미국 국제개발청

미국은 재난, 사고(운송 관련, 핵, 생물학, 화학 또는 기타) 또는 내전 이후에 다른 국가가 필요로 하는 지원을 제공하는 여러 가지 수단을 보유하고 있다. 다른 나라의 개발을 지원하는 임무를 수행하는 기관인 미국 국제개발청(USAID)은 국제 재난에 대한 미국의 대응을 조정하는 일도 해 왔다. USAID는 1961년 대외원조법Foreign Assistance Act에 의해 설립되었는데, 이 법은 미국의 외국 지원 프로그램과 이와 별도의 군사적·비군사적 지원을 조직하기 위해 제정되었다. USAID의 한 지부인 민주주의·내전·인도주의 대응국Bureau for Democracy, Conflict, and Humanitarian Response(DCHA)은 미국이 모든 유형의 인도주의적 재난에 대응하는 다양한 메커니즘을 관리한다. 정부가 제공하는, 식량을 제외한 모든 지원을 조정함으로써 재난 피해자들의 필요 사항을 가장 구체적으로 해결하는 DCHA 하의 조직은 미국의 해외재난지원처Office of U.S. Foreign Disaster Assistance(OFDA)이다(그림 8-1).

── 해외재난지원처(OFDA)

OFDA는 3개의 하위 부서로 나뉘는데, 운영과(OPS), 프로그램 지원과(PS), 재난 대응 및 완화과(DRM)이다. 재난 대응 및 완화과는 인도주의 지원과 구호 물품 공급을 조정할 책임을 진다. 운영과는 도시 수색 구조(USAR)팀, 재난 지원 대응팀Disaster Assistance

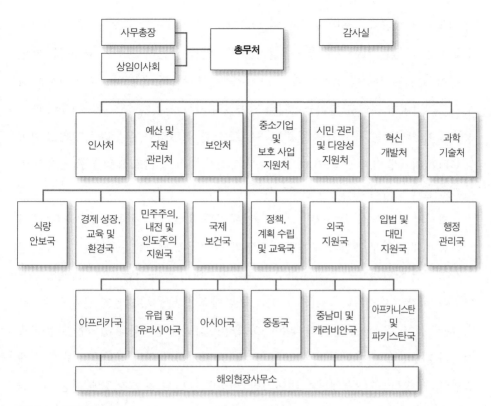

그림 8-1 USAID 조직도

Response Teams(DARTs), 대응관리팀Response Management Teams(RMTs)과 함께 현장 사무소와 재난 대응을 위한 물류적, 운영적, 그리고 기술적 지원을 개발하고 관리한다. 프로그램 지원과는 예산과 재정 서비스, 조달 계획 수립, 계약과 보조금 관리, 교육 지원, 정보 기술, 통신 지원, 그리고 정보 서비스를 포함한 프로그램에 관한 지원과 관리상의 지원을 제공한다.

USAID의 청장은 국제 재난 지원을 위해 대통령의 특별 조정관이라는 직함을 갖는다. 외국에서 그 나라에 주재하는 미국 대사가 재난을 선포하면(주재하는 대사가 없을 경우 국무부에서 선포한다), USAID의 청장이 지원 요청을 접수한다. 지원 제공은 세 가지 조건이 맞아야 이루어질 수 있는데, 재난의 규모가 해당국의 대응 메커니즘을 압도하고, 해당국 정부가 지원을 요청하거나 적어도 지원을 받아들이며, 지원하는 것이 미국 정부에 도움이 되는 경우이다. OFDA는 미국 대사가 재량에 따라 즉각적인 구호에 쓸 수 있는 비상 지원금 5만 달러를 제공할 수 있는데, 그러기 위해서는 재난이 다음 세 가지 기준에 맞아야 한다. (1) 재난이 해당국의 대응 역량을 넘어서는 경우 (2) 해당국이 지원을 받아들이거나 받아들일 의사가 있는 경우 (3) 대응이 미국 정부에 이익이 되는 경우 등이다. OFDA는 또한 괌, 이탈리아, 온두라스 그리고 미국 등 OFDA의 4개 비축 창고 중 한 곳으로부터 임시 대피소, 의료 지원 물품 등을 지역의 자문관에게 즉각적으로 보낼 수 있다(그림 8-2).

재난의 규모가 상당히 크면, 피해 국가에 주재해 있던 미국 대사나 USAID의 파견단장이 대응 업무 개발을 감독할 파견단의 재난 구호 담당관을 임명한다. 미국 정부가 제공할 지원의 수준을 제안하고 피해를 평가하기 위해 재난 지원 대응팀(DART)이 해당 국가에 파견된다. DART는 미국 구호 물품을 조정하고, 운영 지원을 제공하며, 다른 공여 국가와 UN 기관 및 NGO 그리고 해당국 정부와의 협력을 조정하고, 미국의 자금으로 이루어지는 사업을 감시하고 평가하기 위한 전략을 신속하게 개발한다. 가장 규모가 큰 재난이 벌어지면, 워싱턴 D.C.와 재난 현장에 대응 관리팀(RMT)이 파견되기도 하는데, 이는 파견될 몇 개 DART의 관리 지원 및 의사소통을 조정하고 제공하기 위한 것이다.

OFDA는 계획 수립과 프로그램 개발 역량을 증진하기 위해 기술 지원단Technology Assistance Group(TAG)을 설립했다. TAG는 농업과 식량 안전, 재난과 공중 보건, 식수와 위생, 지구과학, 기후, 도시 계획 수립, 만일의 사태에 대비한 계획 수립, 지도 제작 분야의 과학자와 전문가들로 이루어져 있다. TAG는 향후의 재난에 대비하고 완화하는 프로그램 개발 임무를 하는 USAID뿐 아니라, DART 및 RMT와도 함께 일한다.

직접적인 지원과 물류 및 운영에 관한 지원을 제공하는 것에 더해, OFDA는 구호 지원 사업을 위한 지원금을 제공한다. 이러한 사업은 국제 기구(IO), UN, 기타 다양한 조직(물품 운송을 위해 고용된 조종사 단체와 같은)뿐 아니라, 민간 자원봉사 단체(PVO)와 비정부 기구(NGO)에 의해 주로 수행된다. 하지만 대응을 위해 이러한 금전적 지원을

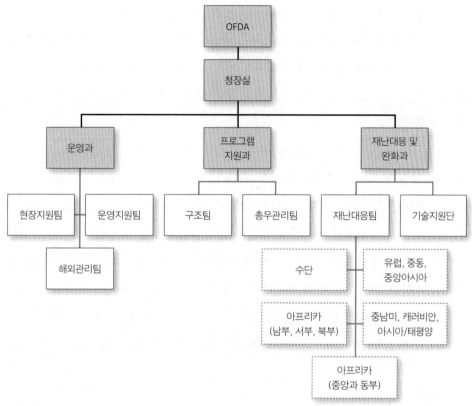

```
                        ┌──────────┐
                        │   OFDA   │
                        └────┬─────┘
                        ┌────┴─────┐
                        │  청장실   │
                        └────┬─────┘
        ┌────────────────────┼────────────────────┐
   ┌────┴────┐          ┌────┴────┐          ┌─────┴─────┐
   │  운영과  │          │ 프로그램 │          │ 재난대응 및│
   │         │          │  지원과  │          │   완화과   │
   └────┬────┘          └────┬────┘          └─────┬─────┘
   ┌────┴────┐          ┌────┴────┐          ┌─────┴─────┐
```

현장지원팀	운영지원팀	구조팀	총무관리팀	재난대응팀

기술지원단

해외관리팀

수단

유럽, 중동, 중앙아시아

아프리카 (남부, 서부, 북부)

중남미, 캐러비안, 아시아/태평양

아프리카 (중앙과 동부)

그림 8-2　OFDA 조직도

제공하는 것이 전부가 아니다. 재난 대응 및 완화과(DRM)는 재난이 다시 발생하기 전에 재난의 피해를 줄이기 위한 사업을 촉진하는 일을 한다. 이러한 사업에서는 뒤이은 재난에 국제적인 지원이 덜 필요하도록 해당국 정부에 권한을 준다. 이러한 모든 조직은 금전적 자원이 분별 있게 사용되는지, 그리고 직원들이 효율적으로 일하는지를 확인하는 OFDA의 철저한 감시를 받는다.

— USAID의 기타 부서

USAID DCHA의 기타 몇 개 부서가 인도주의적 지원을 제공한다. 평화를 위한 식량국Office of Food for Peace(FFP)은 미국 정부의 식량 지원 프로젝트를 모두 관장한다(미국의 식량 지원은 타이틀 2와 타이틀 3으로 나뉘는데, 타이틀 2는 상환 의무가 없으며, 타이틀 3은 양자 대출로 간주된다). 전환계획국Office of Transition Initiatives(OTI)은 평화를 지속하고 민주주의를 설립하는 것을 돕기 위해 내전 이후 상황에서 일한다. 내전 관리와 완화국Office of Conflict Management and Mitigation(CMM)은 내분 및 전쟁의 원인과 결과를 밝히기 위해 조기 대응을 지원한다.

병무국Office of Military Affairs(OMA)은 미국 국방부 관리 및 계획 수립, 교육, 완화, 대응, 그리고 복구와 관련된 여러 부서들과 협력하여 인도주의적 구호를 위한 협력 관계를 구축하는 것을 지원한다. 국무부의 인구 · 난민 · 이주국Bureau for Population, Refugees and Migration(PRM)에서는 난민으로 인한 비상 상황에 대응하기 위해 NGO, PVO, IO 및 UN에 보조금을 제공한다. 이러한 지원의 상당한 부분이 UNHCR에 직접적으로 보내진다. 국방부는 평화 유지와 인도주의 지원국Office of Peacekeeping and Humanitarian Affairs(PK/HA)을 통해 대응한다. 전 세계 개발도상국들 중엔 개발도상국에 제공되는 미국의 지원을 받지 않으려는 나라가 많다는 것에 유념하기 바란다.

— 미군

미군(U.S. Military)은 자연 재난 및 기술로 인한 재난 그리고 복합적인 인도주의적 재난에 대한 구호 노력에 빈번히 개입해 왔다. 가장 중요한 기능이 국가 방어에 있으며 충분한 자금이 있고 장비를 잘 갖춘 군의 개입은 재난 운영에 완전히 새로운 국면을 초래한다. 다양한 중장비를 갖추고 있으며, 훈련된 막대한 인력을 보유하고, 획일적으로 훈련되고 임무 지향적인 운영 문화를 갖고 있는 군대보다 재난에 대처하는 데 더 좋은 기관은 없다는 주장이 자주 제기되어 왔다. 하지만 군대는 인도주의적 지원 기관이 아니라 전쟁을 수행하는 기관이라는 말도 있다. 이러한 두 가지 조직의 이상은 효율적인 군의 개입이라는 관점에서 보면 근본적으로 상반되는 목표가 아닐 수 없다.

군대의 지원은 보통 USAID/OFDA가 국방부의 정치 · 병무국DOD Office of Political/Military Affairs(DODPM)을 통해 요청한다. 군사 작전의 명령 계통은 미국의 대통령

재난관리론

과 국방부 장관으로부터 시작되며, 이들 둘이 국가 최고 통수권자National Command Authority(NCA)이다. 미군의 모든 기능을 지휘하는 NCA는 육군, 해군, 공군, 해병대의 합동 참모 본부Joint Chiefs of Staff(JCS)의 조언을 받는다.

미군은 외국에 대한 인도주의적 지원Foreign Humanitarian Assistance(FHA)이나 인도주의적 지원 작전Humanitarian Assistance Operations(HAO)이라고 부르는 조직적인 작전을 통해 국제적 재난 대응에 깊이 개입하고 있다. FHA는 OFDA(최고 통수권자인 대통령이 모든 지원에 대한 최종적인 승인을 한다)가 요청하면 국방부 정치·병무국(DODPM)이 승인한다. 지원은 물류, 운송, 통신, 구호 분배, 안전 및 비상 의료 지원과 같은 물리적이거나 기술적인 지원의 형태로 제공된다. 분쟁이 개입되지 않은 자연 재난이나 인적 재난으로 인한 재난 상황에서 군의 역할은 해당국 정부나 구호 분야 전체를 이끄는 게 아니라 지원을 제공하는 것이다.

군대는 필요한 것을 모두 갖고 현장에 나타나는, 자급자족적인 작전 능력으로 이름이 높다. 보통 이들은 요청받은 임무에 대해 적절한 인원이나 물품 그 이상을 제공한다. 일단 어떤 국가에 파견되면, 이들은 부대 방호(모든 군사 및 민간 인력, 장비 그리고 임무와 관련된 시설에 대한 안전 확보)와 교전 규칙Rule of Engagement(ROE)('군대가 전투 개입을 시작하거나 지속하는 데 필요한 여건이나 제한'에 대해 사전에 결정된 엄격한 지침)의 엄격한 지침에 따라 업무를 수행한다. 교전 규칙은 평화 유지와 재난 업무 둘 다에 있어 군의 행동을 지시한다.

만일 어떤 지휘부가 구호 업무 지원을 맡으면, 이들은 필요성을 평가하기 위해 인도주의 지원 조사팀Humanitarian Assistance Survey Team(HAST)을 파견하는데, 이는 군대가 해결하는 데 적합한 특정 기능과 관련되어 있다. 이러한 평가는 UN이나 OFDA처럼 보다 인도주의에 기반한 단체가 수행한 평가와 판이하게 다른 경우가 가끔 있는데, 이는 군대가 근본적으로 전혀 다른 방식으로 운영되기 때문이다. HAST의 관심은 군대 지원에 필요한 사항과 군대의 파견과 관련된 물류적인 요소에 초점을 맞추는 경향이 있다. 합동 특수 임무 부대(JTF)는 현장 운영을 책임지는 JTF의 지휘관과 함께, 군 인력 활동의 관리와 조정을 위해 설립되었다. 하지만 한 부대만 파견되거나 재난의 규모가 작을 경우, JTF가 필요하지 않을 수도 있다.

　　JTF의 주요 임무 중 하나는 민사 작전 본부Civil Military Operations Center(CMOC)를 설립하는 것이다. 이 본부는 다른 모든 이해 당사자가 관련된 전반적인 대응 체제에서 군의 지원 역량을 조정하기 위해 효율적으로 기능한다. OFDA, UN, NGO, 그리고 해당국 정부로부터의 모든 지원 요청은 CMOC에 집결된다. 화물 운송과 식량 물류 지원을 포함한 군 상호 간의 계획 수립은 이 본부를 통해 이루어진다. 이 본부는 JTF와의 정보 교환에 있어 주요한 교점 역할을 한다. CMOC는 정부와 민간 사회의 재건, 필수적인 사회 기반 시설의 수리와 재건을 포함해, 과거에는 더 폭넓은 책임을 담당해 왔다.

비판적으로 생각하기

- 대민 지원법Posse Comitatus Act은 미군의 국내 사건 개입은 제한하지만, 외국의 재난에 대해서는 그렇지 않다. 미군이 국내 재난에 대해 연방 정부의 책임을 이끄는 국토 안보부보다 더 잘 준비되어 있다고 생각하는가? 왜 그런가? 또는 왜 그렇지 않은가?
- 군대의 어떤 측면이 외국에서 그토록 효율적인가?
- OFDA가 국토안보부가 아니라 국무부에 속한 이유가 무엇이라고 생각하는가?

국제 금융 기구

국제 금융 기구International Financial Institutions(IFIs)는 전 세계의 개발과 재정적인 협력을 위해 대출을 제공한다. 이 기구들은 정치적 균형을 이루기 위한 재정적 안정과 시장의 안정을 도모하기 위해 존재한다. 이 기구들은 세계적이거나 지역적인 기반을 바탕으로 한 회원국들로 이루어져 있으며, 이들은 직접적인 대출이나 사업을 통해 해당국 정부를 위한 재정 지원을 제공한다. 재난 발생 이후에 적은 자금을 보유하고 있는 피해국이 재건과 재활에 드는 막대한 자금을 위해 추가되거나 증액된 긴급 대출을 요청하는 것은 흔히 있는 일이다. 이러한 국제 금융 기구가 없으면, 대부분의 개발도상국은 회복할 아무런 수단을 갖지 못하게 된다. 이 국제 금융 기구들 중 가장 규모가 큰 세계은행과 세계은행의 하부 기구 중 하나인 국제통화기금International Monetary Fund(IMF)에 대해서는 다음에서 살펴보겠다. 똑같은 기능을 하는 다른 지역의 국제 금융 기구에는, 중앙아메리카와 남아메리카의 미주개발은행Inter-American Development Bank(IDB), 마닐라와 필리핀에 본사를 두고 아시아 대륙 전역에서 업무를 하는 아시아개발은행Asian Development Bank(ADB) 등이 있다.

── 세계은행

세계은행(WB)은 제2차 세계대전 이후 유럽 재건을 위해 1944년 설립되었다. 1947년 프랑스가 전후 재건을 위해 세계은행으로부터 처음으로 2억 5,000만 달러를 대출받았다. 그 이후로 수없이 많은 자연 재난과 인도주의 재난에 대응해 재건을 위한 재정적인 지원을 정기적으로 제공해 왔다.

오늘날 세계은행은 개발을 지원하는 가장 큰 자금원이다. 2012 회계연도에 세계은행은 526억 달러 이상의 대출을 제공했으며, 수많은 개발도상국에서 진행 중이거나 새로 진행될 사업에 자금을 대 왔다. 세계은행은 188개국이 공동으로 소유하고 있으며, 워싱턴 D.C.에 본부가 있다. 세계은행은 여러 단체로 구성되어 있어 세계은행그룹World Bank Group(WBG)이라고 불리기도 한다.

- 재건과 개발을 위한 국제 은행International Bank for Reconstruction and Development
- 국제 개발 협회International Development Association
- 국제 재정 조합International Finance Corporation
- 다국적 투자 보장 기관Multilateral Investment Guarantee Agency
- 투자 분쟁 해결을 위한 국제 센터International Centre for Settlement of Investment Disputes

세계은행의 전체적인 목표는 빈곤 감소에 있으며, 구체적으로는 '가장 가난한 나라와 가장 가난한 국민을 돕는 데 초점을 집중해, 지속적이고 안정적이며 공평한 성장을 이루도록 모든 개발도상국을 돕는' 것이다. 재난과 복합적인 인도주의적 재난이 경제적으로 어려운 많은 나라의 경제적 안정에 점점 더 큰 피해를 입히면서, 세계은행은 완화와 재건에 있어 점점 더 중심적인 역할을 맡아 가고 있다.

재난 완화와 대비 역량이 더 취약할 수밖에 없는 개발도상국은 재난 보험을 들 여력이 없으므로, 전체적인 재정 손실을 그대로 떠안는 경우가 많다. 재난 이후의 재건 기간에 대출은 사업의 성공에 반드시 필요하며, 지속 가능성과 재난에 대한 저항력을 기르는 데 필수적이다. 세계은행은 이러한 순환 구조의 몇 개 지점에서 대출이라는 지원을 제공한다.

첫째, 정기적인 재정 지원을 위해 세계은행은 대출해 준 자금이 계획 수립 단계에서 완화가 주된 역할을 하는 사업에 쓰이는지 확인한다. 세계은행은 계획을 수립하는 사람들을 이끄는 재정 고문으로서의 특권을 활용한다. 계획을 수립하는 사람들은 대출받은 자금을 가능한 한 효과적으로 사용하려는 과정에서 완화 조치를 소홀히 할 수도 있다. 따라서 세계은행에서 자금을 댄 사업이 위험을 분석하고 예측 시스템을 증진하는 데 사용되도록 하려는 것이다.

둘째, 세계은행은 재난의 위험을 해결하기 위해 대출, 재정 지원과 장려금 그리고 직접적인 기술 지원을 제공한다. 2006년 세계은행의 재난 위험 감소를 위한 국제 기금Global Facility for Disaster Risk Reduction(GFDRR)은 모든 재난 위험 관리 프로그램과 사업을 관리하기 위해 설립되었다. 이 기구는 위험 감소에 관한 세계적인 지식을 공유하고 세계은행 직원과 해당국 정부의 관련 부서가 재난의 취약성 감소에 필요한 정보에 장기적으로 접근할 수 있도록 세계은행의 네트워크를 통해 전문가를 동원하는 일을 한다. 2006년에서 2011년 사이에 세계은행은 113건의 재난 예방과 대비 활동에 총 79억 달러의 자금을 댔으며, 68건의 재난 재건 사업에 총 38억 달러를 지원했다.

세계은행은 설립된 이후로 국가 재건 사업에 깊이 개입해 왔다. 시간이 경과하면서, 이러한 재난 사후 프로그램은 개수와 범위만 증가한 게 아니라, 분쟁 사후 해결에서 더 다양한 위험 요인 포트폴리오로 초점이 옮겨졌다 — 자연 재난이 주요한 촉발 요인으로 부상하면서. 세계은행은 '고객'이 직면한 재난을 지원하는 방법에 대한 접근 방식을 발전시키는 지속적인 정책 변화를 통해 회원국의 재난 사후 필요성을 관리하는 정책을 펴 나가고 있다.

세계은행이 다양한 대응 및 재건 프로그램을 통해 해결해 온 재난의 범위는 시간이 지나면서 점점 확대되고 있다. 재난 이후 사업을 규정하는 모든 은행 정책은 재건에 중점을 둬 자산을 재건하고 생산성을 개선하는 데 초점을 맞춰야 한다(구호와 소비 활동에는 지원할 수 없다는 지침이 명확하게 규정되어 있어, 경제적으로 생산적인 활동에만 대출을 해 줄 수 있다. 따라서 지역의 단체, 피해국 정부, 쌍방 구호 프로그램, NGO, 그리고 특별 구호 단체의 구호 활동에 여지를 남겨 두는 셈이다). 사실 세계은행의 정책은 다음 활동에 자금을 지원할 수 없도록 엄격히 제한하고 있다.

- 임시 대피소
- 대피
- 식량과 식수 분배
- 교통수단에 접근하기 위한 복원
- 수색과 구조
- 보건
- 임시 위생

이러한 제한된 틀 안에서 세계은행은 다양한 대출 및 기술 지원을 통해 재난 피해를 입은 나라에 효율적인 지원을 제공하고 있다. 현재의 정책에서는 세계은행의 긴급 지원이 가능한 영역을 다섯 가지로 규정하고 있는데, 이는 비상 복구 대출, 신용 대출, 대출 재할당, 송유관 사업 재설계, 새로운 독립적인 완화 사업과 평가 등이다. 이러한 활동과 연관된 다른 역량은 대출, 조정, 그리고 기술 지원의 범주로 나뉜다.

── 세계은행의 대출 방법

1984년 이후로 세계은행 이사회는 재난 관리와 관련된 725개 이상의 사업에 재정 지원을 해 왔다. 이러한 사업을 통해 총 563억 달러 이상의 은행 대출이 이루어졌다 ─ 이는 전체 세계은행 대출금의 9%에 달한다(World Bank, 2011). 이러한 사업 중

재난 관련 지원은 수천 달러에서 5억 달러에 이른다. 일부 사업은 긴급 복구 대출 Emergency Recovery Loans(ERL) 같은 자연 재난에 전적으로 사용되었으며, 2/3 이상이 보다 포괄적인 개발 목표의 구성 요소로서 재난을 포함한 것이었다. 이러한 사업의 비용은 총 122억 달러로 모두 재난 관련 사업에 쓰였다. 재난 관련 대출의 다양한 방법은 다음과 같다.

• 긴급 복구 대출 프로그램

긴급 복구 대출(ERL)은 재난의 피해를 입은 대출자의 급박한 요구에 부응하기 위해 사업 평가 과정에 소요되는 기간을 줄이기 위해 만든 대출 방법이다. ERL의 목표는 2-3년 이내에 대출받은 긴급 사업을 완료하는 것이다. 대출을 받는 나라는 재건을 위한 ERL 자금을 사용하는 데 제한을 받는다. 대출받은 자금은 생산적인 활동과 물리적인 체제의 신속한 재건에만 사용해야 한다. 사업 실행을 위한 새로운 상설 단체의 설립은 정책상 환영받기 어렵지만, 취약성을 줄이려는 단체 설립과 같은 제한된 변화는 가능하다. ERL은 대대적인 정책 변화를 요구하는 장기적인 경제 문제를 해결하기 위한 것은 아니다. ERL은 또한 폭넓은 부문별, 구조적, 또는 제도적 목적을 갖는 사업을 의도하지도 않는다. 재난 대응 도구인 ERL은 (보다 전통적인 개발 대출 프로그램으로도 잘 관리될 수 있는) 홍수나 가뭄처럼 장기적이거나 재발하는 사건보다는 더 드물게 발생하는 재난을 위해 만들어졌다. ERL은 재해 취약성을 전반적으로 줄이기 위한 정책과 활동을 포함하기 위해 모든 노력을 기울여야 한다. 은행 정책은 전반적인 위험 감소를 위해 자금이 필요한 사업이 실행되는 동안 미리 대비하고 계획을 수립하며 꼼꼼히 연구할 필요가 있다.

• 소급 융자

세계은행은 정책상 보통의 경우, 대출 합의일 전에 사업을 위해 돈을 빌린 대출자가 지불하는 비용에 자금을 대는 것을 제한한다. 하지만 재난 정책은 긴급 복구 운영 비용을 위한 소급 지불에 대출의 20%까지를 허용한다. 대출이 재난 이후에 발생했으며, 대출에 서명하기로 예측한 날로부터 4개월 전 이내일 때, 또한 예외적인 상황에서는 20% 제한의 예외가 허락되기도 한다.

• 대출 재할당

정부가 재난 이후 지원을 요청하면, 세계은행의 해당국 직원은 재건을 위한 재할당이 가능한 대출금을 밝히기 위해 기존의 국가 포트폴리오를 점검하기 시작한다. 모든 재난 상황에 ERL이 필요한 게 아니므로, 세계은행은 적합한 경우 더 적은 금액의 자금을 신속하게 제공하기 위해 또는 더 큰 재난에 ERL을 추가로 제공하기 위해 기존 대출의 재할당을 하는 경우가 많다. 원래 사업이 이미 승인을 받았으므로 재할당은 매우 신속하게 이루어진다. 따라서 (종종 자금이 원래 사용되었던 분야 내에서) 재난의 구체적인 필요 사항에 매우 신속하게 자금을 재사용할 수 있다. 재할당은 재난에 의해 원래 사업의 타당성이 줄어들거나 사라졌을 경우에 가장 적합하다. 1984년부터 2005년까지 세계은행은 대출 재할당을 통해 재난 대응에 활용하도록 하기 위해 217개 사업에 총 30억 5,000만 달러의 자금을 재할당했다. 하지만 최근 몇 년 동안 세계은행은 공제 조합과 긴급 신용 융자 제도를 위해 재할당을 멀리하고 있다(World Bank, 2012).

• 미승인 사업의 재설계

재난의 피해를 입은 정부에 자금을 제공하는 또 다른 방법은 아직 승인받지 못한 사업을 재설계하는 것이다. 그렇게 하는 과정에서 해당국의 재난 프로파일에 대한 새로운 자료를 얻을 수도 있고, 원래 사업 설계의 일부가 아니었던 재난 사후 재건에 기여하는 새로운 사업 요소로 취약성 감소를 도울 수도 있다.

• 국제 수지 재정 지원

국제 수지 재정 지원은 피해를 입은 나라의 가장 긴박한 재정적 필요 사항에 부응하기 위해 자금을 신속히 지불할 목적으로 만들어졌다. 거시 경제의 상황을 안정시키기 위해, 그리고 재난 이후 복구를 촉진하기 위해 신속한 자금 투입을 하기 위한 이러한 종류의 지원은 아주 흔하게 이루어지지는 않는다. 사실, 세계은행이 자연 재난에 뒤이어 실제로 국제 수지 재정 지원을 행한 대출은 아주 적다.

• 완화를 위한 단독 투자 사업

재난이 발생한 이후에, 평가와 연구를 통해 새로운 위험 요인에 대해 알게 되면, 위험을 보다 효율적으로 줄이는 방법으로 재난 완화 사업을 설계할 수 있다. 이러한 상황에서 세계은행은 또 다른 대출 방법을 제안하는데, 이러한 단독 투자 완화 사업 대출은 해당국이 장기적인 위험을 줄이기 위해 사용할 수 있다. 완화와 위험 분석이 정규 대출 프로그램의 필수적인 구성 요소이지만, 단독 투자 대출은 예측 가능한 재난이 일어나거나, 그러한 재난의 파괴적인 영향을 제한하는 데 구체적으로 도움을 주기 위해 만들어졌다.(관련 비디오: 〈세계은행 총재가 증가하는 재난 위험 관리를 위해 일본과 힘을 합치다World Bank President Joins Japan in Calling For Increased Disaster Risk Management〉. http://www.youtube.com/watch?v=u3Q2EIF0fFY.)

• 개발 중 재난 대출 방법

세계은행은 이러한 대출 방법의 유망한 대안을 개발해 왔다. 예를 들어, 비재난 관련 사업에 이미 사용되고 있는 기존 사업을 위한 대출 총액 증가가 검토되고 있다. 개발 정책 대출의 또 다른 전문화된 형태는 현재 개발 중인 비상 재해 복구와 관리 대출Contingent Hazard Recovery and Management Loan이다. 이러한 대안은 재할당이 발생함에 따라 원래의 목적에서 자금의 방향 전환이 일어나는 것을 피할 수 있게 해 줄 것이다.

— 세계은행의 조정

세계은행은 각국 정부가 재난 이후에 지원 조정을 제안할 수 있는 수많은 단체 중 하나이다. 세계은행은 특히 피해 정보 수집과 관련해, 전반적인 공여국의 노력에 부합해 재난의 피해를 입은 대출자를 돕는 것이 은행의 역량과 관심이라고 명시하고 있다. 세계은행의 정책에 의하면, 재난 이후에 세계은행이 공통적인 회복 전략을 개발하기 위해 정부와 세계은행, 다자간 그리고 쌍무 간 공여국, NGO 사이의 협업을 촉진해야 한다. 조정은 예방과 완화 활동이 모든 재건 사업에 포함되도록 돕는 방향으로 이루어져야 한다. 은행이 자금을 대든 그렇지 않든, 중복이나 생략이 발생해서는 안 된다.

세계은행은 공동 피해 평가를 통해, 은행이 지원하는 사업에 공동으로 자금을 대고, 또 다른 사업에 공동으로 자금을 대며, 공여국들이 단독으로 벌이는 다른 사업을 관리하는 등, 재난 이후에 여러 가지 서로 다른 차원에서 다른 공여국들과 함께 지속적으로 일해 왔으며 일하고 있다. 현재 세계은행은 가능하고 적합한 경우, UNDP 및 다른 국제기관, 쌍무 공여국, 지역 비정부 기구 등과 협력 관계를 통해 조정 역할을 수행하고 있다.

재난 직후에 세계은행의 조정 역할은 어느 정도 제한을 받아 왔다. 하지만 장기 재건 노력에 있어서는 보다 주도적인 역할을 해 오고 있다. 세계은행은 보통 그 지역에서의 비교를 통한 상대적 장점을 고려해, 재건이 이루어지는 동안 사회 기반 시설과 주택에 집중한다. 하지만 가능한 한 중복과 우선순위에 대한 갈등 없이 해당국의 요구 사항에 부응하기 위한 조정에서 중요한 역할을 할 뿐 아니라, 재난 복구에도 상당한 경험을 갖고 있다.

── 세계은행의 기술 지원

세계은행은 여러 가지 기술 지원 프로그램을 제공함으로써, 재난의 위험을 관리하고 실제 재난에 직면한 나라들을 지원한다. 이러한 프로그램에는 다음과 같은 것들이 있다.

- 분석 작업: 자연 재난에 관한 간행물, 조사 보고서, 논문, 연구 보고서를 발간함으로써, 세계은행은 재난과 재난의 관리에 대한 앞선 연구와 지식을 계속해서 축적해 나가고 있다. 세계은행은 이러한 간행물을 통해 위험 관리와 재정적인 메커니즘을 포함한 다양한 주제를 탐구해 왔다.

- 국가 지원 전략의 적용: 세계은행은 국가 지원 전략Country Assistance Strategy(CAS)에 따라 해당 국가가 처한 상황, 정부의 우선순위, 세계은행의 전략, 그리고 세계은 행 협력 활동 등을 종합해 향후에 함께 일할 일관된 프로그램으로 설계하고 있 다. 심각한 재난 관련 문제를 지닌 나라에서 이러한 국가 지원 전략은 전략 계 획 수립의 전반적인 개발에 있어 재난의 중요성을 부각하고 위험 요인을 포함 하기 위해 활용되어 왔다.
- 재난 위험 관리팀: 1999년, 재난 관련 대출이 증가하는 것과 관련해, 재난 관리 기구Disaster Management Facility가 설립되었으며, 이 재난 관리 기구는 나중에 재해 관리단Hazard Management Unit(HMU)이 되었다. 재해 관리단은 세계은행의 업무 관 리자들에게 재난 관련 기술을 제공했는데, 따라서 관리자들은 보다 전략적이 고 신속한 대응을 할 수 있었다. 2005년, 재해 관리단은 지방 분권화되는 구조 를 반영하기 위해 큰 폭으로 변화했으며, 이에 따라 (도시단Urban Unit 내부에) 재해 위험 관리팀Hazard Risk Management Team이라는 새로운 명칭을 갖게 되었다. 이 팀 은 나중에 재난 위험 관리팀Disaster Risk Management Team으로 바뀌었다. 이 재난 위 험 관리팀은 훨씬 더 큰 규모의 재해 위험 관리 주제별 그룹Hazard Risk Management Thematic Group(재해의 위험 관리에 있어 어떤 특정한 관심을 지닌 다양한 조직적인 모임으로 100명 이상의 세계은행 직원으로 이루어짐)을 위한 기반이 되었는데, 이 그룹은 은행이 자금을 대는 개발 사업이 예방과 완화라는 목적에 더욱 충실하도록 하기 위해 일한다. 재난 위험 관리팀은 재난 문제에 대해 연구하는 국제 과학 공동체와 협력 관계 를 맺고 발전 역량을 촉진시키기 위해 세계은행의 운영을 기술적으로 지원한 다. 앞서 언급한 재난 위험 감소를 위한 국제기구(GFDRR)는 이 팀의 일부이다.
- 재난 피해와 필요성 평가 지원: 세계은행은 폭넓은 경험을 통해 지역의 취약성 을 규명하고, 지속 가능한 해결 방법을 도모하는 방식으로 그러한 취약성을 줄 일 방법을 결정하는 것이 중요함을 알게 되었다. 세계은행은 대출자들이 재난 피 해를 평가하고 복구 전략을 수립하도록 도와 왔다. 세계은행이 관련된 모든 재난 평가의 거의 3/4이 보다 신속한 ERL 지원으로 이끌어 준다는 평가를 받고 있다.

- 재난 대비 연구: 재난 사업은 중요한 사업 목적의 성취와 관련된 연구 요소를 갖고 있는 경우가 많다. 이러한 연구는 사업 목표를 위한 재난의 회복 탄력성을 높이는 데 사용되기도 한다. 너무도 많은 재난 사업이 반복되는 재난이나 미래의 새로운 재난을 겪어 왔거나 겪고 있기 때문에, 재난에 대한 연구는 적절한 위험 요인의 고려에 반드시 포함되어야 한다.
- 제도 개발: 재난 관련 사업을 통해, 세계은행은 위험 요인 관리 단체를 강화하고, 장기적인 재난 예방과 완화를 위한 각국의 제도적 역량 강화 — 자체적인 역량과 다른 기관들과의 협조 역량 모두 — 의 중요성을 강조하기 위해 여러 회원국에서 일해 왔다. 20년 이상의 지난 세월 동안 세계은행은 사업 관리, 재난 관리, 폭넓은 연구, 조기 경보의 개선, 재난 교육 프로그램, 공학적 연구, 그리고 법적이고 정책적인 개혁 등을 포함한 160가지 사업을 완성하는 과정에서 제도적인 개발 요소들을 수립해 왔다.

─ 국제통화기금

국제통화기금(IMF)은 1946년에 설립되었으며, 현재 188개 회원국을 거느린 기관으로 성장했다. IMF의 목적은 국제적인 통화 협력과 안정성 교류, 그리고 질서 정연한 교환을 도모하고, 경제 성장과 높은 고용률을 지지하며, 국제 수지를 쉽게 맞추도록 임시적인 재정 지원을 제공하는 데 있다. IMF는 대출, 감시 그리고 기술 지원을 활용해 이러한 기능을 수행하고 있다.

회원국에 국제 재난이나 복합적인 인도주의적 재난(CHE)이 발생하면, IMF는 신속한 재정 지원을 제공하기 위해 긴급 지원 특별기금Emergency Assistance Specific Facility을 활용한다. 이러한 상황에서 한 나라의 통화 보유고가 심각하게 고갈되는 것은 드물지 않은 일이다. IMF의 목적은 정부의 역량을 재건하고 지역 경제의 안정성을 되살리는 데 있다. 자연 재난이 발생하면, 지역의 복구 노력과 필요한 경제 적응을 위해 직접 자금을 제공한다. 만일 내전 이후의 상황이라면, '장기적으로 지속 가능한 성장을 위한 거시경제적 안정성과 기반을 마련'하는 게 목적이 된다. IMF는 계획 수립과 정책 실행 역량을 갖춘 안정된 통치 기구가 제 역할을 하고 있으며, 이에 따라 IMF의 자원 안정성을 확신할 수 있을 경우에만 대출 지원을 제공한다. 안정성이 충분히 확보되면 재정 지원을 늘리는데, 이것은 재난 이후 상황에서 국가를 발전시키는 데 사용되어야 한다.

어느 국가가 긴급 지원을 요청하려면, 경제 재건을 위한 자세한 계획안을 제출해야 하며, 이러한 계획안이 교역을 제한해서는 안 된다. 만일 해당 국가가 이미 IMF의 대출을 받은 상황이라면, 지원은 기존 처리 범위 내에서 재구성의 형태로 이루어진다. 각각의 긴급 지원 대출도 제공되지만, 그 국가가 정상적으로 운영하는 정기적인 기준에 포함되어서는 안 된다. 보통 한 국가가 사전에 설정한 대출 한도의 25%까지 가능하지만, 이러한 대출은 한도의 50%까지 제공되어 왔다. 하지만 이러한 자금은 회원국이 '경제 문제에 대한 해결책을 찾기 위해 IMF에 협조하는' 경우에만 제공된다. 이 대출은 5년 이내에 갚아야 한다.

기술 지원이나 성책에 대한 조언을 필요로 하는 나라들이 종종 있는데, 이는 경험도 전문 지식도 없기 때문이다. 이것은 새로운 정부가 설립되고 처음으로 협력 관계를 맺어야 하는 내전 이후의 상황에서 더욱 흔하다. IMF는 거시 경제 정책을 실행하기 위한 역량을 구축하는 데 필요한 지원을 제공한다. 여기에는 세금과 정부의 지출 역량, 재정과 금전 및 교류를 담당하는 기관의 재조직, 그리고 지원 자원의 사용에 대한 지침이 포함되기도 한다.

비판적으로 생각하기

- 국제 금융 기구(IFI)가 재난 관리에 관여해야 하는가? 아니면 UN의 인도적 지원 조정국(UNOCHA)과 또 다른 UN 기관이 재난과 관련된 문제를 해결해야 한다고 생각하는가? 질문에 답하고 이유를 설명해 보아라.
- 재난의 피해를 입은 나라가 새로운 병원을 세우거나, 재난 구호에 사용될 비용 같은 정규적인 개발 대출 계획을 다시 짜도록 허용하는 데 어떤 위험이 있는가? 이러한 조치는 어떤 상황에서 괜찮고, 어떤 상황에서 피해야 하는가?

재난관리론

2010년 1월 12일, 히스파니올라Hispaniola 섬에 리히터 규모 7.0에 달하는 심각한 지진이 발생했다. 아이티의 수도 포르토프랭스에서 겨우 16마일 떨어진 레오가네Leogane 시 근처를 강타한 이 지진은 8.1마일 깊이에서 오후 4시 53분에 발생했다. 이 심각한 지진 이후에 적어도 리히터 규모 4.5에 달하는 여진이 52차례나 발생했다.

300만에 이르는 아이티 국민들은 이와 같은 사건에 아무런 준비도 되어 있지 않은 상태에서 지진 피해를 입었다. 정확한 수는 결코 알 수 없겠지만 믿을 만한 정보에 의하면, 사망자가 22만 명 이상, 부상자가 30만 명 이상에 달하는 것으로 알려졌다. 뿐만 아니라, 거의 200만 명의 사람들이 지진으로 집을 잃었고, 25만 채의 주택과 30만 채의 상업 건물이 파괴되어, 막대한 수의 국내 이재민(IDP)을 낳았다(그림 8-3). 이 지진으로 기존의 보건소와 병원 등의 사회 기반 시설, 도로와 다리 그리고 기타 운송과 관련된 사회 기반 시설이 완전히 파괴되고, 다른 문제들도 발생해, 이미 많은 부채를 안고 있는 나라가 30년간의 회복 과정을 견뎌야 하는 처지가 되었다(Blanchfield, 2012). 대통령 궁과 국회 건물, 이 나라 최대 규모의 감옥, 포르토프랭스 성당, 4,000개 이상의 학교 그리고 정부와 행정 건물의 절반 이상이 무너졌다(Disaster Emergency Committee, n.d.).

아이티 정부와 국민들은 역사상 수많은 심각한 지진을 겪어 왔고(이 중 많은 지진이 대규모의 사망과 파괴를 일으켰다), 따라서 지진의 위험이 존재한다는 것을 전혀 모르고 있지 않았다. 하지만 가난한 정부와 너무 낮은 개발 지수로 인해 국민들이 지진의 위험을 최소화하기 위한 준비를 전혀 못 한 상태였다. 따라서 아이티는 금방 재난에 휩싸여 국제적인 지원을 요청했다. 이러한 요청에도 불구하고, (이 나라의 가장 큰 항구를 포함해) 아이티의 사회 기반 시설이 너무 심각하게 파괴되어 외국의 지원 물품이 운반되는 데 며칠씩 지체되었다. 뿐만 아니라, UN 사무실이 파괴되어 국제 조정 업무를 담당하는 직원들이 일할 곳이 없는 데다, 아이티 최고 지도층과 의사소통이 되지 않아 누가 책임을 지며 어떤 피해를 입었는지에 대해 심각한 혼란이 계속되었다.

재난의 영향으로 대규모 인구 이동이 야기되었고, 이재민이 가장 많을 때는 210만 명에 이르렀다(이 중 30만 2,000명이 어린이다). 이 중 150만 명은 집단 보호 캠프로 이동했는데, 이곳에 거주하는 사람들은 홍수, 토사 유출, 불안, 콜레라(이미 65만 명이 감염되었고, 8,000명 이상이 목숨을 잃었다) 등을 포함한 수많은 다른 위험 요인에 노출되었다(CDC, 2013).

마침내 국제 지원 물품이 도착하기 시작했고, 복합적인 인명 구조와 아이티 국민의 지속적인 필요 사항에 부응하기 위한 UN 조정 시스템인 '클러스터 시스템'이 자리를 잡았다. ESF와 유사한 다음 12가지 클러스터가 작동되었다.

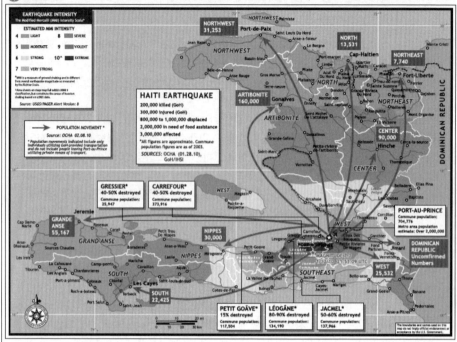

그림 8-3   2010년 아이티 지진 강도와 인구 이동을 보여 주는 지도. USAID, 2010.

1. 물류
2. 캠프 조정과 관리
3. 대피소
4. 비식량 물품
5. 식량
6. 건강
7. WASH(물water, 위생sanitation, 보건health care)
8. 교육
9. 보호
10. 조기 복구
11. 농업
12. 비상 통신

　　2010년 아이티 지진으로 발생한 피해와 손실은 총 79억 달러로 평가되는데, 이는 아이티 GDP인 67억 달러의 120%에 달한다. 복구에는 쌍방 지원과 국제 금융 기관으로부터의 대출과 같은 상당한 투자가 필요하게 마련이다. 외국 공여국들은 구호 비용으로 16억 달러 그리고 복구 지원에 20억 달러를 지원한 것으로 추산된다. 복구 노력이 진행 중이지만 과연 현대적인 회복이 가능할지 여부는 판단하기 어려운데, 재건은 피해 지역의 거의 모든 것을 새로 건설하는 것이며 여러 면에서 개발과 흡사하기 때문이다. 만일 복구를 이끄는 지도자와 이해 당사자들이 부패를 최소한도로 줄이고 작업이 중복되지 않으며, 허점 없고 효율적인 복구 노력을 이끈다면, 아이티는 보다 회복 탄력성 높고, 보다 발전적이며, 향후의 유사한 재난으로부터 더 잘 회복할 수 있는 나라가 될 것이다.

2010년 1월 13일, 아이티 주재 미국 대사인 케네스 머턴Kenneth Merten은 아이티에서 발생한 지진을 재난으로 선포했고, 이는 미국 정부에 의한 쌍방 지원을 받을 수 있음을 의미했다. USAID/OFDA는 인도주의적 지원을 제공하고 재난 초기에 대응을 조정하기 위해 재난 지원 대응팀(DART)을 배치했는데, DART 팀은 인원이 가장 많을 때 545명에 달했다(수색과 구조팀원 511명 그리고 USAID/OFDA 직원 34명 등). 초기의 인명 구조 노력에 더해 USAID/OFDA팀은 약 30만 명의 사람들에게 대피소 지원 — 임시 대피소, 피해 가옥 수리, 그리고 민박 제공 가정에 대한 지원 — 을 제공했다. 이러한 초기 구호 활동에 뒤이어, 미국 정부는 USAID를 통해 아이티에 대한 장기적인 지원을 계속하고 있다. 당시 USAID가 수행한 임무는 (영역별로) 다음과 같다.

사회 기반 시설

- 국제 사회와 손잡고 150만 명에게 기본적인 비상 대피소를 지원했다.
- 임시 대피소, 피해 가옥 수리, 그리고 지진 이후 발생한 이재민에게 민박을 제공하는 가정에 대한 지원을 포함해, 32만 명 이상의 사람들에게 대피소에 대한 해결책을 제공했다.
- 8,800건 이상의 토지와 건물에 대한 토지 보유권과 사용 자격을 수집하고 기록하고 인증했다.
- 폐허에서 나온 약 500만 평방미터의 자갈 중 220만 평방미터의 자갈을 제거했다(지진으로 발생한 자갈은 1,000만 평방미터에 이르는 것으로 추산된다).

에너지

- 새로운 카라콜 산업 단지Caracol Industrial Park에 전기를 제공할 10MW의 전력 시설 건설에 착수했다.
- 지진 피해를 입은 포르토프랭스의 5개 변전소 시설에 대한 개선 작업에 착수했다.

경제적 안정

- 아이티 의류 센터의 설립을 지원했고, 2012년 여기서 기계공, 정비공, 감독관 1,900명 이상을 훈련시켰으며, 이 중 41%가 여성이다.
- 총 46개의 소액 금융 기관과 재정 협동조합에 1,000만 달러에 가까운 재정 지원을 제공했는데, 이는 농업을 비롯한 여러 분야의 빈민 인구를 지원하는 데 사용되었다.

- 커피, 망고, 코코아를 생산하는 농부에게 7,860건 이상의 농업 대출을 제공했으며, 이를 통해 농부들의 수확량이 늘어나고 직접 시장과 거래하게 되었다.
- 금융 기관을 통한 민간 자본이 510만 달러 상당에 이르는 560건의 대출 형태로 농업과 건설업을 포함한 지진 이후 복구의 주요 분야에 제공되었다.
- 빌 & 멜린다 게이츠 재단Bill & Melinda Gates Foundation과 협력하여 아이티 최초의 모바일 머니 캠페인에 착수했고, 이를 통해 아이티 국민들은 휴대폰으로 일대일 매매 거래를 할 수 있게 되었다. 2011년 중반에 15만 명 이상의 고객이 모바일 머니 서비스에 등록했으며, 새로운 모바일 머니 대리점 750곳의 네트워크가 아이티에서 운영되고 있다.

식량 안정

- 관개 시설과 농촌의 도로를 재건하고 창고와 처리 시설을 지원함으로써, 농촌 인구 중 수혜자의 농업 관련 수입이 76% 증가했다.
- 9,700명 이상의 농부에게 종자, 비료, 기술 부문의 개선 방법을 지원했으며, 이로 인해 수혜를 받은 농부들의 쌀 생산량 64%, 옥수수 생산량 338%, 콩 생산량 97%, 플랜테인 생산량 21%가 증가했다.
- 토지 보존, 임업 양묘, 그리고 경사지 생산을 포함한 자연 자원 관리 분야에서 3만 명 이상이 교육을 받았다.
- 700명 이상이 숙련 농부 과정을 졸업했으며, 이들의 약 25%는 여성이었다.
- 코코아 생산에 대해 농부들을 교육시키는 민간 기관과 제휴하여 5,000명의 카카오 재배자들이 최소 25%의 수입 증가를 보였다.
- 망고 수확에 모바일 수집 센터, 분류 테이블, 그리고 6,000개의 플라스틱 상자를 제공함으로써, 농업 조합 세 곳이 수출업자에게 판매하는 망고가 65% 이상 증가했다.
- 자연 자원의 지속적인 관리와 보존에서 얻은 경제적인 이득 증가로, 협곡 관리, 경사지 재건 그리고 수확량 확대 기술을 통해 15만 명에 가까운 사람들이 이익을 얻었다.

건강

- 전국적으로 기본적인 치료를 제공하는 251곳과 2차적인 치료를 제공하는 52곳에 대한 지원을 계속하여 아이티 인구의 거의 50%가 치료를 받았다.
- 17만 명에 가까운 임산부들에게 에이즈 바이러스 상담과 검사를 제공했다.
- 결핵 증상이 있는 2,900명 이상의 사람들을 진료하고 치료했다. 2011년 1세 이하의 유아 15만 7,000명에게 통상적인 유아기 질병에 대한 예방 주사를 접종했다. 또한 35만 명 이상에게 출산 전 진료를 제공하고, 13만 1,000명 이상에게 산후/신생아 진료를 제공했다.
- 성 보니파티우스 척추 상해 병원St. Boniface Spinal Cord Injury Center에 자금을 지원해 24명의 척추 부상 환자를 돌보았으며, 이 중 12명은 치료에 성공해 돌아갔다.

교육

- 600개 이상의 반영구적인 교실을 건설해, 6만 명 이상의 어린이들이 지진 이후 학교로 복귀하도록 도왔다.
- 각 교실에서 2부제 수업을 받는 학생들에게 교육과 학습에 필요한 도구를 제공했으며, 약 6만 명의 학생과 1,200명의 교사가 혜택을 받았다.
- 장애를 지닌 사람들을 위해 초등학교 17곳에 물리적 접근이 가능하게 해 주었으며, 150명의 교사와 교장에게 포괄적인 교육 훈련을 실시했다.
- 학생 평가와 교육학에 관해 935명의 교사를 교육했다.
- 관리자 145명과 교육부의 공무원들에게 행정, 정보 시스템 관리, 그리고 강사 교육에 대한 교육을 실시했다.
- 젊은이에 대한 직업 교육을 실시해, 1만 3,000명이 성공적으로 정식 학교나 상급 직업 학교 또는 다른 기회를 찾아 떠났다.

거버넌스와 법규

- 2011년 11월 임시 국회 건물의 건설이 완료되었다.
- 세인트 마르크st. Marc에서 세금을 늘리기 위한 시범 사업을 지원해, 약 500%의 세수 증가 효과를 보았다.
- 가장 최근의 대통령 선거에서 기술 지원과 대통령 토론을 지원해, 30개 이상의 라디오 방송국에서 250명이 참여해 전국으로 방송했으며, 선거를 감시할 7,000명 이상의 감시 요원을 배치했다.

출처: USAID, 2013. USAID/HAITI: Earthquake. http://haiti.usaid.gov/issues/earthquake.php.

결론

전 세계 인구가 도시의 거주지로 점점 더 많이 모여들면서, 이들의 집단적인 위험 요인도 따라서 증가하고 있다. 이러한 위험 요인이 실현되어 발생하는 인명과 재산 손실은 점점 더 커져서, 1개 독립 국가의 대응 및 복구 역량을 압도할 것이다. 재난 지원에 있어 다국 간 협조가 증가하는 추세의 중요성이 널리 인정받지 못하면, 특히 저개발 국가에서 이러한 많은 재난이 기존의 개발 장애와 지역의 불안정성을 심화시킬 것이다. 이 장에서 언급한 국제 재난 관리 기구들, 말하자면, 각국 정부, 비영리 단체, 국제 기구, 국제 금융 기관 등의 역량과 조직적인 능력은 재해의 대비와 완화 그리고 현실화한 재난의 대응과 복구에 반드시 필요하다.

자가 점검을 위한 질문

1. 재난과 관련한 부상과 사망의 몇 퍼센트가 1인당 국민 소득 760달러 이하인 나라에서 발생하는가?

2. 가난한 나라에서 예산 우선순위 중 재난 관리를 그렇게 낮은 순위에 두는 경우가 많은 이유는 무엇인가?

3. 재난에 국제적인 개입이 필요할 때는 언제인가?

4. 복합적인 인도주의적 재난은 자연 재난이나 기술 재난이 일으킨 재난과 어떻게 다른가?

5. 이 장에서 언급한 대응 과정에 영향을 주는 네 가지 중요한 문제는 무엇인가? 각각에 대해 설명하라.

6. 자연 재난 감소를 위한 10개년 국제 계획의 목표는 무엇이었나?

7. UN 개발 계획(UNDP)은 어떻게 국제 재난 관리에 기여하는가?

8. UNDP 복구단의 목적은 무엇인가?

9. 인도적 지원 조정국(UNOCHA)이 수행하는 재난 대응의 세 가지 주요한 범주는 무엇인가?

10. UNOCHA는 각국의 재난 완화와 대비를 어떻게 돕는가?

11. 비정부 기구의 다양한 범주를 열거하고, 각각에 대해 설명하라.

12. NGO의 네 가지 공통적인 특징은 무엇인가?

13. 미국 정부는 재난의 피해를 입은 나라에 어떻게 지원을 제공하는가?

14. 국제 금융 기관 한 곳의 이름을 대고, 이 기관이 국제 재난이 발생한 이후에 어떻게 지원하는지 설명하라.

1. UN의 통합 심사 과정Consolidated Appeals Process(CAP) 웹사이트(http://www.unocha.org/cap/)를 방문하라. 적절한 하이퍼링크를 찾아다녀라. 각 재난의 목록을 만들고 지원 요청의 몇 퍼센트가 자금 지원을 받는지 알아보아라. 이 목록으로부터 어떤 나라의 요청은 완전한 자금 지원을 받는 반면, 다른 나라는 요청에 훨씬 못 미치는 지원을 받는지와, 그 이유를 알아보아라. 이것은 구호 분배의 불평등인가, 아니면 다른 어떤 것인가?

2. 상호 작용 웹사이트(http://www.interaction.org)를 방문하라. 이곳의 회원 목록에서 한 회원 단체를 선택하라. 그리고 그 단체의 웹사이트로 가 보아라. 그 단체가 재난에 대응하는 일을 하는지 조사해 보아라. 그 단체가 현재 전 세계의 어떤 나라에서 일하고 있나? 만일 미국에 재난이 발생하면, 그 단체가 대응에 나설 것인가? 왜 그런가? 또는 왜 그렇지 않은가?

제9장
재난 관리와 테러 위협

학습
내용

- 변화하는 테러의 위험이 정부의 재해 관점에 끼친 영향
- 2001년 9월 11일의 사건과 이 사건으로 인한 결과 그리고 정부의 대응 방법
- 국토안보부의 설립 과정, 국토안보부의 구성, 그리고 재난 관리 및 테러 방지 노력에 있어서의 역할 및 성과
- 연방 정부가 긴급구조대원들에게 자금을 제공하는 방법
- 미국 정부가 테러 위협에 대한 정보를 대중에게 알리는 방법
- 9/11 위원회의 설립 이유 및 조사 결과
- 주와 지역 정부가 테러의 위험을 관리하는 방법
- 허리케인 카트리나가 테러 대비와 대응에 미친 영향

서론

2001년 9월 11일 미국은 그 방법이 너무도 극적이고, 인명 손실과 재산 파괴에 있어 너무도 끔찍해, 그 시간에 어디에 있었든 모든 시민이 큰 충격을 받은 테러 공격을 당했다. 또한 이 단 한 번의 끔찍한 사건은 거의 모든 사람들에게 큰 충격으로 남아, 초기 단계부터 미국의 테러 경험에 커다란 전환점이 되었다. 이 사건 이후로 몇 날, 몇 달, 그리고 몇 년이 지난 지금, 미국은 전혀 새로운 정부 기관이 많이 설립되는 광경을 목격했다. 규모와 범위가 막대하고, 지역, 주, 그리고 연방 정부 차원 전체에 걸쳐 기능이 확대된 이 기관들은 유사한 공격이 재발하는 것을 막는 데 초점이 맞추어져 있다.

미국 의회와 행정부는 새로운 위험 요인을 해결해야 한다는 긴박한 필요에 의해 거의 놀랄 만큼 빠른 속도로 정책과 법률 제정에 착수했다. 이 모든 것은 재난 관리 분야뿐 아니라, 미국의 외교 정책, 이민 정책, 법률 집행 관행, 마약 퇴치 프로그램 및 정책, 그리고 교통 연결망의 보호와 심지어는 국제적인 교역에 관한 조약의 본질에 이르기까지 여러 분야에 엄청난 영향을 주었다.

테러 대비 노력의 일환으로, 전례 없이 매년 수십억 달러에 이르는 자금이 재난 관리 분야로 쏟아져 들어갔다. 여러 면에서 아직 여론을 장악하고 있는 테러의 위험에 주, 부족, 준주, 그리고 지역 정부가 대응하도록 도와줄 고비용이 들어가는 일련의 연방 보조금 프로그램이 만들어졌다.

지역에서는 의료, 경찰, 소방 분야의 대응 담당자들과 재난관리자 및 지역의 선출직 관리들이 갑자기 다음 사항을 숙지해야 하는 현실에 직면했다.

- 이 새로운 위험 요인이 자신들의 지역 사회에 어떤 영향을 미칠 것인지
- 자신들의 지역 사회와 다양한 이해 당사자들이 이 위험 요인에 얼마나 취약한지
- 테러 공격에 대비하고 예방하며 대응하고 복구하기 위해 무엇을 해야 하는지

미국의 모든 지역 사회는 이런 식으로 새로운 관점에서 자기 자신을 점검하기

시작했다. 모든 지역 사회는 자신들을 '예전 같은', '우호적인' 관점에서 보는 것과, 테러의 손쉬운 목표물로 보는 것 사이에서 균형을 잡아야 했다. 기업, 정부, 사회 기반 시설, 사회의 여러 가지 기능, 심지어는 스포츠 행사까지도 모두 테러의 잠재적 대상이라는 관점에서 보기 시작했고, 지역 사회는 이러한 엄청난 위협 상황에 맞서 싸워야 했다. 많은 사람들이 테러 공격에 대비하고 예방하며 대응하고 복구하는 자신들의 역량에 비추어 볼 때, 이러한 모든 위협을 자신들의 힘만으로 적절히 관리할 수 없음을 깨달았다.

사실, 미국과 그 안의 많은 지역 사회들은 여러 세기 동안 테러의 위협과 실질적인 테러에 맞서 싸워야 했다. 거의 250년 전 미국이 건국된 이래로, 많은 도시와 마을이 수많은 테러의 위협을 겪어 왔다. 이러한 위협 중 수백 건이 폭탄, 총격, 화학·생물학적 공격, 암살 등을 포함한 실질적인 테러 공격으로 표출되었다. 법원, 연구 시설, 낙태 병원, 에너지 개발 회사 — 심지어 자동차 대리점까지 — 등이 모두 테러의 표적이 되어 왔다. 이러한 사건 중 대다수는 상대적으로 미미한 결과를 낳았으나, 9/11 사건에서 목격한 정도까지는 아닐지라도, 사망, 부상, 그리고 일반적인 대응 방법을 압도하는 대규모 파괴를 낳은 경우도 있다. 여러 면에서, 세계무역센터와 펜타곤에 대한 공격은 새로운 범주의 위협을 알리는 최초의 사건이라기보다는, 잠재적인 위험을 입증해 보인 수많은 일련의 사건 중 최후의 일격에 해당한다고 할 수 있다.

위험 요인의 범주로 볼 때 테러는 실질적으로 그 영역이 훨씬 넓으며, 똑같이 폭넓은 유형과 규모 및 배경을 지닌 개인과 단체에 의해 자행된다. 테러범은 테러 공격을 수행하는 이데올로기나 철학적인 이유가 명확할 수도 있고 아닐 수도 있으며, '미국 내에서 자랐을 수도', 국제적인 기반을 갖고 있을 수도 있다. 또한 혼자 행동하는 개인일 수도, 대규모 테러 활동을 벌이는 조직의 일원일 수도 있다.

테러범은 수많은 무기와 전략을 선택할 수 있다. 총격, 폭탄, 그리고 암살과 같은 유형의 보다 전통적인 방법도 있으며, 제2장에서 살펴본 것처럼 화학, 생물학, 또는 방사성 무기와 같은 대량 살상 무기를 동원해 보다 파괴적인 결과를 낼 수도 있다. 또한 인터넷을 통해 경제, 사회 기반 시설, 통신 시설 그리고 기타 시스템에 접속

　　　　　　　　　　　　　　　　　　　　　재난관리론

하는 사이버 테러리즘을 활용해 목표물에 근접하지 않고 파괴적인 영향을 미칠 수도 있다.

재난관리자에게 테러는 다른 대상과 마찬가지로, 주의를 기울여야 할 수많은 위험 요인 중 하나에 불과하다. 하지만 테러의 위협이 재난관리자에게 의미하는 것과, 공격 발생 이전과 이후에 처리하는 방법이라는 측면에서, 테러는 특이한 경우에 속한다.

자연적이고 기술적인 위험 요인의 경우처럼, 테러 공격으로부터 지역 사회를 보호하기 위해 취할 수 있는 조치들은 많이 있다. 각각의 지역 사회에는 테러가 발생할 개연성과 관련된, 그리고 공격이 일어날 경우 발생할 것이라고 예측되는 일련의 결과와 관련된 특별한 위험 요인이 있게 마련이다. 이러한 정보를 숙지한 상태에서 재난관리자는 다음 사항에 유의해야 한다.

- 매우 다양한 유형을 갖는 공격의 결과에 대처하기 위해, 지식, 직원, 장비, 절차, 법, 그리고 역량을 가질 수 있도록 지역 사회가 취해야 할 대비 조치는 무엇인가?
- 테러의 가능성을 완화하기 위해, 다시 말해 테러가 발생하지 않도록 예방하거나, 테러가 발생하더라도 사망자와 부상자 및 피해를 가능한 한 줄이기 위해 지역 사회는 무엇을 할 수 있는가?
- 지역 사회가 실제 공격에 어떻게 대응해야 하며, 모든 대응 요구에 부응하기 위해 취해야 하는 다양한 조치에 대한 책임은 누가 질 것인가?
- 공격이 발생한 후에 부상자 재활, 지속적인 심리적 충격 해소, 피해를 입은 재산의 재건, 그리고 필요한 경우 오염 제거 조치와 애초에 공격이 발생할 수 있도록 한 취약성의 해소와 관련해 장기간의 복구 과정에서 필요한 게 무엇인가?

테러는 여러 면에서 자연적이고 기술적인 재난과는 다르다. 따라서 많은 재난관리자들은 기존의 계획과 절차를 바꾸고, 물품 목록을 확대하며, 변화에 부응하기 위한 추가 교육을 실시해야 한다.

- 의도: 테러라는 위험 요인은 '의도적인 위험 요인'이라고 불리는데, 이것은 가해자가 가능한 한 끔찍한 사건을 일으키기 위해 모든 노력을 다하기 때문이다. 다른 위험 요인과 달리, 테러는 발각되지 않기 위해, 아무런 경고 없이 공격하기 위해, 변화하는 취약성에 초점을 맞추기 위해, 그리고 가장 큰 충격을 주기 위해 수단과 방법을 가리지 않고 분투한다.
- 범죄성: 테러 공격의 범죄적 속성으로 인해, 테러 사건의 관리에는 추가로 관련되는 이해 당사자들이 있다. 여기에는 관련자를 밝혀내고 테러범을 추적하는 정보기관, 테러범을 억제하고 이들의 공격을 막기 위해 일하는 안보 기관, 공격의 책임자를 밝히고 이들을 정의로 심판하는 경찰과 수사 기관 등이 있다.
- 테러 예방과 대응에 관한 법: 모든 위험 요인은 국가 안보에 위험으로 작용하지만, 의회 의원들은 테러에 수반된 의도성과 감정적 측면 때문에 테러범의 위협을 특별히 다루는 경우가 많다. 따라서 테러는 담당하는 관계 당국, 재난 관리 기관의 자격 요건이 따로 있으며 테러에 적용되는 지휘, 통제 및 조정 체계도 다르다.

물론, 대량 살상 무기가 사용될 경우의 청소와 오염 제거 방법, 화학 및 생물학 공격 시 필요한 확인과 통보 시스템, 단순한 협박의 경우에 발생하는 영향 등과 같은 많은 차이점이 존재한다. 이런 관점에서는 다른 유형의 위험 요인과 쉽게 동일시될 수 있는 유사점도 많다. 예를 들어, 포스진phosgens(* 화학 무기에 쓰이는 유독 가스: 옮긴이)을 실은 철도 차량이 사고나 고의적인 공격으로 파괴되면, 가스 유출을 막고, 인근 지역 주민들을 보호하며, 피해자를 치료해야 한다. 사건의 원인과는 별개로, 무엇을 어떻게 해야 하는지에 대한 정확한 지식이 없고, 올바른 보호 장비와 절차가 갖추어지지 않은 한, 다른 모든 형태의 재난에 아주 잘 대비되어 있는 지역 사회라 할지라도 테러에 대한 관리는 거의 불가능할 것이다.

재난 관리의 변화와 테러와의 전쟁

재난 관리는 위험을 전제로 하는 분야이며, 이 책의 앞 장에서 서술한 것처럼 과학적인 위험 분석 결과에 따라, 예산, 장비, 직원들의 노력 그리고 다른 요인들이 준비되어야 한다. 하지만, 재난 관리 정책과 전략은 정부 행정의 정책 의제에 따라 결정되며, 이는 과학적인 평가보다 여론의 영향을 더 많이 받는다. 따라서 재난관리자들은 다음 폭파 사건이나 생화학 공격 사건에 대비하는 것에 고도의 주의를 기울여야 한다. 이것은 다음 허리케인이나 홍수 또는 토네이도에 대비하는 것과 균형이 맞지 않을 수도 있지만, 이러한 결정은 보조금의 자격 요건이나 규정, 또는 다른 법적이고 규범적인 조항에 의해 이루어진다.

테러와의 전쟁에 있어 재난 관리에 중점을 두면, 자연적인 위험 요인과 기술적인 위험 요인 관리에도 많은 이점이 있을 수 있으며, 이렇게 취해진 많은 조치가 긴급구조대원, 일반 대중, 기업체, 경제 그리고 우리의 삶의 방식에 존재하는 위험도 줄이는 결과를 가져온다. 상호 호환적인 의사소통, 자격증 발급, 사건 관리 규약의 표준화, 그리고 기타 조치는 모든 정부 차원에서 광범위하게 중복되었던 테러 위협을 관리하기 위해 9/11 사건 이후에 만들어졌다.

테러와의 전쟁은 전국적인 재난 관리 역량에 가장 근본적인 변화를 가져왔는데, 이는 FEMA가 창설된 이래로 주와 지역의 재난 관리 기관이 사용할 수 있는 자금이 전례 없이 많아졌기 때문이다. 이러한 자금은 현재 진행 중인 예산 문제로 줄어들기 시작했지만, 연방 정부는 9/11 사건에 대응하며 활약한 주와 지역의 긴급구조대원들의 역할이 매우 중요하다는 사실을 인식하게 되었다. 하지만 모든 기관이 증가하는 테러의 위협을 해결할 역량을 갖추지 못했다는 사실도 알게 되었다. 연방 정부가 긴급구조대원들에게 제공한 막대한 자금은 장비를 구입하고, 교육과 훈련을 실시하며, 계획을 수립하고, 새로운 기술을 개발하는 데 사용되었다. 특히 9/11 사건 이전과 비교해 볼 때, FEMA의 자금은 계속 증가하고 있으며, FEMA가 주와 지역의 재난 관리 조직에 전달한 자금도 증가하고 있다. 2001년 전까지 FEMA는 주와 지역의 재난 관리 협력 기관들에 매년 1억 7,500만 달러에 가까운 돈을 지원했지만, 9/11 공격 이후로 이러한 기관에 지급된 자금은 매년 수십억 달러에 달했다. 연방 정부의 새로운 자금은 만일의 사태에 대비한 계획과 기술 평가 및 개발, 생물 무기 테러에 대비한 장비와 교육을 위해, 국방부, 법무부, 그리고 보건후생부의 재난관리자들에게도 제공되었다. 재난 관리 자금의 이러한 변화는 주와 지역 차원에서 가장 크게 이루어졌다.

국토안보부(DHS)의 창설은 연방 정부, 특히 재난 관리 분야에서의 커다란 변화를 상징한다. 테러와의 전쟁에 관여하는 모든 연방 기관의 합병은 1979년 FEMA가 처음 설립될 때와 같은 논리에 따른 것이다. 당시의 카터 대통령은 주지사들의 요청과 제안에 따라 연방 정부의 재난 구호, 대비, 그리고 완화와 관련된 모든 기관과 프로그램을 단 하나의 연방 기관인 FEMA로 통합하고, FEMA 청장이 대통령에게 직접 보고하도록 했다. 하지만 이제 FEMA는 국토안보부의 일부가 되었고, FEMA 청장은 더 이상 대통령에게 직접 보고하지 않고 국토안보부 장관에게 보고한다. 이러한 변화로 인한 영향은 허리케인 카트리나로 임무의 갈등으로 인한 부정적 영향이 드러날 때까지 잘 알려지지 않았다. 허리케인 카트리나는 재난 관리를 이끄는 강력한 리더십이 필요했던 9/11 사건 이후의 첫 재난이었지만, 그런 리더십은 찾아볼 수 없었다.

2005년 허리케인 계절이 지난 뒤에 의회는 포스트 카트리나 재난 관리 개혁법(PKEMRA)을 제정함으로써 리더십과 역량 부족을 해결했다. 이 법에 의해 FEMA를 안보 강화의 한 구성 요소라기보다는 재난 관리의 선도자로 기능하도록 바꾸는 방식으로 연방 정부의 재난 관리 체계가 다시 한 번 재구성되었다. 2013년 보스턴 마라톤 폭탄 테러 사건의 영향이 아직 불분명함에도 불구하고, 이러한 변화는 계속되고 있다. 어느 쪽이든 이제 이러한 변화가 이루어졌으니, FEMA가 테러와 안보를 담당하는 국토안보부로부터 곧 독립할 가능성은 별로 높지 않다고 할 수 있다.

테러의 위협

테러는 전 세계적인 문제이다. 1969년에서 2009년까지 전 세계적으로 보고된 테러 사건은 38,000건 이상에 달한다. 이 중 3,000건 또는 전체의 8%가 미국 내외에서 미국인이나 미국의 이익을 대상으로 한 것이며, 거의 5,600명에 이르는 사망자와 16,000명 이상의 부상자를 낳았다. 이들이 일으킨 경제적인 피해는 쉽게 계산할 수 없지만, 직접적인 피해는 수십억 달러, 그리고 간접적인 피해는 1조 달러에 이른다.

테러라는 위험 요인은 여러 세기 동안 존재해 왔으며, 대부분의 사람들은 사실 테러가 무엇이며 테러범이 공격을 감행할 때 어떤 일이 발생하는지 잘 알고 있다. 하지만 재난 관리와 비상 서비스 업계는 이 위험 요인의 복합적이고 역동적인 속성에 대해 잘 알아 둘 필요가 있다. 그러한 지식 없이 공격에 대한 지역 사회의 취약성을 줄이고, 긴급 구조 기관이 대량 살상 무기로부터 자신들과 일반 시민을 보호하는 것을 비롯해, 공격에 적절히 대응하거나 발생한 공격으로부터 효과적인 회복을 하기는 어려울 것이다.

역사적 의미, 정치적 함축성, 그리고 언론의 대대적인 부각 때문에 테러와 관련해서는 여러 가지 다양한 정의가 존재한다. 우리는 이 변종적인 사건의 원인을 파악하는 데 있어, 현대 역사를 넘어 훨씬 더 많은 것을 고려하는 폭넓은 시각을 가져야 한다. 만일 우리가 테러의 경험과 테러범으로 간주되는 사람들의 행동에 대한 집단 경험을 역사적인 관점에서 통찰하려 한다면, 이러한 사건과 행동을 판단하는 명확한 기준을 세워야 한다. 기준의 차이는 그들이 테러나 범죄를 저질렀는지, 아니면 전혀 다른 어떤 행동을 했는지 판단하는 데 영향을 미칠 것이다. '누구에게는 테러범이 다른 사람에게는 자유를 위한 투쟁자'라는 글귀는 이러한 문제를 완벽하게 보여 준다.

많은 학자들은 기원전 1세기에 시카리우스 인들이 벌인 반정부 운동을 최초로 기록된 조직적인 테러로 여기고 있다. 시카리우스 인들은 로마 인을 예루살렘에서 떠나게 하거나 쫓아내기 위해 로마의 지지자들을 칼로 찌르고 기타 폭력적인 공격을 벌인 광신적인 종교 집단이었다.

미국에도 전술로서의 테러는 늘 존재해 왔다. 미국 독립혁명의 선동적인 사건 중 하나로 여겨지는 그 악명 높은 보스턴 티 사건이 실질적으로 역사적인 테러 행위였는지 아닌지에 대한 다소 논쟁적인 논란이 지금도 진행 중이다. 이 사건에서 중앙

정부의 교역 정책에 반대해 온 18세기 미국의 식민지 주민들은 일반 대중과 정치적 의견에 영향을 주기 위해 민간이 소유한 물품을 파괴했다.

미합중국이 탄생한 이후로 2세기에 걸쳐 정부와 시민은 국내적·국제적인 테러를 모두 견뎌 왔다. 이러한 공격은 특성상 주로 국내에서 이루어졌지만, 공격의 메커니즘을 고려해 볼 때 국제적으로 벌어진 사건이 더 큰 주목을 받아 왔으며, 사후에 이루어진 공격자들에 대한 법의 심판 역시 상당한 중요성을 갖는다.

국내 테러와 국제 테러

연방수사국(FBI)은 국내 테러를 '전적으로 미국과 푸에르토리코 안에 기반을 두거나 활동하는 개인들의 집단에 의해, 정치적·사회적 목적을 이루기 위해, 정부와 시민 또는 그 일부를 위협하거나 강제하기 위해, 사람이나 재산에 대해 외국의 지시 없이 벌이는, 무력이나 폭력의 불법적이거나 위협적인 사용'이라고 정의한다.

미국 법률은 다음과 같은 행위를 국내 테러로 정의한다.

- 미합중국이나 주의 형법을 위반하며 인간의 생명에 위협을 가하는 것과 관련된 행위
- 다음과 같은 의도를 지닌 행위
  - 시민을 위협하거나 강제하는 것
  - 위협이나 강제에 의해 정부의 정책에 영향을 주는 것
  - 대량 살상 무기, 암살, 또는 납치에 의해 정부의 방침에 영향을 주는 것
- 미합중국 영토의 관할 구역 내에서 주로 발생한 행위

이에 반해 국제 테러는 다음과 같이 정의된다.

- 미합중국이나 주의 형법을 위반했거나, 미합중국이나 주의 관할 구역 내에서 벌어졌다면 형법을 위반하게 될, 인간의 생명에 위협을 가하는 것과 관련된 폭력적인 행위
- 다음과 같은 의도를 지닌 행위
  - 시민을 위협하거나 강제하는 것
  - 위협이나 강제에 의해 정부의 정책에 영향을 주는 것
  - 대량 살상 무기, 암살, 또는 납치에 의해 정부의 방침에 영향을 주는 것
- 가해자들이 사용한 수단, 가해자들이 위협하거나 강제하려고 의도한 사람들, 또는 가해자들이 활동하거나 망명을 시도한 현장이 주로 미합중국 영토의 관할 구역 밖이거나 국경을 넘어 발생한 경우

미국에서의 국내 테러는 여론 및 자신들이 중요하다고 생각하는 특정한 문제에 대한 조치에 영향을 미치거나 위협하기 위해, 총격, 폭파, 물리적 공격, 구타, 방화, 린치, 공공 기물 파손, 그리고 재산 파괴를 포함한 모든 형태의 폭력과, 이러한 방법 모두와 다른 방법을 동원한 협박을 자행해 왔다. 미국에서 테러 조직으로 분류되고 비난받은 집단은 많이 있으며, 그중 몇 가지는 다음과 같다.

- 큐 클럭스 클랜(KKK): KKK는 조직의 이데올로기를 널리 알리고 정치 과정에 영향을 미치기 위해 십자가를 불태우고 투표소를 공격하는 것과 같은 협박 전술과 린치, 공공 집회 등을 벌여 온 백인 우월주의자 조직이다.
- 무정부주의자: 무정부주의자들은 오래전인 1886년에 있었던 테러 공격과 관련이 있다. 그해 노동 집회 도중 시카고의 헤이마켓 광장Haymarket Square에서 무정부주의자들이 폭탄을 폭발시켰다. 이들은 1901년에 다시 성공적으로 공격을 감행했으며, 이때 무정부주의자들이 맥킨리McKinley 대통령을 암살했다. 무정부주의자들은 1917년 10명이 사망한 밀워키 경찰서 폭파 사건의 혐의도 받고 있으며, 1919년에 발생한 여러 건의 우편물 폭파 사건, 그리고 1920년에 38명이 죽고 140명 이상이 부상당한 월스트리트 폭파 사건의 혐의도 받고 있다.
- 노동조합: 노동조합은 정치적인 여론에 영향을 미치기 위해 테러를 동원해 왔다. 노동조합 조합원들은 노동자의 권리에 대한 지지를 얻기 위해 공격을 구사해 왔으며, 이러한 사건은 심각한 부상과 사망 그리고 파괴를 낳았다. 1910년 맥나마라 형제가 로스엔젤레스의 LA 타임스 건물을 폭파했는데, 이는 이 회사의 노조 가입 방해에 항의하기 위해서였으며, 이 사고로 21명이 사망했다. 노조의 지도자들은 10명이 사망하고 40명 이상이 부상을 입은 1916년 샌프란시스코 폭파 사건의 혐의도 받고 있다.

폭력과 파괴적인 행동을 했다고 의심받고 있거나 실질적으로 그런 행위를 벌여 테러범으로 분류되어 온 기타 집단은 다음과 같다.

- The Black Panthers(흑표범단)
- Weather Underground(웨더 지하단)
- The Army of God(신의 군대)
- Earth Liberation Front(지구 해방 전선)
- Animal Liberation Front(동물 해방 전선)
- Aryan Nations(아리안 네이션즈)
- The Boricua Popular Army(보리쿠아 인민군)
- The Jewish Defense League(유태인 방위 리그)
- The Symbionese Liberation Army(심바이어니즈 해방군)

물론, 개인적인 이익이나 이데올로기 그리고 심지어는 이성적인 설명이 불가능한 이유를 목적으로 공격을 감행해 온 단독 또는 '외로운 늑대형' 테러범도 수없이 많이 존재해 왔다. 이들 외로운 늑대형 데리범 중 일부는 믿을 수 없을 만큼 엄청난 공포를 불러일으켰으며, 이들을 추적해 테러를 중단시키기까지 상당한 자원이 소모되기도 했다. 가장 악명 높은 외로운 늑대형 테러범은 다음과 같다.

- 일요일의 폭파범으로도 알려진 조지 마테스키George Matesky는 1940년부터 1956년까지 일련의 폭파 사건으로 뉴욕 시를 공포에 떨게 했다. 그는 발전소 근무 중 부상을 당한 뒤로 자신이 합당하다고 생각하는 보상을 받지 못했다고 느낀 것으로 밝혀졌다.
- 극좌파 샘 멜빌Sam Melville과 제인 앨퍼트Jane Alpert는 1969년 뉴욕에 있는 수많은 연방 정부 및 주 정부 건물을 폭파해, 20명이 부상을 당하고 심각한 피해가 발생했다.
- '알파벳 폭파범'으로 알려진 무하렘 커베고비히Muharem Kurbegovich는 1974년 이민과 귀화에 대한 법률 폐지를 위해 로스앤젤레스에서 테러 캠페인을 벌였다. 그는 로스앤젤레스 국제공항에 대한 폭파, 주택과 차량에 대한 방화와 폭파, 아

그림 9-1 1995년 4월 26일 오클라호마 주 오클라호마 시. 오클라호마 시 폭발 후 파괴된 뮤러 건물의 모습. 사진 FEMA News Photo.

파트 건물 두 채에 대한 방화, 버스 정류장에 대한 폭파 시도, 그리고 시 전체에 독가스를 살포하겠다는 협박을 했다.

- 유나바머로 알려진 테드 카진스키Ted Kaczynski는 현대의 기술과 혁신에 항의하기 위해 1978년부터 1995년까지 전국을 대상으로 일련의 고정 폭탄과 우편물 폭파 사건을 저질렀다.

- 티모시 맥베이Timothy Mcveigh와 테리 니콜라스Terry Nichols는 텍사스 주 와코Waco 에서의 다윗 교 포위 작전과 루비 리지Ruby Ridge 사건에서 자신들이 목격한 정부의 횡포에 복수하기 위해 1995년 오클라호마 시의 알프레드 뮤러 연방 정부 청사 앞에서 폭탄을 실은 트럭을 폭파시켰다. 이 사고는 미국 역사상 가장 끔찍한 국내 테러 사건으로 기록되었다(그림 9-1).

테러와 테러용 무기는 그것을 필요로 하는 테러범과 테러 조직이 있기 때문에 존재한다. 재난관리자와 긴급구조대원들은 테러범들이 사용하는 수단보다 어떤 이데올로기나 개인적인 이익에 의해 동기 부여가 되는지에 대해서는 관심을 덜 쏟는다. 다시 말해서, 긴급구조대원들은 폭탄이 왜 만들어졌으며 왜 폭파되었는지보다는 테러범들이 그 폭탄으로 무엇을 할 수 있는지에 더 관심이 많다는 것이다.

하지만 재난관리자들은 테러범과 그들의 의도를 이해해야 하는데, 그 이유는 누가 그러한 의도를 갖느냐에 따라 공격의 속성과 무기의 선택이 달라질 수 있기 때문이다. 테러범이 목적으로 삼는 대상이 누구이며, 테러를 일으키는 목적이 무엇인지를 아는 것은 대응 담당자 자신과 그들이 보호하려고 노력하는 피해자 및 시민들이 어느 정도의 위험에 직면해 있는지를 파악하는 데 도움이 된다. 예를 들어, 테러범이 긴급구조대원을 끌어들이기 위해 폭발물로 추정할 만한 작은 물체를 갖다 놓은 다음, 더 큰 테러 효과를 위해 현장에 온 대응 담당자들을 대상으로 훨씬 더 큰 2차적 폭발을 일으키는 경우가 많이 있어 왔다.

1997년 애틀랜타Atlanta의 낙태 병원에서 이런 공격이 있었다. 산아 제한 병원이 속해 있는 샌디 스프링스Sandy Springs 교수 건물을 공격하면서, 외로운 늑대형 테러범 에릭 루돌프Eric Rudolph는 각각 1시간의 시간 간격을 두고 폭파 시간을 맞춰 놓은 폭탄 2개를 설치해 놓았다. 첫 번째 폭탄은 사람들의 주목을 끌긴 했지만, 그다지 큰 피해를 입히지는 않았다. 두 번째 폭탄이 훨씬 위력이 커서 일곱 명이 부상을 입었다. 원래 훨씬 더 큰 피해를 입힐 수 있었지만, 누군가 우연히 그 폭탄 바로 앞에 차를 주차시켰고 그래서 그 차가 폭파의 충격을 대부분 흡수한 덕분이었다.

테러범과 테러 조직은 동기가 되는 요인, 즉, 그들이 성공 가능하다고 믿는 수단인 테러의 목적에 따라 유형이 나뉜다. 국제 문제를 연구하는 비영리 두뇌 집단인 외교협회Council on Foreign Relations는 테러범을 일곱 가지 유형으로 나누었다.

• 독립주의자 테러범: 독립주의자는 자신들만의 독립 국가를 세우려는 희망으로
  정부로부터 분리되고 싶어 하는 사람들을 말한다. 이들은 사람들의 주목을 끌

재난관리론

고 자신들의 대의명분에 동조를 구하기 위해 공격을 이용하기 때문에, 민간인을 목표로 삼기보다는 자신들을 억압한다고 보는 정부를 목표로 삼는 경향이 있다. 이들은 일반적으로 낮은 수준의 폭력을 달성해 국제 사회에 자신들이 야만적이거나 위험하다는 인상을 주지 않으려 한다. 하지만 어느 정도의 폭력이나 폭력에의 위협은 자신들이 필요로 하는 언론의 관심을 끌기 위해 반드시 필요하다고 생각한다. 독립주의자 테러범으로는 아일랜드 공화국군Irish Republican Army(IRA)과 팔레스타인 해방기구Palestinian Liberation Organization(PLO)가 있다.

- 종교적인 테러범: 종교적인 테러 집단은 자신들이 성스러운 임무라 여기는 것을 수행하는 수단으로 테러를 사용한다. 이러한 유형의 테러는 국경의 제한을 거의 받지 않으며, 정상적인 법적 또는 민간 시스템 밖에서 활동하는 경우가 많기 때문에 특히 위험하다. 조지타운 대학교의 브루스 호프만Bruce Hoffman은 현대의 종교적인 테러의 특징을 다음 세 가지로 정의했다. (1) 범인이 자신의 폭력 행위를 정당화하거나 설명하기 위해 그리고 지원자를 모으기 위해 종교 경전을 활용한다. (2) 지도적인 역할을 하는 성직자가 포함되어 있다. (3) 범인이 자신의 행위를 정당화하기 위해 종말론적인 파괴의 이미지를 활용한다. 종교적인 테러범은 순교라는 명목하에 자살 공격을 하는 것으로도 잘 알려져 있다. 범인이 잡히는 것에 개의치 않고 자신이 한 행동에 대해 뻔뻔스럽게 구는 성향이 크기 때문에 이러한 유형의 공격과 관련된 위험은 더 클 수밖에 없다. 종교적인 테러 집단으로는 알카에다, 옴 진리교, 신의 군대, 하마스Hamas, 헤즈볼라Hezbollah 등이 있다.
- 국가가 후원하는 테러: 국가가 후원하는 테러 집단은 용병의 역할을 수행하면서, 군주 국가의 '비열한 일'을 은밀히 처리하는 경우가 많다. 이러한 행동은 적국에 해를 가하거나 갈등을 유발하는 역할을 한다. 이러한 집단은 대단히 효율적으로 공격하며 고도의 기술적인 무기와 전략을 사용하는데, 그건 그와 같은 공격을 수행하는 데 필요한 충분한 자금을 제공받을 수 있기 때문이다. 어떤 사람들은 미국이 알카에다를 추적하는 아프가니스탄의 무자하딘Mujahadeen을 지원한다면서 이것이 국가가 후원하는 테러의 예라고 주장하지만, 이것은 물론

논란의 여지가 많은 주장이다. 259명의 사망자를 낸 팬암 여객기 103호 폭파 사건에 리비아가 관련되어 있다는 설은 국가가 지원하는 테러의 명백한 예이다. 이란의 이라크에서의 반미 그리고 반수니 민병대 지원은 또 다른 예이다. 테러를 후원하는 것으로 비난받는 국가에는 수단, 아프가니스탄, 파키스탄, 그리고 카타르 등이 있다.

• 좌익 테러: 좌익 테러 집단은 공산주의나 사회주의 이데올로기와 체제를 옹호하며 자본주의의 영향을 줄이기 위해 노력하는 이들이다. 이들 집단은 일반적으로 자본주의의 상징을 파괴하는 것을 선호하지만, 대규모 민간인의 사상은 피하는 경향이 있다. 좌익 테러 집단은 미국에서 활동한 오랜 역사를 갖고 있으며, 19세기 초반에 발생한 테러 공격 중 많은 사건이 좌익 테러범들의 소행이었다. 이들 집단의 예로는, 컬럼비아의 FARC, 페루의 샤이닝 패스Shining Path, 이탈리아의 붉은 여단Red Brigade, 그리고 일본의 붉은 군대Red Army가 있다.

• 우익 테러: 우익 테러 집단은 파시스트 국가를 건설하기 위해 테러를 활용하는 이들이다. 이들 집단은 정부나 사회의 자유적이고 민주적인 요소를 협박하거나 제거하기 위해 공격을 감행한다. 우익 집단은 좌익 집단보다 더 약한 조직적 체제를 지닌 경우가 많으며, 핵심 집단 밖에서 지지를 얻는 경우는 거의 없다. 많은 우익 테러 집단이 인종주의적 성향을 띠며 이민자와 이방인을 혐오하는데, 신 나치주의자neo-Nazis, 스킨헤드Skinheads, 그리고 아리안 네이션즈 등이 이에 속한다. 끔찍한 결과로 인해 국제적인 언론의 큰 관심을 받은 우익 테러의 최근 공격은 노르웨이의 아네르스 베링 브레이비크Anders Behring Breivik가 일으킨 폭파와 총격 사건이었다. 2011년 6월 22일 발생한 이 공격은 8명의 사망자와 200명 이상의 부상자를 낸 차량 폭파 사건으로 시작해, 겨우 2시간 뒤에 69명을 죽이고 110명 이상을 다치게 한 여름 캠프에 대한 공격으로 이어졌다.

• 무정부주의 테러: 무정부주의 테러 집단은 불안을 일으키려는 희망에서 정부의 조직 체계 — 자신들이 속해 있는 국가나 국제적인 정치 체계 — 를 공격하는 것으로 알려져 있다. 20세기 초에 무정부주의 집단이 쇠퇴하기 시작했으므

로 상대적으로 적은 위협을 가할 뿐이긴 하지만, 반세계주의 운동이 급증하면서 무정부 운동이 부활하고 있다. 따라서 이들의 영향이 언론에 자주 등장하고 있다. 무정부주의자들은 유엔, 세계은행, 그리고 다른 국제적인 조직의 회의에 맞춰 미국의 여러 도시에 상당한 피해를 초래해 왔다. 1999년 세계무역기구의 각료 회의나 N30 회의가 개최되는 동안 시애틀에서 무정부주의자들이 공공 기물을 파손한 행위는 현재 '시애틀 전투battle of Seattle'로 알려져 있으며, 이때 4만 명 이상이 참여한 항의 시위에서 무정부주의자들이 맥도날드, 갭, 뱅크 오브 아메리카, 나이키 등 자본주의의 상징과도 같은 상점의 앞면과 내부를 부수고 파괴하기 시작했다.

• 단일 관심 테러: 이러한 유형의 테러는 미국과 전 세계에서 점차 증가하고 있다. 단일 관심 테러범은 자신이 반대하는 행동을 하는 하수인이나 조직책을 공격함으로써 자신이 필요하다고 믿는 비정치적이고 비종교적인 문제에 관심을 불러일으키려고 하는 개인이나 집단을 말한다. 단일 관심 테러범에는 환경, 동물의 권리, 농업의 권리, 낙태에 반대하는 집단 등이 있으며, 낙태 반대 집단의 의제에 동성애 반대 행위와 같이 종교적인 동기가 포함된 경우 이들을 종교적인 테러 집단으로 간주하는 이들도 있다. 단일 관심 테러범은 동물을(특히 영장류를) 제약이나 제품 연구에 동원하는 연구 시설을 공격해 왔다. 예를 들어, UCLA의 영장류 연구 프로젝트Primate Research Project는 많은 연구원의 집에 불을 지르고, 이들에 대한 반대 행동을 선동하기 위해 연구원의 이름과 주소를 공개하는 행동을 계속해 왔다. 지구 해방 전선은 세계적으로 많은 나라에서 활동하는 환경 테러 집단으로, 환경에 좋지 않은 행위를 고취한다고 생각하는 개인이나 집단을 협박하고 자신들의 메시지를 선전하기 위해 방화, 공공 기물 파손, 공공시설 파괴 행위를 벌인다. 광분한 외로운 늑대 같은 많은 테러범들은 또한 단일 관심을 지닌 테러범이기도 한다. 유나바머로 악명 높은 테드 카진스키는 기술과 현대화에 반대한 단일 관심 테러범으로, 폭탄이 담긴 우편물을 보내 3명을 죽이고 23명에게 부상을 입혔다.

테러는 예로부터 범죄 행위로 취급되어 왔으며, 미국 역사의 전 시기에 걸쳐 집단과 개인에 의해 자행되어 왔다. 테러는 또한 똑같은 범죄의 정의가 적용되는 기관과 체제에 의해 조사받고 기소되었다. 이러한 운영 방식의 큰 변화는 급진적인 이슬람 교도이자 알카에다의 일원인 람지 유세프Ramzi Yusef가 세계무역센터를 공격한 1993년부터 시작되었다.

람지 유세프

람지 유세프는 1993년 세계무역센터 폭파로 유죄를 선고받은 테러범이다. 유세프는 쿠웨이트에서 태어나 파키스탄 인 부모 밑에서 자랐다. 부모의 배경이 주목할 만한데, 그의 어머니는 9/11 테러의 배후 지휘자인 칼리드 셰이크 모하메드Khalid Sheikh Mohammed와 남매 사이인 것으로 알려졌다. 유세프는 서구식 교육과 훈련을 받았으며, 웨일스의 스완시 연구소Swansea Institute에서 전자공학 학위를, 옥스퍼드 대학교 평생교육원에서도 학위를 받았다. 그는 1990년대 초 파키스탄 테러 훈련 캠프에서 폭탄 제조 기술을 훈련받았다.

1992년 유세프는 이라크 여권으로 미국에 입국했다. 그는 동반자와 함께 입국했는데, 이 동반자는 유세프로부터 관심을 돌리기 위해 의도적으로 형편없이 위조된 서류를 지니고 있었으며, 이에 따라 이민 귀화국에 사흘간 억류되었다가 결국 망명을 요청해서 풀려났다. 그는 가짜 이름을 사용했고, 뉴욕에 있는 파키스탄 영사관을 통해 파키스탄 정부로부터 합법적인 파키스탄 여권을 발급받았다.

유세프는 다른 두 사람의 도움으로 당시 구하기 쉬웠던 재료를 사용한, 1,500파운드 무게의 질산염 연료 오일 폭탄을 만들었다. 여기에는 요소, 질산, 압축 수소, 그리고 니트로글리세린이 들어갔다. 이 폭탄은 1993년 2월 26일 임대한 라이더 밴에 실렸고, 이 밴은 노스 타워North Tower 지하 주차장으로 들어갔다.

유세프의 의도는 폭파로 노스 타워를 약화시켜, 그 여파로 사우스 타워South Tower를 붕괴시키고 그 과정에서 수천 명을 살상하는 것이었다. 폭탄은 폭파되어 6개 층에 상당한 피해를 입혔고 화재를 발생시켰다. 6명이 죽고, 1,000명 이상이 부상을 입었지만, 건물은 엄청난 폭파의 충격을 견뎌 냈다. 유세프는 테러 공격 후 재빨리 도망쳤지만, 그 전에 뉴욕 타임스에 그 공격을 자신이 했음을 주장하는 편지를 보냈다(그는 이스라엘을 옹호하는 미국의 정책에 반대해 공격한 것이라고 주장했다). 그는 FBI의 반드시 잡아야 하는 수배자 10인 명단에 이름을 올렸으며, 2년 반 뒤 제보에 의해 파키스탄에서 결국 체포되었다.

테러 행위

━ 알프레드 뮤러 연방 정부 청사 폭파 사건

테러 사건의 다음 분수령이자 현재까지 미국 내 테러 사건 중 가장 치명적이고 파괴적인 것으로 기록된 것은 오클라호마 시에 있는 알프레드 뮤러 연방 정부 청사 폭파 사건이다. 이 테러는 미군이었던 티모시 맥베이와 테리 니콜라스가 저질렀다. 맥베이와 니콜라스는 미국 정부가 권총 규제와 아이다호 주 루비 리지와 텍사스 주 와코에서의 포위 사태를 다루는 데 있어 도가 지나쳤다고 생각했다. 맥베이는 포위가 이루어지는 동안 와코 다윗 교 본부를 방문했고, 나중에 연방 정부 청사를 폭파하겠다고 다짐했다.

맥베이와 니콜라스는 연방 정부의 여러 기관에 피해를 입히면서 정부와 관련 없는 민간인들에게는 피해를 주지 않을 만한 건물을 찾기 위해 미국 전역의 건물을 살피고 다녔다. 이들은 뮤러 건물을 선택했는데, 왜냐하면 이 건물 안에 연방 정부 기관이 14개 입주해 있고, 주위에 폭파로 인해 피해를 입을 만한 건물이 없었기 때문이다. 두 사람은 폭탄에 들어가는 모든 재료를 구입하거나 훔쳤고, 트럭을 빌리는 비용까지 포함해 겨우 5,000달러 정도를 썼을 뿐이다. 이들은 1995년 4월 17일과 18일, 캔자스의 트럭 뒤에서 무게 5,000파운드에 이르는 폭탄 재료를 조립했고, 19일 아침 오클라호마 시로 트럭을 운전해 들어갔다. 맥베이는 폭탄에 설치된 2개의 도화선에 불을 붙인 후에 뮤러 연방 정부 청사의 놀이방이 있는 경사면 밑에 트럭을 세우고 니콜라스가 운전하는 도주용 차량 쪽으로 걸어갔다.

이 폭파로 인해 건물이 부분적으로 붕괴했으며, 반경 16블록 이내에 있는 324개 건물이 파괴되거나 피해를 입으며 도시 전체가 충격에 빠졌다. 폭발음은 55마일 밖에서도 들릴 정도였으며, 258개 건물의 창문이 흔들렸다. 피해액은 총 6억 5,000만 달러에 이르며, 수백 명이 집을 잃었다. 무엇보다 168명이 사망했으며, 이들 중 다수가 이 건물의 놀이방에 있던 어린이들이었다. 또한 거의 700명이 부상을 입었다.

다행히 맥베이는 폭파 사건이 일어난 지 90분 만에, 번호판 없는 차량을 운전한 혐의와 당시에 은닉 무기를 싣고 있던 혐의로 체포되었다. 폭파 현장에서 발견된 트럭 파편에 대한 조사 결과도 구금 상태에 있던 맥베이가 연루되었음을 신속하게 밝혀 주었다. 그와 니콜라스는 둘 다 유죄 판결을 받았으며, 맥베이는 사형 선고를 받고 바로 처형되었다. 니콜라스는 가석방 가능성 없는 무기 징역을 선고받았다.

─ 코바르 타워 폭파 사건

미국의 이해관계와 관련된 다음 4건의 대규모 테러 사건은 해외에서 일어났으며, 그중 첫 번째 사건은 1996년 6월 25일에 발생했다. 이 공격은 미국을 중동 및 중동 지역 정치에서 철수하게 하려는 이슬람 반미 테러 집단의 시도가 점차 거세지고 있음을 보여 주었다.

이 공격을 수행하기 위해 테러범들은 2만 파운드에 달하는 TNT에 필적하는 플라스틱 폭탄 5,000파운드를 오물 수거용 대형 트럭에 실었다. 이들은 리야드에 있는 미국 중부 사령부에 위치한 해군 막사 건물에 가능한 한 가까이 그 트럭을 몰고 간 후 폭파시켰다. 이들은 이 사건으로 중동에 대한 미국의 개입에 반대하는 여론이 미국 내에서 일어나기를 기대했다. 이 폭탄은 실로 그 위력이 막대해서, 미국을 공격하기 위해 사용된 폭탄 중 가장 규모가 큰 것으로 기록되었다.

현장에 있던 미군 경비병은 폭파가 임박했음을 감지하고 즉시 병사들을 대피시키기 시작했으나, 폭탄의 위력이 너무 세서 건물 앞쪽이 산산조각 나며 19명이 사망했다. 미군 경비병의 조치로 사망자가 대폭 줄었지만, 이는 폭파가 일어날 때 사람들이 대부분 계단에 있었고 계단이 폭파를 견뎌 낸 덕분이었다.

─ 케냐와 탄자니아 대사관 폭파 사건

2년 뒤인 1998년 8월 7일, 이슬람 과격분자가 미국의 해외 외교 정책에 반대하며 폭탄으로 다시 미국을 공격했다. 이 공격으로 인해 오사마 빈 라덴Osama Bin Laden과 아이만 알 자와히리Ayman al-Zawahiri가 미국 대테러 작전의 최전선에 등장했으며, 빈 라덴은 결국 FBI의 반드시 체포해야 하는 수배자 명단에 이름을 올렸다.

이 공격은 각각 2,000파운드의 폭탄이 실린 작은 트럭 여러 대를 이용해 행해졌다. 이 트럭은 사우디아라비아에 미군이 주둔한 기념일인 8월 7일에 맞춰 당일 아침 두 대사관에 가능한 한 가깝게 주차되었다.

이 두 사건의 피해자 대부분은 그 지역의 아프리카 시민들이었지만, 미국인 12명도 사망했다. 나이로비에서는 가까운 건물이 가장 큰 피해를 입었으며, 대부분의 피해자는 현지 시민이었다. 이들 중 많은 시민들은 폭발 직전에 총소리를 듣고 창문가로 달려갔으나 폭파로 인한 충격으로 유리가 산산조각 나면서 맹인이 되고 말았다. 다르에스살람Dar es Salaam에서는 사상자가 훨씬 적었지만, 그것은 미국 대사관이 도시 중심가에 위치하지 않고 인근 지역에 건물이 거의 없었기 때문이다.

── 미국 해군 전함 콜호 폭파 사건

케냐와 탄자니아에서 대사관 폭파 사건이 있은 지 겨우 2년 만에, 미국 해군 구축함인 콜USS Cole 호가 예멘의 아덴Aden 항에서 연료를 공급받던 도중에 공격을 당했다. 이 사건 또한 알카에다가 계획하고 일으킨 사건이었다. 이 공격은 500파운드에 달하는 폭약을 실은 작은 배가 콜 호 바로 옆으로 가면서 실행되었다. 이 구축함은 작은 배에 총격을 가하는 것이 금지되어 있었다. 테러범들은 자살 공격으로 폭탄을 폭파시켰고, 콜 호의 주방에 40피트 크기의 구멍을 냈다. 이 공격으로 선원 17명이 사망하고 39명 이상이 부상을 입었다. 오사마 빈 라덴은 이 공격에도 연루되었고, 나중에 카메라 앞에서 한 자랑 조의 연설로 이러한 혐의는 더욱 굳어졌다.

이 공격이 테러인지에 대해서는 논란의 여지가 있으며, 실제로 많은 사람들이 테러 공격이 아니라고 말한다. 그것은 이 공격이 군함을 목표로 한 데다 사망자 전원이 군복을 입은 군인들이었기 때문이다. 하지만 이 사건에 있어 중요한 사실은 케냐와 탄자니아의 대사관 폭파 사건에서처럼 이 사건 또한 미국의 대테러 조치와 작전의 특성에 막대한 영향을 끼쳤으며, 각 사건에 대한 미국의 대응은 9/11 사건의 계획 수립과 수행에 큰 영향을 미쳤다는 것이다.

━ 9월 11일 뉴욕, 버지니아, 펜실베이니아에서의 공격

모든 시대를 통틀어 가장 대규모로 계획되고 가장 끔찍했던 테러 공격은 아마도 2001년 9월 11일에 벌어진 사건일 것이다. 합동으로 이루어진 이 사건은 계획을 수립하는 사람들이 전혀 상상할 수 없는 방식으로 역사의 물줄기를 바꿔 놓았다. 그로부터 12년 후에까지 이 사건의 결과로 인해 2건의 전쟁이 시작되었으며, 미국인의 생활 방식도 여러 면에서 달라졌다.

재난관리자들에게 있어, 이 사건이 일으킨 충격과 영향은 놀라울 만한 것이었다. 오늘날 재난 관리 직종에 대한 개념 자체가 많이 달라졌으며, 자연에 의한 것이든 인재든, 아니면 테러에 의한 것이든, 모든 차원의 정부에서 재난에 대비하고 완화하며 대응하고 복구하는 체계와 조직적 구조 또한 예상했던 것보다 훨씬 더 많이 달라졌다. 사건 발생 초기부터 복구에 수천억 달러가 쓰였으며, 미래의 공격을 예방하고 공격의 관리를 준비하기 위한 대비와 조직적인 활동도 해야 했다. 이 테러의 결과로 벌어진 전쟁과 관련된 비용까지 더하면, 총비용은 수조 달러에 달한다.

뉴욕에서 9/11 사건 이후에 연방 정부와 주 정부에서 재난 지원과 관련해 지출한 비용

세계무역센터 폭파 사건에 대한 대응과 복구에 연방 정부가 쓴 비용은 공식적으로 200억 달러로 추산되지만, 이 사건으로 인해 피해를 입은 국가 경제, 사회 기반 시설 그리고 복잡한 사회 구조 때문에 정확한 금액은 결코 알 수 없을 것이다. FEMA는 연방 정부 부담금의 42%인 88억 1,800만 달러를 제공했다. 국토안보부는 두 번째로 큰 금액인 17%에 달하는 24억 8,000만 달러를, 그리고 교통부는 세 번째로 많은 금액인 23억 7,000만 달러(11.5%)를 내놓았다. 다른 모든 연방 정부의 기관들이 총 8억 2,000만 달러를 내놓았고, 이는 연방 정부 전체 부담액의 4%에 이른다. 연방 정부의 이러한 비용에는 뉴욕 시 자유 구역에서의 세금 혜택도 포함되는데, 이 구역에서는 새로운 세금 혜택으로 이 도시와 거주민들에게 50억 달러 이상의 간접적인 경제 지원을 제공한 결과를 낳았다.

2001년 9월 이후에 테러로부터 나라의 안전을 확보하기 위한 간접 비용은 200억 달러를 뛰어넘는데, 여기에는 국토안보부의 창설 관련 비용, 공항 안전을 위한 정부의 통제 비용, 경찰과 소방대원의 초과 근무 수당, 특별 행사와 주요 시설에 대한 안전 조치 증가, 주와 지역 정부에 제공되는 장비와 교육을 위한 대비 보조금, 기술적인 연구, 공항 안전 등에 소요된 비용이 포함되었다. 이라크와 아프가니스탄에서 벌인 전쟁 비용 — 국내 영토에 대한 공격 위험을 완화하기 위한 선제 조치로 간주되는 — 까지 포함하면, 9/11 테러 공격 이후로 9년간 여러 가지 조치에 든 비용은 줄잡아 1조 달러를 웃도는 것으로 추산된다.

조사 결과, 9/11 테러는 수년간의 계획 수립과 상대적으로 대규모인 공모자 집단, 그리고 이전 공격에서보다 훨씬 더 많은 비용이 들어간 것으로 밝혀졌다. 칼리드 셰이크 모하메드는 1996년 무렵 이러한 공격을 구상했고, 1998년 마침내 오사마 빈 라덴으로부터 작전 계획 수립을 시작하라는 허락을 받았다. 다섯 명 정도로 이루어진 계획 수립 집단은 이 공격을 수행할 지원자를 모았고, 이들을 미국에 잠입시키는 데 공을 들였다. 공격자들은 다양한 능력을 가진 사람들로 선발되었는데, 여기에는 미국에서 사람들과 잘 어울리는 능력, 탁월한 비행 교습 능력, 그리고 체력 등이 고려되었다. 공격자들은 제한된 정보만을 갖고 있었으며, 따라서 납치범 중 일부는 한창 공격을 벌이고 있는 와중에도 자신들의 임무가 자살 테러인지 몰랐던 것으로 전해지고 있다.

9월 11일 아침, 각각 다섯 명의 납치범들로 이루어진 세 팀과 네 명으로 이루어진 한 팀이 보스턴, 뉴욕 그리고 버지니아에서 각각 다른 비행기에 올랐다. 각각의 비행기가 비행을 시작한 직후에 이들은 승무원을 힘으로 제압하고 비행기를 조종했다. 각각의 비행기는 미리 정한 목표물을 향해 돌진했지만, 결국 목표물에 다다른 것은 세 대뿐이었다. 두 비행기는 각각 뉴욕 세계무역센터의 노스 타워와 사우스 타워에 부딪쳤으며(그림 9-2), 한 비행기는 버지니아의 펜타곤 건물에 부딪치고, 네 번째 비행기는 (무슨 일이 벌어지고 있는지를 파악한 승객들이 납치범들을 제압함으로써) 펜실베이니아 생크스빌의 들판으로 추락했다.

연료를 가득 채운 비행기는 피해를 입은 세 건물 모두에 끔찍한 화재를 일으켰고, 이 화재가 세계무역센터의 타워와 펜타곤의 한 윙을 붕괴시켰다. 세계무역센터의 타워 건물은 붕괴하기 전까지 약 1시간 동안 불에 탔기 때문에 뉴욕 전역에서 온 소방관들이 화재에 대응할 충분한 시간이 있었고, 따라서 이들 중 많은 사람들이 목숨을 잃었다. 이 테러로 인한 인명 피해는 다음과 같다.

- 테러범 19명을 제외하고 2,974명이 사망함
- 소방관 343명, 경찰관 75명이 세계무역센터에서 사망함

그림 9-2　2001년 9월 25일 뉴욕 주 뉴욕. 세계무역센터의 정면 잔해가 한때 맨해튼 남쪽 지역의 스카이라인을 지배했던 110층짜리 건물에서 남은 모든 것이다. 사진 Mike Rieger/FEMA News Photo.

- 2,337명이 부상당함
- 이들 대부분은 뉴욕에서 사망했으나, 펜타곤에서도 125명이 사망하고 76명이 부상당함
- 승무원을 포함해 모두 246명이 비행기에서 사망함

　　이 사건은 심각한 경제적 피해도 입혔는데, 세계무역센터와 주변에 위치한 기업과 산업체가 받은 직접적인 타격뿐 아니라, 사업과 관광업의 쇠락과 관련해 미국 내외에 미친 영향, 새로운 운송 규정 및 법률과 관련된 추가 비용, 그리고 그 뒤 이라크와 아프가니스탄에 대한 군사 조치 관련 비용 등이 있다. 세계무역센터에서 영업했던 기업은 430개였고, 그날 그곳에는 5만 명의 직원과 14만 명의 방문객이 있었다. 이에 더해 세계무역센터 아래쪽의 인근 지하철역도 파괴되었다. 한동안은 세계무역센터 타워 건물의 기반에 미친 충격으로, 맨해튼 남부 전체에 홍수가 발생할 수도 있다는 두려움까지 겪어야 했다.

　　이 공격에 대한 대응은 전례가 없던 것이었는데, (230일도 넘는 기간 동안 이루어진

19,500개 인체 부위의 복구를 포함해) 수색과 구조 작업, 피해자의 신원 확인, 혼잡한 도시 한 복판에서 잔해를 제거하고 청소하는 작업, 재난 지역이 범죄 현장이자 국내외 관심과 주목의 대상이라는 특수성 모두에서 그러했다.

흥미롭게도 사상자의 수를 줄일 수 있었던 것은 1993년 세계무역센터 폭파 사건 때문이었다. 이 테러 사건 이후에 이 건물은 좀 더 신속하고 효율적인 대피를 위해 보강되었고, 이에 따라 각 타워에 추가 계단을 만들고 기존 계단을 넓혔다. 또한 각 타워의 관리자들이 정기적인 대피 훈련을 실시해, 그곳에서 일하는 사람들은 대부분 어떻게 해야 하는지를 잘 알고 있었다. 결국 타워에서 사망한 사람들의 90%에 달하는 이들은 대부분 대피가 불가능한, 타격 지점의 윗부분에 있던 사람들이었다.

지역의 대응 담당자들에 더해, 연방 정부와 주 정부 그리고 비정부 기구(적십자와 구세군 등)에서는 몇 시간 만에 현장으로 달려와 구호 센터를 세우고 긴급구조대원들과 피해자들의 요구에 부응하기 위해 노력했다. 결국 뉴욕에서 제공된 구호 노력의 규모는 그토록 좁은 지리적 공간에서 행해진 것으로는 전례 없는 일이었다.

- 개인 피해자 55,494명
- 정신 건강 상담 24만 417건
- 건강 진료 13만 3,035건
- 60곳의 대피소가 문을 열고 3,500명 이상을 돌봄
- 101곳의 배급 물자 관리소가 운영됨
- 1,400만 명 이상의 식사가 제공됨

사건이 막을 내릴 때까지 이 사건에 대응해 작업한 재난 관련 노동자는 거의 6만 명에 이른다. 이 공격으로 인해 사망한 구조대원의 수에 특별히 주목해야 한다. 보통의 경우 미국에서는 전국적으로 1년에 거의 85명에서 110명의 소방관이 업무 중 사망한다. 이 한 번의 사건으로 미국 전역에서 3년도 넘는 기간 동안 사망할 것으로 예상되는 인원의 소방관이 사망한 것이다. 경찰관도 75명 사망했는데, 이것 또한 한

사건으로 인한 최고의 사망자 수로 오랫동안 기록될 것이다. 이들의 죽음은 테러와 관련된 것이든 아니든, 모든 재난 사건에서 구조대원의 안전과 안보에 많은 관심을 불러일으켰고, 이들의 노력을 후원하기 위한 정부 자금 또한 크게 증가했다. 이 엄청난 인명 손실로 인해 테러나 극히 위험한 사건에 대응할 때 긴급구조대원들이 일반적으로 따르는 규약과 절차를 완전히 재점검하게 되었다.

궁극적으로 9/11 공격은 뉴욕 시에 830에서 950억 달러에 이르는 경제적 피해를 입힌 것으로 추산된다. 여기에는 건물이 입은 피해액 220억 달러, 사망한 사람들의 미래 수입 90억 달러, 지역 상업과 세입 530에서 640억 달러 등이 있다. 이 사건으로 인한 경제적 피해는 미국 전역뿐 아니라 전 세계에까지 미쳤는데, 그라운드제로에서 수만 마일 떨어진 곳에 있는 지역 사회에서도 실업이 속출하고 기업이 도산했다. 이 사건으로 180만 개의 일자리가 사라졌는데, 맨해튼 남부에서 10만 개 그리고 여행업계에서 23만 7,000개에 이른다.

이 사건에 대응하는 데 연방 정부의 비용은 비상 지원, 피해자와 기업 및 NGO에 대한 지원, 잔해 제거 등의 항목에 총 120억 달러가 소요되었다(그림 9-3).

2002년 여름, 9/11 테러와 관련된 2건의 사후 보고서가 발간되었다. 뉴욕 시의 경찰국을 위해 맥킨지 & 컴퍼니McKinsey & Company에서 작성한 '뉴욕 경찰의 재난 대비와 대응 개선하기Improving NYPD Emergency Preparedness and Response'와 버지니아의 알링턴 카운티를 위해 타이탄 시스템스Titan Systems Corporation가 작성한 '9/11 펜타곤 테러의 대응에 대한 알링턴 카운티의 사후 보고서Arlington County After-Action Report on the Response to the September 11 Terrorist Attack on the Pentagon'이다. 이 두 보고서는 이 사건에 관여했던 사람들과의 수백 건의 인터뷰 그리고 조직의 계획에 대한 검토를 바탕으로 작성되었다. 두 보고서는 재난 대처 방법에 변화가 있어야 한다는 많은 교훈과 제안을 제공하였다.

'뉴욕 경찰 보고서(McKinsey & Company, 2002)'는 9월 11일 뉴욕 경찰의 성공이나 실패에 대한 판단을 건너뛰지는 않았지만, 그보다는 뉴욕 경찰의 대응 목적과 장비에 대한 판단 그리고 뉴욕 경찰을 위한 20가지 개선점을 밝혔는데, 이 중 6가지는 시급한 개선이 필요한 사항이었다.

- 조직 책임자의 역할과 책임에 대한 보다 명확한 서술
- 지휘 계통을 보다 명확히 하기
- 정보의 흐름을 최적화하는 무선 통신 규약과 절차
- 대응 직원의 보다 효율적인 동원
- 비상 장비 및 기부받은 장비의 보다 효율적인 제공과 분배
- 대테러 작전을 포함한 포괄적인 재난 대응 계획

'알링턴 카운티의 사후 보고서'는 펜타곤 테러 공격에 대한 카운티와 다른 기관들의 대응을 성공으로 규정하고, "평범한 사람들의 노력이 비범한 성과를 이루는 데 기여했다"라고 결론지었다(Titan Systems Corporation, 2002). 펜타곤에 대한 테러 공격은 버지니아 주 알링턴 카운티, 연방 정부, 또 다른 행정 기관, 그리고 대응에 나선 기관들의 계획과 능력에 대한 극단적인 시험이 되었다. 이 보고서에 실린 내용 중 펜타곤 공격의 대응과 관련해 주목할 만한 사실은 다음과 같다.

- 알링턴 카운티의 첫 번째 긴급 대응팀은 사건 발생 후 3분도 안 돼 충돌 현장에 도착했다.
- 30개 이상의 수색 및 구조팀, 경찰서, 소방서, 연방 기관이 알링턴 경찰과 소방관을 도와 구조 작업에 나섰다. 이들 주요 협력 기관 중에는 FBI, FEMA, 연방 공원 경찰U.S. Park Police, 방위 보호국Defense Protective Service, 육군 워싱턴 관구Military District of Washington, 메트로폴리탄 워싱턴 공항관리국Metropolitan Washington Airport Authority, 버지니아 재난 관리부Virginia Department of Emergency Management, 그리고 뉴멕시코 앨버커키, 버지니아 페어팩스 카운티, 메릴랜드 몽고메리 카운티, 테네시 멤피스 카운티에서 온 USAR팀이 있었다.

- 포트메이어 소방서 폼유닛 161의 데니스 길로이Dennis Gilroy 서장과 팀원들은 AA 77 편 여객기가 펜타곤 건물에 부딪쳤을 때 현장에 있었다. 마크 스키퍼Mark Skipper와 앨런 월리스Alan Wallace 소방관은 폼유닛 옆에 있다 화상과 열상을 입었지만, 즉시 1층 창문을 통해 빠져나오려 애쓰는 펜타곤 직원들을 돕기 시작했다.
- 엔지 101의 스티브 맥코이Steve McCoy 서장과 팀원들은 크리스털시티Crystal City에서 소방 직원 교육을 받으러 가는 길에 여객기가 머리 위로 낮게 날다 펜타곤 인근에서 폭발하는 것을 목격했다. 맥코이는 여객기 충돌 사실을 알리기 위해 알링턴 카운티의 비상 통신 센터에 처음으로 전화를 건 인물이다.
- 알링턴 카운티의 미국 적십자 지부는 적십자의 지원을 소집했다. 이 지부에는 공격 당시 80명의 숙련된 자원봉사자들이 있었지만, 다른 지부들과의 상호 지원 시스템을 통해 비상 서비스 인력, 피해자 그리고 그들의 가족을 도울 자원봉사자를 1,500명 가까이 모았다.
- 기업 후원자들은 구조 인력을 위해 펜타곤 주차장에 임시 배급소를 설치했고, 비상 대응 인력에 18만 7,940명분 이상의 식사를 제공했다. 다른 많은 기업들은 구조된 사람들이 집으로 연락할 수 있도록 전화, 건축 자재, 그리고 다른 필수적인 물품을 가져왔다.
- 9명의 화상 피해자에게 이후 3주 동안 112번 이상의 외과 수술이 실시되었다. 전신에 60% 이상의 화상을 입은 여성 화상 피해자는 사망했다. 다양한 부상으로 지역 병원에 보고된 환자는 106명이었다.

'알링턴 카운티의 사후 보고서'에는 235개의 제안과 교훈이 담겼으며, 각각의 사항은 펜타곤에서의 대응 상황과 맥락 안에서 이해되어야 한다. 일부는 특정한 대응 요소나 활동에 구체적으로 적용되며, 일부는 알링턴 카운티와 미국 전체의 다른 행정 구역, 특히 대도시에 적용할 대단히 중요한 문제를 다루고 있다. 이러한 제안에 가중치를 두거나 우선순위를 정하지는 않았는데, 그건 이 보고서에서 얻은 교훈을 어떻게 할 것인지는 현장의 실무진이 결정할 문제이기 때문이다. 흥미로운 점은 이 제안들이 테러 공격에 대비해 개발되었지만, 모든 위험 요인에 완전한 적용이 가능하다는 것이다. 다음은 이러한 제안 중 일부이다.

1. 사건 지휘 시스템(ICS)과 통합 지휘: 주요 대응 작업 참여자들은 ICS에 대해 잘 알고 있었으며, 그것을 효율적으로 실행했고 규정에 따랐다. 알링턴 카운티 소방서(ACFD)의 경험 많은 ICS 전문가는 테러 공격 후 문자 그대로 몇 분 이내에 지휘 체계를 세웠다. 이들을 도운 다른 관할 구역과 기관들도 거의 예외 없이 ICS 체계 내에서 매끄럽게 움직였다. ICS와 통합 지휘에 익숙하지 않은 조직과 개인, 특히 자체적으로 분명한 지휘와 통제 메커니즘을 갖고 있는 군대를 위해, 사고 현장 지휘관은 대응 초기에 명확한 정보와 지침을 제공했고, 따라서 이들의 완전한 협조를 이끌어 낼 수 있었다.
2. 상호 지원과 외부의 지원: 모든 차원의 정부에서 이루어지는 상호 지원 자산과 기관들의 협조 및 조정, 자원봉사 단체와 민간 기업에 대한 관리와 통합은 탁월했다. 공공 안전에

재난관리론

관한 기관과 인근 관할 구역의 행정 담당 관리들이 알링턴 카운티에 지원을 제공했다. 펜타곤 공격에 대한 대응은 워싱턴 대도시권 전체와 미국 전역에 걸쳐 가능한 지원의 총 규모와 범위를 드러내 보여 주었다.

3. 알링턴 카운티의 포괄적인 재난 관리 계획: 포괄적인 재난 관리 계획Comprehensive Emergency Management Plan(CEMP)은 이 명칭이 의미하는 바를 스스로 입증해 보였다. CEMP는 잘 고안되고, 적절하게 관리되었으며, 연습이 자주 이루어지고, 효율적으로 실시되었다. 정부 지도층은 전략적인 운영을 방해하지 않고 알링턴 카운티의 긴급구조대원들을 지원할 주요 자원을 신속하게 모을 수 있었다. 카운티 이사회는 인근 관할 구역의 대응 부서, 선출된 연방 정부 및 주 정부의 공무원들과 힘을 합쳐 신속한 경제 회복을 위해 일했으며, 알링턴 카운티의 시민들과 자주 대화를 나누었다.

4. 고용자 지원 프로그램: 펜타곤에 대한 공격이 이루어진 당시에 알링턴 카운티는 이미 공공의 안전을 위해 다른 카운티의 고용자들에게 주요 사건에 대한 스트레스를 관리해 주는, 잘 만들어진 고용자 지원 프로그램Employee Assistance Program(EAP)을 운영하고 있었다. 특히, 알링턴 카운티 소방서(ACFD)는 EAP의 개념을 받아들이고, EAP 서비스를 제공하는 모든 이들을 격려했다. 따라서 EAP 직원들이 공격 후 3시간 이내에 사건 현장에 도착했을 때 좋은 평가를 받은 것은 놀랄 만한 일이 아니다. 사건 대응과 그 후 몇 주간의 후속 처리 과정에서 EAP는 긴급구조대원, 그들의 가족, 그리고 카운티 전체의 지원 네트워크에 꼭 필요한 역할을 한 것으로 밝혀졌다. 이것은 대응 계획에 포함되어야 할 소중한 자원이다.

5. 교육, 훈련, 그리고 공유된 경험: ACFD는 대량 살상 무기를 이용한 워싱턴 대도시 지역에 대한 테러 공격 가능성을 오래전부터 인식해 왔고, 따라서 대도시 의료 대응 시스템Metropolitan Medical Response System(MMRS)을 마련하는 등 그러한 사건을 위해 공격적인 대비 프로그램을 운영해 왔다. Y2K의 도래와 관련되어 예측되는 문제에 대비하면서, 알링턴 카운티 정부는 CEMP를 철저하게 훈련했다. 1998년 FBI의 워싱턴 현장 사무소는 지역 소방서와 함께 일하기 위해 소방 연락소를 설치했다. 워싱턴 대도시권 지역의 공공 안전 관련 기관은 대통령 취임식, 주지사의 방문, IMF 정기 회의 등의 국제회의와 같은 국가적으로 중대한 사건 발생 시 함께 일해 왔으며, 관할 구역과 이해관계를 함께해 왔다. 이들은 펜타곤에서 실시하는 것을 포함한 잦은 교육과 훈련에 정기적으로 참여해 왔다. 이 모든 것과 그 이상의 무엇으로 인해 펜타곤에서의 성공적인 대응이 가능했던 것이다.

알링턴 카운티 보고서의 제안이 작은 지역 사회와도 관련이 있다고 생각하는가? 아니면 거대한 대도시 지역에만 적용된다고 생각하는가? 질문에 답하고 이유를 설명해 보아라.

법적 체계

테러 사건의 관리를 이끄는 오늘날과 같은 법적 권한과 체계는, 재난 관리에 관한 법적 권한의 발전과 대테러 활동 및 법률 집행에 관한 법적 권한의 발전 사이에 존재한다. 오클라호마 시 폭탄 테러 사건 이전에는 적어도 국가 차원에서 결과 관리를 다루는 재난 관리 분야와 일단 테러가 발생한 후에 테러범과 테러 조직을 추적하고 기소하며 이들의 책임을 묻는 연방 정부의 조사 및 정보기관 사이에 겹치는 부분이 거의 없었다.

하지만 9/11 사건 이후에 FEMA가 내각 수준의 위상을 잃고 국토안보부 — 테러 공격의 결과로 생긴 기관인 — 에 통합되면서, 테러 예방, 대비, 대응 및 복구는 재난 관리 임무의 주요한 일부가 되었다. 또한 모든 사건을 다루는 주와 지역 역량의 너무도 많은 부분을 연방 정부 차원에서 자금을 제공하며 이끌어 나가므로, 이러한 차원으로 신속하게 하향 이동되는 변화가 나타났다.

오늘날 재난관리자들은 테러 공격에 대응하고 복구하기 위해 계획하고 교육하며, 테러의 목표물을 강하게 만들고, 사람들과 사회 기반 시설, 그리고 경제의 모든 측면을 보호하기 위한 더 좋은 방법을 찾기 위해 지역 사회의 테두리 안에서 일한다. 이것은 이들에게는 일면 새로운 역할이지만, 연방 정부 차원에서 지역으로 내려보내고 지역에서 도입해야 하는 명령과 법률임을 감안하면, 매우 필요한 역할이 아닐 수 없다.

다른 모든 위험 요인도 그렇지만, 테러의 재난 관리에 대한 책임을 지는 최고 연방 정부 기관은 국토안보부이다. 이 기관이 국토 안보의 기능을 맡은 것은 9/11 공격 이후에 진척된 법률 행위의 가장 중요한 결과물이다. 하지만 이러한 조치는 9/11 공격 이전에도 많이 고려되었지만 (미국이 유사 이래 국내외적으로 수없이 많은 테러에 공격당했다는 사실에도 불구하고) 테러에 대한 당시 여론의 관심이 너무 낮아 대폭적인 지지를 받지 못했다는 점은 반드시 알아 두어야 한다.

조기 입법 및 조치 그리고 권한

테러 대응 및 복구와 관련된 재난 관리를 위한 법적 권한은 대민 지원법이 통과된 1878년으로 거슬러 올라간다. 이 법은 군대와 경찰력을 효율적으로 분리했으며, 법률 집행 문제에 대해 연방 정부의 권위를 넘어 지방 정부의 권위에 기본적인 관할권을 부여해 주었다. 이 법은 정부 재난 관리의 주된 국내 관심사가 외국으로부터의 핵 공격 가능성에 있었던 냉전 시기까지는 미국에 잘 맞았다. 국민들은 대량 살상 공격에 대해 두려움을 갖고 있었고, 지역 사회가 관리하기에는 분명 대비에 어려운 면이 있어, 지역 사회에 기반을 둔 전국적인 민방위 프로그램이 운영되었다. 대부분의 마을과 도시의 정부 건물에는 폭탄과 방사성 낙진을 막는 대피소가 설치되었으며, 사람들은 공격 발생 시의 행동 요령을 익혔다.

이러한 활동에 있어 지역 사회를 후원한 것은 연방 민방위청(FCDA)이었다. 하지만 이 기관의 자원이 너무도 제한되어 있어 국방부에 국방동원국이라는 동반 부서가 설치되었다. 이 부서는 테러 공격이 발생했을 때 신속한 대응을 하는 데 중점을 두었고, 결국 이 두 부서는 하나로 통합되었다.

1960년대 점차 증가하는 자연적인 위험 요인에 대처하기 위해 케네디 행정부는 백악관 내에 재난대비국을 설립했다. 이 부서는 대규모 사건에 대처하도록 계획되었으나, 국방부의 민방위국에 남아 있던 민방위의 책임을 지지는 않았다. 1974년 재난구호법의 통과로 모든 유형의 재난으로 인한 재난 대응을 지원하는 연방 정부의 역량이 커졌다. 하지만 다양한 기관들 사이의 서로 다른 책임을 구분하기 위해 이 법은 존속되었다. FEMA의 창립과 재난 대비, 완화, 대응 활동의 단일 연방 기관으로의 통합은 카터의 조직 개편 계획 3호Reorganization Plan Number 3에 의해 1979년 이루어졌다.

1988년 11월 23일 레이건 대통령은 로버트 스태포드의 재난구호 및 긴급지원법에 서명했으며, 이는 1974년 연방 재난구호법을 수정한 것이었다. FEMA는 행정명령을 통해 이 법에 관한 권한을 부여받았으며, 대통령이 선포한 모든 재난에 대한 연방 정부의 대응에 반드시 필요한 중심 기관이 되었다. 스태포드 법이 다양한 위험 요인을 구체적으로 구분하고 있지는 않지만, 연방 정부가 앞으로 미국 영토에서 행해지는 테러 공격에 대응해 효율적인 다기관적 대응을 확실히 할 수 있는 것은 이러한 법적 메커니즘 때문이다. 스태포드 법은 오늘날에도 테러 공격에 대한 대응과 복구 이면의 주된 자금 지원의 법적 기반을 이루며, 아주 폭넓게 해석될 수 있기 때문에 지속적인 영향을 갖고 이러한 사건들을 해결하는 데 매우 효율적이다. 하지만 이 법은 미국의 국가 안보에 영향을 미치는 재난이나 비상 상황을 낳는 몇 가지 예에 대해 언급하고 있다. 이러한 경우에는 상황에 따른 국가 안보의 필요를 충족하기 위해 적절한 국가적 안보의 권한과 절차가 활용될 것이다.

그로부터 3년 만에 연방 대응 계획(FRP)이 발표되었으며, 이 계획은 스태포드 법하에 재난의 피해를 입은 지역 사회에 대한 연방 정부의 지원 과정과 체제가 적시되어 있다.

1993년 11월, FEMA와 연방 정부의 다른 기관이 다음에 대한 감지와 대응 역량을 개발하기 위한 재난 계획을 수립해야 한다는 공법 103-160&1704호가 통과되었다. (1) 테러범들의 화학 및 생물학 물질이나 무기의 사용 가능성 (2) 산업적인 화학 물질이나 광범위한 재난의 발발과 관련된 자연 재난. 1994년 6월 행정 명령 12919호는 국가 안보의 자원 대비 문제와 관련해 FEMA에 국가안전보장회의National Security Council에서의 커다란 역할을 부여했으며, 1995년 1월 FEMA 청장은 자신에게 직접 보고하는 국가안전조정국Office of National Security Coordination을 설립했다.

이 시기에 세계무역센터가 폭파되었고, 직후에 도쿄에서 사린 가스 공격이 발생했으며, 오클라호마 시 폭파 사건이 일어났다.

─── 대통령 결정 훈령 39호

재난 관리와 테러 사건 관리에 영향을 주는 최초의 주목할 만한 대테러 활동은 1995년 6월 21일 대통령 결정 훈령Presidential Decision Directive(PDD) 39호였다. 이 훈령에는 미국 정부가 미국 영토 또는 어디든 미국과 이해관계가 있는 곳에서 발생하는 모든 테러 공격을 억제하고 물리치고 대응하기 위한 모든 적절한 수단을 사용해야 한다고 명시하고 있다. 이로 인해 법무부는 재난을 관리할 권한을, FEMA는 결과를 관리할 책임을 부여받았다. FEMA는 또한 테러 사건에 대비한 교육 및 대비를 위한 고위 다부처 그룹의 의장 역할도 맡았다.

─── 연방 방사성 물질 비상 대응 계획

1996년 5월, 연방 방사성 물질 비상 대응 계획Federal Radiological Emergency Response Plan(FRERP)이 발효되었다. 이 계획은 방사성 물질에 의한 파괴 행위 및 테러에 대처하며, 의도적이거나 사고로 인한 방사성 물질 관련 사건에 대한 대응을 다루고 있다.

─── 넌-루가-도메니시 법

PDD 39호가 그러했듯이, 오클라호마 시 폭탄 테러 사건과 도쿄 지하철에서의 사린 가스 공격은 1996년 9월 23일 대량 살상 무기에 대한 넌-루가-도메니시 법Nunn-Lugar-Domenici Weapons of Mass Destruction Act의 발의와 통과를 촉진시켰다. 이 법에 의해 테러 공격에 대응하는 긴급구조대원의 대비와 장비에 더 많은 자금을 제공하게 되었다. 구조대원들의 대비는 사린 가스 공격에서 특히 문제가 많은 것으로 드러났다. 따라서 미국의 많은 대응 기관들은 관할 구역 내에서의 화학이나 대량 살상 무기에 대처하기 위해 더 좋은 장비가 필요함을 인식했다.

이 법은 테러 사건에 대한 더 나은 대응을 촉진했지만, 공격을 어떻게 예방하고, 테러 조직을 어떻게 와해시키는가에 대한 관점에서는 달라진 게 거의 없었다. 이 문제를 다루는 서로 다른 기관과 조직이 아직 너무 많았으며, 이들 중 누구도 자신들의 예산이나 권한을 포기하려 들지 않았다. 동시에 더 잘 조율된 접근 방식이 필요하다는 인식에도 불구하고 그러한 행동을 서두를 급박한 이유 또한 없었다.

── 연방 대응 계획의 테러 부록서

테러 관련 법에 영향을 준 대규모 사건은 1997년에 일어났고, 이에 따라 테러의 위험 요인에 대처하기 위해 NRF의 전신인 연방 대응 계획(FRP)이 변화를 맞이했다. 원래 FRP에는 테러 사건에 최적화된 역할과 책임이 명시되어 있지 않았으며, 따라서 새로운 테러 사건 부록서Terrorism Incident Annex가 개발되었다. 이 테러 사건 부록서는 조지아 주 애틀랜타에서 열린 1996년 올림픽에서의 폭파 사건과 직접적으로 밀접하게 연결되어 있다. 이 사건에서 외로운 늑대형 테러범 에릭 루돌프는 관중석에 파이프 폭탄을 설치해 폭파시켰다. 한 사람이 죽고 수십 명이 부상을 입었다. 이 사건은 국내 테러범의 소행이었기 때문에 더욱 충격적이었다. 하지만 재난 관리와 관련해 이 사건에서 가장 곤란한 부분은 (특히 FRP가 활동 중이기 때문에) 이 공격이 벌어진 관할 구역이라는 측면에서 누가 이 사건에 대한 범죄 수사를 지휘할 권한을 갖는가를 비롯한 몇 가지 문제였다. 새로운 테러 사건 부록서는 연방 정부의 다양한 기관들에게 명확한 권한의 선을 그어 주었으며, (관할 구역 사이의 조정과 의사소통 문제가 지속적으로 남아 있음에도 불구하고) 이것은 버지니아와 뉴욕에서의 9/11 사건에 대한 기관 간의 통합적이고도 성공적인 대응에 크게 기여했다.

── 세 위원회

1990년대 후반인 1998년 초, 테러 위협을 조사하고 관리할 더 나은 방법을 찾기 위해 정부 산하에 세 위원회가 만들어졌다.

1998년 클린턴 대통령과 뉴트 깅리치Newt Gingrich는 '21세기 국가 안보에 관한 미국 위원회United States Commission on National Security in the 21st Century(USCNS/21)'라는 14명의 위원으로 구성된 위원회를 만들었다. 하트-루드만 위원회Hart-Rudman Commission로 더 잘 알려진 이 위원회는 정부가 국가 안보를 유지하기 위한 더 좋은 방법을 모색하기 위해 만들어졌다. 이 위원회는 국가 안보 전략을 설계한다는 목표를 갖고 취약성과 안보의 필요 사항을 검토함으로써 이를 실행하였다.

'국가 안보를 위한 로드맵: 변화의 절박성(Road Map for National Security: Imperative for Change)'이라는 제목의 하트–루드만 위원회 보고서는 2001년 1월 발간되었다. 이 보고서에서는 새롭고 독립적인 국가 국토안보청National Homeland Security Agency(NHSA)의 창설과 이 기관이 국가의 안전과 관련된 미국 정부의 다양한 활동을 계획하고 조정하며 통합할 책임을 져야 함을 제안하였다. 이 보고서에서는 이 기관이 FEMA를 포괄해야 하며, 해안경비대, 관세청, 국경순찰대를 포함해야 한다고 제안했다. 이 국토안보청은 테러와 다른 위협으로부터 미국 국민의 안전을 지켜야 하며, 해외의 주요 사회 기반 시설도 보호해야 한다고 제안했다. 9/11 공격 이전에 실질적인 구조적 변화는 일어나지 않았지만, 이 위원회가 연구해서 발견한 사실은 이후에 창설된 국토안보부의 형태와 기능에 큰 영향을 미쳤다.

다른 두 위원회는 테러의 위협에 대해 연구하기 위해 설립되었다.

첫 번째 위원회는 '대량 살상 무기와 관련된 테러에 대한 국내 대응 역량 평가를 위한 자문단'으로 길모어 위원회Gilmore Commission로 알려져 있다. 이 위원회는 1999년부터 2003년까지 위험한 대테러 작전에 필요한 조치의 유형을 포함해 대량 살상 무기의 위험을 관리해야 한다는 내용의 일련의 연간 보고서를 펴냈다.

두 번째 위원회는 '테러리즘에 관한 국가 위원회National Commission on Terrorism'로 브레머 위원회Bremer Commission로 알려져 있다. 브레머 위원회는 국제적인 테러의 위협을 조사해 테러를 예방하고, 미국에 대한 테러 행위를 저지른 사람들을 추적하는 미국의 기존 법, 정책, 실무를 평가한다. 이 위원회는 2000년에 '국제 테러의 변화하는 위협에 대응하기Countering the Changing Threat of International Terrorism'라는 보고서를 펴냈고, 여기서 국제적인 테러 위협이 증가하는 현실에 대해 알리고, 모든 무기, 그러나 특별히 대량 살상 무기와 관련된 테러 공격을 예방하고 대비하려면 좀 더 적극적인 조치를 취해야 한다고 제안했다. 이러한 제안은 9/11 공격 이후에는 크게 도움이 되었지만, 당시에는 국가가 직면한 위험에 대한 인식 부족으로 이러한 제안에 대해 아무런 조치도 취해지지 않았다.

── 다부처 대테러 작전과 기술 범죄에 관한 검찰총장 5개년 계획

1998년 12월 FBI는 의회의 지시에 따라, 다부처 대테러 작전과 기술 범죄 예방 계획을 세우기 위해 다부처 사업을 조정하기 시작했다. 이러한 노력을 통해 FBI가 테러 행위에 대응하고 조사하는 임무를 가진 연방 정부의 가장 중요한 기관이라는 공감대가 형성되었다. 다부처 대테러 작전과 기술 범죄에 관한 검찰총장 5개년 계획이라고 불리는 이 계획은 테러범과 테러 조직과의 싸움에서 보다 긴밀하게 협조하기 위해 만들어졌지만, 그렇지 않았다면 9/11 테러를 인식하고 억제할 수 있었을 고급 정보의 공유와 조정을 유발하기에는 궁극적으로 비효율적이었다.

── 스태포드 법의 수정

2001년 2월, 2001년 국내 테러 대비법Preparedness Against Domestic Terrorism Act of 2001이 통과되었는데, 이 법은 '주요한 재난'의 정의에 테러 행위를 포함시키기 위해 스태포드 법을 수정한 것이었다. 이 법에 의해, 테러 사건에 대한 연방 정부의 재난 지원이 어떻게 이루어질 것인지가 공식화되었다. 이 법은 또한 FEMA 청장에게 연방 정부의 재난 대비 계획 및 프로그램을 수행할 권한을 부여하고, 연방 정부의 테러 대비 프로그램에서 중복을 제거하기 위해 국내 대비를 위한 대통령 위원회President's Council on Domestic Preparedness를 설립하는 내용도 담겨 있다.

── 회계감사국의 발견

회계감사국(GAO)은 국가가 여전히 존재하고 있는 테러의 위협을 관리할 준비가 되어 있는지를 밝혀내기 위해 2000년 말과 2001년 초에 점검을 실시했으며, 사실은 준비가 되어 있지 않다는 사실을 발견했다. GAO는 이러한 노력과 관련해, 2001년 3월 '테러와의 전쟁: 대테러 작전에서의 리더십과 국가적 전략에 대한 제언Combating Terrorism: Comments on Counterterrorism Leadership and National Strategy'이라는 보고서를 발간했다. 이 보고서는 수많은 법률적 허점을 밝혀내고, 뚜렷한 국가 전략이 없다면, 미국은 여전히 존재하고 있는 테러의 위험을 해결할 수 없을 것이라고 주장했다. 하지만 무엇보다 중요한 것은 이 보고서에서, 테러의 위험을 주관할 단일한 연방 정부 기관이 없으며, 이러한 위험에 대처하는 많은 기관이 매우 분열되어 있는 데다, 협조가 거의 이루어지지 않고 있다는 사실을 지적한 대목이다.

2001년 9월 초, GAO는 '테러와의 전투: 선별된 과제와 관련 제언들Combating Terrorism: Selected Challenges and Related Recommendations'이라는 두 번째 보고서를 펴냈으며, 이 보고서에서 연방 정부는 중대한 테러의 위협과 공격을 관리할 장비도 갖추지 못했고 준비도 되어 있지 않으며, 주요 사회 기반 시설에 대한 보호도 이루어지지 않고 있다고 명시했다. 이 보고서는 무시무시할 만큼 예언적이어서, 그로부터 며칠 만인 2001년 9월 11일 테러 공격이 발생해, 이 보고서에 있는 많은 발견이 사실로 입증되었다.

── 행정 명령 13228호

9/11 사건이 발생한 후에 이제는 명백하게 드러난 위협에 대처해야 한다는 강력한 의지가 생겼다. 하지만 대통령과 의회는 판에 박힌 법률 제정으로는 테러 공격으로 발생하는 모든 문제에 대처할 수 없으므로 최선의 결과를 위해서는 고려할 시간이 필요하다는 데 인식을 함께했다. 하지만 동시에 즉시 무언가를 하기를 바라는 대중의 요구에 대해서도 잘 알고 있었다. 부시 대통령은 9/11 사건 발생 9일 만에 백악관 내에 국토안보부(DHS)의 설립을 발표했다(Executive Order 13228, 2001). 부시 대통령은 국토안보위원회도 설립했는데, 이 기관은 테러의 위협과 공격에 대비하거나 대응하기 위한 효율적인 전략을 개발하고 조정하는 임무를 부여받았다.

── 미국의 애국법

9/11 공격이 일어난 지 2주밖에 안 된 9월 24일, 대통령은 '테러를 차단하고 막는 데 필요한 적절한 도구의 제공으로 미국을 하나로 강하게Uniting and Strengthening America by Providing Appropriate Tools Required to Intercept and Obstruct Terrorism'라는 제목의 법이 통과할 수 있게 지지할 것이라고 선언했다. 이는 오늘날 머리글자를 딴 애국법PATRIOT Act으

로 더 잘 알려져 있다.

이 법은 감시와 조사 권한을 대폭 확대하는 것을 포함해, 상당히 폭넓게 허용되어 온 기존 수준을 훨씬 넘어 테러로 의심되는 행위를 강제로 조사할 권한을 부여하는 것임에도, 별다른 논란 없이 신속하게 통과되었다. 이 법은 2001년 10월 26일 서명되어 법으로 공표되었다. 오늘날까지 거의 변함없이 실시되고 있는 애국법의 요점은, 의심되는 테러범에 대한 정보 수집에 있어 더 강력한 조치를 가능하게 하는 법적 권한을 부여하고, 테러범으로 의심되는 자를 억류하며, 미국에의 입국을 막고, 테러범들의 재정을 동결하는 데 있다. 이 법의 가장 중요한 조항은 다음과 같다.

- 이 법은 경찰과 정보기관 사이의 정보 공유를 촉진한다.
- 이 법은 알면서도 테러범을 숨겨 주는 것을 불법 행위로 치부한다.
- 이 법은 담당관이 휴대폰과 이메일을 포함해 혐의자의 통신 수단에 접근하는 권한을 확대하는 법률을 집행한다.
- 이 법은 연방 정부에 테러범으로 의심되는 미국 시민이 아닌 자를 억류하는 더 큰 권한을 부여한다.
- 이 법은 캐나다와의 국경 보호를 크게 강화한다.
- 이 법은 국제적인 금융 거래에 대한 필요 사항을 보고하도록 한다.
- 이 법은 대부분의 테러 공격에 대한 법적 제한을 증가시키거나 제거한다.

━ 국토 안보에 관한 대통령 훈령

9/11 사건 이후로 두 달도 안 돼, 조지 부시 대통령은 일련의 대통령 훈령을 발표함으로써 폭넓은 대테러 전략과 정책을 실시하기 시작했다. 부시 행정부는 이러한 훈령을 국토 안보에 관한 대통령 훈령Homeland Security Presidential Directives(HSPD)이라고 불렀다. 이 HSPD는 클린턴 행정부의 PDD와 유사한 특성을 지녔다. 부시는 대통령으로 재직하는 8년 동안 이러한 훈령을 발표했으며, 테러와 테러 사건 관리 방법에 영향을 주는 가장 중요한 열 가지 훈령은 다음과 같다.

- HSPD-1: 국토안보위원회(HSC)의 창설과 운영에 대한 지침
- HSPD-3: 국토 안보 경보 시스템(HSAS)으로 알려진 테러의 위험에 대한 5색 경보 시스템의 개발(현재는 실행되지 않는다)
- HSPD-5: 국내 테러 사건의 관리를 향상시키기 위한 방법. 이는 국가 사고 관리 시스템(NIMS)의 개발로 이어짐
- HSPD-7: 주요 사회 기반 시설을 규정하고 우선순위를 정하며 보호하는 것에 대한 지침
- HSPD-8: 자연 재난은 물론, 국내 테러 사건의 대응을 위한 국가적인 대비를 강화하고 주와 지역 차원에서의 대비를 확대하기 위한 지침
- HSPD-9: 국가의 식량 공급과 농업을 보호하기 위한 지침
- HSPD-10: 생물 무기의 위협을 줄이기 위한 조치
- HSPD-18: 대량 살상 무기에 대한 의학적 대책 마련
- HSPD-19: 테러범의 폭발물 사용을 제한하기 위한 조치
- HSPD-21: 공중 보건과 의학적 대비를 확대하기 위한 조치

── 2002년 국토안보법

2002년 여름, 국토안보부(DHS)의 설립을 위한 법률이 마침내 마련되었고, 그해 11월, 2002년 국토안보법Homeland Security Act이 서명되어 법률로 발효되었다. 이 법은 정부 조직의 포괄적인 변화라는 측면에서 다른 법들과는 달랐다. 이 법의 목적은 9/11 테러 발생을 가능하게 한 취약성을 강화하고, 테러 공격에 대한 대응과 복구가 테러 공격을 예방하고 대비하기 위한 노력과 직접적으로 연결되도록 하기 위한 것이었다.

새로운 국토안보부는 신속하게 설립되었고, 부처 수준의 위상을 부여받았다. 테러 및 자연적이고 기술적인 위험 요인에 의해 발생한 재난의 대응과 관련된 기존의 모든 기관과 조직은 이때 국토안보부로 옮겨졌다. 뿐만 아니라, 국경 및 항구의 보호 그리고 이민과 시민권에 관련된 모든 기관도 국토안보부로 옮겨졌다. 이것은 실로 20개 이상의 기관에서 일하던 23만 명의 연방 정부 직원들이 관련된 대대적인

조직적 변화였다. 이 법으로 인해 국토 안보에 관한 문제를 대통령에게 조언하는 국토안보위원회가 백악관 내에 만들어졌으며, 국토안보부 장관에게 보고하는 조정 대비국도 설립되었다.

이 법에 포함되지 않은 것은 NSA, CIA 등을 포함한 정보기관 그리고 FBI를 포함한 수사기관의 통합이었다. 법률 제정의 원래 의도는 이러한 기관들도 통합하는 것이었지만, 이러한 기관은 그 권한과 예산을 이양하기에는 너무 영향력이 컸다.

─ 9/11 위원회

2002년 11월, 의회는 9/11 공격이 어떻게 그리고 왜 일어났으며, 향후 그러한 사건이 재발하는 것을 예방하려면 어떻게 해야 하는지 그리고 이미 발생한 테러 공격에 국가가 효과적으로 대응하려면 어떻게 해야 하는지를 연구하기 위해 9/11 위원회를 발족시켰다. 이 위원회는 법률 집행, 이민의 취약성, 정보 실패, 외교 관계의 영향 등을 포함해 9/11 사건의 모든 측면을 면밀히 연구했다.

2004년 7월, 9/11 위원회는 최종적인 보고서를 발간했다. 이 보고서에는 향후 테러 공격을 예방하기 위한 37가지 제언이 담겨 있었다. 이러한 제언은 취약성을 강화하고 대응 역량을 기르기 위해 모든 정부 차원에 해당되는 내용이었다. 이 위원회의 제안은 다음 세 가지 분야로 나뉜다.

1. 테러범과 테러 조직 공격하기
2. 이슬람 테러범들의 지속적인 성장 억제하기
3. 테러 공격으로부터 보호하고 대비하기

의회는 2004년 정보개혁 및 테러예방법Intelligence Reform and Terrorism Prevention Act을 통과시킴으로써 이 위원회의 보고서에 대응했다. 이 법에 의해 국가정보국장Director of National Intelligence(DNI)이 신설되었고, 이 직책은 연방 정부의 여러 곳에 존재하는 정보기관을 이끄는 역할을 하기 위해 만들어졌다. 이 법안에는 또한 다음과 같은

재난관리론

내용도 담겨 있다.

- 정보기관을 위한 추가적인 감독권 부여하기
- 대통령 교체에 따른, 행정부 사이의 안보와 관련된 업무 인계에 관한 문제 개선하기
- 테러 조직의 재정 지원을 끊기 위해 더욱 진전된 조치 취하기
- 테러범이 미국에 입국하는 것을 막기 위해 더욱 강력한 조치 취하기
- 교통안전을 위한 국가적 전략을 개발하고 실행하며, 생체 인식 활용을 증가시키기 위해 국토안보부의 요청에 의한 교통안전 조치 확대하기
- 항구의 전반적인 안전과 주요 사회 기반 시설에 대한 보호 확대하기
- 최초 대응 기관을 위한 상호 호환적 의사소통 기준 개발을 국토안보부에 지시하기

2005년 12월, 9/11 위원회는 부시 행정부와 의회가 위원회의 제안을 어떻게 처리했는지에 점수를 매긴 사후 보고서를 발간했다. 성적표 형태로 발간된 이 보고서는 41개 항목의 제안에 대해 문자로 등급을 매겼다. 점수를 보면, 5개는 'F', 11개는 'D', 9개는 'C', 13개는 'B', 오직 한 항목만 'A'를 받았으며, 두 항목에 대한 점수는 아직 결정되지 않았다. 2007년 초, 새로 구성된 민주당 하원은 회기 중 '2007년 9/11 위원회의 제안 실행법Implementing the 9/11 Commission Recommendations Act'이라는 이름의 법안에 대해 첫 번째 투표를 실시했으며, 9/11 위원회의 제안 중 완료되지 못한 모든 항목에 필요한 자금을 대기로 했다. 이 법안은 299표 대 128표로 쉽게 통과되었다. 하지만 나머지 제안의 실행 비용 — 2007년에서 2012년 사이에 210억 달러가 넘는 비용이 소요될 것으로 추산되는 — 은 이 법의 조항이 잘못되었다고 주장하는 반대파의 상당한 공격을 받았다. 하지만 2007년 7월, 상원에 의해 이 법안이 통과되었으며, 부시 대통령은 같은 해 8월 3일 이 법에 서명했다. 이 법에 대한 정보는 http://www.govtrack.us/congress/bills/110/hr1에서 볼 수 있다.

━━ 포스트 카트리나 재난 관리 개혁법

국토안보부가 공격을 예방하는 데 성공한 때문인지 아니면 국내외 위협 수준이 낮아진 때문인지, 미국은 거의 4년 동안 대규모 테러 공격을 겪지 않았다. 하지만 2005년 8월 29일 허리케인 카트리나가 미국을 강타했고, 자연적인 위험 요인에 대한 문제가 다시 논란의 중심을 장악했다. 많은 사람들은 정부의 빈약한 대응이 테러 위험 예방을 위한 정치권의 편향된 변화, 정부 재난 관리 조직의 변화 그리고 테러 예방과 대비에 재난 관리 자금을 쏟아부어 온 관행 때문에, 이 모든 요인이 끔찍한 자연 재난에 대한 국가적 취약성을 증가시켰다고 비판한다.

이에 대해 의회는 2006년 10월 4일, 포스트 카트리나 재난 관리 개혁법(PKEM-RA)을 통과시켜, 새로운 국토안보부의 지도적인 위치를 확고히 하고, 기관 내 조직을 변화시켜 FEMA로부터 가져왔던 많은 기능을 되돌려 주었다. 그러나 PKEMRA에 의해, 일부 부서는 FEMA로 돌려보내지 않고 국토안보부 내의 국가 안전 및 프로그램 본부National Protection and Programs Directorate(NPPD)로 통합시켰다. 여기에는 사회 기반 시설 보호국Office of Infrastructure Protection, 사이버 안보 및 통신 보안국Office of Cybersecurity and Communications, 위험 관리 분석국Office of Risk Management and Analysis 등이 포함되었다. 또한 마침내 대량 살상 무기와 생체 방어 활동, 그리고 대량 살상 무기에 대한 대응 담당자의 대비와 같은 다른 건강 관련 안보 문제를 관리하기 위해 새로운 부서인 보건국Office of Health Affairs(OHA)이 설립되었다.

허리케인 카트리나가 테러 대비와 대응에 미친 영향

정부와 시민들은 9/11 공격에 대한 대비가 전혀 없었던 것은 갑작스러운 테러 위협으로부터 국가를 보호하고 이를 위한 계획을 세우는 데 있어 한 게 너무 없었기 때문으로 해석했다. 그 결과로 인해 재난 관리에 중점을 둔 근본적인 변화가 이루어졌다. 많은 변화가 반사적인 것이었지만, 이러한 변화 중에는 많은 미국 정부 기관의 구조적 변화와 모든 차원의 정부에서의 비상 운영 계획의 수정이 포함되었다. '모든 위험 요인에 대한 재난 관리'를 주장하는 많은 사람들은 이러한 변화가 너무 커서 변화가 이루어지기 전보다 미국이 자연 재난의 영향에 더 취약해질 것이라고 주장했다.

재난관리론

한동안 상대적으로 대형 재난 사건이 거의 발생하지 않았으나, 나라의 모든 관심이 테러와의 전쟁에 가 있는 동안 모든 위험 요인에 대한 대비를 주장한 사람들이 느낀 공포는, 2005년 8월 29일 (예상할 수 있었고 전에도 겪었던 위험 요인이었던) 허리케인 카트리나가 발생하고 모든 차원에서의 정부의 대응이 순식간에 압도당했을 때 사실로 확인되었다. 모든 심각한 재난이 발생했을 때 그랬듯이, 서로에 대한 비난과 비난의 대대적인 거부가 속출했고, 연방 정부는 지역 대응 담당자들의 형편없는 의사 결정 능력을 비난하고, 지역과 주 정부의 관리들은 FEMA가 도와달라는 요청을 거절했다고 주장했다. 하지만 더 면밀히 들여다보면, FEMA가 국토안보부 내에서 효율적인 대응 기관으로서의 위상이 너무 약해졌고, (프로그램도 그렇지만 재난 대비 보조금의 대상과 관련해서도) 이는 테러에만 중점을 둔 결과이며, 그러한 취약성이 해결되려면 대대적인 변화가 있어야 한다는 게 합의된 결론이었다.

─── 향후 법률 제정

테러 공격과 일반적인 재난 사건에 대한 대응을 이끄는 법적 권한과 관련해 미국은 수많은 방향으로 나아갈 수 있다. 분명 허리케인 아이린과 샌디, 토네이도 조플린 등을 포함해 우리의 집단적인 의식을 지배하고 있는 자연 재난은 되풀이되어 왔다. 또한 의회와 행정부 그리고 미국 시민들이 연방 정부의 적자와 씨름하고 있다는 사실과, 재난 이후 대응과 복구 자금의 특성, 그리고 테러에 대한 대비와 위험 감소를 위한 노력 및 대비에 대규모로 지원되던 자금이 매년 줄어들고 있다는 사실은 입법 활동에 영향을 미치고 있다.

필요한 변화를 반영할 수 있도록 스태포드 법을 수정하자는 수많은 제안과 시도가 있어 왔다. 이는 테러, 특히 폭넓은 지역과 수많은 인구에 영향을 미치는 대규모 사건을 다루게 될 것이다. 여러 면에서 기존의 대중 지원 및 개인 지원 프로그램으로 대량 살상 무기 사건을 어떻게 다룰 것인지가 불분명하며, 이 문제에 대한 상당한 계획이 수립되었음에도 불구하고, 현재의 법과 규정으로 어떻게 피해를 재건할 것인지에 대해서도 불확실성이 존재해 왔다.

미국은 예로부터 위험에 대처하는 활동은 물론, 입법 활동에도 반작용이 있어 왔으므로, 어떤 테러 사건이 우리가 앞으로 나아가도록 법적인 권한을 발동시킬 것인지 그렇지 않은지를 알 수는 없다. 만일 역사가 심판관이라면, 실질적인 공격이 발생한 후 오랜 시간이 지날수록 사생활을 침해하고 권리를 제한하는 법에 대한 인내심이 흐릿해질 것이며, 대규모 공격이 일어나면, 그러한 법을 확대하려는 욕구도 따라서 커질 것이다. 우리가 확실히 아는 것은 모든 사회, 모든 주가 자연적이거나 기술적인 위험 요인이든 아니면 테러 사건이든, 비상 상황과 재난 사건을 다뤄야 하며, 그렇게 할 때 따라야 할 권한과 법체계의 틀이 반드시 필요하다는 사실이다.

국가 안보 기관

국가 안보는 테러의 위험 요인에 대비하고 예방하며 대응하고 복구하는 정부의 기능을 규정하기 위해 가장 널리 사용되어 온 표현이다. 하지만 이 기능은 재난 관리 기능과 밀접하게 연관되어 있으며, 많은 경우에 하나로 완전히 합쳐진다. 테러는 이 단어와 관련해 사람들이 전형적으로 생각하는 무엇이지만, 연방 정부 차원에서 FEMA를 국토안보부에 통합시킨 9/11 사건 이후의 입법 활동은 모든 위험 요인의 관리를 한 우산 밑으로 통합시켰다. 이렇게 미국의 국토 안보 기능의 뿌리는 시민 보호와 재난 관리를 포함하며, 이러한 분야의 결합은 새롭고도 여전히 빠르게 발전하고 있다.

　　연방 정부 차원에서 국토안보부는 직원이 20만 명 이상에 이르고 예산이 수백억 달러에 달할 만큼 대규모 기관이다. 이 기관의 조직은 복잡하며, 테러 위험 관리 등을 포함한 기능의 폭은 매우 넓다. 주 정부 차원에서는 국토 안보 기관과 관련 기능의 폭이 훨씬 작다. 하지만 이러한 역할은 9/11 사건 이후의 조직적 변화가 있기 이전에 주 정부가 수행했던 재난 관리 역할은 물론, 주마다 다른 고유한 테러 위험의 속성에 크게 의존적이다. 그리고 지역 차원의 조직은 9/11 사건 이전과 대부분 똑같은 상태로 남아 있다. 달라진 것은 테러범의 위협과 관련해, 대응 담당자들, 법률 집행, 그리고 재난 계획 수립과 관리 직원에 대한 사람들의 기대뿐이다.

　　지역의 기관들은 테러가 아닌 사건을 지속적으로 관리할 필요에 더해, 테러 사건 관리와 그와 관련된 모든 교육, 장비, 계획 수립 및 관계 정립 등에서 (종종 추가 인력

없이도) 전반적으로 '적은 자원으로 많은 것을' 해내 왔다.

수십억 달러에 이르는 연방 정부의 보조금은 이렇게 늘어난 일을 해내는 데 조금이나마 도움이 되었지만, 이러한 자금은 영구적인 것도 아니고 늘 사용할 수 있는 것도 아니다.

테러의 위험과 발생한 사건의 관리와 관련해 책임을 져야 할, 연방 정부와 주 그리고 지역 차원의 정부에는 모두 87,000개 이상의 서로 다른 정부의 관할 구역이 있다.

── 국토안보부

연방 정부 차원에서 국토안보부의 구조는 대규모 재난이 발생한 이후에 매번 정기적으로 변화를 겪어 왔다. 오늘날 우리가 국토안보부에서 보는 것은 이러한 시도가 마무리된 모습이다. 국토안보부가 변화하는 목표는 의도적인 사건이나 자연적이고 기술적인 사건에 똑같이 대응하는 능력의 균형을 이루는, 즉, 모든 위험 요인에 효율적으로 대처하는 조직이 되는 것이다. 이러한 목표는 매번 새로운 재난이 닥칠 때마다 시험받고 있다. 국토안보부의 조직적 속성과 다양한 부서가 서로 어떤 관계를 맺고 있는지를 잘 이해하기 위해서는 국토안보부의 조직표를 봐야 한다(그림 9-4). 국토안보부를 구성하는 몇몇 부서는 다음과 같다.

── 국토안보부 장관실

국토안보부는 국토안보부 장관이 이끌어 나가며, 국토안보부 장관은 부시 행정부와 오바마 행정부에서 모두 각료급 관리로 임명되어 왔다. 장관실은 국토안보부의 전반적인 방향을 관리하고 활동을 감독하는 책임을 진다. 또한 예산을 운용하는 책임도 있는데, 이는 연방 정부에서 가장 규모가 큰 예산에 속한다. 하지만 가장 중요한 것은 장관실에서 테러 위험 관리의 방향과 우선순위를 정하며, 재난 대응 및 복구의 주도권을 잡고 상황을 이끌어 나간다는 점이다.

국토안보부 내에는 국토 안보의 임무를 전반적으로 관리하는 수많은 프로그램

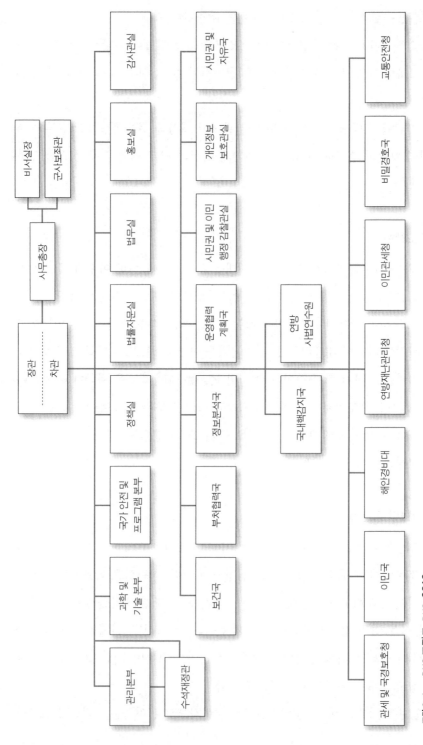

그림 9-4 DHS 조직도. DHS, 2013.

재난관리론

및 쟁점 사안과 관련된 부서들이 있다. 국토안보부 내의 부서는 다음과 같다.

- 개인정보 보호관실, 시민권 및 자유국, 시민권 및 이민 행정 감찰관실: 이 세 부서는 국토안보부가 인간의 권리, 시민의 권리 및 자유에 관하여 월권 행위를 하지 않도록 한다.
- 감사관실: 연방 정부의 모든 감사 관련 부서처럼 국토안보부와 다양한 프로그램을 면밀히 감시하며, 필요하면 개선을 위한 제안을 한다.
- 법무실: 국토안보부와 의회 그리고 백악관 사이를 연결하는 다리 역할을 한다.
- 법률자문실: 테러 관리와 대테러 작전 프로그램을 지원하는 데 필요한 법적인 서비스를 제공한다.
- 홍보실: 일반 시민에게 재난 전후와 도중에 정보를 잘 전달하고, 국토안보부의 기능에 대한 정보를 찾는 경우에 대비해, 언론 및 의사소통의 다른 매체와 함께 일한다.
- 마약 단속국: 마약 단속 강화 정책, 특히 마약이 테러 활동을 위한 자금이나 세관, 그리고 교통안전과 관련되었을 경우 장관에게 조언하는 역할을 한다.
- 부처협력국: 국토안보부와 다른 연방, 주, 지역 정부의 기관들 사이를 연결하는 역할을 한다.

테러 예방과 관리를 위해 국토안보부가 운영하는 자문단과 자문위원회도 여러 개 존재한다. 이들은 같은 문제에 대한 국가 차원의 정책을 이끄는 역할을 하는 국토안보부의 정책을 결정하기 위해 특정 문제에 대한 전문 지식을 제공한다. 이들의 명칭을 보면, 어떤 일을 하는지 알 수 있다.

- 국가 사회 기반 시설 자문 위원회National Infrastructure Advisory Council
- 국토 안보 과학 기술 자문 위원회Homeland Security Science and Technology Advisory Committee

- 주요 사회 기반 시설 협력 자문 위원회Critical Infrastructure Partnership Advisory Council
- 재난 대비 및 장애인 관련 기관간 조정 위원회Interagency Coordinating Council on Emergency Preparedness and Individuals with Disabilities
- 새로운 미국인을 위한 특별 위원회Task Force on New Americans
- 국토안보부 노동 관리 포럼DHS Labor-Management Forum

일곱 번째 위원회인 국토 안보 자문 위원회는 주와 지역 정부, 긴급구조대, 민간 단체, 그리고 학계의 지도자들로 이루어져 있으며, 대단히 중대한 국토 안보 문제에 대해 국토안보부 장관에게 조언한다.

── 국토안보부로 옮긴 기존 기관들

국토안보부가 설립되면서 많은 기관들이 원래 기관의 모습 그대로 국토안보부에 통합되었기 때문에, 2002년 국토안보법의 특성을 알면, 각 기관의 조직 구조를 이해하는 데 도움이 된다. 이들 기관은 이전에는 연방 정부의 다른 곳에 속해 있었지만, 기관의 임무가 대테러 작전 및 국토 안보와 관련이 있을 경우 그러한 임무를 강화하기 위해 통합되었다.

- 해안경비대: 통합 이전에도 그러했듯이, 국토안보부 내 해안경비대의 주된 기능은 다음과 같은 11가지 임무를 수행하는 것이다.
  - 항구, 수로, 해안의 안보
  - 마약 수송 차단
  - 항해 및 선로의 표식
  - 수색 및 구조
  - 해양 생물 자원
  - 방어 준비 태세
  - 해양 안전

재난관리론

- 이민자 차단

- 해양 환경 보호

- 빙하 작업

- 기타 법률 집행

- 해안경비대는 여전히 해양 안전 및 안보를 책임지는 연방 정부의 최고 기관으로, 모든 해안과 수로를 테러를 포함한 내부 및 외부의 위협으로부터 보호하는 역할을 한다. 해안경비대는 사실 행정 부서에 속한 군사력으로, 다른 군대가 할 수 없는 방식으로 테러로부터 국가를 보호하는 특별한 역량을 갖고 있다. 9/11 공격에 대한 대응에 해안경비대가 개입했으며, 그런 점에서 해안경비대는 가능한 추가 공격이나 다른 필요한 대응에 대비하고, 국내의 중요한 대비 역할을 담당하고 있음을 보여 주었다. 국토안보부에 통합된 것은 예산 증가라는 관점에서 해안경비대에 실질적인 도움이 되었으며, 선박이나 항공기를 현대화하는 데 이 예산의 상당 금액을 사용했다.

- 비밀경호국: 비밀경호국은 대통령과 고위 행정 관리를 보호하는 임무를 계속해 왔으며, 통화와 재정에 관련된 사회 기반 시설을 보호하고, 수퍼볼 같은 국가적 주요 행사의 안전을 책임진다. 이들 각각은 테러의 주요 목표물이며, 이러한 대상에 대한 공격이나 손실은 주요한 국가적 안보 사건을 일으킬 수 있다. 따라서 국토안보부는 경호 활동을 하는 데 보다 적합한 기관으로 여겨지고 있다. 비밀경호국은 또한 백악관처럼 테러범의 주요 목표물이 될 만한 시설도 보호하는데, 9/11 테러를 기획한 사람들은 네 번째로 납치되어 펜실베이니아에 추락한 비행기를 백악관에 부딪치게 할 예정이었다고 한다. 비밀경호국이 보호하는 사람, 장소 그리고 행사는 미국 정부의 기능이나 미국의 유산에 대단히 중요하다고 여겨지는 것들이다. 이들은 국가적 상징이므로 테러범들에게는 높은 가치를 지닌 목표물인 셈이다.

- 연방재난관리청: 해안경비대와 비밀경호국과는 달리, FEMA는 처음에는 원래의 체제 그대로 국토안보부로 통합되지 않았다. 처음에는 FEMA의 보조금 조

성, 대비, 교육 요소 중 많은 부분이 국토안보부의 다른 부서로 이동되었지만, 이러한 기능 대부분이 결국은 FEMA로 되돌아왔다. FEMA는 모든 전국적인 위험 요인을 관리하는 책임을 지는 연방 정부의 최고 기관으로서의 위상을 늘 유지해 왔다. FEMA는 정책과 지침을 통해 지역 정부의 역량을 끌어올리기 위한 수많은 프로그램을 운영하고 있으며, 주요 장비와 계획 수립을 위한 자금도 제공한다.

- 독립 기관으로서의 위상을 잃었음에도 불구하고 FEMA의 임무는 국토안보부 내에서도 변함없이 유지되어 왔다. 물론, 국토안보부의 임무는 FEMA의 프로그램에 많은 영향을 주었으며, 다른 자연적인 위험 요인과 비교해 볼 때 (실질적이고 예측되는 상대적인 위험이라는 측면에서 고려해 볼 때) 테러에 대한 대비가 균형을 잃었다고 느끼는 사람들이 많다. FEMA는 재난 구호 자금(DRF)을 운영하며, 테러 및 재난의 피해를 입어 재건과 복구가 필요한 가정과 지역 사회를 돕기 위해 개인 지원 및 공공 지원에 이 자금을 사용하고 있다. FEMA는 또한 테러이든 아니면 홍수 같은 자연적인 위험 요인이든, 지역 사회가 재난을 예방하고 재해를 줄이도록 돕는 많은 프로그램도 운영하고 있다. 또한 FEMA는 NRF, NDRF, NIMS 체제하에서 대규모 재난 사건을 이끄는 연방 정부의 주도적인 기관이다.

• 연방 사법연수원: 연방 사법연수원Federal Law Enforcement Training Center(FLETC)은 연방 정부의 85개 서로 다른 부서 전체에 걸쳐 연방 법률 집행 인력을 교육하는 역할을 한다. FLETC는 주와 지역 정부의 관리들을 교육시키고, 이들이 요청하면 교육 개발에 대한 기술 지원을 제공한다. FLETC는 조지아, 뉴멕시코, 사우스캐롤라이나, 메릴랜드에 4개의 교육 지부를 갖고 있다. 또한 보츠와나, 엘살바도르, 태국 그리고 여러 미국 대사관에도 교육 지부를 갖고 있어, 미국 국경 너머에서 테러 대비 임무를 수행하는 것을 돕고 있다.

• 교통안전청: 교통안전청(TSA)은 항공교통안전법Aviation and Transportation Security Act에 의해 9/11 테러 공격 이후 두 달 만에 설립되었다. TSA는 테러 공격으로부

터 모든 교통 시스템을 보호하는 임무를 수행하며, 여기에는 각각의 분야에서 위험 요인을 찾아내고, 우선순위를 정하며, 밝혀진 위험 요인을 양호한 수준으로 관리하는 것이 포함된다.

— 새로운 부서

국토안보부가 창설되었을 때, 테러와 자연적 위험 요인 및 기술적인 위험 요인을 관리하기 위해 수많은 부서들이 새로이 설립되었다. 이러한 부서들은 국토안보부, 특히 FEMA에 들어갔다 나왔다 하면서, 여러 해에 걸쳐 그 수와 형태 그리고 기능이 변화해 왔다. 현재 국토안보부는 여러 기능을 하는 주요한 세 본부를 두고 있다. 이들 중 하나는 기관 운영의 관리를 주로 수행하는 반면, 다른 두 본부는 국토 안보라는 중대한 역할을 수행한다. 각 본부는 국토안보부 장관이 이끌어 나간다.

- 국가 안전 및 프로그램 본부(NPPD): 미국에서의 모든 위험 요인을 줄이기 위해 설립되었다. 2007년 PKEMRA의 결과로 만들어졌으며, 주요한 두 가지 목적을 지닌다.
  - 주요 사회 기반 시설에 대한 국가 차원의 위험 관리를 강화하기
  - 모든 정부 기관, 민간 기관 그리고 NGO를 포함한 주요 이해 당사자들 사이에서 국토안보부 수준의 국토 안전 보호 정책을 규정하고 동시 통합하기
- NPPD는 국토안보부 위험 감소 정책의 '핵심'에 해당하며 다음과 같은 책무가 있다.
  - 사이버 공격의 위협을 밝혀내고 완화하기
  - 국가 안보 및 재난에 관한 의사소통 역량을 보호하고 강화하기
  - 주요 사회 기반 시설과 주요 자원에 대한 위협, 피해 및 취약성에 관한 정보를 통합하고 알리며, 위험 완화 전략 개발하기
  - 전국에 있는 9,000개 연방 정부 시설에 대한 위협 줄이기
  - 생체 정보 및 신원 관리와 선별 업무 실시하기, 일반적인 국토 안보 위험 관리

체계를 개발하고 실행하며 공유하는 국토안보부의 노력 이끌기

• NPPD는 다음 다섯 부서를 통해 임무를 수행한다.

 - 사이버 보안 및 통신 보안국Office of Cybersecurity and Communications(CS&C)

 - 사회 기반 시설 보호국Office of Infrastructure Protection(OIP)

 - 연방 보호국Federal Protective Service(FPS)

 - 위험 관리 분석국Office of Risk Management and Analysis(RMA)

 - 미국 방문자 및 이민자의 신분 표시 기술United States Visitor and Immigrant Status Indica-tor Technology 또는 US-VISIT

• 과학기술본부Directorate for Science and Technology(S&T): S&T는 국가 안보에 사용되는 기술 및 시스템의 연구와 개발에 자금을 제공하고 이를 이끌며 실행하기 위해 설립되었다. 다른 많은 업무와 함께 화학, 생물학, 방사선, 핵, 그리고 이와 관련된 무기 및 재료를 테러범들이 미국에 들여오는 것을 막는 임무도 수행한다. 또한 S&T의 생산품은 미국에서의 테러 예방, 그리고 일단 공격이 발생한 후에는 대응에 도움을 주기 위해 개발되었다. 이러한 종류의 연구는 9/11 사건 이전에도 수행되었지만, 법무부의 국가사법연구원National Institute of Justice 안에서 훨씬 낮은 강도로 이루어졌다. S&T는 연구와 개발을 실행하는 4개 부서를 두고 있다. 이 중 다음의 세 부서는 특히 지역 차원에서 사용하는 제품을 생산한다.

 - 긴급구조대First Responders Group(FRG): 긴급구조대원들이 무엇을 필요로 하는지를 밝혀내고 이에 대해 연구한다.

 - 국토 안보 고등연구사업청Homeland Security Advanced Research Projects Agency(HSARPA): 미국의 미래 대테러 작전의 요구 사항에 맞춘 고도로 혁신적인 프로그램에 관한 연구를 수행한다. 주요 연구 분야는 '국경과 해양 안전', '화학적/생물학적 방어', '사이버 안보', '폭발물', '인간의 행동 요인', '사회 기반 시설 보호와 재난 관리'이다.

 - 연구개발협력부Research and Development Partnerships: 전국적인 연구와 실험을 관리하고, 대학 및 민간 부문과 긴밀하게 협조한다.

── 국토안보부의 기타 부서

국토안보부는 미국 국경을 보호하고 이민과 세관 업무를 강화하기 위해 노력하는 수 많은 부서를 통해 테러의 위험 요인을 관리한다.

- 연방 시민권 및 이민 행정국United States Citizenship and Immigration Services(USCIS): USCIS는 기존 이민법에 따라, 일을 하거나 살기 위해 미국에 들어오고자 하는 사람들을 위해 이민 절차와 관련된 일을 한다. 테러범들은 미국의 이민법을 부 당하게 이용하는 것으로 알려져 있으며, 따라서 이 부서는 테러범과 범죄자들을 걸러 내는 한편 합법적인 이민을 받아들이는 방화벽 역할을 한다.

- 관세 및 국경보호청Customs and Border Protection(CBP): CBP는 육지와 바다에 걸쳐 있는 미국의 국경을 보호하는 임무를 수행한다. CBP는 대량 살상 무기, 농산물, 동물 그리고 국가 안보상의 위험이나 경제적 재난을 일으킬 수 있는 기타 물품 의 밀수를 방지할 목적으로, 화물과 사람을 수색하는 권한을 갖는다. 이들은 입 국소에서 여행객과 이민 서류를 검사해 입국이 허용되지 않는 사람들을 돌려 보낸다. CBP 직원들은 주로 미국 내에서 일하지만, 컨테이너 안전협정Container Security Initiative(CSI)을 통해 해외의 주요 국제 항구에 배치되기도 한다. CSI 프로 그램은 불법적이거나 위험한 물질이 일차적으로 미국의 항구로 반입되지 못하 도록 운반 초기 과정에서 검사를 실시하기 위해 만들어졌다. 전 세계 총 58개에 달하는 CSI 항구에서는 현재 모든 입국 컨테이너의 90%가량을 소화하고 있다. CBP 직원들은 미국에 입국하는 사람들이 합법적이고 미국에 위협이 되지 않는 다는 것을 확인하기 위해 미국에 입국하는 여행객과 짐을 검사할 권한을 지닌 다. 그렇게 하기 위해 CBP 직원들은 수많은 해운 회사, 항해사, 항공기 기장, 수 입업자는 물론, 매년 국경을 넘는 5억 명 이상의 사람들과 직접 접촉하고 있다.

- 이민관세청Immigration and Customs Enforcement(ICE): ICE는 미국의 이민법과 세관법 을 집행하는 책임을 진다. ICE는 불법적으로 국경을 넘는 범죄 조직을 적발해 해체하고, 위험한 불법 외국인 체류자를 체포하고 강제 추방함으로써 테러 예

방의 중요한 역할을 수행한다. 특히 안전한 지역 사회 프로그램과 정보국이라는 두 프로그램을 통해 ICE는 테러의 위협을 직접적으로 해결한다.

보건국(OHA)은 전염병의 가능성이나 생화학적 테러 무기와 같은 의료 및 건강과 관련되는 사건에 대비하고 대응하는 업무를 한다. 보건국은 또한 대규모 재난의 와중에 피해를 입은 사람들의 의료와 식량을 관리할 수 있도록 국토안보부의 노력을 이끄는 역할도 한다. OHA의 보건회복과Health Threats Resilience Division는 보건국의 임무 중 테러의 측면에 대비하는 역할을 담당한다.

핵과 방사능은 상당히 심각한 위협을 제기하므로, 국토안보부 내의 국내핵감지 국Domestic Nuclear Detection Office은 미국에 사용하기 위해 핵과 방사능 물질을 수입하고 보유하며 저장하고 개발하거나 운반하려는 불법 행위나 테러와 관련된 모든 시도를 감지하고, 이러한 물질을 사용한 공격이 발생할 경우에 대비해 그러한 사건을 관리하기 위한 계획 수립에 필요한 지침을 제공할 책임을 진다.

비판적으로 생각하기

국토안보부가 실제 위험에 기반한 모든 위험 요인에 대처해야 한다고 생각하는가? 아니면 테러에 중점을 둬야 한다고 생각하는가? 질문에 답하고, 이유를 설명해 보아라.

다른 의견

FEMA가 국토안보부에 소속된 것의 문제점

2009년, 국토안보부 감사관실에서 'FEMA, 잔류 아니면 독립?FEMA: In or Out?'이라는 제목의 보고서가 발간되었는데, 이 보고서는 FEMA가 독립적인 기관이 되어야 하는가 아니면 국토안보부 소속으로 남아야 하는가(OIG-09-25)를 둘러싼 문제에 대해 다루고 있다. 이 보고서는 이 문제에 대해 어떤 한 가지 태도를 취하는 것이 아니라 이 문제를 둘러싼 논쟁의 양면에 대한 의견을 밝히고 있다. 하지만 이 내부 보고서는 FEMA가 국토안보부 내에 변함없이 남아야 하며 그 편이 (스태포드 법 조항에 따라 FEMA가 실질적으로 예산을 무제한으로 사용하는 덕분에) 국토안보부에 이익이 된다는 입장을 분명히 밝히고 있다. 이 보고서는 공정한 입장과는 거리가 멀며, 게다가 FEMA가 내각 수준의 독립된 기관으로 복원되어야 한다는 주장에 강한 반대 입장을 밝히고 있다. 다음 발췌 부분은 이 보고서에서 그대로 인용한 것이다.

FEMA가 국토안보부에 남아야 한다는 주장

최근에 벌어진 대부분의 재난에서 FEMA의 역할에 대해 전반적으로 긍정적인 의견이 있음에도 불구하고, FEMA를 독립 기관으로 되돌리려 한다는 요구가 다시 재개되고 있다. 이러한 제안에 대한 논쟁은 아래에서 다루겠지만, 논쟁에 대해 살펴보기 전에 FEMA를 국토안보부 내에 둬야 한다는 주장에 대해 간단히 살펴보겠다. 이러한 주장에는 특히, 미국의 테러에 대한 현재의 취약성, 국토안보부의 일부로서 FEMA가 누리는 자원과 동반 상승효과, 그리고 대비와 대응 기능의 경직성을 피하는 문제의 중요성이 포함되어 있다.

테러에 대한 취약성

우리의 두 전직 대통령, 빌 클린턴과 조지 W. 부시, 그리고 현재 영국 총리인 고든 브라운은 모두 임기 첫해에 각각 대규모 테러 공격을 겪어야 했다. 구체적으로 테러의 위협이 임박해 있다는 최근의 보고는 없지만, 일부에서는 미국이 새로운 대통령 임기 첫해에 테러의 위험이 증가한다고 주장하고 있다. 2008년 11월, 대통령 선거 직후에 국가정보국장 마이크 맥코넬Mike McConnell은 "세계무역센터가 클린턴 대통령 임기 첫해에 공격당했으며, 부시 대통령 임기 첫해에 두 번째 공격이 있었다"라고 밝히며, 정보국 관리들에게 대통령 임기 첫해에 테러 공격의 시험을 당할 수 있다고 말했다. 대통령으로 선출된 버락 오바마는 "정권 이양기는 테러 공격에 취약할 수 있는 시기이므로, 국가 안보팀이 제 역할을 하는 게 중요하다"라고 말하며, 최근의 인터뷰에서 이러한 영향에 대해 의견을 밝힌 바 있다. 또한 조 바이든Joe Biden 부통령은 "앞으로 6개월 이내에 케네디 대통령 때 그랬던 것처럼 세계가 버락 오바마 대통령을 시험할 수 있다"라고 경고했다.

내년에 미국에서 테러 공격이 벌어질지를 우리가 간단하게 예측할 수는 없다. 하지만 이러한 위험이 발생할 가능성이 높아진다는 사실을 감안해 볼 때, 이 기간 동안 우리의 국토안보 기관이 대규모 변화를 겪는 게 합당한 일인지를 고려해 보아야 한다. 여기서 국토안보부에서 FEMA를 분리하는 것에 대한 논의는 일반적으로 관련된 모든 측면을 고려하는 게 아니라, FEMA가 얻는 이득에 중점을 두고 있다는 사실에 주목해야 한다. 이러한 논의에 매번 포함되지 않는 것은 FEMA의 분리가 국토안보부에 미치는 영향에 대한 고려이다.

2003년 이후로 국토안보부의 다양한 구성 요소에 대한 수많은 지원 기능은 뒤섞인 채로 존재해 왔다. 조직 개편은 독립 기관으로서 다시 구성되어야 할 FEMA에만 영향을 주는 것이 아니라, 중요한 구성 요소를 잃는 데 적응해야 하는 국토안보부 전체에도 영향을 미칠 것이다. 돈 케틀Don Kettl은 "FEMA는 길고도 고통스러운 일련의 재조직 과정을 거쳐 왔다. …

변화를 위한 변화는 단순히 조직적인 충격을 초래할 수 있을 뿐 아니라, 이미 불안정한 조직을 더욱 불안하게 만들 수 있다"라고 경고했다. 존 해럴드John Harrald는 FEMA를 국토안보부로부터 빼 오는 것은 힘겨운 전환 과정과 정책의 재설정 그리고 시스템의 재구성을 의미할 것이라고 경고한다. "하지만 자연적인 위험 요인과 테러는 재구성이 끝날 때까지 기다리지 않을 것이다."

진행 중인 검토

이러한 시점에 FEMA를 국토안보부에서 분리시키는 것은 FEMA와 국토안보부에 크나큰 변동을 초래할 것임이 분명하다. 그와 같은 조치는 매우 신중한 고려 없이 이루어져서는 안 된다. 현재 4년 주기의 국토 안보 검토서Quadrennial Homeland Security Review(QHSR)가 국토안보부에서 작성 중이며, QHSR의 첫 번째 보고서가 2009년 12월에 발간된다. 이러한 포괄적인 보고서는 2007년 9/11 위원회법(P.L. 110-53)의 실행 권고에 따라 의회가 지시한 것이다. 공공행정학술원National Academy of Public Administration은 FEMA의 10개 지부를 중심으로 한 통합된 대비와 대응에 대한 독립적인 평가를 시작했으며, FEMA와 지부 사이의 통합, 동시화, 대비 프로그램의 강화에 대한 제안을 제공할 것이다.

전문가들은 "국토안보부를 포함한 관료 조직의 변화와 같은 대대적인 구조적 변화는 꼼꼼한 전략적 검토 이후에 이루어져야 하며, 따라서 첫 번째 보고서 발간 이후로 미뤄져야 한다"라고 지적해 왔다. 국토 안보에 관한 대통령 정권 인수 계획Homeland Security Presidential Transition Initiative은 "FEMA를 이관하는 결정은 2009년 말 4년 주기의 QHSR 완료 시점까지 미뤄져야 한다. 첫해에는 현재의 상황을 유지하는 것이 위험이 증가하는 시기의 불필요한 불안과 혼란을 피하는 것이다. 또한 새로운 행정부가 협의를 통해 의회에서 리더십을 확보하고 QHSR에서 고려해야 할 대규모 변화를 달성할 시간을 주어야 한다."라고 정식으로 제안했다.

상승효과와 자원

FEMA가 20만 명 이상의 직원을 거느린 국토안보부에 소속되는 데 따른 주된 이점은 국토안보부를 구성하는 다른 부서를 통해 FEMA가 활용할 수 있는 자원이 풍부하다는 데 있다. 이러한 연결성은 FEMA가 독립 기관으로서는 결코 누릴 수 없는 상승효과를 창출한다. 국토안보부 내에서 FEMA는 수색과 구조, 통신, 법률 집행, 정보, 사회 기반 시설 보호를 포함한 광범위한 책임과 역량을 가진 여러 부서들과 연결되어 있다.

회계감사국(GAO)은 보조금을 포함해 호환이 가능한 분야를 거론했는데, 도시 지역 안보 계획Urban Area Security Initiative과 주 정부 국토 안보 프로그램을 통해 대규모 대피 계획 수립을 위해 쓸 수 있는 자금, 상호 정보 교환이 가능한 통신 장비, 장비 표준화 프로그램을 위한 국토안보부 S&T의 전문 지식, 그리고 재난 시 발생할 수 있는 필요 인력 증파와 같은 분야가 포함된다.

전 국토안보부 장관 마이클 처토프는 최근에 이렇게 말했다. "이 부서가 설립될 때까지, 민간 부문에 대한 다부처 계획 수립은 잘 실행되지 않았다." 반대로, 태드 알랜Thad Allen 제

재난관리론

독은 2006년에, "국토안보부가 설립된 이후로 해안경비대와 FEMA의 관계가 크게 강화되었다"고 발언했다. 국토안보부 설립 전에 해안경비대와 FEMA의 상호 작용은 빈번하지 않았다. 하지만 2006년에는 합동 훈련의 건수가 354% 증가해, 1999년에서 2002년까지 13건이던 것이 2003년에서 2006년까지 59건으로 증가했다.

처토프는 또한 "FEMA와 국토안보부의 다른 부서는 시간이 날 때 함께 계획을 세우고 교육받고 훈련하며, 또한 관할 구역의 경계를 넘나들며 서로 다른 독립된 부서일 때 할 수 없었던 비상 지원 역량을 기르고 있다."라고 말했다. 이러한 합동 역량은 최근의 재난에서 입증되었다.

허리케인 카트리나가 발생했을 때, 해안경비대, 교통안전청(TSA), 관세 및 국경보호청(CBP), 이민관세청(ICE), 비밀경호국이 반드시 다 필요했다. 보다 최근에는 허리케인 구스타브Gustav와 아이크에 대응할 때, FEMA가 국토안보부의 모든 자원과 권한의 지원을 받기도 했다. CBP는 생명 유지 물품의 안전한 수송을 제공했으며, 피해 조사를 가능하게 하는 항공 장비도 제공했다. 과거에 FEMA는 항공 조사를 국방부(DOD)에 의존했으며, 이는 CBP를 이용하는 것보다 상당히 많은 비용이 들었다. TSA는 FEMA의 물품 지원소 20곳을 지원했으며, 366명의 추가 직원을 현장에서 제공해 FEMA의 인력을 늘려 주었다. 해안경비대는 지상, 해양, 그리고 항공에서의 수색과 구조 임무를 수행했다. 처토프는 "다른 여러 기관에 빨리 지원을 요청해야 할 때, 그렇게 하는 가장 빠른 방법은 정부의 다른 부서에 연락하는 게 아니라 … 국토안보부 장관이 국토안보부의 모든 자원과 역량 내에서 즉각적으로 지원을 지시하는 권한을 갖는 것이다."라고 말했다.

마지막으로, 국토안보부의 보조금과 이 보조금이 재난 관리 분야에 갖는 중요성에 대해 논의하는 것이 중요하다. FEMA가 처음 국토안보부에 통합되었을 때, 보조금 기능의 많은 부분이 국토안보부의 다른 부서로 이관되었다. 하지만 허리케인 카트리나 이후로는 FEMA가 자연적인 위험 요인과 테러를 망라한, 국토안보부의 거의 모든 보조금을 관리한다.

FEMA를 국토안보부에서 떼어 내는 것은 단기적으로 이러한 보조금 기능을 혼란스럽게 만들 것이며, 이것은 다시 한 번 '재난 관리' 보조금을 '테러' 보조금과 분리하는 결과를 낳을 수 있는데, 이는 우리가 경험으로 잘 알다시피 비효율성과 중복 및 낭비를 낳게 될 것이다. FEMA를 국토안보부에서 분리시키는 장점을 논의할 때, 국토 안보 보조금에서 실현된 동반 상승효과가 주요한 고려 사항으로 다루어져야 한다.

대비와 대응

널리 인정받는 재난 관리의 사이클에는 대비, 대응, 복구 그리고 완화가 있다. 이것은 자연 재난이든 인재이든, 모든 재난 관리 분야에 적용된다. 이러한 요인을 다리가 4개 달린 의자로 생각하면 좋다. 네 요소 중 하나를 제거하면, 의자가 불안정해진다. 어떤 사람들은 재난 관리와 피해 관리라는 의자 2개가 필요하다고 제안하기도 한다.

문제는 우리가 과거의 경험으로 이러한 체계가 잘 돌아가지 않는다는 사실을 안 것이다. 이것은 국토안보부 창설 이전에 존재했던 '연통 조직stovepipes'에서 명백하게 드러난다. 처토프는 이러한 논란을 이렇게 요약했다. "FEMA에 대한 논란의 핵심은 FEMA가 어쨌든 대응, 즉 피해 관리와 관련되어 있으며, 반면 국토안보부는 대응에 맞서 예방이나 보호와 관련이 있다는 것이다. 하지만 만일 이것이 서로 다른 기능이라면, 그래서 FEMA와 국토안보부가 서로 다른 지붕 밑에 들어가야 한다면, 나는 그러한 의견에 강력하게 반대한다. 한 기관이 잠재적인 재난과 실질적인 재난을 맞아 계획을 세우고 대비하고 실행하는 방법에 대해 아주 깊이 오해하고 있다는 생각이 든다. 왜냐하면 재난은 연통 조직처럼 깔끔하게 정리되어 벌어지지 않기 때문이다. 우리가 그동안 테러나 다른 재난을 다루면서 배운 교훈이 있다면, 그건 연통 조직은 효율적이고 효과적인 대응의 적이라는 사실이다."

하트-루드만 위원회 보고서에는 이렇게 명시되어 있다. "재난 관리와 피해 관리에 대한 현재의 구분은 지속 가능하지도 현명하지도 않다. 이러한 구분을 뒷받침해 온 중복적인 지휘 체계는 혼란과 지체를 낳는 경향이 있다." 이러한 중복이 시간과 에너지 그리고 자원을 낭비한다는 점을 추가해야겠다. 대비와 대응은 국토 안보의 기본이다. 만일 FEMA가 국토안보부에서 나온다면, 국토안보부 내에 중복적인 부서가 거의 확실하게 설립될 것이다. 왜냐하면 대비와 대응은 국토안보부의 너무도 근본적인 임무이므로, 그것 없이는 국토안보부가 효율적으로 운영될 수 없기 때문이다.

끝으로, 케틀은 지역의 최전선에 있는 긴급구조대원들에게 테러와 테러 아닌 위험 요인 사이의 구분은 존재하지 않는다고 단언한다. 긴급구조대원들은 모든 위험 요인에 집중해야 한다. 연방 정부의 접근 방법과 체제는 지역의 접근 방법과 잘 맞아야 한다. "분리는 국가 정책과 지역 대응의 현실 사이에 깊게 갈라진 틈을 만들 것이다."

1986년 골드워터-니콜스 법

기관의 통합과 그 결과 발생할 수 있는 점점 커지는 고통이라는 측면에서 1986년 골드워터-니콜스 법Goldwater-Nichols Act(P.L. 99-433)을 언급할 가치가 있는데, 이 법은 군대의 통합을 증가시켰다. 대부분의 '독립' 기관과 마찬가지로 국방 관련 기관들도 처음에는 통합을 원치 않았지만, 그러한 통합은 시간이 지나면서 국방부를 더욱 강하게 만들었다. 국방부를 구성하는 여러 기관들은 자신들의 고유한 역할과 권한이 분산되는 것을 원치 않았으며, 따라서 몇 년간 통합에 저항했다. (카터 대통령 재임 중 이란에서 인질 구출 작전에 실패한) 사막 1호 사건 Desert One Episode은 이러한 논란에 최후의 결정타였다. 이러한 실패는 골드워터-니콜스 법의 통과를 촉진했다.

국토안보법의 통과가 국토 안보 기능을 자동적으로 통합시켜 주지 못했듯이, 골드워터-니콜스 법도 군대의 문제를 즉각적으로 해결해 주지는 못했다. 워무스Wormuth에 의하면, "육군성이 국방부로 발전하는 데 40년 이상이 걸렸고, 1986년 골드워터-니콜스 법이 통과된 이후에 국방부가 오늘날의 통합 기관으로 성숙하기까지 또다시 20년이 걸렸다."라고 한다.

FEMA를 독립 기관으로 만드는 데 대한 논란

지난 몇 달 동안 재난관리자들과 다른 사람들은 FEMA를 국토안보부에서 분리할 것을 요구해 왔다. 2008년 11월 국제 재난관리자 협회의 미국 이사회(IAEM-USA)는 대통령에게 직접 보고하는 FEMA의 독립적인 위상을 복원시켜야 한다는 공식 입장을 취했다. 이 협회는 더 나아가 FEMA 청장을 대통령의 내각 각료에 포함시켜야 한다고 주장했다.

케틀은 FEMA의 분리에 대한 요구가 잘못된 전제를 기반으로 하고 있다고 주장한다. 즉, 제임스 리 위트가 문제 많은 기관을 변모시켜 성공적인 기관으로 만들었으므로(위트 체제에서는 FEMA가 독립되어 있었다), FEMA가 독립적인 위상을 되찾아야 한다는 식이라는 것이다. 하지만 케틀은 FEMA가 독립적인 기관일 때조차, 과거에 언제나 성공적으로 업무를 수행했던 것은 아니라고 지적한다.

1992년 허리케인 앤드루에 대한 대응으로 FEMA가 대대적인 비난을 받았을 때, FEMA는 독립된 기관이었다. 탑오프 2000 훈련 때도 문제가 많았지만, 이때도 FEMA는 독립기관이었다.

"재난 관리의 역사를 되돌아볼 때, FEMA가 1990년대에 누린 성공은 당연한 게 아니라 예외적인 것이었다."라고 로버츠는 말한다. 케틀은 위트 체제하에서 "FEMA 관리의 성공은 조직을 이끄는 리더의 능력에서 비롯된 것이었다 … 재구성이 리더십을 대치할 수는 없다."라고 말한다. 2006년 당시 미국의 감사원장이었던 데이비드 워커David Walker는 "FEMA를 독립시키느냐 그대로 두느냐에 대해 찬반 논란이 있지만, FEMA의 성공에 훨씬 더 많은 영향을 미치는 것은 리더십의 질과 … 자원의 양이다."라고 말했다.

내각 수준의 위상과 대통령과 직접적으로 연결되는 독립적인 FEMA에 대한 요구

FEMA를 국토안보부로부터 분리시키고 싶어 하는 사람들은 세 가지 기본적인 변화를 요구하고 있다. (1) 기관의 독립적인 위상 (2) FEMA 청장을 내각에 포함시키는 것 (3) FEMA 청장을 대통령과 직접 연결시키는 것. 세 번째 요구에 대해 먼저 말하자면, FEMA 청장은 이미 재난 중에 대통령과 직접 연결된다. 의회는 허리케인 카트리나 이후에 이러한 결함을 인식하고, 포스트 카트리나 개혁법에서 이러한 관계를 법으로 규정했다. 회계감사국(GAO)은 최근에 FEMA 청장이 회의 중에 대통령에게 직접 조언하는 장면을 목격했다.

하지만 여기서 짚고 넘어가야 할 중요한 점은 대통령과 직접 연결되어 있다고 해서 대통령이 반드시 귀를 기울이지는 않는다는 사실이다. 방금 지적했듯이, 위트는 클린턴 대통령의 신임을 받았지만, 이는 FEMA 청장으로서의 위상보다는 대통령과의 개인적인 관계에서 비롯된 면이 크다. 포스트 카트리나 개혁법에는 "직접적으로 접촉해야 한다"라고 명시되어 있지만, 그렇다고 해서 대통령과의 관계가 강해진다거나 FEMA 청장이 대통령의 신임을 얻게 되는 것은 아니다.

내각에 FEMA 청장을 포함시키는 것은 법률로 해결할 수 없는 결정이다. 법에 명시되어 있지는 않지만, 내각에는 예로부터 부통령, 15개 행정 부서의 장관이 포함되어 왔다. 대통령은 다른 관리들에게도 각료 수준의 지위를 부여할 수 있는 재량권을 갖고 있다. 현재는 15개 행정 부서의 장관에 더해, 백악관 비서실장, 행정관리예산국(OMB) 국장, 미국 통상대표trade representative, 환경보호청(EPA) 청장, 국가마약통제정책국Office of National Drug Control Policy 국장 등이 각료에 포함되어 있다. 현재 내각 수준의 위상을 부여받지 못한 기관장에는 CIA 국장, 중소기업청장, 항공우주국장 등이 있다.

> 논란의 첫 번째 요소인 FEMA에 독립적인 위상을 부여하는 것은 행정 명령이나 법률 제정을 통해 이룰 수 있다. 하지만 이러한 재조정으로 인해 반드시 FEMA의 문제가 해결되는 것은 아니며, FEMA를 국토안보부에서 분리시키려는 사람들의 우려가 끝나는 것도 아니다. 앞에서도 증명해 보였듯이, FEMA는 독립적인 기관일 때조차 형편없이 기능하는 일이 많았다. 케틀은 이렇게 말한다. "체제도 중요하다. 하지만 리더십이 훨씬 더 중요하다."

관계 기관 차원에서의 자금 제공에 참여하는 기관

국토안보부는 국가 안보와 테러 예방에 가장 중점을 두는 기관이며, 그 분야에서 가장 중요한 역할을 수행한다. 하지만 연방 정부 차원에서 이러한 임무를 홀로 해낼 수는 없다. 테러 예방과 관리에 있어 한 가지 이상의 구체적인 면을 해결하고, 주와 지역 정부의 국토 안보 노력을 지원하고 자금을 제공하는 수많은 다른 연방 기관들이 있다. 다음 목록이 완벽한 것은 아니지만, 다음 기관들은 테러 위험 관리에 있어 가장 중요한 역할을 담당한다.

── 백악관

물론, 연방 정부의 모든 기관을 휘하에 두고 있는 행정부의 최고위 기관인 백악관은 전반적인 정책과 전략 방향을 이끌며, 총사령관인 대통령은 국가안전비서관National Security Staff(NSS)을 통해 정책 및 전략과 관련된 모든 중요한 결정을 내린다. NSS는 국제적이고, 초국가적이며, 국토 안보에 관한 문제와 관련된 백악관의 모든 정책 결정 활동을 지원한다. 백악관은 테러, 대량 살상 무기, 자연 재난 등을 포함해 국가 안보 문제에 관한 최고위급 대화가 이루어지는 곳이다.

── 농무부(USDA)

안전한 식량 공급은 국가 안보의 문제이며, 테러범들은 과거에 식량과 식수 공급을 의도적이고 실질적인 목표물로 활용해 왔다. 식량을 공격하면, 적어도 미국의 식량 공급에 대한 국제적인 신뢰를 떨어뜨리고 막대한 경제적 피해를 야기할 수 있으며, 최악의 경우에는 수많은 사람들을 병들게 하거나 죽일 수 있다. 미국 농무부는 테러와 관련된 세 가지 문제를 다루는 국토 안보 위원회(HSC)를 두고 있다.

- 식량 공급과 농업 생산물에 대한 안전과 안보
- 농무부 시설에 대한 보호
- 농무부 직원의 재난 대비

미국 농무부에는 검사와 감시의 다양한 측면을 담당하는 수많은 부서들이 있다. 실제로 사건이 발생하면, 의도적이거나 비의도적인 육류와 가금류의 오염으로 인해 발생하는 비일상적인 재난을 예방하고 대비하며 대응하고 복구하는 미국 농무부의 모든 활동을 개발하고 조정하는 것은 식품 안전 비상 대응국Office of Food Defense and Emergency Response(OFDER)이다. OFDER은 국토 안보 문제에 있어 농무부의 중심 부서로 기능하며, 국토안보부 및 식품과 관련해 책임이 있는 연방 정부 및 주의 다른 정부 기관 그리고 민간 부문과 함께 식량 공급 문제를 조정한다.

공격이 발생할 경우에 대비해, USDA는 '비관습적인' 생물학, 화학 및 방사능 물질에 대한 실험 능력을 갖추고 있다. OFDER을 통해 미국 농무부는 지침, 자금 그리고 다른 지원 프로그램을 제공함으로써 국가 전역에서 같은 역할을 하는 실험실을 돕는다.

USDA에 소속되어 있는 산림국Forest Service의 사법 경찰은 전국의 연구 시설과 공중 급유기, 댐, 저수지, 송유관, 정수 처리장, 송전선, 에너지 생산 시설과 같은, 테러범들이 노리는 정부 재산에 대한 안전 평가를 실시한다.

━ 상무부(DOC)

상무부는 다음 세 부서를 통해 국토 안보에서 중요한 역할을 담당한다.

- 산업안전국Bureau of Industry and Security(BIS)

- 국가표준기술연구소National Institute for Standards and Technology(NIST)

- 해양대기청National Oceanographic and Atmospheric Administration(NOAA)

산업안전국은 민감한 물질이나 기술이 테러범이나 적대국의 수중에 들어가지 않도록 함으로써 국가 안보에 기여한다. 국가표준기술연구소는 사회 기반 시설 보호의 표준을 개발하고 생체 인식 시스템과 방사선 감지와 같은 테러 시도를 적발할 수 있는 기술 개발을 지원한다. 또한 마지막으로 해양대기청은 테러에만 중점을 두지는 않지만, 심각한 위험을 많은 사람들에게 신속하게 경고하고 알리기 위해 수십 년 동안 사용되어 온 기상 정보 수신 시스템을 활용해, 대량 살상 무기와 관련된 테러 공격 시 경보를 발령한다.

—— 환경보호청(EPA)

환경보호청은 대기와 식수의 질을 감시하는 권한 덕분에 테러 대비와 대응에서 중요한 역할을 담당한다. 대량 살상 무기를 사용한 공격은 위험하거나 독성이 있는 화학 물질을 대기에 방출하거나 방출하겠다고 위협하는 것과 관련이 있으며, 따라서 EPA는 이를 예방하고 대비하며 대응하는 기관을 돕는다.

인간의 건강과 환경을 화학, 생물학, 그리고 핵 물질의 가능한 해로운 영향으로부터 보호하는 고유한 역할 때문에, EPA는 대테러 작전의 계획을 세우고 대응하며, 다음과 같은 노력을 적극적으로 지원한다.

- 주와 지역의 대응 담당자들을 도와 재난에 대한 계획 세우기

- 연방 정부의 주요 협력 기관들과 협조하기

- 긴급구조대원 교육하기

- 테러 사건 발생 시 자원 제공하기

재난관리론

─ 법무부(DOJ)

법무부는 미국 내에서 또는 해외에서 미국 국민이나 시설을 겨냥해 벌어진 테러 행위에 대한 범죄 조사의 책임을 진다. 공격이나 위협이 있으면, 법무부는 가해자를 밝혀내고 이들을 체포하며 재판에 회부한다. 법무부에는 이러한 업무를 하는 다음과 같은 여러 기관이 있다. 연방수사국(FBI)은 공격 현장과 그 밖의 장소에서 법의학적 증거를 수집하고 발생한 사건을 조사하는 책임을 진다. 마약단속청Drug Enforcement Administration(DEA)은 테러범들이 활동 자금을 대기 위해 마약을 판매하는 것에 관여한다. 또한 주류·담배·총기 단속국(ATF)은 테러범의 활동이 화기나 폭발물과 관련되었을 때 관여한다.

─ 국무부(DOS)

미국의 외교 정책과 외국 정부와의 협조를 돕는 국무부Department of State(DOS)는 해외의 테러 조직을 해체하고 이들이 국경을 넘지 못하게 함으로써 안전을 지원하는 일을 한다. 국무부의 행정 관리들은 테러의 위협을 감시하기 위해 지역 정부와 접촉하며, 미국 정부가 어떤 임박한 위협도 제대로 인식할 수 있도록 외국 정부 및 정보기관과 협조한다.

─ 국방부(DOD)

국방부는 테러 공격을 고려하고 있거나 테러범을 숨겨 주는 국가와 집단에 대한 군사적 억제력을 발휘하고, 해외에서 테러 위협에 대한 군사 행동을 취함으로써, 미국 내외에서 미국인에 대한 테러 공격을 예방하는 데 있어 중요한 역할을 담당한다. 또한 전 세계의 분쟁을 해결하기 위한 국방부의 지원은 테러 조직이 번창하도록 허용하는 무법 상태나 범죄 상태를 감소시킴으로써, 국가 안전에 기여한다. 국내적으로, 국방부는 국방부 장관이나 대통령의 지시에 의해서만 그리고 주와 지역의 대응 역량이 압도당하거나 다른 기관이 필요한 대응 업무를 수행할 수 없을 경우에만 재난 대응에 참여한다.

─ 보건후생부(DHHS)

보건후생부는 공공 보건 재난 대비와 재난 시의 의료 대응 그리고 이러한 사건에 대한 대비를 포함해, 관련된 모든 기능을 조정한다. NRF 비상 지원 기능 #8인 공공 보건과 의료 봉사의 주요 기관이자 조정자로서, 보건후생부는 건강과 의료 문제를 해결하기 위해 모든 정부 차원에서의 지원을 조정하는데, 대량 살상 무기와 관련된 테러 공격에서도 중요한 역할을 담당한다.

─ 재무부(DOT)

재무부Department of Treasury(DOT)는 국가의 재정 시스템에 영향을 미치는 공격에 대비하고 대응하며, 테러 집단의 자금 동원 능력을 마비시키기 위해 테러범을 추적하는 일을 한다. 9/11 사건 이후에 재무부는 테러에의 자금 지원을 끊기 위해 테러범 자금 추적 프로그램Terrorist Finance Tracking Program(TFTP)을 발족시켰다.

─ 주 정부 및 부족 정부의 국토 안보 활동

주지사는 주 정부 차원에서 국가 안보를 보장하기 위한 막대한 책임을 지며, 테러 공격이 발생했을 경우 지역의 관할 구역을 지원하는 권한을 보유하고 있다. 테러 사건 대응에 있어서 주지사의 역할은 자연 재난 대응의 그것과 매우 유사하다. 주지사는 위험 요인 평가와 취약성 분석 개발을 촉진하고, 이러한 위험을 줄이거나 제거하기 위해 어떤 조치를 취해야 하는지를 결정한다.

주 정부와 이들의 자원도 취약성을 지니고 있다. 주 정부는 필수적인 사회 기반 시설을 다수 보유하고 있으며, 이들 모두는 테러에 노출되어 있다. 게다가 주 정부 자체가 잠재적인 테러의 목표물이기도 하다.

테러 공격에 대한 사법적 측면에서 주 정부는 FBI와 (국토안보부를 포함한) 연방 정부의 다른 기관의 지시에 따라야 한다. 국토안보부 장관이 결정하면, 국토안보부는 지역 정부의 대응에 따르기보다는 지역 정부가 자신들의 관리에 따르도록 지시할 수 있으며, 이는 주 정부의 지원에 분명히 영향을 미친다. 주지사는 주 정부 경찰력의 법률 집행 자원과 주 방위군의 다양한 대응 자원을 자체적으로 동원할 수 있다. 실제 재난 사건이 발생하면, 주 정부는 주의 비상 계획에 규정된 대로 다양한 대응 자원을 동원해야 하며, 도움을 제공받은 것처럼 연방 정부 및 다른 주에 자원을 제공하는 것도 도와야 한다. 주 정부는 테러 공격을 예방하고 대비하는 데 사용되는 연방 정부의 보조금 프로그램을 관리하고, 위협과 관련된 정보를 전파하는 데 있어 중요한 역할을 담당한다.

테러 공격이 발생하면, 특히 사람들이 극심한 공포에 시달리거나 오염 제거 및 격리가 필요한 경우, 주지사는 일반 대중에게 가장 중요한 정보원 역할과 같은 수많은 중대한 역할을 담당한다. 주지사는 재난 선포가 필요한지 여부를 결정하는 — 그리고 그러한 결정을 선포하는 — 책임을 가지고 있음에도 불구하고, 테러 공격에 대한 FBI의 관할권을 고려해 볼 때, 최소한 사건의 법률 집행 측면에서라도 연방 정부의 대응이 보장된다고 할 수 있다. 그리고 만일 대량 살상 무기가 관련되었을 경우, 연방 정부의 다른 기관의 개입을 촉진하고 공식화하기 위한 비상사태 선포가 있어야 하는데, 이는 법으로 그와 같은 선포가 이루어질 경우에만 지원을 받을 수 있기 때문이다.

부족 사회의 지도자들은 테러 예방, 대비, 대응, 그리고 복구와 관련된 책임이라는 측면에서 주지사와 매우 흡사한 역할을 한다. 이들은 주요 결정권자이며 사건 발생 도중에는 일반 대중으로부터 신뢰받는 정보원 역할을 한다. 연방 정부의 법과 조약에 근거한 특별한 위상을 갖는 부족 정부는 지역 사회 구성원들에게 반드시 필요한 서비스를 제공해야 하며, 재난 대응 및 완화 계획을 세울 책임도 진다. 부족 정부는 이웃의 관할 구역과 자원 및 역량을 조정하며, 다른 부족 정부, 지역 관할 구역 및 주 정부와 상호 지원 협약을 맺을 수도 있다. 위치, 지역, 그리고 자원에 따라 부족 정부는 법률 집행, 화재 및 비상 서비스 그리고 지역 사회 구성원에 대한 안전을 제공하는 일을 한다.

모든 주 정부는 재난 관리와 국토 안보를 담당하는 부서를 두고 있으며, 대부분의 주에서 이들 부서는 연방 정부와 구조적으로 연결되어 있다. 9/11 공격 이후에 주지사들은 주의 국토 안보 책임자 역할을 수행하기 위해 주 정부에서 다양한 배경을 지닌 사람들을 지명했다. 주와 준주 사이에 공통된 모델은 없지만, 여러 주 정부에서 국토 안보 책임자는 주의 재난 관리, 법률 집행, 보건 그리고 이와 관련된 공공 안전을 위한 기능을 조정하는 것에 더해, 주지사에 대한 자문 역할도 하고 있다. 주지사가 국토 안보의 자문 역할을 하는 부사령관을 지명하는 경우도 있다. 주지사들이 일반적으로 주의 모든 기관을 감시하는 내각 수준의 부서를 만들지는 않았지만, 국토 안보 전담반을 운영한다. 이 전담반은 대개 행정 부서의 직원, 경찰, 화재 및 구조, 공공 보건, 주 방위군, 교통, 토목 사업 그리고 정보 기술 분야 기관의 책임자들로 구성된다. 주지사가 국토 안보의 책임을 지는 고위 관리를 어느 곳에 임명하는가는 주에 따라 다르지만, 50개 주와 컬럼비아 특별구가 다음 조직에 이러한 부서를 두고 있다.

- 독립된 국토 안보 / 재난 관리 부서(2개 주)
- 부사령관의 지시를 받는 주의 군사 부서(17개 주)
- 공공 안전이나 법률 집행 부서(16개 주)
- 주지사 실(11개 주)
- 기타 부서(7개 주)

2002년 8월, 전국 주지사 협의회(NGA)의 '모범 경영을 위한 NGA 센터NGA Center for Best Practices'에서는 '주의 국토 안보 우선 사항States' Homeland Security Priorities'이라는 자료를 배포했다. '주요 우선 사항과 관련 문제'의 10개 목록은 주와 준주의 국토 안보 부서에 대한 조사를 통해 NGA 센터가 결정했다(NGA Center for Best Practices, 2002). 그동안 대규모 사건들이 발생했음에도 불구하고 11년 후에도 똑같은 우선 사항이 여전히 적용되고 있다.

- 모든 차원의 정부에서 협력이 이루어져야 한다.
- 연방 정부는 첩보 관련 정보를 주 정부에 시의적절하게 배포해야 한다.

- 주 정부는 긴급구조대원들 사이에 상호 정보 교환이 가능한 통신을 보장하기 위해, 그리고 그러한 업무를 가능하게 하는 적절한 무선 주파수를 확보하기 위해 지역 정부와 협력해야 한다.
- 주와 지역 정부는 필수적인 사회 기반 시설을 선정하고 보호하기 위한 기술 지원과 도움을 필요로 한다.
- 주와 연방 정부는 생물학 테러에 대비하고 21세기의 위협에 대처하기 위해 국민 공공 보건 시스템을 재건하는 데 중점을 둬야 한다.
- 연방 정부는 적절한 자금을 제공하고, 국토 안보의 필요 사항에 부응하기 위해 지원해야 한다.
- 연방 정부는 '정보의 자유'를 요청해서 얻은 정보에 대한 접근을 제한하는 등 안보에 관한 민감한 정보를 보호하기 위해 주 정부와 협력해야 한다.
- 상업 활동에 부당한 부담을 주지 않고 국경, 공항, 항구의 출입국 관리소에 대한 안전을 확보하기 위한 효과적인 시스템을 개발해야 한다.
- 주 방위군은 재난과 비상 상황 시에 효율적인 군사력으로 스스로를 입증해 보여 왔다. 주 방위군의 임무는 융통성 있게 유지되어야 하며, 주 방위군은 재난 시에 주지사의 통제를 받아야 한다.
- 연방 정부의 기관들은 주와 지역의 기관들이 연방 정부의 지휘 시스템에 맞추기를 요구하기보다, 주와 지역의 기존 사고 지휘 시스템(ICS)에 자신들의 지휘 시스템을 통합시켜야 한다.

━ 지역 정부의 국토 안보 활동

미국의 정부 시스템은 주 차원에서 권한을 보유하도록 설계되었다. 하지만 이러한 시스템에서 재난 사건 관리의 권한은 대부분 카운티(또는 패리쉬)나 시군 차원의 지역 정부 단계로 내려가게 되었다. 게다가 같은 수준의 지역 정부들은 자신들의 관할 구역 내에서 재난의 위험을 줄이기 위한 결정을 내리고 계획을 세우며, 뒤이어 (테러 위험 감소를 포함한) 위험 감소와 관련된 법과 조례를 만드는 일을 맡게 되었다(이것은 작은 면적의 연방 정부의 건물, 토지, 대기, 항구, 군사 시설, 그리고 기타 국가적인 사회 기반 시설에 국한되는 관할 구역을 가지는 국가나 연방 정부 기관을 제외한 모든 경우에 적용된다).

대도시와 달리 대부분의 지역 사회는 국토 안보나 기타 테러를 전담하는 정부 부서나 기관을 특별히 지정하지는 않고 있다. 일반적으로 지역 사회는 소방, 경찰, 재난 관리, 응급 의료, 그리고 관할 구역 내의 기타 관리들이 포함된, 긴급구조대의 능력과 훈련에 의존한다.

재난 발생 시, 지역에서 선출된 지도자와 재난관리자들이 대응을 지시하며, 지역의 사건 관리자들은 어떤 차원의 정부에 속한 자원인가에 관계없이 자원을 사용할 것을 지시한다. 대통령이 재난으로 선포한 전형적인 재난에 대한 대응에서 외부의 모든 자원은 지역의 대응을 대체하기 위해서가 아니라, 지역의 대응을 지원하기 위해 제공된다는 사실을 기억해야 한다. 이들과 대응 관계에 있는 주지사, 시장, 카운티의 책임자, 그리고 기타 지역에서 선출되고 임명된 관리들은 자신들의 구역에서 거주하는 주민들의 공공 안전과 복지를 보장할 법에 명시된 책임을 진다.

선출된 기관장은 관할 구역의 의사소통 담당 책임자와 국토 안보 관련 정보의 전담 정보원으로 일할 사람을 임명하거나 그러한 임무를 직접 수행해야 한다. 또한 이들은 지역 정부가 재난 대응 활동을 잘 수행할 수 있게 해야 한다. 이들은 대부분 지역의 비상 운영 계획에 규정된 대로 재난 발생 시의 주요 의사 결정권자이기도 하다.

지역 정부 차원에 어마어마한 양의 재난 대응 자원이 존재하며, 여기에는 130만 명의 소방관, 거의 80만 명에 이르는 경찰관, 그리고 거의 75만 명에 이르는 준 의료 인력과 응급 의료 인력이 포함된다. 테러 공격이 발생하면, 이들은 구조, 화재 진압, 의료 지원, 오염 제거, 현장 치안, 법률 집행, 그리고 그보다 훨씬 더 많은 업무를 수행한다. 이들은 거의 예외 없이 가장 먼저 현장에 나타나며, 그곳에서 현장 청소, 오염 제거, 그리고 재건 계획 수립과 관련된 단기적이고 장기적인 복구 문제를 담당한다. 긴급구조대원들은 테러 공격으로부터 일반 시민과 사회 기반 시설을 보호하고 이에 대응하기 위해 국가에서 의존하는 이 시스템의 핵심 인력이다. 지역 사회는 주나 연방 정부의 지원이 도착하기 전 24시간에서 48시간 동안 테러 공격의 피해를 관리해야 한다. 9/11 공격 이후에 긴급구조대원에게 막대한 자금을 제공해 온 것은 연방 정부가 이러한 사실을 잘 알고 그에 적절히 대응한 것이다.

마지막으로, 지역 정부는 시민들이 위협적인 무언가를 보았을 때 그러한 위협을 보고하도록 하는 공공 교육 캠페인을 개발하고 실시함으로써 테러의 위협 인식에 중요한 역할을 해 왔다. "보았으면, 말하라"와 같은 캠페인은 도쿄와 런던 지하철에서의 테러 공격, 이스라엘과 스페인에서의 버스 공격, 그리고 전 세계 거의 어느 곳에서나 벌어지는 폭탄 사건과 같은 유형의 행위를 예방하기 위한 것이다. 지역 정부는 일반 대중으로부터 이러한 정보를 제공받으면, 적절히 처리해서, 조사나 대응을 책임지는 지역이나 다른 기관에 전달해야 한다. 이것은 지역 정부 전체에 걸쳐 교육과 계획 수립이 필요한 일임에 분명하며, 그러한 일이 가능하도록 조치를 취해야 한다.

국토안보부의 부처협력국Office of Intergovernmental Affairs은 주, 지역, 준주, 그리고 부족 정부에 영향을 미치는 부서별 프로그램의 촉진과 조정을 위한 유일한 연결점 역할을 한다. 이 부서를 통해 국토안보부는 상호 작용의 오랜 역사를 지닌 많은 조직을 한데 모아 왔으며, 주, 지역, 준주, 그리고 부족 정부의 조직과 협회를 지원한다. 또한 부처협력국은 이러한 지원을 강화하고 조정하기 위해 열심히 일하고 있다. 오늘날 이 부서는 주, 지역, 준주, 그리고 부족 정부에 영향을 미치는 국토안보부의 프로그램을 조정하고, 주, 지역, 준주, 그리고 부족 정부의 국토 안보 인력과의 정보 교환을 위해 국토안보부 내의 주된 연결 통로 역할을 하며, 연방, 주, 지역 정부 차원에서 가장 효율적으로 달성되어 온 국토 안보와 관련된 활동, 최선의 실행과 절차를 규명하고, 주, 준주, 부족 그리고 지역 정부의 대응 부서가 개선의 기회를 얻을 수 있도록 이러한 정보를 활용한다.

─ 민간 부문

민간 부문은 공격하기가 비교적 쉽고, 더 많은 민간인 사상자와 경제적 피해를 입힐 수 있으며, 테러 조직과 개인이 특정 기업이나 조직에 직접 관여하는 경우가 있는 등의 이유로 테러범들의 주요 목표물이 되어 왔다. 하지만 기업은 특히, 2001년 9월

11일 이후로 수많은 방법으로 점증하는 위협에 대응해 왔다.

기업은 직원들의 직장과 가정에서의 재난 대비를 향상시키기 위해 많은 활동을 벌여 왔으며, 직원들이 강해야 기업도 강하다는 사실을 인식해 왔다. 만일 직원들이 어떤 이유로든 직장에 나올 수 없다면, 기업도 영향을 받을 수밖에 없다. 기업들은 시설, 장비, 그리고 차량을 포함한 물리적 자원을 보호하기 위한 많은 조치도 취하고 있다. 끝으로 기업은 보급선과 고객층에 대한 접근과 기업의 명성을 보호하는 것과 직접적인 관련이 있는 자료 보호를 포함해, 기업 운영 자체를 보호하기 위해 많은 노력을 기울여 왔다.

테러 공격 이후에도 지역 사회와 일부의 경우에 국가는 물ㆍ전기ㆍ가스 공급 회사, 교통 및 물류 회사, 전력 회사, 식료품 공장이나 유통 회사, 또는 기타 지역 사회가 일정한 기능을 하든 하지 않든 간에 그들의 업무를 계속하기 위해서는 기업에 의존할 수밖에 없는 형편이다.

민간 부문은 테러 위험 관리에도 기여한다. 사건 발생에 앞서 기업은 대테러에 관한 정보를 정부에 제공하고, 테러의 목표물인 자신들이 직면한 위험을 더 잘 이해할 수 있는 관계 형성에 중요한 역할을 하고 있다. 대응의 측면에서 기업은 오염을 제거하고 테러 공격으로 피해를 입은 건물을 재건하는 역량을 제공하거나 지원해 왔다. 뿐만 아니라, 민간 부문의 연구와 개발 그리고 유통에서 비롯된 많은 장비가 시민과 대응 담당자들을 보호하는 데 사용되고 있다. 민간 도급업자들은 대량 살상 무기에 대한 대비와 대응에 관한 교육을 제공하며, 민간 부문에서는 테러범의 절도나 목표물로부터 지켜야 할 많은 화학적ㆍ생물학적 물질을 보유하고 있기도 하다.

── 기타 국토 안보 조직

비영리 단체, 종교 단체, 시민 단체, 그리고 다른 비정부 기구는 테러 아닌 사건이 발생했을 때, 테러로 인한 비상 상황과 재난의 관리에도 다양한 수준으로 참여한다. 거의 모든 미국의 지역 사회에 미국 적십자가 있기 때문에 대부분의 시민들은 이들의 역할에 대해 잘 알고 있다. 하지만 서로 다른 다양한 측면에서 테러에 대비하고 대응하며, 봉사 대상인 특정 인구(예를 들어, 빈민, 노인, 장애인, 또는 이민자 등)의 포괄적인 필요 사항에 대응하는 수많은 지역 및 전국 단위의 단체들이 있다.

이러한 단체들은 지역 사회의 취약성을 줄이기 위해 노력하며, 또한 테러 공격으로 인한 즉각적이고 장기적인 피해를 줄이는 역할도 한다. 재난에 대응하는 데 있어, 이러한 단체는 정부 기관이 완벽하게 충족시키지 못하는 사람들의 수많은 요구를 해결한다. 9/11 사건에 뒤이어, 비정부 기구는 식량과 주택 지원과 같은 다른 많은 필요 사항뿐 아니라, 심리사회적인 상담이 필요한 수많은 피해자들을 관리했다.

국가, 주, 그리고 지역 차원에는 재난 상황에서 활약하는 자원봉사단체협의회(VOADs)라는, 재난 대응에 중점을 둔 특정한 비정부 기구의 연합 단체가 있다. 재난 시 활약하는 이들 자원봉사 단체는 비정부 기구를 도와 이들의 노력을 조정하며, 테러 공격에 의한 것이든 자연적인 위험 요인에 의한 것이든, 모든 종류의 재난에서 발생하기 마련인 필요에 대응한다. 지역 사회에 기반을 둔 비정부 기구는 그 자신들이 테러 위협의 대상이 되기도 한다. 이러한 예는 거의 모든 도시와 마을에서 찾아볼 수 있으며, 여기에는 마을 방범대Neighborhood Watch, 지역 사회 비상대응팀(CERTs), 라이온스클럽Lions Club, 국제 로터리클럽Rotary International과 같은 민간 또는 직업 단체도 포함된다. 이러한 단체는 지역의 테러 위협, 지역의 대응 역량 그리고 자신들의 관할 구역 안에서의 특별한 필요에 대해 고유한 지식과 이해를 갖고 있는 경우가 많다.

끝으로, 시민들 자신도 테러 대비, 예방, 대응 및 복구의 아주 중요한 구성 요소이다. 사람들은 자신들이 직면한 위협을 이해해야 하며, 자신과 자신이 속한 지역 사회를 위해 그러한 위협을 줄이기 위한 행동에 나서야 한다. 시민들은 공격을 위한 물질을 구매하거나, 계획 수립에 대한 이야기를 듣거나, 배낭이나 여행 가방을 놓고 사라지거나, 주차장이 아닌 곳에 차를 주차하고 뛰어 달아나는 등, 공격 전에 발견할 수 있는 수상한 행동을 목격하는 것을 포함해, 계획 수립 과정에 있는 테러의 공격을 감지할 수 있는 눈과 귀라는 측면에서 아주 중요한 자원이다.

공격이 발생한 이후에는, 비상 대응 담당자들이 도착하기 전에 시민들이 더 이상의 피해로부터 자신들을 보호하고, 직접적인 피해를 입은 사람들을 돕기 위해 무엇을 해야 하는지를 잘 알고 있어야 한다.

긴급구조대원과 재난 관리를 위한 자금

9/11 사건은 (소방관, 경찰, 응급 의료 기사 등과 같은) 긴급구조대원과 재난 관리 활동을 위한 주와 지역 정부의 재원이 크게 증가하는 결과를 낳았다. 또한 이러한 활동에 필요한 자금을 제공하는 연방 정부의 기관과 프로그램의 수도 크게 증가했다. 긴급구조 기관 중에서는 예로부터 경찰만이 연방 정부로부터 상당한 자금을 제공받아 왔다. 전국의 소방서는 전통적으로 지역의 자원으로부터 대부분의 자금을 제공받아 왔으며, 응급 의료 기사는 지역과 주 정부의 자원에 의해 비용이 지불되는 민간 도급업자인 경우가 많았다.

생화학 테러 공격에 대응하는 소방관들에 대한 적절한 교육과 이들이 필요로 하는 장비 제공은 1990년대 초 이후로 소방 업계와 FEMA의 주된 관심사였다. 2000년 화재예방지원법Fire Prevention and Assistance Act의 통과는 국가가 비용을 지불하거나 자원봉사로 운영되는 소방서를 지원하기 위한 의회의 최초의 노력이었다. 2001년 봄, FEMA는 장비, 보호복, 교육 및 예방 프로그램을 위해 지역 소방서에 소액의 보조금 형태로 1억 달러를 제공하는 새로운 화재 보조금 프로그램에 착수했다. 2002년에는 FEMA의 화재 보조금으로 쓸 수 있는 자금의 총액이 3억 달러까지 증가했으며, 2004년까지 (그 이후로 매년 총액이 감소하고 있긴 하지만) 70만 달러가 더 늘어났다. 매년 지급되는 화재 보조금에 더해, 매년 30억에서 35억 달러라는 거액의 자금이 긴급구조대원들에게 사용되고 있으며 이는 향후의 테러 사건을 위해 긴급구조대원들의 장비를 마련하고 이들을 교육시키기 위한 것이다.

FEMA가 주와 지역 정부를 위한 테러 방지 자금의 유일한 원천은 아니다. 법무부는 다양한 프로그램을 통해 장비와 기술 획득을 위한 자금을 제공한다. 보건후생부는 생화학 테러 공격의 위협에 대처하기 위해 주와 지역 정부에 상당한 자금을 제공하고 있다. 질병 관리 센터Center for Disease Control는 공중 보건을 위한 계획 수립과,

국가적인 제약 비축 역량을 보강하기 위해 자금을 제공한다. 국방부는 군인과 지역 사회 공무원들을 위한 재난 관리 교육에 필요한 자금을 제공한다.

국민에게 위협 정보 알리기

2011년 4월 20일, 국토안보부의 재닛 나폴리타노 장관은 국가테러경보시스템Na-tional Terrorism Advisory System(NTAS)을 실행한다고 발표했다. 이로써 NTAS는 2002년부터 시행되어 왔으며 많은 비난을 받아 온 색상 코드(그림 9-5)를 실시한 국토안보경보시스템Homeland Security Advisory System(HSAS)을 대신하게 되었다. HSAS는 2002년 3월 11일 발표된 국토 안보 대통령 훈령 3호(HSPD-3)로 인해 탄생했으며, 그 내용은 다음과 같다.

> 미국은 연방, 주州, 지역 정부의 기관들과 미국 국민에게 테러 활동의 위험에 관련된 정보를 알리기 위한 포괄적이고 효율적인 수단을 제공하기 위해 국토안보경보시스템(HSAS)을 필요로 한다. 이 시스템은 일련의 등급 형태로 (위협 위험이 증가함에 따라 함께 증가하는) '위협 상태'의 경보를 제공한다. 각 위협 상태에서 연방 정부의 부서와 기관들은 경보 기간 동안 위험에 대한 취약성을 더욱 줄이고 대응 역량을 늘리기 위한 일련의 '보호 수단'을 실시한다.
>
> 이 시스템은 국토가 직면한 위협의 속성과 적절한 대응 수단에 대한 국가적 논의를 위해 공통 어휘와 맥락, 그리고 체제를 창출하는 것을 목적으로 한다. 이 시스템은 다양한 차원의 정부와 가정 및 직장에 있는 일반 시민에게 적절한 결정을 알리고 이를 촉진하기 위한 것이다.

위협 정보와 취약성에 대한 평가를 결합하고, 공공 안전에 관한 일을 하는 공무원들과 일반 시민에게 필요한 사항을 알리기 위해 만들어진 이 시스템은 다음 세 가지 요소로 구성된다.

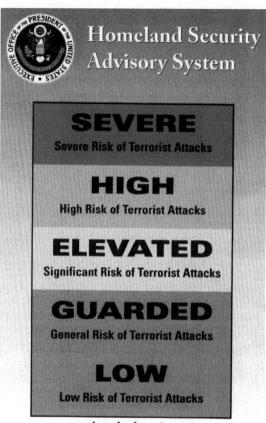

그림 9-5 국토안보경보시스템(HSAS)은 2002년에 베일을 벗었다. 이것은 2011년 국가테러경보시스템(NTAS)으로 대체되었다.

- 국토 안보에 대한 위협 경보: 여기에는 국가의 주요 네트워크나 사회 기반 시설 또는 주요 자산을 목표로 하는 위협이나 이와 관련된 사건에 대한 조치 가능한 정보가 포함된다.

- 국토 안보와 관련한 정보 공개: 경보 내용의 시의적절함, 특수함 또는 중요성의 한계에 부합하지 않는, 국가의 주요 사회 기반 시설의 이해관계에 대한 정보를 알린다.

- 색상 코드를 사용하는 위협 수준 시스템: 위협의 정도에 근거한 색상 코드 시스템을 통해 공공 안전 관리 및 대중과 의사소통하며, 이를 통해 공격으로 인한 피

재난관리론

해나 가능성을 줄이기 위한 보호 조치를 실시한다.

이 시스템이 시작된 이래 HSAS를 통해 제공되는 정보의 수준에 사람들의 관심이 증폭되어 왔다. 이러한 관심은 공공 안전을 책임지는 지역 공무원들뿐 아니라, 일반 시민과 긴급 대응 기관(예를 들어, 경찰, 소방관, 응급 의료 기사 등) 구성원들도 마찬가지였다. 공공 경보를 위한 파트너십Partnership for Public Warning(PPW)은 2002년 1월에 설립되었으며, 이는 민간 부문, 학계, 지역, 주 그리고 연방 정부 차원의 정부 기관이 재난 경보 프로그램을 더 잘 조정할 목적으로 협력 관계를 맺기 위해 만들어졌다. PPW는 생명을 살리고, 재난 손실을 줄이며, 복구를 촉진하기 위해 대중에 대한 경고와 관련 정보를 보다 효율적이고 효과적이며 통합적으로 전달하도록 촉구하고 이를 강화하기 위해 명시된 임무를 지닌 비영리 단체이다(PPW, 2008).

2003년 5월 PPW는 '통합된 공공 경보 정책과 역량을 위한 국가적 전략A National Strategy for Integrated Public Warning Policy and Capability'이라는 보고서를 펴냈는데, 이 보고서에는 미국 전역의 공공 경보 시스템, 훈련 그리고 관련 문제의 현주소를 검토한 내용이 담겨 있다. 이 보고서에는 "동반자 관계로 함께 일하면서, 이해 당사자들이 현재의 경보 역량을 평가하고, 적절한 연구를 수행하며, 다음을 개발해야 한다."라고 명시되어 있다.

- 자연 재난 및 인적 재난에 대한 공통적인 전문 용어
- 표준 메시지 규약
- 국가적인 척도와 기준
- 공식적인 모든 출처로부터 경보를 안전하게 수집하고 전파하기 위한 국가적인 중추 시스템
- 개념과 접근 방법을 시험하기 위한 시범 사업
- 교육과 사건 모의 실험 프로그램
- 국가적인 멀티미디어 교육과 봉사 활동(Partnership for Public Warning, 2003)

NTAS에 관한 발언에서 나폴리타노 장관은 "국가가 직면해 있는 테러 위협은 지난 10년 동안 상당히 진화해 왔으며, 오늘날의 환경에서는 그 어느 때보다 미국 국민을 국가 안보의 주요 동반자로 신뢰하는 것이 최고의 안보 전략이라는 걸 깨닫고 있습니다."라고 말했다. 국토안보부는 NTAS의 설립을 알리기 위한 노력의 일환으로 'NTAS에 대한 공공 지침서A Public Guide to the NTAS'라는 제목의 보고서를 발간했다(DHS, 2011). 2011년 국토안보부가 발간한 NTAS에 대한 추가 정보는 관련 기사인 '국가테러경보시스템'에 실려 있다. NTAS 경보의 예는 그림 9-6에서 볼 수 있다.

국가테러경보시스템(NTAS)

연방 정부가 믿을 만한 테러 위협에 관한 정보를 입수하면, 국토안보부는 NTAS를 통해 일반 시민에게 상세한 경보를 알리기 위해 연방 정부의 다른 기관들과 협조할 것이다. NTAS 경보는 위협에 의해 잠재적으로 영향을 받게 될 지리적인 지역, 교통수단, 주요 사회 기반 시설 등의 잠재적인 위협, 그리고 개인, 지역 사회, 기업 및 정부에서 위협을 예방하고 완화하며 대응하기 위해 취할 수 있는 바람직한 단계별 조치 등에 관한 간단한 개요를 제공한다. NTAS 경보에는 위협의 특성에 대한 명확한 문구가 포함되는데, 이는 다음 둘 중 한 가지 방식으로 서술될 것이다.

- 높아진 위협: 신뢰할 만한, 미국에 대한 테러 위협에 대한 경보
- 임박한 위협: 신뢰할 만하고, 구체적이며 임박한, 미국에 대한 테러 위협에 대한 경보

위협의 특성에 따라, 경보는 법률 집행 부서로 보내지거나, 민간 부문의 피해 지역으로 전달되거나, 지정된 국토안보부 웹페이지(http://www.dhs.gov/alerts), 페이스북, 트위터@NTASAlerts를 비롯한 공식적인 통로 및 소셜 미디어 채널을 통해 일반 대중에게 보다 광범위하게 알려지게 된다. NTAS 경보와 포스터는 교통 중심지, 공항, 정부 청사와 같은 장소에도 게재된다. NTAS 위협 경보는 구체적인 기간 동안 발효되었다가 자동적으로 폐기된다. 새로운 정보가 게재되거나 구체적인 위협으로 발전될 경우, 경보가 연장되기도 한다.

출처: DHS, 2011. http://www.dhs.gov/ynews/releases/pr_1303296515462.shtm.

SUMMARY

The Secretary of Homeland Security informs the public and relevant government and private sector partners about a potential or actual threat with this alert, indicating whether there is an "imminent" or "elevated" threat.

DURATION

An individual threat alert is issued for a specific time period and then automatically expires. It may be extended if new information becomes available or the threat evolves.

DETAILS

• This section provides more detail about the threat and what the public and sectors need to know.

• It may include specific information, if available, about the nature and credibility of the threat, including the critical infrastructure sector(s) or location(s) that may be affected.

• It includes as much information as can be released publicly about actions being taken or planned by authorities to ensure public safety, such as increased protective actions and what the public may expect to see.

AFFECTED AREAS

■ This section includes visual depictions (such as maps or other graphics) showing the affected location(s), sector(s), or other illustrative detail about the threat itself.

HOW YOU CAN HELP

• This section provides information on ways the public can help authorities (e.g. camera phone pictures taken at the site of an explosion), and reinforces the importance of reporting suspicious activity.

• It may ask the public or certain sectors to be alert for a particular item, situation, person, activity or developing trend.

STAY PREPARED

• This section emphasizes the importance of the public planning and preparing for emergencies before they happen, including specific steps individuals, families and businesses can take to ready themselves and their communities.

• It provides additional preparedness information that may be relevant based on this threat.

STAY INFORMED

● This section notifies the public about where to get more information.

● It encourages citizens to stay informed about updates from local public safety and community leaders.

● It includes a link to the DHS NTAS website http://www.dhs.gov/alerts and http://twitter.com/NTASAlerts

If You See Something, Say Something™. Report suspicious activity to local law enforcement or call 911.

The National Terrorism Advisory System provides Americans with alert information on homeland security threats. It is distributed by the Department of Homeland Security. More information is available at **www.dhs.gov/alerts.** To receive mobile updates **www.twitter.com/NTASAlerts**
If You See Something Say Something™ used with permission of the NY Metropolitan Transportation Authority.

그림 9-6 NTAS의 예. 출처: DHS, 2011. http://www.dhs.gov/xlibrary/assets/ntas/ntas-sample-alert.pdf.

국가테러경보시스템 또는 NTAS는 색상 코드를 이용하는 국토안보경보시스템(HSAS)을 대체하는 것이다. 이 새로운 시스템은 시의적절하고 자세한 정보를 일반 시민, 정부 기관, 긴급구조대원, 공항, 그리고 기타 교통 중심지와 민간 부문에 제공함으로써, 테러 위협에 관한 정보를 보다 효과적으로 알릴 것이다. 미국 국민은 모두 국가 안보에 대한 책임을 공유하고 있으며, 따라서 미국 내에서의 테러 공격의 위험이 높아지는 것과 이에 대해 자신들이 무엇을 해야 하는지를 늘 인식하고 있어야 한다.

NTAS 경보

국토안보부 장관은 정보를 검색한 후에 NTAS 경보를 발령할 것인지를 연방 정부의 다른 기관들과 협의하여 결정한다. NTAS 경보는 신뢰할 만한 정보가 있을 때에만 발령된다. 이 경보에는 '임박한 위협'이나 '높아진 위협'이 있다는 명확한 선언이 포함된다. 경보는 유효한 정보를 활용하며 잠재적인 위협에 대한 간략한 내용, 공공 안전을 확보하기 위해 취해진 조치에 관한 정보 그리고 개인, 지역 사회, 기업 및 정부에서 위협을 예방하고 완화하며 대응하기 위해 취할 수 있는 바람직한 단계별 조치 등을 제공한다.

NTAS 경보는 위협의 특성을 기반으로 하며, 경우에 따라 경보가 직접적으로 법률 집행 부서나 민간 부문의 피해 지역으로 전해지며, 다른 경우에는 공식적인 통로나 언론 매체를 통해 미국 국민에게 보다 광범위하게 발령되기도 한다. NTAS 경보에는 경보가 해제되는 구체적인 날짜를 명시하는 선셋 조항이 포함되며, NTAS 경보가 지속되거나 대단히 중대한 위협이 있다는 식의 모호한 경보를 발령하지는 않는다.

위협에 관한 정보가 경보로 변화하면, 국토안보부 장관은 NTAS 경보의 격상을 발표한다. NTAS 경보의 해제 선포를 포함한 모든 변화는 처음 경보가 발령되었던 것과 같은 방식으로 실시된다.

NTAS 경보, 어떻게 도울 수 있나?

각각의 경보는 가능하면 위협의 영향을 받는 지리적인 지역, 교통수단, 주요 사회 기반 시설과 공공 기관들이 취할 보호 조치, 개인과 지역 사회가 자신들과 가족을 보호하고 위협을 예방하고 완화하며 대응하기 위해 취할 수 있는 단계 등을 포함하여 위협에 관한 정보를 대중에게 제공한다.

시민들은 자신들이 사는 지역의 법률 집행 기관에 의심스러운 행동을 신고해야 한다. 미국 전역에서 이루어지는 '보았으면, 말하라' 캠페인은 모든 시민에게 잠재적인 테러 행동의 징후를 경계하고, 특정한 장소나 수상한 행동을 하는 개인에 대해 NTAS의 경보에 따르도록 촉구하고 있다. 이 캠페인에 대해 더 자세한 내용을 알고 싶으면, http://www.dhs.gov/ifyouseesomethingsaysomething을 참고하라.

국토안보부의 예산

백악관은 국토안보부의 2014 회계연도의 예산으로 총 599억 5,900만 달러를 제시했다. 이 금액은 2013 회계연도에 의회에 의해 승인된 것과 비교하면 (긴급 추가 자금으로 제공된 120억 달러의 자금을 제외하고) 0.3% 정도로 약간 감소한 것이다. 2014 회계연도의 예산은 다음 5개 임무를 목표로 삼을 것을 요구하고 있다.

• 테러를 예방하고 안보를 확고히 하기

• 국경을 지키고 관리하기

• 이민법을 강화하고 공정하게 집행하기

• 사이버 공간에 대한 보호와 보안 강화하기

• 재난에 대한 회복 탄력성 기르기

이러한 예산으로 국토안보부의 여러 부서는 표 9-1과 같이 자금을 지원받았다.

표 9-1 DHS 부서 예산

이사/기구/사무실	총액(백만)	비율(%)
관세 및 국경보호청	$12,900	22
연방재난관리청	$11,327	17
해안경비대	$9,794	16
교통안전청	$7,398	12
이민관세청	$5,342	9
시민권 및 이민 행정 감찰관실	$3,219	5
국가 안전 및 프로그램 본부	$2,568	4
FEMA 보조금	$2,123	4
비밀경호국	$1,801	3
과학 및 기술 본부	$1,527	3
관리본부	$811	1
국내핵감지국	$291	1
분석운영본부	$309	1
연방사법연수원	$271	1

결론

미국에서의 재난 관리는 9/11 사건으로 인해 완전히 달라졌다. 테러와의 전쟁과 관련된 새로운 초점, 새로운 자금, 새로운 동반자, 새로운 관심은 이 나라의 재난 관리가 기능하는 방식을 하루하루 바꿔 놓고 있다. 연방 정부 차원에서 국토안보부가 설립되었고, 여기에 FEMA와 연방 정부의 모든 재난 관리 프로그램이 포함되었다. 주차원에서는 주지사와 주의 재난 관리 책임자들이 더 나은 협조와 새로운 의사소통 방법, 그리고 언제나 그렇듯이 더 많은 자금을 부르짖고 있다. 지역 정부 차원에서 테러는 오랜 위협으로 남아 있지만, 상대적으로 새롭게 그 중요성이 높아지면서 지역 시설에 대한 보안 요구가 커지고 있으며, 이에 따라 그러한 필요와 우선순위의 목록이 길게 추가되어 왔다. 테러의 위협은 간과할 수 없는 것이며, 2013년 보스턴 마라톤 폭탄 사건에서 봤듯이 언제 어디서든 발생할 수 있다. 협조와 의사소통, 그리고 자금의 문제는 지역 정부에까지 영향을 미치고 있다.

미국은 새로운 문제에 대해 전형적인 대응을 했다. 엄청난 액수의 자금이 재조직되어 이러한 문제를 줄이는 데 사용되었다. 협력 수준을 끌어올리기 위한 국토안보부의 능력은 향상되었지만, 여전히 가야 할 길이 멀다. 정보 당국과 국토안보부에서 홍보하듯이 수많은 공격이 예방되었지만, 이것은 결코 끝나지 않고 계속되어야 할 진행 중인 노력일 뿐이다. 국토안보부가 정보 당국, 군대, 외교 부서, 법률 집행 부서와 나란히 예방 역할에 참여하는 반면, FEMA의 재난 관리 역할은 FEMA에 주어진 권한을 고려해 볼 때 이 같은 노력으로부터 크게 단절되어 있다. FEMA가 제공할 수 있는 것은 테러 공격 발생의 결과에 대처하기 위해 더 잘 준비되고 장비를 더 잘 갖춘 긴급구조의 핵심 집단과 더 나은 시스템 및 계획뿐이다.

비용 효율성 문제는 계속될 것이다. 자연적 재난과 기술적 재난의 가능성이 테러 공격의 가능성보다 훨씬 더 크다는 사실은 이미 입증되었다. 9/11 테러 공격 이후 몇 년간 미국은 허리케인, 홍수, 산불, 화학 물질 사고, 교통사고, 화산, 눈보라, 토네이도, 겨울의 혹한, 산사태 등에 의해 피해를 입었으며, 이러한 목록은 끝없이 이어지고 있다. 반면, 테러에 의한 사망자, 부상자 그리고 피해는 이에 비하면, 2013년 보스턴 공격(이 사건은 대통령의 재난 선포도 필요하지 않았다)을 고려해 봐도 별로 두드러지지 않는다. 국토안보부는 테러 대 덜 해로운 다른 위험 요인이라는 관점에서 우선순위를 계속적으로 재평가하면서 우선순위에 따라 자금 지원도 달리할 필요가 있다. 테러의 위협은 결코 완전히 끝나지 않겠지만, 시간이 흐르면서, 미국의 긴급구조대원, 주의 대응 담당자, 연방 정부의 대비 및 대응 기관의 관심을 훨씬 덜 받게 되어야 한다.

자가 점검을 위한 질문

1. 테러의 위험 요인은 자연적 위험 요인이나 기술적 위험 요인과 어떻게 다른가?

2. 테러의 위협과 관련된 재난 관리의 목표는 무엇인가?

3. 연방 정부는 9/11 공격의 대응과 복구에 얼마나 많은 비용을 지출하였는가?

4. 9/11 사건에 관한 2건의 사후 보고서에서 긴급구조대원의 역량에 대해 어떤 보고를 했는가?

5. 주와 지역의 재난관리자들에게 9/11 공격의 가장 의미 있는 결과는 무엇이었는가?

6. 포스트 카트리나 재난 관리 개혁법에 의해 어떤 일이 이루어졌는가?

7. 국토안보부 외에, 연방 정부의 어떤 기관이 긴급구조대원들에게 테러 관련 자금을 제공하는가?

8. 9/11 위원회의 목적은 무엇이었는가? 이 위원회에서 어떤 사실을 발견했는가?

9. 주 정부는 테러의 위협에 어떻게 대응하는가?

10. 허리케인 카트리나는 미국의 테러 대비에 어떤 영향을 미쳤는가?

실전 연습 문제

당신이 사는 지역의 국토안보부서의 웹사이트를 방문하라. 이 부서는 정부의 어디에 속하는가? 지역 정부와 주 정부는 시민들에게 어떤 보조금과 기타 지원을 제공하는가? 이 부서는 재난 관리국과 같은 부서에 배치되어 있는가, 아니면 별도로 배치되어 있는가? 이 부서의 최고 책임자는 어떤 경험을 갖고 있는가?

재난관리론

제10장

재난 관리의 미래

2000년 이후로 재난 관리 분야에는 변화가 계속되어 왔다. 2001년 9월 11일 테러 공격 이후에 미국의 재난 관리 시스템은 모든 위험 요인에 대한 접근에서 테러라는 단 한 가지 위험에 중점을 두는 것으로 급격한 변화를 겪었다. 이러한 특별한 변화는 허리케인 카트리나에 대한 대응에 실패한 주된 원인으로 여겨져 왔다. 따라서 허리케인 카트리나 이후에는 그러한 중점을 다시 모든 위험 요인으로 되돌린 커다란 변화가 일어났다. 그러다 허리케인 샌디의 피해를 입은 북동부의 여러 주를 재건하는 과정에서 다시 변화의 조짐이 나타나, 복구에 접근하는 정부의 방식에 새로운 변화가 일어나고 있다.

하지만 재난 관리 분야에서의 변화는 21세기에만 있었던 것은 아니다. 사실, 1979년 연방재난관리청(FEMA)이 창설되었을 때는 모든 위험 요인에 중점을 두었다. 하지만 핵 공격이라는 한 가지 위험 요인에 대한 계획 수립이 모든 의제를 지배했던 1980년대에 모든 것이 달라졌다. 그러다 추를 다시 모든 위험 요인에 대한 접근으로 되돌린 것은 1993년의 허리케인 앤드루였다.

정부의 다른 많은 기능이 그러하듯, 재난 관리 역시 과거를 망각하고 역사를 불필요하게 되풀이하는 우를 범하고 있다. 하지만 재난 관리는 어떻게 이러한 악순환을 깨고 미국이 직면한 수많은 위험 요인에 대해 안정적이고 지속적인 접근을 할 것이며, 미래에도 이러한 노력을 지속할 것인가? 이러한 변화 중 어떤 것을 제도화해야 하며, 미합중국을 구성하는 개인, 기업, 지역 사회에 가장 잘 기여하는 재난 관리의 안전한 미래를 확보하려면 어떤 일을 해야 할 것인가?

이 장의 목적은 재난 관리 분야가 서 있는 곳은 어디이며, 미래에는 재난 관리가 어디로 가야 하는지, 그리고 국가와 재난 관리 분야가 어떻게 해야 그곳에 도달할 수 있는지를 규명하는 데 있다.

재난 관리 분야가 지금 서 있는 곳은 어디인가?

2010년 이 책의 마지막 판이 출간된 이후로 재난 관리 분야에서만이 아니라, 미국의 모든 분야와 모든 영역에서 많은 일들이 있었다. 이러한 변화 중 가장 눈에 띄는 사건 몇 가지를 추려 보면 다음과 같다.

- 허리케인 아이린과 샌디 그리고 현재 진행 중인 전국적인 가뭄을 포함한 대규모 재난의 비용 증가
- 오바마 대통령이 주택도시개발부(HUD) 장관인 숀 도너번을 허리케인 샌디에 대한 연방 정부 복구 작업의 책임자로 임명한 것은, FEMA 청장이 이러한 역량을 발휘하지 못한 1993년 이래 처음임(반복되는 역사의 또 다른 예로)
- FEMA의 사전 재난 완화(PDM) 프로그램에 대한 자금 축소와 삭감에 가까운 조치는, 연방 정부가 재해 완화를 실시하는 지역 사회의 노력을 효과적으로 지원하지 못하게 함으로써, 지역 사회가 (사람의 생명을 살리고 재산과 사회 기반 시설을 보호할 수 있는 재난 발생 이전이 아니라) 재난 이후에만 위험 감소 자금을 받을 수 있는 상황으로 되돌려 놓음
- 오바마 대통령이 크레이그 퓨게이트를 FEMA 청장으로 임명한 것은, 적어도 경험 많은 재난관리자가 FEMA의 책임자가 되어야 한다는 관념을 제도화하기 위한 것으로 보임
- FEMA의 재난 관리 성과 보조금(EMPG) 프로그램에 의해 주에 제공되던 자금이 줄어든 것은, 주와 지역 차원에서의 역량을 감소시키는 결과를 낳을 가능성이 있음
- 지역 사회의 홍수 지도가 수정되고 국가 홍수보험 프로그램(NFIP)의 보험료가 달라진 것은 많은 가정에서 보험료가 올라가는 결과를 낳아, 1년에 홍수보험료로 250달러를 내던 루이지애나 남부의 어느 가정의 보험료가 (NFIP가 거액의 빚을 진 상태가 지속되고 허리케인 아이린, 샌디 및 아이작의 여파로 빚이 더욱 증가하면서) 1년에 5,000달러로 상승함

- 허리케인 샌디와 같은 대규모 재난 발생 시 미국인의 대다수가 소셜 미디어를 정보원으로 선택함으로써, 전통적인 매체(텔레비전, 라디오, 신문)와 소셜 미디어(페이스북, 유튜브, 트위터 등)를 통해 대중에 시의적절하고 정확한 정보를 전달해야 한다는 재난관리자들의 인식 변화와 수용이 이들의 업무에 있어서도 중요하고 필수적인 부분이 됨

- 대학이 학문적이고 교육적인 프로그램을 통해 다음 세대의 재난관리자들을 배출해 내도록 돕는 데 있어 많은 활약을 해 온 FEMA의 고등 교육 프로그램의 자금 감소 및 우선순위 하락(2013년 재난관리연구원에서 5일간 면대면으로 진행되던 FEMA의 고등 교육 발표회는 4학기의 온라인 프로그램으로 바뀌어 특히 부정적인 영향을 미침)

- 도시 지역 안전 계획(UASI)의 예금이 2010년 8억 3,200만 달러에서 2012년 4억 9,000만 달러로 감소한 것과 같은 예산 축소로 국토 안보와 재난 관리 대비 자금도 감소했으며, 한때 지역 사회 대비의 선진적인 프로그램으로 일컬어지던 시민 봉사단의 자금도 지속적인 부족을 겪음

- 지역 유권자들이 미래에 벌어질 사건에서 똑같은 것을 희망할 것이라고 생각하고, 자신들의 주가 이익을 얻지 못할 것임에도 불구하고, 의원들이 상대 주에 재난 자금을 지원해 왔던 과거의 관행대로 허리케인 샌디를 위한 추가 자금 법안을 통과시키는 데 어려움을 겪음(따라서 피해를 입은 뉴욕과 뉴저지의 의원들이 외부 지역에서의 대규모 재난에 돈을 지불해야 하는 똑같은 상황에 처했을 때 어떻게 투표할 것인지에 의문을 제기하게 됨)

- FEMA와 국토안보부에 의한 국가 재난 복구 체계(NDRF), 국가 완화 체계(NMF), 국가 예방 체계(NPF)의 개발과 채택은 국가 대응 체계(NRF)와 마찬가지로, 모든 기관이 함께 일하는 방법뿐, 연방 정부가 모든 단계에서 어떤 역할을 해야 하는지는 상세히 규정하지 않은 지침을 제공함(과거에 연방 대응 계획(FRP)은 상세히 규정했음)

- FEMA가 프로그램과 자금 면에서는 그렇지 않지만 위에서 언급한 계획 수립 체계의 도움을 받아, 지역 사회의 회복 탄력성을 기르기 위해 관련된 이해 당사자

가 모두 참여해야 하는, '총체적 지역 사회' 개념을 발표함

- 플로리다 주 해안 지역의 카운티와 전국의 다른 지역 사회에서의 사전 재난 회복 계획 수립의 실행과 사전 재난 회복 계획의 개발, 이 모두가 다음에 대규모 재난이 발생했을 경우 지역 사회를 어떻게 재건할 것인지를 밝히는 데 중점을 둠
- 기후 변화에 의해 더 심각하고 더 빈번해질 미래 재난 사건의 피해를 줄이기 위해 기후 변화 적응 전문가가 개발한 지역 사회에 기반한 평가 및 계획 수립 도구를 지역 사회가 활용할 수 있게 됨
- 재해 완화를 통해 미래 재난의 피해를 줄이기 위해 지역 사회를 돕는 비영리 단체인, 국립 재해 완화 협회(NHMA)가 설립됨.
- 의회가 승인한 새로운 규정인, 대기업과 중소기업 사이에 사업 연속성을 위한 계획 수립(BCP)의 증가로, 사베인즈 옥슬리 법Sarbanes-Oxley이 금융 서비스 분야를 위해 규정한 BCP를 필요로 하는 기업의 수가 증가함
- 미국 계획 수립 협회의 재해 분과의 확대, 회원들의 재난 완화 및 복구에 중점을 둔 국제 경제 개발 협의회International Economic Development Council(IEDC)의 일련의 온라인 회의 개최, 그리고 미국 기업계의 재난 구호 노력을 조정하는 데 있어 미국 상공회의소가 지속적인 리더십을 선보임

미국의 주요 재난 관리 분야에 영향을 준 외부 사건이나 변화로는 다음과 같은 일들이 있었다.

- 조지 W. 부시 대통령, 캐슬린 블랑코Kathleen Blanco 루이지애나 주지사, 레이 나긴Ray Nagin 뉴올리언스 시장의 허리케인 카트리나 실패에서 중요한 교훈을 얻은 정치인들이 재난 대응과 복구 분야를 이끌기 위해 앞으로 나섬. 이러한 새로운 리더십으로 오바마 대통령, 크리스 크리스티 뉴저지 주지사, 앤드루 쿠오모 뉴욕 주지사, 마이클 블룸버그 뉴욕 시장 등이 허리케인 샌디에서 눈부신 성공을 거둠

재난관리론

• 일본 정부는 2011년 발생한 지진/쓰나미/원자력 사고 이후에 지역 사회는 포괄적인 복구 계획을 수립할 역량이 없으며, 이로 인해 피해를 입은 대다수 지역 사회의 복구가 상당히 늦어진다는 사실을 깨달음

유엔이 재난 위험 감소 문제를 심각하게 받아들이고, 국제 금융 기관(세계은행, 아시아개발은행 등)이 개발 계획 수립과 재난 구호 노력에 우선순위를 둔 것은, 미국에서 재난 완화에 대한 강조가 줄어든 것과 뚜렷한 대조를 이룬다. 2001년 9월 11일의 사건 때 그랬듯이, 보스턴 마라톤 폭파 사건 이후에 모든 위험 요인에 대한 접근에서 재난 관리의 중점을 다시 테러라는 단일한 요인에만 두려는 움직임은 지금까지는 보이지 않고 있다.

기후 변화는 기후와 관련해, 규모와 빈도가 점점 심각해지는 재난을 일으키고 있으며, 이는 미국의 정치적 리더십이 기후 변화 문제를 해결하지 못하고 교착 상태에 빠져 있는 한 미래에도 계속 증가하기만 할 것이다(미국이 다른 나라들에 뒤지고 있는 또 다른 분야이다).

간단히 말해서, 지난 3년 동안 긍정적인 변화와 그다지 긍정적이지 않은 변화가 있었다. 긍정적인 변화는, FEMA가 명성을 되찾고 재난 상황에 주와 지역의 대응 노력을 다시 지원할 수 있게 되었다는 사실이다. 모든 차원의 재난관리자들은 특히, 재난의 대응 단계에서 일반 대중에게 정보를 알려야 한다는 사실을 마침내 받아들이고 있다. 정치인들은 재난의(특히 재난 대응의) 좋은 점과 나쁜 점을 둘 다 인식하게 되었으며, 노련한 재난관리자를 고용하기 위해 나섰고, 재난 시 자신들의 역할과 리더십이 돋보이도록 노력하고 있다. FEMA의 '총체적 지역 사회' 개념은 재난에 대해 보다 회복 탄력성 높은 지역 사회가 되도록 하려는 많은 시도 중 하나이다. 기업, 경제 개발 그리고 계획 수립 영역에서의 새로운 동반자는 재난 관리에 더 깊이 개입하고 있다.

그다지 긍정적이지 않은 변화는 재난 관리의 네 가지 모든 단계에서 연방 정부의 자금이 심각하게 감소한 것이며, 의회가 향후의 재난에서 어떤 조치를 취할 것인지에 대한 의문이 풀리지 않고 있다는 사실이다. 미국은 재난 위험 감소에 있어 세계

의 다른 나라들에 많이 뒤처져 있다. FEMA의 EMPG 프로그램, 고등 교육 프로그램, 그리고 기타 프로그램을 위한 자금은 의회의 예산 지체와 삭감으로 어려움을 겪고 있다. 이는 주와 지역의 재난 관리 기관의 운영 방식과 재난관리자에 대한 다음 세대의 교육에 영향을 미칠 것이다. 기후 변화는 기후와 관련된 더욱 심각한 재난을 더욱 자주 일으킬 것이며, 이는 미국의 재난 관리 시스템에 더 큰 부담이 될 것이다. 끝으로, 손에 휴대폰을 든 한 명 한 명의 시민은 이제 재난 보도자로서 활약할 수 있는 능력을 갖게 되었으며, 이는 재난관리자들에게 문제인 동시에 기회이다.

미래의 도전과 기회

이러한 모든 문제와 도전에도 불구하고, 미국에서 재난 관리를 강화하고 재난에 회복 탄력성 높은 지역 사회를 건설하기 위해 현재와 미래에 활용할 수 있는 중요한 기회들이 있다. 든든한 기반이 마련되었으며, 새로운 방향이 제시되었고, 몇몇 곳에서는 문제를 해결하고 기회를 활용하려는 머뭇거리는 발걸음을 떼고 있다. 미래에 도전과 기회가 동시에 존재하는 다섯 영역은 다음과 같다.

1. 리더십: 정부든 기업이든 또는 비영리 단체든, 최고 책임자는 조직을 위해 우선순위를 설정해야 한다. 이러한 우선순위는 조직의 프로그램과 예산에 반영된다. 과거 대다수의 최고 책임자들은 재난 관리와 재난 복구를 우선순위의 윗자리에 놓은 적이 단 한 번도 없었다. 하지만 클린턴 대통령은 재난 발생 시에 미국 국민을 돕는 것을 행정부에 최고의 우선 사항으로 제시했고, 이러한 우선순위는 FEMA의 성취 및 연방 정부의 모든 부서와 기관의 성취에 고스란히 반영되었다. 이것은 주와 지역의 대응에 대한 FEMA의 지원, 그리고 FEMA가 현재 실시하는 '총체적 지역 사회' 프로그램의 전신인 프로젝트 임팩트의 창설이라는 관점에서 사실이었다.

   오바마 대통령, 크리스 크리스티 뉴저지 주지사, 앤드루 쿠오모 뉴욕 주지사, 그리고 블룸버그 시장의 허리케인 샌디에 대한 대응을 보면 이들의 우선순위를 잘 알 수 있다. 이것은 올바른 방향으로의 전진이지만, 미국의 모든 지도자들은 다음 재난이 발생하기 전에 지역 주민들이 재난을 완화하고 대비하며 대응하고 복구하는 것을 도울 자금을 제공하고 프로그램이 잘 실행되도록 이러한 초기 전진을 넘어 계속 앞으로 나아가야 한다. 연방 의회의 의원, 주 의회 의원, 시와 카운티의 협의회들도 자신들이 속한 지역 사회를 미래의 재난으로부터 보호하기 위해 지출과 프로그램의 우선순위를 설정할 필요가 있다는 것을 인식하고 앞으로 나아가야 한다. 이러한 변화는 쉽게 이루어지지 않을 것이며, 미국 전역의 지역 사회에서 끔찍한 일련의 재난이 발생해야 할 수도 있다. 하지만 역사를 보면, 늦든 이르든 이러한 일이 일어날 것임을 알 수 있다.

2. 자금: 리더십 다음으로 가장 필요한 것은 자금이다. 연방 정부의 지원 감소와 재난 대응 및 복구에 대한 추가 예산 책정을 기피하는 의회 때문에, 재난 관리의 네 단계 모두에 있어서 새로운 자금원이 마련되어야 한다. 연방 정부는 완화 분야에서 고속도로 안전 기금Highway Safety Fund과 유사하게 매년 책정되는 재해 완화 신탁 기금Mitigation Trust Fund을 만들어야 하며, 이는 주요 지역의 재해 완화 프로젝트를 위한 대응 자금이 될 것이다. 주와 지역 정부는 캘리포니아 주 나파에서 실시하는 판매세 증액, 오클라호마 주 털사의 우수배수세stormwater drainage fee, 그리고 캘리포니아 주 버클리의 채권 발행 프로그램처럼 지역적으로 충당되는 자금원을 창출해야 하며, 이들 각각은 재해 완화 조치를 위한 연방 정부의 자금에 대응하여 사용되었다. 정부뿐 아니라, 기업과 비영리 단체도 회복 탄력성 높은 지역 사회를 건설하는 데 도움이 되는 자금과 프로그램을 제공하기 위해 나서야 한다. 연방 정부는 특히 지역과 주의 자원을 압도하는 대규모 재난의 대응과 복구에 필요한 자금 제공의 후방 방어벽 역할을 계속해야 한다. 의회는 일단 지출이 정당하다고 여겨지면, 재난의 추가 법안 통과에 반대하거나 이를 미루는 현재의 관행을 뒤집어야 한다. 자원봉사 기관과 비영리 단체는 복구 단계에

서 폭넓은 자금과 프로그램을 제공해야 하며, 이 모든 것은 효율성 극대화를 위해 더욱 잘 조정되어야 한다.

3. 연방 정부의 복구 지원 프로그램: 재난 발생 이후에 주와 지역의 지도자들이 지속적으로 제기하는 불만은 연방 정부의 재난 복구 프로그램의 여러 요소가 불필요하게 혼란스럽고 복잡하며 너무 느리게 작동된다는 것인데, 이것은 정당한 불만이다. 주택도시개발부(HUD)의 도너번 장관을 허리케인 샌디에 대한 연방 정부 복구 분야의 책임자로 임명한 것은 이 문제를 해결하는 관점에서 올바른 방향으로의 진전이었다. 재난관리자들이 장기적인 복구 작업을 제대로 관리하지 못한다는 것은 공공연한 비밀인데, 리더십의 이 같은 변화로 마침내 그러한 사실이 확인되었다. 또 다른 중대한 진전은 새로운 국가 재해 복구 체계(NDRF)가 제기한 강력한 제안으로, 이 체계는 지역 사회가 다음 재난이 발생하기 전에 장기적인 복구 계획 수립에 참여할 것을 권고한다. 이것은 상식적인 일이 되어야 하지만 아직은 놀라울 정도로 드물다. 재난 관리의 모든 영역에서처럼 지역 사회를 재건하는 방법에 대한 결정은, 대규모 재난의 즉각적인 여파로 인한 급박한 문제에 쫓기지 않아 계획 수립 역량과 능력이 적절하게 발휘될 수 있는, 재난이 발생하지 않은 정상적인 시기에 가장 잘 이루어진다.

지진과 쓰나미 그리고 원자력 사고를 동시에 겪은 이후에 일본의 지역 사회가 한 경험은 이러한 점을 분명히 보여 준다. 지역의 거주민들을 어디서 살게 할 것인가, 산더미 같은 잔해는 어떻게 처리할 것인가, 그리고 역사적이고 문화적인 유물의 손실에 대해 어떤 일을 할 수 있을 것인가를 포함해, 이 사건 이후에 2년 동안 일본인들이 해결하기 위해 씨름해 온 많은 문제들은 사건 발생 전에 해결될 수 있는 일들이었으나, 그러지 못해 복구 과정을 심각하게 지체시키는 역할을 했다. 앞서 언급한 것처럼 플로리다 해안 지역과 미국 전역의 지역 사회는 재난 전에 복구 계획을 수립하고 있는데, 이러한 유형의 계획 수립은 위험 요인이 무엇인가에 관계없이 모든 지역 사회에 커다란 이익을 가져다줄 것이다. FEMA

의 공공 지원 및 개별 지원 프로그램과 중소기업청의 재난 대출 프로그램을 간소화하기 위해 무언가 이루어져야 하며, 이에 따라 이들 프로그램에 제공된 자금이 재난의 피해를 입은 개인과 기업 그리고 지역 사회의 필요에 더 잘 부응해야 한다. 효율적인 일 처리를 지나치게 많은 불필요한 형식주의가 가로막고 있다. 2012년 이후로 의회가 정액 보조금을 통해 복구 자금을 관리하기 위한 법안을 계류하고 있는 것에 대해 심각하게 고민해 봐야 한다. 이것은 지역 사회로 하여금 한 프로젝트 단위로 자금이 제공되는 현재의 관행보다 더 독립적이고 더 전체적인 관점에서 복구의 필요를 자체적으로 관리할 수 있게 해 줄 것이다. 끝으로, 자원봉사 기관과 비영리 단체를 포함한 복구의 주요한 이해 당사자들은 전반적인 효율성을 증가시키기 위해 자신들의 활동을 더 잘 조정해야 할 것이다. 과거 비정부 기구들은 이러한 문제를 배척해 왔으나, 이러한 문제는 반드시 해결되어야 한다.

4. 동반자 관계: 미국의 재난 관리 시스템은 연방, 주 및 지역 정부 그리고 자원봉사 단체들 간의 동반자 관계가 이루어질 때 가장 잘 수행된다. 이러한 협력 시스템은 1990년대 성공을 거두었으며, 2008년 이후로 다시 상태가 개선되었다. 기업계의 재난 관리 활동과 동반자 관계도 크게 늘어, 이제 재난 관리의 모든 단계에서 기업이 완전한 동반자로 간주되고 있다. 지금까지는 기업과의 동반자 관계가 대응 단계에서 가장 큰 성공을 거두고 있지만, 완화, 대비, 그리고 복구 단계에서도 기업이 참여할 기회가 많이 남아 있다. 시와 카운티의 관리자, 지역 사회의 계획 수립자, 경제 개발 관리자 등을 포함해 언제나 중요한 역할을 해 온 지역 사회의 다른 동반자들도 있다. 이들 각자는 자신들의 지역 사회에서 발전과 삶의 질 향상에 있어 중요한 역할을 하고 있으며, 사전 재난 위험 계획 수립과 사후 재난 복구 분야에서도 중요한 역할을 담당할 수 있다. 지역 사회에 기반한 조직과 인근 지역의 단체들도 네 단계 모두에 더 깊이 개입할 필요가 있다. 이들은 재난관리자들에게 있어 해당 지역의 눈과 귀이며, 대비와 경고 메시지를

보내는 신뢰할 만한 목소리이자, 지역 사회 재해 완화 프로젝트의 조직자 역할도 할 수 있다. 또 다른 새로운 동반자는 지역 사회의 회복 탄력성에 있어 이해관계를 함께하는 환경과 기후 변화 적응 단체들로, 이들은 중요한 기술적 자원과 일반인이라는 자원을 이러한 노력에 기여하는 데 활용할 수 있다. FEMA의 '총체적 지역 사회' 개념을 지키려면, 지역 사회의 모든 구성원이 참여해야 한다. 이러한 유형의 활동을 지원하고, 이러한 지원을 가능하게 하는 자금을 관련된 모든 동반자들에게 제공하기 위한 적절한 프로그램을 만들고 실행해야 한다.

5. 의사소통과 정보 관리: 예로부터 재난 관리 분야는 새로운 기술을 받아들이는 데 느린 행보를 보였다. 이러한 성향은 9/11 테러 공격 이후에 달라져서, 이 분야가 새로운 정보 관리, 경보 및 감지 기술로 넘쳐 나고 있다. 특히 대응 단계에서 언론과 일반 대중과의 의사소통은 예로부터 재난관리자들에게 큰 문제였다. 하지만 허리케인 카트리나 이후에 재난관리자들과 정치권에 있는 이들의 상관들이 의사소통 기능이 필요하다는 사실을 받아들였고, 특히, 일반 대중과의 효과적인 의사소통에 여전히 고전하고 있는 국토 안보 분야의 동료들과 비교해 볼 때는 대부분의 경우에 아주 잘하고 있다고 할 수 있다. 소셜 미디어의 부상은 처음에는 문제였지만, 재난관리자들은 일반 대중으로부터 정보를 얻고 이들에게 정보를 전달하는 데 소셜 미디어를 아주 효과적으로 활용하고 있다. 이제 문제는 재난 전후 그리고 재난이 발생하는 동안 소셜 미디어 세계에서 떠다니는 막대한 양의 정보를 어떻게 활용할 것인가이다. 그렇게 하기 위한 새로운 기술이 개발되고 있으며, FEMA 청장인 퓨게이트와 다른 사람들이 이러한 노력을 지지해 왔고, 또한 효율적인 재난 대응 및 복구를 위한 소셜 미디어의 중요성도 잘 알고 있다. 이제 재난 대비 및 완화에 대해 일반 대중과 지속적인 대화의 창구를 마련하는 등 소셜 미디어를 더 잘 활용할 기회가 남아 있다. 이러한 새로운 의사소통 통로는 지역 사회에 기반한 재난 복구 프로그램을 창출하고 유지하는 데 없어서는 안 될 사회적 역량을 구축하는 무한한 잠재력을 갖고 있다.

앞으로 나아가기

재난 관리의 미래에 대해서는 두 가지 시나리오를 그려 볼 수 있다. 첫 번째 시나리오는 국가가 이번 재난에서 다음 재난으로 계속 휘청거리며 나아가는 것이며, 이 와중에 기후 변화, 예산 문제, 그리고 인구 증가 등으로 기존의 재난 관리 역량이 점점 작아지는 것이다. 오래지 않아 대응과 복구 역량이 필요한 수준 이하로 크게 떨어져, 오늘 지역에서 관리 가능한 사건이 내일의 재난이 된다. 재해 구호 자금은 수요를 따라잡지 못하고, 모든 차원에서의 지원도 수요에 부응하지 못한다. 이러한 시나리오는 저개발 국가에서 실제로 그런 일이 일어나듯 국가의 붕괴로 막을 내리지만, 최근의 추세를 감안해 볼 때 미국도 그럴 가능성이 전혀 없다고 할 수는 없다. 매년 발생하며 수십억 달러의 비용이 드는 재난은 증가할 뿐 줄어들 징후를 보이지 않고 있으며, 이러한 현상이 적응 가능한 수준을 넘어서면 인플레이션을 일으킬 수도 있다. 필요에 따라 역량이 부응해야 하지만, 미국에서 필요해지는 대응 및 복구의 자원과 역량은 관련 시스템이 따라잡을 수 있는 것보다 훨씬 더 빨리 증가하고 있다. 더 많은 자금과 모든 차원의 정부에서의 지원 시스템과 직원 그리고 사회의 모든 분야를 위험 관리로 더 잘 통합하려는 노력이 없으면, 비극적인 현실이 벌어질 수도 있다.

두 번째 시나리오는 훨씬 매력적인 결말을 보인다. 미국의 재난 관리 시스템은 지역 사회의 모든 중요한 문제를 해결하기 위해 매일매일 열심히 일하는 지역의 모든 동반자들(예를 들어, 시와 카운티의 관리자, 계획 수립자, 경제 개발 공무원 등)을 하나로 모을 수 있도록 재조직되어야 한다. 이런 이들은 취약성과 위험을 줄이는 데 도움이 될 뿐 아니라, 재난이 발생했을 때 대응과 복구의 필요 사항에 부응하는 데 크게 기여한다. 이 똑같은 집단이 재난관리자들과 협력하여 지역 사회의 위험을 평가하고, 밝혀진 위험 요인을 완화하며, 재난에 대한 회복 탄력성 높은 지역 사회를 만들기 위한 과정을 기록하는 주와 연방 정부의 부서와 기관들을 도와야 한다. 이들의 참여로 인해, 한때 외부의 지원이 필요했던 사건이 이제 지역 사회 내에서 자체적으로 관리할 수 있을 정도로 지역의 재난 관리 역량이 강화된다. 이러한 시나리오가 가능하려면, 일반 대중, 민간과 비영리 분야의 필요성 인식이 달라져야 한다. 물론 풍부한 자금이 제공되어야 하며, 지역 사회의 모든 구성원이 참여해야 한다.

두 번째 시나리오가 가능하거나 가능성 있는 현실이 되기 위해서는, 국가 재난 관리의 절대적인 우선순위가 대응에 있음을 먼저 인정해야 한다. 이것은 지역 차원에서만이 아니라 모든 정부 차원에서 사실이며, 현재 FEMA의 행정적 조치와 업무에도 이러한 진실이 담겨 있다. 우리는 재난관리자들이 열심히 노력해서 얻는 이득도 없고 그럴 만한 능력도 없다는 사실을 부인하면서, 위험 감소를 위한 노력을 재난관리 분야에 의존함으로써 스스로를 집단적으로 저평가하고 있다.

우리는 현재 완화와 대비 분야에서 의사소통을 위한 노력이 부족하며, 의사소통에도 실패했음을 인정해야 한다. 인터넷은 대비와 관련한 정보를 알릴 수 있는 주요한 통로가 되었으며, 같은 식으로 대비 분야에서의 성취에 대해서도 알릴 수 있다. 하지만 재난 대비에 필요한 사항이 어디서나 똑같을 수는 없으며, 따라서 오직 개별 지역 사회 차원의 소셜 미디어와 일반 시민의 노력을 통해서만 다음 재난에 효율적으로 대비할 수 있을 것이다. 또한 새로운 기술의 한계, 특히 새로운 기술을 회피하거나 이에 접근할 수 없는 취약 계층이 있다는 사실을 인정하고, 보다 전체를 아우르는 포괄적인 행동 계획을 마련해야 한다.

그렇다면 지금 있는 곳에서 어떻게 그곳을 향해 갈 것인가? 이 장에서 밝힌 문제들을 해결하려면, 모든 부문이 참여하는 국가 차원의 논의와 집단적인 문제 해결이 필요하며, 그렇게 하지 못함으로써 발생할 수 있는 실패가 무엇인지를 인식해야 한다. 그리고 이러한 인식을 바탕으로 모든 차원의 정부, 그리고 민간 및 비영리 부문에서 우선순위를 재조정해야 한다. 예산도 재구성되어야 하며, 부족한 자금을 재분배해야 한다. 간단히 말해서, 지역 사회의 지속성을 위해 계획을 세우는 방법과 그러한 미래를 위해 우리가 얼마나 기꺼이 투자할 것인지에 대한 인식을 바꿔야 한다. 국제 사회는 이미 이러한 인식을 갖고 길을 출발했으며, 우리가 그렇게 하는 데 방해가 되는 것은 미국 사회의 회복 탄력성이 좋다는 스스로에 대한 과장된 평가일 것이다. 이러한 변화는 쉽지 않을 것이며, 따라서 정치, 기업 그리고 비영리 단체뿐 아니라 일반인들 중에서 놀라운 지도자가 나와야 한다. 일반 시민은 위험을 관리하기 위

　　　　　　　　　　　　　　　　　　　　　　　재난관리론

해 지역 사회가 함께 일할 것을 요구해야 한다. 재난으로 심하게 파괴된 지역 사회는 모두 이러한 감정에 대해 잘 알고 있다. 그렇다면 아직 끔찍한 파괴를 겪지 않은 지역 사회에 그러한 감정을 어떻게 일으킬 것인지를 이해하고, 이러한 이해를 바탕으로 행동해야 한다. 지역 사회가 재난에 더 잘 대처하고 미래의 재난으로 인한 피해를 효과적으로 줄이기 위한 커다란 변화에 이르는 길은, 지역 사회가 어떻게 작용하는지에 따라 달라질 것이며, 다음의 동반자들이 필요할 것이다.

━ 지역 정부

- 시장과 카운티의 책임자가 우선순위를 설정하고 이러한 노력을 이끌어 나가야 한다.
- 지역 사회의 모든 이해 당사자들의 조언을 바탕으로 지역 사회의 우선순위를 재정비해야 한다.
- 재난에 대한 회복 탄력성을 높이는 조치를 반영해 예산을 재편성해야 한다.
- 지속적이고 신뢰할 만한 자금을 매년 제공할 지역의 자금원을 창출해야 한다.
- 개인, 기업, 재단 그리고 다른 비영리 단체로부터 소득이 공제되는 기부를 받을 수 있는 지역 사회의 비영리 재단을 설립해야 한다.
- 공공 업무, 지역 사회 계획 수립, 공공사업, 사회 복지 사업, 공공 주택 관리자, 그리고 다른 적절한 부서의 기존 상근 직원과 시와 카운티의 관리자(있는 경우)가 지역 사회의 회복 탄력성을 위한 노력과 복구를 위한 계획 수립 및 실행에 참여해야 한다.
- 지역 사회의 기존 재해 완화 계획의 기반 위에 만들어진 운영 위원회가 사전 재난 복구 계획을 수립해야 한다.
- 소셜 미디어, 시와 지역 사회의 회의, 그리고 지역 사회 재난 대응팀(CERT) 프로그램을 통해 일반 시민이 참여해야 한다.
- 지역 사회의 모든 사람들이 FEMA의 '총체적 지역 사회' 개념에 따라 계획 수립 노력에 참여해야 한다.

- 지역의 상공 회의소와 경제 개발 공무원들이 참여하며, 이 분야의 탁월한 인재들을 찾아내 고용해야 한다.
- '세이브 더 칠드런' 같은, 지역과 전국의 비영리 단체가 이 같은 지역의 노력에 참여해야 한다.

─ 주 정부

- 주지사와 주 의회 의원은 지역 사회의 회복 탄력성을 기르기 위한 노력을 지지해야 한다.
- FEMA의 재난 관리 성과 보조금(EMPG)을 보완하기 위한 주 정부의 자금원이 창출되어야 한다.
- 대규모 재해 완화 프로젝트를 위한 연방 정부의 완화 자원에 부응하는 주 의회의 자금원이 창출되어야 한다.
- 천연자원, 공공사업, 공공 안전, 교통, 사회 복지 사업, 그리고 지역 사회의 회복 탄력성을 높이기 위한 프로젝트를 지원하는 기타 사업과 같이, 주의 관련 부서 및 기관을 위한 연간 예산이 자금에 포함되어야 한다.
- 재해 완화와 재난 대비를 위한 계획을 수립하고 완화 프로젝트를 고안하기 위해 지역 사회에 기술 지원이 제공되어야 한다.
- 지역 사회에 기반한 대비 프로그램과 게시물을 보완하기 위한 재난 대비 프로그램이 개발되고 실행되어야 한다.

─ 연방 정부

- 대통령은 지역 사회의 회복 탄력성을 최우선순위에 두고 이러한 개념을 전국적으로 장려해야 한다.
- 연방 정부의 모든 기관은 지역 사회의 회복 탄력성 향상 프로젝트를 위해 기술과 자금 지원을 제공해야 한다.
- 재해 완화 프로젝트를 구상하고 계획하기 위한 기술 지원이 제공되어야 한다.

- 지역 사회의 회복 탄력성에 중점을 둔 전국적인 연차 회의를 포함해, 지역 사회로 하여금 모범 사례를 교환하고, 다른 지역 사회에 조언을 제공하게 할 멘토 프로그램이 개발되어야 한다.
- 재해 완화 자금 프로젝트를 위한 대응 자금을 제공하는 완화 신탁 자금이 창출되어야 한다.
- 주와 지역의 대규모 재난을 지원하는 연방 정부 대응의 일환으로, 누가 책임을 지며 어떤 연방 기관이 나설 것인지를 상세히 기술한, 예전의 연방 대응 계획(FRP)과 유사한 협정을 맺기 위해 국가 대응 체계(NRF)를 개발해야 한다.
- 주와 지역 정부가 의존할 수 있는 정기적인 연간 예산 책정을 통해, FEMA의 EMPG 프로그램에 대한 자금을 모두 제공해야 한다.
- 연방 정부의 재난 지원 프로그램은 정액 보조금을 관리한 경험이 있는 기관이 관리하는 정액 보조금 프로그램으로 재설계되어야 한다.
- 경제 개발 전문가들을 교육하고, 지역 사회의 경제 성장과 활력의 탄력성을 기르기 위해 만들어진 경제개발청(EDA) 프로그램에 자금을 제공해야 한다.
- 초기의 지역 사회 계획 수립을 위한 초기 자금을 제공해야 한다.
- 미국 육군공병단은 구조물적인 홍수 완화에서 비구조물적인 홍수 완화로 노력의 중심을 바꿔야 한다.
- 전국 및 지역 사회봉사 조합Corporation for National and Community Service 프로그램(노인 조합, 미국인 조합 등)은 지역 사회에 기반한 완화와 대비 노력에 참여해야 한다.
- 회복 탄력성과 재난 대비에 대한 사람들의 태도를 더 잘 이해하기 위해, 새로운 의사소통과 정보 관리 기술에 대해 알기 위해, 그리고 구조물적이고 비구조물적인 새로운 완화 프로젝트를 설계하기 위해, 국가적 차원의 연구가 추진되어야 한다.

기업계

- 포춘이 설정한 500명의 CEO들은 리더십과 모범적인 인재상을 제시해야 한다.

- 기업의 지속성을 위한 계획을 개발하고 실행하기 위해 중소기업을 지원해야한다.
- 회복 탄력성을 높이기 위해 새로운 기술, 제품, 산업 그리고 일자리를 만들기 위한 민간 부문의 연구가 추진되어야 한다.
- 기업의 운영 현실과 아래위로의 공급망에 회복 탄력성이 증진되어야 한다.
- 재난에 대한 내성을 기르기 위한 일자리를 창출해야 한다.

── 자원봉사 단체

- 대응과 복구 작업에 관련된 단체들 사이에 조정이 보다 원활하게 이루어져야 하며, 현재의 상태를 바꾸고 자원 낭비를 막아야 한다.
- 시민들은 다음 재난이 발생하기 전에 지역 사회에 참여해야 한다.

결론

이 책의 저자들은 우리가 이 장에서 제안한 변화가 매우 어려우며 실행하는 데 비용이 많이 든다는 사실을 잘 알고 있다. 하지만 얼마나 어렵고 비용이 얼마나 많이 들든, 과거의 재난에서 여러 번 입증되었듯이, 아무것도 하지 않을 경우 우리가 치를 비용이 훨씬 더 클 것이다. 미국의 지역 사회는 대규모 재난이 일으킨 사회적이고, 경제적이며, 환경적인 혼란을 계속해서 인내할 수 없으며, 수십조 달러가 드는 일련의 사건이 끊이지 않고 일어나면 미국은 미래에 파산할지도 모른다. 따라서 우리는 지금 재난에 대처하는 방법을 바꿔야 하며, 바꿀 수 있다.

이러한 변화를 어떻게 시작할 것이며, 우리의 제안을 일반 대중에게 어떻게 전달할 것인지, 그리고 실행 과정에 대해 마지막으로 제안할 게 있다. 하나 이상의 대규모 재단이 지역 차원에서 우리가 직면하고 있는 위험에 대한 인식을 높이고, 지역사회의 회복 탄력성을 높이기 위해 모두가 행동에 나서야 한다는 일반 시민들의 의식을 제고하는, 국가적인 의식 변화를 이끄는 연합체 형성 과정에 자금을 제공할 것을 제안한다. FEMA는 현재 록펠러 재단의 지원을 받고 있으며, 따라서 대규모 재단이 재난 관리에 관여하는 선례를 만들었다.

기후 변화, 지진 활동의 증가, 위험 지역에 대한 지속적인 개발 및 수많은 다른 요인들로 미국의 시민, 기업, 그리고 지역 사회는 매년 점점 더 재난에 취약해지고 있다. 이제 이러한 취약성을 줄이고 회복 탄력성 높은 지역 사회로 이루어진 국가를 건설하기 위해 행동에 나서야 할 때이다.

AAR	After-Action Report
AEC	Agency Emergency Coordinator
AFRO	African Regional Office (WHO)
AOA	Administration on Aging
AOR	Areas of Responsibility (DOD)
ARC	American Red Cross
ARES	Amateur Radio Emergency Services
BHR	Bureau for Humanitarian Response (USAID)
B-NICE	Biological, Nuclear, Incendiary, Chemical, and Explosive (Weapons)
CARE	Cooperative for Assistance and Relief Everywhere
CAT	Crisis Action Team
CBRN	Chemical, Biological, Radiological, and Nuclear (Weapons)
CBRNE	Chemical, Biological, Radiological, Nuclear, and Explosive (Weapons)
CCP	Crisis Counseling Assistance and Training Program
CCP	Casualty Collection Point
CCP	Citizens Corps Program
CDBG	Community Development Block Grant
CDC	Centers for Disease Control and Prevention, U.S. Public Health Service
CDRG	Catastrophic Disaster Response Group
CENTCOM	Central Command (DOD)
CEPPO	Chemical Emergency Preparedness and Prevention Office
CERCLA	Comprehensive Environmental Response, Compensation, and Lia-bility Act
CFDA	Catalog of Federal Domestic Assistance
CHE	Complex Humanitarian Emergency
CJTF	Commander for the Joint Task Force (DOD)
CMHS	Center for Mental Health Services
CMOC	Civil/Military Operations Center (DOD)
CMT	Crisis Management Team
CNN	Cable News Network
CRC	Convention on the Rights of the Child
CRC	Crisis Response Cell
CRM	Crisis Resource Manager
CRS	Catholic Relief Services
DAE	Disaster Assistance Employee
DART	Disaster Assistance Response Team (USAID)
DCE	Defense Coordinating Element
DCO	Defense Coordinating Officer
DEA	Drug Enforcement Agency
DEST	Domestic Emergency Support Team

DFO	Disaster Field Office
DHHS	Department of Health and Human Services
DHS	Department of Homeland Security
DMAT	Disaster Medical Assistance Team
DMORT	Disaster Mortuary Response Team, National Disaster Medical System
DMTP	Disaster Management Training Programme
DOD	United States Department of Defense
DOJ	Department of Justice
DOL	Department of Labor
DOT	Department of Transportation
DRC	Disaster Recovery Center
DRD	Disaster Response Division
DRRP	Disaster Reduction and Recovery Programme
DSCA	Defense Support of Civil Authorities
DUA	Disaster Unemployment Assistance
EAS	Emergency Alert System
EC	Emergency Coordinator
ECHO	European Community Humanitarian Organization
ECS	Emergency Communications Staff
EDA	Economic Development Administration
EGOM	Empowered Group of Ministers (India)
EICC	Emergency Information and Coordination Center
EMPG	Emergency Management Performance Grants
EMRO	Eastern-Mediterranean Regional Office (WHO)
EMS	Emergency Medical Services
EOC	Emergency Operations Center
ERC	Emergency Response Coordinator (UN)
ERCG	Emergency Response Coordination Group, Public Health Service/Centers for Disease Control and Agency for Toxic Sub-stances and Disease Registry
ERD	Emergency Response Division (UNDP)
ERL	Emergency Recovery Loan (WBG)
ERT	Emergency Response Team
ERT-A	Emergency Response Team Advance Element
ERT-N	National Emergency Response Team
ERU	Emergency Response Unit (IFRC)
ESF	Emergency Support Function
EST	Emergency Support Team
EUCOM	European Command (DOD)
EURO	Regional Office for Europe (WHO)
FAA	Federal Aviation Administration
FACT	Field Assessment and Coordination Team (IFRC)
FAO	Food and Agriculture Organization
FBI	Federal Bureau of Investigation
FCO	Federal Coordinating Officer

FECC	Federal Emergency Communications Coordinator
FEMA	Federal Emergency Management Agency
FERC	FEMA Emergency Response Capability
FESC	Federal Emergency Support Coordinator
FFP	Office of Food for Peace (BHR)
FHA	Foreign Humanitarian Assistance (DOD)
FHWA	Federal Highway Administration
FIRST	Federal Incident Response Support Team
FOC	FEMA Operations Center
FRC	Federal Resource Coordinator
FRERP	Federal Radiological Emergency Response Plan
FRN	FEMA Radio Network
FRP	Federal Response Plan
FSA	Farm Service Agency
GSN	Global Seismographic Network
HAO	Humanitarian Assistance Operations (DOD)
HAST	Humanitarian Assistance Survey Team (DOD)
HAZUS	Hazards—US (FEMA Consequence Modeling System)
HET-ESF	Headquarters Emergency Transportation Emergency Support Function
HHS	Department of Health and Human Services
HSAS	Homeland Security Advisory System
HSEEP	Homeland Security Exercise and Evaluation Program (ODP)
HSOC	Homeland Security Operations Center
HSPD	Homeland Security Presidential Directive
HUD	Department of Housing and Urban Development
IAEM	International Association of Emergency Managers
IASC	Inter-Agency Standing Committee
IBRD	International Bank for Reconstruction and Development (WBG)
ICP	Incident Command Post
ICPAE	Interagency Committee on Public Affairs in Emergencies
ICRC	International Committee of the Red Cross
ICS	Incident Command System
ICSID	International Centre for Settlement of Investment Disputes (WBG)
ICVA	International Council for Voluntary Agencies
IDA	International Development Association (WBG)
IDNDR	International Decade for Natural Disaster Reduction (UN)
IDP	Internally Displaced Persons
IFC	International Finance Corporation (WBG)
IFG	Individual and Family Grant
IFRC	International Federation of Red Cross/Red Crescent Societies
IHP	Individuals and Households Program
IIMG	Interagency Incident Management Group
IMD	Indian Meteorological Department
IMF	International Monetary Fund

IMT	Incident Management Team
INS	Immigration and Naturalization Service
IO	International Organization
ISDR	International Strategy for Disaster Reduction (UN)
JCS	Joint Chiefs of Staff (DOD)
JFO	Joint Field Office
JIC	Joint Information Center
JOC	Joint Operations Center
JTF	Joint Task Force (DOD)
JTTF	Joint Terrorism Task Force
MACC	Multi-Agency Command Center
MIGA	Multilateral Investment Guarantee Agency (WBG)
MMRS	Metropolitan Medical Response System
MOA	Memorandum of Agreement
MOU	Memorandum of Understanding
MSF	Medecin Sans Frontiers
NACo	National Association of Counties
NASA	National Aeronautics and Space Agency
NCA	National Command Authority (DOD)
NDMOC	National Disaster Medical Operations Center
NDMS	National Disaster Medical System
NDMSOSC	National Disaster Medical System Operations Support Center
NEHRP	National Earthquake Hazard Reduction Program
NEIC	National Earthquake Information Center
NEMA	National Emergency Management Association
NEP	National Exercise Program (ODP)
NEPEC	National Earthquake Prediction Evaluation Council
NGO	Nongovernmental Organization
NIMS	National Incident Management System
NIRT	Nuclear Incident Response Team
NIST	National Institute of Standards and Technology
NMRT	National Medical Response Team
NOAA	National Oceanic and Atmospheric Administration
NPSC	National Processing Service Center
NRC	Nuclear Regulatory Commission
NRCC	National Response Coordination Center
NRP	National Response Plan
NRT	National Response Team
NSEP	National Security Emergency Preparedness
NSF	National Science Foundation
NSSE	National Security Special Event
NVOAD	National Voluntary Organizations Active in Disaster
OCHA	Office for the Coordination of Humanitarian Affairs
ODP	Office for Domestic Preparedness

OEP	Office of Emergency Preparedness, U.S. Public Health Service
OET	Office of Emergency Transportation
OFDA	Office of U.S. Foreign Disaster Assistance
OPA	Office of Public Affairs
OS	Operation Support (OFDA)
OSC	On-Scene Coordinator
OSTP	White House Office of Science and Technology Policy
OTI	Office of Transition Initiatives (BHR)
PACOM	Pacific Command (DOD)
PAHO	Pan-American Health Organization (WHO)
PAO	Public Affairs Officer
PFO	Principal Federal Official
PK/HA	Office of Peacekeeping and Humanitarian Affairs (DOD)
PM	Office of Political/Military Affairs (DOD)
PMPP	Prevention, Mitigation, Preparedness, and Planning (OFDA)
PNP	Private Nonprofit
PRM	Bureau of Population, Refugees, and Migration (USAID)
PS	Program Support (OFDA)
PSA	Public Service Announcement
PSYOPS	Psychological Operations (DOD)
PVO	Private Voluntary Organization
QIP	Quick Impact Project (UNHCR)
RACES	Radio Amateur Civil Emergency Services
RDD	Radiological Dispersion Device
REACT	Radio Emergency Associated Communication Team
REC	Regional Emergency Coordinator
RECC	Regional Emergency Communications Coordinator
RECP	Regional Emergency Communications Plan
RET	Regional Emergency Transportation
RETCO	Regional Emergency Transportation Coordinator
RMT	Response Management Team (OFDA)
ROC	Regional Operations Center
ROE	Rules of Engagement (DOD)
ROST	Regional Operations Support Team
RRT	Regional Response Team
SAC	FBI Senior Agent-in-Charge
SAMHSA	Substance Abuse and Medical Health Services Administration
SAR	Search and Rescue
SBA	U.S. Small Business Administration
SCO	State Coordinating Officer
SEARO	South-East Asia Regional Office (WHO)
SFHA	Special Flood Hazard Areas
SFLEO	Senior Federal Law Enforcement Official
SHSP	State Homeland Security Program (ODP)

SIOC	Strategic Information and Operations Center
SITREP	Situation Report
SOCOM	Special Operations Command (DOD)
SOUTHCOM	Southern Command (DOD)
START	Scientific and Technical Advisory and Response Team
TAG	Technical Assistance Group (OFDA)
TOPOFF	Top Officials Terrorism Exercise (biennial)
TRADE	ODP Training and Data Exchange Group
TRANSCO	Transportation Command (DOD)
UASI	Urban Areas Security Initiative
UN	United Nations
UNDAC	UN Disaster Assessment and Coordination
UNDP	United Nations Development Programme
UNFPA	United Nations Populations Fund
UNHCR	United Nations High Commissioner for Refugees
UNHRD	UN Humanitarian Response Depot
UNICEF	United Nations Children's Fund
US&R/USAR	Urban Search and Rescue
USACE	United States Army Corps of Engineers
USACOM	United States Atlantic Command (DOD)
USAID	United States Agency for International Development
USDA	United States Department of Agriculture
USGS	United States Geological Survey
VMAT	Veterinarian Medical Assistance Team
WB	World Bank
WBG	World Bank Group
WFP	World Food Programme
WHO	World Health Organization
WMD	Weapons of Mass Destruction
WTC	World Trade Center
ZECP	Zone Emergency Communications Planner

재난 관리 관련 웹사이트

Category	Organization/Agency	Website URL
Academic	Disasters Roundtable	Dels.nas.edu/dr/
	Extension Disaster Education Network	eden.lsu.edu/
	FEMA Emergency Management Institute	Training.fema.gov/emiweb
	George Washington University Institute for Crisis, Disaster and Risk Management	www.gwu.edu/~icdrm
	University of Colorado Hazards Center	www.Colorado.edu/hazards
	University of Delaware Disaster Research Center	www.udel.edu/DRC/
	University of Wisconsin Disaster Management Center	www.bt.cdc.gov/
Disaster Information	AlertNet	www.alertnet.org
	Avalanche	www.avalanche.org
	Center for International Disaster Information	www.cidi.org
	Disaster Information Network	www.disaster.net
	Disaster News Network	www.disasternews.net
	Drought Monitor	droughtmonitor.uni.edu/
	Earthquake Hazard Program	earthquake.usgs.gov/
	EPA Oil Spills	www. epa.gov/oilspill/
	Flood Streamflow Conditions	water.usgs.gov/ waterwatch/
	Global Disaster Alert and Coordination System	www.gdacs.org/
	Havaria Information Service	visz.rsoe.hu/alertmap/woalert. php?lang=eng
	National Hurricane Center	www.nhc.noaa.gov/
	NOAA Watch	www.noaawatch.gov
	Pacific Disaster Center	www.pdc.org
	Relief Web	www.reliefweb.int
	The Disaster Center	www.disastercenter.com
	USGS Landslides	landslides.usgs.gov/
	Western Disaster Center	www.nasa.gov/centers/ames-lresearchparklpartners/non-profit/wdc.html/
International	Asian Disaster Preparedness Center	www.adpc.net
	Caribbean Disaster Emergency Response Agency	www.cdera.org
	Interaction	www.interaction.org
	International Committee of the Red Cross	www.icrc.org
	International Federation of Red Cross/Red Crescent Societies	www.ifrc.org
	International Monetary Fund	www.imf.org

Category	Organization/Agency	Website URL
	Pan American Health Organization	www.paho.org
	Regional Disaster Information Center	www.crid.or.cr/crid/ing/index_ing.html
	UN Development Programme	www.undp.org
	UN High Commissioner for Refugees	www.unhcr.ch
	UN International Strategy for Disaster Reduction	www.unisdr.org
	UN Office for the Coordination of Humanitarian Affairs	Ochaonline.un.org
	UNICEF	www.unicef.org
	World Bank	www.worldbank.org
	World Bank Hazard Risk Management	www.woiidbank.org/hazards/
	World Food Programme	www.wfp.org
Journals/Magazines	*Australian Journal of Emergency Management*	www.em.gov.au/ajem
	Disaster Prevention and Management	www.emeraldinsight.com/info/journals/dpm/dpm.jsp
	Disaster Recovery Journal	www.drj.com/
	Government Technology Emergency Management Magazine	www.emergencymgmt.com
	Journal of Emergency Management	www.pnpco.com/pn06001.html
	Journal of Homeland Security	www.homelandsecurity.org/joumal/
	Journal of Homeland Security and Emergency Management	www.bepress.com/jhsem/
NGO	Action Against Hunger	www.actionagainsthunger.org
	Amateur Radio Disaster Service	www.ares.org
	Feeding America	www.feedingamerica.org
	American Jewish World Service	Ajws.org
	American Radio Relay League	www.arrl.org
	American Red Cross	www.redcross.org
	CARE USA	www.careusa.org
	Catholic Relief Services	www.catholicrelief.org
	Church World Service	www.churchworldservice.org
	Habitat for Humanity	www.habitat.org
	Humane Society	www.hsus.org
	Institute for Business and Home Safety	www.ibhs.org
	Islamic Relief Worldwide	www.islamic-relief.com/
	Mennonite Disaster Service	www.mds.mennonite.net/
	NVOAD	www.nvoad.org
	Oxfam	www.oxfam.co.uk
	Public Entity Risk Institute	www.riskinstitute.org
	Salvation Army	www.salvationarmyusa.org
	Save the Children	www.savethechildren.org
State and Local Government	Association of State Floodplain Managers	www.floods.org

Category	Organization/Agency	Website URL
	Emergency Management Assistance Compact	www.emacweb.org
	National Association of Counties	www.naco.org
	National Governors' Association	www.nga.org
	National League of Cities	www.nlc.org
	NEMA	www.nemaweb.org
	U.S. Conference of Mayors	www.usmayors.org
Terrorism	Council on Foreign Relations: Terrorism	www.cfr.orgfissue/terrorism/ri13
	The Terrorism Research Center	www.terrorism.com/
U.S. Government	FEMA	www.fema.gov
	FEMA for Kids	www.fema.gov/kids
	Centers for Disease Control	www.bt.cdc.gov/
	Department of Health and Human Services	www.hhs.gov
	Department of Homeland Security	www.dhs.gov
	Disaster Help	www.disasterhelp.gov
	Environmental Protection Agency	Epa.gov/naturalevents
	Environmental Protection Agency Chemical Preparedness and Prevention	www.epa.gov/ceppo
	EPA Environmental Emergencies	www.epa.gov/oswer/emergencies.htm
	Federal Bureau of Investigation	www.fbi.gov
	FEMA Disaster Declarations	www.fema.gov/disasters/
	FEMA HAZUS	www.fema.gov/hazus
	National Flood Insurance Program	www.fema.gov/national-flood-insurance-program
	National Interagency Fire Center	www.nifc.gov
	National Mental Health Information Center	www. samhsa. gov/
	NOAA Northwest Weather and Avalanche Center	www.nwac.noaa.gov/
	NOAA Satellite and Information Service	www.osei.noaa.gov/
	Ready.Gov	www.ready.gov
	Small Business Administration	www.sba.gov
	U.S. Coast Guard National Response Center	www.nrc.uscg.mil/index.html
	U.S. Department of Agriculture	www.usda.gov
	U.S. Department of State Terrorism Information Page	www.state.gov/m/ds/terrorism/
	U.S. Fire Administration	www.usfa.dhs.gov
	U.S. Secret Service	www.secretservice.gov
	USGS Hazards Page	www.usgs.gov/natural_hazards/

슈퍼 태풍 샌디에 대한
'매디슨 패치'의 성공적인 보도에 대하여

매디슨 패치의 지역 편집장, 펨 맥너니

재난에 대한 연구를 보면, 자연 재난이 임박했을 때는 일반 시민에게 경고하고, 재난이 발생한 동안에는 필수적인 경보에 주의를 기울이게 하며, 재난 이후에는 시민들이 가능한 한 빨리 정상적인 생활로 돌아오도록 하는 데 언론이 중요한 역할을 한다는 사실을 알 수 있다. '매디슨 패치Madison Patch'의 슈퍼 태풍 샌디에 대한 보도를 보면, 인터넷 지역 언론인 패치 사이트가 다른 소셜 미디어와 협력하여, 대규모 태풍과 다른 재난의 발생 전후와 발생 동안에 어떻게 이러한 목적을 모두 달성할 수 있었는지를 알 수 있다.

매디슨(코네티컷 주)의 재난 관리 부책임자가 태풍이 인근에 상륙할 수 있는 경로에 있다는 사실을 내게 알려 준 직후인 10월 22일 월요일에, '매디슨 패치'의 독자들은 슈퍼 태풍 샌디에 대해 처음 알게 되었다(http://patch.com/A-yR7B). 태풍이 상륙하기 1주일 전인 이때, 마을의 재난 관리 담당 공무원들은 태풍에 대한 대비를 시작했고, 독자들에게도 대비를 시작해야 한다고 알렸다.

기존의 방식대로 집을 점검하고, 유사시 대피할 준비를 하며, 다른 여러 가지 대비도 해야 한다는 사실을 독자들에게 알리는 것에 더해, 나는 태풍 전후 또는 태풍이 지나가는 동안 우리의 패치 사이트, 페이스북, 그리고 트위터의 핵심 정보원이 패치가 되어야 한다는 사실도 환기시켰다. 내가 사는 집이 강제 대피 지역 안에 있었기 때문에, 나는 태풍이 휩쓸고 지나가는 동안 전기와 인터넷 연결이 잘될 만한 대피 장소로 갈 계획도 세워야 했다. 나는 마을 안쪽으로 45분 거리에 있는 지점을 선택했는데, 그곳에는 지역 전기 회사가 있고 그 집이 경찰서에서 한 블록 거리에 있었기 때문에, 만일 정전이 되어도 빨리 복구될 수 있을 터였다.

이때부터 '매디슨 패치'는 태풍의 경로 추적과, 언제 무엇을 해야 하는지 등 시민들이 알아야 할 모든 것을 1주일에 7일 그리고 하루 24시간 쉬지 않고 알리기 시작했다. 지역과 주, 그리고 국가적인 차원에서 알아야 할 정보를 모두 모은 '매디슨 패치'의 보도를 통해 독자들은 다음과 같은 정보를 제공받았다.

- 기후 재난에 대한 최선의 대비법
- 마을의 주유소 중 발전기를 갖추어, 태풍이 지나는 동안과 지나간 이후에 주유가 가능한 곳
- 구청과 주 정부에서 제공하는 재난 경보와 정보를 신청하는 법
- 강제 대피의 순서와 반복적인 지침 그리고 이런 사항을 잘 알아두는 게 중요한 이유
- 도로 폐쇄
- 정전
- 지역과 주의 여행 금지 구역

나는 보도의 도구로 패치 웹사이트, 페이스북, 그리고 트위터를 활용했으며, 이러한 정보원에 대해서도 독자들에게 알렸다. 이것은 마을 사람들이 정전 지역, 폐쇄되는 도로, 그리고 날씨의 변화에 대해 궁금해하기 시작하면서 특히 진가를 발휘했다. 한때 태풍이 소강상태를 보인 적도 있었지만, 독자들에게 아직 상황이 종료되지 않았으니 계속 안전한 곳에 머물러야 하며, 단시간 내에 더 세찬 바람과 위험한 상황이 닥칠 수도 있다고 경고했다.

페이스북과 트위터에 올라오는 보도는 '매디슨 패치'로 하여금 이웃들을 서로 연결시키고, 지역과 주 정부의 재난 공무원들이 제공하는 정보에 접근하게 해 주었다. 태풍이 가장 심할 때조차 우리의 대화는 끊어지지 않았으며, 따라서 사람들은 창문 밖에서 윙윙거리는 바람 소리를 넘어 바깥 세상에서 어떤 일이 벌어지는지 알 수 있었다. 독자들이 보내온 정보와 사진을 보도할 때는, 독자들이 위험한 상황, 특히 태

풍이 심할 때 밖에 나가 위험한 일을 벌이지 않도록 하는 데 늘 주의를 기울였다. 나는 사람들에게 진행 중인 태풍의 사진을 얻는 것은 우리가 원하는 일이 아니며, 사람들이 태풍이 휘몰아치는 바깥에 나가 재난 대응 담당자들이 구조해야 하는 위험한 상황을 만들지 않기를 바란다는 내용을 되풀이해서 경고했다.

다음은 소셜 미디어가 독자들 간의 대화를 촉진하고, 이러한 대화를 통해 마을 사람들을 서로 연결시키며, 또한 사이트의 정보원으로 어떻게 활용되었는지를 보여 주는 '매디슨 패치' 페이스북의 한 페이지이다. http://www.facebook/com/14829936 1859328/posts/487555084600419.

태풍이 지나간 뒤에 '매디슨 패치'의 독자들은 정상적인 생활로 돌아오는 데 필요한 모든 정보를 제공받았다. 동창회 일정이 조정되었고, 할로윈 파티는 시내에서 열렸다. 해변에서 사용되는 전자 설비를 지원받지 못한 지역 경찰서는 자신들의 손으로 문제를 해결해야 했으며, 따라서 전기톱과 버킷 로우더Bucket-loader로 나무가 쓰러진 거리를 청소했다(영상: http://patch.com/A-zncR). 전국 각지에서 선로 작업자들이 도착해 매디슨 해변의 인근 지역에 배치되었다. '매디슨 패치'에 이러한 기사가 실리자, 독자들이 그곳으로 가서 작업자들과 함께 아침을 먹었으며, 전기가 다시 들어올 수 있도록 밤낮으로 일하는 이들을 위로했다(영상: http://patch.com/A-zpnz). 느린 복구 속도에 화를 내고 이러한 불만을 작업자들에게 퍼붓기 시작한 사람들이 있었으므로, 이러한 일은 중요한 의미가 있었다.

'매디슨 패치' 사이트와 소셜 미디어에 사건을 보도해 준 독자들 덕분에, '매디슨 패치'의 독자들은 선거일에 어떻게 해야 하는지, 정확히 언제 시내에 전기가 다시 들어오는지, 지역 영화관이 언제 문을 열고 상영을 시작하는지, 대피소가 언제 문을 여는지, 그리고 심지어는 지역의 조류 전문가가 제공한 충격을 받은 새들을 돌보는 법에 이르기까지, 반드시 필요한 정보에 더해 이 모든 것에 대한 정보를 얻을 수 있었다. 태풍 이후에 '매디슨 패치'의 독자들은 더 심한 피해를 입은 사람들을 도와야 한다는 각성뿐 아니라, FEMA와 적십자, 그리고 다른 봉사 기관에 대한 필요한 모든 정보를 얻을 수 있었다.

Can I get people to weigh in on where power is on and off again? CL&P reporting that Madison back up to 76 percent. How frustrating. Let me know if you have it or not and if not, whether it went on then off, and where (be specific as you can). Thank you.

Like · Comment · Share

👍 John Fries likes this.

💬 View previous comments   50 of 92

> **Casey Busby Davern** Power on just north of the circle in the farm view neighborhood.
> November 1, 2012 at 9:53am via mobile · Unlike · 👍 1

> **Marie Mccloskey** Still no power on Bradley Corners Road between St. Francis Wood & Country Way. Neighbor texted her power came on last evening for about 20 minutes but has been out since. Thx for checking on us!
> November 1, 2012 at 9:59am via mobile · Unlike · 👍 1

> **TinaMarie Zippo Evans** No power near the Scraton Library
> November 1, 2012 at 10:04am via mobile · Unlike · 👍 1

> **Mark Pritchard** No power on Winterhill Road. Friend on Hickory Lane had it restored last night; he cheered, emptied his bath & buckets, then power went back off.
> November 1, 2012 at 10:09am · Unlike · 👍 1

그림 C-1　태풍이 지나간 후에도 '매디슨 패치'는 특정 사회 기반 시설의 문제와 복구 작업의 진행 상황에 대해 독자들에게 계속 알려 주고 있다.

    '매디슨 패치', 그리고 페이스북과 트위터를 포함한 다른 소셜 미디어의 보도는 이야기와 사진 그리고 영상물을 통해 주와 국가에서 제공하는 꼭 필요한 정보뿐 아니라, 좁은 지역에 특화된 지역 기반 보도의 귀감이 되었다.

저자 소개: 펨 맥너니(Pem McNerney)

    펨 맥너니는 매디슨과 길퍼드 패치Madison and Guilford Patch의 지역 편집장이고 콘텐츠 크리에이션Content Creation의 소유주이다. 그녀는 집필, 편집, 비평, 스토리텔링, 그리고 소셜 미디어가 이러한 환경과 독자들의 경험과 더불어 작동하게 만드는 것과 관련된 광범위한 경험을 가지고 있다. 펨에 관한 좀 더 자세한 정보는 http://www.contentcreation.com에서 얻을 수 있다.

참고문헌

After-Action Report on the Response to the September 11 Terrorist Attack of the Pentagon, Washington, D.C: Titan Systems, Inc., 2002.

American Red Cross, 2012. More Agencies Using Mobile Apps in Emergencies. 〈http://www.redcross.org/news/press-release/More-Americans-Using-Mobile-Apps-in-Emergencies〉 August 2012.

_____, 2011. How Do You Use Social Media in Emergencies. 〈http://redcrosschat.org/2011/08/24/how-do-you-use-social-media-in-emergencies/〉August 2011.

_____. Disaster Operations Center Visitor's Guide.

Appleby, L., 2013. Connecting the Last Mile: The Role of Communications in the Great East Japan Earthquake. Inter News. 〈http://www.internews.org/sites/default/files/resources/InternewsEurope_Report_Japan_Connecting%20the%20last%20mile%20Japan_2013.pdf〉.

Bagli, C.V., 2002. Seeking Safety, Downtown Firms Are Scattering, New York Times, p. A-1.

Bakhet, O., 1998. Linking Relief to Development, UNDP Rwanda.

Ballard, M., 2007. Officials Urge Federal Role in Hurricane Insurance, The Advocate Online.

Bass, F., 2012. Katrina Comeback Makes New Orleans Fastest Growing City. Bloomberg News. 〈http://www.bloomberg.com/news/2012-06-28/katrina-comeback-makes-new-orleans-fastest-growing-city.html〉.

BBC News, 2008. Burmese Blog the Cyclone. 〈http://news.bbc.co.uk/2/hi/asia-pacific/7387313.stm〉.

Beaumont, P., 2011. The Truth about Twitter, Facebook and the Uprisings in the Arab World. The Guardian. 〈http://www.guardian.co.uk/world/2011/feb/25/twitter-facebook-uprisings-arab-libya〉.

Blanchfield, M., 2012. Haitian Recovery Will take 30 Years: U.S. Envoy. Canada Haiti Action Network. 〈http://canadahaitiaction.ca/content/haitian-recovery-will-take-30-years-us-envoy〉.

Bowman, S., Willis, C., 2003. We Media: How Audiences are Shaping the Future of News and Information. The Media Center at the American Press Institute.

Burke, R., 2000. Counter Terrorism for Emergency Responders. CRC/Lewis Publishers, Boca Raton, FL.

Burns, A., 2013. Social Media Versus the Floods. CCI: Arc Centre for Excellence for Creative Industries and Innovation. 〈http://www.cci.edu.au/about/media/social-media-vs-the-floods〉.

Burma News, 2008. Burmese Journals Face Restriction on Cyclone Coverage. 〈http://www.mizzima.com/component/content/article/506-burmese-journals-face-restrictions-on-cyclone-coverage.html〉.

Carafano, J. J., 2007. U.S. Thwarts 19 Terrorist Attacks Against America Since 9/11. Heritage Foundation. 〈http://www.heritage.org/Research/HomelandDefense/bg2085.cfm〉.

CAEP, 2013. City Assisted Evacuation Plan. City of New Orleans. 〈http://new.nola.gov/ready/city-assisted-evacuation/〉.

Catone, J., 2007. Online Citizen Journalism Now Undeniably Mainstream, ReadWriteWeb. 〈http://www. readwriteweb.com/archives/online_citizen_journalism_mainstream.php〉.

Centers for Disease Control and Prevention. 2013. Cholera in Haiti. Traveler's Health. 〈http://wwwnc.cdc. gov/travel/notices/watch/haiti-cholera.htm〉.

Center for Disaster Management and Humanitarian Assistance, n.d. NGOs and Disaster Response Who Are These Guys and What Do They Do Anyways? 〈http://www.cdmha.org/ppt/%20presentation.ppt〉.

Congress Daily, 2007. Estimated Price Tag of Security Causes Stir, Government Executive Magazine, Federal Briefing.

Congressional Research Service, 2006. Federal Emergency Management Policy Changes after Hurricane Katrina, a Summary of Statutory Provisions. 〈http://www.fas.org/sgp/crs/homesec/RL33729.pdf〉.

Cooper, G., 2007. Burma's Bloggers Show Power of Citizen Journalism in a Crises, Reuters Alert Net.

Coppola, D., 2006. Introduction to International Disaster Management. Elsevier, Burlington, MA.

Coppola, D., Harrald, J.R., Yeletaysi, S., 2004. Assessing the Financial Impacts of the World Trade Center Attacks on Publicly Held Corporations. The Institute for Crisis, Disaster, and Risk Management. The George Washington University.

Coyle, D., 1969. The United Nations and How It Works. Columbia University Press, New York.

Delo, C., 2012. Hurricane Sandy Boosts Local Online News Brands. 〈http://adage.com/article/digital/ sandy-boosts-local-online-news-brands/238049/〉.

Department of Defense, CCRP, n.d. The Complex Process of Responding to Crisis. Available at: 〈http:// www.dodccrp.org/ngoCh2.html〉.

Department of Homeland Security. DHS Proposed Budget 2008. Available at: 〈http://www.dhs.gov/xlibrary/assets/budget_bib-fy2008.pdf〉 2007.

DHS Office of the Inspector General. Audit of FEMA's Individuals and Households Program in Miami-Dade County, Florida, for Hurricane Frances OIG-05-20 〈http://www.oig.dhs.gov/assets/Mgmt/OIG_05-20_May05.pdf〉 2005.

Disasters Emergency Committee. Haiti earthquake facts and figures. Retrieved on May 13. 2013. 〈http:// www.dec.org.uk/haiti-earthquake-facts-and-figures〉.

Emergency Management Institute. 2001.2002 Catalog of Activities, Emmitsburg, MD. available at: 〈http: //www.fema.gov〉.

Erickson, P.A. Emergency Response Planning for Corporate and Municipal Managers. Facebook, 2012. 〈https://www.facebook.com/DisasterRelief〉.

Fears, D., 2013. Drought Threatens to Halt Critical Barge Traffic on Mississippi. The Washington Post. 〈http://www.washingtonpost.com/national/health-science/drought-threatens-to-halt-critical-barge-traffic-onmississippidrought-threatens-to-halt-critical-barge-traffic-on-missis-sippidrought-threatens-to-halt-critical-barge-traffic-on-mississippi/2013/01/06/92498b88-5694-11e2-bf3e-76c0a789346f_story.html〉.

FEMA, 1993. Federal Emergency Management Agency Office of the Inspector General. FEMA's Disaster

재난관리론

Management Program: A Performance Audit after Hurricane Andrew. H−01−93. FEMA, Washington, D.C.

_____, 1997. Report on Costs and Benefits of Natural Hazard Mitigation. FEMA, Washington, D.C.

_____, 1997. Partnerships in Preparedness, a Compendium of Exemplary Practices in Emergency Management, vol. II. FEMA, Washington, D.C.

_____, 1998. FEMA Emergency Information Field Guide (condensed). FEMA, Washington, DC.

_____, 1999. Federal Response Plan. FEMA, Washington, D.C.

_____, 2000. Partnerships in Preparedness, a Compendium of Exemplary Practices in Emergency Management, vol. IV. FEMA, Washington, D.C.

_____, 2001. International Technical Assistance Activities of the United States Federal Emergency Management Agency. FEMA, Washington, D.C.

_____, 2007. Homeland Security Establishing New Advisory Council, press release.

_____, 2007. Catalog, Emergency Management Institute, available at: 〈http://training.fema.gov/emi-courses/emicatalog.asp〉.

_____. Web site, 〈http://www.fema.gov〉.

_____, 2007. National Incident Management System: FEMA 501/Draft August 2007. FEMA, Washington, D.C.

_____, 2008. National Incident Command System (NIMS). 〈http://www.fema.gov/national−incident-management−system〉.

_____, 2008. National Incident Management System. 〈http://www.fema.gov/pdf/emergency/nims/NIMS_core.pdf〉.

_____, 2009. NIMS Fact Sheet. 〈http://www.fema.gov/pdf/emergency/nims/NIMSFactSheet.pdf〉.

_____, 2010. Incident Management Assistance Teams. FEMA Fact Sheet. 〈http://www.fema.gov/pdf/media/factsheets/2010/imat_fact_sheet_10_05_10.pdf〉.

_____, 2010. Developing and Maintaining Emergency Operations Plans. Version 2.0. November. 〈http://www.fema.gov/library/viewRecord.do?=&id=5697〉.

_____, 2011. A Whole Community Approach to Emergency Management: Principles, Themes and Pathways for Action. December, 2011. 〈http://www.fema.gov/whole−community〉.

_____, 2013. 〈http://www.fema.gov/declaration−process−fact−sheet〉.

_____, 2013. College List. 〈http://www.training.fema.gov/emiweb/edu/collegelist/〉.

_____, 2013. National Exercise Program (NEP). 〈http://www.fema.gov/national−exercise−program #Principals Objectives.

_____, 2013. Whole Community. 〈http://www.fema.gov/whole−community〉.

_____, 2013. National Prevention Framework. 〈http://www.fema.gov/library/viewRecord.do?id=7358〉.

Ferrara, L., 2007. AP's 'NowPublic' Initiative, Remarks at the Associated Press Managing Editors' Conference, Fast Forward to the Future.

Flynn, K. 2001. After the Attack: The Firefighters; Department's Cruel Toll: 350 Comrades. New York Times, Section: National Desk.

Fox News, 2009. Suspect Charged in Thwarted Terror Plot Aboard Detroit-Bound Jet. 〈http://www. foxnews.com/story/0,2933,581180,00.html〉.

Gandel, S., 2002. Consultants Push Wall Street to Leave; Downtown's Losses Are Huge, but Some Companies Shrug off Fears, Concentrate Workers in Midtown. Crain's New York Business, p. 1.

Gilbert, A., 2002. Out of the Ashes, Information Week, available at: http://www.informationweek.com/out-of-the-ashes/6500774.

Gilbert, R., Kreimer, A., 1999. Learning from the World Bank's Experience of Natural Disaster Related Assistance. The World Bank, Washington, D.C.

Gillmor, D., 2006. We the Media: Grassroots Journalism By the People, for the People. O'Reilly Media Inc.,

_____, Hattotuwa, S., 2007. Citizen Journalism and Humanitarian Aid: Boon or Bust? ICT for Peacebuilding. 〈http://ict4peace.wordpress.com/2007/07/30/citizen-journalism-and-humanitarian-aid-bane-or-boon/〉.

Glaser, M., 2007.California Wildfire Coverage by Local Media, Blogs, Twitter, Maps and More, MediaShift. 〈http://www.pbs.org/mediashift/2007/10/the_listcalifornia_wildfire_co_1.html〉.

GlobalCorps, n.d. OFDA's Evolving Role, available at: 〈http://www.globalcorps.com/ofda/ofdarole.html〉.

Global Voices Online, Myanmar Cyclone 2008, 〈http://www.globalvoicesonline.org/specialcoverage/myanmar-cyclone-2008/〉.

Grimmett, R., 2006. 9/11 Commission Recommendations: Implementation Status, Congressional Research Service, Report RL33742.

Hattotuwa, S., 2007, Who is Afraid of Citizen Journalists? Communicating Disasters, TVA Asia Pacific and UNDP Regional Centre in Bangkok.

Hawley, C., 2002. Globalization and Sept. 11 Are Pushing Wall Street off Wall Street, Analysts Say. Associated Press State and Local Wire, February 1, 2002, State and Regional Section, in Lexis-Nexis Universe: World Trade Center, Firm and Tenant.

Hedges, C., 2001. Monday Counting Losses, Department Rethinks Fighting Every Fire. New York Post.

Hollis, M., 2007. Florida Calling for Catastrophe Fund, Los Angeles Times, part A, p. 17.

Houston, A., 2001. Crisis Communications: The Readiness is All: How the Red Cross Responded, PR Week, p. 13.

_____, 2001 Crisis Communications: Confused Messages Spur Switch to Sole Spokesman. PR Week, p. 11.

IFRC. 2010. Strategy 2020: Saving Lives, Changing Minds, 〈http://www.ifrc.org/Global/Publications/general/strategy-2020.pdf〉.

재난관리론

Intergovernmental Panel on Climate Change, 2001. Special Issues in Developing Countries, available at: 〈http://www.ipcc.ch/pdf/climate-changes-2001/synthesis-spm/synthesis-spm-en.pdf〉.

International Monetary Fund, 2001. IMF Emergency Assistance Related to Natural Disasters and Post-Conflict Situations: A Factsheet, 〈http://www.imf.org/external/np/exr/facts/pdf/conflict.pdf〉.

Karter, M.J., 2008. Fire Loss in the United States 2008. National Fire Protection Association. Fire Analysis and Research Division. Quincy, MA.

_____, 2012. Fire Loss in the United States During 2011. National Fire Protection Association. Fire Analysis and Research Division. 〈http://www.nfpa.org/assets/files/pdf/os.fireloss.pdf〉.

Kettl, D.F., 2005. The Worst is Yet to Come: Lessons from September 11 to Hurricane Katrina. Fels Institute of Government, University of Pennsylvania.

Laituri, M., Kodrich, K., 2008. On Line Disaster Response Community: People as Sensors of High Magnitude Disasters Using Internet GIS, Colorado State University. The Look Back at Mitch's Rampage, USA Today, 1999.

Madison County, North Carolina. Multi-Hazard Plan for Madison County.

Mancino, K., 2001. Development Relief: NGO Efforts to Promote Sustainable Peace and Development in Complex Humanitarian Emergencies. Interaction, Washington, D.C.

May, A.L., 2006. First Informers in the Disaster Zone: The Lessons of Katrina, The Aspen Institute.

Maynard, K., n.d. Healing Communities in Conflict: International Assistance in Complex Emergencies, available at: 〈www.ciaonet.org/book/maynard/maynard07.html〉.

McKinsey and Company, 2002. Improving NYPD Emergency Preparedness and Response. Author.

Mileti, D.S., 1999. Disasters by Design: A Reassessment of Natural Hazards in the United States. John Henry Press, Washington, D.C.

Mitchell, J.K., et al. 1999. Crucibles of Hazard: Mega-Cities and Disasters in Transition. United Nations University Press, New York.

Morse, R., 2010. How Haitian writer Richard Morse gave an hourly account of earthquake through Twitter. The Observer. 〈http://www.theguardian.com/world/2010/jan/17/haiti-earthquake-richard-morse-twitter〉.

National Association of Counties, 2004. Counties and Homeland Security: Policy Agenda to Secure the People of America's Counties.

National Emergency Management Association, 2001. White Paper on Domestic Preparedness. NEMA, Washington, D.C.

_____, 2002. NEMA Reports on State Homeland Security Structures.

National Fire Protection Association, 2006. Fire Loss in the U.S. during 2005. NFPA Report, available at: 〈http://www.nfpa.org/assets/files/PDF/OS.fireloss.pdf〉.

National Governor's Association (NGA), 2002. Center for Best Practices. Issue Brief.

_____, 2007. Letter to Senator Leahy and Senator Bond, available at: 〈http://www.nga.org/cms/home/

federal−relations/nga−letters/archived−letters−−2007/col2−content/main−content−list/title_feb-
ruary−23−20.html⟩.

National Interagency Fire Center, 2009. Fire Information. Wildland Fire Statistics. NIFC Website, ⟨http://
www.predictiveservices.nifc.gov/intelligence/2009_statssumm/2009Stats&Summ.html⟩.

Natsios, A.S., 1997. U.S. Foreign Policy and the Four Horsemen of the Apocalypse. Praeger Publishers,
Westport, CT.

New York Magazine, 2009. Death, Destruction, Charity, Salvation, War, Money, Real Estate, Spouses,
Babies, and other September 11 Statistics. Website: ⟨http://nymag.com/news/articles/wtc/1year/
numbers.htm⟩.

NOAA, 2006. The Northeast Snowfall Impact Scale (NESIS), available at the NOAA website: ⟨http://www.
ncdc.noaa.gov/oa/climate/research/snow−nesis⟩.

Office for the Coordination of Humanitarian Affairs, 2007. OCHA Organigramme, available at: ⟨http://
www.unocha.org/ochain/2007/ochaorg.htm⟩.

_____, n.d. Information Summary on Military and Civil Defence Assets (MCDA) and the Military and Civil
Defence Unit (MCDU).

_____. Coordination of Humanitarian Response, available at: ⟨http://www.reliefweb.int/ocha_ol/pro-
grams/response/service.html⟩.

Office of Domestic Preparedness, 2007. ODP Grant Programs, available at the U.S. Department of Justice
website ⟨http://www.ojp.usdoj.gov/odp⟩.

Office of Homeland Security. State and Local Actions for Homeland Security, 2002, available at: ⟨http://
www.whitehouse.gov/homeland/stateandlocal⟩.

Oklahoma Department of Civil Emergency Management, 1997. After Action Report, Alfred P. Murrah
Building Bombing. Lessons Learned. Author.

Olney, J., 2010. Debate Emerges on How to Fight Coastal Erosion. KGO−TV San Francisco. February 8.
⟨http://abclocal.go.com/kgo/story?section=news/assignment_7&id=7265989⟩.

Otero, J., 2001. Congress, Administration Examines Emergency Communications Systems, Nation's Cities
Weekly, p. 5.

Pan American Health Organization, n.d. Natural Disasters: Protecting the Public's Health, PAHO Scientific
Publication No. 575. Patch, 2013. ⟨http://www.patch.com/about⟩.

Patch Reports Highest−Ever Traffic Day. Ad Age Digital. 2012.

PEW Research Center for the People and the Press, 2012. Trends in News Consumption 1991−2012:
In Changing News Landscape, Even Television is Vulnerable. ⟨http://www.people−press.
org/2012/09/27/in−changing−news−landscape−even−television−is−vulnerable/⟩ (27.09.2012).

PEW Research Center's Internet & American Life Project, February 14, 2013. The Demographics of Social
Media Users. 2012. ⟨http://www.pewinternet.org/~/media//Files/Reports/2013/PIP_SocialMedi-
aUsers.pdf⟩.

PEW Research Center's Project for Excellence in Journalism, 2013. The State of the News Media 2013.

재난관리론

⟨http://stateofthemedia.org/2013/the-changing-tv-news-landscape/⟩.

Powell, M., Haughney, C., 2002. A Towering Task Lags in New York, City Debates Competing Visions for Rebuilding Devastated Downtown, Washington Post, p. A03, available at: ⟨http://www.highbeam.com/doc/1P2-324117.html⟩.

Ranganath, P., 2000. Mitigation and the Consequences of International Aid in Postdisaster Reconstruction. Centre d'Etude et de Cooperation Internationale.

Rendleman, J., 2001. Back Online, Despite its Losses, Verizon Went Right Back to Work Restoring Communications Services. InformationWeek, available at: ⟨http://www.informationweek.com/back-online/6507192⟩.

Reuters, 2009. U.S. Government Liable for Katrina Damage. ABC Local. ⟨http://www.abc.net.au/news/stories/2009/11/20/2748195.htm?site=local⟩.

Rincon, J., 2008. Myanmar: Citizen Videos in Cyclone Nargis Aftermath, Reuters Global News Blog. ⟨http://blogs.reuters.com/global/tag/burma/⟩.

Salomons, D., 1998. Building Regional and National Capacities for Leadership in Humanitarian Assistance. The Praxis Group, New York.

SBA, 2009. FY2009 Annual Report on Disaster Assistance. ⟨http://www.sba.gov/sites/default/files/FY2009%20Annual%20Report%20on%20Disaster%20Assistance.pdf⟩.

Select Bipartisan Committee to Investigate the Preparation for and Response to Hurricane Katrina, 2006. A Failure of Initiative: Final Report of the Special Bipartisan Committee to Investigate the Preparation for and Response to Hurricane Katrina, Government Printing Office. ⟨http://katrina.house.gov/full_katrina_report.htm⟩.

Senate Committee on Homeland Security and Governmental Affairs, 2006. Hurricane Katrina: A Nation Still Unprepared, available at: ⟨http://www.gpo.gov/fdsys/pkg/CRPT-109srpt322/pdf/CRPT-109srpt322.pdf⟩.

Shirky, C., 2008. Here Comes Everybody: The Power of Organizing Without Organizations. The Penguin Press, Site One, n.d. History of the Red Cross, available at: ⟨http://www.redcross.org/about-us/history⟩.

Skarda, E., 2011. How Social Media Is Changing Disaster Response. Time Magazine. ⟨http://www.time.com/time/nation/article/0,8599,2076195,00.html⟩.

Smith, L.R., Lessons Learned from Oklahoma City: Your Employees···Their Needs, Their Role in Response and Recovery, available at: ⟨http://www.disaster-resource.com/index.php?option=com_content&view=article&id=293:lessons-from-oklahoma-city-your-employees-their-needs-their-role-in-response-and-recovery-&catid=4:human-concerns⟩.

Southern African Regional Poverty Network, n.d. Disaster Profiles of the Least Developed Countries. ⟨http://reliefweb.int/sites/reliefweb.int/files/resources/A562C9576E6CF0FDC1256C13005C1CE7-undp_ldc_12jun.pdf⟩.

Stabe, M., 2007. California Wildfires: A Round Up. OJB Online Journalism Blog. ⟨http://onlinejournalism-blog.com/2007/10/25/california-wildfires-a-roundup/⟩.

Stephens, K., 2012. Top #SMEM Challenges for 2013: I Don't Have Time. idisaster 2.0 Social Media and Emergency Management. 〈http://idisaster.wordpress.com/tag/virtual-operations-support-team/〉.

Strohm, C., 2007. Homeland Security Budget Generous to Customs, Border Agency, Government Executive. Strohm, C., February 6, 2007. Proposed Cuts to First Responder Grants Draw Fire, Government Executive.

The Weather Channel, 2012. FEMA Chief: Be Prepared. 〈http://www.weather.com/news/fema-fugate-interview-20120507〉.

Town of Boone, North Carolina, 1999. All Hazards Planning and Operations Manual. Boone, NC: Author.

Townsend, F.F., 2006, The Federal Response to Hurricane Katrina Lessons Learned, The White House.

Tsunami Education a Priority in Hawaii and West Coast States, Bulletin of the American Meteorological Society, June 2001, p. 1207.

UN Rwanda, n.d. The United Nations Development Programme in Rwanda, available at: 〈http://www.rw.undp.org/rwanda/en/home.html〉.

United Nations Development Programme, 1997. Further Elaboration on Follow-up to Economic and Social Council Resolution 1995/96: Strengthening of the Coordination of Emergency Humanitarian Assistance.

UNDP, 2001. Disaster Profiles of the Least Developed Countries. United Nations, New York.

_____, n.d. Building Bridges Between Relief and Development: A Compendium of the UNDP in Crisis Countries.

_____, n.d. The United Nations Development Programme Mission Statement, available at: 〈http://www.undp.org/content/undp/en/home/operations/about_us.html〉.

United Nations, 2001. General Assembly Economic and Social Council. United Nations, New York.

U.S. Agency for International Development, 1998. Rebuilding Postwar Rwanda: The Role of the International Community, available at: 〈http://www.oecd.org/derec/unitedstates/50189461.pdf〉.

_____, 1998. Field Operations Guide for Disaster Assessment and Response, Version 3.0. USAID, Washington, D.C.

_____, 2000. OFDA Annual Report 2000. USAID, Washington, D.C.

_____, 2009. USAID Seeing Results in Tsunami Reconstruction.

U.S. Conference of Mayors, 2001. A National Action Plan for Safety and Security in America's Cities, available at: 〈http://www.usmayors.org/uscm/home.asp〉.

U.S. Department of State, n.d. Bureau of Population, Refugees, and Migration, available at: 〈http://www.state.gov/g/prm〉.

University of Maryland, 2012. Social Media Use during Disasters: A Review of the Knowledge Base and Gaps.

National Consortium for the Study of Terrorism and Responses to Terrorism. Department of Homeland

Security Science and Technology Center of Excellence Based at the University of Maryland.

Ushahidi, 2012. Haiti and the Power of Crowdsourcing. 〈http://blog.ushahidi.com/2012/01/12/haiti-and-the-power-of-crowdsourcing/〉.

VIPs, Disaster Service Calls May Get Priority, The Daily Yomiuri [Tokyo], The Yomiuri Shimbun, 2001, p. 1.

Wagner, M., 2007. Google Maps and Twitter Are Essential Resources for California Fires, Information Week. 〈http://www.informationweek.com/personal-tech/google-maps-and-twitter-are-essential-in/229214645〉.

Walsh, E., 2001. National Response to Terror; FEMA Leads Effort; Borders Tightened, Washington Post, p. A-1.

Washkuch, F., 2008. Relief Groups Turn to Twitter Amid Crises, PR Week. 〈http://www.prweekus.com/Relief-groups-turn-to-Twitter-amid-crises/article/110368/〉.

Waugh Jr., W., 2000. Living with Hazards. Dealing with Disasters: An Introduction to Emergency Management. M.E. Sharpe, New York.

Wax, A.J., Diop, J.C., 2002. Return to Downtown; Office Leases Are Being Signed Again, but Revival Will Take a While, Newsday, p. D13.

Wireless System Improves Communications, American City and County, 2001.

Whoriskey, P., 2007. Florida's Big Hurricane Gamble, Washington Post, section A, p. A02.

World Bank, 2000. Assistance to Post-Conflict Countries and the HIPC Framework, available at: 〈http://www.imf.org/external/np/hipc/2001/pc/042001.htm〉.

_____, 2011. Financing Recovery and Reconstruction. Global Facility for Disaster Risk Reduction. 〈http://www.gfdrr.org/sites/gfdrr.org/files/2-Financing_Recostruction_Vienna.pdf〉.

_____, 2012. Adapting to Climate Change: Assessing the World Bank Group Experience. Independent Evaluation Group. 〈http://ieg.worldbankgroup.org/evaluations/adapting-climate-change-assessing-worldbank-group-experience〉.

YouTube, 〈http://www.youtube.com/user/AfterNargisYgn〉.

Zevin, R., 2001. Tapping Web Power in Emergencies, American City and County.

저자 소개

조지 해도우George D. Haddow

조지 해도우는 현재 조지 워싱턴 대학교 위기·재난·위험 관리 연구원의 겸임교수로 재직 중이다. 조지 워싱턴 대학교에 부임하기 전에는 FEMA 청장 비서실에서 백악관 연락담당관과 비서실 차장으로 8년간 근무하였다. 재난 관리 컨설팅 회사인 불럭 앤드 하드로의 창립 멤버이기도 하다.

제인 불럭Jane A. Bullock

제인 불럭은 재난 관리 분야에서 20년 넘게 종사하였다. 가장 최근에는 FEMA 청장인 제임스 리 위트의 비서실장으로 근무하였다. 그녀는 FEMA의 '프로젝트 임펙트: 재난에 강한 지역 사회 구축하기'의 설계 책임자였다. 또한 불럭 앤드 해도우의 창립 멤버이기도 하다.

데이먼 코폴라Damon P. Coppola

데이먼 코폴라는 시스템 엔지니어이자 불럭 앤드 해도우의 임원이다. 그는 UN, 국토안보부, 위기·재난·위험 관리 연구원, 육군공병단, 국제 복구 플랫폼, FEMA에서 근무하였으며, 주로 재난 대비와 계획 수립 분야를 담당하였다.

역자 소개

김태웅

1997년 고려대학교 토목환경공학과를 졸업하고, 2003년 미국 애리조나 대학교에서 "가뭄 특성 및 예측 연구"로 박사학위를 취득하였다. 2005년부터 한양대학교 공학대학의 교수로 재직하고 있다. 기후변화에 따른 극한사상 영향 평가 및 수자원 관리 정책 등과 관련된 분야에서 연구를 수행하고 있다. 한양대학교 강의우수교원, 과학기술우수논문상, 소방방재청장 표창, 국토교통부 장관 표창 등을 수상한 바 있다. 저서로는『물 위를 걸어온 과학자들』(공저),『내 일을 설계하고 미래를 건설한다』(공저) 등이 있다.

안재현

1994년 고려대학교 토목공학과를 졸업하고, 2001년 고려대학교 대학원에서 '지구온난화에 따른 한반도 수문환경의 변화 분석' 논문으로 박사학위를 취득하였다. 2002년부터 서경대학교의 교수로 재직 중이며, 기후변화와 관련된 수자원 관리 및 각종 재난관리 분야의 연구를 수행하고 있다. 저서로는『물 위를 걸어온 과학자들』(공저),『방재사전』(공저),『풍수해비상대처계획수립』(공저) 등이 있으며, 한국국민안전산업협회 부회장, 한국수자원학회 이사, 한국방재협회 이사 등의 대외활동을 하고 있다.

찾아보기